陕西省"十二五"古籍整理重大項目
陕西省社會科學基金重點項目

陝西古代文獻集成【第二十五輯】

陝西古代文獻集成編纂委員會 編　主編◎賈三強

《周雅續》　[明]賈鴻洙 撰　趙金丹 點校　趙望秦 審校

《楚辭新注》　[清]屈復 撰　陳戰峰 點校　賈三強 審校

《天問校正》　[清]屈復 撰　陳戰峰 點校　賈三強 審校

陝西新華出版傳媒集團
陝西人民出版社

圖書在版編目（CIP）數據

陝西古代文獻集成. 第二十五輯 / 賈三强主編. — 西安：陝西人民出版社，2019
ISBN 978-7-224-13092-8

Ⅰ. ①陝… Ⅱ. ①賈… Ⅲ. ①地方文獻－彙編－陝西－古代 Ⅳ. ①K294.1

中國版本圖書館CIP數據核字（2019）第023767號

《周雅續》　　趙金丹　點校
　　　　　　　趙望秦　審校
《楚辭新注》　陳戰峰　點校
　　　　　　　賈三强　審校
《天問校正》　陳戰峰　點校
　　　　　　　賈三强　審校

陝西古代文獻集成·第二十五輯

編　　者	賈三强
出版發行	陝西新華出版傳媒集團　陝西人民出版社
	（西安北大街147號　郵編：710003）
印　　刷	中煤地西安地圖制印有限公司
開　　本	787mm×1092mm　16開　45.5印張　4插頁
字　　數	794千字
版　　次	2019年3月第1版　2019年3月第1次印刷
書　　號	ISBN 978-7-224-13092-8
定　　價	256.00元

陝西省古籍保護整理出版工作
領導小組編纂委員會

主　任	方光華	陝西省人民政府副省長
副主任	高　陽	陝西省人民政府副秘書長
	程寧博	中共陝西省委宣傳部副部長
	任宗哲	陝西省文化和旅游廳廳長
	司曉宏	陝西省社會科學院院長
委　員	張曉光	陝西省發展和改革委員會主任
	王建利	陝西省教育廳廳長
	孫　科	陝西省科學技術廳廳長
	王愛民	陝西省民族宗教事務委員會主任
	丁雲祥	陝西省財政廳廳長
	羅文利	陝西省文物局局長
	徐　曄	陝西省文史研究館館長
	雷　湛	陝西省地方志辦公室主任
	明平英	陝西省檔案局局長
	周天游	陝西省古籍整理專家委員會主任
	白寬犁	陝西省社會科學院副院長、陝西省古籍整理專家委員會副主任
	賈二强	陝西省古籍整理專家委員會副主任
顧　問	司曉宏　任宗哲　郭立宏	
主　編	吳敏霞	
副主編	党　斌	

《陝西古代文獻集成》編纂工作領導小組

組　　長	司曉宏　郭立宏
副組長	白寬犁　常　江
成　　員	吳敏霞　惠西平　馬朝琦　谷鵬飛　潘麗華　章禾毅　党　斌

《陝西古代文獻集成》編纂委員會
特邀顧問

張豈之　趙世超

學術委員會

主　　任	周天游
副主任	白寬犁　賈二強
委　　員	周天游　周偉洲　閻　琦　白寬犁　賈二強　吳敏霞　張懋鎔
	惠西平　郭憲曾　李　浩　王煒林　向　德　張　弘　趙力光
	趙建黎　徐大平　史天社　淡懿誠

編纂委員會

主　　編	賈三強
副主編	吳敏霞　趙望秦
委　　員	賈三強　吳敏霞　趙望秦　張新科　谷鵬飛　霍有明　傅紹良
	周曉薇　郝潤華　李芳民　張　沛　張文利　趙小剛
主編助理	杜學林　李向菲　楊　瑞　李雲飛　張凱寧

前　言

　　陝西有着悠久的歷史，是文明隆盛之區。傳説中華夏民族的始祖炎帝和黃帝都曾在這片土地上活動，並且留下了相關的遺址遺跡。對今天中華文明和文化傳統影響最大的周秦漢唐王朝，肇興於這片土地，同樣留下了數不清的文物遺存。這些文化遺産雄辯地證明，陝西是中華民族的發祥地之一，也是中華民族一步步走向强盛的歷史見證。有越來越多的國内外人士來到這裏，觀賞半坡遺址、周原故地、秦兵馬俑、漢武帝陵、大夏統萬城、唐長安城以及終南風物等，領略這裏恢弘、悠遠、博大、精深的文化。

　　世界上很多地方的著名古跡，比如英國的史前巨石陣、復活節島上的巨人石像與秘魯納斯卡地畫，在相關的歷史文獻中，找不到絲毫的記載，因此只能是一個一個神秘的千古不解之謎，甚至有人將其解釋成外星人留下的奇跡，這當然大大影響了它們具有的文化意藴。而陝西的周秦漢唐遺跡和文物，絶大多數可以與傳世的文獻相印證。用文物與文獻相互印證研究歷史的方法，從漢代起就有學者運用。在清代乾嘉學者，尤其是後來的王國維先生那裏，成爲一種科學的學術研究手段，是歷史研究的利器。秦始皇陵兵馬俑坑棚木明顯被焚燒過，這在《史記》中有記載，是楚霸王項羽所爲；而遊客們在遊覽唐大明宮遺址，驚嘆其恢弘的氣勢時，也不由得會想到

-1-

古代典籍中記載的發生在這裏的歷史事件，如盛唐時"九天閶闔開宮殿，萬國衣冠拜冕旒"的朝貢場面，大唐落日西沉時血雨腥風的"甘露之變"等，這些事件都深刻地影響了中國歷史的走向。設想一下，如果沒有文獻的佐證，這些文物古跡將會怎樣地黯然失色。因此，如果將這些可視的文物古跡視作壁上之龍，那些可讀的傳世文獻就如同龍的眼睛，一經點畫，飛龍就會騰起在天，活靈活現。

與文物文化相輔相成的是，這裏同樣有着深厚的文獻文化傳統。陝西存世文獻的品質之高，舉世罕有。《周易》極力探究宇宙產生和運行的根本法則，《周禮》爲萬世定立典章制度的企望，《史記》"究天人之際，通古今之變，成一家之言"的抱負，展示了早在西漢以前這片土地上志士仁人的闊大胸襟。這種特質對於秦地之人已經淡髓淪肌，融入血脈。而《詩經》中產生於周秦故地的諸多詩篇，從莊嚴的宗廟祭祀到民間青年男女嘹亮的情歌，無所不包，則又體現出這裏人民生活的豐富多彩。漢唐時代在這裏產生的諸多歷史、哲學和文學作品，至今仍有着典範意義，是中華民族精神寶庫中異常珍貴的遺產。

無論在陝西生活或者工作的人，不僅有責任將這塊中華民族風水寶地產生的文化遺產保護好，而且還要發揚光大。新中國成立後的20世紀50年代，我們國家幾乎還是一窮二白的時候，國家投入鉅資發掘了半坡遺址，並修建了保護性的建築。70年代又發掘了震驚世界的秦始皇陵兵馬俑，並在遺址上建立了博物館。改革開放以來，特別是近年來，陝西省提出建設文化大省、強省的戰略目標，而這對文化遺產的保護無疑是重要內容。近年來，隨着經濟的發展，政府在文化遺產保護方面的投入不斷加大，周原遺址、西安漢城遺址、曲江遺址、大明宮遺址、大唐西市遺址的發掘保護，爲世人矚目，已成爲陝西和西安古代文化的亮眼名片。

但是對於古代文獻的保護和整理，則稍顯落後。正是意識到了這一點，陝西省政府决定在"十二五"和"十三五"期間，在這些方面加大投入，進行建設。《陝西古代文獻集成》是其中的重大課題。這裏説的陝西古代文獻，指的或專寫陝事，或作者爲陝人，或書籍爲陝版。前兩者是主要的整理内容，陝版圖書除了在圖書史或版本目録學史方面具有較重要的意義外，從内容方面來看，與其他地域出版的圖書並無本質區别的，不作爲此次整理的重點。由於人力、物力、財力的限制，這批整理的文獻，原則上只收録那些没有經近人整理過的古籍或雖經近人整理，但是整理品質不高的古籍。這樣，一些多次經前人整理的古籍，雖然有很高的歷史意義和學術價值，如上述的《周易》《史記》等書，就不再進入整理者的視域。經過專家推薦，課題組嚴格篩選，選取了300餘種古籍作爲整理對象。這些古籍，絶大多數是宋、金、元、明、清人撰作的。

毫無疑問，在以周原、豐鎬、咸陽和長安爲中心的周、秦、漢、唐文明之後，隨着我國政治、經濟、文化中心的東移南下，從宋代開始，在整個中華文明中，陝地風光不再，逐步被邊緣化，整體上處於衰落之勢。但它仍是中華文明的重要組成部分，有時甚至引領風華。這可以關學、明清文學和戲曲的傳世文獻爲例。

北宋的關中大儒張載是早期的理學家，他"爲天地立心，爲生民立命，爲往聖繼絶學，爲萬世開太平"的宏偉誓言，激勵了數不清的中華民族志士仁人修齊治平的理想。張載是宋明理學中導夫先路式的學者，他創立的關學深刻地影響了"二程"的洛學、朱熹的閩學，而這三者構成了理學鼎立的三足。張載奠定的重實踐功夫而相對輕視繁瑣論證的關學傳統沾溉陝西學風民風甚深。從宋代至近代，宋代藍田"四吕"，元代楊奂、蕭斞，明代王恕父子、吕柟、馬理、馮從吾，清代"三李"、王思敬，直至近現代的劉光蕡、賀瑞麟、牛兆濂等，歷時近千年，構成了不絶如縷的關學體系。這種不尚空談而重實踐的傳統也培育出了關中諸多磅礴豪放的義士和勤敬忠孝的百姓。

明清時代陝西的文學成就也同樣值得大書特書。明代前期度過了慷慨悲歌的改朝換代短暫風光，中國文學進入了百年孤獨時期，充斥文壇的是歌功頌德、神仙道化和説教衛道之風。張廷玉主編《明史·文苑傳》稱之爲："永宣以還，作者遞興，皆冲融演迤，不事鈎棘，而氣體漸弱。弘正之間，李東陽出入宋元，溯流唐代，擅聲館閣。"正是對這段時期文學柔靡之風的概括。而到了明弘治、正德、嘉靖年間，中國文學進入了復興時期，其標誌是前七子翩然登上文壇。前七子中的主要人物李夢陽是慶陽人，時屬陝西，康海是武功人，王九思是户縣人。而前七子中的另一位領軍人物何景明，雖是河南信陽人，但卻與上述三人交往密切，還擔任過陝西提學副使之職。繼唐代之後，陝西文學又一次進入亂花迷眼的大好時期。萬斯同《明史稿·文苑傳》説："關中自李夢陽、康海、王九思後，作者迭興，若吕柟、馬理、韓邦奇、邦靖、馬汝驥、胡纘宗、趙時春、王維楨、楊爵輩，彬彬質有其文，而（張）治道輩鼓吹之，一時號爲極盛。"這段文字中提到的絶大多數人，都是科舉中高第中進士的文人。例如康海和吕柟，分别在明弘治十五年（1502）和正德三年（1508）先後中狀元，這也是陝西科舉史中的佳話。這個文人群體詩文創作成就極高，當時在北京官場中流行的"西翰林"之說，就是指翰林院中陝人極多的盛況。500年後的今天，追憶當年，仍令人神往。明嘉靖三十四年十二月（1556年1月）關中發生大地震，當時身在關中的文壇領軍人物馬理、韓邦奇、王維楨等人罹難，使陝西文學盛況戛然而止。但是清代初年，王又旦和"三李""一康"爲代表的三秦詩派又異軍突起，爲陝西文學贏得了聲譽。這一文學現象近年來也受到了學界的關注。

戲曲是我國獨有的藝術。如果將"代言體"作爲其起源和本質特徵，從青海大通縣孫家寨出土的新石器時期陶盆上帶尾飾的群舞、周穆王時傳入中國的傀儡戲和産生於周幽王時的俳優藝術等資料看，完全可以説周秦之地也是中國戲曲的發源地之一。而宋代以後，陝西代言體類的表演藝術總體走下坡路。明代大戲曲家康海、王九思的橫空出世，使這一頹勢中止。而在明清之際作爲"亂彈之祖"的秦腔的出現，更是使流行了近400年之久的宮調聯曲體戲曲走向了窮途末路，而以秦腔爲代表的板腔體戲曲流行於大江南北、長城內外，成爲中國戲曲的主流。"花部亂彈"是清人對板腔體戲曲的俗稱，秦腔也因而被戲曲界稱爲"花部亂彈之首"，對包括京劇在內的近現代以板腔體爲主的各地戲曲影響深遠。

這些文獻，在這次整理中都有收錄。我相信，這批文獻的整理出版，將會使學界和廣大對古代文化有興趣的讀者朋友們獲益良多。

我要衷心感謝從事這項課題的100多位省內外專家學者，正是你們數年的艱苦努力，爲實現我們陝西建設文化大省、強省的戰略目標做出了卓有成效的貢獻，也爲我們陝西文化增添了一項標志性的成果，在此謹致深深的謝忱。

賈三强

丁酉年秋

目録

總凡例…………………………………………………………………… 1
周雅續…………………………………………………………………… 1
楚辭新注………………………………………………………………… 563
天問校正………………………………………………………………… 701
後　記…………………………………………………………………… 709

總凡例

一、《陝西古代文獻集成》收録範圍，爲傳統近代以前陝西傳世文獻。陝西爲清代版圖所轄區域。陝西文獻概指陝人著述或述論陝事者。

二、本叢書僅收録未經今人整理，或雖經今人整理，然而品質尚有提升空間之古代文獻。

三、本叢書以點校爲主要整理方式，亦有個別作者前期已完成校注本，且有較多史實箋證，於讀者有裨益者，亦適當收入。

四、諸書底本之墨釘"■"、闕字"□"均一仍其舊，空闕或漫漶之字亦示以"□"，部分殘缺之字外框以"囗"。

五、底本之誤，原則上不改，而在校記中説明。一些明顯之常識性錯誤，如古籍中常見"己、已、巳"不分者，則逕改，不出校記。

六、諸書各有特點，且其整理成於衆手，故點校前言、凡例和附録等不强求統一。

七、諸底本中原有之注，用小號字排印，置於原處。

八、本叢書多有一輯多種者，其前後排序按作者之生卒年月。

九、因本叢書諸作之整理完成時間不一，故每十輯爲一批次，按經、史、子、集和時代先後順序編排。

周雅續

[明]賈鴻洙　撰
趙金丹　點校
趙望秦　審校

點校說明

  在歷史悠久的中國古代優秀文化傳統當中，有一項重要内容就是重視和保存鄉邦文獻。所謂鄉邦文獻，即本土本地之人所爲本鄉邦之作，本土本地之人所爲他鄉邦之作，别土别地之人所爲本鄉邦之作。若换言之，則或作者既生長本土本鄉而又寫本土本鄉之文，則或作者生長本土本鄉而寫别鄉之文，則或作者生長别地他鄉而寫本鄉邦之文。約而言之，不外人與地域之關係：或以作者爲主導，不論作品成於何地；或以作品爲主導，不論作者生於何地。而其文化作品的内容與形式，題材與體裁，數量與質量，在豐富程度上，和全國性的文化作品相一致而不遜色，林林總總，無所不及，品種龐雜，類型衆多，卷帙繁夥。區别也僅僅在於空間上的大小，前者乃縮小至一地山川，後者則擴大到天下四海而已。

  從現存的文獻資料來看，宋代就已呈現出編輯鄉邦文獻的繁榮局面。就其中以文學作品爲主要内容的鄉邦文獻而言，編輯的類型多樣，篇幅的大小兼具。《會稽掇英總集》二十卷，乃宋人總匯自漢迄宋之人所作之涉及今浙江紹興地區之詩文。《嚴陵集》九卷，乃宋人總匯南朝宋至南宋初之人所作之涉及今浙江建德地區之詩文賦。《成都文類》五十卷，乃宋人總匯上起西漢、下迄南宋初之人所作之涉及今四川地區之詩文賦。《吴都文粹》九卷，乃宋人總匯從古至南宋末之人所作之涉及今江蘇蘇州地區之文。《天台前集》三卷、《前集别編》一卷、《續集》三卷、《續集别編》六卷，乃宋人陸續匯集宋代及以前各代詩人題詠涉及今浙江天台山之詩。此僅即其顯著者而舉千百之一二而已。自此之後，歷代不絶，直至今日，仍方興未艾。如陝西省"十二五"古籍整理重點研究項目——《陝西古代文獻集成》，就是本着以保護傳承和開發利用陝西古代鄉邦文獻並舉爲目的而進行的專業性極强的研究工作和文化活動。

我們在這裡要介紹的《周雅續》一書，就是其中一個重要的子項目。

《周雅續》是一部專門選録明代陝西籍作者的詩賦作品的總集，屬於今陝西及周邊地區的一些先賢創作的頗具規模的一部傳統文體詩賦的鄉邦文獻。此集分編十六卷，共收八十二位作者的詩賦作品多達二千三百餘篇。[一]從作者的身份看，有士大夫詩人，有處士詩人，有僧道詩人，有女性詩人，頗具當時社會階層的代表性。從作者的籍貫看，大部分為今陝西省境內的人，此外，尚有今甘肅寧縣、平涼、天水、慶陽等地的人，以及今青海西寧人。地域分布比較廣泛，基本涵蓋了今新疆以外的西北地區。[二]

此集每卷首頁第一行至第三行下方由右向左依次題署編輯者的籍貫、姓名等："北圻賈鴻洙憲仲選輯"，"西極文翔鳳天瑞裁定"，"北海孫三傑淑房參閱"。據書前文翔鳳作於明崇禎三年（1630）的《周雅續序》："賈子《齊》、《魯》、《毛》、《韓》之學以世丞，其教我邦士，既以《鶴鳴詩意》翼《三百》，而又欲以關中之詩教教之，搜二百六十年往者之文獻，為之表學編一，政編一，詩、文編各一，此其知道者之教與。欲全而出之，而先有事於詩、文，命門人探百三十國之書，得六十五家以觀余。蓋二三子以其識力之所至自為汰，或過汰，或又不無情面時輩，其巨公長編，至或脫姓氏，又太申韓于唐宋之辨，而理學主講座者之詩，遂汰不與，即先君子之撰著，未之獲也。蓋其郡縣所上集半不備。而賈子方以新命觀察汴，又遊李子振大雅之鄉矣，惜其教之不卒其行，又感殉珠之痛，倉皇駕厥雅志之不獲申。余奉教于啓行之瀕，其所汰之什，既不暇復求散帙，其所遺，又不可立得之郡縣，且病慵，遂經歲閣置，幾闕典。而庚午秋冬之交，賈子勒書汴，督之再。其勒書赤令孫淑房氏，督之者亦再。蓋其嗜古太同調，借以畀太青子之所不逮。雅哉！賈子之不忘我關中之舊也。而淑房又將以計北，則大迫，遂繡以十手，梓手又六倍之而待工。於三旬之間，文編不及理，獨理詩，余為汰去七家，又為他收二十三家，其過汰而庚補著者又十家。"又云："賈子以文章之主，展鏡千

[一] 案，文翔鳳《周雅續序》謂此集所收詩人"八十有一家"，今人所編《陝西省志·文化藝術志》也稱此集收録"關中81人的代表詩作"。（陝西省地方志編纂委員會編，陝西人民出版社2005年版，165頁）而此集的作者在目録中所列人數，亦為八十一家。今統計書中實際所收詩人為八十二位。或是在統計數據時出現錯誤，或是在刻書時因形近而訛"二"為"一"。

[二] 案，據《明史》卷四二《地理志》，明代陝西承宣布政使司地方行政區，所轄地域除今陝西省全境外，北邊轄有今內蒙古河套及寧夏東南等部分地區，西邊轄有今甘肅嘉峪關以東及青海青海湖以東部分地區。

春,即蒐岐陽之鼓,不茲勤矣。其觀察汴,實類周南之束被,刪詩定騷之權不自收,而以聘余,孫氏又追琢其章而布之。"知卷首題署與實際相符,三人各負責一個方面的工作。此三人皆進士出身,且賈鴻洙官職品階亦不為低,但在《明史》上俱無傳,僅文翔鳳在《明史》卷三〇九《流賊傳》中、孫三傑在《明史》卷二五七《熊明遇傳》及卷三〇八《奸臣傳》中,因牽扯進他人的相關事件裡,這繞連帶而及地被寫上幾句,從寥寥數語中並不能了解到其生平。不過,一些地方志有三人生平的簡略記載,還有散見於其它文獻中的零星記述。綜合這些資料,尚可窺知一二,茲據以概括介紹如下。

　　賈鴻洙,字孔瀾,而據《周雅續》卷首題名,又似有一字曰"憲仲",清苑(今河北保定)人。明神宗萬曆四十四年(1616)考中進士,授予戶部主事。最後官職為河南布政使,因病即死於此任上。[一]前後做官三十年,為官清正,為政頗優,曾被皇帝"召見賜宴"。曾在任職懷慶府(今河南沁陽)時,因沒有及時為大宦官魏忠賢建立生祠,差點被其陷害。而在提督陝西學政的幾年間,主持學校教育工作出色,贏得"關西夫子"的稱譽。為人子則甚孝,其父逝世後,在墳墓旁建"思成堂","居其中者三年"。賈鴻洙學識深邃,頗有才情,"所著有《鶴鳴堂四書聖諦測》三十八卷,纂輯《周雅續》一部,校定《太微經》一部"。見清光緒十二年刻本《(光緒)保定府志》卷五四《列傳八·仕績》。民國三年鉛印本《(民國)重修清苑縣志》卷四《人物上·仕績》所載賈鴻洙事跡即承襲於此,唯其中謂"柳林人"為略異。案以"柳林"為地名者頗多,然清苑縣境內似未見有以此命名者。又案賈鴻洙在其《周雅續自序》中自稱"北極賈子",在序末自署"北圻賈鴻洙憲仲"。凡此,皆未詳其所指,俟考。而賈鴻洙之卒年,可據《周雅續自序》末之題署約略推知。其中有"時崇禎五年歲在壬申季春望日,賜進士第、河南布政使司右布政使"云云,則其病逝當在崇禎五年夏之後至六年或七年之間。

[一] 據《周雅續序》云:"賈子方新命觀察汴……。而庚午秋冬之交,賈子勒書汴……"案,"賈子"即對賈鴻洙的敬稱,"觀察"為唐代觀察使之省稱,此處借以代指明代布政使之職,"汴"為唐代"汴州"之省稱,此處借以代指明代開封府。明代承宣河南布政使司治所在開封,見《明史》卷四二《地理志》。又案"庚午"為崇禎三年。綜上可知,賈鴻洙是從崇禎三年開始擔任河南布政使。

文翔鳳，字太青，一曰字天瑞，西安府三水縣（今陝西旬邑）人。[一]明神宗萬曆三十八年（1610）考中進士。初任山東萊陽縣知縣，後調任河南伊陽知縣及洛陽知縣。升遷南京禮部主事，再遷任吏部。明熹宗天啟初年，改任提督山西學政副使。明思宗崇禎初年，擢升南京光祿寺少卿，[二]但未上任，回鄉居住，"惟閉門著述，潛心皇極經世之學"。崇禎七年（1634），因母親去世，哀痛過甚，"遂得風疾"。後略好轉，便以左手寫字，著作更多。至崇禎十五年（1642），病情加劇，遂不治而逝。"所著有《太微經》；《九極篇》，曰《皇極》、《南極》、《西極》、《東極》、《北極》、《天極》、《地極》、《人極》、《物極》。著述甚多，世人咸以為堯夫（案北宋理學家邵雍字堯夫）之後，一人而已"。見《列朝詩集》丁集第十六、閏集第四，《明詩綜》卷六〇《文翔鳳》小傳，清同治十二年刻本《（同治）三水縣志》卷四"文翔鳳"條、卷七"文翔鳳"條。

　　孫三傑，字景濂，一曰字松石，又一曰號松石，而據《周雅續》卷首題名，又似有一字曰"淑房"，山東樂安（今山東廣饒）人。明熹宗天啟五年（1625）考中進士，授予陝西寶雞知縣。後調任治所和西安府同在一城的長安知縣，并兼管咸寧縣事。脩建書院，與文翔鳳一起主持講學。政績優異，特別擢升兵科給事中。因接連上疏彈劾內閣輔臣周延儒誤國大罪，被降職為上林苑監蕃育署丞。不久，遷任太僕寺丞。仍然上疏直言，批評朝政，雖朝野推重，但始終不為皇上及權臣所用。於是，請求病休歸鄉，後死於家。見清咸豐九年刻本《（咸豐）青州府志》卷四五《人物傳八》"孫三傑"條，影印文淵閣《四庫全書》本《（雍正）山東通志》卷二八之三，民國二十四年鉛印本《（民國）續脩廣饒縣志》卷一九《人物志·鄉賢二》"孫三傑"條。又據

[一] 潘榮盛《明清進士錄》："文翔鳳，明萬曆三十八年（1610）三甲一百一十名進士。廣東三水人，字天瑞，號太青。（中華書局2006年版，632頁）案，明代有兩個三水縣，一北一南。北三水，北魏太延二年（436）設置，在今陝西彬縣、旬邑一帶，治所屢有遷移，至蒙古至元七年（1270）。明成化十三年（1478）九月恢復設置，治所即今陝西旬邑縣。見《魏書》卷一〇六下《地形志》、《隋書》卷二九《地理志》、《元和郡縣圖志》卷三《關內道三》、《元史》卷六〇《地理志》、《明史》卷四二《地理志》。南三水，明嘉靖五年（1526）五月分置南海、高要二縣之地設置，治所即今廣東三水市，屬於廣東府。見明曹學佺《名勝志》及《明史》卷四五《地理志》。據此，知《明清進士錄》對文翔鳳籍貫未加細辨，而將北三水誤為南三水。

[二] 錢謙益《列朝詩集》丁集第十六《文少卿翔鳳》小傳云："入為光祿寺少卿，不赴，卒於家"。其它文獻所載亦同。然同書閏集第四《文太青妻武氏》小傳則云："崇禎初，太青以太僕少卿家居"。又謂文翔鳳為太僕寺少卿，似誤。

《周雅續序》云："庚午秋冬之交，賈子勒書汴，督之再。其勒書赤令孫淑房氏，督之者亦再。"案，前文已考知賈鴻洙於崇禎三年始任河南布政使，此時寫信給文翔鳳而催其盡快完成審稿，同時也寫信給孫三傑而令其加以督促。又案，唐代凡是縣的治所與京城在同一城中，稱赤縣，而在唐代西京長安城中有長安縣與萬年縣，後來又改萬年為咸寧。明代的長安縣與咸寧縣與西安府同城而治，西安府城則建在唐西京長安城的原址上，只是規模縮小了許多。故此處所謂"赤令"，即借以代指孫三傑所任之西安府長安縣知縣，不外是一種揄揚。綜上可以推知，孫三傑任長安知縣的時間約在崇禎三年前後。

此集之所以命名為《周雅續》，文翔鳳和賈鴻洙分別在《周雅續序》和《周雅續自序》中都有繞來繞去的解釋說明。兩者在序文之始都用許多筆墨來闡釋"周雅"之概念，不外是要強調陝西為西周故地，而西周時所產生的詩歌，乃代表着純正之道，雅正之音，以達到借古揚今的目的，即繞到抬高當時陝西籍詩人地位主題上，從而凸顯輯編此集的價值。至於何謂之"續"，則更是繞來繞去了。前者曰："……睹上林之巨麗者，其求之是，而目其編曰《周雅續》。曩文中子之續詩，具六代而世不傳，不雅也。茲不曰《續雅》，曰《雅續》，蓋云其詩之為周之舊，若雅音之自續云爾，匪我也。"後者曰："若太廟設器，明堂序官，格格賓賓，殺夭曼而升大雅，道不蹴地，文不喪天。是可謂一續而貫千聖之絕乎，是不可謂非一續而貫千聖之絕者也。……刪後豈無詩，詩在《周雅續》矣。"仍是強調此集所收之詩，是西周故地的詩人們自然而然地延續承接西周詩歌雅正的精神、內涵、意蘊、風格而創作的，并非從形式上續寫像西周時期的《大雅》、《小雅》等四言詩。這完全符合文翔鳳、賈鴻洙等既推崇明代復古文學，又傾向宋明理學思想之類詩人的創作觀。

近些年來，在古代文學研究領域，地域文學的研究已成為熱門課題。地域文學的創作因限於一隅，難產生具有大家風範的大手筆、大氣度之作，但也正以限一隅，建立在各地域的自然地理、人文地理巨大不同的基礎上的創作，纔易產生出濃厚的地域色彩的文學作品，放射出多姿多彩的光芒，是構成中國古代文學整體上的豐富性和多樣性不可或缺的一面。而《周雅續》正是研究陝西明代地域文學乃至陝西古代文學史的重要文獻。在此集所收的詩人中，有的原來有詩文集，而且今亦傳世，有的原本有詩文集，却不幸已失傳，有的原本就無詩文集，僅以零篇散章流傳。《周雅續》從文獻及研究等方面對此種種情況皆有極為重要的參考價值。如明代三原人來儼然，據清乾隆四十八年刻本《（乾隆）三原縣志》卷十八《著述》，他有著作《自愉堂集》一部。清文淵閣《四庫全書》本《續通志》卷一六二《藝文志》、清文淵閣《四庫全書》本《續文獻通考》卷一九四《經籍考》、清光緒刻咫進齋叢書本《清代禁毀書目四種·抽毀書目》及《四庫全書總目》卷一七九集部二十二均有著錄。據《中國古籍總目》、《中國古籍善本書目》、《明別集版本志》等書目，此書有兩種版本傳世。其中最早的是中國社會科學院文學研究所藏明萬曆四十七年刻本《自愉堂集》十卷，《四庫全書存目叢書》即據此影印。《周雅續》中收其詩十二首，數量雖不多，卻是有價值的校本。據我們統計，這十二首中，共出現三處異文。又如，據清文淵閣《四庫全書》本《（雍正）陝西通志》卷七五《經籍第二》，明代三水人文在中有著作《觀宇》、《觀宙》、《天經》、《天雅》、《天引》、《天朔》、《天極》等八部理學及詩文著作，然未見於《中國古籍總目》、《中國古籍善本書目》、《明別集版本志》等書目著錄，當乃已佚。而《周雅續》收錄其詩賦作品達三卷之多，其中七言律詩近四百首，賦三萬餘字，其價值不言自明。又如，此集末收錄了兩位女詩人，其中文翔鳳妻武氏，錢謙益《列朝詩集》閏集第四《文太青妻武氏》小傳提及"太青所著事略，稱其妻武恭人之能詩也"，然未見其有別集傳世，僅《列朝詩集》閏集第四中收錄其詩八首。而《周雅續》收其詩則多至二十首，既可作為《列朝詩集》的校本，亦為相關研究提供了資料的補充。

《周雅續》一書，在古人編輯的《明史·藝文志》、《千頃堂書目》及《四庫全書總目》等書目中均無著錄，僅在《（光緒）保定府志》卷五四、《（民國）重修清苑縣志》卷四賈鴻洙小傳中有簡略記載："纂輯《周雅續》一部"，《（光緒）保定府志》卷四四《藝文錄一·著述》有一個簡單的條目"《鳴鶴堂四書聖諦測》三十八卷，賈鴻洙。……《周雅續》，纂同上。"在今人編輯的《中國古籍善本書目》卷二八集部總集類中著錄有兩部："《周雅續》十六卷，明賈鴻洙輯，明崇禎刻本。"一部收藏於北京大學圖書館，另一部收藏於西北大學圖書館。而在《中國古籍總目》總集類郡邑之屬中僅著錄北京大學圖書館所藏的一部："《周雅續》十六卷，明賈鴻洙輯。明崇禎間刻本。北大。"此兩部存世的《周雅續》都經過我們的目驗。兩部書的版式一致，均為每半頁九行，每行二十字，版心白口，單黑魚尾，魚尾之上有書名，之下有卷數，再下有頁數，字體是明末刻書通行的規範方體字，即今人所謂的仿宋體。卷與卷之間的頁數多寡不等，差別較大，如卷十有六十二頁，而卷一僅有三十七頁。但兩篇序文頁面與"門人姓氏"頁面的版式則略異於此。《周雅續序》為"咸寧舉人門人韓文鏡書"，行書體，每半頁七行，每行十八字，僅在版心上方標有"序一"、"序二"至"序十三"字樣。《周雅續自序》為"丁卯鄉貢士西京韓文銓書"，楷書體，每半頁六行，每行十六字，僅在版心下方標有頁數，由"一"至"十一"。"門人姓氏"每半頁六行，沒有滿行的，只因所列人名有單名與雙名之別，而產生或八字或九字之異。版心上方標有"序十四"、"序十五"字樣，與前一篇序文的號碼相接。

在賈鴻洙《周雅續自序》之後，為簡單列舉此集所收詩人之姓名及其作品之文體的作者目錄，共有八十一位，一行多則五個字，少則三個字。值得注意的是其中有一位詩人不知是何人以筆補寫出的，若合此人計之，則有八十二位。此蓋原本遺漏一人，而某位曾收藏過此書的人在閱讀中發現此問題後，便依據正文，將那位被遺漏的詩人補插在作者目錄的相應位置中。

此書的前後均無刻印時間的明確信息，現僅能依據兩篇序文的寫作時間略作推測。文翔鳳《周雅續序》所署寫作時間為"崇禎庚午日南極"。序文中說："庚午秋冬之交，……繕以十手，梓手又六倍之而待工，於三旬之間，文編不及理，獨理詩。"案"庚午"為崇禎三年。可知文翔鳳在崇禎三年的秋冬之際，用三十天時間"裁定"了詩歌作品，并僱請十位抄書人進行謄寫，還僱用六十位刻書工匠而待命開雕，則刻書時間似在崇禎三年之冬。但是，賈鴻洙《周雅續自序》所署寫作時間却為"崇禎五年歲在壬申季春望日"，則又顯然是在崇禎五年後刻印的。此書雖非巨編，但亦非小帙，印刻成書當需時日，非短時間內所能辦，何況文翔鳳審閱編訂書稿時身在陝西關中，而賈鴻洙等待刻印書稿時却是身在河南開封，在較遠的兩地之間僅凭書信往來以溝通信息，自然需用較長的時間。故從時間上看，崇禎三年冬編成稿本，崇禎五年春後刻成印本，完全在合理的範圍內。綜合考察，揆之情理，《周雅續》的刻印成書，應在崇禎五年。由此又可以進而判斷存世的兩部書，乃屬於同一版書之复本。不能以序文寫作時間不同，而認為兩部書之間是不同版本的關係，或認為是同一版書的初印本與後印本的關係。

不過，由於流傳收藏善否的關係，存世的這兩部書也有一點差異。在北大收藏的一部上，缺少了賈鴻洙的序文和作者目錄，從第九頁與第十頁的倒裝即相互錯位的現象看，顯然是重新裝訂時所致，則此書首冊曾散開過，以致使賈序及作者目錄頁散佚。而在西大收藏的一部上，"門人姓氏"的最後無字的半頁已撕掉了一角。

由於今存《周雅續》僅此二部，且屬於同一版本，自無對校本可言。不過，在《周雅續》所收的詩人當中，有些詩人是有詩文集傳世的，如李夢陽、康海、王九思、孫一元、馬理、馬汝驥、胡纘宗、王維楨、馮從吾、劉儲秀、趙時春、胡侍、韓邦奇等人，而有些詩人的詩作在其它總集中也有收錄，如喬世寧、韓邦靖、張鳳翔、釋魯山、葛節婦等人的詩作即在《盛明百家詩》、《列朝詩集》、《明詩綜》、《明詩紀事》、《四朝詩》等總集、選本中有或多或少的輯錄。所以，我們這次整理點校《周雅續》就以北京大學圖書館所收藏的一部為為底本，以西北大學圖書館所收藏的一部作校補，而主要利用相關的別集、總集等文獻進行他校，具體做法都反映在校記中，茲不贅述。另外，底本偶有漫漶不清而難以辨識的文字，且無其他文獻可參校，則以一框（□）代一字，不作臆補。此本已為明光宗、熹宗及崇禎皇帝避諱，如"洛"改為"雒"，"由"改為"繇"等，為保持底本原貌，不作回改。又底本上凡遇到涉及明代皇帝乃至傳說之天神上帝的字辭，為表示尊敬，都在其下有空格，今為避免閱讀時可能產生的誤解，就將空格前後的語句連起來，不再保留空格。底本多有古今字、通假字、異體字、俗體字、簡體字，此次整理時，對於異體字則一律改為規範字，而古今、通假及俗、簡體字因涉及詩歌的語言問題，很可能是詩人在創作時有意選擇的，一旦改變，也就可能影響解讀的準確性，故為保持詩作原貌，便不作改動。

原書卷前無詩題目錄，僅有排列詩人姓名及作品體裁名的作者目錄，寥寥數字而已，顯然不便於讀者及研究者閱覽及利用這多達二千三百多首詩。故在這次整理時，以卷次、作者及經過此次整理校正的詩題為條目，重新編製總目，冠於書前，以便檢索。但底本正文中的一些詩作題目有這樣一種現象，即在詩題後有一大段解釋性的文字，其實是自注，卻與詩題一樣為大字，容易被視為詩題。在我們新編製的總目中，凡此種情況，就僅錄詩作題目，起到能夠檢索的作用即可，省去其後的文字。至於原書中的作者目錄，已毫無使用價值，就不再收入這個新校本中了。還有一種情況需要說明，即西大所藏的一部上有一些不知何人所作的批語，無奈因條件所限，就無法過錄到這個新校本上了。

趙望秦　趙金丹
2014年10月於陝西師範大學文淵樓

目錄

《周雅續》序 ········· 81
門人姓氏 ········· 86
《周雅續》自序 ········· 87
周雅續卷之一 ········· 91
 李夢陽 ········· 91
  述征賦 ········· 91
  省愆賦 ········· 92
  寄兒賦 ········· 93
  吊于廟賦 ········· 94
  泛彭蠡賦 ········· 94
  觀瀑布賦 ········· 96
  泊雲夢賦 ········· 96
  大復山賦 ········· 97
  河中書院賦 ········· 98
  嚏賦 ········· 99
  觀禁中落葉賦 ········· 100
  貢禽賦 ········· 100
  四友亭賦 ········· 101
  辟雍 ········· 102
  有鷗 ········· 103
  河之楊 ········· 103
  我出城闉 ········· 103

河之水歌	104
想像歌	104
鶏鳴歌	104
内教塲歌	104
叫天歌	104
欸乃歌	105
天門開	105
祀白鹿先生迎送神辭三首	105
擬前緩聲歌	106
榆臺行	106
豫章行	106
公無渡河二首	106
空城雀	106
野田黃雀行	106
石城樂	107
大堤曲	107
襄陽謠	107
襄樊樂	107
襄陽浣婦行	107
雁門太守行	108
渡河篇	108
黃鵠篇	108
煌煌京洛行，為曹縣王子賦	108
仙人好樓居三首	109
白馬篇	109
芳樹二首，為上海陸氏賦	109
史烈女	110
月如日	110
塘上行	110
艷歌行	111
甄氏女詩	111
嗟哉行	111

賦大隧 …… 111

周雅續卷之二 …… 112

李夢陽 …… 112

與客問答二首 …… 112

贈劉氏二首 …… 112

長歌行，贈房氏二首 …… 113

述憤五首 …… 113

離憤四首 …… 113

雜詩八首 …… 114

豫生 …… 115

歲晏行 …… 115

孔翠篇 …… 116

至後上方寺酒集 …… 116

春遊篇 …… 116

春日洪法寺後岡 …… 116

秋日重過上方寺 …… 116

京師元夕有懷丘子，兼憶舊遊而作 …… 116

元夕友人見訪 …… 117

贈四子 …… 117

戴進士仲鶡 …… 117

將赴江西，寄別殷伊陽明府 …… 117

熊御史卓墓感述 …… 118

溫太真墓 …… 118

孔廟松 …… 118

犬詩 …… 118

覽遊百泉，乃遂登麓眺望 …… 118

自南康往廣信完卷，述懷二首 …… 118

廣獄成，還南昌候了 …… 119

祫祭頌述 …… 119

丙寅元日朝退有作 …… 119

從軍四首 …… 119

屯田二首 …… 120

塞上雜詩	120
功德寺	120
翠華岩	121
望湖亭	121
呂公洞	121
香山寺	121
平坡寺	122
天寧寺觀塔碑	122
鏡光閣	122
三忠祠	122
艮嶽十六韻	123
天馬	123
古意	123
遣興二首	123
歲暮	124
苦熱	124
十五夜	124
十六夜	124
十七夜	124
贈徐子	124
七夕遇秦子詠贈	125
酬伊陽殷明府追憶見寄十四韻	125
與殷明府期嵩少諸山不果十四韻	125
酬秦子，以曩與杭子並舟別詩見示，余覽詞悲離愴然，嬰心匪惟人事乖迕，信手三十二韻，無論工拙，並寄杭子	125
暮春逢林子，邂逅殊邦，念舊寫懷，輒盡本韻	126
乙丑除夕追往憤五百字	126
城南別業夏集	127
帝乙	127
黃衢二首	127
十二月朔	127
從軍行	128

出塞曲	128
春曲二首	128
槿樹	128
贈孫生	128
崖松行	128
古白楊行	128
弘治甲子，屆我初度，追念往事，死生骨肉，愴然動懷，擬杜七歌，用抒憤抱云耳	129
解酋行	130
土兵行	130
豆稭行	130
叉魚行	131
苦雨篇	131
贈何舍人齎詔南紀諸鎮	131
上元訪杜煉師	132
奉送大司馬劉公歸東山草堂歌	132
二月四日，部署宴錢徐、顧二子	132
送人還關中	133
寄兵備高僉事江	133
嗚呼行，寄康子，以其越貨之警	133
送席副使監貴州屯學二事歌	133
秋夜，徐編修宅宴別，醉歌	134
東園翁歌	134
苦熱，柬屠參議	134
白鹿洞別諸生	135
鶴癯子歌	135
芝柈行	135
朝飲馬，送陳子出塞	136
胡馬來，再贈陳子	136
送仝儀賓朝天歌	136
太華山人歌	137
相逢行，贈劉按察麟	137

寄寄庵子	137
龍仙引，贈駱員外	138
結腸篇三首	138
觀燈行	139
石將軍戰場歌	140
玄明宮行	140
乾陵歌	141
劉子有金陵之差，遂便觀省	141
徐子將適湖湘，余實戀戀難別，走筆長句述一代文人之盛， 　兼寓祝望焉耳	141

周雅續卷之三 …… 143

李夢陽 …… 143

李進士醉歸圖歌	143
鄭生畫像歌	143
畫魚歌	144
林良畫兩角鷹歌	144
吳偉松窗讀易圖歌	144
西山湖春遊圖歌	145
楊花篇	145
明星篇	146
漢京篇	146
去婦詞	146
蕩子從軍行	147
沈大夫行	147
廣州歌，送羅參議	148
冰車行	148
鹽井行	148
清夜引	148
送兒詩	149
邊馬行，送太僕董卿	149
贈趙將軍	149
送王封君還四明	150

七夕贈王昌程誥	150
吟思翁	150
鈐山堂歌	150
沐浴子	150
長干行	150
苦寒行	151
梁園歌	151
紀夢	151
世不講曹、李詩，尚矣，內弟會余河上，能章章道也，驚有此贈	151
十四夜翛然臺二首	152
十五夜	152
十七夜	152
客有笑余霜髮者，走筆戲之	152
戲作放歌，寄別吳子	153
郊觀齋居，東邊、喬二太常	153
郊壇值雪	153
西天門候祀	153
望泰陵	153
令婆墳	153
鵝湖書院	154
環縣道中	154
寺	154
劉家隔	154
豐安庄	154
雨泊豐城	154
宜春臺春望	154
鬱孤臺	154
與駱子遊三山陂二首	155
答伊陽殷明府見寄	155
寄殷明府二首	155
張子抱疴，避誼山寺，闊別旬月，作此懷寄	155
寄錢水部榮	155

毒熱，在獄呈陳運使斅曁潘給事中希曾	156
康狀元話武功山水	156
與樾堂子晚步	156
寄許監察	156
許君話遊感舊	156
再贈許君	156
丙子生日，答內弟璣	157
早春宴黃宅	157
繁臺秋餞何子二首	157
再餞何子	157
己卯元日，內弟璣見過	157
雪中鄭生見訪	157
贈僧懷讓	158
送鄭淳入閩	158
送姪竹赴京聽除	158
送長垣尹赴召二首	158
寄熊御史塞上	158
晚過孟氏，雷雨遽至，會王子亦來	158
僧園秋集同田生	159
酬贈閣老劉公	159
送田生讀書上方寺	159
再送白帥	159
譚、劉二子過賞牡丹	159
春日寄題崔學士後渠書屋	159
小園花發，譚、劉二君訂遊，涉夏始至席上	159
庭菊紛披，有懷王、喻二君子	159
晚秋，王、喻二監察見過	160
鄭生至自泰山二首	160
寄題高子君山別業二首	160
聞吳郡黃山人將遊五嶽，寄贈	160
己丑八月，京口逢五嶽山人	160
京口楊相國園贈五嶽山人	161

七月十五，月食不見，追往有嘆	161
廬山九日	161
上元，滕閣登宴	161
九日，薛樓會集	161
十月，月食不見	161
己卯元夕	161
聞鄭生死豐沛舟中一首	161
古意	162
賞遊	162
遊兵	162
聞砧	162
時事	162
下吏	162
獄夜雷電暴雨	162
南征	163
野戰	163
安仁聞夜哭	163
得家書	163
報生孫	163
江州雨	163
野風	164
早春，赴鮑相之飲	164
河上秋興	164
閑居寡營，忽憶關塞之遊，遂成	164
寄書	164
春宴	164
熊子河西使回	164
大道觀會飲	165
丙戌十六夜月	165
鸚鵡	165
詠部鶴	165
詠白兔	165

雁	165
衝雁	166
紀變二首	166
簡何舍人二十韻	166
南浦驛，見官押送來降韃靼詣桂林	166
黃君五十六歲，始舉一子，是年，予亦有次郎	167
赴郊觀宿	167
曉詣西壇候駕	167
西壇候駕即事	167
扈從耕藉	167
桂殿	168
謁陵	168
秋懷八首	168
新秋見月	169
晚晴郊望	169
郊行	169
河發登望	169
時景	169
盜賊	169
正德辛未四月十七日，簡書始至，於時久旱，甘澍隨獲，漫爾寫興	170
杪夏急雨江州	170
繁臺春集	170
探春	170
野園	170
歲暮	170
春暮	171
夜風，堂前冬青架仆，折其二榦，曉，雪驟至	171
戊寅早春上方寺	171
甲申元日，試筆東友	171
九日詣東庄，遇水則舟之，同黃子符李二生	171
陶君誇其分司桃花獨樹，予往觀之，賦此	171
和君席上海棠賞之二首	171

庄上看花歸，見庭中海棠落英，與客同賦	172
陶、王二君來賞牡丹	172
海棠爛然，要諸君子賞之，分韻得壺字	172
雨中海棠	172
艮嶽篇	172

周雅續卷之四 … 173

李夢陽 … 173

題雲臺觀	173
榆林城	173
出塞	173
武昌	173
江行	173
泛湖	174
瀑壑晚坐	174
題玄壇觀	174
將至安仁	174
看廬嶽	174
楚望，望襄中形勢	174
繁臺雨望，和田生	175
大梁城東南角樓	175
晚過禹廟之臺	175
題黃公東庄草堂	175
少林寺	175
宿少林次韻	176
清明下糧廳，題杏花	176
柑至	176
牡丹盛開，群友來看	176
冬至菊	176
乙亥春，郊園牡丹盛開，聿予離茲，倏爾四載，實兄蒔藝成功，約客往賞，屬雨發詠焉	176
人有送牡丹花至者，與客同賦	176
牡丹賞歸，東邊、王二子	177

郊園餞御史許君，屬牡丹盛開	177
看牡丹晚，移席草堂，再贈許君	177
王左史宅賞牡丹	177
郊園牡丹復花，客往	177
谷園二月梅集	177
梅下限韻作	177
賞歸，憶谷園梅	178
和李大隔牆見予家海棠，次其韻	178
郊齋逢人日，有懷邊、何二子	178
過馬陟，次毛庶子韻	178
解官，親友攜酒來看	178
送王照磨省覲	178
寄徐子	178
寄徐編修縉	179
九日，寄何舍人景明	179
立春遇雪，柬孫君	179
早春郊園贈別	179
生日，答李濂秀才	179
送王生還里	179
逢泰公門徒，因寄	179
夜別王檢討九思	180
穀日，酬鄭、屠二省使攜酒見訪	180
清江彭君幽居	180
泰和南行，羅通政舟送	180
寄孟洋謫桂林教授	180
南康至日，送韓訓導赴湖州推官	180
贈何君遷太僕少卿	180
夏日赴監察許君之宴，同張監察	181
正月二日，臺郎李公、監察毛公、袁公枉駕而顧，毛歸有作，輒次其韻	181
雪後困酒，和王左史	181
柬邊子變前韻	181

春日過遂平將軍第，同李尹	181
限韻贈黃子	182
贈王推官	182
高門堤，陳氏別業夏集	182
夏日，繁臺院閣贈孫兵部，兼懷大復子	182
送張工副	182
送毛監察還朝	182
逢吉生汴上	182
見素林公以詠懷六章見寄，觸事叙歌，輒成篇什，數亦如之，末首專贈林公	183
送蘇文學往主三賢書院	183
鄭生聞予種樹有成，便冒雪攜酒來看	183
甥嘉謫官過汴，僦舍而居，以時炎熱	183
儀賓柳子以合歡芍藥見贈，予自不識此花，而柳云種蒔數年，惟今歲雙朵，時柳病方愈	184
東庄冬日別謝行人	184
雙溪方伯夏初見過，就飲石几，留詩次韻	184
三司諸公久有蓮池之約，會雨阻不赴，乃移兵司東圃而飲，為詩以訕	184
東庄再贈杭子，兼呈其兄澤西年友	184
東庄謝臬司諸公攜酒見過	184
于公廟會王帥，以其防秋北行	185
九日，南陵送橙菊	185
夏都給勘鄢潞之戰，惠見憶之作，寄答	185
熊監察至自河西，喜而有贈	185
乙亥元夕憶舊，柬邊子臥病不會	185
丙子生日，答田生	186
辛巳元日	186
癸未除夕	186
吹臺春日古懷	186
閏九月，繁臺酬寄常鄧州前御史兄	186
道逢熊豹鷹狗進貢十韻	186

正德元年郊祀歌十首	187
帝京篇十首	187
皇陵歌	188
傳聞駕回，有紀二首	188
聖節聞駕出塞二首	188
嘉靖元年歌二首	188
贈黃州牧	188
送友人	188
送州判官	188
詠東方朔，贈馬吏部	189
僕思李白落雁之遊，徐子亦有知章鑑湖之請，念人悲離，申此短贈	189
嘲陸子	189
晚過序公戲贈，并喜徐編修緇迹訪二首	189
贈丁生	189
別達生	189
別李生	189
贈鮑潋兄弟	189
贈劉君按察雲南	189
送蕭總制赴鎮	190
送修武知縣	190
贈李沔陽	190
寄謝卿	190
贈蔡帥	190
送王韜	190
送熊進士入朝二首	190
二月望，丘翁林亭	190
柬鄭生二首	190
雨俟，屠君不至	191
寄顧台州	191
雲中曲，送人五首	191
東園贈鮑演	191
春日東庄要杭子	191

春日宴王孫之第	191
經行塞上二首	192
歸途覽詠古迹，并追記百泉遊事二首	192
望上清山二首	192
舟次石頭口	192
夏日閣宴	192
麻姑泉	192
徐汊即事二首	192
湖行	193
春暮，過洪園	193
白鼻䮳	193
春遊曲	193
壽歌	193
異景	194
暮春佘庄	194
潯陽歌	194
汴中元夕二首	194
諸將四首	194
憶昔三首	194
京師春日漫興三首	194
郊園步花	195
步庭中海棠下二首	195
東園花樹下	195
新買東庄，賓友攜酒往看四絕句	195
客有欲除我東園草者，詩以止之	195
葡萄	196
除前五更，聞習儀鼓角，感而有作	196
明山草亭	196
東華門偶述	196
晚燒吟	196
江行雜詩	196
送人赴舉	196

船板床 … 196
　　三五七言 … 197
　　四六八言 … 197
　　三五七言 … 197
周雅續卷之五 … 198
　張紞 … 198
　　登太華寺三首 … 198
　王恕 … 199
　　題蓮塘書房卷 … 199
　　答沈石田 … 199
　　題沈蘭坡 … 199
　　梅堰 … 199
　王九思 … 199
　　夢籲帝賦 … 199
　　擬白紵舞歌詞 … 200
　　古意 … 200
　　呂子仲木遣其弟持書見訪，酬答來意 … 200
　　春日，楊氏水亭讌集 … 201
　　春暮 … 201
　　北遊 … 201
　　病起，喜德涵過訪 … 201
　　雜詩二首 … 201
　　彭麓山房宴集 … 202
　　詠懷 … 202
　　雜詩 … 202
　　白髮 … 202
　　聞盜賊且至，登州南城樓野望，兼示避盜諸君子 … 202
　　寄康五德涵 … 203
　　赴西村飲 … 203
　　眼昏 … 203
　　三鶴 … 203
　　數日不至園亭，寄鶴 … 203

  雨後訪竹 …… 204

  春興二首 …… 204

  亳州 …… 204

  清明，是日得舍弟家書 …… 204

  和韻與王中丞 …… 204

  過張時濟少陵山庄 …… 204

  同岐東、南川于滻西賞花二首 …… 205

  秋興 …… 205

  答禹夫種竹之作，次其韻 …… 205

  園亭秋興二首 …… 205

  漫興四首 …… 205

  湘厓便面 …… 205

  即景 …… 205

張鳳翔 …… 206

  相逢狹路間 …… 206

  白馬篇 …… 206

  湘妃祠 …… 206

  虞美人 …… 207

  江頭老人歌 …… 207

  送友人 …… 207

  蘭竹 …… 207

  宮詞二首 …… 208

  送友奉使郢州 …… 208

康阜 …… 208

  懷家君三首 …… 208

  入關，望華嶽 …… 208

  喜家祖浙中將至 …… 209

  和韓丈 …… 209

  有感 …… 209

  賦得玉樓人 …… 209

康海 …… 209

  觀漁梁 …… 209

觀刈麥	209
窮居	209
扶風詠懷古迹	210
西巖村	210
同諸君於良璧園亭集，答時濟	210
同承裕、升之過滸西別業	210
讀史	210
詠懷	210
上善池碑陰走筆	211
見月	211
詠懷	211
寶穡堂	211
郭廟答餞送諸公	211
靈寶縣北渡解州，訓餞送諸君子	212
和六甥石室納凉	212
巖坂小酌	212
王仁瑞梅花詩	212
答太微滸西行	212
符上玉携酒過滸西	213
行酌	213
對客	213
次張閻夫見過之作	213
偶成	213
曉過汝言宅	214
滸西夜歸	214
過伊殿	214
禹夫携酒過訪	214
陂頭	214
江景	214
湯泉亭子小坐	214
真空寺	214
欒城逆旅	215

將入城訪呂子	215
聞箏	215
三月初，用昭見訪東齋小集同賦	215
郊行	215
賞花遇雨	215
謁后稷祠	215
獨坐	216
夜抵鄠杜	216
九日，同東侍御閻華州支倅於石橋郵亭集	216
郭侍御於移山潭宴王侍御同東侍御集	216
西園眺望	216
梨園	216
扶風道中二首	216

呂柟 ··············· 217

七月，訪陽城	217
中元上陵，次韻答景子伯時	217
次韻答何子仲默	217
再次何子韻	217
次韻答田子勤甫	217
出劉文節祠，過狄梁公墓	217
次韻答李子宗易	217
次李序庵都城元宵韻	218
春飲敘庵西圃夜歸有作	218
蒙城道中謁史宗道有作	218
過平陽堯廟有作	218
奉懷九川，因次其韻	218
次韻對山初會之作	218
底張道中	218
自滸西莊回，過綏城渡有作	219
掃花	219

胡纘宗 ··············· 219

送尚別駕來瞻	219

— 31 —

經冷泉寺	219
夏日	219
泰山	219
送王汝立節推	220
同楊憲長仲衡、王都閫靖之宿峴山寺	220
次中巖	220
贈副漕張參將文光	220
登岱嶽四首	220
遊玉清宮	221
懷李寓山侍御	221
宿龍山驛，懷李侍御節用	221
登太華宮望岳	221
道中立春	221
再過玩華亭	222
次韻蒙洞泉香	222
舟出江陰	222
偶登焦山，遂入金山次韻	222
登齊雲巖	222
羊棧山館次韻	222
送樊少南歸信陽，兼呈李獻吉、何仲黙二憲使	223
徐州道中有懷王渼陂、康對山、段河濱、呂涇野四太史	223
登凌高臺次韻	223
望皖山歸來，馬上盡見諸峰	223
擬有所思效涯翁限字次韻	223
太湖	223
陪王侍御登虎丘次韻	223
次韻答鄭戶部雲翔	224
東風	224
辭蜀	224
次韻憲臺詠檜	224
水西贈沈黃門宗海	224
飲趵突泉	224

九日，登開元寺 …… 224
海山亭望海 …… 225
登蓬萊閣 …… 225
東渚宗伯貽我以詩，詩以謝之 …… 225
送南墅張侍御 …… 225
輿上有懷谷進士嗣興 …… 225
春江聽雨，贈尹舉人覺 …… 225
扁州 …… 226
送白參議 …… 226
名山道中 …… 226
山行口號 …… 226
經青霞觀 …… 226
張指揮席上 …… 226
擬古雜詩五首 …… 226
登樓 …… 227
石松 …… 227
梅亭 …… 227
懷楊殿撰用脩二首 …… 227
送甘肅宋太僕二首 …… 227
贈涇野宗伯致仕歸關中 …… 227
飯慈航寺，有感次韻 …… 227
衡山古溪，諸君子復惠以詩，次韻再答 …… 228
故山柏亭，次韻東高民部 …… 228
次韻贈成都李憲副志剛 …… 228

周雅續卷之六 …… 229

韓邦奇 …… 229

九日，邀石泉大司寇 …… 229
浙上送邃谷 …… 229
送劉司訓罷歸蜀 …… 229
再過霍州 …… 230
懷慧岩 …… 230
雲中道 …… 230

晚至沁州書懷	230
靈石道中	230
雜興二首	230
入晉陽	231
桐廬舟中	231
蘭谿九日	231
晚下竹竿坡，趨靈石	231
妾薄命	231
買劍曲	231
襖亭道中二首	231
再過襖亭二首	232
長平	232
權店樓	232

王九峰 …… 232

壬申除夕，聞王師平山東諸盜	232
次東希宋登樓韻	232
偃師道中，望宋藝祖陵	232
舟中呈林太守有年	232
和林太守韻	233

韓邦靖 …… 233

長春亭	233
晚坐	233
臨高臺	233
採蓮曲	234
長安有狹邪行	234
玄明宮行	235
中秋，同何大復望月二首	236
紅菊，同何大復席上分韻	236
送謝屯部之湖廣	236
雲中九月八日，同張年兄字川登高	236
送周世寧還	236
關中	236

席上聞歌分韻 …………………………………………………… 237
　　秋日 ……………………………………………………………… 237
　　送張駕部參佐大中丞彭公討蜀，駕部山東討賊成功，復有是命 ……… 237
　　冬日 ……………………………………………………………… 237
　　華山 ……………………………………………………………… 237
　　北上二首 ………………………………………………………… 238
　　秋雨 ……………………………………………………………… 238
　　冬夜懷舍弟 ……………………………………………………… 238
　　鎮江平賊二十韻 ………………………………………………… 238
　　移月堂為馬歇湖先生作 ………………………………………… 238
　　谷太監出軍歌 …………………………………………………… 239
　　聖上西巡歌五首 ………………………………………………… 239
　　閨辭 ……………………………………………………………… 239
　　漫成四首 ………………………………………………………… 239
　　解悶三首 ………………………………………………………… 239
　　三月二十五日雨 ………………………………………………… 239
　　解悶，柬何大復、孟無涯三首 ………………………………… 240
　　春興二首 ………………………………………………………… 240
呂經 ………………………………………………………………… 240
　　傳奉外補 ………………………………………………………… 240
　　寄涇野內翰 ……………………………………………………… 240
　　寓居南軒祠 ……………………………………………………… 240
管楫 ………………………………………………………………… 240
　　寺居夜坐，時中州盜警，京師戒嚴 …………………………… 240
　　聞山東殘寇奔逸淮揚 …………………………………………… 241
　　聖駕北巡，感而有作三首 ……………………………………… 241
　　送南元善使寧夏 ………………………………………………… 241
　　省夜感述 ………………………………………………………… 241
　　寺居，中秋對月，有懷君采 …………………………………… 241
　　答西陂蜀中中秋見懷之作 ……………………………………… 241
　　竹山為唐沛之乃兄題 …………………………………………… 242
　　秋興 ……………………………………………………………… 242

－ 35 －

太微聞予遊空同，有詩見貽，次韻 ································ 242
南大吉
　　十五言懷 ·· 242
　　早發安肅，至保定公館 ·· 242
　　門有遠方客行 ·· 243
　　門有青雲客行 ·· 243
　　悼亡三首 ·· 243
　　題祝文安樜野卷 ·· 244
　　秋曉，發自秦村，復諸生講約 ································ 244
　　河中書院歌，為呂子道夫作 ···································· 244
　　贈別何子仲默長歌 ·· 245
　　遊紅石峽歌 ·· 245
　　雁塔歌，喜逢吉弟及姜生泗鄉試登第，作此以示 ···· 246
　　天寧寺行 ·· 246
　　題《白樂天聽琵琶圖》 ·· 246
　　長安妓 ·· 247
　　禁中有述四首 ·· 247
　　哀三子并序 ·· 247
　　登進士第 ·· 248
　　喜弟逢吉至自故鄉 ·· 248
　　贈劉子廷麟使占城 ·· 248
　　早入禁中 ·· 248
　　雨後禁中 ·· 248
　　早入禁中謝敕 ·· 248
　　經三川，望杜子美故宅 ·· 248
　　關內二首，為對山康子德涵作 ································ 249
　　題杜子美圖箑 ·· 249
　　午入花園 ·· 249
　　望華嶽 ·· 249
　　前巡幸歌 ·· 249
　　前凱歌 ·· 249
　　豫章歌二首，聞南昌平作 ······································ 249

後巡幸歌五首 …… 250
　　後凱歌四首 …… 250
　　次韻張太微時濟滸西行樂詞二首 …… 250
馬理 …… 250
　　和霍宰中秋對月二首 …… 250
　　題觀音寺老僧方丈 …… 250
張原 …… 251
　　和呂太史仲木 …… 251
　　貴陽紀事 …… 251
　　寄寄庵雜興 …… 251
　　登都勻城樓 …… 251
　　登都勻譙樓 …… 251
　　別成家中舍 …… 251
　　雁 …… 252
　　寄懷 …… 252
　　春江 …… 252
　　登永祥寺南閣 …… 252
　　雪 …… 252
　　秋日山遊 …… 252
　　山居詠 …… 252
　　對酒口號 …… 253
　　道院題壁 …… 253
　　山行 …… 253
　　漫成 …… 253
劉儲秀 …… 253
　　華巖川歌，送比部張太微謝病歸 …… 253
　　冬日，問李崆峒疾二首 …… 254
　　題太微終南村居二首 …… 254
　　九日，登含元殿 …… 254
　　秋日，同管、張二君集王翰林渼陂先生宅 …… 254
　　夜宿寧羌舘中 …… 255
　　聞潞州賊平志喜 …… 255

彭澤道中 ·· 255

楚府芙蓉 ·· 255

秋日咸寧道中 ··· 255

鱘魚 ·· 255

過孫太白山人宅 ····································· 256

過何大復先生故宅 ································· 256

二月十八日雪 ··· 256

謁宋學士潛溪墓 ····································· 257

酬馬戶部雨中送別 ································· 257

周雅續卷之七 ··· 258

張治道 ·· 258

望未央宮 ·· 258

山遊 ·· 258

春遊城南，遇李東橋着野服山巾，駕黃牛車，索余賦詩，馬上贈此 ········ 258

詠龍池古藤 ·· 259

料絲燈 ·· 259

蔣將軍園亭 ·· 259

雨霽牛頭寺 ·· 259

立春日除夕 ·· 259

野望 ·· 259

薦福方丈同諸友詠石燈，分韻得乘字 ···· 260

同郭憲副道夫夜飲，雷雨大作，時關中旱，喜極賦此 ···· 260

和胡蒙溪寺中食石榴 ····························· 260

渡灃河，東王紫閣、康對山二先生 ······· 260

杜陵花盛開，適康對山先生出城同賞 ··· 260

牛頭寺，用承之韻 ································· 260

春日，同王侍御遊罔極寺 ······················ 260

孫一元 ·· 261

雜感 ·· 261

遠遊 ·· 261

春日吟 ·· 261

與甘泉老人入董縣山 ····························· 261

山中石菖蒲雨過忽開九花，喜而盡採食之 …………………………… 262
種松 …………………………… 262
收菊花貯枕 …………………………… 262
秋夜同紫峽逸士、雪江老僧輩十人宿南屏山中，誦逋仙"夕寒山翠重，
　　秋净鳥行高"，分韻賦詩，余得夕字 …………………………… 262
王野雲見寄《華山誌》，忽憶余曩昔月下著羽衣醉吟蓮花峰上，
　　今已三載，喟然而嘆，作詩寄謝 …………………………… 262
紫陽山中徐步 …………………………… 262
雲居子 …………………………… 263
寄斗笠翁 …………………………… 263
徐孺子 …………………………… 263
陶淵明 …………………………… 263
邊人曲 …………………………… 263
解所佩日本小劍遺殷近夫，作《公莫舞》 …………………………… 263
松樹障子歌 …………………………… 264
畫孔雀引 …………………………… 264
山中人歌 …………………………… 264
松厓歌 …………………………… 264
吳氏雙桂歌 …………………………… 265
南榮老人歌 …………………………… 265
跨驢遊西山天竺寺 …………………………… 265
泛高士湖 …………………………… 265
春前五日大雪 …………………………… 266
按察使劉元瑞惠寶劍歌 …………………………… 266
謝鮑山人採松花見寄 …………………………… 266
錢員外畫小石山歌 …………………………… 267
致道觀看七星檜樹歌 …………………………… 267
題古木竹石圖 …………………………… 267
同沈石田先生吳門載酒泛月 …………………………… 267
春曉，登越江城，寄彭幸庵先生 …………………………… 268
有客 …………………………… 268
同施邦直棹舟西湖，乘月登孤山，拜和靖處士墓 …………………………… 268

晚霽	268
月夜登臺	268
送彭幸庵先生赴闕	269
夜坐，柬錢員外士弘	269
對酒	269
贈別顧華玉謫全州	269
感興	269
江城東近夫	269
避寇吳興山中	270
柬邵二泉先生	270
西湖	270
夜過王漢章，留酌	270
宿歸雲庵	270
夜宴	270
劍	271
晚晴信步至城東草堂，主人開尊留酌	271
荊溪道中	271
幽居	271
山寺對雪	271
獨往	271
燕都張子言訪山中	271
石林	272
失鶴	272
春日，吳門和李獻吉見寄	272
雨晴	272
錢員外施藥，作詩戲贈	273
遊龍井山	273
鄭繼之地官久不過湖上，奉簡	273
東郭草堂和王濟之閣老韻	273
蘭	273
贈黃勉之	273
渡江	274

讀孟浩然詩	274
曉起	274
夜起煮茶	274
幽居雜興	274
費閣老先生、顧與成參議同訪，有詩見遺，依韻和答	275
遊道塲山	275
滄江	275
春來兩月，懶不讀書，蕭然無一事	275
得彭幸庵先生書	275
辛未中秋，同張秋泉、僧龍玉升、顯東明西湖泛月	276
岳武穆王祠	276
送彭幸庵先生赴闕	276
秋晚眺鎮海樓	276
新卜南屏山居	277
山居著野服	277
別吳野航，約遊嚴陵釣臺	277
登吳山絕頂，望錢塘江潮	277
同顧九和、鄭繼之、殷近夫泛太湖，作軍中樂，酒酣賦詩	277
贈鶴	277
中秋，同凌時東、董子言、陳用明西湖玩月，爛醉歌此	278
與施邦直過訪陸侍御，遊道塲山，泛碧浪湖	278
晚晴獨眺昇山絕頂	278
題潛庵	278
陪李參戎汝盛遊勝果寺，登月輪峰，望錢塘江潮	278
贈徐廷應	279
種竹	279
鳥啼	279
和劉先瑞參政夜歸見寄	279
月波樓為南濠陳子魚題	279
乙亥元日	279
范文一昆仲約同汪進之、方質父泛西湖倡和	280
夢鄭繼之	280

孟僉事望之載酒晚訪湖上 …………………………………… 280
　　夜坐 …………………………………………………………… 280
　　棲雲樓 ………………………………………………………… 280
　　出塞二首 ……………………………………………………… 280
　　夢遊華山 ……………………………………………………… 281
　　春日遊彗山 …………………………………………………… 281
　　醉著 …………………………………………………………… 281
　　夜泊閶闔城 …………………………………………………… 281
　　與殷近夫放舟江心對月 ……………………………………… 281
　　寄青空道人 …………………………………………………… 281
　　西湖 …………………………………………………………… 281
　　毛參政籠一白鶴與丹書一函見遺，即席二絕答之 ………… 281
　　飲龍井 ………………………………………………………… 282
　　席上偶成 ……………………………………………………… 282
　　潯陽歌 ………………………………………………………… 282
　　奉和文徵明元日見訪 ………………………………………… 282
　　秋夜 …………………………………………………………… 282
　　林侍御見訪，留坐竹下，問武夷山水 ……………………… 282
　　中酒，閉門一月，偶出晚步 ………………………………… 282
馬汝驥 …………………………………………………………………… 282
　　述藝 …………………………………………………………… 282
　　送舒國裳謫閩中 ……………………………………………… 283
　　發京邑 ………………………………………………………… 283
　　歸至別業 ……………………………………………………… 283
　　聞單懷共城山水奇秀，可移家焉，有志弗獲，悵然賦詩，貽諸朋舊 ……… 283
　　酬明卿見遲之作 ……………………………………………… 284
　　停君濁酒卮，贈張子言 ……………………………………… 284
　　自平坡趨香山 ………………………………………………… 284
　　秋夕，文內翰宅別盧駕部 …………………………………… 284
　　元日 …………………………………………………………… 285
　　城南園亭集作 ………………………………………………… 285
　　到京，會許東侯太僕 ………………………………………… 285

送孫參議之蜀	285
答贈蔡九逵內翰	286
寒食日作	286
駕幸南海子	286
懷寄雷仲華	286
寄答許子	286
明卿見過，留酌	286
宿玉清宮	287
曉詣太學候駕	287
出遊顯靈宮	287
十五夜，懋昭席上	287
十七夜，薛君采宅玩月，是夕望	287
人日，集劉吏部宅	287
春日館中	287
八日夜，聚奎堂和薛子	288
送劉郎中使蜀	288
聞鄒、張二君遊西山歸，簡贈	288
中秋，君采宅玩月	288
齋宿大興隆寺，呈同館諸君子	288
古意	288
十四日夜，文徵仲宅對月次韻	288
大同作	288
瓷窯口值風	289
芭蕉園	289
兔園山	289
別業冬眺	289
河西驛，別大兄叔素弟	289
登郊壇鐘樓	289
送比部劉君任南京	289
登太寧山絕頂	290
元日	290
歸德舟行	290

東麓亭集	290
西山道院作	290
送馬汀洲	290
過何大復故宅，和劉士奇	291
過玄明宮故址，傷往事六十韻	291
題泰法師講堂十二韻	292
南泉十六韻，贈范廷儀郎中	292
北嶽二十韻	292
無定河東岸登眺，呈大兄郭唐夫	293
夜集薛吏部宅	293
春夕集吳舍人宅二首	293
送少師楊公致仕歸蜀，七言排律八韻	293
凱歌二首	294
擬古宮詞四首	294
豫章歌二首	294
送明卿	294
送尹太史南祀	294
出塞曲，贈許侍御伯誠	294
望嶽	294
廣州歌，贈廷儀二首	295
送文內翰致仕歸吳	295
越中吟，送陳山人二首	295

周雅續卷之八 ································ 296

胡侍 ································ 296

苦寒行	296
吳山謠，送謝學憲應午參浙藩政	296
謝公韻	296
送龍比部琰出相榮府	297
牛車	297
送劉德徵守夔府	297
宿蒙豀館二首	297
紫騮馬二首	297

送白貞夫昆季還吳	298
渼陂	298
送羅方伯循矩赴貴州	298
集永興王園	298
雨中同李憲副文極登天池寺二首	298
觀春雪，簡王二判府	298
昌平館	298
城夜	299
再遊蒙谿庵	299
詠珠上人院柏六韻	299
涼州詞	299
秦阿房宮	299
許宗魯	299
吳下雜述，別同年詹秋官汝約	299
延暉館	300
述志	300
擣衣	300
亭上	300
遊赤壁	300
奉和燕泉先生少宰何公委心亭，陶韻	301
暮春，同諸子登望江樓作	301
贈別王履吉	301
贈黃海亭卿	301
送馬司業赴南都	302
寒夜有懷馬司業仲房，效何水部	302
暮春，遊王氏南墅	302
寄祝黃門詠	302
春日，登含元殿故址作	302
春日，雨中過曲江別業，效何水部	302
送王朝邑班歸蜀	303
步登西阜，望太乙宮，宮據山麓，靈秀复絶，信仙都也，予心慕焉，卜遊屢阻，結想未釋，賦詩	303

苦雨，簡友生 …………………………………………………… 303
春夜宿白鹿仙洞，曉起，枕上見終南山，悠然有作 …………… 303
徐洞仙歸自武當，與予談異人麩子李之異，往予登遊，嘗聞其人，
　而未之見，今叩其踪迹，亦符前聞，予老矣，不能造詣，企慕
　之懷，不殊今昔，因賦懷仙之歌，李君靈悟前知，計當神交我也
　………………………………………………………………… 303
謝蕭宗樂惠硯歌 ……………………………………………… 304
沅江行 ………………………………………………………… 304
崇陽洪歌 ……………………………………………………… 304
洮州行 ………………………………………………………… 305
贈琴棗陽王 …………………………………………………… 305
賦得折楊柳，送屠大夫北上 ………………………………… 305
石壁歌 ………………………………………………………… 305
武陵得張子魚寄詩，效答一篇 ……………………………… 305
漢陽歌，別朱子宜 …………………………………………… 306
答王司諫履約短歌 …………………………………………… 306
夏日閑居 ……………………………………………………… 306
十五夜，南峰王孫邸同葉右史賞月 ………………………… 306
八月晦日，酌山樓同韋西諸君子小集 ……………………… 306
送王生還鄠杜，兼訊渼翁丈人 ……………………………… 307
太峰王孫邸雨集 ……………………………………………… 307
晚秋村居，訪蔣將軍 ………………………………………… 307
秋日，曲江同韋西諸君子遊燕 ……………………………… 307
秋日，再過何中丞園觀妓 …………………………………… 307
臘日，雪中燕竹庵王孫第 …………………………………… 307
人日，徐園燕集 ……………………………………………… 307
池上同諸子避暑 ……………………………………………… 307
雪後郊行即事 ………………………………………………… 308
江村雨霽 ……………………………………………………… 308
春夜園中作 …………………………………………………… 308
春日，迎旭王孫山池宴集 …………………………………… 308
將之鄠杜，訪王丈太史，因尋老子說經臺，雨阻不果，

答姚韋西見貽之作	308
家園再飲李春谷	308
秋日，北莊省稼	308
七月望夜對月	309
送沮涯翁歸彭衙，因訊芳泉老人	309
九月望前月夜，飲石屏臺上	309
暮春，小院花下，携妓燕集	309
暑夜池上	309
和管中丞九日圓通寺登高聞警	309
登西嶽廟樓	309
秋晴	309
晚歸，馬上看山作	310
閣上	310
如聖寺遲李民部	310
吊孫太初墓	310
金山	310
登多景樓故基，次米南宮韻	310
登大同城觀兵	310
小園葡萄初熟，摘贈諸寮，因附以詩	311
曉望	311
春日，登黃鶴樓	311
岳陽樓夜集，同謝水部	311
夏日，重過雁峰寺	311
八月十三夜，舟行入安鄉，不見月	311
塔上同諸子賦	311
除夜，同張隱君、劉秀才諸君子守歲	312
九日，約遊天壇不果，簡葉內翰叔晦	312
邊事	312
寄皇甫氏父子	312
九日，送張山人子言菊酒	312
秋日，曲江別業二首	312
東湖道中即事，用汪希會韻	312

項以洞庭春奉餉溪翁丈人，輒蒙開禁釂飲，陶然就醉，且為絕句，
　　　謹嗣元押，更致村釀，聊以表慶慰之意云 ………………………… 313
　　園居雜興 …………………………………………………………………… 313
　　讀太白山人詩 ……………………………………………………………… 313
王謳 …………………………………………………………………………………… 313
　　夜行 ………………………………………………………………………… 313
　　山城夜興 …………………………………………………………………… 313
　　馬廣文回示青門見憶，因留小酌，至晚別去 …………………………… 313
　　傷別曲，送青門大兄還陝 ………………………………………………… 314
　　胡沙行 ……………………………………………………………………… 314
　　舞劍歌 ……………………………………………………………………… 314
　　古意，寄別劉希尹、薛君采 ……………………………………………… 314
　　憶昔行 ……………………………………………………………………… 315
　　昌平館中 …………………………………………………………………… 315
　　寄孫太初山人 ……………………………………………………………… 315
　　夏早郊行 …………………………………………………………………… 315
　　登太白樓，時赴葉鳴玉宴 ………………………………………………… 316
　　無事二首 …………………………………………………………………… 316
　　山行 ………………………………………………………………………… 316
　　泛舟南湖 …………………………………………………………………… 316
　　秋日登望 …………………………………………………………………… 316
　　冬日亭上 …………………………………………………………………… 316
　　曉行 ………………………………………………………………………… 316
　　送崔翰林來鳳歸隱 ………………………………………………………… 317
　　沙河晚泊 …………………………………………………………………… 317
　　冬日，訪吳園贈主人 ……………………………………………………… 317
　　冬日有感二首 ……………………………………………………………… 317
　　竹谷約遊未央，忙不克赴，憶題 ………………………………………… 317
　　在野 ………………………………………………………………………… 317
　　水頭遊 ……………………………………………………………………… 317
　　撥悶，柬張用載員外 ……………………………………………………… 318
　　送孫敬之先生 ……………………………………………………………… 318

冬日，寄關中諸兄 …… 318
遠泉孔氏竹林 …… 318
嶧縣楊天恩道舊 …… 318
大風山行，傷花 …… 318
識野別 …… 318
湖上 …… 318
落日放舟 …… 319
山齋風夜述懷 …… 319
無事 …… 319
謁軒轅廟 …… 319
秋日閒居，因感年暮，翻然憶歸，恨此羈絆，有成 …… 319
秋夜對月 …… 319
春興 …… 320
塞上 …… 320

何棟 …… 320
　香山訪林上人 …… 320
　宿功德寺 …… 320
　寺中齋居，趙都諫、段、劉二侍御夜過 …… 320
　元夕，同臺中諸道長集顯靈宮 …… 320
　虎丘寺，簡徐使君達夫 …… 321
　春日，過韋曲訪張太微 …… 321
　四日立春，同張太微川遊有作 …… 321
　姚韋西宅，同倪江野各賦春夕詩 …… 321
　送人入燕 …… 321
　泛湖 …… 321
　碧雲寺 …… 321
　登真覺寺浮圖 …… 321
　過胡光祿山池 …… 322
　次杜工部秋興韻二首 …… 322
　甲戌下第，秋興 …… 322
　陳順之茂才壯年未遇，欲之南國，別我荊溪，感而賦此 …… 322
　入關，望華山作 …… 322

王用賓	322
謝人寄湘箋	322
聞雁	323
擬詠禁中鸚鵡	323
發白鹿山	323
出塞曲二首	323
瓶梅盛開，有感	323
金鸞	323
秋興	323
別林屏東光祿	324
留宿葦航方丈	324
早春，夜集張一渠館中漫賦	324
九日，喜河上寇平，奉簡二三知己	324
泊安慶	324
寄懷江南親故	324
聞倭夷復寇揚州，烽戍接境，憶昔嬉遊樂土，半成丘墟，	
歌酒故人，悉罹喪亂，望風增愴，揮涕寄言	324
除夕	325
薄暮	325
述所聞	325
春城曲	325

周雅續卷之九 326

呂顓	326
居庸關	326
過錢若水墓	326
左思忠	326
贈陳羽士鳴谷隱居	327
趙時春	327
洛原賦	327
誚蒲萄賦	328
春暮遣興	328
懷春	328

古别離，答黄德兆武部	329
擬古，答黄武部二首	329
塞上曲	329
燕歌行	329
春思，玉臺體	330
雜詩贈友人	330
伏日白雲樓	330
感遇	330
早秋，懷羅達夫、唐應德	331
仲夏喜雨	331
華山謡，别張南川侍御	331
固原南池泛月，奉陪唐尚書，與劉總戎、段正郎、樊兵憲同舟	332
贈吕幼誠	332
送王編修省親	333
花馬池歌，寄劉松石尚書	333
送連伯金館長左遷日照令	334
早朝	334
送李子西侍御巡邊	334
原州九日	334
登龍門洞，望飛鳳山	334
奉寄劉尊師，時分守宣府	334
問固原告急	335
陪許都事遊空同	335
春興	335
北亭雨餘	335
兩亭溝	335
將兵北戍	335
練兵二首	336
順義别郭户部	336
登鎮遠樓	336
寄張邦敷	336
早春，飲陶園	336

— 51 —

柳湖讌集，用民瞻韻	337
書舍	337
有聞三首	337
聞唐應德南征	337
霜候	338
清明閑居	338
答次扶風王令宿山墅韻	338
送任勇將五軍營	338
送陶總戎赴督府	338
和廖群倅對雪用韻	338
冬日，東郊即事	339
次李大卿招讌陶總戎竹園，兼懷陶	339
涇浦躬穫	339
訊唐應德避居城南寺	339
東閣晚出	339
旅雁	339
通州道中	340
代紀元正上翟石門	340
羅達夫、唐應德謁陵迴，折簡走問	340
寄張邦敷二首	340
和翁都憲過訪不遇韻	340
次許少華中丞校閱韻	340
出塞二首	341
奉次總督何太華巡古北口，過虎頭山韻	341
次周戶部韻，送人巡邊	342
和柏泉胡大參祀吳山	342
寄賀胡栢泉冢宰	342
秋懷	342
寄翁總督	342
山行，尋白院判故城	342
入函關	343
上京樂四首	343

元日，禹城朝賀 ……………………………………………………………… 343
送咸寧侯總戎兩廣 ………………………………………………………… 343
河西歌四首 ………………………………………………………………… 343
張總督還自花馬池歌四首 ………………………………………………… 344
塞上曲五首 ………………………………………………………………… 344
至薊 ………………………………………………………………………… 344
張問仁 ……………………………………………………………………………… 344
早朝 ………………………………………………………………………… 345
登岱 ………………………………………………………………………… 345
江樓遠眺，時新被倭患 …………………………………………………… 345
高郵夜渡 …………………………………………………………………… 345
秋夜，仰懷恩師斗城先生，先生代巡中州，時以疾請告而行 ………… 345
仰懷北郭先生，寄呈 ……………………………………………………… 345
秋夜懷崔瑜浦，柬呈 ……………………………………………………… 345
秋夜 ………………………………………………………………………… 345
廣陵懷古 …………………………………………………………………… 346
朱仙鎮岳武穆廟 …………………………………………………………… 346
晚春，園亭期張、嚴二逸士不至 ………………………………………… 346
尋鄭道士不遇 ……………………………………………………………… 346
登泰山，因懷兗州李東河太守，時予將有兗州之行，故先戲寄 ……… 346
盂秋，居庸道中 …………………………………………………………… 346
送王秀才南遊 ……………………………………………………………… 346
李一元 ……………………………………………………………………………… 347
奉和余方池太史江興 ……………………………………………………… 347
芝山招遊草堂 ……………………………………………………………… 347
送陳雨泉僉憲 ……………………………………………………………… 347
和升庵先生春興 …………………………………………………………… 347
登泰山 ……………………………………………………………………… 347
楊爵 ………………………………………………………………………………… 347
幽懷 ………………………………………………………………………… 347
有感 ………………………………………………………………………… 348
有感 ………………………………………………………………………… 348

遣思男歸秦 ································· 348
來聘 ······································· 348
　　獨坐 ··································· 348
　　小酌 ··································· 348
劉鳳池 ····································· 349
　　秋雨 ··································· 349
　　雨後聞蟬，憶都下諸君子 ················· 349
　　重九客邸述懷 ··························· 349
王維禎 ····································· 349
　　寄謝氏 ································· 349
　　與汪仲子別 ····························· 349
　　贈袁生督兵守鳳陽 ······················· 350
　　贈劉少參赴楚守顯陵 ····················· 350
　　送盧子上泰陵祠昭聖太后 ················· 350
　　雨霽，宴郊壇徐奉常院 ··················· 350
　　送駱太史謝病歸湖州 ····················· 350
　　陳戚宛宅同年會，和孫季泉太史韻 ········· 351
　　廣德寺送別陳子 ························· 351
　　贈王懋中太史移居 ······················· 351
　　中秋，過汪氏二昆季玩月 ················· 351
　　雪中東鄰舍汪子 ························· 352
　　寄東氏妹 ······························· 352
　　寺閣同諸子和楊司諫韻 ··················· 352
　　賦得天寧塔，贈別胡青岩同年 ············· 352
　　郭氏莊遊，次洞山尹子韻 ················· 352
　　南浦舟泛次韻 ··························· 352
　　有客 ··································· 353
　　熱 ····································· 353
　　春夜於草堂飲趙太洲限韻 ················· 353
　　夜投乾州 ······························· 353
　　秦嶺過文公祠 ··························· 353
　　康陵陪祀 ······························· 353

沙河道中，用王太史韻	354
祗役山陵，憩道觀	354
小至，院內對月，簡諸同宿	354
乙巳元日	354
夏日，同諸文學登都城，和孫季泉韻	354
贈李封君樂隱公	354
曹侍御使金陵	355
聞笛	355
贈張憲使之閩中	355
贈蔡使君守衡州	355
春日，邀諸同好登毘盧閣，和洞山韻	355
六月三日作	355
立秋	355
西溪亭上，次劉太守韻	356
原州鎮西樓松石公讌集用韻	356
原州魚池秋泛，用三渠宮諭韻	356
瓊翰流輝樓二十韻	356
望雨	357
春意	357

喬世寧

驪馬	357
劉生	357
出塞	358
聞笛	358
關山月	358
梅花落	358
秋夜	358
七夕過臨潼，馮、董二舉人招飲溫泉	358
孟津樓	359
江樓	359
東麓亭宴集	359
行嘉州城	359

經始皇墓	359
題後岡山房	359
宿紫霄宮	359
秋夕	359
十三夜，劉、吳諸君召集	360
漵浦道中，見風土多異，又會兵征苗，即事感述	360
過城南左子園	360
擣衣	360
棄妾吟，柬陳子虛	360
聞警	361
栽柏	361
丁巳除夕	361
春日	361
望九疑	361
春夕江行	361
洞庭祠	362
御河	362
南逢吉	362
謁文丞相祠	362
渡楊子江	362
楚子國寶過訪，邀飲龍首山房	362
春日，同越中諸友登大禹陵山	362
秋夜，同諸年丈過呂子幼誠寓，席上得烟字	362
洛陽官舍，會喬景叔年丈	363
經郭林宗墓	363
呂顒	363
《歷田圖》，為張兵憲題	363
登朝天嶺	363
徐溝院中，見定原家兄留題用韻	363
淳化羅仲山年兄同楊縣公寺餞	363
與家兄話別善果寺	364
春日，福先寺與劉祠部方嵎小酌	364

目　録

訪蘇門邵子窩 …………………………………………………………… 364
寄山王長卿邀飲遊燕子磯，時同林雲山、章鄧山、陳曇山三公，
　　予適早至，詩以竢之 ………………………………………………… 364
秋日，登太和山 ………………………………………………………… 364
大夫松 …………………………………………………………………… 364
除日立春小集，趙浚谷話別 …………………………………………… 364
奉答定原家兄使迎之作 ………………………………………………… 365
朱仙鎮謁岳廟 …………………………………………………………… 365
訪趙浚谷氏 ……………………………………………………………… 365
宿秋林驛，時老父謫居漢州，相去百里，不覺悲喜交集，詩以識之 …… 365
司成趙大洲謫任荔陂，襄陽舟中用韻送別 …………………………… 365
答趙浚谷年兄見懷之什 ………………………………………………… 365
入廷對 …………………………………………………………………… 366
大駕南巡三首 …………………………………………………………… 366
與徐承差艾賢 …………………………………………………………… 366
張才 ………………………………………………………………………… 366
過鄴訪謝茂秦 …………………………………………………………… 366

周雅續卷之十 ……………………………………………………………… 367
王鶴 ………………………………………………………………………… 367
江上留別朴、李二都監 ………………………………………………… 367
白雲 ……………………………………………………………………… 367
夏日，南滁懷雅社諸友二首 …………………………………………… 367
夏日病後，宴東明社長池亭 …………………………………………… 368
集景亭詞 ………………………………………………………………… 368
答客 ……………………………………………………………………… 368
七先生詠 ………………………………………………………………… 368
　兵部尚書西陂劉先生 ………………………………………………… 368
　刑部主事太微張先生 ………………………………………………… 369
　都察院右副都御史少華許先生 ……………………………………… 369
　右都御史兼兵部右侍郎太華何先生 ………………………………… 369
　鴻臚寺少卿濛溪胡先生 ……………………………………………… 369
　四川按察使三石喬先生 ……………………………………………… 369

- 57 -

南京國子監祭酒槐野王先生 ································· 369

木居士怨 ··· 369

感懷三首 ··· 370

憤俗二首 ··· 370

悼潘山人 ··· 370

醉春亭賞牡丹歌 ··· 371

賣鷄行 ··· 371

渡鴨綠江 ··· 371

義順館 ··· 372

發林畔館 ··· 372

黄州 ·· 372

金郊道中 ··· 372

發開城府 ··· 372

泛臨津江 ··· 372

夜燕廣遠樓 ·· 372

泛大同 ··· 372

登練光亭 ··· 373

登浮碧樓 ··· 373

早登快哉亭 ·· 373

謁箕子廟 ··· 373

春日山莊二首 ··· 373

將尹應天感懷 ··· 373

岷川劉公將赴貴州，過秦，邀至南城樓宴集 ········· 374

過太微莊，懷太微先生 ································· 374

十五夜，同諸山人對月 ································· 374

東竹逸移居，用原韻 ····································· 374

東明宅嘗酒 ·· 374

平壤城 ··· 374

王京迎詔 ··· 374

遊漢江 ··· 374

初度，諸友招讌，內李生號通仙道，末故及之 ····· 375

讀《皇華集》有感 ··· 375

書懷 ………………………………………………………… 375

清流關留別許元復 ………………………………………… 375

秋興二首 …………………………………………………… 375

席上同陳一泉詠綬帶香 …………………………………… 375

宿天池寺 …………………………………………………… 376

中秋家宴 …………………………………………………… 376

九月八日，竹逸、華樓二山人携樽過訪，即約來日再集山堂 ………… 376

九月二十八日，期渠翁相公同諸吟社賞菊 ……………… 376

隆慶宰相 …………………………………………………… 376

得金白嶼詩，寄答 ………………………………………… 376

春日，杜祠立太微先生從祀碑，同諸吟社致奠，因過牛頭寺 ………… 376

宿韋曲別業 ………………………………………………… 376

讀黃甥所藏溪陂先生詩卷，先生以翰林為時宰所嫉，謫壽州，罷歸，

　　更號紫閣山人自老云 …………………………………… 377

過周户部槐村書屋 ………………………………………… 377

讀大行皇帝遺詔 …………………………………………… 377

四月十五，余先妻周氏忌日，同兒胤吉致奠，悲悼賦此 … 377

友人題岳武穆班師，責武穆不知《春秋》兵諫之義，余駁之以此 …… 377

南軒 ……………………………………………………………… 378

除夕，京邸感懷 …………………………………………… 378

登岳陽樓曉望 ……………………………………………… 378

榆林歌，寄贈李汝愚中丞 ………………………………… 378

送中舍許稚幹使恒山，便歸省侍 ………………………… 378

東陵陪祀 …………………………………………………… 378

長陵陪祀 …………………………………………………… 379

玄極寶殿陪祀 ……………………………………………… 379

遊慈恩寺 …………………………………………………… 379

登落雁峰 …………………………………………………… 379

送長男學仲同季男師仲赴南宮試，兼寄仲男憲仲 ……… 379

送同年馬體乾太史使蜀，便歸省觀 ……………………… 379

春日，同劉少衡曹郎遊天界寺 …………………………… 379

登攝山頂 …………………………………………………… 379

春日，同胡正甫寮丈遊草堂 ……………………………………………… 380

入關志喜 ……………………………………………………………………… 380

讀《醉翁亭記》 ……………………………………………………………… 380

鶴來賦 ………………………………………………………………………… 380

馬自强 ……………………………………………………………………………… 381

七月七日，送張惇物先生之襄陽 ………………………………………… 381

贈戴錦衣講堂侍直 ………………………………………………………… 381

夜度梅嶺，宿柏林驛 ……………………………………………………… 382

潼川夜度 …………………………………………………………………… 382

送李季純參政齊東 ………………………………………………………… 382

三月晦日，開化寺阻雨，聽僧吹笙 ……………………………………… 382

遊南吏部園亭 ……………………………………………………………… 382

何、趙二廣文同郡舉貢諸君子分送余趙渡鎮與潼關 …………………… 382

周鑑 ………………………………………………………………………………… 382

送友人之南康 ……………………………………………………………… 383

野酌二首 …………………………………………………………………… 383

懷表弟徐玄遁道人 ………………………………………………………… 383

寄浚翁 ……………………………………………………………………… 383

觀浚谷手迹有感，和前人 ………………………………………………… 383

送河汀年兄赴靖虜衛 ……………………………………………………… 383

吊武功康太史公 …………………………………………………………… 384

千佛山分韻，得振字 ……………………………………………………… 384

得友人李鶴岩書 …………………………………………………………… 384

趵突泉次董右坡韻 ………………………………………………………… 384

上王鑑川司馬 ……………………………………………………………… 384

重陽，舟中自述 …………………………………………………………… 384

送川樓吳參伯入賀萬壽 …………………………………………………… 384

汴署賞海棠，次左使吳小江舊韻 ………………………………………… 385

重過錦屏，次洞賓韻 ……………………………………………………… 385

吾舅浚翁豪飲，每宴客酒酣，出所藏魚眼、鬼頭瓢諸器以佐歡，

　魚眼可盛斗酒，鬼頭亦容數升，客或病不勝，先生輒為浮白，

　日數十舉，余往侍觴詠，亦強效其一二，今且十餘年矣，先生

既不可作，而余亦衰見二毛，再御茲器，乃逡巡而不能竟也，
　　有懷今昔，為之悵然，遂賦一章 ································· 385
羅廷紳 ··· 385
　　別羅響泉兄弟，飲中偶成 ··· 385
張蒙訓 ··· 386
　　三月晦日，臨舊岐有感 ··· 386
東漢 ··· 386
　　和汪南雋登鈴山堂 ··· 386
　　田園樂，次王摩詰韻三首 ··· 386
邵昇 ··· 386
　　送毛南充 ··· 386
　　挽埜堂 ··· 387
周宇 ··· 387
　　雨竹賦 ··· 387
　　博山爐欸 ··· 387
　　別墅看山，有懷同志 ··· 387
　　登太乙峰 ··· 388
　　登終南五臺 ··· 388
　　路外舅華原先生墓 ··· 388
　　再過野人家次韻 ··· 388
　　登太乙峰絕頂 ··· 388
　　春日，同客憩慈恩寺塔 ··· 388
　　南村寡媍行 ··· 388
　　過永興故邸 ··· 389
　　白筞 ··· 389
　　覽李伯會先生《登泰山》詩 ······································· 389
　　採藥 ··· 389
　　病臥數年，藩大夫以謫橄趣行，賦詩見志 ·························· 389
　　早菊 ··· 389
　　和仙詩 ··· 390
　　刪稾 ··· 390
　　吾梗書此為戲 ··· 390

聞艾員外將遊終南，發罔極寺 ……………………………… 390
寒驢換趙帖 ………………………………………………… 390
詠史 ………………………………………………………… 390

溫純 …………………………………………………………… 390
　艾如張 ……………………………………………………… 390
　送劉衍亨宗伯還朝 ………………………………………… 391
　登庾亮樓歌 ………………………………………………… 391
　書董生《玉几山房圖》 …………………………………… 391
　上元，同劉敬甫送弟從戎 ………………………………… 391
　過邯鄲 ……………………………………………………… 392
　過武關 ……………………………………………………… 392
　送辛四景虞上春官 ………………………………………… 392
　夏日，同裴太僕泛西湖 …………………………………… 392
　登萬松嶺 …………………………………………………… 392
　武陵城樓送李少參之關中 ………………………………… 392
　寓天寧寺蘭上人房 ………………………………………… 392
　海潮庵 ……………………………………………………… 393
　過夷門，有懷西亭宗正 …………………………………… 393
　寄題葵園 …………………………………………………… 393
　遊青柯坪 …………………………………………………… 393
　邯鄲建追遠祠志喜 ………………………………………… 393
　遊李氏園 …………………………………………………… 393
　再遊李氏園 ………………………………………………… 394
　登金山寺 …………………………………………………… 394
　虎跑泉寺，同孫樞相、王李二柱史宴集，次蘇韻，時王君將代 …… 394
　雁山瀑布 …………………………………………………… 394
　上巳，邀司馬汪公伯玉遊西湖 …………………………… 395
　仲夏，定海招寶山，同王將軍、張按察觀水陸大操 …… 395
　江村夜渡 …………………………………………………… 395
　王陽德大參伯中邀飲墨池園，池即右軍洗硯處，謝氏夢草堂在側 … 395
　同鄒、秦二使君遊德山 …………………………………… 395
　同胡奉常、党侍中集燕子磯 ……………………………… 395

次汝脩觀梅 …… 395

春日社集，得餐字 …… 395

憂旱 …… 396

丙午上元，西社觀燈登城樓，次日，橋上看龍燈，同孔治甫、胡含素、梁君旭、薛龍阜、來陽伯馭仲暨家弟希孔，得"同"字 …… 396

送蕭可發直指還朝 …… 396

題李太僕雲池卷 …… 396

得兒自知 …… 396

同胡子忠重遊燕子磯，聞我兵復朝鮮王京 …… 396

哭敏肅宮保 …… 397

紀懷 …… 397

同胡藩參、蔡憲使集永嘉江心寺 …… 398

送夏元甫給諫使琉球冊封 …… 399

送秦二使君之蜀 …… 399

挽御史大夫葛公 …… 399

重遊永嘉江心寺 …… 399

答司寇王公元美，次來韻，兼懷其弟敬美 …… 399

題楊太宰桃花嶺 …… 399

王庭詩 …… 400

茂陵陪祀，望新築昭陵，呈旭庵都諫 …… 400

靈濟宮訪劉少嵐 …… 400

曉發晉關，寄舍弟太史 …… 400

山居，雨中待舍弟正卿 …… 400

喬因阜 …… 401

遊華嶽 …… 401

望道塲山，因讀詩人孫一元《宿歸雲庵》之作，即依韻為詩吊之 …… 401

官道柳 …… 401

觀宋理宗遺像 …… 401

萬曆壬午，過大柳，癸未，復過，對月述懷 …… 402

歸里中 …… 402

群寮餞莫愁湖 …… 402

和丘子夏日署中吾兼亭初成，憶李、鄭兩曹長之作 …… 402

- 63 -

宿香山寺	402
九日，同諸僚集北高峰	402
過子陵釣臺	402
劉貽哲自汝上寄詩見懷，有"不才今日亦抽簪"之句，未幾，貽哲有南海之行，暇日，用韻答之	403
天台石梁	403
括蒼道中思兄	403
早朝闕下望月	403
西海行	403
江行	403
宋宮詞	403
文齒風	404
贈松峰從祖	404
教臺	404
華州獻文馬二首	404
馮柏泉雙孫二首	404
贈冀州門人張茂才可大	404
贈棗強張尹	404
林下見一人	405
思盧野	405
漁樵問答	405
題香山九老屏風	405
盛訥	405
三月三日脩禊	405
雪	405
周雅續卷之十一	406
文少白	406
陽春篇一百十三首	406
清秋篇六十三首	414
聖旦篇七十四首	418
論學篇六十六首	423
周雅續卷之十二	429

文少白 ... 429
華山篇四十五首 ... 429
大鵬篇 ... 432

周雅續卷之十三 ... 451
文少白 ... 451
梅花篇 ... 451
代翰篇，寄趙夢白 ... 468

周雅續卷之十四 ... 474
南憲仲 ... 474
答友人 ... 474
苦暑 ... 474
秋日，集白氏園亭 ... 474
華山道人閉關處 ... 475
夏夜，與友人對酌漫興 ... 475
詠黃鳥 ... 475
夜燕友人邸 ... 475
秋懷 ... 475
寄贈帥侯赴召二首 ... 475
除夕書懷 ... 476
過邢子愿彈琴室 ... 476
郊原有懷 ... 476
春日遊華山，歸至華州 ... 476
詠王氏庭前竹 ... 476
長歌行，次涿州，夜懷京邸諸同年 ... 476
臨發江南，曉望 ... 477
立春後除夕 ... 477
遊杜工部草堂 ... 477
對月席上，得深字 ... 477
蚤發新都，與子興弟言懷 ... 477
梅嶺道中 ... 477
棧道有感 ... 477
登耀州城樓 ... 477

遊瑞泉觀	478
再過耿氏	478
久雨	478
羑里	478
琴磚	478
花朝，懷渭上兄弟	478
華州王蓮塘同年招飲傳芳樓，兼示昆季諸作	478
寄侯子建年兄	479
洪戒寺同姚、湯二生夜話	479
送張育齋、馬裕富庵還秦	479
過雷奉常	479
淇縣道中	479
宿趙州苦熱	479
曉發滁陽述懷	479
邀客避暑東園，值雨	480
長安道上懷渭上諸友	480
春日，役祠諸君子邀遊五臺	480
客舍有懷	480
東郊迎兄	480
夜坐，次伯兄韻	480
除夜	480
將赴雁塔喜晴	481
黃梁夢	481
河西候內父話別，次韻二首	481
野望	481
雨後，恩榮宴呈兩榜同年	481
正月十五夜，同僚佐登樓燕覽	481
舟行	482
連山道中口號	482
雪臺觀訪劉道士	482
吊墜崖僧	482
芭蕉雨	482

觀還，約邢四同舟，不果，詩以嘲之 …………………………… 482
李時芳 …………………………………………………………………… 482
　　　郭鹿坪拜遼陽參知，便道歸里 …………………………………… 482
　　　周公化遠遺書畫，獨負宿約，詩以見意 ………………………… 483
　　　秋日，澄心亭留酌胡荊甫、周公化、許子長，得"寒"字 …… 483
　　　寺中感懷 …………………………………………………………… 483
王道純 …………………………………………………………………… 483
　　　改門 ………………………………………………………………… 483
　　　聞鶯 ………………………………………………………………… 483
　　　讀杜少陵詞 ………………………………………………………… 483
　　　秋日，柬季鳳諸昆弟 ……………………………………………… 483
　　　友人贈京醖，酌而志感 …………………………………………… 484
　　　山居 ………………………………………………………………… 484
　　　送大參吉源房公入賀 ……………………………………………… 484
　　　送楊助吾水部即事蜀中 …………………………………………… 484
　　　秋日，懷李毓華年丈 ……………………………………………… 484
　　　戲贈張徵君竹逸 …………………………………………………… 484
　　　月夜林中，同謝芑濱蓬門共酌 …………………………………… 484
　　　諸將 ………………………………………………………………… 485
　　　送陳應虹方伯總轄西蜀 …………………………………………… 485
　　　送李實吾巡撫延綏 ………………………………………………… 485
　　　贈王肖洲孝廉 ……………………………………………………… 485
　　　示成都千兵繆愷 …………………………………………………… 485
　　　送李瑞泉二府遷比部員外 ………………………………………… 485
　　　雪後有事南郊，望終南寫懷 ……………………………………… 485
　　　新正，同胡紹溪諸友小集蓮池新亭 ……………………………… 485
　　　送曾仁宇別駕之守徐州 …………………………………………… 486
　　　答贈李思弦二府憐予貧，又稱予邃於玄學 ……………………… 486
　　　望華 ………………………………………………………………… 486
李三才 …………………………………………………………………… 486
　　　黃生再過作別 ……………………………………………………… 486
　　　秋夜宿直 …………………………………………………………… 486

− 67 −

呂梁遇仲文留飲志別 …………………………………………… 486
初至金陵，酬李吏部于田二首 …………………………………… 487
送張二遊天目，魏大同賦 ………………………………………… 487
送馬心易言事被謫南還 …………………………………………… 487
同夏二府登光岳樓 ………………………………………………… 487
初至金陵，魏懋忠、李于田見過留飲 …………………………… 487
冬日，同歐禎伯諸公飲李通侯清嘯軒，得卮字 ………………… 487
至日，寄舍弟 ……………………………………………………… 488
九日，署菊無花 …………………………………………………… 488
集繁臺禹廟，謁三賢祠 …………………………………………… 488
江清口，阻風贈邵生 ……………………………………………… 488
江上逢李祝 ………………………………………………………… 488

王庭譔
秋雨 ………………………………………………………………… 488
秋日，宴東家亭子，即席有贈 …………………………………… 488
贈桃源孫主簿蘭石 ………………………………………………… 489
華清宮 ……………………………………………………………… 489
秋原薄暮 …………………………………………………………… 489
送郭鹿坪轉餉雲中 ………………………………………………… 489
送劉華石侍御還朝 ………………………………………………… 489
秋日，得漢冲丈書問，詩以報之 ………………………………… 489

劉復初
登峨眉山二首 ……………………………………………………… 490

王圖
瀛洲亭觀新水 ……………………………………………………… 490
謁先聖祠，瞻壁間石刻畫像 ……………………………………… 490
讀《秋聲賦》有感 ………………………………………………… 490
賦得玉壺冰 ………………………………………………………… 491
扈從南郊紀事 ……………………………………………………… 491
九重春色 …………………………………………………………… 491
恭讀宣宗皇帝諭庶吉士詩，感而有述 …………………………… 491
雪後，朝天宮習儀 ………………………………………………… 491

西苑觀菊	491
城樓登眺	491
朝日壇有述	491
賦得春深五鳳城	492
觀《上林春曉圖》	492
賜百官鰣魚，恭紀	492
皇子誕生，志喜	492
省中紅藥選體	492
金人捧劍篇	492
霜降，陪祀山陵詩	493
過慈壽寺，贈超如上人	493
贈獨空上人住持隆慶寺	493
瞻庵	493
右古柏	493
右岩泉	493
右綠野	493
右一環樓	493
右玩月臺	494
送少宰沈公奉詔歸省	494
少宗伯張洪陽館師予告還里，奉題閒雲館四首	494
題沈封君柏溪《墨竹圖》	494
送蕭漢冲太史冊封秦藩	494
送潘雪松侍御謫廣州	495
送奚問源年丈請告歸省	495
送別駕歸君之任閩中	495
送李晉陽館丈予告還吳中	495
送葛山人壺春歸楚中	495
皇極門宣捷，志喜	495
詔清冤獄，寬大辟六十餘人，恭紀	495
白燕	495
壽徐年伯	496
送林開先館丈參藩處州二首	496

送李成甫館丈冊封周藩，便歸省覲	496
送黃明起館丈冊封趙藩，便歸省覲	496
送黃慎軒太史冊封韓藩，便歸省覲	496
送高東溟侍御請告歸省	496
送馮琢吾宮詹歸省	496
送徐春原之任澧州尉三首	497
閩中典試，舟過蘭江，方司馬眾甫枉贈瑤章，率爾酬謝四首	497
九日，許中丞敬庵招飲凌霄臺，同方司馬明齋賦二首	497
宿天真禪院	497
飲徐一亭家園題贈	497
別水南徐先生	497
別用吾王君	498
過釣臺，謁子陵先生祠二首	498
過釣臺日，余初度也，徐殷民有詩見贈，述懷致謝	498
過錢塘江	498
登西湖逍遙樓二首	498
別徐公子殷民	498
遊金山二首	498
贈郡博木齋先生之任魯藩教授二首	499
贈友人還秦	499
贈靜修上人	499
下第，書慶都郵壁	499
下第，偶成五首	499
題修吾王孫宴坐齋	499
題吳文仲枝隱庵三首	500
過共城，遊百泉并陟孫登嘯臺，時余來此已三度矣	500
蘇雲浦中舍奉使南行，話別	500
贈朱蘭嵎宮諭擢留京掌院，余舊官於此，因以志感	500
壽孫立翁太宰雙壽八袠五言排律四十韻	500
同任和宇、李華峰、文崇吾、胡子朴、懋圍二弟，扞兒登華嶽，至青柯坪有述	501
出都偶成四首	501

華陰道中即景 ……………………………………………………… 501
秋日，過渭上，飲南宮庶玄象園亭，宮庶出示東園感興之作，
　　依韻奉和四首 ……………………………………………… 501
登嵯峨絕頂二首 …………………………………………………… 502
千秋金鑑歌 ………………………………………………………… 502
涿鹿道中，有懷同館諸君子 ……………………………………… 502
壽陳太夫人 ………………………………………………………… 502
屈昌衢比部讞獄關外，便歸省觀 ………………………………… 502
送郭清宇館丈參藩湖州 …………………………………………… 503
寄懷伯兄 …………………………………………………………… 503
再寄伯兄，並述鄉思 ……………………………………………… 503
都門同社諸君小集 ………………………………………………… 503
贈友人還秦 ………………………………………………………… 503
贈友人還秦 ………………………………………………………… 503
贈李鑑峰司訓安定 ………………………………………………… 503
送曹侍御沖宇桉淮陽 ……………………………………………… 504
題修吾王孫好修堂 ………………………………………………… 504
題修吾王孫最樂處 ………………………………………………… 504
贈于文若符卿考績北上 …………………………………………… 504
題符卿于公畫《雪山圖》贈工部馬公 …………………………… 504
題于符卿雪景小畫 ………………………………………………… 504
贈趙貞甫同卿冊封益藩，道出金陵省觀 ………………………… 505
乞歸偶成，時庚戌十二月十九日 ………………………………… 505
魏王樓弔古 ………………………………………………………… 505

周雅續卷之十五 ……………………………………………………… 506

馮從吾 ………………………………………………………………… 506
關中四先生詠 ……………………………………………………… 506
　　涇野呂先生 …………………………………………………… 506
　　谿田馬先生 …………………………………………………… 506
　　苑洛韓先生 …………………………………………………… 506
　　斛山楊先生 …………………………………………………… 507
觀書吟 ……………………………………………………………… 507

丙申春日，與同志論學，因及莫春章，有感三首 …………… 507
余自戊戌卧病，閉關九年，至丙午冬始勉赴學會，感而賦此 …… 507
戊申莫春，偕王惟大郡丞、宜化汝刺史、劉孟直郡丞、楊工載進士、周淑遠
　大參、張去浮學博、宜叔尚文學講學太華山中，同志至三百餘眾 … 507
讀陋巷章，自勗二首 …………………………………………… 507
夏日郊居，有以腴田求售者，余辭去，賦此志喜 …………… 508
寄懷鄒南臯先生 ……………………………………………… 508
與同志講學太華書院 ………………………………………… 508

武之望 ……………………………………………………………… 508
送陳東川還江右 ……………………………………………… 508
余為郎九年，不調，客有以不善仕諷者，賦此應之 ………… 508
初秋有感 ……………………………………………………… 509
石榴堝舟行，時河水橫決 …………………………………… 509
登清凉臺 ……………………………………………………… 509
夏日，同留朋麓餉部遊南臺寺 ……………………………… 509
關雒途中秋懷三首 …………………………………………… 509
春日漫興四首 ………………………………………………… 509
金陵，同史省愚寅丈、宗海籌都督閱武 …………………… 510
木末亭，次鍾繼原韻 ………………………………………… 510
集清凉寺，次鍾繼原韻 ……………………………………… 510
寧前道中 ……………………………………………………… 510
滋陽晚行 ……………………………………………………… 510

周傳誦 ……………………………………………………………… 510
沙河道中，懷秦汝睦太守 …………………………………… 510
嵩遊歸，經密縣，觀天仙宮白松 …………………………… 511
寄懷太醫令朱汝修 …………………………………………… 511

南師仲 ……………………………………………………………… 511
與康棩詩 ……………………………………………………… 511
槐野舅墓下作 ………………………………………………… 511
齋中雜詠二首 ………………………………………………… 511
邀汪明生層樓翫月 …………………………………………… 512
丙戌生日 ……………………………………………………… 512

立春日作	512
玉堂秋月歌	512
代妓，得重字	513
夏日，同益任邀姚繼叔	513
寄蕭季馨，兼憶楊子立二首	513
廣川，哭二兄不寐	513
衛源逢劉介卿，雪中留飲	513
懷州憶魏二懸權，時奉使秦中	514
頻陽吊斛山先生	514
寄進父宗尉昆季	514
老妓	514
梅花紙帳	514
九日，友人過草堂登眺	514
次韻答孟發見寄	514
哭朱子得	514
秋日，同友人郊原登眺	515
伯明宗侯許繪《玄象山房圖》，時余將北上，詩以促之	515
別玄子孟發女修當吉諸子	515
悼安姬	515
驅車復驅車	515
其四	515
少年行	515
青樓曲	515
來儼然	516
登華山，晚至沙蘿坪而止，悵然有作	516
渡江	516
邀胡肖雅京兆、耿藍陽進士觀海亭眺望	516
詠鷺	516
詠柑燈	516
兒復登華山，雨中覽眺，為余道之，遂有此賦	516
戊子歲，余識持心上人于金山，茲復會于太和官舍，其歸也，送之以詩	517

- 73 -

李太學園繡毯花 …… 517
冬日，同朗哉集米仲詔年兄石丈齋 …… 517
潘象安中翰使至山海，一見投合，于其歸也，詩以送之 …… 517
秋日南行，再至廣陵有作 …… 517
詠月 …… 517

朱敬鑑 …… 518
九日，諸吟社雨中登南城樓 …… 518
無題 …… 518
中都劉文夏、姑蘇李若樗二文學見訪 …… 518

費逵 …… 518
讀朱進父飲酒詩，却贈 …… 518
殷太師墓 …… 519

朱惟熻 …… 519
秋日，沈閻帥見訪 …… 519
答客 …… 519
冬夜讌，贈南思受茂才 …… 519
夏日，曾別駕見過留酌，曾能詩善琴 …… 519
初夏 …… 519
夏日 …… 519
早春，諸子邀飲曲江，因懷老杜 …… 520
劉叔定、趙屏國入青門社，賦贈 …… 520
輿地圖 …… 520

文在茲 …… 520
登華山賦 …… 520
答何秄孝茂才 …… 524
辛丑計偕過華山 …… 524
和少白先生驚人錄二首 …… 524

武用望 …… 524
丁酉七夕，同文少玄、葛洵可並文甥天瑞伯仲，坐九龍池之沈香亭，漫拈星字聯句，驚見飛星如練，直射天瑞座，流耀者久之，遂喜而志云 …… 524
馮烈婦悼二首 …… 525

劉紹基 …… 525

太宰楊公種桃千株，稱桃花嶺，而索題焉，猥為短韻 …………… 525
哭長公姚大 ………………………………………………………… 525
冬夜步月，用唐人孟郊韻 ………………………………………… 526
詠史 ………………………………………………………………… 526
苦電行 ……………………………………………………………… 526
鳳誇篇 ……………………………………………………………… 526
代答 ………………………………………………………………… 526
宮詞 ………………………………………………………………… 527
碧囊琴，予不善奏，但植壁間，時一撫摩，便令人有山水之思，
　　陶彭澤乃先學我矣 …………………………………………… 527
送伯休兄歸 ………………………………………………………… 527
讀雒廷評諫疏 ……………………………………………………… 527
送日可下第歸臨川二首 …………………………………………… 527
白燕 ………………………………………………………………… 527
上陳懷雲御史 ……………………………………………………… 527
古詩 ………………………………………………………………… 528
遙望太和，遂有已登之夢 ………………………………………… 528
麋中 ………………………………………………………………… 528
南巖宮 ……………………………………………………………… 528
天柱峰 ……………………………………………………………… 528
紫霄宮 ……………………………………………………………… 528
韓期維 ………………………………………………………………… 529
　同劉鴻臺豐樂邸中守歲 ………………………………………… 529

周雅續卷之十六 …………………………………………………… 530
　來復 ………………………………………………………………… 530
　　擄武師 …………………………………………………………… 530
　　發丁庸 …………………………………………………………… 530
　　鬧官渡 …………………………………………………………… 530
　　賦得僮人攬六著篇，奉贈大冑侯荊谷翁七裏壽 …………… 530
　　送梁君參之廣陵 ………………………………………………… 531
　　抵華陰，同胡含素、梁君參、君旭、君晉遊華山 ………… 531
　　贈屠赤水先生 …………………………………………………… 531

— 75 —

擬今日良宴會	531
夢華嶽南峰	532
對竹作	532
米仲詔先生勺園	532
贈僚友李季重別，兼簡王季木丈二首	532
堂委壩上諸倉收草豆作	533
書馬圖後	533
題小繪	533
題劉叔定家藏《竹林七賢圖》	533
春閨	534
聽斗谷宗侯琵琶歌	534
繪得《雙柏圖》，贈馮仲好侍御先生	534
新移杏花數株于廨院，同第友諸子飲其下，酒邊成歌	535
冠縣距此止百里，移竹至，葉幹俱焦，偶張仲房文學從安陽舟載五十竿相貽，碧藹可掬，始嘆水陸生枯不同如此，輒命栽灌，占詩為謝	535
抵邠州，鄭天符戶部招飲，同楊巨橋進士	535
同含素遊大佛寺	535
米仲詔水部先生湛園觀石分韻	535
夏日，邀廖對鰲、練君豫、李元鎮、祝九如、任敬一、范鑒曲諸丈，時旱後澍雨，遂俱歡飲	535
寄竹居宗正二首	536
山人貫巢雲訪我耦園，山人善琴	536
早春，耦園迎笑亭看竹，同郭漱六作，分得亭字	536
看園中紅梅，次郭漱六詞兄韻	536
青柯坪訪還虛道人，不遇，道人結屋巖阿石穴，瞰空垂絚，出入院中，甃石疏泉，望若儴界，坪中勝概也	536
夢登第	536
鞏縣道中	536
恭酬屠赤水先生過細陽大篇見寄	537
謝君旭惠紫檀印盝	537
盱眙書懷	537

目　録

贈海門王明府擢延慶守	537
無從先生席上聞雁有感，即席成	537
賦得春雨，限西字，無從先生席上作	537
讀空同先生詩	538
亡女忌日感懷	538
野居	538
初夏，承魏道冲太史招飲作	538
飲王恒石鴻臚宅	538
寓都下，寄弟馭仲	538
登華山，至日月巖作	538
登華山遇雨	538
得家信	539
秋日齋居	539
登華山，近峰阻雨，下山	539
白雲峰閣	539
櫟陽寺	539
憶君星，時君星從遊家君宦邸	539
秋日別家君細陽，感懷二首	539
走筆賦燈下海棠，限眠字	540
遊城西禪林	540
山行	540
小集，適值送瓦樽數種，遂即席遍觴諸公	540
感遇	540
村居晚興，簡胡含素	540
贈癸美成	540
逸度席上，同家弟馭仲、張恭甫、許寅如二君情意甚洽，輒賦贈，二君，故丹青名手也	541
題顧朗哉丈獨倚樓	541
華陰道中，遇雨望嶽	541
喜君旭歸自廣陵	541
奉和修齡先生新豐送別蒲汝揚明府被逮之作二首，次韻	541
南思受刑部使留都，聞住廣陵，與君宿、君肇、元之諸君遊甚洽，	

— 77 —

詩以訊之，寓企羨焉 …………………………………… 541
　麗人 ……………………………………………………… 542
　方南與諸君友人盤餐杏林下 …………………………… 542
　有人從遼海寄石子來 …………………………………… 542
　贈文天瑞禮部 …………………………………………… 542
　自勗一首 ………………………………………………… 542
　春日憶家 ………………………………………………… 542
　斷飲詩 …………………………………………………… 542
　登丫髻山 ………………………………………………… 542
趙嵋 ………………………………………………………… 543
　雜詠五首 ………………………………………………… 543
　宿東莊 …………………………………………………… 543
　趙主簿 …………………………………………………… 543
　將登昭陵，阻大風雨，率爾短歌 ……………………… 544
　己亥初夏雜詩 …………………………………………… 545
　登昭陵 …………………………………………………… 545
　仙遊寺 …………………………………………………… 545
　莊河村主人 ……………………………………………… 545
　興善寺閣，讀故觀察劉公恩徵留題 …………………… 545
　普光寺 …………………………………………………… 546
　華嚴寺 …………………………………………………… 546
　初偕計 …………………………………………………… 546
　王氏披雲樓，觀沈周畫松卷 …………………………… 546
　元日，洛陽試筆 ………………………………………… 546
　湯陰謁岳鄂武穆王祠 …………………………………… 546
　憶昨 ……………………………………………………… 546
　過劉叔定 ………………………………………………… 547
　侯念岡席上遇黃岡江之鼇 ……………………………… 547
　下第歸途中十首 ………………………………………… 547
康萬民 ……………………………………………………… 548
　雁字三首 ………………………………………………… 548
張我英 ……………………………………………………… 548
　日夕山中，忽然有懷 …………………………………… 548

胡笳曲 …………………………………………………… 548
　　柳 ………………………………………………………… 549
　　感懷 ……………………………………………………… 549
　　九日 ……………………………………………………… 549
張三豐 ……………………………………………………………… 549
　　題揚州瓊花 ……………………………………………… 549
釋魯山 ……………………………………………………………… 549
　　為靈應寶泉師題梅 ……………………………………… 549
　　秋晴 ……………………………………………………… 550
　　寄廣川凖無則 …………………………………………… 550
　　送許廷綸 ………………………………………………… 550
　　訪張佩之，不遇 ………………………………………… 550
　　寄王宗器 ………………………………………………… 550
葛節婦 ……………………………………………………………… 550
　　《九騷》引 ……………………………………………… 550
　　　　感往昔 ……………………………………………… 551
　　　　懷湘江 ……………………………………………… 551
　　　　望洽陽 ……………………………………………… 552
　　　　矢柏舟 ……………………………………………… 552
　　　　愀離悼 ……………………………………………… 552
　　　　傷落花 ……………………………………………… 553
　　　　臨雲嘆 ……………………………………………… 553
　　　　待月愁 ……………………………………………… 554
　　　　撫玉鏡 ……………………………………………… 555
　　讀書辭 …………………………………………………… 555
　　春恨 ……………………………………………………… 555
　　孟春曉起 ………………………………………………… 555
　　春日有懷 ………………………………………………… 555
　　戒子天儁 ………………………………………………… 556
　　久待姑不至 ……………………………………………… 556
　　窮愁 ……………………………………………………… 556
　　立春悼亡 ………………………………………………… 556
　　汝寧熊節媛寄詩，贈答 ………………………………… 556

－ 79 －

姑氏久寓汝寧，聞近又好玄，因寄之	556
厥德三章，章四句	556
喜文大家武生次子吟	557
七夕	557
秋日，即席成回文二首	557
重陽	557
立秋懷姑氏	557
落花吟	557
夢天瑞弟握大筆繪竹，紅箋上葉似"仁"字	557
韭頌	557
喜天瑞弟登南宫	558
志道吟	558
悼懷篇五首	558

武恭人 ········ 559

壬寅春	559
壬寅贈外	559
四月維夏	559
夏之日	559
乙巳秋	559
丁未春睡圖	560
丁未七夕	560
[如夢令] 戊申夏日	560
己酉，雨中花	560
有燕	560
己酉，雨後萱	560
丙辰，發雒陽南	560
丙辰，初入南國二首	561
壬戌元日紀夢，示兩兒貫天、光天	561
壬戌春，晉臺獨夜	561
壬戌，外試汾臺寄贈	561
壬戌，外擢卿士，使迓寄晉三首	561

《周雅續》序

　　皇代之閱九朝而始有詩,自關中也。則李文毅之手闢草昧,為一代詞人之冠,弇州氏不為過詡矣。其又閱四朝而乃始知知道之為詩,古其調,又古意,則自先君子也。其表關中二百六十年往者之詩,以風觀而雅言於天下,則自其師孔瀾賈子也。李子生北豳之鄙,而去之汴,汴之藩曰周東之餘也,於是兩河間私之為汴之人,而天下不復知西周之蒙秦之誣不白也。獨其《弘德集》則自稱北地李子,可因之以追討其母家之赤城,問吏隱厓不之藏於不窋之山畔華池,二載歸寓之迹,歷了乎其在目也。則空同之誕靈於豳之餘,以開一代,其亦《公劉》、《七月》之餘響未應決絕耶！余父子既家中豳之隩、京師之野,而余自其未既冠,即受先君子手選四家詩,酣誦空同氏矣。又數年,遊北地,得其初梓全編古本篇目,而章口之句為之腹也。尋又得其手墨迹一握於呂中丞之舊氏,其鐵綫筆,蓋直逼漢石經,所見詩往往出全編外,又多見其未定草。尋又得其《空同子》八篇,知其晚年大造理。既第,在燕,則又得其《年譜》,讀至其絕筆詩"東園青竹翠偹偹"之句,流涕枕上,廢卷輾轉不耐止。遇汴人則詢其後,入汴則問其故居,踟躕問汴宗人之曾師事左國璣者,云其東園廢而石几在。欲取觀之,未果也。誦其詩則思論其世,其霑灑不制禁。情之所鍾,不乃在吾輩。空同之得謚為"文毅",則余令雒時,代上大夫謚議以請者也。而又嘗說張直指坊汴之交術,表以"一代詞人之冠"六字,亦應之,未果為,茲其以待孔瀾子乎。近又得其遺像肅清高,又時時夢見之。蓋文毅之廢宋而為唐,而其四言,自謂出《風》入《雅》,文人學子之韻言,幾於經。而世詩人止知有唐,似弗知有周也,似止知關中之為秦,弗諳其為周之舊也，久矣。夫秦之誣周於天下，莫之代雪也，而止知其為《秦風》，又似弗知有《豳風》、《周雅》、《頌》也。班史論關中，則云地兼秦、豳二風，而《周頌》之三什一、《大雅》之三什一、《小雅》之七什四、《豳風》之七，皆周之舊，奈何止概秦。即世之譽太青子者，如鍾竟陵輩亦輒曰："此《車轔》、《駟鐵》之遺。"而余不受，曰："奈何誼之所過，雄之所劇者，以誣我乎？"則應之曰："見說新聲雜羽商，《豳風》、《周頌》本洋洋。後生欲削空同籍，直以《車轔》罥雅章。"弇州既云：李變《風》，杜變《雅》矣。又云：何源《雅》，李源《風》，李唯杜是犟者也。其效太白體，特六十散篇耳，乃又不源《雅》，別杜陵氏派耶。其自謂出《風》入《雅》矣，正《風》變《雅》，可若是胖然犁耶。即近詩人蔡敬夫、王季木亦自謂其詩《風》，而謂余《雅》，蓋謂詩主《風》，不主《雅》，似不知豳雅、豳容之與風同歈也。"吉甫作誦，穆如清風"，雅不風耶？"言念君子，溫其如玉"，《秦風》之不尚亦有溫柔敦厚之遺耶？然李之廢宋而為唐，而曰宋人作理氣詩。如以理，奚不作論而作詩？即以理，"深深"、"款款"者何說也？此蓋譏程氏誚杜語。然宋之不逮唐，以其調，匪以理。宋人艱命調，而唐人艱用理，其間有理語，則滯累相尋矣。老杜則善用理，云："天用莫如龍，地用莫如馬。舜舉十六相，身尊道何高。文章一小技，於道未為尊。"其譏人以"別裁偽體親風、雅"，蓋自取其風、雅之真者為之與。李又不云"大雅久不作，王風委蔓草，我志在刪述，希聖如有立，大雅思文王，頌聲久崩淪"乎？亦未可謂不源《雅》也。今詩之有風雲、月露、草木、鳥獸字者，即謂之唐，有周、孔、顏、孟并理性字者，即謂之宋，不辨其調之高卑，風格之古不古，而輒概之。即至於黃四、段七、王趙兩紅顏、糟丘、酒樓、千杯、七碗浪謔恢諧等皆不礙，而獨主敬、窮理字著不得，豈周、孔、顏、孟之為詩累，乃甚於黃四、段七、草木、鳥獸等與？亦固矣，夫叟之為之也。先君子之起自豳，云不知道即不知詩，謂康節皇王、帝伯之詠，才實過詩人，而遂以縱橫古今之腕，詠羲、黃、堯、舜、周、孔、顏、孟之襟，而自為詩。余少原嘗規之，云詩以道性情，不必專占地步，傷時者可削之。則應之曰：性情如此，則所道亦如此；地步如此，則所占亦如此。占地步者削之，則性情不得道；傷時者削之，則性情不得道。故其律體，題或數百篇，古體，篇或數萬言，皆以道性情，而其調則時軼而去之唐之外，時李、杜艱，時李、杜軼，雅頌風騷，橫出其牘端矣，總目之曰《天雅》。暢言天道之謂雅，則《大雅》之作良在是。蓋世之所論唐於《三百篇》為近者，論《風》不論《雅》、《頌》。如"無徐思徂"之句，孔父援之，以定詩教；而"緝熙敬止"，以証知止；"神格不度"，以証鬼神；"天命於穆"，以証至誠；"相在不愧"，以証敬信；"天載無聲"，以証篤恭；"秉彝好德"，以証性善。他如"學有緝熙"，一"學"字開聖學之源；"敬之天顯"，一"敬"字揭主敬之宗。即以《風》論，"切磋琢磨，瑟僩赫喧"，又安在其不道學脩耶？止問其雅不雅，安問其唐不唐，此先君子之嘗欲開空同氏一頭者也。而近詩家聞之，不駭走者亦寡矣。唯理學家之卑其調而顓其理，弊至於失比、興之義，兼失賦，至或打乖筋斗、跌交帽子之不嫌，而遂又謂"穿花蛺蝶"、"點水蜻蜓"之類為閑言語，不應道。則采風貢詩、廟燕升歌、成功告且之典，病良有如獻吉之所誚者，而宋人果過矣。

　　賈子《齊》、《魯》、《毛》、《韓》之學以世丞，其教我邦士，既以《鶴鳴詩意》翼《三百》，而又欲以關中之詩教教之，搜二百六十年往者之文獻，為之表學編一，政編一，詩、文編各一，此其知道者之教與。欲全而出之，而先有事於詩、文，命門人探百三十國之書，得六十五家以觀余。蓋二三子以其識力之所至自為汰，或過汰，或又不無情面時輩，其巨公長編，至或脫姓氏，又太申韓于唐宋之辨，而理學主講座者之詩，遂汰不與，即先君子之撰著，未之獲也。蓋其郡縣所上集半不備。而賈子方以新命觀察汴，又遊李子振大雅之鄉矣，惜其教之不卒其行，又感殞珠之痛，倉皇駕厥雅志之不獲申。余奉教于啓行之瀕，其所汰之什既不暇復求散帙，其所遺又不可立得之郡縣，且病憊，遂經歲閣置，幾闕典。而庚午秋冬之交，賈子勒書汴，督之再。其勒書赤令孫淑房氏，督之者亦再。蓋其嗜古太同調，借以畀太青子之所不逮。雅哉！賈子之不忘我關中之舊也。而淑房又將以計北，則大迫，遂繕以｜手，梓手又六倍之而待工。於三旬之間，文編不及理，獨理詩。余為汰去七家，又為他收二十三家，其過汰而庚補著者又十家。其自國初，至弘治前空同子者，止二家，詩數首，寥闃不可冠，斷之曰我朝之自空同子而始有詩，宜自其集始，於是選其千八百篇者以五百六十，為四卷弁冕之，表一代之正宗。其自鸝庵至可泉八家為一卷，自苑雒至西陂九家為一卷，太微、太白、西玄三家為一卷，自濛谿至白嶼六家為一卷，自定原至芹谷十三家為一卷，自薇田至鳳岡十四家為一卷，而我且幽翁則在嘉、隆之間矣。蓋端毅以上，正始之不足，尚其人之有自然之音也。空同子開盛明而抉正宗，紫閣、伎陵、滸西諸君子之於弘治蓋名家，文簡、世甫、汝節兄弟、汝濟、元善、伯循、孟獨、仲芳、濛谿、少華、舜夫、太華諸君子之於正德蓋羽翼，孫太白其獨為一家，有青蓮之音者也。伯仁、伯會、存筍、丘嵎、芹谷、見薇、渭上、文莊並余師溫恭毅之於嘉靖蓋接武。隆慶之有遠志，其尚有丘嵎之遺也。他則或以人，或以姑具世，其概空同子所鼓吹導之與。萬曆詩則始自先君子《天雅》，不可選其《天雅》之未梓者，尚填箱不可勝收也。其七言律體之千二百篇者行其三之一，五題而篇四百，七言古體行其二，二篇而字三萬，而聊附其贈遺一篇五千字，為三卷，表一代之大家，實鑄唐宋而一之，以翼經明道之作也。其自甲戌至丙戌余師王文肅六家為一卷[一]，自己丑馮恭定後十二家為一卷，自丙辰陽伯後為一卷，此又明詩之再盛，其以方唐之名家、羽翼、接武，唯誦者辨之矣。余蓋援前輩步伍之法，律後生泛駕之才，《春秋》微辭於近代。采著欲其博獲也，故及宗人、弁士，而繼之以羽衲。雖傍流不厭，當吾世者不與。陽伯近翛蛻其全鋒，汗漫亟收之，為中興之殿。卒繫之閨秀，如《雅》之有《采綠》。余既有結腸之些附琴妃，其屈夔之次，即若余之得與詩人之後者。蓋八十有一家[二]，為十六卷，合八編，象八川，表其首以渭一、涇二、灞三、滻四、灃五、鎬六、潏七、潦八之序云。睹上林之巨麗者，其求之是，而目其編曰《周雅續》。

曩文中子之續詩，具六代而世不傳，不雅也。茲不曰《續雅》，曰《雅續》，蓋云其詩之為周之舊，若雅音之自續云爾，匪我也。賈子以文章之主，展鏡千春，即蒐岐陽之鼓，不茲勤矣。其觀察汴，實類周南之東被，刪詩定騷之權不自收，而以聘余，孫氏又追琢其章而布之。茲行采周雅之遺以入告，以矢音，天子必以其詩為知道，命被弦誦，以樂歌朱弦之奏，不賢于柳氏之雅，於唐僅《平淮》之二乎？則二君子之功周雅大。賈子聞之，曰：人亦有言李子詩人也，其易簀，特自道其《空同子》之八篇，若其所晚歲得力在此不在詩。

[一] "自甲戌至丙戌余師王文肅六家為一卷"，案此指《周雅續》卷十四所收者，但據卷內實際所收作者統計，應為七家，即南憲仲、李時芳、王道純、李三才、王庭諫、劉復初、王圖。

[二] "八十有一家"，案此指《周雅續》所收作者的總數，而實際每卷收錄作者的數量情況如下：卷一至卷四收錄李夢陽一家，卷五收錄張綋、王恕等八家，卷六收錄韓邦奇、王九峰等九家，卷七收錄張治道、孫一元、馬汝驥三家，卷八收錄胡侍、許宗魯等六家，卷九收錄呂柟、左思忠等十三家，卷十收錄王鶴、南軒等十四家，卷十一至十三收錄文少白一家，卷十四收錄南憲仲、李時芳等七家，卷十五收錄馮從吾、武之望等十二家，卷十六收錄來復、趙崡等八家。故實際收錄作者總數應為八十二家。

詩人之賦，揚委心馬，而老杜乃云"草玄吾豈敢，賦或似相如"。軒輊又過甚，則果矣。著書立言之為大，子之先君子翼經明道之作，其篇什用經體不？詩家凌積計卷，例誦《天雅》之全，果然周雅之不堪決絕耶。蓋若天作之，我且厚望之繼作者云。以嗣以續，續古之人而已矣。又安知後之人之不庚為茲雅續之續也。

崇禎庚午日南極，前卿士攝太學師、視晉學使者、右西極文翔鳳序言。

咸寧舉人門人韓文鏡書

門人姓氏

同纂

梁爾升字君旭三原人
來　恒字常叔三原人
溫自知字與亨三原人
孫　蘭字伯馨三原人

同編

文毓鳳字聖瑞三水人
賈爾霖字用汝清苑人
賈爾桂字聚五清苑人
賈爾榮字幼臨清苑人

同訂

孫弘祖字無念樂安人
葛天儁字皇人淳化人
文貫天字昊欽三水人
文光天字昊華三水人
王毓玄字德賜耀州人

《周雅續》自序

賈子曰：予昔官教父，過天之奧府以衡文，因於衡文之餘，衡及文餘。《周雅續》其額所衡之及者，以侯河公華之英靈表人，而行以國朝二百餘年。臣風僕電之才華，待一人而表行，舉弗儕矣。舉弗儕則於其義之弗可儕矣。乃客有難予者曰：先生治秦學而肆采秦，秦有詩弗之秦額周，周有三詩弗之風頌額雅，雅絕詩亡弗之絕額續。豈以京山師水固豐鎬都居，而夾禹之柏翳氏，竟旅而謁其墟乎？豈以列國之風怍陳而勝國不祀，諸侯不敢祖天子乎？豈以千里一聖若比肩，千古而庶幾遇之若旦暮，而將為文中子之續經乎？賈子曰：唯否之三者之地之事之情，則有固然。然而不然。子不曙孔氏之刪書也，奈何內《秦誓》於《周書》；不曙吳季子之論樂也，奈何歌秦夏而曰大之至也。其周之舊，漢都關中，王猛以為漢承秦盛，而不知秦、漢總承周盛。六王并，兩君死，識者尚欲虛秦年為周年，而斷秦有本紀之非。蓋嬴世西戎，以周賜廁諸侯，則言秦必本諸周也，言秦本周統也，匪翅地也。不曙腐遷之系周也，奈何！巫曰：詩人歌樂，思其德它。又曰：大雅言王公大人而德逮黎庶，蓋雅備文周之世德。德遠自近曰風，德近自遠曰頌，則言詩必該諸雅也。言詩該雅道也，匪翅事也。又不曙元司空積之論詩，李供奉白之詠古也，奈何！元則曰："詩窮於周。"李則曰："大雅久不作，吾衰竟誰陳。"蓋天下之事，無窮不復，有廢必興，則言絕必要諸續也。言絕要續，理也，匪翅情也之三者之統之道之理，則又應然。然又不然。粵開闢帝皇妃后將相賓師，人弗世，世亦弗人。乃以稷功妃禹，武名妃湯，以文德妃堯舜，以周公聖妃孔子，以秦伯虞仲之讓節妃夷齊，以姜嫄妃履巨跡之後生。所議事必準諸先王，則三禮脛古

-87-

今，而揆之皆周禮也。自大撓定甲子，則編年紀月之政行。周太史伯陽讀史記而咤周亡，豈史記靭在周。況泣麟之筆削，首戴春王，首王則二百四十年魯國春秋，而揆之皆周春秋也。至於詩自舜歌《南風》之章，而天下治，周、召寶治，急萬物之長養，故表南，非曰分陝以南。然貢國之風十五，隸辟公于天子，其風周風，格廟之頌三，魯廟自周，商廟斬自周，食亦自周，其頌周頌，則《詩三百》而揆之皆周詩也。述則明，作則聖，變化則神。是可謂一代而開六藝之宗乎，是不可謂非一代而開六藝之宗者也。之二者之才之藝，則有誠然。然又不然。師乙之持風、雅、頌也，有稱無譏傷同季札之於風，有稱譏於頌，有稱無譏於雅。大雅稱而宵雅譏，傷異不知。風象春，大雅象夏，宵雅象秋，頌象冬，風則化始，頌則功成，雅則正道，設事是周之中天也。風稚而頌老，雅則極盛也。謝女才高，讀大雅直取"穆如清風"之兩言以葩冠，況全雅乎。風，遠言、文言；頌，質言、近言；雅，遠近而文質其言。是可謂一詩而蔽三詩之義乎，是不可謂非一詩而蔽三詩之義者也。風謫而騷，陳騷則偺；頌遷而選，陳選則囂。白袺騷得雅中之風，甫袺選得雅中之頌，而化小歸大，是雅中之雅也。雅中之雅不可挑，而孰可袺也。

我明二祖列宗，駕文、武、成、康之治。少白文先生子父穿塵而出，以《六天》、《五極》之書，揚搉盛休。而又有空同、康、呂及溫、來諸君子，以先後相服，行極其教。甚至閨閫女士，薄《小戎》、《駉鐵》，而以為不足多。是可謂一國而煥全周之文乎，是不可謂非一國而煥全周之文者也。之二者之義之文，則有繇然。然又不然。在昔，上明道，下正志，發言窮巷，宣響明廷，貢俗即貢雅也。在今，上新聲，殺古調，皆《周易》也。自墳言棘，不馴孔剪之約。虞、夏、商、周約其存，虞、夏、商存僅當周，即有剝《秦誓》，却《箕疇》，曰：武實賓箕，弗敢臣。弗臣其人，弗有其書，然古文之二十八篇登登乎堂，渾噩而遊之矣。無論咨棄防虞，廷棄始旦，終事與帝王相率然。然繇黃帝迄周，為同姓四代一家，言則魯壁之所不災，而揆之皆周書也。自有虞命秩宗，至周公作《周官》而制周禮，禮樂厥慎盈，故周衰而孔氏適周問禮。聃非知禮乎？聃也維時，聃藏史主，以其故府嫻，故問老問周也。漢儒以《考功》補《冬官》，文帝使博士諸生刺六經，作王制。華胥以姒、任妃克相之溈汭、塗山。且稷有正，厲山棄賓，政有庖，重華旦賓，《易》有太極，皇羲昌賓，兵有陰符，軒轅發賓，焜外內而煌後先。是可謂一家而才百代之雄乎，是不可謂非一家而才百代之雄者也。粵文章肇興，王人間世者惟六經。而六經之王，自周當老。庖畫八卦，以誅天地之荒蕪，神農重之為六十四卦，河馬洛鼋，脚陰陽之註，易且遁情。迄羑里七年之演，文窮而旦索，八複而六重，象勒理犁，《歸》、《連》弗班也。即孔氏絕編，而《繫辭》志繫者，志無專辭，則《易》通四聖之神明，官其成。其成弗官，而搗之學士大夫，而好為夭曼。極其弊甚，至濮士洧女之所不忍出，而薦紳出之，是求雅而適得俗也。求雅得俗，是亂雅也。肆茲之刻不谿徑狎習祖，生不亥豕冥蒙祖，辨不叢灌莽互祖。嚴若太廟設器，明堂序官，格格賓賓，殺夭曼而升大雅，道不蹶地，文不喪天。是可謂一續而貫千聖之絕乎，是不可謂非一續而貫千聖之絕者也。噫！西極文子準《易》，而其先大夫所著之《天極》因以翼飛。賈子曰：予聞畫前原有《易》，《易》在《太微經》矣，故為序而傳之。北極賈子續詩，而其先大夫所著之《詩意》亦因以翼飛。文子曰：予思刪後豈無詩，詩在《周雅續》矣，故為序而傳之。予與文子世此道，若太史公遷之於太史公談，稱先業焉。稱先業，故互揭萬春而榜之當無嫌，且逆揆之萬春，定有為文子而贊《易》，為賈子而序詩者。客曰：此謂義之弗可儕矣，此之謂舉弗儕矣。

時崇禎五年歲在壬申季春望日，賜進士第、河南布政使司左布政使、前奉敕提督陝西學政、右參政、北圻賈鴻洙謹序。

丁卯鄉貢士西京韓文銓書

周雅續卷之一

北圻賈鴻洙憲仲選輯
西極文翔鳳天瑞裁定
北海孫三傑淑房參閱

李夢陽 字獻吉，號空同，慶陽人。弘治壬子解元，年二十一。癸丑進士。官學憲。謚文毅。

述征賦

正德四年夏五月，北行作。

仲夏赫炎兮，草木畢揭。轙繆赴徵兮，夜發梁國。抑情順志兮，強食自解。亂流渡河兮，忽焉而寐。所以懷悢揮霍兮，中情菀而內傷。明星散而交加兮，翩冥寊吾以行。覽眾芳而橫涕兮，莽皇皇莫知所投。曷暾杲杲方上進兮，雲披離而蔽之。飄風礚而曾波兮，湖水擊而震盪。慨川廣而難越兮，朝余翱翔乎河上。既涉衛以奔騖兮，又逾淇而渡漳。去故鄉以就遠兮，霑余襟兮浪浪。山峻高而造天兮，又陰晦而多雨。觀蘊蠹之相搏兮，忳於邑汗又交下。哀人命之有常兮，禍福杳其無門。孰非義之可蹈兮，焉作忠而顧身。余獨怪夫譬博之罹患兮，親好修而逢殆。箕子狂而悲歌兮，彼比干固以菹醢。觀前世誰不然兮，矧吾懷愆而造尤。聊周張以嬋媛兮，蓋不忍此心之常愁。涉湯陰余愴悅兮，乃又瞻茲羑里。鄂廟屹而傍路兮，駟超軼而過止。懷誠有離憖兮，任道有承尤。侍中顛隕兮，扁鵲被劉專。惟君而遘殃兮，眩吾不知其何謂。極終古而長憤兮，羌炯炯其猶未昧。翼緜緜之無聊兮，眇翩翩莫知所騁。夏悄悄之悶瞀兮，歷山川余弗省。迹有隱而難察兮，物有微而先彰。負蚊蝱以抗山兮，固切人之未量。欲結言以自明兮，拙而莫之謀也。將曾舉以遠群兮，又絆而莫之能也。經溝瀆吾不悅兮，亦何必為此行也。謇相羊以俟至兮，莫好修之證也。路遼邈之裔裔兮，埃風旋而簸揚。煙液蒸而練練兮，夕吾次于沱陽。嶺弗曲以斂容兮，原曖晻而嶂嵣。風草剡而冥冥兮，狼狸號而夜鳴。指黃昏以為期兮，驂駸駸又夜行。曰雷霆不可玩兮，孰刑人而不戒。悲轅馬之喘噓兮，常十策而九退。朝檻木末之清風兮，夕瞻明月指列星。我既處幽羌誰告兮，魂中夜之營營。欲展詩以效志兮，又恐增忽而倍尤。眾聚觀而潛誶兮，或掩涕為予乎淹留。予朝餐中山之初蕨兮，暮挈易之香莽。睇北山而不見兮，彼南州又邈焉而弗予。睹氣怦怦而絓結兮，心緯繣而弗怡。紛流目以相觀兮，見金臺之崔嵬。輵雄虹之迅光兮，愯烏白與馬角。燕昭既劇該輔兮，厥躬亡而國削。何秦嬴之虎視兮，厥二世以不祿。固盈虛之環沓兮，春秋奄其代續。自前代乃已然兮，吾又何怨乎人心。雜亂反覆豈畢究兮，由遂古而至今。

重曰：隆隆三伏，鑠金石兮。如羹如沸，行路噱兮。道思作誦，輵爾類兮。南有喬木，不可以憩兮。念我徂征，日顛頓兮。含精內蝕，世莫可說兮。

亂曰：已矣哉！鳳鳥之不時，與燕雀類兮。橫海之鯨，固不為螻蟻制兮。誠解三面之網，吾寧溘死于道路而不悔兮。

省愆賦

伊余幼好此騏驥兮，服偃蹇以驕騖。載銜轡而周流兮，耿既得此中路。余謂秉質曷固兮，謂蘭蕙介而過疑。援鳴鳩使為理兮，俾高舉而並馳。既婞直而不豫兮，又任怨而于儌。固群吠之難犯兮，每阽危而弗懼。余豈不知嶢嶢者之寡完兮，羌堅忍而弗懲。驟諫諍以離尤兮，莽飄風之相仍。交不深而易絕兮，儵中道而改度。媒阻絕之不通兮，焉孰導余以前路。放子吟而掩涕兮，逐臣去而不還。紆鬱邑以屈抑兮，恐日薄於西山。浮洋洋余焉極兮，濫透迤而遊淫。相曹梁之廢墟兮，攬長河之緒風。信孔樂非我願兮，望北嶺而歔欷。效桃鳥以自珍兮，邁羅網之不意。憐赫夏以桎梏兮，雷無雲而晝鳴。愍棘扉之卑惡兮，夜不見月與星。吾聞湯文遭縶兮，豈其博修之故？惟鄙人之不葵兮，固宜蒙詬而逢怒。步庭堦而遙望兮，宮殿鬱而概天。願陳志之無路兮，倚北戶而嬋媛。觀炎焱之塕埃兮，地沮洳又蕪穢。哭與哭之相聞兮，對飲食而不能下。怨長日而望夜兮，夜明闇又若歲。蚊蝎伺人以唐旁兮，鼠登床而鳴遞。怵佗儌余隱輵兮，哀民生之多虿。數惟萬變豈其可概兮，孰渂淰而不踖？援往聖以為程兮，

- 92 -

按余志且焉止戢。夢忽乎余上征兮，魂浮遊之逖逖。過太儀叩天閽兮，捫白榆之歷歷。進不入以逗廻兮，退余將覽夫下土。馮玄雲以相羊兮，洵極樂而無所。撫辰星以攄慮兮，據雄虹而降觀。飲積清之浮凉兮，依北斗而浩嘆。何民生之錯雜兮，紛既有此多難。心猶豫而內訟兮，悔有目之不見。寤周覽以增欷兮，塊獨處此幽域。鸱鴞萃而翔舞兮，鳳鳥饑而夜食。眾畝沓以自媚兮，焉誰察余之慢慢？閔芳華之零落兮，秋風至而改期。飈蕭颯以摧容兮，天淫淫又陰雨。幽屋破而下淋兮，床一夜而十徙。怲蘊悒以省故兮，冀一見之不可得。日昧昧以將入兮，掩衾裯而太息。惜余年之強壯兮，常坎坷而滯留。憐髯黟之漸變兮，恐芳草為之先秋。情有感而難忘兮，性有紕而不釋。念昔者之周渥兮，孰堅忍而拋擲？聞紆壹以忳瞀兮[一]，竊陳詩以自抒。懼言弱而道阻兮，怕潛隱而思慮。

【校記】

[一]"瞀"，影印文淵閣《四庫全書》所收《空同集》作"瞽"。案以下在【校記】中簡稱為"《四庫》本"。

寄兒賦

正德七年秋，兒枝以《離思賦》來獻，予則作此寄焉，亦教之焉。

鳥來自北兮，銜章進辭。開緘覽意兮，閔爾峻思。賦曰：風嫋嫋以先秋兮，百卉改而動容。時序莽其流易兮，塊予猶獨處此異江。地卑濕而蕪陋兮，孤悵悵而寡仇。愮直路之蓬蒿兮，綱紀壞而不修。惟彼人之嬛巧兮，諶妁約以先意。眾瀾倒而莫之支兮，昭余志之獨異。陟匡廬以凝盼兮，眺江介之孤城。山合駁以迎目兮，清雲曳而前征。愴荊吳之渺漫兮，波水滰而交逝。瞻梁豫之逖逖兮，情惝怳而濡滯。日晼晚以既夕兮，座埃塭而敝大。役車載路而班班兮，靚旟旐之翩翩。悲時世之艱難兮，訽亂離而爭奪。兄嗟弟而殷憂兮，軫汝曹之饑渴。終風霾而四流兮，冬不雪至於三月。春遲遲以方陽兮，民背鄉而顛越。揮耒耜而介胄兮，青草錯而白骨鬱。余懷以逗廻兮，紛涕零兮如霰帆。彭蠡以浮遊兮，天地炅其方旦。齊吳榜以前艅兮，聊擊汰而容與。余朝歷石壁之巉巉兮，暮泊陽禽之渚。登隑岸以遼顧兮，深林黝焉杳冥。虎豹舔舚以伺人兮，群狐狸而晝行。哀死亡之無告兮，橫屍蔽而臭野。斯固易懲兮，彼益復耽夫刀弩[一]。惟以暴除暴兮，斯亂與亂相尋。苟威信之靡忱兮，吾慮夫降叛之詭心。宵攬衣以興嘆兮，步明月於中庭。挹河漢之回光兮，數北斗之朗星。衝颷莁以驚帷兮，熠燿亂而當戶。華何秋而弗零兮，木何蠹而罔朽。上智者先幾兮，厥邦保之未危。何白日之初照兮，浮雲起而翳之。玉與石豈難辨兮，亦司者之罔察也。鈍超軼之先銛兮，胡朱之不可奪也。督煩夢以蹇劀兮，步高城以散眸。誦昔者之怡豫兮，內怵惕之無聊。駐余馬于梁之臺兮，又逍遙乎大堤。睨嵩岑之峻極兮，覽長河之逶迤。嘅伊阻之自貽兮，汝隔離而弗覿。余匪貪厥好爵兮，胡匏繫而不適。江洶洶以夕變兮，木葉下而海波。召飛鳥以詒言兮，訓爾音而永歌。

歌曰：訶頑洞以溷濁兮，時嶮艱而路危。羨龍蛇之伸屈兮，傾哲賢之順時。孔桴海而曾思兮，伯陽西而流沙。效梅生於吳市兮，願抽身而舉遐。奉前德以創則兮，肇孫謀而奠家。

【校記】

［一］"弩"，《四庫》本作"努"。

吊于廟賦

正統己巳之變，少保公有社稷之功。

棟宇頹折兮，四顧無垣。鴟雀鳴噪兮，雪壅其門。風衝激以拂帷兮，慘九州之肅泠。軒長河以飲景兮，飛光至而舒靈。何先生遭不造兮，定危邦而永存。用才者終固鮮兮，孰震滿而完身。顧瞻宋京兮，追念雙帝。組頸為虜兮，單馬北逝。虎臣視而誰何兮，英雄鼠而蓬蒿。有憤壅蔽而發疽兮，亦有垂成而反被劉。嗚呼！先生成敗難以逆度，禍福不可豫謀。死苟足以利於國兮，洵韰醯而焉求。

泛彭蠡賦

正德六年夏五月，李子赴官江西，南道彭蠡之湖，作賦曰：

仲夏慆慆兮，湖水洶涌。戒舲舟而逆進兮，志定意恐。朝發湖口兮，巇石纜牽。搶帆午張兮，陵急洋而縱船。洪澇吞吐兮，杳莫界際。淡漫瀇洸，神精搖兮，浪起伏而來曳。曩余誦夏《記》與酈《經》兮，識彭蠡而心慕。繄厥水集流夥兮，挾十州川而北注。合岷江東之為東江兮，脅揚吳而騰海。包敷淺而瀦之兮，撼匡廬而使改。惟據巨者附斯眾兮，滿之者驟必溢。彼何怪弗之潛兮，抑何摧而靡殛。射者萬鼓之千兮，叢谿壑之湊趨。澎霆崩以箭疾兮，勢嶽頹而電舒。匯莫究始兮，散孰察其終。龍蛇逐之何載兮，至今窟而以宮。祈之錫嘏兮，侮之掇害。怒之風雷。愉之霽兮，亦厥靈之攸逞。潮崒客以逐闓兮，倏當晝而忽陰。上下既顛置兮，孰又辨晰昏與北南。睇眾山之劍攢兮，爭負高而竟降。閱膏麓之淤澱兮，奄焉墊而為江。緣木末而巢室兮，民浮居而舳艫。悼隻雛之寒嘯兮，寂氓濱而守罘。亂左蠡之沸沸兮，壯康郎之浩汗。濤沃日而明暗兮，巒島潲而渙散。瀾已俯而復昂兮，渦溢灋而接連。瀧無風以橫飛兮，潭澄渟而布溓。龍夭矯以戲漳兮[一]，粵柹汎而吹沫。芉薇汤之眛眛兮[二]，魚鱉貫而鱻鱻，具區洞庭。方余不暇兮，懼九圍混而黝冥。苟清濁軋其頑頑兮，聖愚一而泯靈。胡弱草丹而華兮，反泓棲而矜彩鳧苤龍鬚。芧蘆蓲菰繁其被汀兮，紛振翰而雲駭。彼陽烏既逝兮，鶻鵒嘻而專已。麤水馬以鬭犀兮，蛤又濡珠而曝殼。詭殊錯以跳踉兮，有曲牙而鹿其角。既逆鱗而返舌兮，復豶首而象鼻。汙針尾而戟鬚兮，族醆醆乎漪漪，誰非含生而願遂。睹彊柔之鬬噆兮，唾陽侯之懦怠。縱鱺鼉之恣肆兮，甘失職而蔓災。虞坤漏而陸沉兮，儵一嘆而三泣。蜮吸颸而排砂兮，時負渚而人立。潑雨迸而冠岫兮，岸衝挽而壑落。詫妖譎之多態兮，魄搣促而心愕。瞬兮異觀，恍兮變索。究之諒奚以兮，聊戢檝而遊淫。夕景挈以波下兮，石鐘礧礰而窾吟。追三苗之即叙兮，宣文命之訖敷。彼九江未之殷兮，余誠憂鬼類之聒呼。迺橈人之岡諙兮，祠九首而丐邪。愚者吾靡疵兮，鄙明賢之用頗。景神姦之勤算兮，數歷鉉誰弗竟。危魍魎支祈倔強伺間兮，愉臨湖而嘯悲。

【校記】

[一]"漳"，《四庫》本作"淵"。國家圖書館藏明嘉靖刻本《空同先生集》作"潮"。國家圖書館藏明刻本《空同先生集》有數種，本書校對採用的版本正文前僅有嘉靖九年黃省曾《空同先生集文集序》一篇序文，全書六十三卷，各卷正文前冠篇目。每半頁十一行，每行二十字，白口，左右雙邊，單黑魚尾，魚尾下方鐫"空同集"三字及卷數，再下為頁數。版心最下方偶有刻工姓名，如卷一第五、六頁有"章悅"二字，卷一第七頁有"陸潮"二字，卷二第十、十一頁有"敖"字，卷三第一、二頁有"淮"字，卷四第一—八頁有"唐"字，卷六第一頁有"袁電"二字等。以下在【校記】中簡稱為"《空同先生集》本"。

[二]"薇"，《四庫》本作"萕"。

觀瀑布賦

垄炎陽以北邁兮，遡敷原之上疆。遵嶽南而遐陟兮，廓睛流而志揚。日旋旎以景旗兮，嶄崎嶇乎微行。峰吞吐而迓余兮，嵐捽翕而颾路。超歸宗以翹盻兮，觀開先之瀑布。諗前記而髣髴之兮，眩飛空之孤形。誦銀河之逸句兮，精陟天而九征。挾巖潭以上氣兮，接神漢而並垂。精雲左右以傳彩兮[一]，霞表裡而秀姿。沫霏霏之晝霧兮，嵟丹翠潒而狉狉。光金黛而亙霄兮，浩呼洶之涌涌。龍朝帝以潮從兮，虹為梁之總總。韡若華以西曜兮，東扶木兮倚明星。辰涵而布錯兮，岳漬影之。其中絢練恍惚百怪潛兮，勢明晦而無恒。睎之若住忽奔噴兮，石雷塹而驟朋。經香鑪以熨紫兮，破雙劍而冰攢。逾黃岩以珠迸兮，籠玉殿而金煙。濯炎女之玄髮兮，苔離根而永生。掛洞宮之羃羃兮，隱芝箭而懷情。沸混混之爛爛兮，颯瑟馺而涼風。泉滾滾而安竭兮，孰尋源而卒窮。毖劃劃以繽紛兮，渥華巔而分派。水簾谷簾亞之揚兮，靈終古而并戴。巍嶷嶺而上行兮，疑質違而性非蒙。井厥流常兮，譬鍼顛而血隨。吞日月以膏顏兮，震雲氛之翼翼。江海巨而昏墊兮，哀趨卑而罔直。體融陰而內陽兮，準坎離而向背。嚴不蓄類廼澤物兮，醜彭蠡之汪穢。浮朱鳥之寒景兮，爭龍騰而攎掣。擊高者韻斯宏兮，谷哨啄而坤坼。赫翩翩以倏吻兮，小雁蕩而不眠。霶霜霾而離離兮，處遼域而孰知。怒玤窂以思逞兮，石岝崿之峋嶙。晴電追之霆突兮，信駭觀而搖臆。猿纍纍以竊窺兮，倚石鏡而呦嘯。爓焯灼皬的皪狡兮，類至人之懸照。肸颯逞徠兮，翔太始而留耀。

歌曰：造龍池而印之兮，究瀑布之肇踪。巔涌而鑿射兮，誠神靈之攸鍾。轟邇惑而遐瞑兮，壯二儀而永效。磕鬼怪避鑑鑒兮，微瀑孰以察逝者之高妙。伊動者必定兮，潭窅湯而淵窣[二]。磝之灝而寧之清兮，厥金水之共質。

亂曰：相彼山泉澌瀄，遒漩匄豁朋漣。洶遵科以造海，竟隨流而泯瀾。睹厥瀑之靈詭，反群詫而背誹。吾苟耆天地以遺聲迹，亦奚暇校高下與狐疑。

【校記】

[一] "精"，《四庫》本、《空同先生集》本俱作"積"。
[二] "湯"，《四庫》本、《空同先生集》本俱作"泓"。

泊雲夢賦

將超野豬之湖，風西而阻。乙丙丁戊，兑飂飂飂，旬餘轉迅。問之老人，曰：此雨陽之風也[一]，厥陰始生，應諸少陰之方。

幼余紛以好覽兮，懷長風而浪濤。夏匯液之浩浩兮，阻雲夢之逆飆。哀南紀之攸墊兮，包荊衡之眾山。貫江漢以為絡兮，勢朝宗而播瀾。翼潛沱之翩翩兮，掖原陵之峨原[二]。吞沔鄂之曾隰兮，洸湲迤而淡溰。坻屼屼兮掩翳橫余前兮，蒹葭紛而蔽天。月重陰以繁雨兮，駭厥鵙為之先鳴。邁大別以悠泝兮，邁少陰妒而用情。次大澤之巖隝兮，睇風雲之上征。惟彼斗酌而靡均兮，縱柔金以噓吸。孤心昏以徒爛兮，趑西流之避及。覽萬情之翻覆兮，爰背坎而向離。指朝景以辨位兮，定星辰而訊期。極明晦之變態兮，盡洋潒之淫淫。倚舲窗以凝睞兮，數周圍之峻岑。勤伯禹之土乂，坤維奠而至今。情潰渱以無依兮，聊唁昔而周章。慨五湖之見幾兮，詠孺音於滄浪。胡洞庭之險墊兮，三苗區而蕪滅。舳艫蔽江以來下兮，孰攘攘而非衣食。往者既不可追兮，吾寧俟時而矯心。掇陽滸之文貝兮，采芳芷於漢潯。龍擾余以負舷兮，珠夜遊而光吐。憑烈性之難抑兮，淚浪浪隕而思古。

誦曰：昔有郊郢，厥惟楚都。實邊雲夢，百雉其郭。何材弗殖，寶玉明錯。魚鱉麕鹿，於牣訏訏。麋麋甫甫，齒革毛角。有茜有莖，各以類積。礧礧岳岳，服食之屬。苧枲絲葛，甘盬苦酢。靈餌珍藥，猋弩勁矠。犀甲狼毒，王府充溢。宮室棺槨，商旅沓至。貿遷繹繹，漁牧諧足。鳴瑟巷咢，國以富強。鞭撻晉秦，挾鄭狩獵。出入二藪，旌旗千里。戈船璘玢，金銀璨璀。倏眒忽閃，獸柴鳥墜。追者稱善，後王何道。遊關靡返，懷沙奮辭，邦墟憐惋。

【校記】

[一]"雨"，《四庫》本、《空同先生集》本俱作"南"。

[二]"原陵"，《四庫》本、《空同先生集》本俱作"景陵"。

大復山賦

夫大復山者，荊徽之名山，淮實出焉。淮過桐柏，始著於是。禹道淮，桐柏始，淮山二精，發於何生，產諸申陽，何生於是自稱大復子。實非遺淮，要有攸先焉耳。余珍其人，爰造斯賦。不煩諦瑣，義意畢矣。然辭狠調邇，知音君子，諒有譏焉。或曰：此山胎簪，亦其名云。

噫吁戲！厥山峻崛岪兮，填鴻龐而導九川爾。其巘巒隩隩、崆巆巍巁、增崟重崒、合沓蔽日，曲勃焉安連，巘巘而棧棧，迺有危峰七十、寇岈岳岳、嶜岑崿岝、松柏蒙焉。千里望之，蟺蜒飛飛兮，若鬭龍之附於天也。覲而察之，

-97-

萬山駢戢，劍森戟攢，爛若踴蓮，下則無底之谷，呷坤維而曳玄淵，昔盤古氏作茲焉用宅。是以濁清判，三紀揭，頹洞開明劃日月，厥山既形餘乃發。故爾上冠星精，下首地絡，聚膏以為崇，滲津以成川。竅若浮肺，萬谷濛旋，神瀑涌焉飛流。崩嵯走壑，蹴石噴雪，釘鐘礧砰。鏗鎗迅霆，擊虹震于太空，若其勢磅礡逆折，狀若胎簪。嵩首殿其北，荊沔包其南，右標熊耳之嶺，左朝桐柏之山。其陰則凝冰積雪，晦明倏忽，翠篠丹澤。其陽遊飆吸歘，重黎攸宮。東有日華之林，陽榮之風。西則凉霏素露，凄凄清清。珠樹粲英，若爾材林浮雲，寶藏蕃興，騰氣簸氛。至其觸膚寸而起也，攦攦乎波駭山，靡不終朝而天下雨也。於是生人立，禽獸伏，草木殖，靈芝秀宮闕，醴泉噴其側。於上則神鵠威鳳，翱翔吸甘華，百鳥從之振翰，若雲中有玄熊綠羆、騶虞遊麟、猿猱麋麚，百千為群。樵採牧獵之子唱歌出林，響振峽谷，咸蹴躃迸逸，不見踪跡。於下則長淮發源，配天迪坤，混混沄沄，江河並尊，受珪上帝，疏穢錫存，乃有祈靈丐禧，梯航而來，沉玉瘞璧，闐塞路途。若爾幽岩之栖真兮，三三兩兩。御飆轂，抗霓旌，左控白鹿，右翳紫莖。嫽兮若將逝邅延立，廻風淹留兮攀林薄，逍遙兮山中。於是稱曰：春草兮萋萋，思公子兮傷悲，君處叢篁兮終幽險，虎豹暮咆兮蛇虺，舐啗公子兮歸來，雲冥冥兮石瀨潺潺。

河中書院賦

鄉人呂氏以諫官謫蒲，蒲故有廟娥眉側，祠太山也，呂至，移文廢焉。曰：山川之神，祭不踰境，非鬼而祭，孔門誚之，某職叨佐邦，靡敢弗經也。以問其守，守曰：敢不惟程。問之校，校官若士，曰：程敢不承察諸民，民翕翕欣若有興也。於是廢其廟，稱書院焉，而祠有虞氏於內。曰：蒲，舜都也，配以夷、齊，從以王、薛，左之名宦，右之鄉賢，量宇聚徒，區田祀養，考鐘伐鼓，視履迪業。李子聞之，曰：善哉！呂氏知教本矣。夫驅邪以端，拔怪以常，伐慝以昭，破淫以義。是故君子之於邦也，不患不從，而患弗躬。躬義布昭，敷常表端，以是而教，鮮不率矣。何也？四者，其本也。然又斷之以獨，協之以同，行之以勇，廼奚往不濟矣。夫淫祠罔福，故鐘巫禍隱，神降亡虢，往鑒具燭。然河投娶婦，祠毀妒女，世每罕聞，何也？怯者怵于利害，疑者沮于異同，庸者安于習俗，才者憚於改格。故曰非勇何行，非同何助，非斷何成！三者既獲，四本廼立，然後經定程堅，教斯興矣。是故君子不爭而醜莫不同，不煩而眾莫不從，標立而影隨，近聲而遠應，凡以是爾。李子曰：余為呂作賦，將以比音摘調，泛弦流管，俾大者歌，小者哦，觀者采焉。陳之太師，爰知蒲政。賦曰：

帝炎氏之蟬聯兮，厥岳四而布分。龍九川以蘊根兮，中敷葉而竟芬。翊華蓋以陟降兮，遘白日之既夕。忿攙槍以抗言兮，帝乃怒而退斥。攬余轡以周遊兮，登蛾眉而縱觀。睇巍廟而增欷兮，慓下淫而上殘。曰巎巎魯所瞻兮，嗒胡為乎蒲之壤。非其鬼而祭之諂兮，曾謂泰山不如林放[一]。惟時俗之詭謫兮，恒造怪而亂真。曰隱求以僥福兮，狙惑群而誤民。宇巑岏以嶽立兮，岩廊翼而雲構。既竊號以據要兮，復創形以之鐫鏤。內泥苴而楛惡兮，外狰獰而儼嚴。冒衣冠而土食兮，燁朱楹而繡簾。龍蚴蟉以梁騰兮，獸夾隅兮蹻跜。鈴苔臘以檐鳴兮，幢繽紛而旖旎。執命柄以消息兮，握陰陽而運樞。怒之雷霆悅春陽兮，役鬼神與豹貙。生吾生而死吾死兮，謂苦樂死而遽殊。苦桎梏以僝僽兮，樂羽葆而軿輿。眾駭心以搖目兮，伊誰辨渠之假真。民溷溷以朋從兮，憧情迷而喪身。蹇亍以攬涕兮，哀斯人之無知。軫聖者之故都兮，蓬蒿鞠而徑岐山。四雲以波涌兮，日畹晚而就沉。河洶洶以趨下兮，松栢暮而風吟。班余馬以比首兮，望九天而魂征招。飛虬駉而上訴兮，閶闔閩而晝扃。余回駕以東指兮，薄日觀而聊憩。願釋誣以祛穢兮，岱謝余以弗哲。沛蒼野以遼邁兮，即重華而跽陬。靈總總以騰跱兮，爛北逝而後先。臨舊京以邅延兮，倏若去而中留。颯拂巘以明滅兮，右涉瀨而夷猶。埽除兮蕩滌，清宮兮供張。風泠泠兮入廡，神陸離兮果降。羅桂漿兮椒食，琴瑟作兮鏘佩玉。悅彷彿兮莫親，工祝告我兮顯則，曰俗不可戶說，道不可塗求，端物者端己，治人者自修。二氣推盪，禍福倚伏。時岡常泰，日中乃昃[二]。王革以義，霸救以力。巡守廢歇，明堂載黜。爾乃七十二君封禪，侈矜玉符金檢，顛崖是登。夫習沿於襲，勢積於成。昭縮以獨，愚淪以朋。踰分之祀，匪今則承。立經斥妄，言諄志勤。爰惟政本，氓哉爾欣。

【校记】

[一]"泰山"，案本篇賦序作"太山"。
[二]"昃"，《四庫》本、《空同先生集》本俱作"昃"。

嚏賦

人秉陰陽皮毛肺兮，六淫相薄風斯嚏兮。彼我牽念，嚏亦至兮。靈往精徙，固以類兮。逐臣兮江瀕，放子兮辭疆。思鬱抑兮內結，嚴飇慘而肌傷。怨懷沙於夕風，履中野之晨霜。涕噴迅而染鼻洟，交頸而浪浪。疾有幸而甘心，

— 99 —

情有離而中還。嘆終風以踟躕，爰托聲於願言。步巘殿之蕉苔，曳廻飃而影旋。幸回光而一噓，倘顧笑而申懼。痛華絲兮眾進，懼黃裳而永捐。

觀禁中落葉賦

颶滲戾以寥肅兮，廊宇靜而蕭條。覽宮木之隕零兮，哀貴賤而並凋。辭珍柯而永絕兮，邁回風而吹舉。撼金鋪以搣颯兮，排紫闥而求侶。為長飃之所接兮，倏激響於青雲。襲日月之末耀兮，攢玉階而委身。譬賤士之利賓，効琛贄而熙載。離鄉土而遠適，心縈思而搖旃。忽兮若聚，儵兮分散。儻碩果之見知，即萎離其何惋。

貢禽賦

異乎翩哉，黃旗南來。海奇越珍，鳴舞伊軋。戲船繽紜，毛羽絢爛。走飛繙繙，美妙極臻。步止異常，巨細情態。駭人哉[一]，則秦吉了。畫眉山鵲，五色鸚鵡。番雞孔雀，綠鳩火鳩，白鵰紅鴇。猿則金絲通臂，猱狖獼猴，小大什伍。有朱喙丹距，玄體白趾。絳冠翠衿，繡黻相倚。蒼黃文錯，頸繡練尾。紺目巘額，金花鐵觜。旋如雪廻，並猶錦聚。詭質慧心，巧舌人語。清若笙簧，睍睆滑瀏。爾其選山澤，設長羅，搜妍迹，捕流影。購工懸賞，効獻思逞。祖禡偕作，劇閑齊警。萬人波逐，千騎林騁。下無詮獸，上無康翮。十百獲一，地搖天仄。於是飾雕籠，裝寶絡，戒虞官，慎水食。有山林之所未有，食人之所未食。而乃辭島邦，別瘴隅，道蒼梧，逾番禺，入江湖，歷荊徐，艱難萬里，達於京都。域有濕燥，氣有涼炎。春行秋至，溫不敵嚴，毛鬙尾鍛，鮮落瘁添。經城吏懼，邁野民憂，幸其過速，斂錢而賙。至則昂天，軒覷豪門。振紫庭，浴漢潭，美豢宮坊，殿縱上林。豢者如浮，縱者若沉，味不升俎，毛革不御。此何物者，而蒙是榮遇？拔微登賤，永棄方士[二]。於是歌曰：聖王却珍，禽獸靡哉。貴賢遊德，麟遊鳳儀。役神遐異，厥民之厲。白狼以歸，荒服不至。

【校記】

[一]"哉"，《四庫》本作"鳥"。
[二]"方"，《四庫》本作"風"。

四友亭賦

夫物有情契，事有偶同，人有大觀，氣有流通。故一本而視，同體之義存焉，體物著用，因心之懿宣焉。命友以四，倫數之天。天定物合，事之奇也。闢名設亭，訓之推也。故塤篪之音暢於家，而後孝弟之風行於國。何則？敦薄銷鄙，非久弗著也。故詩曰：「和樂且湛久，莫要於不變。」不變莫如松、竹、梅、栢，人友其一，而亭其間，而盤而桓。所謂事同情契，可以大觀者歟。矧吾一氣也，乾父坤母。物不吾異也哉？於是賦之。賦也[一]：

縶許氏之為亭也，左崇嶺，右大江。架旰豁，軒紛麗。占巨域，符名邦。上納巑岏，下壓濤瀧。屹鐵城之東坼，割勾吳之西封。圍之以金焦之秀，標之以芝山之峰。爾其經始也，召班爾謀詹咸，諦璇曆，證虎鈐，伐直材於太古之谷，罄文石於千仭之巔。慎陶鍛而兼美，雖鏤雕而務堅。既測圭以定景，復銓辰而考躔。信抱形以迴勢，亦負阜而面川。則大壯以弘義，乃取乎上棟下宇，法三才而樹本。故使之下方上圓，懼室閉之傷順。則以之四洞八達，惡巧麗之賊久。斯尚夫樸厚渾全，孤立乎曠闊之囿，俯瞰乎蔫縣之阡，而乃藻棠棣而為梁，糅紫荊而為牆。雜之以蘭夷椒桂，繪之以玉碧文章。苞忠厚以為基準，虛明而開窗；仰穹窿而體健，俯靜直而效方。遵屈啓於昕暮，式向背於陰陽。於是則徙嶰谷之梢[二]，運徂徠之榦，拔新甫之奇挺，收孤山之芳蕋。水潤火晅，義培仁灌。冲和融結，寒暑變換。倏華敖華，俄聚乍散。玉琤雲鬱，素飄蒼爛。或偃蹇牗戶，或昂藏霄漢，或巍若大夫，或脩若君子。或如幽崕綠裳翁，或如空谷白駒士。或岳岳而立，或娟娟而倚。判體合蘊，殊狀詭形，輪囷離奇，剛剒娉婷。望之溟濛，就之冷漠。日為之視，風為之聽，雨為之沐，雷為之醒，烟為之韻，神為之明[三]。茲四物者，非所謂天下之至靈歟！而奚萃吾亭也。乃有蘭昆工季，雁行雙雙，攀勁拊脩，振英愜穟[四]，人取其一，稱為四友。乃於是召上客，吁威儀。敞翠幮，羅珍羞。膾江鮮，剝吳牛。進楚舞，徵齊謳。飛兕觥，列清壺。益之越錯，侑之海胑。解帶傾庶羞，促節紛高倡。緝伐木之亂，簧閱牆之章。欽友于之嘉懿，悲粟布之見戕。調瑟琴於既具，沸塤篪之遺響。已而樂希顏酡，主賓共起，徘徊於四靈之下，衍遊於蔥蒨之傍。吸霜柯之明雪，飲蒼玉之浮涼。拾香鈴以蓺鼎，採寒葩而泛觴。挈懸茗於上枝，散啼雀於叢芳。避松徑以行丹鶴，護竹實而需鳳凰。於是各命侍兒，遞節緩歌，出獻入趨，絲肉相和。松兒歌曰：

若有人兮佩鳴環，脩蒼髯兮抗冰顏。抗冰顏兮吾之友，心莫逆兮萬斯壽。

- 101 -

竹兒賡之曰：

有美一人，其修如玉。翩翩翠袖，日暮空谷。暮空谷兮憺忘歸，居有朋兮我心怡。

梅兒賡曰：

了醜妍兮華我惡[五]，於子遊兮元之素。元素本無垢，歲寒願相守。

栢兒賡曰：

冠峨峨，劍陸離，緑髮毿毿褐葳蕤。葳蕤靡時改，中路莫疑悔。

歌畢，主人乃還，客入亭復坐引觥，而各不自覺其頽然醉矣。客則強起婆娑舞，其歌斷續弗調，似亦賡前歌也。歌曰：吴江落楓，洞庭下橘。朔風有嚴，玄冥變律。霢霢溟溟，懰兮而慄。龍蛇以蟄，百卉蕭瑟。堅者隕榮，脆者銷質。是時也，不有此四友者於斯亭也，孰與壯天地而光月日哉！

【校記】

[一]"也"，《四庫》本作"曰"。

[二]"梢"，《四庫》本作"稍"。

[三]"明"，《四庫》本、《空同先生集》本俱作"冥"。

[四]"愋"，《四庫》本作"掇"。

[五]"了"，《四庫》本、《空同先生集》本俱作"子"。

辟雍

辟雍，紀視學也。

天子至止，于彼辟雍。和鸞央央，其來雍雍。象輅金衡，有蒼其龍。光于廟宮，是依是崇。

吉日維申，修我元祀。皇祝設樂，鏞鼓萬舞。有筐有篚，以享以祀。群執肅肅，秉德弗渝。

維其觀者[一]，三氏孫子。其冠峨峨，來忻來止。翩彼鳳鳥，集于東林。繹其觀者，其爛如雲。

自門徂基，辟儼若思。青衿濟濟，以辟以師。爰命祭酒，司業拜手。訏哉嘉謀，作民元后。

帝若曰都，戎言式弘。匪道何程，匪獻曷承。載弼元理，維協乃有。眾拜稽首，天子萬壽。

旂旐旆旆，淵淵伐鼓。皇發辟雍，用惠下土。自天降休，豐年穰穰藹藹。王多吉人，四國用康。

【校記】

［一］"維"，《四庫》本作"誰"。

有鷗

有鷗，諷也。

有鷗有鷗，集于喬林。征夫遑遑，以北以南。居人之子，我是用罩。

東人之子，衣服粲粲。西人之子，車馬有爛。中人之子，噂噂衎衎。

誰屋室潭潭，誰教猱有冠，誰遇人艱難，誰痞寐永嘆。

爾視爾友，令色令儀。弗視爾友，靡臧靡嘉。爾視爾友，予德予哲。背姻背婭，罔不怨蔑。

朔日日虧，十月其雷。山川震崩，星辰逆行。二三君子，匪疢匪疾。曰時則然，匪我敢逸。

燕雀在堂，翩翩其羽。鰥鰥魴鱮，在于河渚。弗念弗畜，孰獲爾所。小子作詩，誨言式女。

河之楊

河之楊，怨離也。

河之楊，其葉幡幡。子之歸矣，誰與我晤言。

河之湍兮，我心博兮，庶見子旋兮。

我出城闉

我出城闉，閔水也。嘉靖甲申秋，久雨水涌，陸地行舟。

我出城闉，浩浩其流。我車我馬，登彼方舟。昔也長薄，乃今舟之。滔滔波塗，昔也疇之。

嗚呼蒼天，雨無其極。淤我長田［一］，泡我稼穡。賣牛買船，賣鉏買楫。夕之朝之，濟有深涉。

彼負者，子涉寒號咷。彼輦者，子陷泥中濤。彼車者，子馬顫濡毛。彼往來者，誰子冠蓋而遊遨。

【校記】

[一]"長",《四庫》本、《空同先生集》本俱作"良"。

河之水歌

河之水歌,李子為其子作也,以子追不及。

河之水,流濺濺,望父不見立河干。

河水淲淲,舟子搖櫓。東方漸明,我不得渡。

想像歌

李子北行,日夜行,思其兄。其兄亦日夜行,於是作想像之歌。

霧邪,煙邪。行草莽者,兄邪。

雞鳴歌

雞鳴歌者,李子去江西而作者也。孤舟泝江漢而上。

東方白兮,雞鳴膠膠。鼓予櫂兮,沙之坳。明星上船桅,北斗入地。離離蘆中人,逝而逝而。

內教場歌

內教場歌者,李子紀時事而作者也。帝自將,練兵於內庭。

雕弓豹韉騎白馬,大明門前馬不下。徑入內伐鼓,大同邪?宣府邪?將軍者,許邪?一解

武臣不習威,奈彼四夷。西內樹旗,皇介夜馳。鳴砲烈火,嗟嗟辛苦。二解

叫天歌

叫天歌者,撫民之所作也。余聞而悲焉,撮其詞而比之音。

彎弓兮帶刀,彼誰者子?逍遙牽我妻,放火。我言官府,怒我。一解

彼逍遙者誰子?出門殺人,騎馬城市。汝何人?誰教汝騎馬?二解

持刃來,持刃來,彼殺我父兄,我今遇之,必殺此儈。彼答言:奉黃榜招安。嗟,嗟!奈何,奈何!三解

彼不有官饑,官賑之出有馬騎。我有租、有徭、有役,苦楚胡不彼而。四解

欸乃歌

五更風打頭來兮，嗟嗟欸乃。船開努力齊兮，欸乃。力把柁立兮，欸乃。努力上灘，水平平緩兮，欸乃。北風雨雪吹我寒兮，欸乃。日漸漸冥兮，誰濟此川，欸乃。

天門開

天門開兮冥冥，沛余乘兮。上征雷車兮電旗，班陸離兮四馳[一]。陽昭昭兮在下，女翩翩兮媵予。交不周兮易離，路超遠兮徒自苦。涉海兮揚靈，揖陽侯兮貝宮。采珊瑚兮嶼間，折三秀兮水中。望佳人兮不來，吹洞簫兮絕浦。聊盤旋兮戲娛，時不可兮再有。

【校記】

[一]"班"，《四庫》本作"斑"。

祀白鹿先生迎送神辭三首

吹玉簫兮眺帆浦，橫蔽江兮美無舸。謇躑躅兮旋望，宛窈窕兮山之左。陟山左兮降右，忽而來兮倏而去。跨白鹿兮導兩螭，色含笑兮心莫知。既登兮山椒，復南涉兮石瀨。日冥冥兮欲暮，風飄飄兮吹蕙帶。

右迎神。

綠蘿兮紫萸，桂生兮羅戶。風颯颯兮若有望，神驅雨兮泉浪浪。躒我階兮坐我几，以彭郎兮挾匡父。蘭殽兮椒醑，日中兮萬舞。美孰怒兮飄忽，逝雲離離兮怨余。

右降神。

迹不偕兮心相疑，歡雖諧兮愁易離。君荷依兮蕙帶，逍遙山中兮桂為蓋。天門兮既闢，騰而上兮雪之際[一]。石有澗兮山有峰，心相慕兮交不逢。稅吾車兮縶馬，願褰衣兮從子。

右送神。[二]

【校記】

[一]"雪"，《四庫》本作"雲"。
[二]"右送神"，底本原无此三字，今據《空同先生集》本補。

擬前緩聲歌

萬水東流，魚西上遊。不虞彼有漁子，置我於其鈎。魚告漁子，女曷太荼，寬大福厚，不見是圖。漁乃傴僂伸鈎，我脫身以遊。漁起揮手謝，天命各有由。此魚銜明珠，來報當日漁。

榆臺行 其事在弘治乙丑年。

榆臺高高，風吹樹梢都搖搖。臺下黃羊走，黃蒿山頭看。看日落觽策四面吹，軍中白旗身姓誰。向前看有河，河水深，彼不怕死我亦人。力能拔虎尾，人虎或兩存，歸為鬼雄榮爾魂。

豫章行

黃河雖大川，所嗟源不清。千里能一曲，不如直道行。王允輔京室，李杜垂其名。介休巾角折，乃為時所傾。

公無渡河二首

盤螭作川梁，功奇勢難久。魴鱮尾屣屣，天吳載九首。

二

公無渡河，河深不可渡，中有白石，齒齒嶄嶄兮。峨峨蛟龍，九頭戴角，崢嶸釜磕兮。水鱗鱗兮衝素波，公無渡河，吹沙暮多風。河伯築梁結兩螭，汝無羽翼墮水中。涉水雖可樂，不如登山阿。噫！嗟嗟！公無渡河。

空城雀

雙雀下空城，穀穗黃離離。二雀跳踉鼓翼啄穀穗，其朋千百咸來集，小者啾啾是其兒。誰者翁嫗，被髮曳鞋來打雀。雀甍甍，飛上城，嘈嘈鳴。兩人恰欲抽身，雀便復集。回頭罵雀：辛苦長得禾，汝忍飽之我無粒。手中乏利彈，又蔑網羅，天旋日昏，奈爾雀何。

野田黃雀行

樂樂其所，自生禽獸，過其故丘。悲鳴黃雀遊野田，焉得鴻鵠高舉情。鳳凰靡世見，生長丹山依。玉禾白於脂，飽之忽來飛。仲尼逢子西，乃被接輿譏。

石城樂

盈盈窈窕女，當門是誰家。十三學畫眉，十五擅琵琶。邑中有盧家，此女名莫愁。向前問此女，女聞雙淚流。二十嫁夫郎，重門阿閣房。臨窗種桐樹，五年妾身長[一]。自渠下揚州，置妾守空樓。悔不快剪刀，斷水不東流。

【校記】

[一]"妾"，《四庫》本作"如"。

大堤曲

漢水白離離，月落山黑時。堤頭石不平，走馬誰家兒。儂住襄門西，而在漢水北。浮橋不着纜，郎詎得儂識。大舶何處來，落帆向儂滸。高靴白帢子，識是真州估。

襄陽謠

一灘高一尺，十灘高一丈。湍急石巉，魚何由上。樟戕櫓折，俾我心愴。順風沿水，舉帆千里。

襄樊樂

立檣如麻，卿來誰家。新燕營巢，風中滾沙。鶻鶄逐鴛鴦，金井石榴黃。珍寶丘山積，擅名黑門廂。

襄陽浣婦行

彼誰者嫗，吾家浣衣。新寡寒賤，鬖髿霜飛。體無完衣，十日九饑。態度則殊，辯是知非。嫗泣答言：妾襄宮女。少小入宮，荷主憐顧。四十始出，嫁為民婦。灌田采薪，奄就貧窶。舞裳綻污，形容改故。夫死男孺，藜藿靡救。嫗咽復言：侍襄定獻，幾三十年。王有義辭，皇嘉特宣。父子俱覲，妃嬪如煙。鈿茀載路[一]，龍旗飄翩。御使絡繹，珍車班班。漢峴同清，天歌播焉。衮舄南還，層城言言。鳥春日妍，桂宮有延。傑臣觴壽，玉娥奉筵。王既捐世，變來罔度。聞見駭異，古殿寂寞。嫗勿更言，萬類咸爾。厥亦天道，安之則已。

－ 107 －

【校記】

[一]"萆",《四庫》本、《空同先生集》本俱作"第"。

雁門太守行

雁門太守汝何人,治邦三月稱明神。我有牛羊,賊不來掠。我有禾黍,人不敢割。昔我無衣,今有袴著。我思禮拜太守,太守不見憐。但聞太守身姓邊,紫髯廣額聳兩顴。太守出門,四牡騤騤。後擁皁蓋,前導兩麾。行者盡辟易,居者不敢窺。旁問太守胡所之,云訪城南皇甫規。

渡河篇

小麥黃,黃河波。君奈何,今渡河。昔君遊此,思君一見。經旬累月,不君一面。君今渡河,乃往何縣。跂予望之[一],淚下如霰。汀有㲼兮沚有蘭,枝相亞兮居不單。人生心事豈有殫,君慎動靜加君餐。

【校记】

[一]"跂",《四庫》本作"跋"。

黃鵠篇

黃鵠遊四海,倦言還故邦。中路失其雌,三年迺有雙。鴛鴦毛羽縟哉工,凰儔鶴匹渠豈同。嬿婉歡娛殽酒豐,琴鳴瑟奏芳夜中。樂極思來內忡忡,驗新追故悲悔叢。人生萬事,慎勿輕易。狸鼠之能,詎逮騏驥。車牽美期,谷風興刺。我心自知,聿斯語誰。

煌煌京洛行,為曹縣王子賦

時風布陽和,韡韡華春木。清朝富才賢,藹藹冠盖屬。努力競高路,鷄鳴起相逐。白日耀飛轡,流雲翼行轂。同里多彙薦,一門有聯躅。蹶彼曹南士,雙雙皎如玉。聚鳴各當晨,連翩一何急。煌煌京洛內,濟濟英妙集。二郎紳委蛇,三四錦翕熠。大郎雖未官,俯身拾班級。入室談仁義,出與卿相揖。聲名既烜赫,性行復剛執。見者勿徒羨。青雲貴自立。

仙人好樓居三首

律律海中洲，峨峨白玉樓。上曾結浮雲，下戴神鰲遊。前檐蔭白榆，青龍守門樞。上有無始公，餐霞煉金腴。飛瓊鼓玄橐，浮丘扇其隅。情閑覽八表，出入服氣輿。日月跳兩珠，廻旋但須臾。萬年永福昌，寤言莫相忘。

二

謁帝華蓋側，沐髮咸池旁。巖巖雲中樓，文杏裊為梁。黃金走闌干，銀闕前相望。聳身若輕翼，登之窮四洋。四洋圯荒汹，波瀾浩揚揚。九州一何拘，斂顏歸洞房。屑玉煉精魄，用神無何鄉。萬年永福昌，寤言莫相忘。

三

乾鵲知來風，靈人炳先幾。超世構巍峨，上與飛雲齊。舉手拂天河，白石寒離離。牽牛不服箱，織女棄支機。孤鳥銜若華，東來欲誰詒。海水淺以清，俯之嗟嘆咨。眷茲勿輕道，翩翩眾鳩馳。萬年永福昌，寤言莫相忘。

白馬篇

白馬紫金羈，揚鞭過市馳[一]。萬人皆辟易，言是賣珠兒。生長本倡門，結交蒙主恩。寢食玉榻側，獨聆瀀渥言。取金大長秋，徵歌李延年。家住十重樓，珠簾白玉鉤。綺繡裁襦裳，妖豔無匹儔。片言即賜第，意氣凌五侯。

【校記】

[一]"揚"，底本作"楊"，今據《四庫》本、《空同先生集》本改。

芳樹二首，為上海陸氏賦陸出東坡故硯、姑蘇全肩筆，索予面賦，一字起，十字止[一]

嗟！天運，春奄晷，翩翩者鳥，集于芳樹。芳樹生路隅，車馬一何多。朝看桃李華，夕看桃李柯。爰登高丘以望，遙見長安綺樓。樓中美人彈瑟，如聞三嘆未休。客乘白馬繫樓下，秉燭置酒娛夜遊。美人贈我錦繡辭，把玩不異珊瑚鉤。林陰漙露羅袂薄，明月照闥那可留。嗟乎人生何不共努力，君不昇城鴉哺子忽生翼。

【校記】

[一]"陸出東坡故硯姑蘇全肩筆索予面賦一字起十字止"，案此二十一字，《四庫》本另起一行，獨立成段。

二　前缺八字句，此篇足之[一]

猗[二]，君子，道為貴。貪夫所欽，駟馬高蓋。東家雖椎牛，不如西家蘩。雖有文馬千駟，不如西山啜薇。猗嗟富貴良何為，瞻彼青青兮陌上林，穠華灼灼兮一何早。凉風有時，漂搖來吹。汝坐見淒淒白露滿芳草願采青松寄情親於遠道。

【校记】

[一]"前缺八字句此篇足之"，案此九字，《四庫》本另起一行，獨立成段。
[二]"猗"，底本作"倚"，今據《四庫》本、《空同先生集》本改。

史烈女

史烈女者，杞史氏之女也。未嫁而死其夫，是踰禮以守信，破經而成仁者也。李子曰：史氏女有激俗之功焉。然予聞其言矣，於是乎述。

梨花如雪霜，鴛鴦不成雙。我心明如鏡，我心清如冰[一]。鏡明有塵時，冰覆無收理[二]。古昔華山畿，行人下馬拜。春風兩蛺蝶，綠草搖衣帶。

【校记】

[一]"冰"，《四庫》本作"水"。
[二]"冰"，《四庫》本作"水"。

月如日

月如日，光如輪。輪五色，繽哉紛。貫紫霓，揚風翎。抶太乙，侵紫庭，化為白氣干天經。張我弧，挾我矢，祛裖滅妖天下理。

塘上行

蒲生何離離，過時采者稀。莫言采者殊，盛衰自有時。一解
昔與君相見，不謂行當變。讒言使交流，水清石自見。二解
孔雀東南飛，十步一徘徊。羅鷥羽翼短，安可作雄雌。三解
今日樂相樂，飲酒行六博。蒲生鼓葉多[一]，中心亦不惡。四解

【校记】

[一]"鼓"，《四庫》本、《空同先生集》本俱作"枝"。

艷歌行

杲日出扶桑[一]，照我結綺窗。綺窗不時開，日光但徘徊。一解
通阡對廣陌，柳樹夾樓垂。上有織素女，嘆息為誰思。二解
步出郭東門，望見陌上柳。葉葉自相當，枝枝自相糾。三解

【校記】

[一]"杲"，《四庫》本作"昃"。

甄氏女詩

予讀《魏記》，見甄氏女失身，以讒被誅，即其絕鳴之音，至慘戚不可讀，而竟以讒死。悲夫！然卓氏女亦奔相如，作《白頭吟》，何所遇懸絕也。陳思王《浮萍》詩，或稱托風於甄氏，比之《長門》，成敗異矣。豈非事人者之永鑒哉。

種樹高堂下，枝葉何留留。辭家奉君子，置我青雲樓。一朝意乖別，棄妾忽如遺。昔為同溝水，今向東西流。獨守結心脾，夕暮不垂帷。明月鑒玉除，清風一何悲。曳絢立中庭，仰見明河湄。明河光不回，念妾當何依。沉思仰天嘆，淚下如斷縻。

嗟哉行

人言高樹多風，群鳥巢其顛。勁幹從來易折，弱者永其年。蘭茝雖異眾草[一]，秋至同一零。君子不愛其身，身屈名乃成。

【校記】

[一]"茝"，《四庫》本作"蒞"。

賦大隧

賦大隧，兒賦隧中母隧外。母思啓段段已舉，不及黃泉是何語，潁人不來其奈汝。潁人不來猶之可，俎上分羹痛殺我。

周雅續卷之一終

周雅續卷之二

北坅賈鴻洙憲仲選輯
西極文翔鳳天瑞裁定
北海孫三傑淑房參閱

李夢陽

與客問答二首

問有萬里客，顏面帶風霜。左右佩雙鞬，意氣何揚揚。問客何州士，逝將之何方。客亦不顧云，但言開中堂。手持一書札，口口稱故鄉。長跪受書札，草字八九行。上言親戚故，下言別離傷。

二

長跪牽客裾，故鄉今何如。客起長跪言，故鄉不可居。墳壠既蕪沒，寧復識田廬。鄰巷鮮故人，族屬半丘墟。巖巖高山谷，今為官路衢。主人聆客言，涕泗交漣如。離鄉三十載，小女為人姑。邇者日以親，遠者日以疏。狐狸知故穴，牛馬知故阹。願為連理樹，托根北山隅。

贈劉氏二首

晢晢吳中娥，奕奕宛清揚。邂逅此堂隅，瞻顧兩回翔。攘袖發皓齒，列坐無高倡。行雲為徘徊，順風托馨香。周席莫不嘆，側目在流光。何意芳盛年，峻義明秋霜。於禮誠銷薄，銀漢徒相望。

二

回車太行谷，結轡登羊腸。羊腸何崔嵬，俯視見大江。大江日東注，遊子悲故鄉。故鄉復迢遞，欲濟河無梁。晨起振我纓，駕言行朔方。丈夫貴榮名，臨路徒離傷。

長歌行，贈房氏二首

捷步競先鳴，達人貴沉幾。鴻鵠翅摩天，於世常高飛。煌煌冠蓋朝，疏也乃獨歸。誰云傷秋子，而為鱸魚肥。彼哉枌榆儔，豈知千仞輝。

二

瀰瀰夏川廣，驚風夕楊波。眷言送誠歸，軒騎匝中阿。倦鳥故林趨，獸離懷前窠。君看纍纍實，豈復華其柯。皓首聲利途，攸見無乃頗。

述憤五首 弘治乙丑年四月作。

是時坐劾壽寧侯逮詔獄。

天門鬱岩嶢，虎豹守其隅。番番九苞禽，頡頏舞雲衢。銜書奏至尊，青龍與之俱。光夕絕還響，徙倚空愁予。

二

帝居杳何許，蒼蒼隔九閽。白玉為阿閣，黃金為重門。可望不可扣，仰見飛雲奔。何當發炎旭，下照孤葵根。

三

苔井肅陰森，嶽廟闃以清。車前當路翻，紅葵夾階生。羈人散煩疴，紆徐步中楹。時禽變好音，庭柯敷夕榮。詎知沮洳場，曠然獲悠情。

四

明月出東方，徒行反家室。室人走相訊，問我何由出。明知非夢寐，欲辯仍自失。喜極雙涕零，轉面各銜恤。垂鐙照緗卷，浮埃滿朱瑟。愁言卒未傾，忽復景晨日。

五

臣本草野士，弱冠承恩私。黽勉簪紱間，低回報容姿。直湍寡回波，勁木無弱枝。天運不易測，物情諒如斯。修塗方浩浩，駕言赴前期。

離憤四首 正德戊辰年五月作。

是時閹瑾知劾章出我手，矯旨收詣詔獄。

練練晨明月，鬱鬱風中柳。蒼茫遮我車，識是平生友。感君故意勤，贈我雙瓊玖。虎狼夾衡軛，狐狸草間走。東方漸發白，聊歸勿為久。天威煽方處，君子毖其口。

二

北風號外野，五月知天寒。海水晝夜翻，南山石爛爛。丈夫輕赴死，婦女多憂患。中言吐不易，拊膺但長嘆。永夜步中庭，北斗何闌干。裂我紅羅裙，為君備晨餐。車動不可留，佇立淚汍瀾。願為雲中翼，阻絕傷肺肝。

三

驅車重行行，前上西山陲。白日忽已冥，歸鳥來何遲。飄風吹征衣，北逝方自茲。行路見我行，不行為嗟咨。苦稱途路涊，君子莫何之。欲訴難竟陳，天命自有期。

四

結髮事君子，締結固不解。青蠅玷白璧，馨香逐時改。恩阻愛不周，棄擲良在此。紅塵何冥冥，白日淪西海。對面有訣絕，何況萬餘里。得寵各自媚，誰為展情理。訛言方蝟興，君子慎其始。

雜詩八首

昔余曳鳴珮，謁帝扣天閽。聖人垂袞衣，賡歌庶事康。鼎成不我顧，奄忽驅龍翔。生死變化理，反覆開存亡。榮華有銷落，連茹切微霜。晨朝在須臾，返車棲扶桑。

二

昔有玩世士，乃處匡山阿。其人久已冥，春林發烟蘿。故址栗里旁，見者不忍過。荷鋤豈不苦，刈薪行且歌。詆毀日來加，醉酒良靡他。沉冥在一時，千載固難磨。小兒為督郵，磬折將如何。

三

今日苦炎熱，風雩可徜徉。亭亭一孤松，乃在匡山陽。李公宅深冥，朱氏揚其芳。仰身攀林巖，俯之淚數行。勢路紛狹斜，隨利來相戕。命駕且復去，誓與朱鳳翔。

四

臨事戒憤切，憤切增煩心。君子被短褐，小人富黃金。璇機造變化，何浮不有沉。不見遊波蛤，前是檐中禽。池鷗奮羽翼，倏忽四海陰。沐浴濛汜間，飄颻終鄧林。

五

少年撫長劍，放浪三河濱。纍纍道旁者，云是金鄧墳。欻翕隨龍飛，策符登茂勳。南陽多貴人，烜赫閒朱輪。委身今黃土，千載不復晨。首陽有采薇，餓死誰為聞。遺義凜秋霜，見者常酸辛。

六

昔余挾詩書，京里揚鳴珂。敷藻藝林間，結交聚邊何。豈云傾人城，絕代耀姿華。分散倏老醜，孤遊江湘阿。出攀芳桂林，倚岑揮浩歌。荊榛蔽丘原，浮雲一何多。靈劍有合并，詠言傷蹉跎。

七

莫笑一杯水，覆地東西流。人命若飄光，超忽誰能留。藜藿足充饑，巖巒可遨遊。衣文附靈犧，莊子誠見羞。黃雀乾下庖，白刃臨九州。一為華屋吟，俄頃歸山丘。脫身幸及今，世事如蜉蝣。

八

毀譽不可校，校之心煩悲。榮名蓋一世，千載誰見之。塞翁失其馬，馬歸駒來隨。生死尚無常，萬事誠塵灰。舒嘯飲醇酒，聊與玄化嬉。

豫生[一]

士有氣相感，殺身酬所知。伯氏既謝世，族姓無孑遺。噬炭甘若飴，漆身亮何為。生既荷君遇，沒敢求君知。仇聞再三嘆，攬涕惠新衣。玉劍四五動，左右神為摧。愴哉彼流水，迄今為鳴悲。行路佇嘆息，芝蘭繞墳基。人生固有畢，節義誠難虧。

【校記】

[一]"豫生"，《四庫》本作"豫讓"。

歲晏行

歲晏幽陰積，寒霖夕館空。浮雲起城闕，浩眇安可窮。悠揚橫太虛，回薄蔽鴻蒙。我有一叢蘭，種之良亦難。飄風忽來吹，零露苦相殘。勸君留此草，蕭艾不可寶。

孔翠篇

孔翠耀其羽，迺爲俗所珍。神龍處九囿，潛躍固有因。小人役瑣屑，君子揚其芬。遐哉顔閔烈，千秋灑靈雰。出事金玉昆，入奉堂上親。恩義苟不虧，豈必饌芳薰。爰騁六藝圃，載泳詩書津。何當繼喬木，振珮躡高雲。

至後上方寺酒集

久陰瘴昏氛，我行值嘉明。白日展冬耀，雪霽松林清。景異賞貴延，朋集杯難停。入筵午未端，歸騎夕已冥。衝風振巖廊，鈴索抗高鳴。塔虛響先奔，珠圓光易傾。超物慮可澹，遺榮累果輕。久枉証詮理，一悟得所徵。

春遊篇

朝遊東市陌，暮出北城衢。夕林何嶔岑，華月耀西隅。宵征泝皇垣，廻策遵玄湖。春冰日以薄，鳧雁聚喧呼。逶迤浦潊貫，金刹據中區。前有三石梁，宛若垂虹紆。却顧雲中觀，翳翳蔽松榆。

春日洪法寺後岡

暄陽入廣墟，平阡曖烟蕪。稅鞅尋高禪，陟丘眺神都。白日麗中衢，青霏藹林岨。碧草一何萋，叢葩亦已敷。纍纍誰氏墳，嶕崒三浮屠。鑿石錮九泉，雄構耀城隅。興臺盜綺衣，苔蘚封丹樞。矯首視天宇，刻刻浮雲徂。崇名古所欽，多藏秪區區。

秋日重過上方寺

居閑懷行遊，觸景慨時速。昨來春華敷，秋草倏已緑。弱蘋布霜漣，叢蘭委寒陸。纍果媚西陽，漂䕺滿空曲。物遇信緜曠，情移乃躑躅。夷猶步前庭，迤邐陟曾麓。夕風一何厲，行雲結相逐。鐸音抗高聽，塔影駁流矚。聿非封侯骨，虛擬燕頷肉。飛纓靡不榮，芒屩諒應足。寄謝世上人，吾久脫羈束。

京師元夕有懷丘子，兼憶舊遊而作[一]

名都鬱塊壘，浮雲蔭孤臺。宿昔與丈人，攬袂凌崔嵬。延眺殊未已，明月從東來。俯身覽九陌，車馬何諠譿。朱門競笙竽，鐘鼓趣行杯。詎知前代人，寒隧生青苔。金珠委瓦礫，鉛華安在哉。沉冥曰云富，感激令心哀。丈人方岳裔，夙質謝塵埃。婚嫁慕向子，幽棲放顏坏。七十尚蛇蟄，白衣潛草萊。嗟余糾簪紱，俯仰阻沿洄。逝將親逸躅，榮盛等浮灰。

【校記】

[一]"兼憶舊遊而作"，《四庫》本作"兼憶舊遊"。

元夕友人見訪

春月多麗輝，白雪媚其姿。美哉京洛夕，銀潢鬱逶迤。逶迤帶紫陌，車馬驅以馳。繁燈張四衢，都人競遊嬉。道者便靜性，俗夫乏遠資。林唐枉冠蓋[一]，繾綣非我期。金波低宛轉，明星漸離離。清光苟不虧，永與浮雲辭。

【校記】

[一]"唐"，《四庫》本、《空同先生集》本俱作"塘"。

贈四子

緜緜遠道積，冉冉歲華晏。冰霜夕轉嚴，星斗夜仍爛。蘭缸照寒戶，旅士懷鄉縣。方幸廁鱗翩，詎謂各分散。岐路忽在茲，山川復悠緬。王子萬人特，英論薄烟漢。康生千里足，邁景速流電。瓌瑋欽奉常，秀朗推中翰。沖標泛光蕙，逸思凌玄雁。所嗟異根株，逝矣悲霜霰。興言念晥晤，佳期阻歡宴。

戴進士仲鶡冠。

南州實才窟，小戴亦橫鶩。探鐶乃叩竊，對孔豈在屨。左右佩采薺，追趨信陽步。傾城在夙昔，贈我陸機賦。

將赴江西，寄別殷伊陽明府

引年豈必老，求志不在奇。曰余逾壯齡，遭斥還山棲。事與北門合，迹擬東陵齊。滅音謝人徒，四暑忽逮茲。向平果遺榮，謝安終徇時。詎意值嘉運，末照及葵藜。簡書下我廬，急遽誰得辭。迢迢江西帆，別當首夏期。束裝逐流潮，改服團炎飈。情鬱為念故，寄重慚余卑。虞弦改自調，孔鐸湮誰持。江漢誠暫浮，匡廬寧久羈。返貞意已堅，抒懷告心知。

熊御史卓墓感述

幽幽山下江，峨峨山上松。纍纍松下墓，瑟瑟松上風。慨昔與君遊，並遊京華中。峨冠省臺內，鳴鑾趨步同。中更嘆莫偕，永逝當何逢。絕弦已易慘，掛劍今誰從。駕舟亂回洋，展墓臨高崇。浮雲駭南流，顧望摧我衷。德音既長已，情感胡由通。秖餘泣麟意，悲歌傷命窮。

溫太真墓

雙鵝讖妖端，一馬前休兆。中原既板蕩，臣主同奔峭。長蛇恣吞噬，白日掩孤曜。心違祖逖楫，事躓扶風嘯。康屯見斯人，辱已存機要。建侯竟誰功，江介無飛旐。勳成身乃殂，天逝徒心悼[一]。側惟盈縮理，虛咎燃犀照。遺墳闃清干，古樹寒新廟。來阡莽迴鬱，弭節紛延眺。載瞻徐墓邇，益壯風流紹。

【校記】

[一]"天"，《四庫》本、《空同先生集》本俱作"夭"。

孔廟松

夫子廟前松，童童一青蓋。盤拏若蒼龍，借問自何代。靈籟度笙竽，古色積烟黛。峨然森翠中，鬱彼風雲會。絕勝講壇杏，應並闕里檜。

犬詩

警夜力不贍，逐兔非所任。吠花春院閉，戲草日移陰。家貧稱戀主，時乖堅始心。

覽遊百泉，乃遂登麓眺望

束髮懷幽奇，覽籍冀有遇。來登百門泉，果愜佳勝。愍愍圓波踊，藹藹浮陽聚。止坎渟泓洌，激石迅湍注。昔聞滄浪濯，今解川上喻。豈惟傷衛歌，兼以發蒙慮。況值春序中，群物已改故。菰蒲冒清深，鱗介各有慕。行羨浴渚鳧，靜對棲雲鷺。岩霏空潭影，林藹變朝暮。極目北上帆，朝宗感遊寓。

自南康往廣信完卷，述懷二首

金閣簡英儒，玉書托紀綱。絲言一何諄，黜佞掄圭璋。澄清有夙愫，攬轡誠慨慷。聿茲歷三始，矢志千載芳。風波駭非意，多口亂否臧。九閽眇以玄，欲扣六融傷。所司專愛憎，威刑喪厥常。彼方聳輕蓋，寧知嗟道傍。

二

朝離傍羅浦，東至龍潭宿。戢枻候明發，獨癏守空曲。宵晝有常理，欲往不獲速。多慮良攪眠，強置復攢觸。起立萬動寂，湍響應鳴谷。驚風臨岸激，高月散春木。絮雲吐岑岫，玉蠅低以屬。慨哉復奚道，徘徊至天旭。

廣獄成，還南昌候了

直木防見伐，茲言豈我欺。若華耀四海，孤邈疇見知。莊鵾運池溟，舉翼九天垂。風積苟不厚，中路將安期。嘆息竟何語，俯視川波馳。溢霖鶩洪濤，千載固厥時。燕石一何珍，有驥不自持。野颷激靈襟，逝言悁長岐。

祫祭頌述

弘治十八年歲除日作，是時武宗初即位。

嗚呼大聖人，肇迹或漁樵。蒼龍戢其角，志固無丹霄。德祖始側微，濬葉開皇朝。禮蓋視后稷，面南統群昭。大哉九廟義，親盡敢不祧。再遷及皇熙，世室閟以寥。祫祭復來集，鳳皇鳴簫韶。惟皇率百辟，孔祀自今朝。白日照寶旗，御氣如絳綃。將將磬筦鳴，颻颻靈旗飄。恍惚帝醉飽，諸王亦飄颻。下有開國勳，偃蹇羅金貂。愚臣叨對越，精魄為之搖。鼓鐘送群公，玉戶風蕭蕭。唐侯昔踐位，十八號神堯。皇實秉敦默，龍性無逍遙。道合天人際，志與神明超。降祉倘冥漠，四海無征徭。

丙寅元日朝退有作

赫赫大明朝，皇皇啓八葉。諒闇在冲齡，憂勤纘洪業。真心改革殊，屢睹禎祥協。春王肇元載，萬國咸臣妾。端冕御茲辰，縹緲仙雲接。神颷翊紫蓋，翔龍舞浩劫。哲后畏天威，惕若春冰涉。古編昭日星，有躅尚可躡。大哉五始義，允矣三陽浹。

從軍四首

漢虜互勝負，邊塞無休兵。壯丁戰盡死，次選中男行。白日隱磧戍，胡沙慘不驚。交加白骨堆，年年青草生。開疆憨未已，召募何多名。蕭蕭千里烟，狼虎莽縱橫。哀哉良家子，行者常吞聲。

二

從軍日已遠，備茲途路艱。驅車太行道，北度雁門關。天寒雨雪凍，指墮曾冰間。登高望虜境，白沙浩漫漫。單于數百騎，飄颯獵西山。彀我烏玉弓，赫然熱肺肝。安得奮長劍，一繫名王還。

三

別家亦云久，昨得家中書。書中何所云，父母與妻孥。昔來柳依依，素雪今載塗。豈不念還歸，天子西擊胡。登山眺故鄉，存沒兩嗚呼。丈夫死國讐，安能戀里閭。生當取封侯，怨別秖區區。

四

久處行伍間，漸知苦樂情。能蟠丈八鎗，徒御不我輕。府帖昨夜下，燒荒有我名。秣馬待天曙，肅肅寒霜零。左鞬插雕羽，雄劍躍且鳴。日高渡黃河，東過受降城。所羨在滅胡，富貴何足榮。

屯田二首

葉落歸故根，孤雲有時還。凶年閭里盡，誰門今幸全。全者自何歸，皮膚半不完。百租叢其身，欲訴誰見憐。吾家十八軍，獨我猶從戰。昨當戰交河，左髀貫雙箭。本不識犁鋤，況復千畝租。三訴吏不語，鎖頸投囹圄。

二

日落蒼天昏，奔馳吏下屯。揚言科打使，論丁不論門。老軍出聽卯，老婦吞聲言。邊城寡機杼，耕種育兒孫。誅求餘粒盡，竭力豢孤豚。昨當統管來，宰剝充盤飧。言既復長號，吏去收他村。

塞上雜詩

邊烽日夜至，飛符來會兵。羊牛入高砦，鷄犬皆震驚。壯士按劍起，鞍馬若流星。鎗急萬人靡，笑上受降城。生繫五單于，歸來獻天庭。

功德寺

宣宗昔行幸，遊戲玉泉傍。立宇表巋嶸，開池荷芰香。波樓遞甃沓，風松奏笙簧。百靈具來朝，落日錦帆張。萬乘雷霆動，千岩滅流光。綺繡錯展轉，翠旗沓低昂。法眷撞鐘鼓，宮女拭御妝。笙鏞沸兩序，星斗宿岩廊。至尊奉太后，國事付三楊。六軍各宴眠，百官守舊章。巡非瑤水遠，迹豈玉臺荒。嗚呼百年來，回首一慨傷。鳳騰赤霄暮，龍歸竟茫茫。山風撼網戶，紫殿生夜霜。退朝值休沐，我行暫翺翔。娟娟登岸林，慘慘度石梁。廢道哀湍瀉[一]，松柏間成行。啓鑰肅覽歷，過位增悲凉。積久洒掃缺，乳鴿鳴膳堂。舊時琉璃井，倒樹如人長。神已佐上帝，教猶托空王。鈴磬颯鳴戛，晨昏禮相將。盤遊非聖理，操縱在先皇。至今朝廷上，不改舊紀綱。

【校記】

[一]"瀉"，《四庫》本、《空同先生集》本俱作"寫"。

翠華岩

洞劚耶律詞，其名翠華巖。俯視聳觀閣，仰面攢松杉。厥維何王代，鬼斧開嶄岩。精氣久削薄，烟嵐鬱相攙。屢憩驗足繭，獨往悲情凡。入蘿畏石墜，轉嶠驚日銜。飄飄萬里風，吹我秋衣衫。放迹慕康樂，入道懷賀監。載思武陵避，愈悵桃花岩。去住亦由人，極目江上帆。

望湖亭

來登望湖亭，始盡覽歷妙。布席倚岩嵌，波望領佳要。山花落天鏡，鉤簾巨魚躍。岩潭遞隱見，圓浪浴奔峭。屼嵂百萬閣，日落展光耀。羈縛阻延放，臨淵羨孤釣。霜寒葭莢白，沙晚鳷鶄叫。吾非阮生倫，於此亦長嘯。

呂公洞

厓根谺一門，怪石相撐拄。谽谺自吞呷，白晝亦風雨。陰處泛清泉，積苔蔭鍾乳。往聞茅山勝，夙慕華陽主。路遐限孤往，倏歷十寒暑。經亙騁心目，小憩偕道侶。茲洞雖人境，固足托茅宇。惕然忽內咎，我何戀簪組。

香山寺

萬山突而止，兩崖南北抱。鑿翠置殿榭，級石上穹昊。高卑各稱妙，曲盡結構巧。有泉如綫縷，盤轉出松杪。嗜奇忘登頓，緣危肆探討。險絕逼牛斗，蕭颯若風島。夜宿來青軒，天色碧可掃。湖沙静莽莽，海月白皓皓。想當邦邑初，此地只蒿草。綺麗仡誰鑿，岩壑瀾相裊。但看全盛時，民力為茲槁。

平坡寺

西山萬佛宇，爛若舒錦繡。平坡憑風迥，突出眾山右。宮閣因岩坳，面勢巧相就。百里見琉璃，巀嶪戴雲構。朋遊探絕迹，杪秋曆群岫。得此目力展，怳疑出氛圍。仰看北斗逼，俯恐東海溜。雄壓香山麗，闊掩望湖秀。落木響岩牖，寒嵐染衣袖。延緬古今并，佇立悲慨湊。盛葉慮反始，危基有傾仆。千載誰復臨，逆想蓬蒿茂。

天寧寺觀塔碑

舊瞻天寧塔，今覽天寧寺。茲塔多鬼怪，光芒夜夜至。不知何時殿，結構今頹棄。剔蘇讀其碑，識是隋文季。蝌蚪半剝落，蛟龍猶奰屭。我來值時暮，攬逝發潛喟。修陸控趙代，長山衛燕冀。蒼然野眺合，一灑楊朱淚。

鏡光閣

我生走紛境，性意苦不適。竭來鏡光遊，不覺祇樹夕。鳥藏丹閣暮，蕭槭柿葉赤。杳如造岩壑，閴其寡人迹。其王戴金冠，天子之所客。迓我薈蔚下，坐我紅罽席。落日入虛牖，窈窕雲光白。團團石蓮燈，照耀錦繡壁。忽聞鈴磬發，轉悵俗務迫。静躁本殊科，利義各有癖。伊余竟何為，奔併阻行役。乞君摩尼珠，一照幸不惜。

三忠祠

憶昔漢諸葛，龍起答三顧。志决竟星隕，嘔血為軍務。鄂國與信國，屹屹兩王柱。殺身不救國，冤憤水東注。往事勒鐘鼎，新廟傍官路。慘慘冠劍並，凛凛生魂聚。翠旗晚明滅，往往鬼神駐。懷嘆各不申，翻然向烟霧。我征久奔迫，過此感傷屢。時來展肅謁，繫馬門前樹。香臺野蕆上，羅幔虫蟻蛀。烈士為吞聲，清風激頑孺。

艮嶽十六韻

城北三土丘，揭巉對堤口。黃蘆莽瑟瑟，疾風鳴哀柳。云是宋家嶽，豪盛今頹朽。我聞帝王富，東京實罕有。鑿池通嵌竇，移山媚戶牖。岌嶪樓觀合，歘吸風雷走。岩陰翡翠吟，海窟蛟鼉吼。燕趙矜麗人，搜剔充妃后。君臣互沉湎，斯道詎能久。嗚呼花石費，銖錙盡官取。北風卷黃屋，此地竟誰守。迢迢五國城，二龍回其首。向使任忠良，邦國得滅否。余來值寒暮，悲歌坐林藪。狐狸竄古壘，破瓦沒藜莠。孤城峙我前，蒼蒼日將酉。

天馬

天馬從西來，汗血何歷歷。天子顧之笑，置在黃金櫪。嗚呼神駿骨，草豆日蕭瑟。瘦骼突硨兀，銜轡掛在壁。白日涕至地，青雲志拋擲。朝望碣石津，夕盻流沙磧。猶能肆橫行，倘君賜鞭策。

古意

有鳥何方來，哀鳴向西北。我欲縛此鳥，天路險且棘。悠悠浮雲行，照我暮顏色。丈夫重幾微，男兒死邦國。長鯨一奔逃，萬網不可得。平生反掌志，對此空嘆息。亭亭特生杜，道傍皖其實。孤桐雖良材，棄擲處遐域。而余竟焉往，嗚呼淚沾臆。

遣興二首

金陵固麗地，幽薊亦名城。皇天作南邦，北斗開瑤京。萬國梯航入，宮殿造泰清。大哉帝王居，海岳自環縈。禹功肇胼胝，湯也勤四征。煌煌肯構訓，聖人垂其情。

二

四海為我土，九夷盡來王。貢琛至北戶，北至玄谷陽。我祖秉天鉞，血戰開其疆。當時受命佐，一一皆忠良。噴薄倚日月，萬古瞻騰翔。乘運雖有時，盛業當自強。

歲暮

軒坐意悄悄，感此歲年暮。一氣有肅殺，昊天縱霜露。衰容搖萬物，日月立復度。赤驥初長成，自謂中君御。揚鞭過都市，萬馬不敢步。天寒草蕭瑟，側塞在中路。良辰不再至，我髮忽已素。不見古賢達，盡被名所誤。沉吟惜蟋蟀，延佇羨鷗鷺。終然托遠適，餘者豈足顧。

苦熱

伏陰固當奮，亢陽乃逾緬。嘈嘈螻蛄鳴，樹杪風不展。上天收雷雨，萬物沮沾洗。推案忽大叫，薜馭何時返。赤日厚地裂，揮汗無晨晚。古時有虞舜，彈琴理驕蹇。軒轅制六律，四序無乖舛。何當挽二聖，吾欲遂仰偃。

十五夜

夜陳芳宴會，座有離群友。中秋而無月，何以慰尊酒。賓主慘不樂，周席盡回首。向黑明鐙入，雲景爛虛牖。尚覬光破滿，時問陰薄厚。吁哉至精物，汝亦蒙此垢。上天悲隔遠，人生怨分手。月既有開塞，吾寧息奔走。霜露棲蔓草，疾風下高柳。勸君聊盡觴，居諸亦何有。

十六夜

四海蒸為雲，三夜皆天風。他方縱有月，不照長安中。長安十二樓，戶牖鏨玲瓏。貴家金張徒，高宴開帡幪。華燭代明月，何必光遂通。夕露久已晞，歡娛良未終。迫塞諒有殊，盛衰寧見同。悠揚雲中魄，既滿還自窮。鬼神惡盈逾，天道懷其公。

十七夜

幽意竟不愜，待月坐沙際。久陰固當豁，明月忽墮地。桂枝沒半輪，蟾兔職業廢。姮娥飾粉粧，愁絕雲樓閟。鸞憂不解舞，竟夕掩孤袂。崔嵬黃金闕，何由訴天帝。景破力不敵，光滿雲仍蔽。傍徨步林樾，為爾一流涕。

贈徐子

偃王世蕪沒，石麟亦埋翳。徐子發東吳，英論有餘地。龍遊滄波阻，日出浮雲蔽。嗚呼獻玉士，竟洒荊山涕。光掩明珠棄，寵奪西施廢。古來共如此，不獨君遭際。余本澹蕩人，傾蓋托末契。酣歌繼旦暮，醉酒無陰霽。各為征蓬散，吾豈匏瓜繫。舊時南陽宅，回首成迢遞。蹈海有夙期，與子自茲逝。

七夕遇秦子詠贈

皎皎河漢月，照我西南樓。七夕遠賓集，置酒城東陬。展席對雙星，盈盈隔中流。豔豔靚粧女，欲濟無方舟。神爽即易合，茫昧竟難求。明明君子德，寡妁誰為仇。豈無采唐約，失身良見尤。人生信齟齬，世事良悠悠。不見古時人，皓首猶公侯。葵藿不餓死，富貴安可謀。願縶場下駒，盡我盤中羞。我今為秦聲，子也當吳謳。酣歌達清曙，臨分贈吳鈎。

酬伊陽殷明府追憶見寄十四韻

弱齡負奇節，志欲凌海岳。白馬金陵來，遊戲宛與洛。出從七貴飲，醉調五侯謔。妍華不見售，讒巧恩愛奪。涼風卷團扇，世路隨飛藿。謫居宰山邑，頗喜占名郭。川嶺鬱森秀，烟雲日噴薄。況當素秋霽，清霜掃天末。龍門既疏峻，伊水復澄豁。啓牖眺飛泉，據案望岑崿。獨撫岩中琴，遙枉汴上作。懷賢諒在茲，感舊但如昨。徒然佇王鳧，未果偕緱鶴。終期謝紛坱，携手向嵩岳。

與殷明府期嵩少諸山不果十四韻

旅寓限崩迫，騷屑隘煩務。向來嵩少約，屈指謂旦暮。豈惟攀時彥，兼欲展秋步。僕夫戒衣糧，車馬亦充數。胡然泥行邁，遂此嘆乖遷。峨峨雲中峰，阻爾獨何故。佇瞻風嶠突，側耳石泉注。夜來逍遙夢，忽落嵩山樹。纍垂松猿嗷，澹沲岩姿露。存已超彷彿，醒若沙頗邃。彼美眇何許，茲端愴難屢。采薏忌及晚，我疾畏晨露。烟蘿四時佳，春服易為具。河陽群葩發，振策冀有遇。

酬秦子，以曩與杭子並舟別詩見示，余覽詞悲離愴然，嬰心匪惟人事乖迕，信手三十二韻，無論工拙，並寄杭子

憶年二十餘，走馬向燕甸。縉紳不識憂，朝野會清晏。嗜酒見天真，憤事獨扼腕。出追杭秦徒，婉娩弄柔翰。探討常夜分，得意忘昏旦。雪雨亦扣門，僕馬頗咨惋。葳蕤香山閣，嶜崒蓬萊殿。登頓窮日力，延攬侔壯觀。孔翠不易

馴，人生本無絆。蕭蕭田中蓬，隨風各分散。杭生比適越，秦子遊瀍澗。南北兩文星，光芒亙霄漢。余衰更乖謬，挂一每漏萬。夙遭青門斥，差勝黃州竄。偃息于沙澤，遊遨傍河岸。秦也雖共區，累月不一見。秦實困勞冗，余亦怕梳盥。何況阻疆域，抗也江之畔。怦怦瞑隔積，鬱鬱歲年換。無計脫煩促，轉坐迫滋蔓。再讀並舟篇，愈切山陽嘆。誦言各欽德，悲離古所患。

暮春逢林子，邂逅殊邦，念舊寫懷，輒盡本韻

赤驥奮途路，神龍厭池沼。不登泰山頂，豈見眾山小。明公昔際遇，志與青雲杳。爛承夕扉詔，番苦司隸擾。君乎實憤切，軒然爭臣表。朝野凛生氣，樹鮮安巢鳥。名孤眾毀集，竄薄憂心悄。一投海濱郡，遂守荒江眇。遼遼嶺南國，借爾揭文旐。中天行日月，戞戞孤鵷矯。君雖關內產，迹自閩中肇。業從考亭入，統為橫渠紹。伊余放曠人，漁潛侶荷蓧。亡羊以多歧，望洋徒浩瀁。瞑離歷十暑，邂逅值春杪。日談恨易夕，夜坐忽及曉。苑花雖寂寂，風絮尚嬝嬝。回首通州別，屈指日不少。今看兩白髮，誰忍置清醥。君行秉大軸，吾歌入幽渺。林岑有凰愉，烟蘿聞裊裊。誠無王良顧，空山沒驊騮。

乙丑除夕追往憤五百字

憶昔蕤賓初，皇疾輟臨仗。維日白氣亙，黑風復排踼。俄傳天柱折，忽若慈母喪。帝本堯舜姿，末履轉清伉。斂袵接耆碩，高出文景上。兩宮悅孝子，九廟歆流鬯。毅然整六師，霹靂無前向。犬羊遁朔漠，鯨鯢蟄溟漲。因冲不凝壽，日表空殊相。蜿蜿湖中龍，一夕拔驚浪。回首哭蒼梧，魂斷湘南瘴。念昨下明綸，臣也誠無狀。誓死叫閶闔，伸頸甘碪盎。梁竇勢如灼，漢廷色惆悵。皇乃西園遊，召彼侍供張。從容悲酒間，似讓還非讓。未剖青鎖封，已下金雞放。臣某詎足惜，統體關衰旺。歷數古明辟，聖節疇能尚。逝欲碎臣骨，籲帝不得廷。攀髯眇莫及，痛哭橋山葬。玉光動前星，朱符闡靈貺。主器難久虛，勉起答群望。金木燄為祟，太白晝相抗。羯胡敢余侮，吾徒盡乘障。嗚呼榆臺役，棄我六千壯。踉蹡戰士骨，躓跋將軍韔。二豎固輕率，腐屍亦云當。所恨國威辱，北鄙氣悽愴。鉦鼓疑皇情，何以慰宸況。悽悽建未月，臨門遣征將。紈袴作元戎，京軍本浮宕。翻使沿邊卒，束手遭箠掠。揭嶂雲中城，誰復扼其吭。胡來風雨聲，胡去橫拍唱。千村與萬落，人烟莽蕩蕩。嬰兒貫高槊，志婦

經衣桁。狐狸叫破壘，落日悄潛潾。此輩誠鼠竊，反覆亦難量。騏驥駕鹽車，虛名縛骯髒。世豈乏頗牧，賤或執鞭杖。瑣瑣登壇子，飽之則飛颺。吁此良太枉，國慨何由暢。水旱而秋雷，陰陽迭驕亢。皇天雖至公，視之但塊塊。臣當歷服始，謬進大夫行。退朝實憤切，欲吐畏官謗。武王秉黃鉞，師事太公望。列聖構梁棟，駕馭亦英匠。先帝升遐日，臨榻召三相。

城南別業夏集

田居本自娛，況兼林水情。聿茲暑衣晨，而與佳士并。挈榼遡芊緜，臨隍弄深情。娟娟浴沙鷺，交交鳴枝鶯。雖非岩潭區，閑曠足我營。菰蒲裊寒陰，隕果時自驚。有空矧伊邇，遲哉謝塵縈。

帝乙

此以下三首皆為武宗大婚而作，時正德元年八月之吉。[一]

帝乙歸元歲，溈汭降高秋。白霧凌蒼壁，文烟結綵樓。楓陌三公引，雲衢六馬遊。行當瞻月馭，佇想詠河洲。

【校記】

[一]"時正德元年八月之吉"，底本原無此九字，今據《四庫》本補。

黃衢二首

黃衢會日月，紫氣懸陰陽。冉冉神龍下，英英朱鳳翔。蘭烟凝玉閣，桂月滿金堂。禮先歆九廟，德已合無疆。

二

桂宮新降馭，蠶室爛生氛。曳綟成漢業，采葛相周文。會奉重輪日，先瞻五色雲。秋明天路夕，瑞雨碧氤氳。

十二月朔

積陰凌紫極，玄霧暗三辰。黃龍遊帝時，萬乘若浮雲。六蚪何蚴蟉，雜沓走天神。明王熙庶載，至敬達郊禋。玉輦親牛豕，重瞳注鹿群。精誠先百物，咸德屆犧人。揚鑾回御道，九宇冀陽春。

從軍行

棄家從上將，報主掃胡戎。弩滿常隨月，旗翻數起風。右指昆邪盡，左盻月支空。馳名紫塞外，開府玉關東。不逢百戰日，誰識萬夫雄。

出塞曲

單于寇邊城，漢將列長營。旌旗蔽山谷，鉦鼓晝夜鳴。乘我浮雲騎，彀我明月弓。奇兵左右出，長驅向雲中。彭彭陣結虎，颯颯劍浮虹。一戰臯蘭滅，再戰沙漠空。歸來獻天子，長揖不言功。

春曲二首

綺閣俯通闡，後有百尺樓。並坐紫羅茵，雙引青玉甌。楊花起薄暮，糝糝縈芳洲。

二

借問美人居，云住城東隅。背有桃李館，前臨車馬衢。十三妙歌舞，十五冠名姝。

槿樹

槿樹依空砌，寒時尚着花。未能堪莫色，徒自絢朝霞。寄語閨中女，無多鏡裡華。

贈孫生

古人種桃李，不為騫其花。君子振英芬，豈在文與華。炎陽赫晴彩，百卉流丹霞。蕡彼東園實，纍纍一何嘉。采者自成蹊，舉世徒咨嗟。

崖松行

峭石嵸巃木相樛，孤松挂日崖光幽。朔風北來霜雪暗，山深草黃途路修。此時亭亭見松意，排空柯榦流雲氣。大廈傾時梁棟急，君看此物終難棄。

古白楊行

百泉東岸三古楊，下枝掃拂書院牆，上枝瑟颯干穹蒼。空山野陰雷雨黑，柯槮冥冥動山壁。剪伐難為棟梁用，盤踞番逃斧斤厄。但見白日悲風發，寧知六月撐霜雪。烟色慘愴精靈聚，孤根倔強源泉裂。憶昨訪古憩其下，居人不敢留車馬。落籜尚禁牛羊食，污穢頗遭縣官打。丞相古栢霹靂碎，將軍大樹空蕭灑。岡頭石路莎草長，孫邵李許同一堂。春風漂泊予到此，不見古人惟古楊。古楊蕭蕭暮流急，波翻浪倒蛟龍泣。衛女幽憂拾錦花，逋臣寂寞愁難立。君不見太行羊腸莫比數，上有毒蛇下猛虎。樵斤獵火不虛日，桂栢椅桐氣悽苦。嗚呼！楊兮楊兮，爾何盤根據茲土。

弘治甲子，屆我初度，追念往事，死生骨肉，愴然動懷，擬杜七歌，用抒憤抱云耳

吁嗟我生三十三，我今十年父不見。濁涇日寒關塞黑，杳杳松楸隔秦甸。梁王賓客昔全盛，我父優遊誰不羨。當時携我登朱門，舞嬺歌縢爭看面。二十年前一回首，往事凋零淚如霰。嗚呼一歌兮歌一發，北風為我號冬月。

二

母之生我日初赫，缺突無烟榻無席。是時家難金鐵鳴，倉皇抱予走且匿。艾當灼臍無處乞，鄰里相吊失顏色。男兒有親生不封，萬鍾于我乎何益。高天蒼蒼白日凍，今辰何辰夕何夕。嗚呼二歌兮歌思長，吾親儼在孤兒傍。

三

有弟有弟青雲姿，以兄為友兼為師。十五遍探古人籍，十九不作今人詩。從兄翱翔潞河側，寧料為殤返鄉域。孤墳寂寞崔橋西，渺渺遊魂泣寒食。嗚呼三歌兮歌轉烈，汝雖抱女祀終絕。

四

有姊有姊天一方，風蓬搖轉思故鄉。歲收秝秉不盈百，男號女啼常在旁。黃鳥飛來啄屋角，碩鼠唧唧宵近床。洪河鬬蛟波浪怒，我欲濟之難為梁。嗚呼四歌兮歌四闋，我本與爾同肉血。

五

古城十家九家空，有姊有姊城之中。哨壑直下五千尺，雞鳴汲回山日紅。犁鋤縱健把豈得，病姑垂白雙耳聾。小孤癡蠢大孤惰，霜閨夜夜悲廻風。嗚呼五歌兮歌五轉，寒崖吹律何時變。

六

冰河蜿蜒雪為岸，忽得鯉魚長尺半。剖之中有元方書，許我是月來相看。臘寒歲窮多烈風，日暮高樓眼空斷。梁都北來道如砥，熟馬輶輪為誰絆。嗚呼六歌兮歌未極，原鴒為我無顏色。

七

丈夫生不得志居人下，低頭覥面何為者？薄祿不救諸親饑，壯志羞稱萬間廈。東華軟塵十丈紅，入擁簿書出鞍馬。王門好竽不好瑟，何如歸樵孟諸野。嗚呼七歌兮歌思停，極目南山空翠屏。

解酋行

都昌縣南乾沙上，射雁者誰三五群。氈帽紅裘黃戰裙，云是解酋官達軍。沙下北風吹艦旗，邊軍歡喜家軍悲。朝廷日夜望俘至，雪凍酋船猶住茲。縣官逃走驛官啼，要錢勒酒仍要雞。姚源遺孽尚反覆，爾曹不得誇遼西。

土兵行

豫章城樓饑啄烏，黃狐跳踉追赤狐。北風北來江怒涌，土兵攫人人叫呼。城外之民徙城內，塵埃不見章江途。花裙蠻奴逐婦女，白奪釵鐶換酒沽。父老向前語蠻奴，慎勿橫行王法誅。華林姚源諸賊徒，金帛子女山不如。汝能破之惟汝欲，犒賞有酒牛羊豬，大者陞官佩綬趨蠻奴。怒言萬里入爾都，爾生我生屠我屠。勁弓毒矢莫敢何，意氣似欲無彭湖。彭湖翩翩飄白旗，輕舸蔽水陸走車。黃雲捲地春草死，烈火誰分瓦與珠。寒崖日月豈盡照，大邦鬼魅難久居。天下有道四夷守，此輩可使亦可虞。何況土官妻妾俱，美酒大肉吹笙竽。

豆萁行

昨當大風吹雪過，湖船無數冰打破。冰驤崷崒山嶽立，行人駭觀淚交墮。景泰年間一丈雪，父老見之無此禍。鄱陽十日路斷截，廬山百姓啼寒餓。旌竿凍折鼙鼓啞，浙軍楚軍袖手坐。將軍部兵蔽江下，飛報沿江催豆萁。邑官號呼手足皴，馬驟雞犬遺眠臥。前時邊達三千軍，伍個病熱死兩個。彎弓值凍不敢發，昔何猛毅今何懦。李郭鄴城圍不下，裴度淮西手可唾。從來強弱不限域，任人豈論小與大。當衢寡婦携兒哭，秋禾枯槁春難播。縱健徵科何自出，大兒牽繾陸挽馱。

叉魚行

漢江七月黃水漲，男婦叉魚立江上。岸斜波緊煦泡轉，千人目側精相向。巧者十叉五叉中，血飛銀尺翻金浪。鯿魚中叉獨更穩，頓之泥沙半倔強。我舟其時行遘此，仰視皇天色惆悵。深山藥苗熟流汝，一毒江河萬形喪。鱌鯊糜爛不直錢，小瑣暴棄同蚶蠔。走鯢吞泓若山滾，蹴踏猶能開浩蕩。渡子徒誇好身手，如飛快槳誰曾傍。夜風大聲吼盤渦，地坼頑洞陇黿鼉。如甕之蛟手可得，蛇龍豈復安巢窩，消息定理魚奈何。

苦雨篇

波濤日陷蛙鳴起，梁園一夜滿城水。屋廬半塌塌人死，可憐哭聲水聲裡。憶昨出飲黃昏歸，零濛已灑力尚微。豈知中宵鬼神怒，雷翻電滾雨如注。我時怵惕不得眠，窗燈撲殺無計燃。洶湧一任霹靂走，恍惚若有蛟龍纏。地軸震仄久益急，披衣起坐坐復立。雞鳴氣勢幸稍緩，積漸天明日光入。琴沾書濕開我堂，二儀高下雲低昂。黃鸝晒翅燕語梁，前何恐懼今何康。萬事夷險誰豫量，及時弗樂頭顧蒼。

贈何舍人齎詔南紀諸鎮

先皇乘龍去不返，悲風慘淡吹宸極。四海哭若喪慈母，百官狂走天為黑。憶昨臨危坐御床，手挈神器歸今皇。密語丁寧肺腑裂，三老親聞眼流血。金縢立剖石室秘，此事難從外人說。我君謙讓不可得，割哀踐阼弘祖烈。日月重懸萬國朝，雷雨赦過群方悅。越南海北霹靂動，蠻夷盡奉王正月。此時九道使齣出，舍人亦輟螭頭筆。白馬朝騰薊北雲，錦帆暮閃江沱日。江沱秋交多裂風，洞庭雲夢俱眼空。巴陵縣令舍人兄，接詔會弟西樓中。童年題詩在高壁，六載不到紗為籠。南嶽以南惟峻山，苦蒸毒霧何盤盤。天王新令雷電挈，妖蛇不敢啼林端。五溪官長喘啄拜，黔州父老垂淚看。却瞻蒼梧雲氣黑，斑竹臨江怨幽色。翠華縹緲空冥間，此時此恨誰知得。君不見馬援柱、孔明碑剝落黃蒿裡，千年莓苔待君洗。萬里之行自此始，歸來何以獻天子。

上元訪杜煉師

宣皇昔時乘八風，御龍遊戲行烟空。馬前兩兩侍玉女，別舘多在蓬萊宮。朝天宮中舊時殿，樓臺晝鎖無人見。琉璃井塌青苔滿，松柏森森月如練。嗚呼往事難具陳，燈火如山又一春。北斗壇西訪隱淪，我師黃衫白氊巾。坐我更致西樓賓，玉杯瀲灧赤瑪瑙。織罽四角銀麒麟，酒肉山堆滿堂醉。仙廚往往來八珍，孝宗之朝五真人。師也磊落當其倫，自言召見親賜食。曾把丹書獻紫宸，如今寂寞看春色，銀魚玉帶無消息。豈惟魚帶無消息，欲語吞聲淚沾臆。勸師對此莫酸辛，世間萬事如轉輪。且將芝草供生計，聊與烟霞作主人。月偏彩雲當牖生，旋呼兩童吹玉笙。聞師妙得逡巡術，百壺倒盡還須傾。古來仙子向誰在，飲者翻垂千載名。名垂千載亦區區，酒闌燈昏夜復徂。不見泰陵草已宿，春生樹啼雙老烏。此時亦應群帝趨，金燈翠旗光有無。

奉送大司馬劉公歸東山草堂歌

東山有草堂，縹緲雲嶠孤。前對祝融峰，下瞰巴陵湖。明公昔時此堂居，麋鹿熊豕當窗趨。洞庭日落風浪涌，倒影射堂堂欲動。慘淡誰聞紫芝曲，獨善不救蒼生哭。先帝親裁五色詔，老臣曾受三朝祿。此時邊徼多戰聲，曳履謁帝登承明。謝安笑却淮淝敵，魏相坐測單于兵。九重移榻數召見，夾城日高未下殿。英謀密語人不知，左右微聞至尊羨。自從龍去不可攀，公亦卧病思東山。湘娥含笑倚竹立，山鬼窈窕堂之側。上書苦死只欲歸，聖旨優容意悽惻。內府盤螭縷金織，賜出傾朝皆動色。白金之鋌紅票記，寶鈔生硬雅翎黑。崇文城門水雲白，是日觀者塗路塞。城中冠蓋盡追送，塵埃不見長安陌。人生富貴豈有極，男兒要在能死國，不爾抽身早亦得。君不見漢二疏，千載想慕傳畫圖。即如草堂何處無，祿食覥竊胡為乎？乃知我公真丈夫。嗚呼！乃知我公真丈夫。

二月四日，部署宴餞徐、顧二子

春日載陽官署幽，東吳二子過我遊。庭空日斜吏人散，窅然何異經林丘。今晨驚蟄暖氣達，昨夜哀鴻呼故儔。中庭古槐蒼蘚溽，上有百鳥何啁啾。倉庚交交刷其羽，君看巨細各有求。明時冠軒幾邂逅，得暇胡不攀淹留。自從去年識徐顧，令我意氣傾南州。徐郎近買洞庭柂，顧子亦具錢唐舟。浮生飄轉若飛藿，倏忽聚散誰能謀。風光爛熳況復爾，願寫清壺銷客憂。故人苦稱不好飲，舉杯入唇還復休。妙歌時時激慷慨，鄙夫何以答綢繆。嚴柝沉沉靜夜色，北斗倒掛城南樓。祇恐天明驅馬出，攬袪延望河之洲。

送人還關中得萬字。

君不見劉毅貧時一擲常百萬，君不見唐時鄭虔道高坎壈腹無飯。英雄際會各有時，人生豈必皆如願。關中老翁燕薊客，昔何慷慨今何怨。王通無媒番叩關，楊雄有賦何由獻。君歸射獵南山麓，得錢且學樊侯販。

寄兵備高僉事江

三月無雨乾殺麥，六月雨多禾耳黑。長江浪高蛟龍鬬，陶河鸂鶒啼清晝。此時憐君備吳越，天陰不見日與月。白衫鹽徒慣風濤，我軍慎勿貪倉猝。

嗚呼行，寄康子，以其越貨之警

嗚呼皇天不可測，一冬無雪春無雨。黃霾翻風白日動，前飛禿鶖後飛鴇。堂堂古路長蒺藜，萬家之城走豺虎。百姓誅求杼柚空，兒號女啼守環堵。饑寒盡化為盜賊，可惜良民作囚虜。腰弓帶箭百成群，少年馳馬仰射雲。蒼山日落行旅稀，醉唱胡歌各自歸。山東趙實已授首，南陽回賊同豬狗。諸君但欲樹功業，玉石俱焚理或有。近者內丘大寧河，橫賊八騎持干戈。裕州知州與賊戰，康也扶柩衝之過。資糧蕩盡僅身免，月暗天昏路途遠。吉人作善番轗軻，痛哭寒城白雲返。頃聞留滯在襄國，百口仰給縣官食。吾兄匹馬走問之，半月更復無消息。夜立中庭北極高，晝看河朔風沙黑。汝寧以南土尤赤，空城二月生荊棘。斗米可以換嬌女，牛馬餓死枯蒿側。比來官吏守空印，拖男抱女盡向北。即防此輩更尒斥，恐汝後歸歸不得。

送席副使監貴州屯學二事歌

席，名書，字文同，蜀人。

我昔在北京，送君向河南。豈料在河南，送君如百蠻。瘴雲蒼蒼途路艱，牂牁羅施皆峻山。法官要自褒帷入，倏忽開明眾山出。大抵夷狄似禽鳥，制之雖勤忌拘急。此曹亦是人心性，頃來漸慕衣冠習。文翁化蜀豈無木，李牧屯田務招輯。所恨故人限萬里，令我蚤夜心於邑。丈夫已際飛龍會，野人猶抱枯魚泣。感新舊懷心肺酸，萬事回頭百憂集。弘治之間時世異，與君次第陳封事。許身謬比漢賈生，推君每稱唐陸贄。朝回對坐香爐省，出門並結青雲轡。自從分手哭遺弓，縉紳漂泊余亦同。抱甕梁王修竹園，遺址宋帝蓬萊宮。生涯放逐似羈旅，混迹迂腐隨村翁。曾聞伏櫪有老馬，豈即道路傷秋蓬。天下瘡痍況未息，西南貢篚防難通。杜鵑向識君臣禮，蛟龍終收雲雨功。相如諭蜀文章壯，馬援平交德業雄。扶危濟弱付公等，臨岐悵望天南鴻。

秋夜，徐編修宅宴別，醉歌

徐郎三杯拂劍且莫舞，聽我擊節歌今古。曲長調悲不易竟，天地熒熒月東吐。燕山八月風力怒，落葉交加映尊俎。愴時感事百憂集，死別生離同一苦。身逢累朝全盛日，弘治之間我親睹。朝廷無事尚恭默，天下書計歸臺府。五陵鞍馬速雷電，千官氣勢如風雨。却憶年年秋月時，日與爾輩同襟期。如澠之酒差快意，袒跣呼號百不思。弦張柱促衣冠禍，綜蘗崩奔學士疲。倉皇世事難開口，物極則還理宜有。羸疾已分沙田草，遭逢復折都門柳。富貴在天得有命，人生反覆如番手。不見去年臨別處，吞聲躑躅鶯求友。邂逅寒暄不自知，隔絕榮華為誰守。歌殘酒乾天欲曙，門外驪駒已西首。哀鳴胡雁亦南飛，露濕群星朝北斗。

東園翁歌

東園翁今六十餘，面常泥垢髮不梳。身藏寶劍人不識，反閉衡門讀古書。此翁十五二十時，欬唾落地迸成珠。陸機不敢以伯仲，管輅警敏空嗟吁。生鱗即與蛟龍伍，未汗寧同凡馬趨。爾時射策黃金闕，三百人中最英發。驊騮舉足狹萬里，便欲登天攬日月。豈知德尊常轗軻，獨買扁舟泛吳越。三十年來萬事變，富貴於我真毫髮。歸來灌園種瓊花，荷鋤自理東門瓜。夜眠海月掛丹牖，晝看江風滾白沙。遼東合有逢萌宅，齊西再睹陶朱家。北郡李生三十六，擯斥高歌臥空谷。前輩後輩道豈殊，同坐同行限江麓。東望東園亂心曲，安得逐爾騎鴻鵠。

苦熱，柬屠參議

豫章之熱真毒猺，六月已破仍不禁。赤雲行空日在地，萬里一望炎烟深。

東蒸扶桑榦欲槁，黑河水乾龍不吟。院松亭亭我所愛，比遭摧炙無好陰。縱令跣足欲何往，此地寸冰如寸金。層檐大廈尚喘喙，矮屋茅堂淚滿襟。滕王有閣高百尋，閣下澄江清映心。紫薇使者臥其上，卷幔恰對西山岑。赤腳門子搖大扇，行坐吟哦揮素琴。幾欲往訪簿書積，豈我無酒同誰斟。亭午蘊隆潭水沸，蛟蜃下徙黿鼉沉，何況走原獸、棲枝禽。嗚呼！豫章之熱，其苦有如此，而我胡為營營與世爭華簪。

白鹿洞別諸生

東南自有匡廬山，遂與天地增藩衛。山根插入彭蠡湖，崢嶸背殺三江勢。地因人勝古有語，於乎萬物隨興廢。學舘林宮客不棲，千巖萬壑堪流涕。文采昔賢今尚存，講堂寂寞對松門。松門桂華秋月圓，拄杖高尋萬古源。梅嶺古色照石鏡，扶桑丹霞迎我軒。絕頂坐歌霜月凈，石潭洗足芝草繁。更有冠者五六人，峭崖窮嶂同攀搴。草行有時聞過虎，旦暮時復啼清猿。我今胡為公務牽，蟋蟀在戶難久延。出山車馬走相送，落日遂上鄱陽船。生徒綣戀集涯濟，孤帆月照仍留連。情深過厚亦其禮，謏薄竊愧勞諸賢。明朝伐鼓凌浩蕩，五峰雙劍生秋烟。

鶴癯子歌

鶴癯子，汝人也而何為乎？鶴形美髯，修修雙瞳青，閉肆夜讀黃庭經，晨出荷鑱掘茯苓。鶴癯子，汝豈無萬里骨、刀劍翩，路遙朋寡日云暮，弱水蓬瀛壯心隔。君不見江中老龍亦高臥，鶴乎鶴乎誰汝那。

芝桮行

崑崙子之來也，李子觴焉。及夜，瓶艻白墮，以為桮行，觴焉乎可漿，二觴行之樸，持之輕。客大駭，笑歡盡醉，而李子賦詩。

霜嚴夜清月在南，燈明酒溫客氣酣。銅瓶玉芝鏗墮地，客將傳玩誇神異。仰芝把蒂行金杯，蒼乂占紫當筵開。已驚潋灩菌莒動，更詫屈錯蛟龍廻。憶芝初出盤精氣，雲流石立魍魎避。赤箭琅玕色盡枯，神訶鬼守求非易。泄秘真遭天地怒，懷珍顧使時人忌。自從獲芝升我堂，琴書几席俱輝光。晴日徐看瑞氣合，炎天每抱仙雲涼。燕山豪士來何方，悲歌起舞宵未央。芝乎自銜亦太異，頓令四座深杯觴。觴行逶迤月轉白，月色芝光巧相射。酕醄觸擊瑪瑙碎，淋漓迸落真珠赤。君不見玉屈卮、金叵羅，珠花繡草枉自艷，停杯聽我芝枠歌。

朝飲馬，送陳子出塞

朝飲馬，夕飲馬，水鹹草枯馬不食，行人痛哭長城下。城邊白骨借問誰，云是今年築城者。但道辭家別六親，寧知九死無還身。不惜身為城下土，所恨功成賞別人。去年賊掠開城縣，黑山血迸單于箭。萬里黃塵哭震天，城門晝閉無人戰。今年下令脩築邊，丁夫半死長城前。城南城北秋草白，愁雲日暮鳴胡鞭[一]。

【校記】

[一]"鳴胡鞭"，《四庫》本作"聞鳴鞭"。案此乃四庫館臣以違礙字而有意竄改，並非版本之異文。

胡馬來，再贈陳子[一]

冬十二月胡馬來[二]，白草颯颯黃雲開。沿邊十城九城閉，賀蘭之山安在哉。傳聞清水不復守，遊兵早扼黃河口。即看烽火入甘泉，已詔將軍屯細柳。去年穿塹長城裡，萬人齊出千人死。陸海無毛殺氣蒸，五月零冰凍河水。當時掘此云備胡[三]，胡人履之猶坦途[四]。聞道南侵更西下，韋州固原今有無。從來貴德不貴險，英雄豈可輕為謨。尚書號令速雷電，抱玉誰敢前號呼。遂令宵旰議西討，茲咎只合歸吾徒。我師如貙將如虎，九重按劍赫斯怒。惜哉尚書謝歸早，不睹將軍報平虜。

【校記】

[一]"胡馬來再贈陳子"，《四庫》本作"再贈陳子"。
[二]"胡馬"，《四庫》本作"邊馬"。
[三]"云備胡"，《四庫》本作"脩匈奴"。
[四]"胡人"，《四庫》本作"匈奴"。案以上四條，皆四庫館臣以違礙字而有意竄改，並非版本之異文。

送仝儀賓朝天歌

風吹黃塵暗河甸，行子拍馬來相見。春寒晝陰沙冥冥，九衢散亂花如霰。自言手捧紫瑤函，馳韜謁帝黃金殿。甥壻當朝禮觀同，往來遣答猶親面。南陽貴人骨固殊，敦親倍錫明光宴。八議輕微實惋惻，時情詎識皇心眷。開函爛熳百色備，龍盤鳳曲流雲氣。绣女咨嗟铺緒工，體裁胭合三宮意。吳羅疊雪秪懷赧，南金象齒堪沉避。自離京國十年餘，每懸金闕憶金魚。班行日侍諸王聘，混一曾瞻萬國書。君過上林聊駐車，春風舊樹花應舒。有暇更欲問西湖，掃地垂楊今有無。

太華山人歌

山人昔居太華峰，結屋玉井餐芙蓉。夜隨金精朝白帝，誤搗天鼓撞鴻鐘。帝怒謫之荒江濱，淚添江漢齊朝宗。閶闔九重豹虎蔽，霜雪十年鴻雁冬。江邊諸山不可眼，夢寐猶跨雙茅龍。有時夢到西嶽坐，環海內物盡么麼。一綫黃天涇渭流，拳石白晝岷峨破。翳鳳驂鸞覿玉京，羽節雲軿度婀娜。織女虛無指前路，沐髮有盆不借我。山鬼含笑倚巖立，仰看明星斗如大。猿啼蛇吟萬壑静，山人歸來淚交墮。

相逢行，贈劉按察麟

一別六年不相見，風塵欻覿劉郎面。西關官亭車馬都，使君驄馬朱雀符。有虔秉鉞映交衢，把臂道故情鬱紆。仰視高天白日徂，憶昔同殿含香趨。萬事反覆難具鋪，秋風颯颯響枯樹。蛟龍立鬬黃河怒，舟子無憂旬浹阻。大夫且試登高賦，城南柳徑梁王苑。廟門書院松林晚，此時與子臨高臺。邊候綺席金尊開，芒碭微雲氣出沒。但見悲風萬里從東來，寒空孤雁叫且哀。鶖鶬鼓翅號其儕，飛沙激霧相徘徊。願賓與主酹酊歸，不見昔時杜甫與高李。三子者，氣壓百代今塵埃。

寄寄庵子

寄庵子嘗曰："人生寄爾，然利孰與義安？愆孰與美久？臭孰與芳永？"庫部駱子以其言告李子。李子曰："卓哉！張子持此於天下，誘之能移，撼之能動乎；能招之來，麾之去乎！於乎！張子者，足以荷天下之重矣。"於是作《寄寄庵子》詩。

嚶其鳴矣彼何求，天下願識韓荊州。心傾義投神便往，萬古不廢江河流。張侯崛起西南裔，覽輝振翮風雲際。鉤陳蒼涼閶闔閟，排闥直謁蓬萊帝。豸冠峨峨不動紳，挺身遂作蘭臺賓。竊憤辛裾謂涑沕，誓與朱檻爭嶙峋。已看腰褒狹道路，復訝鵷鶵卑風塵。霜飛維揚海月苦，陽行沮洳汾花春。還朝衮衣換日月，立仗正色揩星辰。行步既工馬從瘦，諫草每就雞將晨。餘力猶馳翰墨囿，先秦兩漢文心苦。壯志真趫劍閣銘，張孟陽。幽懷緬擬歸田賦。張平子。拖朱響玉豈不足，靦面徒餐竟何補。及時願作朝陽鳳，不然退與漁樵伍。予也綸竿孟諸客，心本無他眾莫白。李白世人欲殺之，蘇軾能詩遭貶斥。雷劍雖埋光在天，卞玉未剖終為石。垂老重逢四海清，虛名幸免諸公擲。思君欲追嵇呂駕，贈言輒踐回由迹。顏淵、季路。有田負郭不餓死，且自射獵芒碭澤。

龍仙引，贈駱員外

壯士狹四海，萬古一大夢。俗夫醯雞耳，生死不出雍[一]。滅沒等蒿草，勞勞竟焉用。君求勾漏學稚川，往來棲息羅浮烟。自從異人授丹訣，行地乃作飛龍仙。左携浮丘右洪厓，樗里景純執我鞭。崑崙巑岏倚天外，黃河九曲如衣帶。南支江湖楚蜀匯，北支巘塞華夷界。少時振衣登賀蘭，開眼已無西北山。中年謁帝聽廣樂，曳裾赤手搖天關。朝攬金臺雲，夕披玉峰霧。翔鷺鏘鏘導前路，左蹲文豹右伏虎，旂幢旖旎雜翠葆。龍兮龍兮，汝雖變化叵測，慎無使頭角露。祥麟威鳳世見希，泄秘盡巧鬼神怒。深山大澤多戩麟[二]，龍也穆汋幸自珍。緱城玉笙兩鶴舞，太室珠樹二花春。從茲謝人放浪去，笑誇白鹿乘飇輪。

【校記】

[一]"雍"，《四庫》本作"甕"。案，依文義當以"甕"字為妥，蓋底本以"雍"與"甕"之字形相近而訛。

[二]"麟"，《四庫》本作"鱗"。

結腸篇三首

李子曰：結腸之事，蓋予妻亡而有此異云。奠妻以牲，烹腸焉，腸自毬結，李子異焉。曰：胡為烹？胡為結？恍惚神怪，孰主孰使？厥理孰測？怨邪？德邪？生有所難明，死託以暴衷邪？嗚呼！嗚呼！作《結腸篇》焚妻柩前，妻固識文大義，或亦契其冥懷也。

哀者且停聲，吊客坐在堂。聽我《結腸篇》，曲短哀情長。五月廿七吾妻亡，厥明奠之羅酒漿。其牲伊何豵與羊，痛哉釜鬻結豵腸。神靈恍惚心駭傷，團圞肉毬出中湯。左廻右盤準流黃，經緯纏糾文陰陽。底形井字圈兩旁，翼翼彷彿雙鳳凰。有綏在下纍而長，上有提絮五寸強。汝乎無意豈為此，呼汝欲問魂茫茫。十呼不應百轉咽，腸乎腸乎為疇結。

二

結腸結腸忍更聞，妾年十六初侍君。父也早逝母獨存，為君生子今有孫。昔走楚越邁燕秦，萬里君寧恤婦人。外好不補中苦辛，中年得歸計永久，命也百病攢妾身。言乖意違時反脣[一]，妾匪無辺君多嗔。中腸詰曲難為辭，生既難明死詎知。千結萬結為君爾，君不妾知腸在此。

【校記】

[一]"乖"，《四庫》本、《空同先生集》本俱作"畢"。

三

結腸三闋聲更咽，汝腸難解我腸結。夙昔失意共奔走，汝實千辛我蹭蹬。宦歸家定今稍寧，豈汝沉綿遽離絕。魂乎魂乎遊何方，兒號女哭遶汝旁。劘心飲泣看彼蒼，愚者何壽慧何亡。佇立逶迤若有望，迫而即之獨空床。梁間二燕哺子急，觸落青蟲污我裳。錦衾塵埃委鴛鴦，繐帷中夜風琅琅。魂驚夢搖中慘傷，陰雨啾唧燈無光。嗚呼此曲不可竟，為君賡歌妾薄命。

觀燈行

詳見《夢華錄》[一]。

宋家累葉全盛帝，寬大實皆稱令主。百姓牛馬遍阡陌，太倉米粟憂紅腐。宣和以來遂多事，嗚呼爛費如沙土。海石江花涌國門，離宮別殿誰能數。群臣諛佞秪自計，天下騷然始怨苦。正月十四十五間，有敕大駕觀鰲山。萬金為一燈，萬燈為一山。用盡工匠力，不破君王顏。此時上御宣德門，樂動簾開見至尊。奔星忽經於御榻，明月初上堆金盆。傾城呼噪聲動地，可憐今夜鰲山戲。窈冥幻巧白怪聚，金蛾翠管堪垂涎。借問幸臣誰云是，李師師外有蔡京。與蔡攸火樓，錦幄羅公侯，丞相之幄當前頭。奚兒腰帶控紫騮，如花少女擎綵毬。但聞樓上喚樓下，黃帕籠盤賜玉羞。月高鳴鞭至尊起，幄中環珮如流水。爭道齊驅輦路窄，寺橋窈窕塵埃白。火樹龍燈又一時，千光萬焰天為赤。常言宴安成禍基，從來樂極還生悲。君看二帝蒙塵日，數月東京荒蒺藜。

【校記】

[一]"詳"，底本原作"群"，今據《四庫》本改。

石將軍戰塲歌

清風店南逢父老，告我己巳年間事。店北猶存古戰塲，遺鏃尚帶勤王宇[一]。憶昔蒙塵實慘怛，反覆勢如風雨至。紫荊關頭畫吹角，殺氣軍聲滿幽朔。胡兒飲馬彰義門[二]，烽火夜照燕山雲。內有于尚書，外有石將軍。石家官軍若雷電，天清野曠來酣戰。朝廷既失紫荊關，吾民豈保清風店。牽爺負子無處逃，哭聲震天風怒號。兒女床頭伏鼓角，野人屋上看旌旄。將軍此時挺戈出，殺胡不異草與蒿。追北歸來血洗刀，白日不動蒼天高。萬里烟塵一劍掃，父子英雄古來少。天生李晟為社稷，周之方叔今元老。單于痛哭倒馬關，羯奴半死飛狐道[三]。處處歡聲噪鼓旗，家家牛酒犒王師。休誇漢室嫖姚將，豈說唐朝郭子儀。沉吟此事六十春，此地經過淚滿巾。黃雲落日古骨白，沙礫慘淡愁行人。行人來折戰塲柳，下馬坐望居庸口。却憶千官迎駕初，千乘萬騎下皇都。乾坤得見中興主，日月重開再造圖。梟雄不數雲臺士，楊石齊名天下無。嗚呼楊石今已無，安得再生此輩西備胡。

【校記】

[一] "宇"，《四庫》本作"字"。
[二] "胡兒"，《四庫》本作"健兒"。
[三] "羯奴"，《四庫》本作"敗軍"。案以上第[二]、[三]條，乃四庫館臣以違礙字而有意竄改，並非版本之異文。

玄明宮行

今冬有人自京至，向我道說玄明宮。木土侈麗誰辦此，乃今遺臭京城東。割奪面勢創巑岏，出入日月開絣幪。矯托敢與天子競，立觀忍將雙闕同。前砌石柱雙蟠龍，飛梁透迤三彩虹。寶構合沓殿其後，儼如山嶽翔天中。金銀為堂玉布地，千門萬戶森相通。光景閃爍倐忽異，雲烟鬼怪芃杳濛。以東金榜祠更侈，樹之松檟雙梧桐。溟池島嶼鰥鯉躍，孔雀翡翠兼羆熊。那知勢極有消歇，前日虎豹今沙虫。窗扉自開衛不守，人時遊玩搖玲瓏。陛隅龍獸折其角，近有盜換香爐銅。青苔生泥猊面鎖，野鴿哺子雕花櫳。憶昔此閹握乾柄，帝推赤心閹罔忠。威刑霹靂縉紳毒，自尊奴僕侯與公。變更累朝意叵測，掊克四海真困窮。長安奪第塞巷陌，心復豔此閎何蒙。構結擬絕天下巧，搜剔遂盡輸倕工。神廠擇木內苑竭，官阮選石西山空。夷墳伐屋白日黑，揮汗如雨斤成風。轉身唾罵閽得知，退朝督勞何匆匆。人心嗟怨入骨髓，鬼也孰復安高崇。峩碑照耀頌何事，或有送男充道童。聞言愴惻黯無答，私痛聖祖開疆功。渠千威福開者誰，法典雖嚴柰怙終。錦衣玉食已叨竊，琳宮寶宇將安雄。何宮不鐫護敕碑，來者但看玄明宮。

乾陵歌

武后陵，黃巢伐之。事具《雪航膚見》。

九重之城雙闕峙，前有無字碑，突兀雲霄裡。相傳翁仲化作精，黃昏下山人不行。蹂人田禾食牛豕，強弩射之妖亦死。至今剝落臨道傍，大者虎馬小者羊。問此誰者陵，石立山崔嵬。銅鐵錮重泉，銀海中縈廻。巢也信力何由開。君不見金棺玉匣出人世，薔薇冷面飛塵埃。百年枯骨且不保，婦人立身何草草。

劉子有金陵之差，遂便覲省

使君昔居紫荊關，日登燕嶠望吳山。逢人顏色鬱黯默，對酒涕泗交潺湲。使君南向金陵去，孤帆夜拂春天樹。旅枕常欹月落時，夢魂先到雲飛處。楊子江頭青草斜，大孤山前開杏花。行人三月重回首，遊子一年初到家。出門煙草滿芳甸，鳳凰臺接麒麟殿。遊陌聯翩追宿娛，墨場婉孌羅賓讌。人生意氣無南北，白馬青袍動江色。即看艤舠石頭城，還聞稅鞅鍾山側。鍾山崒嵂壓秦淮，燕趙風雲入望來。芙蓉秋雁多愁思，問君何日錦帆廻。

徐子將適湖湘，余實戀戀難別，走筆長句述一代文人之盛，兼寓祝望焉耳

岈嵷百年會，浩蕩觀人文。建安與黃初，叱咤皆風雲。大曆熙寧各有人，戛金敲玉何繽紛。高皇揮戈造日月，草昧之際崇儒紳。英雄杖策集軍門，金華數子真絕倫。宣德文體多渾淪，偉哉東里廊廟珍。我師崛起楊與李，力挽一髮回千鈞。天球銀甕世希絕，鰲掣鯨翻難具陳。洪川無梁不可越，日暮悵望勞余神。徐郎生長蘇臺陰，二十作賦雄海濱。朅來抱玉叩閶闔，長安繡陌行麒麟。是時少年誰最文，太常邊丞何舍人。舍人飄颻使南極，直窮金馬探瀘津。爾雖不即見顏色，夢中彷彿形貌真。余也潦倒簿書客，諸公磊落清妙身。大賢衣鉢豈虛擲，應須爾輩揚其塵。休令黼黻怨岑寂，要與琬琰增嶙峋。海陵先生雅愛

— 141 —

士，晚得徐郎道氣伸。喬王款接雖不數，邇聞亦欲來卜鄰。驊騮造父兩相值，一瞬萬里誰能馴。都門二月芳草發，御溝楊柳垂條新。徐郎綰牒將遠適，使我旦夕生悲辛。為君沽酒上高樓，月前醉舞梨花春。天明掛帆向何處，鴻雁哀鳴求故群。南登會稽探禹穴，西浮湘水吊靈均。洞庭波寒木葉下，峽口風急猿嘯聞。司馬太史有遺躅，歸來著書追獲麟。

周雅續卷之二終

周雅續卷之三

北圻賈鴻洙憲仲選輯
西極文翔鳳天瑞裁定
北海孫三傑淑房參閱

李夢陽

李進士醉歸圖歌

誰將一幅雪白絹，放筆橫掃黃金殿。五雲飛花白片片，李生胡此開生面。御河塵昏楊柳暮，彷彿初罷南宮宴。皇帝龍飛十二春，同時三百登要津。曹生李生余最親，曹甥李也傳經人。光耀雖云丈夫末，不聞致君須致身。自汝白手扣閶闔，想像紫陌行騏驎。曹留李歸事亦變，李生意氣圖中見。醉歸扶起杏林下，眼花熟人無識者。飛鳥來窺進士巾，遊絲故冒誇官馬。即論此馬亦有神，畫出紫焰方瞳真。嚼勒齾膝如待人，長行大步不動塵。絡頭靾鞁純用銀，細巧似織翻江鱗。汝昔出門驢無騎，曹生共被甘鹽齏。比許欲入周召列，成就恥與蕭朱齊。於乎！男兒一旦榮幸果如此，生不報國老空悔。

鄭生畫像歌

巖風颯颯樹葉赤，秋林紫氣丹丘積。問君胡為坐石根，微吟極望天雲昏。南歸舟楫合將滯，故園花鶯當復存。浚儀張生好作筆，貌爾形似兼其魂。細模妍描豈乏手，傳真水月煙中柳。意氣朗如千里骨，精神合居萬人首。憶昨觀君飛射時，彎弧走馬實男兒。更求張筆須傳此，欲識豪雄豈啻詩。

畫魚歌

呂公手持畫魚障，清晨掛我北堂上。島嶼晴開雲蕩蕩，眾魚出沒隨風浪，四壁蕭蕭起寒漲。嗟此數尺障，天機妙入神。信手掃絹素，慘澹開金鱗。濠梁斷裂東津遠，任公掣釣滄溟晚。此時天黑眾魚出，黿鼉徙穴蛟龍返。或言乘潮萬魚集，細小亦趁雲雷入。只尺波濤有得失，屈强泥沙恐難立。細觀又似洪河風，崐崙既道龍門通。霹靂殷殷行地中，鯉眼下射盤渦紅。非獨一身生羽翼，亦有數子隨飛龍。山根小魚更無數，鱣鮪昂藏噴煙霧。美人修竿淇水闊，漁子孤舟洞庭暮。我生好奇古，覽畫心不動。呂公此障誰為之，令我一見神色悚。想當經營始，筆端萬鈞力。五湖齊傾四海立，空窗滾滾拔浪急。陽侯逆走天吳泣，不然千魚萬魚何由集。我聞神怪物，變化不可料。點睛破垣古有兆，即恐風雷就壁起，饗人揮刀莫相笑。

林良畫兩角鷹歌

百餘年來畫禽鳥，後有呂紀前邊昭。二子工似不工意，呿筆決眥分毫毛。林良寫鳥祇用墨，開縑半掃風雲黑。水禽陸禽各臻妙，掛出滿堂皆動色。空山古林江怒濤，兩鷹突出霜崖高。整骨刷羽意勢動，四壁六月生秋飈。一鷹下視睛不轉[一]，已知兩眼無秋毫。一鷹掉頸復欲下，漸覺颯颯開風毛。匹絹雖慘澹，殺氣不可滅。戴角森森爪拳鐵，迥如愁胡眥欲裂。朔雲吹沙秋草黃，安得臂爾騎四驥。草間妖鳥盡擊死，萬里晴空灑毛血。我聞宋徽宗，亦善貌此鷹。後來失天子，餓死五國城。乃知圖寫小人藝，工意工似皆虛名。校獵馳騁亦末事，外作禽荒古有經。今皇恭默罷遊燕，講經日御文華殿。南海西湖馳道荒，獵師虞長俱貧賤。呂紀白首金爐邊，日暮還家無酒錢。從來上智不貴物，淫巧豈敢陳王前。良乎，良乎，寧使爾畫不直錢，無令後世好畫兼好畋。

【校记】

[一]"睛"，《四庫》本作"晴"。

吳偉松窗讀易圖歌[一]

仄巖泉流石無數，素壁濛濛起煙霧。君家屋宇在城市，何以堂上生松樹。側聞江夏生氣酣，掃毫素絕筆，風雷拔地起。意匠鑿天天為怒，泰山古根生眼前，俄頃縮出徂徠山。懸蘿掛薜裊裊黑，復有草舍松之間。窗間老人鬢髮禿，手翻一編《周易》讀。空山瑟瑟翠濤激,長千冥冥暮花撲。遠知既已死,希夷不復作。青丘石室杳何許,恍然置我此溪壑。翻愁一夕雷電入,六丁追書上廖廓。又畫石下根,屈曲如老龍。胡奴瞑踏孤岩菘,蓬頭赤脚露兩肘。月明汲泉山碉中,却憶前年召畫師。江夏吳生亦與之,短褐垢臉見天子。禮貌雖村骨格奇,帝令待召仁智殿。有時半酣被召見,跪翻墨汁信手塗。白日慘澹風雲變,至尊含笑中官羨,五侯七貴爭看面。請觀此幅松舍圖,黃金失價連城賤。吳生吳生太氣岸,一言不合輒投硯。

【校記】

[一]"吳偉松窗讀易圖歌",《四庫》本作"吳偉松窗讀易圖"。

西山湖春遊圖歌

我家掛出西山圖,上有西山下西湖,上堂見者怒氣粗。問客何所怒,何得生此嗔。縱使撑天拄地無比倫,古人局量非今人。罅間雖添兩秃松,孰與遠勢開心胸。銀山鐵壁皇陵東,彷彿下走追飛龍。一曲一折苦不易,可憐片素騰雲氣。落花冥冥萬壑静,白日杲杲千巖碎。森沉不見雷霆仗,照爍盡壓金銀寺。回思開疆帝秉鉞,燕山突立五鳳闕。錦綉離宮巇嶪入,龍歡水戲滄溟竭。君不見輦道哀湍瀉,松柏摧枯虎出沒,至今守僧住湖傍,琉璃涌動黿鼉忙。事關體統畫合諱,點綴半露還半藏。伊昔休沐屢憩此,耳邊尚戞金琳琅。上林花艷何所無,東風只恁吹西湖。夾岸小杏欲爛熳,騎驢紗帽西郭途,同行康何咸我徒。祇須十錢買尺魚,旋挑土薺甘如酥。朝來青,暮望湖,紫衣行童隨挈壺。大者鼓簧小吹竽,爛醉花下鳥每呼。汝曹何處吾已翁,十年獨看梁園紅。傷心痛定忍復說,回首萬事真匆匆。嗚呼!故舊離合誰獨無,使我不悲堂上圖,使我不悲堂上圖。來青,軒名。望湖,亭名。

楊花篇

洛陽三月東風起,楊花飛入千門裡。只見朝縈上苑煙,那知夕逐東流水。苑煙流水無休歇,暖日輕盈度仙闕。趙女瑤臺貯綵霞,班娘團扇啼明月。綵霞明月幾沉輝,陌上行人亂撲衣。征夫柳塞愁看雁,少婦香閨懶上機。柳塞香閨萬餘里,草色連天度隴水。玉門關外雪猶飛,章臺樹裡風先起。誰家浪子千金馬,平明挾彈章臺下。頭上羅巾玳瑁簪,腰間寶鋏珊瑚把。踏絮來尋賣酒家,持香坐調當壚者。當壚美女怨陽春，笑掇楊花襯繡裯。青樓薄暮難消遣，白雪漫天愁殺人。冥冥漠漠春無極，此時惟有楊花色。一朝風雨蘼蕪爛，獨摻垂條三嘆息。

明星篇

正德間早起，聞內教塲砲喊之聲，作此篇也。

明星出地一丈高，天門沉沉魚鑰動。沙堤露下玉珂寒，直廬鷄唱金蓮重。千門萬戶曉鐘發，明星漸高河漸沒。燦爛疑侵翔鳳樓，依稀故抱飛龍闕。鳳樓龍闕帶曾城，翠輦朱衣夜夜行。黃昏競奏催花宴，天明猶聽打毬聲。蘭煙桂火輝如日，明星迢迢照不入。百子池頭青草生，長信宮中紫苔集。草色苔香秋復春，此日乘槎若問津。明星曉落宵還見，白髮黃金愁殺人。

漢京篇

漢京臨帝極，複道眾星羅。煙花開甸服，錦繡列山河。山河自古稱佳麗，城中半是王侯第。峻閣重樓夾道懸，雲房霧殿森虧蔽。牧豚賣珠登要津，樊侯亦是鼓刀人。時來叱咤生風雨，奄見吹噓走鬼神。平津結兄蓋侯弟，杯酒相看何意氣。執鞭盡是虎賁郎，守門不說長安尉。長安烽火入邊城，挺劍辭君萬里行。去日千官遮馬餞，歸來天子降階迎。朱弓尚抱流沙月，寶鋏常飛翰海星。不分燕然先勒石，真教麟閣後標名[一]。豈知盛滿多仇忌，可惜榮華如夢寐。地宅田園奪與人，丹書鐵券成何事。霍氏門墻狐夜號，魏其池舘長蓬蒿。三千劍客今誰在，十二珠樓空復高。後車不戒前車覆，又破黃金買金谷。洛陽亭榭與山齊，北邙車馬如雲逐。陰郭豪華真可憐，雲臺將相珥貂連。當時却怪桐江叟，獨着羊裘伴帝眠。

【校記】

[一]"真"，《四庫》本作"直"。

去婦詞

正德元年，戶部尚書韓文暨內閣師保等咸相繼去位，李子作此詞也。

孔雀南飛雁北翔，含顰攬涕下君堂。繡幙空留其菡萏，羅袪尚帶雙鴛鴦。菡萏鴛鴦誰不羨，人生一別何由見。只解黃金頃刻成，那知碧海須臾變。賤妾甘為覆地水，郎君忍作離弦箭。憶昔嫁來花滿天，賤妾郎君俱少年。瑤臺築就猶嫌惡，金屋妝成不論錢。重樓複道天中起，結綺臨春照春水。宛轉流蘇夜月前，萋迷寶瑟煙花裡。夜月煙花不相待，安得朱顏常不改。若使相逢無別離，肯放馳波到東海。薄命難交姊姒知，衰年恨少姑嫜在。長安大道接燕川，鄰里携壺舊路邊。妾悲妾怨憑誰省，君舞君歌空自憐。郎君豈是會稽守，賤妾寧同會稽婦。郎乎幸愛千金軀，但願新人故不如。

蕩子從軍行

《蕩子從軍行》者，本駱氏《蕩子從軍賦》也，余病其聲調不類，於是改焉。

胡兵十萬起妖氛[一]，漢騎三千掃陣雲。隱隱地中鳴戰鼓，迢迢天上出將軍。邊沙遠離風塵氣，塞草常萎霜露文。蕩子辛苦十年行，回首關山萬里情。才聞突陷賢王陣，又遣分圍右校營。紛紛鐵騎朝常警，寂寂銅焦夜不鳴。滄波積凍連蒲海，雨雪凝寒遍柳城。地分玄微指青波，關塞寒雲本自多。嚴風凜凜將軍樹，苦霧蒼蒼太史河。揚麾拔劍先挑戰，征旆凌沙犯霜霰。樓舩一舉爭沸騰，烽火四連相隱見。戈文耿耿懸落星，馬足駸駸擁飛電。終當取俊效先鳴，豈暇論功稱後殿。征夫行樂踐榆溪，倡婦銜怨坐空閨。薜蕪舊曲終難贈，芍藥新詩豈易題。池前對怯鴛鴦伴[二]，庭際羞看桃李蹊。蕩子別來年月久，賤妾空閨更難守。鳳凰樓上罷吹簫，鸚鵡杯中臨勸酒。同道書來一雁飛，此時緘怨下鳴機。已剪鴛禽帖夜被，更薰蘭麝染春衣。屏風宛轉蓮花帳，窗月玲瓏翡翠幃。個日新妝如復罷，祇應含笑待郎歸。

【校記】

[一]"胡兵"，《四庫》本作"天驕"。案此乃四庫館臣以違礙字而有意竄改，並非版本文異文。

[二]"對怯"，《四庫》本作"怯對"。

沈大夫行

沈大夫遺我以凜冽玉壺之冰，報汝以離離朱瑟之繩。繩以發凌雲絕響之妙曲，冰以滌卓犖砠礪之清膺。此曲可以崛地懿，揚天經，宣融風，召遐齡。奏之敬姜室，允宜軒母庭。沈大夫奉詔且還家，松江鱸魚白躍玉，土居斫笋如斫麻。烹羊擊鼓會親戚，太守長吏爭趣車。猗乎嘉哉！男兒生不顯親譬如錦衣夜

- 147 -

行，雖貴何足誇。

廣州歌，送羅參議

麗哉遐乎！廣之為州兮，闢炎區奧，雄跨乎南陲。天作五嶺奠玄武，排空下走何崔嵬。拓邦幾千祀，浩蕩人文開。秦還漢往不復識，但見古城蒼蒼生綠萊。上則盤岡曲丘龍蜿虎蹲，其下膏場繡會唵曖而渟洄[一]。水銀丹沙布平地，珍錯奚翅犀與瑰。夷舲賈舶競追逐，白首浩淼誰曾回。土產之異尚如此，何況四民者，挺然參三才。君今綰牒向南去，清風吹袂心悠哉。崢嶸五羊城，側有千尺臺。曩昔聞君坐其上，醉睨滄溟如一杯。是時榕蹊雨初霽，茉莉霜成堆。君嘗夢遊而神適兮，豈知七載還復來。男兒成名貴及早，英雄多少埋塵埃。羨君青鬢結明主，出參方岳聲如雷。金章紫綬不可以幸致如君者，謂非歷塊之龍媒。羅浮三千六百丈，矻律倚窮隈。巨鰲戴之，與波下上三十五蓮峰，照耀雲中輝。群仙跨飛龍，流影亂巖霏。我欲從之嘆無術，送君翹首空徘徊。

【校記】

[一]"會"，《四庫》本、《空同先生集》本俱作"澮"。

冰車行

黃門飛鞚西北趨，白馬如龍血如珠。萬人齊呼冰窖開，大車小車如山來。但見風行九市陌，寧知玉積五侯宅。道傍喝士僵闌干，唇乾口燥真大難。侯門晏罷夜烏起，朱殘粉落明星裡，君不見積冰化作堂前水。

鹽井行

山頭井乾生棘蒿，山下井塌不可熬。官司白牌促上庚，富家典牛貧典女。誰其使之華陽賈，華陽賈子多少年，擁金調妓高樓邊。夜馳白馬迎場吏，曉貫青絲還酒錢。君不見場吏乘酣氣如虎，鹽丁一語遭箠楚。

清夜引

桂魄團團霜兔泣，玉龍夜吟冰喉澀。仙人起踏白芙蕖，手撚一枝珊瑚株。伏猊香噴紅氍毹，蠟鳳啼春蝦捲鬚。九華丹焰奪行月，五虬轢雲聲軋軋。銀箏翠管聲咿啞，繁謳雜舞歡意匝。盤中紫棗大於瓜，誰其擎之萼綠華。雙桂逶迤頭兩丫[一]，密情芳緒芳且嘉。瓊城夜半重重閉，偷桃小兒安得至。

【校記】

［一］"透"，底本作"透"，今據《四庫》本改。

送兒詩

平生自許萬言書，今往謁帝承明廬。春風走馬未為得，下有管樂上契稷。

邊馬行，送太僕董卿

治賢在朝亂在野，唐虞囿牧皆賢者。國君之富馬為急，次者僕卿首司馬。漢人五郡開河西，中土始聞胡馬嘶。此馬硡礧一直萬，黃金寧輕璧可賤。奪駿曾空大宛國，按圖徑上長安殿。苜蓿雖誇近苑春，荊榛誰記沙場戰。致遠番歸草木功，清芽秀味走胡驪[一]。三邊盡跨連錢種，六苑群嘶汗血風。人亡世殊霜雪急，草豆蕭瑟馬骨立。驊騮氣喪甲士苦，長城窟寒鴻雁集。朝廷每勤西顧憂，四岳拜手推董侯。攻駒暫出薇花廨，攬轡遠過葡萄州。行卿官冷心不冷，固知董侯今伯囧。磧沙日黃雲錦亂，徵侯定上金華省。

【校記】

［一］"胡驪"，《四庫》本作"青驪"。案此乃四庫館臣以違礙字而有意竄改，並非版本之異文。

贈趙將軍

豐沛之間河亂走，洶洶之勢成陂藪。大船愁淺小愁賊，賊船如飛葦灘黑。自從將軍鎮東土，晝夜人行路不澀。將軍本是將門種，軀幹堂堂萬人勇。入山縛虎百獸懾，赤手批蛟色不動。射楊葉盡矢亦盡，始知百發還百中。武宗見之屢凝顧，戟郎遽拔千夫總。英雄自古不下人，將軍獻策況有文。驊騮暫躪歷塊足，鵾鶚竟上橫秋雲。世情金多位乃高，圖名交結須賢豪。將軍無錢自樹立，於人傲氣但長揖。擠出事體雖云乖，威勢我喜行河淮。黃流穩帖遁鯨鱷，白日光彩收狼豺。大同反刃血未乾，甘州磊卵人心寒。薦書何由至天子，拜將早築黃金壇。

送王封君還四明

季札如魯請觀周，子長足迹半九州。向平且然誌五岳，誰肯齷齪終一丘。封君昨年出吳越，長嘯梁園醉秋月。春風垂楊縮不住，便復歸山採薇蕨。鑑湖花開雲錦浮，鳧鷺前導紅蓮舟。餐霞坐收赤城氣，晞髮臥看扶桑流。古云徐卿百不憂，君亦滾滾生公侯。君不見大郎繡衣昔持斧，聲名赫赫今臺府。

七夕贈王昌程誥

橘酒椒羊召朋侶，擬向今宵看牛女。雨來颯颯楓林秋，張燈促燕開東樓。王侯既駕鐵馬立，前驅北首旌旗濕。程生買棹亦欲歸，長江南望雲飛飛。人生去住料豈得，一日同歡有南北。君不見雙星一水意脉脉，轉眼陰晴不可測。且倒金尊，澆我萬古之胸臆。

吟思翁

吟思翁，翁我思，蒼松碧梧世希有，海月紅雲如見之。孤鶴引唳，志在萬里。吞舟之魚，豈遊泠水。嗟嗟噫嘻，我思者翁，翁思者何？停雲日暮滄溟波。

鈐山堂歌

先生昔隨玄豹住，丹壑冥濛日煙霧。先生今與赤龍飛，南望碧山空翠微。茅堂蒼蒼雲氣入，囊琴鎖戶陰陰濕。沚蘭沙溫春鳥暮，庭松月清夜鶴立。君不見山下石，岧嵓千尺磯，經年不釣苔成衣。玉瓄羊裘各有分，可問王孫歸不歸。

沐浴子

玉盤兩鴛鴦，拍拍弄蘭湯。振衣馨香發，彈冠有輝光。豈念蓬首女，含情怨朝陽。

長干行

皚如玉山雪，皎如瑤臺月。郎來騎白馬，調妾桃樹下。桃葉何柳柳，不謂君行久。倚門問來船，見郎寄書否。

苦寒行

太行之山何崔嵬，天寒谿谷禽獸饑。黃熊赤羆力相食，翠衿繡翼徒南飛。啄食飲泉百意足，野田稚子寒無衣。張羅掛畢伺鳥雀，口作雌雄鳴且悲。鵪鶉小鳥鼓翅落，鼎食之家意不樂。頓箸待爾登，品錯奏應鐘。開玄堂氈幃，錦幄冬夜長。微禽効體搏俎光[一]，禿鶩駕鵠當檐翔。

【校記】

[一] "搏"，《四庫》本、《空同先生集》本俱作"樽"。

梁園歌

朝發金臺門，夕度博浪關。黃河如絲天上來，千里不見淮南山。淮南桂樹弄婆娑，掛席欲進阻洪波，我今亦作梁園歌。梁園昔有信陵君，名與岱華爭嵯峨。三千珠履不動色，屠門執轡來相過。功成不顯涕滂沱，青蠅白璧一何多。我為梁園客，不登梁王臺。錦帆揚州門，一去何時迴。荒煙白草古城沒，登臺望之令心哀。令心哀，歌且謠。迷塗富貴苦不足，寧思白骨生蓬蒿。人生三十無少年，積金累玉空煎熬。獨立天地間，長嘯視今古。城隅落落一堆土，千年誰繼白與甫。攬涙浮雲灑煙莽，灑煙莽，風吹卷波濤。沉吟投箸不暇食，蹴天濁浪河滔滔。君不見昔人然諾一相許，黃金斗印如秋毫。

紀夢

夜夢走西陸，半天落金城。天門兩壁開，見之駭心情。大江橫其西，落日懸金盆。日流江波涌，霞彩照乾坤。我問此何方，云是涌金門。揮手上雲樓，邂逅錢世恩。把袂凌天梯，笑倒黃金樽。袖出石室訣，飲我金莖露。人區杳難托，束指蓬萊路。夢醒不見君，空江暝煙霧。

世不講曹、李詩，尚矣，内弟會余河上，能章章道也，驚有此贈

曹植《白馬篇》，李白《飛龍引》。流光耀千古，不與日星隕。世人捧心戚，番為西子哂。左生三十歲，雅志測沉冥。鯨飲傾百川，自稱吾酒星。今朝理酒船，來過子雲亭。高談叫太白，八斗揮雷霆。霜雲連山海氣惡，柳枝簌簌冰花落。此時萬里無人煙，誰信清吟動池閣。動池閣，生暮愁，雪澤古龍寒啾啾。他時爾獻三都賦，我釣長江萬里流。

十四夜翛然臺二首

正德初，李子潛河上，築翛然之臺。

中州可以望天地，黃河之水何恍惚。為此築臺臨其涯，坐看月生復月沒。今年中秋地無雲，綠煙溟濛海月發。金流水波貝宮涌，蛟龍出遊爭海月。我欲乘槎捉蛟龍，浪高力微懼滅歿。嗚呼！滅歿不足惜，只恐竟無益。

二

蓬池有嘯臺，夷門有吹臺。二臺突兀眼前一抔土，英雄落莫成今古。我今有臺，不嘯復不歌，月高霜白如夜何。臨洪河，望四海。山川悲，月不改。昔日芒碭五色氣，煙銷浪滅今安在。

十五夜

去年燕山南，易水北，終宵待月不可得。霧雲崢嶸蔽瑤闕，頓箸停杯三太息。今年有月復有臺，海門煙滅沒，四顧天地開，何為不飲歌且哀。君不見少年時，馳逐京洛陌，夜夜歡呼山月白，揮鞭不顧五陵客。月圓月缺天有之，人生豈復如舊時。不如采取靈兔藥，富貴浮雲豈足樂。

十七夜

三日不見月，見之半輪沒。清光猶能鑒毛髮，不愁倒却婆娑樹，只恐損破清虛闕。清虛闕，在何許？白氣熒熒走金虎。雖有三萬六千戶，手提玉斧不敢補。涼風颼颼自西來，吹我衣，心獨苦，長歌濳行擥洲莽[一]。

【校記】

[一]"擥"，《四庫》本作"攬"。

客有笑余霜髮者，走筆戲之

客且盡，手中觴，不須笑我頭上霜。客盡觴，且停之，聽我高歌霜髮詞。君不見天上鳥，東跳西走不相待。又不見黃河水，萬古滔滔向東海。我身不是南山松，又不是山上峰。柰何與年少爭春風，鬪雞走狗傾春紅。君不見昔時孔仲尼，轍環顑頷無已時。盜跖殺人如亂麻，錦衣高壽顏回嗟。聽我霜髮歌，歌短情則多。軒車駟馬渾等閑，何似日銜金叵羅。金叵羅，青玉案，何以贈客錦繡段，頭白頭白何須嘆。

戲作放歌，寄別吳子吳名廷舉，字獻臣，蒼梧人。

惟昔少年時，彈劍輕遠遊。出門覽四海，狂顧無九州。獻策天子賜顏色，錫宴出入黃金樓。揚鞭過市萬馬辟，半醉唾罵文成侯。結交盡是扶風豪，片言便脫千金裘。彎弓西射白龍堆，歸來洗刀青海頭。崑崙河磧不入眼，拂袂乃作東南遊。江海洶涌浸日月，島嶼蟄沓混吳越。匡廬小瑣拳可碎，鄱陽觸怒踢欲裂。澤中龍怪能人言，噴濤吹浪昏漲天。大鵬舉翼四海窄，笑爾弋人何慕焉。東湖子君非洟涊，闇穆取位之丈夫。余亦豈卑卑，與世而浮沉。恂復共鬪非庸劣，廉藺終投萬古欽。攀鱗掃氛代不乏，我豈復戀頭上簪。鹿門黃犢穩足駕，商顏紫芝山固深，有飛倘附秋空音。

郊觀齋居，柬邊、喬二太常

人日過仙院，春霞緲緲分。碧回瑤澤草，紅綻蕊宮雲。獨處依松樹，清齋對鶴群。桃源知並入，惆悵不逢君。

郊壇值雪

鳳輦連宵發，鷄鳴雪滿畿。嚴隨黃鉞至，清繞翠華飛。伏謁深沾珮，朝回半濕衣。懸知清切地，冲黙迓天威。

西天門候祀

瑤壇暮雪盡，月出禁門西。地靜鳴珂碎，沙寒簇仗低。臺官移斗柄，衛士掃雲梯。遙識龍文氣，爭傳法駕齊。

望泰陵

昔臨圍西內，悲風入紫冥。今來松相望，斜日泰陵青。殿起雲煙入，龍遊劍璽扃。萬國今多難，孤臣涕倍零。

令婆墳

國初掄秀嫗，分遣入周宮。但睹丘墳鬱，寧知乳哺同。後王忘昔日，頹屋鎖春風。寒食鶯啼切，林花落自紅。

鵝湖書院

書院佛堂邊，頹垣嶺谷連。四時僧洒掃，千古儼高賢。立壁東萊毅，懸河子靜偏。眾流終一海，流淚考亭前。

環縣道中

西人習鞍馬，而我憚孤征。水抱琵琶寨，山銜木鉢城。裡瘡新罷戰，插羽又徵兵。不到窮邊處，那知遠戍情。

寺

不睹空王宇，誰興浩劫心。散花疑白象，布地果黃金。水霧飛梁灑，夕陽廻殿陰。獨嗤簪紱客，遊賞託雲林。

劉家隔

匹馬淮山盡，孤舟漸楚歌。遠商吳蜀雜，新雨漢江波。驕燕斜斜下，輕鷗片片過。整帆遲明發，天色定如何。

豐安庄

地氣南逾熱，僧林晚暫栖。雲開一江去，日在萬山西。修竹凉風至，昏鴉古木齊。凭高忽灑淚，清世有征鼙。

雨泊豐城

古岸花層濕，陰江鷗半飛。波廻撼船重，雨側入簾微。潭愛金華涌，亭傷寶氣稀。二年三歷此，腸斷北舟歸。

宜春臺春望

古州圖記見，今望臨高臺。人倚楚天盡，風驅湘色來。密雲生曉暝，遠水上春雷。尚有干戈淚，馮軒眼倦開。

鬱孤臺

朔日送客返，慨然登鬱孤。悲歌為閩廣，指顧盡江湖。南俗羌夷雜，北流章貢俱。兵舠尚滿眼，繹繹詣饒都。

與駱子遊三山陂二首

庫部平生友，湖山百代心。追思宮闕地，蕪沒水雲深。連馬穿蘆入，群鷗坐石吟。誰能堪落日，莽莽古城陰。

二

丘壑胸應滿，乾坤眼獨真。揚鞭指河洛，立馬說周秦。古墓笙歌地，前朝戰伐塵。秋風颯颯起，白草正愁人。

答伊陽殷明府見寄

古縣垂新柳，獨吟酬好春。琴清山在眼，花碧酒隨人。奈此河陽少，曾於漢署親。郵筒定不惜，有句念沉淪。

寄殷明府二首[一]

自枉去年札，約為嵩少行。夢常飛洛水，詩屢到伊城。蘿殿王喬舄，花臺子晉笙。君行奮雙翮，吾此學長生。

二[二]

可怪伊陽尹，冬來不寄詩。徒懷白雪調，況逼暮雲時。日落山城黑，風鳴邑樹悲。身危屬撫字，為爾一淒其。

【校記】

[一]"寄殷明府二首"，《四庫》本作"寄殷明府"。
[二]"二"，《四庫》本作"其二"。

張子抱疴，避誼山寺，闊別旬月，作此懷寄

楚楚張公子，悲吟度歲華。棄官臨野寺，服習向山家。石髓遇不識，黃精春始花。洞中日月秘，強食勝丹砂。

寄錢水部榮

雪時揮袂別，見雪即懷君。河舘冬難暮，沙洲晚更雲。清為蒼水使，靜對

白鷗群。昨夜尋君夢，微茫路不分。

毒熱，在獄呈陳運使敦暨潘給事中希曾

此地饒炎熱，南中恐未然。有風番助暑，揮汗欲成泉。鳥避棲深葉，蠅喧集滿筵。百憂吾共汝，流涕北風篇。

康狀元話武功山水

夢寐關中好，連年未得歸。側聞武功勝，佳興益翻飛。水繞褒斜出，山從盩厔圍。因君覓水竹，為買釣魚磯。

與樾堂子晚步[一]

北郭浮沙暝，西山擁坐真。日猶銜殿閣，江已下星辰。禹服苗風雜，豐郊劍氣伸。獨嗟征艦日，歌吹滿城闉。

【校記】

[一]"與樾堂子晚步"，《空同先生集》本作"與樾堂子晚步四首"，題下共四首詩，底本所收為第三首。

寄許監察

為問乘驄使，經春北未廻。句刪淇竹寫，尊泛鄴花開。昏曉行山外，風雲每自來。不知銅雀上，臨望幾徘徊。

許君話遊感舊

泉館舊曾到，跳珠今若何。數年魚不小，題壁客應多。照日輸金浪，回風散錦渦。君令樹菭苔，勿逼古龍窩。

再贈許君

緣岸百花開，樓船三月廻。人依鐵甕望，鳥避柏烏來。禮樂還朝疏，山川畫笏才。太微遙已入，新彩近三台。畫笏，虞允文也。

丙子生日，答內弟璣

今夜今年聚，誰知骨肉稀。汝猶悲燎粥，子豈那于飛[一]。對火霜威入，侵杯月色微。斗斜燈更續，不是醉無歸。

【校記】

[一]"子"，《四庫》本、《空同先生集》本俱作"予"。

早春宴黃宅

岐路風花裡，乾坤醉眼中。事隨年共異，春與昔還同。相聚今何夕，相看各已翁。夜和杯更暖，休負燭花紅。

繁臺秋餞何子二首

會少憐君暫，臺孤引望頻。清秋屬過雁，落日有征人。華嶽元通洛，黃河不棄秦。異時愁獨上，千里見嶙峋。

二

候吏催遲暮，遊人怨解攜。十年內供奉，萬里竟關西。地古饒文物，時平罷鼓鼙。巡行有佳興，應遍絕崖題。

再餞何子

武場重布席，文士此分襟。人世東西路，秋天旦暮陰。杯光搖弱草，庭色下饑禽。他日關中使，無忘汴上音。

己卯元日，內弟璣見過

內弟元朝過，柴門午一開。柏尊吾足辦，椒頌爾須裁。天地冰霜變，江湖日月催。鬢毛斑欲甚，誰忍復春來。

雪中鄭生見訪

萬戶風花起，吾門爾一開。驚看破履迹，笑指白鬚來。驢為登橋熟，船非訪戴廻。今朝梁苑賦，合試賈生才。

贈僧懷讓 越人也，嗜酒，其居有借樹軒。

訪舊來東社，焚香對病禪。素琴真與寂，濁酒反通玄。鄰樹當經牖，春花落講筵。不逢支遁語，誰解越中傳。

送鄭淳入閩

江海發春濤，南浮二月舠。花行浙口盛，雲近武夷高。土布離鄉貴，杉雞詫客號。延平津倘過，珍閟匣中刀。

送姪竹赴京聽除

皇王寶曆開，汝上黃金臺。氣色三光正，人心萬國來。拜除將檄入，辭謝袖香廻。幸會風雲路，行伸騕褭才。

送長垣尹赴召二首

君赴蘭臺召，誰看此縣花。久知驄是馬，當許鷺隨車。日月新明主，乾坤舊一家。異時縑帛賞，應首及孫伽。

二

要地徵名尹，新朝急俊臣。班升玉笋曉，臺散紫蘭春。萬水元趨海，群星自拱辰。誰言大河上，白首有垂綸。

寄熊御史塞上

漢官持斧處，天險惜離群。塞口孤城斷，峰腰細澗分。胡天秋更慘，殺氣暮還雲。定有憂邊計，緘馳達聖君。

晚過孟氏，雷雨遽至，會王子亦來[一]

霽月出還沒[二]，驕雷東復西。千門螢火動，六月候虫啼。共是天涯客，能忘雨後題。吾詩催仗汝，好放片雲低。

【校記】

[一]"晚過孟氏雷雨遽至會王子亦來"，《四庫》本、《空同先生集》本俱作"晚過孟氏雷雨遽至會王子亦來二首"，題下共兩首詩，底本所收為第二首。

[二]"霽月"，底本此二字有殘損，今據《四庫》本及《空同先生集》本補。

僧園秋集同田生

榴竹晴相媚，秋光滿給孤。微風捎果重，殘暑入林無。寶塔金杯映，青天白鶴呼。不須談浩劫，吾醉亦忘吾。

酬贈閣老劉公

壽席秋能半，賓庭月故圓。前身金粟佛，今代玉堂仙。兔巧元供藥，龜靈豈算年。蠅頭燈下字，猶注紫霞編。

送田生讀書上方寺

寺壓孤城斷，堂開積水圍。一僧當茗竈，群鷺狎荷衣。被酒時登塔，持書晚坐磯。鶴騰知客至，嗟汝詠而歸。

再送白帥

聖主下龍章，將軍入鳳陽。地盤淮海壯，天擁漢陵長。榮戟新開府，威名古辟疆。卜年元萬世，王道是金湯。

譚、劉二子過賞牡丹

學舞花將起，矜歌鳥自來。日筵隨蔭徙，風袂入香開。李白昭陽調，姚黃洛下杯。古今君莫問，且促醉轁廻。

春日寄題崔學士後渠書屋

賦筆多崔瑗，朋車愧呂安。碧渠何日到，雲樹一春看。南果枇杷活，西郊苜蓿寬。覓君終繫馬，艤棹是何灘。

小園花發，譚、劉二君訂遊，涉夏始至席上

繾綣杯侵夜，迂徐月轉庭。醉尋松影立，凉愛竹風聽。老去朋情恕，年來世事經。玉繩天歷歷，誰識少微星。

庭菊紛披，有懷王、喻二君子

雁急秋真晚，園空菊自黃。露團番有色，風度不隨香。却憶初開日，君來

夜把觴。忍今看爛熳，獨繞碧籬傍。

晚秋，王、喻二監察見過

自種吾堂菊，無人共把卮。昨來三徑雨，忽與兩驄期。檻霽花逾爽，林寒酒故隨。坐忘俱酩酊，莫遣白衣知。

鄭生至自泰山二首

昨汝登東嶽，何峰是絕峰。有無丈人石，幾許大夫松。海日低波鳥，巖雷起窟龍。誰言天下小，化外亦王封。

二

俯首無齊魯，東瞻海似杯。斗然一峰上，不信萬山開。日抱扶桑躍，天橫碣石來。君看秦始後，仍有漢皇臺。

寄題高子君山別業二首

君山者，江陰縣之北山也。高子獲焉，於是自稱"君山主人"。予聞之，為作君山詩寄焉。

一山背城起，萬古號為君。秀攬江心月，雄吞海面雲。金陵通地脉，玉港發人文。羨彼投簪客，中年卧紫氛。

二

季札墳邊業，春申邑後山。一江平展鏡，兩港曲成環。不雨雲煙擁，長春草木斑。隱君梯萬丈，倘許世人攀。

聞吳郡黃山人將遊五嶽，寄贈

昨報三吳客，將尋五嶽遊。薜蘿應製服，春水正宜舟。二室雲中峻，三花煙外浮。住居吾幸邇，先肯到嵩丘。

己丑八月，京口逢五嶽山人

夜雨清池舘，晨光散石林。一舟相過日，千里獨來心。樹擁江聲斷，潮生山氣陰。異時懷舊意，應比未逢深。

京口楊相國園贈五嶽山人

遠客乘秋至，名園水竹分。林寒畨易雨，池靜合偏雲。臥痾思知己，逢君愜素聞。蕭蕭綠雲裡，誰解有論文。

七月十五，月食不見，追往有嘆

月食今年再，中元與上元。春晴燈火亂，秋暝雨雲繁。漢將高城壘，胡塵滿塞垣。孤臣萬古淚，偏灑泰陵園。

廬山九日

廬山隨晚坐，江漢淨秋襟。九日黃花雨，書堂紅葉深。細雲飄古帙，寒兕吼空林。不用風吹帽，尊前有靜琴。

上元，滕閣登宴

滕閣上元宜，章江登宴時。衣冠還大國，唐宋自殘碑。燈火闌堪凭，風塵淚欲垂。黃雲驅日暮，回首見征旗。

九日，薛樓會集

不倦登樓目，遙憐秋色重。楓村疊暗浦，霜日抱孤峰。楚越窗中地，江山戰後容。倚闌渾不語，吾欲採芙蓉。

十月，月食不見

頻食天應苦，當宵地故陰。悲生十月雨，狂陽萬方心。武廟香燈聚，霜林鼓角沉。復光何處滿，願逐翠華臨。

己卯元夕

此夜門還閉，中天月自看。春催桂應發，雪映兔猶寒。兒女添鐙鬧，鄰家品笛殘。少時思可笑，走馬向更闌。

聞鄭生死豐沛舟中一首

短劍英雄氣，孤舟疾病身。那知生別後，竟作死歸人。汴柳詩筒斷，江花縤幔新。白頭交誼者，灑淚向殘春。

古意

內廄飛龍馬，君王賜玉鞭。長鳴彩仗下，立在紫騮先。放逐緣何事，飄零竟不旋。如蒙敞帷顧，萬里為君前。

賞遊

王者化無外，玉門開至今。笳閑青海外，馬放白登深。漢將收金鼓，胡姬弄玉琴。宮中花月夜，那稱賞遊心。

遊兵

聞道新開口，遊兵未鮮圍。只須殊死戰，莫放隻輪歸。漢月已自滿，林烏常夜飛。早將書插羽，天子日宵衣。

聞砧

逸響緣雲起，清砧入暮繁。秋風吹落月，萬戶更千門。寧知寄遠意，不盡搗衣魂。早晚逢西使，流沙隔塞垣。

時事

幸睹三春媚，畨增兩鬢華。賊來當白晝，風起但黃沙。碧颭依牆竹，紅殘拂檻花。寄言寇盜者，四海尚為家。

下吏

<small>弘治辛酉年，坐榆河驛倉糧。乙丑年，坐劾壽寧侯。正德戊辰年，坐劾劉瑾等封事。</small>

十年三下吏，此度更沾衣。梁獄書難上，秦庭哭未歸。圍牆花自發，鎖館燕還飛。況屬炎蒸積，憂來不可揮。

獄夜雷電暴雨

一雨暮何急，孤眠宵未央。疾雷翻暗壁，落電轉空梁。勢極千山動，光還萬里長。天威終不測，魑魅可潛藏。

南征

暑行心日煩，孤馬背中原。地勢吞淮泗，山形包鄧樊。沿途官柳接，吟葉麥秋繁。赤日蒸雲夢，科頭思故國[一]。

【校記】

[一]"國"，《四庫》本作"園"。

野戰

盜賊乾坤滿，縱橫野戰悲。隨城嚴戍鼓，平地有旌旗。樹燕閑相逐，垣花寂自垂。諸君大河北，捷報幾時知。

安仁聞夜哭

縹緲因風訴，哀哀何處音。聲隨落月斷，聽入過雲深。轉戰增新鬼，誅求損眾心。懸軍今更急，寨滿碧山岑。

得家書

隔歲纔通此，一書真萬金。時危作宦久，家遠戰場深。慘慘屯黃霧，紛紛走綠林。怒來思擊楫[一]，時有渡江心。

【校記】

[一]"楫"，底本作"揖"，今據《四庫》本改。

報生孫

強仕今為祖，家書昨舉孫。行藏三代具，生養九朝恩。長但修蘋藻，思從喚犬豚。見時應解笑，先夢繞夷門。

江州雨

潯陽困李白，吾寓亦江州。地轉濤聲逆，城空山氣流。二儀風雨積，雙鬢古今愁。去鳥衝煙白，偏迎故國眸。

野風

山鳴野風至，漢水白蕭蕭。月滉魚龍醒，雲蒸豺虎驕。有家驚節物，不寐想前朝。萬古英雄迹，江城夜寂寥。

早春，赴鮑相之飲

憐汝一尊酒，要予千古臺。年從碧草換，暖向玉杯來。海日連波動，江鴻帶雪廻。眾賓無遽起，吾醉欲徘徊。

河上秋興

十載宋梁間，雞鳴望四關。月來天似水，雲起樹為山。朝市今何處，流波去不還。高秋未歸客，腸斷濁涇灣。

閑居寡營，忽憶關塞之遊，遂成

銀山湯嶺北，鐵壁斗門邊。虎守千年寺，人看一綫天。赤崖崩古塔，陰洞坼新泉。尚記漁樵侶，長歌過馬前。

寄書

驛使殘年發，家書向夜封。當衢慚騄裹，涉水憶芙蓉。紙短情難盡，鄉遙恨易重。孤燈遲明發，寒月下疏鐘。

春宴

白首聞歌異，豪心遇酒多。酒當花潋灧，歌與燕婆娑。暝色侵臺殿，春風換綺羅。末須愁薄暮，吾借魯陽戈。

熊子河西使回[一]

是時，甘軍殺都御史許銘。

偶遇西河使，真傳塞上情。一春常凍雪，千里半荒城。未斷匈奴臂[二]，猶勤哈密征。重聞帳下變，無語對沾纓。

【校記】

[一]"熊子河西使回",《空同先生集》本作"熊子河西使回三首",題下共三首詩,底本所收為第一首。

[二]"未",《四庫》本作"永"。

大道觀會飲

敞閣元無暑,清林更著煙。人觸金像側,馬繫石門前。壁草侵衣冷,壇花落酒鮮。丹青半磨滅,何處問諸天。

丙戌十六夜月

是夕微雲,中天遂朗,因憶往時京華賦詩,有"清虧桂闕一分影,寒落江門幾尺潮"之句,人多傳誦。後吾少俊,今邐老醜,并前詩忘之矣,亦以集未收載。

月豈無晴夜,天終有散雲。微微透今夕,朗朗至宵分。鏡展池波暈,珠明草露文。呼兒暖餘酒,酌罷一鴻聞。

鸚鵡

鸚鵡吾鄉物,何時來此方。綠衣經雪短,紅嘴歷年長。學語疑矜媚,垂頭知自傷。他年吾倘遂,歸爾隴山陽。

詠部鶴

寄迹含香舍,淹情嘉樹林。長鳴如有訴,狎俗到如今。不染風塵色,常存霄漢心。會應王子晉,接爾向嵩岑。

詠白兔

趯趯來何處,爰爰上玉堂。不因丹竈躍,那睹雪毛香。晝日行疑月,炎天臥有霜。異時歸搗藥,莫礙廣寒光。

雁

旅舘經花夕,哀鴻時一聞。孤鳴元趁侶,亂語欲驚群。漸起隨邊角,遙傳隔塞雲。更深何處落,斜月轉紛紛。

衝雁

可怪鄱湖雁，昏飛猶自群。乍翻還近舸，忽起盡隨雲。浦闊看宜小，山長去不分。秪疑南下盡，猶阻北書聞。

紀變二首

元年建申月，慧出掃寒芒。勢掩旁星布，光於中夜長。連斥竟大老，密奏合文昌。台以司空坼，星知上將亡。流通人事邇，仁愛帝心藏。忽憶臨崩詔，看天淚數行。

二

太白今宵見，光芒何太明。經天復晝見，國難且胡兵。度影休銜闕，低空幸隱城。天高聽亦下，人勝運須更。避殿惟皇切，推輪遣將誠。羯奴行就縛，飛慰諒闇情。

簡何舍人二十韻

黃扉通內閣，左順切文華。密勿君臣契，尊崇禮數加。詞頭存故事，國體與宣麻。奏絕銅函密，封非墨敕斜。四門欽舜闢，隻日鄙唐邪。乾斷人心愜，風淳主德遐。萬方咸就日，六合迥為家。司馬元牛走，臥龍曾兔罝。吹噓振羽翮，變化奮泥沙。邦計思劉晏，兵謀愧左車。分番春扣閶，捧牘晚歸衙。影拂垂城草，香携出苑花。譬經違白虎，投筆困青蛇。每憶仙池鳳，私慚省樹鴉。拘羈那有適，追琢冀無瑕。不忍醒為醉，胡由玉倚葭。聖朝巢父耳，荒里邵平瓜。稔抱丘園欲，私祈紀運嘉。鳴文極燕許，熙載老姬牙。帝澤川歸海，浮雲莫蔽遮。

南浦驛，見官押送來降韃靼詣桂林[一]

款壘因王化，投荒荷主恩。官為供廩餼，詔許挈兒孫。瘴雨凋胡服[二]，蠻鄉引塞魂。分明共日月，耐可異乾坤。慘澹顏容變，軒昂故性存。彎弓望五嶺，似欲遂平吞。

【校記】

[一]"南浦驛見官押送來降韃靼詣桂林"，《四庫》本作"南浦驛"。

[二]"胡服",《四庫》本作"邊服"。案此乃四庫館臣以違礙字而有意竄改,並非版本之異文。

黃君五十六歲,始舉一子,是年,予亦有次郎黃,冬官也,厥父尚書,予故得侈其家世。

異骨成何晚,真毛產固殊。雲移丹穴種,霧滃渥洼駒。蕎墮懷中月,俄橫掌上珠。試啼存大鑑,摩頂協玄符。彌月翻身健,朞年認父呼。聿曾提俎豆,詎但識之無。鄉里論前輩,尚書挺後模。終於金石貫,貽厥鬼神扶。冠玉元諸子,含香矧丈夫。急流棄軒冕,長嘯即江湖。人每占瞿後,天應福趙孤。外家邠老裔,晚境樂天雛。瑞擬連胎蚌,賢期返哺烏。星辰追履上,詩禮紹庭趨。抱子誰非足,憂時爾實迂。向來顛種種,今始覺于于。失路均浮梗,為鄰獨守株。弄璋亦偶爾,獻璞欲何須。漫俟兒童長,虛愁日月驅。龍豬吾暇較,天地幾桑榆。

赴郊觀宿

城邊水色靜春茅,苑外鶯啼拂露梢。萬戶煙花臨複道,九天宮殿鎖南郊。霓旌夜發清溪繞,彩仗晨飛碧樹交。身到鈞天渾不解,坐聞仙樂下雲旓。

曉詣西壇候駕

萬宇沉沉曉漏催,九關魚鑰遲明開。閶闔鼓角空中起,片片爐煙霧裡來。氣結龍文隨御幄,風傳虎旅發仙臺。叨從百辟觀周典,不向秋風數漢才。

西壇候駕即事

太歲宮高接禁牆,先農大纛兩相望。陰陰背日朱旗閃,黯黯參天翠柏長。別殿爐煙清幄次,虛壇草色凈琴張。祠官指點躬耕地,田畯行瞻袞鉞光。

扈從耕藉

天行近野團龍蓋,萬姓環門識袞袍。竟畝難寬卿相力,藉耕無乃聖躬勞。侵壇碧草茸茸起,去殿紅雲冉冉高。已忝賜筵思報述,即陳潘賦愧詞曹。

桂殿

桂殿芝房曙色通，垂垂苑柳綠煙中。桑乾斜映千門月，碣石長吹萬里風。已有金吾嚴御陌，遙傳玉輅下齋宮。侍臣鵠立松陰裡，時倚紅雲望碧空。

謁陵

本朝陵墓傍居庸，聞說先皇駐六龍。一自玉輿回朔漠，遂令金殿鎖秋峰。明禋衮職雖多預，備物祠官豈盡供。報祀獨知今上切，每於霜露見愁容。

秋懷八首

龍池放舶他年事，坐對南山憶往時。紫閣峰如欺太白，昆吾山自繞皇陂。雙洲菡萏秋堪落，亂水兼葭晚更悲。谷口子真今得否，攀雲倚馬任吾之[一]。

二

慶陽亦是先王地，城對東山不峀墳。白豹寨頭憔皎月，野狐川北盡黃雲。天清障塞收禾黍，自落谿山散馬群。回首可憐鼙鼓急，幾時重起郭將軍。

三

宣宗玉殿空山裡，野寺霜黃鎖碧梧。不見虎賁移大內，尚聞龍舸戲西湖。芙蓉斷絕秋江冷，環珮淒凍夜月孤[二]。辛苦調羹三相國，十年垂拱一愁無。

四

苑西遼后洗妝樓，檻外芳湖靜不流。亂世君臣那在眼，異時松柏自深愁。雕闌玉柱留天女，錦石秋花隱御舟。萬古中華還此地，我皇親為掃神州。

五

胡奴本意慕華風[三]，將校和戎反劇戎。遂使至尊臨便殿，坐憂兵甲不還宮。調和幸賴惟三老，閱實今看有數公。聞道健兒多戰死[四]，暮雲羌笛滿雲中。

六

大同宣府羽書同，莫道居庸設險功。安得昔時白馬將，橫行早破黑山戎。書生誤國空談裡，祿食驚心旅病中。女直外連憂不細，急將兵馬備遼東。

七

曾為轉餉趨榆塞，尚憶悲秋淚滿衣。沙白凍霜月皎皎，城孤哀笛雁飛飛。運籌前後無功伐，推轂分明有是非。西國壯丁輸輓盡，近邊煙火至今稀。

八

崐崘北極轉天河,獨馬年時向此過。渥洼西望迷龍種,突厥南侵牧橐駝。黃花古驛風沙起,白雪陰山金鼓多。況是固原新戰鬬,居人指點說干戈。

【校記】

[一]"徛",《四庫》本、《空同先生集》本俱作"騎"。
[二]"涷",《四庫》本、《空同先生集》本俱作"凉"。
[三]"胡奴",《四庫》本作"單于"。案此乃四庫館臣以違礙字而有意竄改,並非版本之異文。
[四]"多",《四庫》本作"今"。

新秋見月

憶在黃河草堂靜,坐臨秋月孤娟娟。水門蕭條向蘆葦,石瀨逶迤回舠船。頻干祿食去多阻,遠望江湖情可憐。傳語魚龍莫浪喜,抱珠今夜且須眠。

晚晴郊望

早時鳴雨晚細微,忽有返照來荊扉。山禽水禽交止語,桃花梨花相逐飛。村村柳條弱欲斷,家家麥苗青不稀。睡起登樓時極目,出雲歸岫願何違。

郊行

二月梁園獨未歸,岸花汀柳各依依。且將弱縷牽行騎,莫厭繁香點客衣。蝶暖蜂暄從自得,烏黃沙白為誰飛。平生漫有憐芳興,未老能令萬事稀。

河發登望

七月七日河水發,康王城邊秋可憐。買魚沽酒此村口,打鼓鳴鑼何處船。白晝蛟龍時一鬬,中流日月晚雙懸。紛紛估客休回首,漁子清歌會渺然。

時景

梁苑桃花寒復開,塞門霜雪雁飛廻。天涯涕淚秋偏墮,歲暮陰陽老更催。無病過年遊五岳,不眠終夜望三台。歸鴻漸木終非地,濁浪滔天首重回。

盜賊

敕書新調蜀襄兵,漢北關南寇未輕。密邇千斤竹查嶺,不聞滿四石頭城。

秦州即易通王貢，棧道終難拔漢旌。安得較如曹相國，務農休加賀昇平[一]。竹查山、劉千斤叛地也；滿四，成化間叛賊。

【校記】

[一] "加"，《四庫》本、《空同先生集》本俱作"甲"。

正德辛未四月十七日，簡書始至，於時久旱，甘澍隨獲，漫爾寫興

苦蒸卓午汗交頤，昏瞑雨飛如颷絲。舟楫自茲杳將去，波濤滿意復何疑。璽書況屬臨門日，江漢須看放舸時。肯信吾遊兼吏隱，五峰彭蠡是襟期。

杪夏急雨江州

急雨吞江倒石根，吐雲匡岳近城門。驚雷不下雙蛟鬭，孤電能開九疊昏。白晝黃濤翻庾閣，蒼崖翠木溜陶村。乘時詫有扶搖力，六月東南見化鯤。

繁臺春集

小徑緣臺春自花，重堤飛閣盡雲沙。能將白髮隨流輩，柰有清壺遣歲華。斷塔草垣增聞寂，古城芳岸趁欹斜。忽驚旅雁思南北，海色邊愁入暮笳。

探春

老去探春每怕遲，酒朋棋伴日相追。無心柳絮當人起，有意桃花背馬隨。臺榭草蒿離亂後，往來弦管古今悲。幽崖尚慮殘梅在，玉笛丁寧莫放吹。

野園

春來無雨風常顛，野園諸花更可憐。輕車快馬此何日，弄蕊攀條看遠天。撲酒遊絲低細細，近人閑蝶過娟娟。真知白日繩堪繫，莫使孤城入暮煙。

歲暮

臨除弦管益紛紛，考鼓撞鐘處處聞。蜀錦越羅連夜製，綵蛾花勝逼年分。流傳自是豪華地，悵望能堪日暮雲。澤草芊芊已新色，雁南猶起北風群。

春暮 丁丑年作。

歲歲花時出醉歸，傷心今日復芳菲。善開朱杏非雙蒂，懶囀黃鸝只自飛。海內詩朋官罷減，城中酒伴病來稀。庭枝爛熳催春暮，日午風香獨倚扉。

夜風，堂前冬青架仆，折其二榦，曉，雪驟至

冬青手植年真久，冷日寒姿頗映堂。追悔木闌晴未補，忍教風榦夜俱傷。亂階朱實離離靜，仆雪青條蒨蒨長。翹首高雲憶松柏，後凋溪壑轉蒼蒼。

戊寅早春上方寺

地闊城空春自幽，青松黑塔雲常浮。入門鈴磬勿一發，暇日臺池聊共遊。連錢沓來誰氏騎，白玉競浴何年鷗。醉筆要知吾漫興，明朝休用碧紗留。

甲申元日，試筆柬友

人生五十驚衰醜，五十從今又數三。老慢更何防市虎，少狂曾亦濫朝驂。鵷鸞舊侶俱鳴珮，鹿豕深山自結庵。短髮不須憂重白，吾居元傍菊花潭[一]。

【校記】

[一]"菊"，《四庫》本作"百"。

九日詣東庄，遇水則舟之，同黃子符李二生

出門萬水吟風葉[一]，挈友重陽上野舟。數月雨陰今白日，一身天地此清秋。逐時庄菊花初放，應節村杯酒暫酬。晚暮更催雙棹返，汴州誰信有滄洲。

【校記】

[一]"水"，《四庫》本作"木"。

陶君誇其分司桃花獨樹，予往觀之，賦此

老懶今來特為花，花奇親見主人誇。入門風片時時墜，近酒春枝故故斜。湖海一尊憐舊侶，乾坤雙鬢愧年華。明朝許赴柴門約，共醉東園萬樹霞。

和君席上海棠賞之二首

老興看花不厭頻，折紅攀綠總怡神。孤枝解動雙樽影，數朵能回四座春。

誰遣物華成歲色，自多人世有閑身。年來斷酒因脾濕，為爾還應慚入唇[一]。

二

瓶中海棠亦太劇，細小翠擁臙脂深。穠姿故薰欲醉眼，芳信暗傳嘗苦心。偶逢一枝已自惜，若臨全樹更須吟。花時不道天無意，一日常橫半日陰。

【校記】

[一]"慚"，《四庫》本、《空同先生集》本俱作"暫"。

庄上看花歸，見庭中海棠落英，與客同賦

三日野花風打稀，朝遊酒伴暮醒歸。臨門夭桃不汝惜，當院海棠胡自飛。已憐錦繡半鋪地，更訝芳香時點衣。便應與君酌明月，醉眼天地生光輝

陶、王二君來賞牡丹

同城何苦不同歡，況復春風到牡丹。香滿正宜携酒問，色深番奈近燈看。綵雲紅霧晴長擁[一]，澹月微霜夜故寒。任使群芳妒傾國，古今須讓百花冠。

【校記】

[一]"紅"，《四庫》本作"黃"。

海棠爛然，要諸君子賞之，分韻得壺字

春深花樹爛模糊，花下朋遊酒一壺。帽側故搴輕朵插，席安仍取積英鋪。日烘擾擾蜂能趁，煙動關關鳥更呼。客散獨燒高燭照，老來真自笑狂夫。

雨中海棠

憐花常欲報花安，醉眼冥冥雨自看。朵朵胭脂深更濕，杯杯竹葉滿須乾。等閑細片休輕落，率尔春風且悵寒。朝為行雲暮仍雨，凌波獨立汝應難。

艮嶽篇

宋家行殿此山頭，千載來人水一丘。到眼黃蒿元玉砌，傷心錦纜有漁舟。金繒社稷和戎日，花石君臣棄國秋。漫倚南雲望南土，古今龍戰是中州。

周雅續卷之三終

周雅續卷之四

北圻賈鴻洙憲仲選輯
西極文翔鳳天瑞裁定
北海孫三傑淑房參閱

李夢陽

題雲臺觀

雲臺觀枕玉泉湄，翠削三峰對不移。窗裡山光時隱見，晚來雲氣壁淋漓。醮辰絳節朝群帝，天路金童引鳳螭。頭白掃門憐弟子，勵松石礙白苓滋。

榆林城

旌干嫋嫋動城隅，十萬連營秖為胡。不見坐銷青海箭，盡言能挽繡蠻弧。白金獸錦非難錫，鐵券貂璫莫浪圖。昨夜照天傳砲火，過河新駐五單于。

出塞

黃河白草莽蕭蕭，青海銀州殺氣遙。關塞豈無秦日月，將軍獨數漢嫖姚。𠫐來飲馬時尋窟，弓箭行人日在腰。晨發靈州吏西望，賀蘭千嶂果雲霄。

武昌

武昌城北大江流，沱水夾城鸚鵡洲。楚蜀帆檣風欲趁，蛟龍濤浪暮堪愁。青烟自沒漢陽郭，新月故懸黃鶴樓。無限往來傷赤壁，三分輕重本荊州。

江行

江行日日隨風雨，日日迎風帆不懸。頗怪蛟龍歡出沒，更兼鷗鷺劇連翩。

窗開淅淅琴書濕，岸轉冥冥竹纜牽。廻合萬山心目破，撒漩誰忍向湖烟。

泛湖

匡廬彭蠡曲相連，伐鼓蠻歌趂進船。屏見雲橫石壁净，鏡開日破浪花圓。漁樵山澤堪時給，盜賊干戈枉自纏。遣帥已添新節制，指揮行見掃風烟。

瀑壑晚坐

醉踏匡山晚未遲，翠巖丹壑凛秋姿。峰高瀑布天齊落，峽静星河夜倒垂。遠害欲尋麋鹿伴，暫羈終與世人辭。磨崖遍剔蒼苔讀[一]，獨坐雲松有所思。

【校記】

[一]"磨"，《四庫》本作"摩"。

題玄壇觀

江行晝静便清暑，水口山奇鎖吉安。豈為天生饒怪石，遂令人擬築玄壇。潭渦地轉常年黑，樓閣崖懸五月寒。風牖把杯聊暫倚，海蒸雲起故須看。

將至安仁

安仁古岸乂河濱，細柳濃烟密弄春。花發北山翻盜賊，眼昏南國且風塵。盤渦浴鷺緣誰喜，下瀨雙帆他自親。破浪會看風萬里，采薇應許畢閑身。

看廬嶽

春時看嶽落星洲，夏來看嶽復江州。獨行稔負烟霞伴，久住非貪麋鹿遊。石室丹書吾異世，錦屏雙劍晚遮樓。登尋擬縱凉天目，一葉飄飄江漢流。錦屏、雙劍，並峰名。

楚望，望襄中形勢

楚望峰頭望楚雲，遙憐紫盖紫陽君。廬荒不斷盤龍氣，碑滅猶存墮淚文。地轉江淮浮遠戍，水同巴峽塹雄軍。里名冠盖非吾事，願訪鹿門麋鹿群。

繁臺雨望，和田生

感事逢時恨不稀，水城寒食半花飛。青郊白馬朝誰並，細雨輕帆晚自歸。何計上賓留鳳馭，是時有孝貞太太后之喪。無書北狩挽龍旗。是時帝在宣府。層臺獨上休翹首，牢落江州易濕衣。

大梁城東南角樓

城樓占角分孤峻，野色生烟合杳冥。華夏亦為元社稷，古丘曾是宋朝廷。直看紫極雲霾壯，背觸黃河風浪腥。日暮馮軒益愁思，夷門今有少微星。

晚過禹廟之臺[一]

暮行群過禹王宮，瑟颯松林静入風。步競石梯秋獨健，眼收沙海月還空。聲名北上青驄客，潦倒中原白髮翁。杯酒重傷分手地，古今踪迹本飛鴻。

【校記】

[一]"晚過禹廟之臺"，《四庫》本作"晚過禹廟"。

題黃公東庄草堂

草色通門柳覆牆，繞堂新雨足時芳。晴郊客過沾猶濕，春晝人間覺更長[一]。拚引滿杯聽鳥哢，願留餘醞待花香。休誇水際兼山際，且醉松傍與竹傍。

【校記】

[一]"間"，《四庫》本作"閑"。

少林寺

林深谷暝客子入，鍾鳴葉落秋山空。烟雲細裊石澗底，巒岫亂積松窗中。唐碣漢碾蘚字剥[一]，虎啼猿嘯蘿燈紅。獨坐悠悠息塵想，少室影下月出東。

【校記】

[一]"碣"，《四庫》本、《空同先生集》本俱作"碑"。"碾"，《四庫》、《空同先生集》本俱作"碣"。

宿少林次韻

萬山微暝一鍾鳴，古寺深秋倦客情。僧本折蘆番面壁[一]，人非騎鶴故吹笙。寒催亂木風交響，白動虛岩月自生。慚愧勞勞不成寐，丁丁卧聽早樵聲。

【校記】

[一]"番"，《四庫》本作"翻"。

清明下糧廳，題杏花

清明著處花爭發，一樹庭前爾獨遲。不為炎天能結實，豈應官署許生枝。桃蹊李徑雖多寵，撲酒飛簾自一時。已辦青錢貪酪酊，合教紅蕾赴深期。

柑至

丹橘黃柑世所珍，年年隨貢走風塵。內廷賜出人人羨，近市收來顆顆勻。翻訝久藏香不逸，迴疑初摘蒂猶新。金盤玉箸真誰事，寂寞文園自病身。

牡丹盛開，群友來看

吾家何處牡丹園，楊子岡西古宋原。忽有芳菲妍岸閣，豈期車馬駐江村。憐香實怕青蘿掩，在野虛愁蔓草繁。碧草春風筵席罷，何人道有國花存。

冬至菊

至日貪看九日花，弄霜吞雪轉宜誇。思將正色留天地，肯使陰陽管歲華。寒蒂已包重放萼，暖根應抱更生芽。書雲莫誤禎祥奏，斗酒東籬自有家。

乙亥春，郊圃牡丹盛開，聿予離茲，倏爾四載，實兄蒔藝成功，約客往賞，屬雨發詠焉

牡丹元種無多本，別久叢分鬱映杯。穢劇祇宜鴝鵒戲，品增疑傍棣花開。支離野圃群葩掩，杳裊春庭細雨來。高會主賓忻並健，衝泥車馬莫空回。

人有送牡丹花至者，與客同賦

大梁城郭萬人家，太半朱門競此花。不為國姿寧用折，甑傳賓手轉須嗟。雙牽戲蝶臨書牖，獨惹遊絲撲釣槎。我亦有園新植此，往來無倦出城車。

牡丹賞歸，柬邊、王二子

非因絕代專芳品，豈復郊園守後時。夜静雨姿應更劇，野寒風蕊莫頻吹。空齋獨憶香仍滿，晴日重尋路不遲。肯擬飛觴留健筆，願扳驄馬護高枝。

郊園餞御史許君，屬牡丹盛開

曠圃風郊爾獨開，國香仙色敢辭猜。若先桃李名應減，縱隔城池客自來。穠壓野欄張燕待，餞臨官路挽驄陪。萬鬚千萼非容易，忍遣臺霜近酒杯。

看牡丹晚，移席草堂，再贈許君[一]

晚坐移花酒並移，几燈窗月轉春姿。情真解纜爭侵夜，意不憐香豈盡卮。洶洶野風誼樹惱，冥冥波浪去途疑。亦知仙種貪行豸，醉聽鄰雞是別期。

【校記】

[一]"看牡丹晚移席草堂再贈許君"，《四庫》本作"晚移席草堂再贈許君"。

王左史宅賞牡丹

槐庭弦管稱春筵，草圃繁華近暮天。老為名花扳自放，醉逢國色轉須憐。娟娟影静金尊裡，冉冉香回玉笛前。莫問平章舊時宅，沉香亭已入荒烟。

郊園牡丹復花，客往

問主尋芳客故來，百花開盡此花開。凄凉野徑堪車馬，爛熳天香只草萊。穿葉自由蜂逐逐，坐枝頻起燕廻廻。楊花暮合風沙迥，繞樹猶傾醉後杯。

谷園二月梅集

江南梅花苦繁劇，江北有梅花不肥。春枝已矜雪後媚，玉蕊即妨風處稀。金尊綺席不時賞，快馬輕車堪夜歸。遙憶暗香月色動，莫令遽掩東園扉。

梅下限韻作

聞說仙芳每避凡，託根長傍竹松巖。那期野圃深隨酒，可柰風花細撲衫。斜日席移春欲透，步叢香起雪猶銜。歲寒朋舊今何處，徙倚裁書手自緘。

賞歸，憶谷園梅

臨梅真惜先開蕊，後蕊吾歸應更繁。藉草無愁細細落，有蜂只恐垂垂翻。折曾爛熳春攜袖，醉記扶疏月坐園。已覺時心向桃李，肯緣孤潔重廻軒。

和李大隔墻見予家海棠，次其韻

種汝深愁樹不長，數年今遽出吾墻。臨衢幸不矜全色，隔院應難掩暗香。敢向紛紛爭俗眼，私憐裊裊壓時妝。臙脂強半喧蜂少，倘過同傾花下觴。

郊齋逢人日，有懷邊、何二子

今日今年風日動，苑邊新柳弱垂垂。齋居寂寞難乘興，獨立蒼茫有所思。谷暖遷鶯番太早，雲長旅雁故多遲。鳳池仙客容臺彥，兩處傷春爾為誰。

過馬陟，次毛庶子韻

冉冉輕雷止復行，鳳池清夏半陰晴。漸看西日籠花氣，誰放南風作雨聲。融入塹沙將拂燕，密侵宮柳益霑鶯。晚來一赴薇郎約，匹馬衝泥遠興生。

解官，親友攜酒來看

嚴城擊鼓天欲曙，風起平林纖月長。故人開尊且復飲，客子狂歌殊未央。臥病一春違報主，啼鶯千里伴還鄉。他時若訪漁樵地，洛水秦山各淼茫。

送王照磨省覲

浮沙晶晶楚王臺，苦竹泠泠帝子哀。臘月江行鶯語合[一]，早春湘北杏花開。貪趨綵服聊輕舫，苦憶金門罷舉杯。入幕郄超難許並，題橋司馬直須廻。

【校記】

[一]"行"，《四庫》本作"南"。

寄徐子

徐子南遊涉洞庭，楚江風浪眼冥冥。竭來振玉朝天子，忽漫傳書與客星。訪戴難移剡溪棹，問奇曾過子雲亭。烟沙水國催春發，楊柳愁邊却盡青。

寄徐編修繡

題詩傳語玉堂賓，想像鳴鞭散紫宸。玩弄門前金鶪褭，宛如天上石麒麟。徒誇中論流人世，實有新詩泣鬼神。密勿願先諧大軸，漁樵久已屬閑身。

九日，寄何舍人景明

九日無朋花自開，登樓獨酌當登臺。孤城落木天邊下，萬里浮雲江上來。但遣清尊常不負，從教白髮暗相催。梁南楚北無消息，塞雁風高首重回。

立春遇雪，柬孫君

乾坤莽莽俱為客，世路悠悠各愴神。海內弟兄稀見面，天涯霜雪又逢春。馴階鳥啄猶呼侶，破浪龍吟不避人。幾欲開尊向梅柳，白眉青眼為誰顰。

早春郊園贈別

野陰蒼蒼春不分，春堂黯黯惜離群。柳條欲折不應手，林花即開誰寄君。雁飛帆檣畏觸雪，日蒸山澤恣成雲。杳然携別東園晚，綺席玉杯相對醺[一]。

【校記】

[一]"醺"，《四庫》本作"醮"。

生日，答李濂秀才

臘前此日梅花劇，盞送初筵竹葉新。千里共為青眼客，百年余是白頭人。清霜麗蕊情休妒，醉舞狂歌意總真。忽憶退朝傳粥食，遲廻吟望一沾巾。

送王生還里

華池避俗屯螢火，往日談經近鹿場。萬里漂零余作客，諸生親炙爾升堂。昨來見面生春色，歲暮還家帶雪霜。懷土力微難並進，強吟臨路獨淒涼。

逢泰公門徒，因寄

垂翅昨年辭帝都，散花今日見門徒。乘杯老去還能否，擊鉢狂來未信無。暫止乳鶯元逐燕，得時橫隼莫驚烏。清沙密竹追隨地，腹斷飛虹月色孤[一]。

【校記】

[一]"腹",《四庫》本、《空同先生集》本俱作"腸"。

夜別王檢討九思

露白秋城角夜哀,朔雲邊月滿燕臺。僊人閣在銀河上,嬴女簫從碧落來。江葉自隨山葉舞,燭花偏傍菊花開。風塵荏苒年華異,莫怪臨岐數酒杯。

穀日,酬鄭、屠二省使携酒見訪

殊方穀日軒齊過,返照虛窗暖自通。短鬢江湖今會少,早春閶闔舊趨同。越南閩北風烟際,岸柳園梅霽雪中。時世艱難須共濟,此生杯酒任西東。

清江彭君幽居

新霽隔城江色來,僻居春暮徑花開。當門銀杏有千歲,穿葉黃鸝能百迴。南微雲沙曾杖鉞,北山薇蕨且銜杯。波深五月鱘魚至,獨釣吟行鷗不猜。

泰和南行,羅通政舟送

開船日午君俄至,逆水開尊得並船。貪數岸花杯不記,已衝江雨纜猶牽。雲山楚越相逢地,劍珮京華始識年。感昔願仍還省閣,顧今俱已靜風烟。

寄孟洋謫桂林教授

長沙賈誼君仍遠,南涉三湘復九疑。虎豹深山聊澤霧,蛟龍得雨固須時。行藏學閣蒼梧夕,鼓角夷城白髮悲。悵望適荊心豈忝,飄零極海翅非垂。

南康至日,送韓訓導赴湖州推官

黯黯寒冬湖水頭,遷官別我向湖州。吾道百年逢小至,雪江千里屬安流。飛騰刑獄官非忝,簡拔朝廷意實優。見說東南力已竭,哀矜此外爾何求。

贈何君遷太僕少卿

省客新乘卿士車,尋盟特別水雲居。還朝賈誼元前席,去國虞生合著書。貪顧休輕冀野馬,祖行親釣汴河魚。虛疑厄閏春情晚,驛路群花宛宛舒。是年遇閏，何有"官似黃陽厄閏年"之句[一]。

【校記】

[一]"陽"，《四庫》本、《空同先生集》本俱作"楊"。

夏日赴監察許君之宴，同張監察

霜府池亭夏亦寒，捲簾河嶽火雲殘。筵開冰動琅玕簟，酒半瓜行白玉盤。蹇石尋花時徑往，躍魚投餌晚留歡。孰教逃暑陪驄馬，自分清明老釣竿[一]。

【校記】

[一]"明"，《四庫》本、《空同先生集》本俱作"朝"。

正月二日，臺郎李公、監察毛公、袁公枉駕而顧[一]，毛歸有作，輒次其韻

吾生五九笑吾涯，短圃低墻即是家。酒熟喜當賓客道[二]，詩成慚使世人誇。日臨河岳雲俱色，春入樓臺樹自花。轉盼不堪天地異，得栖無小後啼鴉。

【校記】

[一]"郎"，《四庫》本、《空同先生集》本俱作"卿"。
[二]"道"，《四庫》本、《空同先生集》本俱作"過"。

雪後困酒，和王左史

旭日上雪檐溜懸，廣文先生猶醉眠。床頭綠樽已交卧，解醒復倒囊中錢。開門泥濘午活活，有客騎馬來翩翩。強起梳頭煨芋栗，暖杯寒光仍四筵。

柬邊子變前韻

繁丘草青春可憐，欲往恰值春風顛。應門童子不通客，空同先生閑自眠。柳長故裊金色縷，梅落盡鋪白玉錢。安得即遊共爾閒，滿引香醪花簇筵。

春日過遂平將軍第，同李尹

十年不到將軍第，一日重來令尹偕。春色不改延客閣，芳樹盡覆彈琴齋。尋香檻蝶娟娟逐，競暖池魚宛宛皆。晚步鹿蔥驚欲放，續遊無吝玉為牌。

限韻贈黃子

禁垣春日紫烟重，子昔為雲我作龍。有酒每要東省月，退朝曾對掖門松。十年放逐同梁苑，中夜悲歌泣孝宗。老體幸强黃犢健，柳吟花醉莫辭從。

贈王推官相國之子。

青年藉甚王推府，得郡吞江復據湖。楚楚驊騮當道路，英英秋月坐冰壺。三槐舊業承非忝，駟馬高門望與俱。相國醴筵今更數，在邦無憶鯉庭趨。

高門堤，陳氏別業夏集

門堤平野突崔嵬，幔屋深林石磴廻。盛世行藏吾學圃，異鄉天地此登臺。憑軒五月凉風入，移席孤城返照來。急管暮催杯更進，醉翁非為酒徘徊。

夏日，繁臺院閣贈孫兵部，兼懷大復子

獨馬孤城送客廻，亂蟬高柳出銜杯。晴天河嶽今開闔，戰地金元晚上臺。才自籌邊期獻納，義猶傾蓋愧徘徊。何休門客如君幾，北望天風萬里來。

送張工副

為官秦邸君西去，因憶簡王相遇時。池出異蓮要作賦，館開修竹坐傳卮。龍旗寂寞還雲氣，鶴馭飄翩秪夢思。寄問白頭强相國，醴筵吟筆似前隨。

送毛監察還朝是時皇帝狩于楊河。

楚生臨水送將歸，黎子當筵賦式微。天下汝為真御史，百年吾是舊漁磯。沙寒白日蓬科轉，風起黃河木葉稀。此去有書應力上，太平天子本垂衣。

逢吉生汴上

汴上相逢俱白頭，秦中却憶少時遊。烟花樓閣春風日，錦繡山河百二州。未論聽鶯穿細柳，實因走馬出長楸。金尊邂逅今宵月，明發仍懸兩地愁。

見素林公以詠懷六章見寄，觸事叙歌，輒成篇什，數亦如之，末首專贈林公

香含雞舌曾為吏，日侍龍顏朝退時。春色故搖三殿柳，曉風偏放萬年枝。鏘鏘劍佩鵷行亂，裊裊旌旗鳳輦移。迂謬一麾今廿載，半生心事白頭知。

二

青天萬仞削芙蓉，憶踏匡廬第一峰。哀壑暮雲埋虎豹，大江春浪變魚龍。天池御筆親留碣[一]，石室山僧獨扣鍾。搔首昔曾霄漢上[二]，舊題應被紫苔封。

【校記】

[一]"御"，《四庫》本作"玉"。
[二]"搔首"，清康熙四十三年陸廷燦刻《梁園風雅》卷四《李空同》作"彩筆"，影印文淵閣《四庫全書》本《古今詩删》作"彩翰"。

三

西伐親將龍虎軍，南歸甘即鷺鷗群。謝安實費登山屐，司馬虛傳諭蜀文[一]。釣罷蘭溪宵上月，吟成壺嶺書生雲[二]。何時勉為蒼生起，悵望東南五色氛。

【校記】

[一]"諭"，《四庫》本作"喻"。
[二]"書"，《四庫》本、《空同先生集》本俱作"畫"。

送蘇文學往主三賢書院

邦侯敦禮聘才賢，梁客乘秋詣汝川。堂上久懸徐穉榻，門前俄報孝廉船。雲山紫邐霜應峻，風穴青松晚更妍。獨上高丘試回首，紫陽白鹿自江烟。

鄭生聞予種樹有成，便冒雪携酒來看 鄭時有江東之行。

鄭縈騎驢雪故來，无功行樹及春栽。沾濡立愛新松色，冷凍回驚早杏開。密片深當紅蕾集，寒聲虛帶翠蕤廻。思君蓑笠滄江上，酒罷番愁去舸催。王績，字无功。

甥嘉謫官過汴，傲舍而居，以時炎熱

萬里嚴程此一州，問親娛舅爾須留。遷人賓客休填戶，傲屋炎蒸幸有樓。穿檻笋高猶足采，戲池魚美更何求。舘甥舊地花仍好，得暇頻來看海榴。

儀賓柳子以合歡芍藥見贈，予自不識此花，而柳云種蒔數年，惟今歲雙朵，時柳病方愈

賓卿贈藥驚奇異，共蒂分葩號合歡。入手自摩雙萼嘆，逢人恐當一花看。並頭虛漫誇蓮蕊，單瓣還應壓牡丹。汝抱緜疴今幸愈，和中天遣助平安。

東庄冬日別謝行人[一]

冬圃朋遊菊半蕪，風林互飲葉全鋪。往來物理須霜露，離合人情豈路途。乾綠冷紅難避眼，剩香餘馥故侵壺。相逢莫漫憐修竹，要識乾坤有碧梧。

【校記】

[一]"東庄冬日別謝行人"，《四庫》本作"東庄冬日會別謝行人"。

雙溪方伯夏初見過，就飲石几，留詩次韻

孤城春氣轉溫風，石几閑門夏樹中。遇客便移杯酒玩，題詩今得故人同。猶驚鳥動花紛落，況值日斜樽不空。晚暮蒼茫萬里色，賴君長劍倚崆峒。

三司諸公久有蓮池之約，會雨阻不赴，乃移兵司東圃而飲，為詩以誚[一]

西城宿雨天虛阻，東圃微晴人竟遊。地闊儘容雲氣入，亭深能使樹香留。尊前俊傑齊三府，林下迂疏自一丘。勳業太平公等在，故將高榻動南州。

【校記】

[一]"誚"，《四庫》本作"贈"，《空同先生集》本作"詩"。

東庄再贈杭子，兼呈其兄澤西年友

冬郊日白無風沙，群飲送客遊琅琊。到時定生韋澗草[一]，有時同醉歐亭花。我今五十半潦倒，君日高貴元才華。過鄉為問澤西子，老吟何處饒烟霞。

【校記】

[一]"時"，《四庫》本作"日"。

東庄謝臬司諸公携酒見過

白日餘紅亂撲衣，郊亭無事坐花飛。何緣五柳嘶驄馬，忽有群公到竹扉。

過眼物華春自暮，賞心朋輩老應稀。亦知不是談玄宅，倘許頻來各醉歸。

于公廟會王帥，以其防秋北行

新晴借廟張金鼓，舊約鋪筵集縉紳。氣早冷隨雲雨入，地幽人與竹松鄰。時來拜命防秋將，老去狂歌避世身。醉別贈君雙玉劍，持將西北掃風塵。

九日，南陵送橙菊

朱門美菊采先芳，玉圃新橙摘早霜。傳送滿盤真鬭色，分看隨手各矜香。深憐便合移樽酬[一]，暫貯應須得蟹嘗。獨醉秋堂卧風物，一年晴雨任重陽。

【校記】

[一]"酬"，《四庫》本作"酹"。

夏都給勘鄴潞之戰，惠見憶之作，寄答

岩嶢上黨接壺關，杖鉞冬行歷萬山。巖凍雪埋擒虎窟，壑腥雲嫋斫龍灣。嶄巉路透漁樵入，薈蔚林清烏雀還[一]。為問登高能賦者，霜毫幾掃白雲間。

【校記】

[一]"烏"，《四庫》本作"鳥"。

熊監察至自河西，喜而有贈

當年五郡乘軺過，此日千城攬轡遊。封事幾騰天北極，籌邊真歷地西頭。崑崙壯壓胡塵斷，弱水清翻漢月流。若使巡行皆汝輩，遠夷那係廟堂憂。

乙亥元夕憶舊，柬邊子卧病不會

憶昔金錢並卜歡，稱心燈火獨長安。爐香欲散尚書省，環珮先歸太乙壇。十載酒杯誼五夜，九衢遊馬閱千官。蓬將轉合今同此，月滿梁園却自看。邊太常[一]，故曰太乙壇。

【校記】

[一]"邊太常"，《四庫》本、《空同先生集》本俱作"邊舊太常"。

丙子生日，答田生

當時結客少年塲，走馬看花紫陌香。三黜偶然齊柳惠，兩朝奚但有馮唐。壽杯今夕余同醉，獻賦開春爾一方。京國逢人問衰健，為言吾鬢已蒼蒼。

辛巳元日

倐忽吾生五十春，兩朝遺佚太平身。望鄉心逐關雲起，懷國情將汴柳新。自信右軍非墨客，王右軍五十書始成。誰言高適是詩人。適年五十始詩。南征昨報龍旗返，佇想嵩呼動紫宸。

癸未除夕

連冰累雪欺年暮，除歲嚴風放夜晴。挂斗拖星猶凍色，趲鍾摧鼓遽春聲。喧城車馬朝元客，戰野旌旗禦寇兵。人事物華應遂轉，燭堂深坐獨含情。

吹臺春日古懷

廢苑迢迢入草萊，百年懷古一登臺。天留李杜詩篇在，地歷金元戰陣來。流水浸城隋柳盡，行宮為寺汴花開。白頭吟望黃鸝暮，瓠子歌殘無限哀。

閏九月，繁臺酬寄常鄧州前御史兄

昨屬傳書寬遠憶，側聞為郡解憂襟。他鄉病起逢秋色，故國花香見客心。三徑園庄常聞寂，百年臺榭獨登臨。天晴水散荊襄急，雲合山包汝鄧深。州縣黃堂非爾輩，朝廷驄馬要人欽。也知皂盖熊羆軾，不換烏臺獬豸簪。盡道白公如白玉，終然黃霸錫黃金。徵卿拜相他年事，野老扶犁望傅霖。

道逢羆豹鷹狗進貢十韻

赤豹黃羆貢上方，虞羅致爾自何鄉。微軀亦被雕籠縛，遠視猶聞寶絡香。顯晦山林齊感激，喧呼道路有輝光。名鷹側目思翻掣，細犬搔毛欲奮揚。隨侍近收擎鶻校，上林新起戲盧坊。攫兔定蒙天一笑，磔狐應使地難藏。貢官馳馬塵埋面，驛吏遭箠淚滿眶。南海亦曾收翡翠，西戎先已劾羚羊。白狼也產從逿域，白雉猶勞獻越裳。聖德從來及禽獸，欲將恩渥示要荒。

正德元年郊祀歌十首

戈馬喧喧動萬雷，黃旗繞繞拂仙臺。天上再開新日月，南郊不改舊蓬萊。
漢家天子自天威，春祀南郊春雪圍。片片瓊花飄玉路，五雲偏逐袞龍飛。
壇官秉笏候金鍾[一]，月出西南照雪峰。不向蓬萊看五色，那知天子是真龍。
中壇日月照天門，上帝龍行羽衛屯。烟裡桂花旋玉兔，火開三尺抱金盆。
外壇羅列黃金榜，海嶽齊開白石門。直使衡山馳薊域，更看西海過崑崙。
神來擊鼓復吹簧，一道虹飛萬丈光。閶闔清風搖玉燭，至尊獨立殿中央。
帝是高皇八葉孫，隆準龍顏稱至尊[二]。翠羽繽紛來眾聖，洋洋古樂亂雲門。
漢主登封巨迹空，赭山秦帝洞庭中。何如黍稷天神享，萬歲高高太極宮。
天馬元從天上落，七星裝入寶刀頭。壇空月照更衣殿，萬錦群中刷紫騮。
金輿還內放人看，萬戶千門震地歡。繡扇徐開龍虎氣，君身不動泰山安。

【校記】

[一]"秉"，底本作"乘"，今據《四庫》本改。
[二]"稱"，《四庫》本、《空同先生集》本在此字下皆有"去聲"二小字。

帝京篇十首

古時灞水即蘆溝，今代車書似水流。日間五色龍文氣，天上春開五鳳樓。
漁陽北塞古風沙，二月春風萬柳斜。薊門轉作長安苑，燕桃開出五陵花[一]。
慷慨燕雲十六州，天門北極帝星頭。胡塵一洗桑乾淨，萬載朝宗四海流。
山作青龍左右盤，扶桑西影拂桑乾。日月光華朝萬國，天留北海作長安。
天皇按劍按金鞍[二]，飲馬追胡翰海乾。歸來並立擎天柱，不數劉家承露盤。
胡后妝樓換上陽[三]，春風珠箔舞垂楊。半夜開城歸萬馬，至今迷失幾駕鴦。
今朝望海海雲生，五色雲中白玉城。金陵巧接盤龍勢，南北何如漢二京。
塞上星飛化羽林，鼓音咸作管簫音。將軍把劍聞雞舞，玉女朱樓學鳳吟。
高鼻胡奴入漢關[四]，皂旗千隊射鵰還。君看萬古昏星月，洗出中華疊翠山。
自從黃帝破蚩尤，涿鹿雲黃黑帝愁。盤石果然為碣石，幽州常作帝王州。

【校記】

[一]"五"，《四庫》本作"武"。
[二]"按金鞍"，《四庫》本作"據金鞍"。
[三]"胡后"，《四庫》本作"遼后"。

[四]"高鼻胡奴",《四庫》本作"聞道匈奴"。案以上[三]、[四]條,乃四庫館臣以違礙字而有意竄改,並非版本之異文。

皇陵歌

皇陵疊翠倚丹霄,絳節飛光夜夜朝。千古長風吹海月,萬山松柏照空寥。

傳聞駕回,有紀二首 正德年間作。

正月傳聞大駕還,七日已度居庸關。鐃歌擬續之回曲,塞外應添駐蹕山。
白城新起望夷臺,黃鉞森森耀日開。六騾遠遁胡沙靜,六龍騰踏駕空回。

聖節聞駕出塞二首

千官北首望龍旗,萬國車書集鳳闈。八駿穆王秋色遠,幾時親擁白狼歸。
萬乘時巡萬壽臨,鑾輿漠漠磧沙深。悲忘殿闕呼嵩日,應繫單于款塞心。

嘉靖元年歌二首

元年正月又王春,四海人稱拱聖人。已報岐山鳴彩鳳,更傳關內出麒麟。
大明十帝轉神明,天意分明賜太平。紫蓋復從嘉靖始,黃河先為聖人清。
先是正德七年、九年黃河連清,今上入繼大統之兆。

贈黃州牧

黃州江北使君清,赤壁山留萬古名。黃州小兒騎竹馬,來時相送去時迎。

送友人

王孫笑向碧山棲,春日春蘿裊裊低。予亦悠悠芳草者,白雲愁色草萋萋。

送州判官[一]

明燈綠酒五花裘,客舍新秋螢火流。問君不飲真何事[二],明日出城風葉愁。

【校記】

[一]"州",《四庫》本、《空同先生集》本俱作"周"。
[二]"問君",《四庫》本作"商君"。

詠東方朔，贈馬吏部
據地酣歌金馬門，如花少女笑無言。不是偷桃太無那，人間那謫歲星魂。

僕思李白落雁之遊，徐子亦有知章鑑湖之請，念人悲離，申此短贈徐子者，禎卿也。
君擬天台度石梁，我歸沙苑望咸陽。予今夢寐蓮華岳，笑爾番耽瀑布長。

嘲陸子
松江陸子以予久不造過，遂蒙嘲詠。然陸子往許以小楷《南征賦》貺我，久亦愆焉。予故得反嘲戲之，兼訊後約焉。

我今四海覓雲松，南遊笑指匡廬峰。他時倘慕金光草，與爾同鞭赤玉龍。

晚過序公戲贈，并喜徐編修縉迹訪二首
月滿長安啼暮鴉，踏歌今夜醉誰家。青蓮大士迎予笑，背指秋鶯度落花。
長安大道竹林西，李白尋僧花下迷。舉杯恰對青天月，檻外驚傳碧玉蹄。

贈丁生
海涼秋水淨芙蓉，青天倒懸五老峰。眼見排風生羽翼，行空那辨有真龍。

別達生
醉約金山看海流，興飛江漢忽西遊。龍沙月色年年滿，獨照匡廬萬仞秋。

別李生
華也南來送我行，青絲挈酒玉壺輕。滕王閣下江千尺，一曲滄浪萬古情。

贈鮑濈兄弟
水學青龍左右盤，玉流雙瀉碧光寒。蘭昆並占空山月，分擘虹霓作釣竿。

贈劉君按察雲南
碧雞金馬古黔陽，滇海秋搖日月光。自此蠻中無毒熱，行臺六月有飛霜。

送蕭總制赴鎮

漢家新拜霍嫖姚，司馬今年相宋朝。旌旗一舉三邊靜，雁塞平沙演射鵰。

送修武知縣

青山盤谷繞桑麻，赤水河陽接種花。琴罷吏希簾書捲，自看雙柏哺慈鴉。

贈李沔陽

楚人抽棘霸江湖，萬載孤城剖一符。從此沔陽為渤海，直教雲夢作蓬壺。

寄謝卿

擲笏南還尚黑頭，移家西郭興全幽。春晴定上滕王閣，日暮江平起白鷗。

贈蔡帥

時清晝臥銅牙弩，客散宵披玉檢文。可道將軍渾是武，曾將三策獻明君。

送王韜

王郎口談金虎文，自稱師是紫陽君。掛帆明日忽南去，影落龍江五色雲。

送熊進士入朝二首[一]

蒼蒼玄武鎮皇州，天上銀河轉地流。言君不是乘槎者，昨夜分明到斗牛。
金馬岧嶤接鳳臺，石渠高閣倚天開。仲舒早備天人策，漢主臨軒問身裁[二]。

【校記】

[一] "送熊進士入朝二首"，《四庫》本、《空同先生集》本俱作"送熊進士入朝三首"，題下共三首詩，底本所收為其中第二、第三首。

[二] "身"，《四庫》本、《空同先生集》本俱作"自"。

二月望，丘翁林亭

今日花朝好風日，梁園酒新花更開。走覓南鄰丘處士，月明騎馬醉深廻。

柬鄭生二首

東園紅杏日紛紛，東望無烟蝶滿雲。少出違期因怯馬，獨吟停盞為思君。

城門春禁不行車，痛懼攀鞍只在家。昨日東風來著意，庭前忽放數枝花。

雨俟，屠君不至
暮倚高樓因候客，雨來如注復如絲。試看春日洪州道，可是山陰夜雪時。

寄顧台州
怪爾分符坐赤城，東南遙見海霞生。梅開莫寄西東使[一]，春到煩求碧玉精。

【校記】
[一]"東"，《四庫》本、《空同先生集》本俱作"來"。

雲中曲，送人五首[一]
黑謂健兒黃貉裘[二]，匹馬追胡紫塞頭[三]。相逢不肯通名姓，但稱家住古雲州。
城上黃旗張暮天，元戎宅內鼓闐闐。底是鄰悲并巷哭，雲州明日是新年。
紫水東來入黑河，紇干山下雪花多。小兒攔街吹觱篥，婦人能唱海西歌。
黃毛愛子出打圍，昏宿李陵古臺下。忽傳風火入邊城，城中將軍夜秣馬。
戰士黃鬚立道傍，自言曾射左賢王。可憐孤績無人論，贈與青裘白馬郎。

【校記】
[一]"雲中曲送人五首"，《四庫》本、《空同先生集》本俱作"雲中曲送人十首"，題下共十首詩，底本所收為其中第三、第四、第五、第八、第九首。
[二]"謂"，《四庫》本、《空同先生集》本俱作"帽"。
[三]"胡"，《四庫》本作"奔"。案此乃四庫館臣以違礙字而有意竄改，並非版本之異文。

柬園贈鮑演
修竹南窗花北窗，翠陰濃色兩無雙。隔城走馬催銀燭，今夜留君倒玉缸。

春日，東庄要杭子
白首春風獨種瓜，故人常恨隔天涯。今遊莫憚驢行遠，十里柴門有杏花。

春日，宴王孫之第
迴廊曲榭稱春遊，綠酒紅花白玉甌。借取遊絲繫西日，晚風吾上海棠樓。

經行塞上二首

山作垣籬海作池，彎弓百萬羽林兒。桑乾化作銀河水，北極光芒夜夜垂。
天設居庸百二關，祈年更隔萬重山。不知誰放呼延入，昨日楊河大戰還。

歸途覽詠古迹，并追記百泉遊事二首

雷首千峰錦削成，蛇盤千里翠雲生。即從北岳分胡去，便壓遼陽跨海行。
河濟誰言不共流，青春惡浪古懷州。蕩搖少室三花樹，倒映天壇白石樓。

望上清山二首[一]

赤城龍虎紫雲盤，白石樓臺北斗壇。聞道仙床啼玉女，欲從何處問金丹。
星妃雲君雲霧鬟，何事塵遊棲碧山[二]。昨夜昇天朝北斗，珮環清響落人間。

【校記】

[一]"望上清山二首"，《四庫》本、《空同先生集》本俱作"望上清山三首"，題下共三首詩，底本所收為其中第一、第三首。

[二]"棲"，《空同先生集》本作"樓"。

舟次石頭口

窗開面面水風微，五月江空冷照衣。此艇果如天上坐，茶烟化作綵雲飛。

夏日閣宴

地曠樓雄夏日宜，碧梯芳樹繞花遲。清歌不用邀明月，一笑山河入酒卮。

麻姑泉

何泉下山城下流，溪上十家九酒樓。老夫縱醒欲何往，此物名高十二州[一]。

【校記】

[一]"物"，《四庫》本作"處"。

徐汶即事二首

窑頭江水义江頭，捼挖拋綸雨不休[一]。鎖屑漫相誇捷手[二]，蛟龍局淺豈渠遊。
桃花潭前雪弄姿，楊柳灘頭柳不遲。着心蝦蟆章江出，章江只解產顒鵝。

【校記】

[一] "扖"，《四庫》本作"柁"。
[二] "鎖"，《四庫》本作"瑣"。

湖行

白雪今晨亂碧波，禿鶩風趕逐天鵝。搶帆額㕨誰家舠，逆浪爭先爾謂何。

春暮，過洪園

峨冠白首戀金魚，甲胄紅顏水竹居。墻上久懸平虜劍[一]，床頭新置種桃書。

【校記】

[一] "虜"，《四庫》本作"寇"。案此乃四庫館臣以違礙字而有意竄改，並非版本之異文。

白鼻騮[一]

羽箭銀鞍白鼻騮，春日徐行踏落花。楊鞭突入章臺去[二]，背指垂楊問酒家。

【校記】

[一] "騮"，《四庫》本作"騧"。
[二] "楊"，《四庫》本、《空同先生集》本俱作"揚"。

春遊曲[一]

騮馬銀鞍金市頭，都門掣雷落花流[二]。楊鞭笑指胡姬肆[三]，轉拂垂楊向玉樓。

【校記】

[一] "春遊曲"，《四庫》本、《空同先生集》本俱作"春遊曲二首"，題下共兩首詩，底本所收為其中第一首。
[二] "雷"，《四庫》本作"電"。
[三] "楊"，《四庫》本、《空同先生集》本俱作"揚"。

壽歌

沙溪三月杜蘭香，錦浪千層碧玉光。勝日賓筵開玳瑁，檻花飛入萬年觴。

異景
異鄉異景客中身，秋雨秋烟無那春。梁園八月如三月，笑殺桃花更笑人。

暮春佘庄
暇即來遊困即眠，玉林長醉彩雲前。春風暮起楊花亂，疑是梁園雪裡天。

潯陽歌
百尺高樓橫映江，江花朵朵照成雙。風波隔浦遙相喚，腸斷南來北去艭。

汴中元夕二首
花燭沉沉動玉樓，月明春女大堤遊。空中騎吹名王過，散落天聲滿汴州。
中山孺子倚新妝，鄭女燕姬獨擅場。齊唱憲王春樂府，金梁橋外月如霜。

諸將四首
穆張亦是梟雄將，膠柱談兵實可憐。力屈殺身同一地，喪師辱國在今年。
諸將才猷豈盡奇，大都力戰各乘時。黃毛近怕莊遊擊，黑面休誇李太師。
但富黃金與白珠，登壇擁眾鎮邊隅。即使勉攀貂玉貴，終然不類將門趨。
天下軍儲盡海頭，材官郡國遍防秋。若道成功無造偽，豈應屠賈坐封侯。

憶昔三首
北望黃雲想翠華，千官徒跣哭清笳。安危社稷惟司馬，天下車書又一家。
石亨善戰真無比，跋扈飛揚却累身。佩劍豈宜恩死士，拖金終要作誠臣。
吉祥寵幸反稱兵，一夜達官塵滿城。悖逆天誅終不赦，此曹王法更須明。

京師春日漫興三首
十日不出花盡開，城南城北錦成堆。即教閉戶從花盡，莫遣看花不醉廻。
杏花盈盈太逞姿，桃花灼灼亦不遲。縱饒種露栽雲地，可柰風狂雨驟時。
東門百花紅照天，獨樹梨花更可憐。但看弦管朝朝急，不道春風不費錢。

郊園步花

常苦出城花不開，花開今日共風來。亦知誰便渠能主，獨步徐看數十廻。

步庭中海棠下二首[一]

買宅兼花事亦希，樹成春足主人歸。花開已詫臙脂透，葉展還驚翡翠園[二]。
獨恨無香恐未真，紛紛蜂蝶底相親。俗傳定欲燒銀燭，絕代誰為照睡人。

【校記】

[一]"步庭中海棠下二首"，《四庫》本、《空同先生集》本俱作"步庭中海棠下四首"，題下共四首詩，底本所收為其中第一、第三首。

[二]"園"，《四庫》本、《空同先生集》本俱作"圍"。

東園花樹下

夜來睡美春風顛，朝望大梁花滿烟。錢家東園好李樹，堪可鋪排無酒錢。

新買東庄，賓友携酒往看四絕句[一]

年來好事推劉四，酒興花情老獨濃。最喜能移山茉莉，所嗟猶欠木芙蓉。
今春自買城東園，暇即郊行不憚煩。不應對客誇林竹，日日柴門有駐軒。
朝出看花車暮廻，轅西東望復徘徊。黃昏蜂蝶休虛鬧，明日深枝花更開。
護徑扃園意自知，百年今日是花期。昨屬客過貪勸酒，僮人背折兩三枝。

【校記】

[一]"新買東庄賓友携酒往看四絕句"，《四庫》本、《空同先生集》本俱作"新買東庄賓友携酒往看十絕句"。案，《四庫》本、《空同先生集》本中，此題下共十首絕句，底本所收為其中第三、第五首。即底本題下前兩首"年來好事推劉四"詩、"今春自買城東園"一詩。而底本詩題下的后兩首詩，即"朝出看花車暮廻"一詩、"護徑扃園意自知"一詩，據《四庫》本、《空同先生集》本，則屬於作者的另外一組詩，詩題為"東園遣興再賦十絕句"，分別為該題下的第二首和第七首。

客有欲除我東園草者，詩以止之

綠匝紅稀可奈春，友車朋馬故應頻。行邊莫便鋤閑草，但入林園仗主人。

葡萄

萬里西風過雁時，緑雲玄玉影參差。酒醒試取冰丸嚼，不說天南有荔支[一]。

【校記】

[一] "支"，《四庫》本作"枝"。

除前五更，聞習儀鼓角，感而有作

兩朝舊是含香吏，豹隱俄驚二十年。猶記習儀端笏地，朝天宮裡聽鳴鞭。

明山草亭

舊業門前五柳，緑橘黄柑數畝。烟霞不負閑身，社稷空餘白首。看月天柱峰頭，採藥洞庭湖口。扁舟薄暮歸來，疑是滄波釣叟。

東華門偶述

銀甕爛生光，盤龍繡袱香。但知從內出，不省賜何王。

晚燒吟

早燒不出門，晚燒行千里。達人貴知時，天道有終始。

江行雜詩

落日沒前灘，雲移鳥欲還。除巾不即卧，恐遇絕奇山。

送人赴舉

寶劍動連星，金鞍別馬鳴。持將五色筆，奪取錦標名[一]。

【校記】

[一] "名"，《空同先生集》本作"君"。

船板床

船板胡在茲，而我寢其上。情知非江湖，夢寐亦風浪。

三五七言

天秋暮，月如素。金窗隔烟紗，花檻流螢度。良人遠戍玉門西，誰念空閨玉箸啼。

四六八言

玉階風發[一]，蕙花時歇。莎鷄夜鳴衰草，捲簾獨望秋月。黃雲沒萬里之關山，使妾空老而凋紅顏。

【校記】

[一]"玉"，《空同先生集》本作"五"。

三五七言

望雲海，陟高京。秋風令百物，天地何冥冥。黃河岸頭能覆車，何況羊腸詰曲行。

周雅續卷之四終

周雅續卷之五

北圻賈鴻洙憲仲選輯
西極文翔鳳天瑞裁定
北海孫三傑淑房參閱

張紞 字季昭，號鸚庵，富平人。洪武初，舉明經。官太宰。死靖難。

登太華寺三首

太華嵯峨一望遙，到門猶擬過溪橋[一]。慈雲長見階前起，孽火都來海上消。屋近樹陰晴亦暗，硯湿竹露夜還潮[二]。從今剩買遊山屐，野客無妨屢見招。

連日登山意未闌，今朝又宿白雲間。簾幃寂寂心初歇，星斗垂垂手可攀。竹葉煮湯消夜渴，杏花留雨作春寒。碧雞且莫啼清曉，一枕華胥睡正安。

珍重山僧不厭來，青鞋信意踏蒼苔。千年老鶴逢人語，一朵幽花為我開。雲臥衣裳留夜氣，海門風雨過春雷。聖瓶枝上垂垂露，願灑餘甘到九垓。

【校記】

[一] "擬"，清順治九年毛氏汲古閣刻本《列朝詩集》作"礙"。案以下在【校記】中簡稱為《列朝詩集》本。

[二] "湿"，《列朝詩集》本作"涵"。

王恕號介庵，一稱石渠，三原人。正統戊辰進士。官太宰。謚端毅。世稱王三原。

題蓮塘書房卷

引水以為塘，刈茅而作屋。塘中物可觀，屋裡書堪讀。觀物欲知天，讀書非為祿。賢哉豸史君，與道日馳逐。

答沈石田

帝城春暖柳飛綿，水滿秦淮月滿船。都內公卿無我老，江南隱逸有誰賢。多時不見常懸望，幾日相過便告旋。每憶西園欲歸去，不知重會在何年。

題沈蘭坡

行到清幽處，忽聞香氣多。逢人須借問，可是舊蘭坡。

梅堰

綵鷁西飛日未斜，江村兩岸有人家。顯忠寺裡梅千樹，不到冬深不著花。

王九思字敬夫，號渼陂，鄠縣人。弘治丙辰進士。官檢討。

夢籲帝賦

罹讒言以草草兮，固幽窅而難明。居煢煢其弗豫兮，心慌惚而怦怔。君門九重而迢迢兮，浮雲浩其盈宁。羌薄言而往訴兮，陷嶮巇其多阻。空拊膺而流涕兮，指蒼天以為誓。心切怛而隱憂兮，蓋懔懔其如醉。環堵孤坐而呻吟兮，孰知予之痛也！聊假寐以隱几兮，栩栩其予夢也。夢予駕卿雲以為車兮，命祥飆以為馭。羲和導予以前驅兮，鸞鳳飛騰而擁護。穿白榆之離離兮，亂銀河而徑渡。帝居高其崔巍兮，聊弭節而仰顧。群仙紛出以予逆兮，歘逍遙乎帝阼。拜稽首以屏息兮，帝命升予千戶著。團白雪以飯予兮，飲予以湛湛之露。咨予來其何為兮，顧予顏之慘哀。予長跪而陳辭兮，希垂聽於下懷。曰予待罪于承明兮，歲冉冉其九更。沃君心以勸講兮，觸忌諱于奸萌。遂謫予於部署兮，日奔走以皇皇。雖閱歲而兩遷兮，孰輕重乎玉堂。慨遭時之汶汶兮，恒皓皓以自盟。曰妻孥其無靦兮，矧曰其戚夫友生！眾口議予之形影兮，謂假途而黷貨。若曰予有此內疚兮，敢復狺狺而文過！仰日月之高明兮，照臨下土。雷霆轟轟而有聲兮，曰震擊之為武。信鬼神其如在兮，請左右而命之鑒。予行其符議兮，願揚威而正之。彼哆侈成南箕兮，緊青蠅止于樊。誰適與為謀兮，罔敬聽於楊園。冤矣哉！叫閶闔兮排帝閽，皇心明其昭昭兮，矜此勞人。辭既畢而待命兮，優乎有聞。帝曰小子，朕告汝以大道兮，比于爾身。昔屈平之謇謇兮，眾蔽美而嫉妒。沉汨羅以自明兮，荃不揆夫中素。薏苡與明珠兮，固形象之類也。晬曰載鬼一車兮，亦見豕之穢也。議形影之舛錯兮，自前世而固然。惟忍尤而含詢兮，斯于大道之安。汝信脩姱而內美兮，雖顑頷其何傷。勿曰人莫我知兮，橫涕泗之浪浪。返汝駕于南山兮，結丹霞以為房。佩明月之團團兮，剪春雲以為裳。太白巖巖而西來兮，灃洋洋以東注。懷故都之信美兮，服朕言而遠騖。奏朱弦于空谷兮，矢白首以為期。曰脩汝之初志兮，奚猶豫而狐疑。予聞命而歡娛兮，怳氣豁而神寤。九頓首以拜嘉兮，下走循夫前路。夢既覺而雞鳴兮，星閃閃其漸疏。戒僕夫以夙駕兮，予將返乎故都。

擬白紵舞歌詞

吳姬越女天下無，生綃素絲冰雪膚。鳴環曳履當座隅，為君舞向紅氍毹。錦瑟瑤箏樂與俱，嫣然一笑千斛珠，君今不飲西日徂。

古意

花柳帶平蕪，輕烟半有無。少年遊冶子，笑挾兩名姝。白馬鳴金絡，青絲繫玉壺。道傍渾未識，問是霍家奴。

呂子仲木遣其弟持書見訪，酬答來意

佳人抱沉痾，高臥涇川潯。閉戶理瑤瑟，寥寥稀賞音。白雲宿高槐，清風吹古岑。茅簷流月輝，照見千載心。戀故結遐夢，道長違盍簪。暮秋仲氏至，怳如顏色臨。遺我尺素書，琤然璆與琳。上言長相思，乃在終南陰。再拜謝仲氏，此意良已深。我欲往報之，愧乏雙南金。含情靡終極，坐晚楓樹林。

春日，楊氏水亭讌集

華構俯青野，垂楊蔭碧流。讌會張錦席，盍簪洽朋儔。浮觴湛玉醴，彈箏發秦謳。珍膾囷鱗薦，異菹潤毛羞。主人盡愛敬，賓客樂淹留。秩秩序投壺，翼翼聯射侯。遐瞻引崇巘，狂歌激深湫。終日不知倦，既醉仍思遊。振衣陟西原，度澗緣東陬。逍遙觀耦耕，徘徊狎群鷗。山氣夕嵐陰，林霏昏鳥投。故途鳴策歸，近郭薄靄收。嘉時類修禊，慚非逸少儔。

春暮

曜靈無停晷，青陽倏云徂。繁陰匝庭除，鳴鳥依芳株。靉靉南山雲，神飈蕩以驅。光景遞明晦，霈澍來須臾。欣茲品彙暢，因感節候殊。濡毫面虛牖，瀟灑聊自娛。惟恐耄境逼，彷徨安所圖。

北遊

僕夫夙嚴駕，曰予徂渭陽。出郭縱遐眺，原野何茫茫。是時春氣浮，雪融塵不揚。條風應候至，征雁復北翔。汨汨水泉鳴，岸柳柔且黃。感茲悅心意，寧知道路長。因思在環堵，俯仰徒面牆。安得長出遊，撫景以徜徉。

病起，喜德涵過訪

睽離歲云周，晤言方及茲。子胡忍棄予，軒車來遲遲。鬱鬱石上松，蒼蒼冰雪姿。豈無骨肉親，念子均所持。予嬰負芻疾，抱茲采薪悲。期子子不至，中懷當語誰。翩翩雲中鶴，隨風起雙飛。繄彼平生友，既覯我心夷。

雜詩二首

西北起浮雲，漫漫盈堪輿。終朝不成霖，頑陰詎能除。太陽匿精光，魑魅乘其虛。鴟梟雛城闉[一]，豺狼嗥路衢。利劍不在掌，俯仰徒嗟吁。

巖嶤太白山，中有野道人。被服紫烟衣，危冠高切雲。嚴冬浴龍湫，夜穿虎豹群。玄髮雙碧瞳，冲虛含道真。我欲往從之，山高冰雪深。焉得延年術，嘆息傷我心。

【校记】

［一］"梟"，明嘉靖刻崇禎補修本《渼陂集》、明嘉靖至萬曆刻本《盛明百家詩》所收《王渼陂集》俱作"梟"。案以下在【校记】中簡稱為補修本《渼陂集》、《盛明百家詩》本。

彭麓山房宴集

空有紅珊瑚，盈盈高術尺[一]。持之博村酤，反為農父搣。相逢不一醉，別後怨疇昔。我今有美酒，來坐松下石。勸君君不飲，騎馬將安適。不見桃李花，落盡五侯宅。

【校记】

［一］"術"，補修本《渼陂集》、《盛明百家詩》本俱作"數"。

詠懷

崆峒起朔方，流風振大雅。同心二三子，信陽馭天馬。六義闡幽微，騷漢出揮洒。盲瞶濫提挈，自慚精力寡。二墓宿草繁，哀傷涕猶瀉。

雜詩

高樓有怨婦，嘆息當囪牖。昔為傾陽葵，今為含露柳。柳條易摧折，葵心終不朽。女蘿附松枝，貝錦罹讒口。讒口會有明，松枝固耐久。君無棄賤妾，終以奉箕帚。

白髮

白髮江湖外，門愁虎豹前。戶庭真懶出，風雨足高眠。劍氣還衝斗，龍吟或在淵。馮唐雖易老，猶得漢文憐。

聞盜賊且至，登州南城樓野望，兼示避盜諸君子[一]

極目川原外，無言自愴神。雲山晴見楚，烟樹遠浮秦。平地干戈滿，臨風羽檄頻。西飛羨歸鳥，隨意過城闉。

【校记】

［一］"聞盜賊且至登州南城樓野望兼示避盜諸君子"，補修本《渼陂集》、《盛明百家

詩》本、影印文淵閣《四庫全書》本《明詩綜》作"聞盜賊且至登壽州南城樓野望兼示避盜諸君子";清陳氏聽詩齋刻本《明詩紀事》作"聞盜賊且至登壽州城樓野望示避盜諸君子"。

又

遼海留王烈,公孫慰管寧。結廬堪避盜,對客且談經。名著高人傳,光垂處士星。清風千載下,彷彿見儀形。

寄康五德涵

憶別承明殿,飄然五見秋。滸西新有業,太白正當樓。戀主饒遐思,懷予定隱憂。兩淮豺虎亂,剛喜到林丘。

赴西村飲

城下河流淺,橋西石路分。緩行由馬性,閑臥見鷗群。近樹烟村入,迎風社鼓聞。主人能愛客,泥飲到斜曛。

眼昏

春燈懸靜夜,墳典生披翻。向日頭先白,今年眼更昏。力難窺海岳,老合臥丘園。萬卷平生志,悠悠那可論。

三鶴

獨鶴馴來久,雙雛客送將。松陰鳴且和,風外無成行。對月疑玄圃,吹簫隔洞房。暮年棲隱地,得爾共徜徉。

數日不至園亭,寄鶴[一]

一與胎僊別,塵居十日過。棲知依竹慣,聲憶入雲多。萬里心應在,三山路幾何。洞簫明月夜,來看舞婆娑。

【校記】

[一] "數日不至園亭寄鶴",補修本《渼陂集》續集作"數日不至園亭寄鶴一首"。

雨後訪竹

雨過園林净，扶藜探此君。推窗寒落翠，遶徑濕團雲。晚歲盟先結，清風我共分。虛心應識主，不在七賢群。

春興二首

憶在梁園詩興發，康王城北見黃河。信陵公子蕭條盡，白髮侯生感慨多。落日酒酣提劍舞，中流風起扣舷歌。十年徒侶仍稀闊，裊裊行雲奈爾何。

文皇有意築燕城，隔斷祈連百萬兵。宮闕九重懸象魏，河山千古奠神京。匈奴近入雲中塞，大將誰屯細柳營。總制獨推少司馬，不知烽燧幾時平。

毫州[一]

出門二月已三月，騎馬陳州來毫州[二]。暮雨桃花此客館，春風燕子誰家樓。簿書堆案不相放，郡守下堂仍苦留。浮名羈絆有如此，愧爾沙邊雙白鷗。

【校記】

[一]"毫"，當爲"亳"之形讹。
[二]"毫"，當爲"亳"之形讹。

清明，是日得舍弟家書

行藏欲卜成都遠，但見清明又一年。花蕊千枝愁共發，柳絲萬縷恨相牽。異鄉戎馬風烟裡，故國音書涕淚前。遊子歸途真阻絕，將軍破虜莫留連。

和韻與王中丞

渼陂野人栖碧山，藤蘿麋鹿相追攀。竹閣柴扉夜月迥，落花飛絮春晝閑。磁罌獨飲紫薇露，釣石長坐青溪灣。中丞枉駕不可避，笑着衣履雙鬢班。

過張時濟少陵山庄

少陵野老去不返，十畝山田多白雲。新築茅堂爾為主，獨栖巖洞誰與群。夏日來就碧囪卧，午風細灑青簟紋。飄然夢覺坐苔石，笑飲竹泉歌夕曛。

同岐東、南川于滸西賞花二首

鵲語依依占客至，花枝裊裊使人憐。筵開草閣兩三席，風動瑤箏十四弦。燕笑共來明月下，鳳巢元在五雲邊。要知湖海聲名日，却是山林隱逸年。

即看綠水碧山春，愛爾清狂皓髮人。太白元從天上謫，麒麟何必盡中身。深杯入手花枝動，彩筆題墻鳥篆新。載酒誰來問奇字，投閑吾亦解朝紳。

秋興

往年曾侍袞衣傍，環珮秋風出未央。曾揖夔龍真氣象，退吟班馬舊文章。鼎湖自泣烏號後，林壑今看素髮長。一憶泰陵心萬折，寒燈茅屋雨淋浪。

答禹夫種竹之作，次其韻

脩篁種得已多年，望裡蒼蒼半畝烟。藜杖獨穿春徑雨，葛衣常坐晚涼天。月移秦女乘鸞影，風落湘靈鼓瑟弦。日日平安頻有報，主人只在北窗眠。

園亭秋興二首

黃葉滿階未掃，碧山當戶分明。草徑雨餘鹿卧，竹林風外鶴鳴。

秋酒有時獨酌，柴扉盡日長關。醉卧夢中北闕，覺來枕上南山。

漫興四首

五子之中我濫竽，未應滄海有遺珠。且看吳下徐昌穀，何以閩南鄭善夫。

三輔才人康呂馬，一般霄漢倚崆峒。紛紛輕薄休輕議，老我端宜拜下風。

龍頭太史滸西君，拈出先秦兩漢文。流風遂復千年舊，逐電真空萬馬群。

玉立脩髯太微子，詩名新與李何齊。連篇累牘歸梨棗，任爾江湖細品題。

湘匡便面

玉骨仙人遊紫氛，笑騎白鹿破南薰。袖中遺却崑崙石，化作湘匡一片雲。

即景

寒雲蔽日晝冥冥，午作無人共草高[一]。籬外殘花猶弄色，階前雙鶴對梳翎。

【校記】

[一]"作",補修本《渼陂集》續集作"坐"。"高",補修本《渼陂集》續集作"亭"。

張鳳翔 字光世,號伎陵,洵陽人。弘治己未進士。官戶部。

相逢狹路間

相逢狹路間,路狹車不容。錦衣二年少,玉勒羈雙龍。問君在何處,君家人易知。易知亦難忘,金水河之湄。金釘次朱戶,翠波通瑤池。堂上奏絲竹,堂下喧鼓鼙。太宮錦襴腰,登饌羅珍奇。嬌娃俱二八,魚貫傳瑤卮。宮妝各殊別,婉娩芙蓉姿。清歌稱妙舞,密昒揚脩眉。椒蘭蕩邪穢,暗度青雲逵。不知夕陽下,但見華筵移。兄弟兩三人,置身俱不卑。大者上柱國,次者校尉司。小者亦列侯,中禁容奔馳。五日一來歸,中使相追隨。輿圍綺羅蓋,馬絡黃金羈。門排虎牙杖,室結蓮花帷。大婦繡鴛鴦,中婦抱嬰兒。小婦持斑筦,對局裁新詩。丈人且安坐,玉笛不成吹。柔聲忽滿窾,清響飛天涯。

白馬篇

白馬如飛龍,金鞍燿朝日。腰下瑤房開,龍泉山可劈。上堂辭二親,誓不顧家室。西出長安門,馳突如風疾。遙望白龍堆,欲搗玄狐窟。羯胡撼地來,北風吹觱篥。交刃陣雲昏,彎弓昂宿失。登壇斬樓蘭,傳檄收哈密。功成勒天山,關河置津驛。部列五校屯,凱旋六師卒。天子燕武英,太史秉直筆。豈恤萬戶封,所貴吾事畢。

湘妃祠

虞帝南征不復歸,湘君日暮啼青衣。秋風娜娜湘水冷,愁魂化作清霜飛。霜飛着草草欲死,着竹竹黃印斑紫。蒼梧雲色凝不流,夫君渺渺雲上頭。曼聲浣月正愁絕,何處雌凰聲不歇。蟠龍起舞潭水波,幽吟咽咽生盤渦。癡雲作雨老天泣,竹中奈此雙愁娥。

虞美人

帳下擊築聽高歌，漢兵四壁如網羅。平生學得萬人敵，天乎至此成蹉跎。瞋眸虎視怒欲烈，咆哮震宇翻江波。虛檐瓦木欲飛動，斷虹裂石搖山河。烏騅却立水花暗[一]，白日無色愁雲多。寶房腰下出長劍，喑嗚叱吒陰山阿。毒涎腥吐芒碭畔，先時掃蕩回天和。蛇骨未朽項王死，江中水滿旋綠渦。江中水滿旋綠渦，秋睚血淚凋雙蛾。新安冤氣尚蟠結，義帝精爽仍婆娑。世間報復有定理，虞兮虞兮奈若何。

【校記】

[一]"烏"，底本原作"鳥"，今據明嘉靖至萬曆刻本《盛明百家詩》本《張伎陵集》改。

江頭老人歌

茆屋江頭棲燕子，暝樹微茫似煙雨。江蛟弄月波水寒，夜半何人歌白紵。老翁起聽醒不醒，短蘆乍有驚鶬鳴。玉壺墮影半窗白，老翁醉臥魂冥冥。夢中笑語不我答，閑情似與江鷗狎。

送友人

東觀才名擬陸九，可憐君去吾誰友。冀君早歸君莫久，天際黃雲垂馬首。河梁相送歌銅斗，丈夫樹立貴不朽。

蘭竹

楚臯烟雨逗寒綠，秋水并刀剪一幅。龍雛逐節脫錦褯[一]，蛇老褪皮挒青玉。碧花淺淡香一叢，綠葉芬芬清滿屋。襲人堂下蘼蕪秋，憶我山中箟簬谷。蒩皮可製高祖冠，紉葉宜為靈均服。玉山只欲洗塵氛，糠籺惟知厭粱肉。豈知益友能化人，更着此君可醫俗。風霜抱節挺孤高，日暮凌寒習幽獨。君家有圃如瀟湘，休種繁花種蘭竹。

【校記】

[一]"褯"，明嘉靖至萬曆刻本《盛明百家詩》所收《張伎陵集》作"襧"。

宮詞二首

進宮二六本良家，玉臂曾蒙繫絳紗。一日尚宮充四美，君王時為駐羊車。

日倚宮闌望月圓，冰輪乍轉殿東邊。明宵更倚宮闌看，爭得清光復似前。

送友奉使鄖州

春草離離春水波，春卿南下興如何？江頭鼓吹迎旌影，望外風煙入櫂歌。獨上紫壇開玉璽，共看采節度銀河。君王南望時當宁，夢裡清班幾佩珂。

康阜 字德瞻，武功人。年止十九，海兄。

懷家君三首

雲山何遙遙，相思鬱如霰。朝遊江東門，夕望關西縣。音聞閱不聞，反復成悲怨。功名自不逢，歲華忽已宴。奈何千折腸，展轉不知倦。

又

鼯鼠不渡河，負姑不逐馬。徒有萬里心，誰是將行者。徘徊立中庭，嗚烟淚盈把[一]。安得躡層雲，西舍長安下。

【校記】

[一]"烟"，疑為"咽"之形近而訛。

又

長安廣遊冶，京洛富妍華。大人冰雪志，唾視如泥沙。謝氏詠述祖，司馬序承家。沖抱既鮮儷，高情難并嘉。諦此增離憂，惻惻當奈何。

入關，望華嶽

水陸三千里，名山始一逢。望中天可蹴，高處鳥難從。影入橫汾迴，青連海岱濃。即多向幽思，將席最高峰。

喜家祖浙中將至

一自錢塘去，經年未得歸。隸應似程邈，詩且近玄暉。江介憂空切，關西夢獨違。遙聞杖履至，喜極報重闈。

和韓丈

漢月流青海，胡塵節素蒼。山中麋鹿盡，閑殺羽林郎。

有感

曉出看花到夕陽，歸來猶帶碧桃香。王孫不識春光好，夜夜鳴絲向曲房。

賦得玉樓人

小小雙鬟曲曲闌，翠雲低軋水晶寒。不知寶馬誰家子，倒倚東風不住看。

康海字德涵，號對山，一稱滸西，武功人。弘治壬戌狀元，官脩撰。

觀漁梁

直西漳川水，水暖有魚遊。僮僕值農隙，揭梁漳川頭。壓石作深溜，刺目避湍流。欲辭餌鉤厄，反為曲簿留。願為梁上死，不作餌中收。梁上死何惜，所畏餌中羞。

觀刈麥

五月麥已黃，宵征滸西曲。婦子偕我行，共欣土膏沃。一畝穫滿車，刈丁訝相瞩。削籍反田野，此外更何欲。糠粃所不厭，嘉穀況已足。笑吾場上楨，何不引醽醁。

窮居

窮居鮮人事，田叟過相於。嘆息稼穡好，酌酒復嘗魚。醉坐碧草間，偶然念園蔬。斬竹架瓜瓠，疊石堰流潴。清風拂面來，襟懷遂清舒。徘徊夕陽下，中情誰復如。

扶風詠懷古迹

周靈既靡赫，秦繆日以狂。吞噬抵窮海，兼併況要荒。昌德茂不作，詐力遂縱橫。幸來旦奭少，事去根蒂亡。本乏建國理，安用傳緒長。迢迢茂陵道，習習谷風凉。川原慨往迹，堞址愴遺疆。拒胡豈勞遠，覆宗良在强。磷磷太白石，歷歷頌聲揚。再傳已莫守，世萬誠可傷。

西嚴村

已達西嚴村，忽見郝村樹。矇矓日未中，慘憺昏雨布。積潦迷古泉，白楊愴新墓。華落不再揚，景謝豈仍駐。所以遊賞思，遙遙橫寐寤。黽勉甘水坊，彷彿空翠墅。笑語計宵軼，瞻眺待朝曙。心惊苟終愜，何須怨遲莫。

同諸君於良璧園亭集，答時濟

客行乏良思，入座逸興生。雖無管弦奏，顧多慷慨情。烟蘿翳明月，沼荷枯翠莖。于焉感宿昔，美酒為君傾。今日五陵下，誰識田竇名。

同承裕、升之過滸西別業

還耕愜初願，揖世返空林。雖非志士理，已獲静者心。嘉賓青雲客，枉駕忽相臨。携酒共斟酌，張弦揚妙音。義厚情自叶，道合契滋深。漪漪滻川水，幽幽南山岑。相值不相樂，奈此逝者侵。

讀史

天邊有黃鵠，高飛一千里。烈士耻庸節，世事特敝屣。朝辭上東門，莫從赤松子。感慨風雲期，超悟往還理。進既有所因，退亦何所倚。獵犬貪兔狐，不免灶傍死。富貴多嶮巇，英雄如螻蟻。所以明哲人，窮達重徇己。

詠懷

窮居無別惊，掃徑揖清氛。濁醪自斟酌，幽花復芬褐。雖微恣性歡，亦鮮迷津慨。寒虫相續鳴，潦水參互沛。節物漸以更，人事紛相代。猗彼巢由徒，曠音昭物外。

上善池碑陰走筆

一登老子臺，佳思忽萬里。降觀上善池，野坐彌可喜。同懷既靡愆，橫飛安得止。東谷古仲雍，太微近平子。慇懃遞璵章，磊落勤幽思。黽勉事追逐，倉皇愧迂鄙。感此冲抱清，益令虛襟起。旭日鳴煩禽，春風發芳芷。中情何所攖，遯景尚堪倚。繄彼逍遙篇，暫爾柱下史[一]。

【校記】

[一]"暫"，明萬曆十年潘允哲刻本《對山集》作"慚"。案以下在【校記】中簡稱作萬曆十年刻本《對山集》。

見月

城上流清輝，照我清桂窟。坐久忽思眠，奈此筵前月。秋風吹我衣，依依幽思發。客散坐中庭，仿佛見珠闕。愓然感故懷，達旦意未歇。蟋蟀相續鳴，蒼苔白露滑。素光千里同，佳人隔秦越。豈無琉璃杯，心腸為誰竭。

詠懷

悠悠不能寐，惻惻與心違。百歲若一瞬，怨言長分飛。結髮遡伊始，搴帷念餘輝。紉蘭坐崇阿，調弦拂金徽。志願各相許，奄歲幸同歸。豈期中道別，空餘衾與衣。臨風想德音，當窗拭殘機。往者既莫諒，嗣者安可希。

寶穡堂

明農謝昌宦，良覿羨予征。敦義昔所重，況此骨肉情。嗣歲節物改，朱陽喜開晴。感今嘆伊昔，發車臨廣庭。所期德音邁，永脩三徑盟。

郭廟答餞送諸公

芳春豈不惜，駕言趁華山。兒女事如此，詎許垂老間。感君遠相餞，搦杯淚如潸。雖有絲竹奏，那能開苦顏。握手重猶豫，悵望綠草間。節物不相待，流年逝潺湲。欲行復中止，臨駕忽心摧。滻西花無數，予歸當漸開。君若有高興，予亦富新醅。或擢漳川波，或眺汧東臺。不取竟月醉，昔人安在哉。

靈寶縣北渡解州，訓餞送諸君子

春遊過名里，覽眺窮幽暄。將邁苦匆促，振袂惟太息。執手河梁間，徘徊意安極。衰年多酒癖，緣興輒強食。節物乖素心，親故難屢值。因之趣解梁，不謂路只咫。佳辰遘熙陽，良晤悲古昔。疾舟若轉焱，相望忽相失。

和六甥石室納涼

乘鶴遊弱水，愧予乏仙骨。策杖凌崑崙，却恐中道蹶。夜夢九華君，邀予至貝闕。子非塵鞅徒，有志胡不竭。日抱炎蒸憂，歲月去如突。大還可服食，聞子已綜核。果能愜素心，長往孰能閼。覺來遊西巖，洞室亦清越。方切恚幽獨，得君玩新月。

巖坂小酌

宿志愛山水，遏來尋澗源。旭日照蒼翠，恍惚遊石門。激濤齧怒石，終日聞雷誼。策杖坐巖坂，芳草欝且蕃。長嘯震天宇，小酌興彌煩。醉憩聽樵唱，悠悠不可言。

王仁瑞梅花詩

十月君來澦西口，手出新詩百餘首。苦詠梅花不肯休，奇怪妖嫻體俱有。君才偁儻眼底稀，揮毫時遣蛟龍走。志士遭窮古所難，羨爾豪華蔑升斗。近聞東訪楊使君，長安車馬動如雲。杯酒相逢休極意，世上萬人徒紛紜。不如早跨蹇驢去，醉我東山翡翠裙。

答太微澦西行

結廬事場藿，徒欲食其力。世人那能知，謂我謝親慼。平生無遐思，長往將安極。種樹森森高插天，栽花謾喜多穠色。苟使徜徉終此身，敢向長天振雙翼。諸君義氣如古人，訪予幽壑滯芳春。興豪那憚三百里，筆落欲掃千人軍。君和紫芝曲，我草北山文。層臺日夕雲霞動，嘯弄清波漾綵紋。盧女當弦歌白紵，飛花飄上石榴裙。於時君醉我起舞，空林鶯燕如相語。眼底韶華取次休，人生適意能幾許。往者閒遊翰墨塲，群公以我似班楊。雕蟲徒使為身累，安知山林歲月有此長。我家桑落近所少，與君斟酌各千觴。安石東山已塵迹，後人詎識吾曹狂。君不見，葛洪苦慕不死藥，徒令紅顏坐消爍。長生有法遇者難，不如逢暇先行樂。逝水無廻波，罾魚無縱躍。徘徊歌汝滸西行，却把空鞋笑東郭。

符上玉携酒過滸西[一]

故人騎馬來滸西，鸜鵒一雙親自提。筠籠十魚錦鱗碎，村酒滿尊猶帶泥。瓦盆斟酌夕陽下，狂歌坐嘯俱輕灑。却笑當年陸士龍，平生枉作風流者。

【校記】

[一]"酒"，底本作"洒"，今據萬曆十年刻本《對山集》改。

行酌

小酌從吾志，檐花更拂簾。已深多口慮，空望有秋占。雲冷郎官舃，霜增處士髥。庖厨昨日問，無復水晶鹽。

對客

絲竹憐吾懶，尊罍待汝來。片雲霄漢沒，叢菊小籬開。積雨難相過，當歌莫謾廻。請看秋草色，黃滿建章臺。

次張閶夫見過之作

獨好中林隱，因家清渭川。園開溪盡處，山河水西邊[一]。曲藝明時棄，長歌稚子傳。已深疏曠志，不是欲遊仙。

【校記】

[一]"河"，萬曆十年刻本《對山集》作"合"。

偶成[一]

掃榻開珍宴，徵歌當素秋。山含斜日翠，亭對晚雲幽。壯節摧霜鬢，年華逐水流。憑高時極目，車馬憶嘉州。

【校記】

[一]"偶成"，萬曆十年刻本《對山集》作"自丁多雨累月不至滸西今忽晴霽得遂所懷偶成"。

曉過汝言宅

高宴出春盤，朱簾護曲闌。我為鷗鷺侶，君薄鵷鸂冠。喚伎調新譜，呼童瀹紫團。金杯莫停手，渴有蔗漿寒。

潏西夜歸

暝色暗川原，籃輿返蕢園。野花迎夕露，新月照秋軒。醉覺綸巾岸，吟憐鳥語諠。匆匆百年裡，佳節幾扳援。

過伊殿

過澗復東征，村煙裊裊生。綠陰雙樹合，紅日半岩明。老境多遊覽，長途厭酒醒。惠連詩思逸，合伴阿兄行。

禹夫攜酒過訪

我阻西風雨，君常貰酒過。談玄情不厭，炊玉事如何。梧影團珠露，山雲遍絳河。醉時還起舞，安得魯陽戈。

陂頭

回首雙流細，森疏萬木長。遠溪蒲粉落，夾路稻花香。所向皆殊絕，平看却渺茫。幾時同鄂叟，伐竹構茅堂。

江景

昔經涑湖水，今憶武昌遊。萬艇雲中下，三江天際流。漁來青草浦，雁度白蘋洲。應笑浮名客，勞勞日未休。

湯泉亭子小坐

山雨幸初霽，微風猶峭寒。峰高常帶雪，湍殺不成瀾。野鹿含芝過，山雞隔竹看。碧桃多半落，若可奈春殘。

真空寺

拂霧尋山寺，藍輿上轉輕。曉雲生石細，旭日映巖明。梵磬遙空出，天花夾路迎。何須似摩詰，方是學無生。

欒城逆旅

野寺春雲合，遙岑雨欲翻。泉飛高拂樹，石古遠依村。牧笛歸猶響，蛙聲夜更喧。世無韋范久，此意向誰論。

將入城訪呂子

策馬赴孤城，奔濤入瀨清。夕陽雙樹豁，佳氣半山橫。晚市慚供給，新醪足款迎。未瞻王子舄，已勝鮑君情。

聞筝

寶曆西憐女[一]，鳴筝傍玉臺。秋風孤鶴唳，落日百泉洄。座客皆驚引，行雲欲下來。不知弦上曲，清切為誰哀。

【校記】

[一]"憐"，萬曆十年刻本《對山集》作"鄰"。

三月初，用昭見訪東齋小集同賦

青尊扳客醉，深夜落燈花。艷曲依弦好，纖腰逐舞斜。風流思杜牧，落魄愛劉义。尚有千壺綠，酕醄不用賒。

郊行

霽野空山翠，晴溪細水橫。草花初見濕，香霧乍看輕。茅屋人過少，危巒鳥入驚。遙遙太白峽，真可學無生。

賞花遇雨

好雨及花時，花開雨若滋。翻風分朵朵，映水故枝枝。膩蕊欹朱露，天香點綠蕤。花神須有意，痛飲莫相疑。

謁后稷祠

翠栢籠香殿，蒼雲蔭石苔。春深迷古砌，日夕暗層臺。文德通時夏，蒸嘗尚有邰。萬年瞻廟邈，茅土亦悠哉。

獨坐

梓里逍遙又一年，風光何處不堪憐。山禽應谷聲逾碎，露菊侵階影自圓。策杖有時臨碧水，移床終日卧蒼煙。斜陽牧笛從吾意，漉酒呼鄰興灑然。

夜抵鄠杜

城頭擊柝已深更，烏鵲不飛河漢明。入門祇覺意草草，空室無那蟲薨薨。郎官愛客意徒厚，野老見兒歡自生。碧山學士燒燈至，握手相談雞亂鳴。

九日，同東侍御閻華州支倅於石橋郵亭集

九日西歸興欲飛，黃花着眼尚依稀。何須載酒歌清渭，始是登高賦翠微。落帽風流慚孟史，插萸詞翰笑玄暉。請看握手同歡處，北雁南鴻喜莫違。

郭侍御於移山潭宴王侍御同東侍御集

龍池面面逐山開，乘興張筵歷翠臺。魚艇暗隨暗靄去[一]，鯨波巧趁暖風廻。欲乘倒景躋危磴，謾倚微醺坐古苔。鮑謝不來風雅絕，高吟今見鄀中才。

【校記】

[一]"暗靄"，萬曆十年刻本《對山集》作"晴靄"。

西園眺望

五月不來溪上遊，溪雲猶自伴溪流。雖非給事茱萸沜，絕勝郎官鸚鵡洲。半頃稻花迷浴鷺，萬株垂柳隱鳴鳩。何當更挈同心者，小酌微吟盡日留。

梨園

破玉迷歸蝶，分香藉綠苔。曉來吟望處，絕勝碧桃開。

扶風道中二首

鳳泉東是美陽城，秦后離宮迹已平。細草不知龍輦去，城邊日日喚愁生。

夕陽隱隱抱孤村，知是何王駐馬原。龍種自隨彤蓋去，人烟常傍廠門繁。

呂柟字仲木，號涇野，高陵人。正德戊辰狀元。官少宗伯。贈尚書，諡文簡。

七月，訪陽城

七月訪陽城，高槐鳴暮雨。落花浮亂錢，飛霧牽長縷。白雪石邊吟，金魚池下舞。百年愁暫除，況復御清醑。

中元上陵，次韻答景子伯時

天地中元節，星辰拜命行。衣冠沾霧雨，梧柳過山城。黍杜蝗蟲暗，園陵玉露明。故人歌白馬，應悉此中情。

次韻答何子仲默

赤城瞻紫殿，白馬下朱門。琪樹封岩谷，秋雲變寢園。芬芳摘澗草，飄渺孤臣魂。風氣來天地，登臨在隰原。

再次何子韻

秋生燕塞闊，山抱漢京圓。泣劍蒼梧外，沾衣白露天。仙橋石馬臥，金井玉魚懸。暮陪徐孺子，徙倚萬松前。

次韻答田子勤甫

七月遠天潏，千山落照層。玉門開鳳殿，金月映龍鐙。碧澗青毛擷，丹山烏冒登。感時歷暮草，揮淚下秋陵。

出劉文節祠，過狄梁公墓

落日昌平道，羞蘋漢上原。狄公丘有樹，劉子廟無門。俱是唐朝彥，今連漢帝園。君臣晚相遇，洒淚過煙村。

次韻答李子宗易

蒼岩松檜六陵暮，流火蘋蘩七月詩。蜀漢干戈猶此日，河山禮樂自前時。

昴湖月照金龍近，風雨人歸玉馬遲。寂寞天涯清廟夜，孝陵南望益堪思。

次李序庵都城元宵韻

春回此夜月初滿，客在他鄉雪正晴。塞上風塵今報棘，燕中燈火樂遊輕。三千禮樂先王舊，萬里山川帝子城。經幄侍臣渾未補，每逢佳節慮昇平。

春飲敘庵西圃夜歸有作

三月看花雨正晴，上樹下樹皆分明。臨池藉草香生細，對景憂時官可輕。翠蝶尋春猶自密，黃麗到晚不停鳴。爾家新酒何時漉，為我開尊及二更。

蒙城道中遇史宗道有作

與君握手舊蒙城，渭北江南隔歲情。舊學大行官已改，新詩欲作夢還成。風寒曲沃園林寂，客遇中途鄉思生。諫議即從天上至，九重幾日仰承明。

過平陽堯廟有作

少年曾過平水陽，半記不記風俗良。此日重來經曲沃，滿山高棗半山桑。避驂征賈停車立，依樹寒姝蔽面行。冬日所逢多赤腳，渾無盜賊是虞唐。

奉懷九川，因次其韻

不瞻仙範五年來，每得雙魚濯手開。天子舊知鵷鵲殿，使君奚去鳳凰臺。河東休訝驅山力，洛下同驚煉石才。頃刻天邊風雨過，不妨白日蔽塵埃。

次韻對山初會之作

謝謫應同賈誼年，訪於林下欲潸然。平時壯志橫秋漢，此日幽懷惟武川。入饌河魚晴史白，倚天長劍晚空懸。風塵慘愴彌寰宇，何使泉丘臥爾賢。

底張道中

驛路東風夙駕予，初亭遙遞故人書。瀘州藥石看猶昨，嘉定清贏喜更除。偶望南山情欲劇，細吟蜀稿思無餘。武功有酒應須我，萬斛相思總一紓。

自滸西莊回，過綏城渡有作

山縣初過驛吏隨，離愁歸思總凄其。看原冉冉晴嵐外，吊古茫茫白日遲。官柳繞堤溪水咽，野花迎馬路人悲。相將漳上連宵恨，萬里風塵靜屬誰。

掃花

掃花推樹根，看雨坐檐下。欲行不能行，暫繫門前馬。

胡纘宗字世甫，一字思孝，號可泉，秦州人。正德戊辰進士。官都憲。

送尚別駕來瞻

濯濯閶門柳，粲粲吳苑花。翩翩江左客，泛泛天邊槎。皎皎虎丘月，燁燁仙掌霞。之子抱金鏡，采風歌皇華。

經冷泉寺

翼翼冷泉樓，差差冷泉路。兼天汾水流，就地霍雲度。蘆荻語秋禽，禾黍垂朝露。繫馬對高僧，色空伊誰悟。

夏日

闢山改村路，斸石引溪泉。路直高扶雲，泉闊虛涵天。夏日雨忽霽，東山月復圓。牛羊出青巘，鷄犬宿蒼煙。山屆有若此，軒冕非所便。野老携筇杖，相對但依然。

泰山

朝朝臨泰岱，愛此西南峰。突兀照東海，絕壁飄芙蓉。日出集青鳥，南後盤蒼松。漆水流其下，深潭垂白龍。天門向西闢，仙子留神踪。曉起騎黃鶴，飛飛雲蕩胸[一]。

【校記】

[一] "飛飛雲蕩胸"句下，明嘉靖刻本《鳥鼠山人小集》有"昔時登岱岳但見三峰危今時望岱岳始見三峰奇日觀紅杲杲石表青離離秦觀崆峒出越觀閶闔移更有西南嶠兩兩雲相追神霄何

矗矗傲來還依依岱岳西南隅中有竹林寺天勝壁立青傲來羣飛翠懸澗虹獨垂飛泉簾忽墜岩半白龍池奔流響千駟鹿鶴兩兩臨我亦乘鸞至掃苔欲勒銘傍有秦斯字泰岱從西來磅礴青天上日出照神霄蓬玄森萬象民物交代初五岳為之長禪壇七十二白雲自來往歸雲坐其傍東溟何溚沉長嘯出天門乾坤一俯仰"一百八十字。案以下在【校記】中簡稱為嘉靖刻本《鳥鼠山人小集》。

送王汝立節推

滄江十月梅花發，山勢圍江青突兀。徵去三年停暮雲，別來千里看明月。斑爛燁燁對春庭，環佩翩翩登鳳闕。商巖今夜夢君王，青瑣雲高頻挂笏。

同楊憲長仲衡、王都閫靖之宿峴山寺

伊陽魯山岐路長，兩程一日留僧堂。汝水潺溪冰作梁，峴山嵯峨雲為鄉。堠吏擊柝雞犬僵，釋子撞鍾林巒昂。廉訪鳴鸞聲鏘鏘，將軍下馬風琅琅。我亦追隨坐芸房，山人烹茶松桂香。村肴野蔌聊進觴，鼉鼓鸞簫情未央。峴山萬疊如龍驤，翩然至止卓錫傍。雙塔玲瓏日復光，古刹紆迴山欲藏。半空紺宇圍松篁，中天瑤殿諧笙簧。素琴玄鶴遊上方，岑參嚴武同徜徉。畫壁變幻圖梵王，老僧指點言未詳。文宗鑾輿迹已荒，昭明碑石篆亦創。空谷水落簾飛揚，平田泉涌珠微茫。晴溪浮煙籬外障，錦岫列屏雲中翔。麗鑿融融冬不霜，下寺雙檜遙青蒼。東山月出流迴廊，客子欲眠猶擁裳。明發驅車僕御強，峴山峴山不可忘。

次中巖

繫舫天初霽，尋詩日未曛。鳥投千樹月，松鎖一山雲。石榜苔初繡，谿亭水遠分。棹歌驚客枕，況復夜深聞。

贈副漕張參將文光

畫舫白雲開，仙郎海上來。千艘浮水月，萬竈淨氛埃。樞密聯鑣出，金吾侍駕迴。相逢忽江上，春盡未銜杯。

登岱嶽四首

帝闕紅雲蓋，仙壇白日光。千盤驚到頂，一曲笑臨堂。倚檻盡秦越，摩崖空漢唐。恍然坐天上，神思欲飛揚。

又

海天初縱目，八極思悠悠。太華彈丸出，扶桑勺水浮。秦松雲不斷，宋簡玉空留。落日猶回首，黃河窈窕流。

又

懸崖隨鳥出，絕巘略雲躋。俯仰乾坤小，憑陵星斗低。日峰紅照海，玉觀碧沖霓。子夜援琴坐，天宮動曉雞。

又

突兀青天上，翩躚碧海邊。風高鰲欲動，雲落鳳初騫。歷歷盡齊魯，層層入象躔。流霞傳素手，醉倚五龍眠。

遊玉清宮

繫馬登靈觀，飛樓俯落霞。瑤階入禾黍，丹壁隱龍蛇。柱史新題在，仙郎舊路賒。年年三月雨，汧水自桃花。

懷李寓山侍御

彼美靈巖寺，騎龍李白來。翬飛唐有殿，壁立漢空臺。詩到懸泉和，尊當絕巘開。舊遊驚十載，夢繞屋梁廻。

宿龍山驛，懷李侍御節用[一]

月照龍山館，雲連濟水城。孤亭猶桂影，野寺忽鐘聲。海市空樓閣，湖亭自兕觥。相看對今夕，引鳳與吹笙。

【校記】

[一]"用"，嘉靖刻本《烏鳳山人小集》作"甫"。

登太華宮望岳

幾經二華瞻空遠，今對三峰望欲勞。玉女盆虛雲不去，仙人掌動日初高。天邊蓮吐千年實，烏外煙浮萬里濤。安得結廬山上住，石床籐枕避塵囂。

道中立春

虞城夏邑路途新，細雨斜風裹曉塵。客裡思家多是夢，醉中酌酒易為春。

隴山西去鳥能語，渭水東來月似銀。回首庭闈萬餘里，青絲白玉送誰頻。

再過玩華亭

携樽絕巘昔曾上，繫馬危橋今又來。玉笋纖纖傍雲出，畫屏疊疊當池開。千叢秀石鬼神鑿，萬簇奇花天地栽。好向山中作山客，對山高起看山臺。

次韻蒙洞泉香

碧洞青泉物外奇，飄然莫厭羽人為。旋烹白石采山處，坐對斜陽放鶴時。雨來雲合龍初起，春到水生魚不知。回首西岑遙突兀，海天削出秀蛾眉。

舟出江陰

三月望日月色新，皎皎扁舟何許人。帆入銀河星欲動，岸拖瑤草露初勻。峻嶒只擬終南影，佳麗還同建業春。幾夜夢魂到閭里，覺來對月重思蕁。

偶登焦山，遂入金山次韻

壁立波心千尺臺，曉雲扶日座中開。湖乘江海自吞吐[一]，鳥逐帆檣互往來。一代王維空有畫，千年張祐豈多才。豁人心目忘歸去，坐對山花酒滿杯。

【校記】

[一]"湖"，嘉靖刻本《鳥鼠山人小集》作"潮"。

又

金宮突兀大江心，碧石滄波面面深。蜃閣帶潮生近浦，棹歌隨梵度空林。乾坤水抱一丘地，日月雲連兩岸陰。登眺獨憐驄馬客，高山近浦正宜琴。

登齊雲巖

仙子何年別此臺，琳宮琅宇自崔嵬。半空香案孤峰出，百里黟河一綫來。碧石洞邊山屈曲，白雲天外路紆回。憑高何地長安客，曉霧依微望欲開。

羊棧山館次韻

萬山淅淅秋風涼，入棧出棧無那忙。珠樹鳥驚墮月起，石橋花逐流雲香。

田傾半壁水千畝，路夾層霄松百章。何處隴山忽眠底[一]，只無鸚鵡猶吾鄉。

【校記】

[一]"眠"，嘉靖刻本《鳥鼠山人小集》作"眼"。

送樊少南歸信陽，兼呈李獻吉、何仲默二憲使

千首杜詩聞大復，百篇楚賦見崆峒。憐君同入郢中調，念我遙攀洛下風。一榻山高江影細，片帆天遠海潮通。離亭酒盡猶堪醉，坐對寒花月滿叢。

徐州道中有懷王渼陂、康對山、段河濱、呂涇野四太史

獨憐今夜徐州道，疋馬進迢欲二更。雪月交輝千籟淨，山河相映萬家明。霜團亂石水猶響，風掠寒枝鳥不驚。遙憶終南堅臥者，低床高枕不勝情。

登凌高臺次韻

歌舞三千何日迴，空留江水抱荒臺。寺頭雲遠石猶在，浦口月高潮自來。路入煙霄松蓋長，山圍城郭畫屏開。放歌欲藉晚霞坐，不惜仙翁醉掃苔。

望皖山歸來，馬上盡見諸峰

武帝臺高玉吐煙，皖公祠近樹飛泉。峰巒層疊龍俱躍，巖壑槎牙鳳欲騫。江北九華漢南嶽，廬東五老唐諸天。翩翩細路迴雲上，紗紗朱旛下日邊。

擬有所思，效涯翁限字次韻 以、准、皆、各、其、及、即、若。

以窗開向綠楊枝，准記郎言慎所之。皆是他鄉寄書處，各因征雁斷腸時。其如春睡偏多夢，及到花開剩有詩。即把妾心比明月，若為流去照君卮。

太湖

傍海月生潮不至，緣江路隔浦還連。兩山雲出東西樹，五夜星搖上下天。洞口鱗鱗千頃玉，水心畾畾萬家煙。鳥喧花發壺觴亂，太守頹然醉欲仙。

陪王侍御登虎丘次韻

清泉白石照吳門，駐馬停杯日未曛。塔影青圍江左樹，殿光紅映海東雲。

靈池窈窈能留客，明月娟娟欲傍君。詩罷聞歌掃花坐，遷喬春鳥語初勤。

次韻答鄭戶部雲翔

騑騑駟馬青霄上，緲緲征帆白日中。家住洞庭舟入戶，門依衡岳座凌空。鄭玄經疏千篇細，劉晏漕輸萬水通。案牘雖勞還典籍，委蛇退食又從公。

東風

無那東風大放顛，桃紅李白自新年。衝寒細語村村鳥，破臘先融岸岸田。地涌波濤山欲動，天垂原野雨將懸。書生不識西疇路，倚杖看雲楊柳邊。

辭蜀

才辭蜀道即辭艱，鄉里人驚客遠還。百折樹遮隨鳥出，半空磴反傍雲攀。夢來潼梓亭臺上，詩在嘉眉山水間。終夜幾回遙望斗，草堂離思滿人寰。

次韻憲臺詠檜

鬱鬱千尋俯碧薴，新晴曉起淡烟橫。流鶯隔葉驚初定，啅雀聯枝墮復爭。滿座婆娑青草合，半空縹緲白雲擎。年年桃李春如錦，烈日嚴霜爾獨撐。

水西贈沈黃門宗海

春水流花到曲溪，美人開閣洞庭西。虹橋日出帆初挂，畫棟雲生斗欲齊。岸岸雨晴垂橘柚，村村沙暖睡鳧鷥。夕郎小棹隨孤鶴，窈窕鸞簫下碧閨。

飲趵突泉

王屋流來山下泉，清秋一酌思冷然。雲含叢雪花翻地，河涌三星芒射天。袞袞波濤生海底，芃芃蕊蕚放城邊。東州多少泉如玉，趵突鳴金龍未眠。

九日，登開元寺

半天采菊坐重陽，碧巘蒼厓寺欲藏。當殿泉函甘露白，背巖峰掩弱雲黃。山阿屈曲乾坤小，洞石清虛日月長。笑把茱萸對霜鬢，掃霞到處草花香。

海山亭望海

頻年望海天遼廓，此日觀瀾地渺茫。千島浮空晴樹碧，一輪出谷凍雲黃。尊前簾曳扶桑影，城下波搖貝闕光。便有大鵬互騰踏，更看青鳥忽飛翔。

登蓬萊閣

落日初登海上臺，蓬萊高閣倚雲開。沙門宿浪翻晴雪，鼉島寒潮起暮雷。蜃市渺茫樓觀影，龍宮閃爍金銀堆。秦皇漢武空搔首，不見仙人携鶴來。

東渚宗伯貽我以詩，詩以謝之

東渚草堂蘭薰芳，主人點易珠露香[一]。雲門月出秋夜净，海圃鳥鳴春晝長。初向秩宗識典禮，已從瑣闥見篇章。瓊瑤不惜頻遺我，開巷時看星斗光[二]。

【校記】

[一]"主"，底本作苤，今據嘉靖刻本《鳥鼠山人小集》改。
[二]"巷"，嘉靖刻本《鳥鼠山人小集》作"卷"。

送南墅張侍御

曉起開尊南墅留，仙郎騎鶴過林丘。盈盈海月浮三島，郁郁山雲帶十洲。白日携琴江左曲，青天簪筆殿東頭。相逢不盡相思意，萬里乘驄上苑遊。

輿上有懷谷進士嗣興

天高少岱台雲開[一]，青雀時乘玉女來。却憶東山調錦瑟，每從北斗步蒼苔。晴看周觀三秋月，醉倚金輿九日臺。投我瓊瑤驚舞鶴，懸知獨抱謫仙才。

【校記】

[一]"台"，嘉靖刻本《鳥鼠山人小集》作"白"。

春江聽雨，贈尹舉人覺

扁舟新買繫江邊，風滿三谿煙滿川。楊柳花飛雀欲啄，芳洲沙暖鳧初眠。情親客子酒連夕，性僻主人詩累篇。細雨帶泉遙浙瀝，小灘入枕共潺湲。即看石潤螭生玉，見說雲盤龍在田。江曲踏花花拂面，長安春角醉如仙。

扁州

客子瞻雲東北地，故人烹鯉西南隈。幾驚杜燕傳新舊，獨羨沙鷗忘去來。蘇軾謫官且飽飯，杜陵避地亦深杯。名輕敢借吹噓力，政拙慚非撫字才。安得鍾期解山水，豈無伯樂辯駑駘。猛風欺柳吹能折，細雨培花潤欲開。泯泯江流春欲穩，扁舟且莫嘆遲回。

送白參議

繫客雲千樹，隨人月半帆。秋風辭冀北，春雨夢江南。

名山道中

兩兩鸜鵒鳥，飛向枝頭坐。不必解人言，自令客愁破。

山行口號

青青山外樹，隱隱樹中人。行行向何處，處處有風塵。

經青霞觀

羽人迎客拜，松間雲未掃。笑問城市中，春到今多少。

張指揮席上

月出山花白，螢飛階草明。移樽向東海，子夜看雲生。

擬古雜詩五首

極目西陲地，黃沙只隔城。君王猶跨馬，挽箭射邊營。

又

驚喜君王至，西華夜啓扉。後車三十乘，載得美人歸。

又

收犬海子北，放鷹海子南。馳輦且歸去，今朝獵未酣。

又

迎佛何年至，駝經事恐虛。行宮方聽法，休上退之書。

又

上馬入皇城，嫖姚典禁兵。猶言恩寵薄，下馬坐團營。

登樓

款款樓中歌，拍拍樓中醉。上樓月在山，下樓月在地。

石松

山石大如磯，上生萬年樹。夜静拄明月[一]，空驚鶴飛去。

【校記】

［一］"拄"，嘉靖刻本《鳥鼠山人小集》作"挂"。

梅亭

出嶺花緘石，臨溪枝覆湍。月明更吹笛，何遜倚闌干。

懷楊殿撰用脩二首

萬里滇池上，乘龍太史來。漢文終有道，何日賜環廻。

又

翼翼子雲亭，殖殖相如宅。何日引鸞過，一歌錦江碧。

送甘肅宋太僕二首

天上終南碧，雲中太華青。騎龍驚赤電，萬里踏邊庭。

又

大宛通張掖，黃河傍酒泉。雲霄應九萬，騋牝自三千。

贈涇野宗伯致仕歸關中

招我南宫鶴，唳我西疇天。太一曉含月，太華晴覆煙。

飯慈航寺，有感次韻

歌聲何處發輕舟，遠寺疏雲帶遠洲。細雨不晴晴不暖，陰陰一似去年秋。

衡山古溪，諸君子復惠以詩，次韻再答

帝城涼雨落氛埃，海上青山雲去來。時有奚囊隨鶴至，不妨開徑破新苔。

故山柏亭，次韻柬高民部

猶記當年騎鶴過，春風吹柳水增波。高郎與我頭俱白，山自青青白自多。

次韻贈成都李憲副志剛

十年江上一尊同，半百歸來髮已翁。夜夜芙蓉城上月，懷君多是白雲中。

周雅續卷之五終

周雅續卷之六

北圻賈鴻洙憲仲選輯
西極文翔鳳天瑞裁定
北海孫三傑淑房參閱

韓邦奇字汝節，號苑雒，朝邑人。正德戊辰進士。官大司馬。

九日，邀石泉大司寇

虛館晝無事，秋光驚客心。疏籬三逕菊，斜日萬家砧。行役嗟歸雁，幽情望遠岑。瓶中有桑落，相對一豪吟。

浙上送邃谷[一]

知己半零落，生離幾愴神。忽逢洛下客，亦是嶺南人。時事頻相問，憂心未敢陳。京華四千里，回首一沾巾。

【校记】

[一]"浙上送邃谷"，影印文淵閣《四庫全書》補配文津閣《四庫全書》本《苑洛集》此詩題下有"無涯白石入廣五泉明農今復見子傷哉獨為四子耶"二十一字。案以下在【校記】中簡稱為《四庫》補配本《苑洛集》"。

送劉司訓罷歸蜀

萬里川南道，秋深感慨多。漢江衝雨渡，棧道拂雲過。對月應懷友，臨杯且浩歌。到家問黃菊，三逕長青蘿。

再過霍州

此地吾嘗治，風塵幾度遊。道隨汾水折，雲擁霍山浮。昔往黃梅雨，今來白雁秋。萍踪倦行役，何處是滄洲。

懷慧岩[一]

畫舫潮來別，孤帆夜不眠。寒江煙浩浩，秋野草芊芊。客病經三月，天涯又一年。薇垣新月上，今夕最堪憐。

【校记】

[一]"懷慧岩"，《四庫》補配本《苑洛集》此詩題下有"嚴江夜半之別在於夢寐之中覺而視之但見孤舟摇摇烟波浩浩於天涯之外回首仙舟殆不能為懷却恨當初萍聚處只將歡會作尋常耳小詩見意幸賜俯和以慰客情"六十七字。

雲中道

景物邊城異，多愁旅更增。風高聞畫柝，白日擊柝。日薄結秋冰。八月有冰。渡水愁沙陷，桑乾河沙忽然陷人馬，陷下俱無踪迹。登山畏石崩。度陵山，疏土嵌石，大石忽崩下，人不能避。晚來孤館宿，燃木即為燈。

晚至沁州書懷

昔歲蒲關度，淹留直至今。病來改蓬鬢，春到益鄉心。萬壑迷寒雨，孤城隔遠林。須臾悲角起，悵望一沾襟。

靈石道中

汾水環靈石，蒼山落日程。攢峰寒霧結，宿莽暮煙生。牧笛橫牛背，樵歌雜雁聲。夕陽催去騎，綠樹遶行旌。墜葉三秋思，飄蓬萬里情。家山漸喜近，人語似秦城。

雜興二首

西風瑟瑟雨疏疏，木落沙寒嘆索居。無奈琴樽聊共汝，却看花鳥轉愁予。年年九日移衾枕，處處三關報羽書。獨卧青山秋欲暮，兩河戎馬幾時除。

數年戎馬滿關河，魯督提兵夜又過。塞外生俘今幾萬，雲中甲士近如何。

曾聞漢將旌旗遠，謾說胡兒戰騎多[一]。咫尺太原接畿輔，莫教醜虜渡滹沱[二]。

【校記】

[一]"胡兒"，《四庫》補配本《苑洛集》作"邊庭"。

[二]"醜虜"，《四庫》補配本《苑洛集》作"戎馬"。案以上兩條乃四庫館臣以違礙字有意竄改，并非版本之異文。

入晉陽

又策征車入晉陽，青山無數晚蒼蒼。秋深畦黍經霜熟，雨後林花見日香。幾逐孤蓬淹歲月，漫看流水嘆年光。遙思故國東籬下，三逕無人蔓草長。

桐廬舟中

海天時候乍陰晴，歲晏孤帆逐水程。兩岸蒼山寒霧合，一江溟雨暮潮生。幾年漂泊歸心切，萬里奔忙宦況輕。深夜茫茫風浪起，推蓬却見月華明。

蘭谿九日

越水吳山久倦遊，登臨轉覺動人愁。一簑煙笛滄江暮，萬壑寒聲落葉秋。佳節莫看陶令菊，異鄉休上仲宣樓。楚臺荒草經霜白，且把茱萸對酒甌。

晚下竹竿坡，趨靈石

萬壑林濤似海波，驅車晚下竹竿坡。無邊赤葉愁中見，幾度黃花客裡過。蓬鬢還逢秋色改，歸心偏傍月明多。到家不用鱸魚美，半畝蔬園十畝禾。

妾薄命

妾作郎家婦，郎行萬里舟。妾心無所願，欲作長江流。

買劍曲

瀚海憶瑣珉，天山起鼙鼓。落日照轅門，將軍怒如虎。

褫亭道中二首

雲際千巖落照，荒村幾樹輕煙。暗水聲聞澗底，流鶯啼傍花前。

落日旌旗搖曳，晚風鼙鼓填諠。新柳滿堤春色，長楊夾道黃昏。

再過褫亭二首
初去暖風綠柳，重來冷雨黃花。天末數聲塞雁，庭前滿樹寒鴉。
野戍淒淒畫角，山城處處寒砧。最是秋風羈客，不堪暮雨鄉心。

長平
行人指點說秦軍，往事淒涼那忍聞。上黨誰更廉頗將，趙人錯怨武安君。

權店樓
四月深山似九秋，瀟瀟寒雨長離愁。仲宣無復荊州意，日暮他鄉一倚樓。

王九峰 鄠縣人，九思弟。正德戊辰進士。官憲副。

壬申除夕，聞王師平山東諸盜
閑情不作椒花頌，共坐同傳竹葉杯。萬里風煙一時靜，五陵春色九重來。
誰將勳業乾坤並，却恐衰遲歲月催。點檢明朝芳意動，河橋先已放江梅。

次東希宋登樓韻
八月暮涼侵越紵，千家秋色到江橙。露濃竹葉垂垂重，樓迥煙扉細細生。
宛馬何年來漢使，龍舟空自戰昆明。朱闌極目浮雲外，何處將軍細柳營。

偃師道中，望宋藝祖陵
翠華玉殿空山裡，石馬銅駝夕照中。纔見黃袍還大內，忽聞夜雪出深宮。
地分鞏洛歸河北，誰遣兒孫到越東。猶勝會稽山下冢，冬青杜宇恨無窮。

舟中呈林太守有年
長安兩月共追遊，回首紅雲天際頭。玉轡曉聯燕市馬，彩帆春並潞河舟。

病餘連日聞高臥，興到長吟喜暫投。直過西湖更南去，蘭陰山下好停留。

和林太守韻
綠綺琴懸紫錦囊，茗甌蓬底對焚香。林花雨澀紅猶淺，岸柳風微翠已長。村犬不驚清夜月，棲鴉還識舊臺霜。高吟興遠青山外，岸上疏鐘野寺藏。

韓邦靖字汝慶，號五泉，朝邑人，邦奇弟。正德戊辰進士。官少參。

長春亭
木雲依峻宇，丹亭倚危岑。太華阻前眺，長河來左襟。紛芳欝南苑，繁翠交中林。楊隋正全盛，文皇何荒淫。彩鷺華棟落，仙仗錦宮臨。賞心期晏暮，佳名耀昔今。物理更變化，歲序互升沉。安得四時好，遊覽悅君心。晉陽既乘勝，唐兵入何深。旛麾憩此室，羆虎多如林。傷哉王氣盡，榛莽相追尋。

晚坐
名山羅夕日，高原藹秋陰。西風自何來，吹我芳樹林。寒蟬發哀調，蟋蟀嗣其音。歲時日以暮，霜露日以深。相思不自遣，無乃勞君心。持君一杯酒，此物開鬱沉。

臨高臺
東鄰鬬雞罷，南山射虎回。且宜繫驄馬，復此臨高臺。複道千尋直，長安九市開。香室街前流紫霧，青城門外翳紅埃。紫霧紅埃碧玉堂，可憐朱戶映垂楊。袁氏池塘桃作塢，田家甲第杏為梁。鐘聞隱約天鷄動，香引盤旋海鶴翔。城中寸金如寸土，高臺千尺還丁緒。紋石行行龜背裁，瓊瑤歷歷魚鱗數。千重階級玉麟排，十二闌干金鳳舞。丹碧遙從海外至，岧嶤那向人間覩。萬戶紛紛在眼中，雙闕巍巍插兩烽[一]。煙迷宮樹綠，風落御溝紅。遊子春何劇，佳人晚更逢。霓裳晴雜雨，鷟帶曉疑虹。來往春風開翠幰，宛轉秋波上玉驄。此時京國信繁華，此日侯門氣轉奢。公子遙擎百寶蓋，王孫更引七香車。雙雙丹轂長楊柳，兩兩金銜上苑花。谷中引隊雲錦亂，門上爭馳意氣加。青蓮風轉金吾漏，翠竹煙分貴戚家。人間不信清波逝，自謂能揮白日斜。白日西山已半沉，開簾更宴妓如雲。金盤膾玉鮮鱗出，霞帳連雲彩翼分。楚舞秦聲廻趙瑟，吳姬越女剪湘裙。似玉容何絕，如蘭氣更芬。幾回曾向月中見，一曲還應天上聞。天上人間不可知，五陵豪邁正當時。還看葉落終辭樹，那得花開常在枝。世事傷心歲月遷，一朝滿目生秋煙。若拋白日看歌舞，且貯黃金禮俊賢。

【校記】

[一]"烽"，明嘉靖至萬曆刻本《盛明百家詩》所收《韓參議集》，明嘉靖十六年趙伯一刻本《韓五泉詩》俱作"峰"。案以下在【校記】中簡稱為《盛明百家詩》本、嘉靖刻本《韓五泉詩》。

採蓮曲

江南七月蓮花開，江上女兒採蓮來。桃頰雙垂映秋水，菱歌一曲望春臺。春臺一望隔千山，征客秦關更楚關。妾意如舟元不定，郎行似水何時還。若耶溪，雲門島，江水何茫茫，江風何浩浩。暮雨朝雲江上樓，春蘭秋蕙江邊草。遠樹千重屬目頻，歸帆一片憂心擣。一片歸帆望不來，誰家簫鼓畫船開。還看舵底鴛鴦宿，又見檣端鴻雁回。一溪還一曲，採蓮採未足。水清石磊磊，採蓮意已慁。越女長歌不肯休，吳姬輟棹猶相待。去年儂採蓮，今年蓮復採。年年江上花朵鮮，歲歲花中苦心在。中有苦心君不知，請君但看並頭枝。可憐片片同心蕊，但作悠悠藕內絲。官道採桑勞妾身，西湖採蓮傷妾神。雲窗織罷愁長日，煙嶼歌殘望遠人。遠人不可見，且唱採蓮歌。桂檝蘭橈下極浦，青樓朱箔此山河。芙蓉花外金鞍度，楊柳堤邊玉騎過。紅塵駐馬非無意，白露沾裳將奈何。將奈何，採蓮歸，明月前溪一鏡飛。珠翠綺羅紛照耀，吳謳越吹相因依。明年若遇蓮花發，蕩子關山莫更違。

長安有狹邪行

妾年十六君十七，妾車君馬一時出。長安大道多狹邪，錦鞚繡幕隔咫尺。妾意濃如雲，君馬疾如電。妾心君不知，妾貌君當見。惠和之聖千古師，女子坐懷焉足辭。何物魯男子，徒為千古任逹嗤。妾家高樓入雲中，珠簾玉箔城之東。回君青驄馬，持妾碧玉鍾。君歌楚歌妾楚舞，君為趙瑟妾秦缶。勸君酒，君莫辭，莫以心如鐵，令他鬢若絲。君不見桃花開時杏花落，人生代謝各有時。今日相逢不相樂，明日相逢安可知。

玄明宮行

長安送客城東道，柳葉楊花春正早。玄明宮前下馬時，一片煙光幕青草。宮中道士邀我入，素菓清茶日未昃。白河東下楚城西，指點湖山三嘆息。正德三年與四年，劉瑾專權斧扆前。可憐帝主推心腹，縱有丘張豈比肩。帷幄空多戚里恩，論思無復侍臣尊。千官盡走東河下，庶政全歸左順門。震主傾朝不自知，回天轉日更誰疑。金貂滿座銜恩日，朱紱升堂頌德時。翻嫌仇李光榮薄，却笑曹侯意氣卑。謀生已拙還謀死，更起玄明作蒿里。甲第侯王已莫倫，陰山將相那堪比。土石西山半欲摧，棟梁南國萬牛回。虛閣平臨金闕杪，假山下指鳳城隈。琪花瑤草尋常得，萬戶千門次第開。千門萬戶何逶迤，玉鼎瓊几更絕奇。金人兩兩坐相向，錦石亭亭立不危。崇垣豈止行千堵，佳樹俄看大十圍。玄明之宮高莫匹，四海京師俱第一。[一]金碗常思埋甲盾，銅駝不解生荊棘。自古威權不到頭，九重一怒罪人收。幾年烈焰俱灰滅，一旦冰山作水流。冰山烈焰事俱非，座上門前客盡稀。須臾蔓草縈枯骨，宛轉佳城屬羽衣。門掩官河十里長，山藏隴樹一千行。今古誰存三尺土，奸雄空作百年忙。春風有客時雙入，寒食何人奠一觴。低雲拂翠迷寒柳，愁雨沾花落晚香。卧牛不得歸岡勢，怨鶴空聞繞夕陽。夕陽漠漠鶴歸遲，却憶玄明全盛時。千人舉杵萬人和，九仞為臺十仞池。雨露霜霾歸喜怒，層青丹碧豈珍奇。萬民累足臣屏息，四海離心主不知。從來偏重多憂患，自古末流難障捍。周朝封建奠侯邦，會見群雄歸桀悍。西京宰相多戚臣，終遣諸王搆危難。東京政事三公缺，閹宦專權禍尤烈。我祖遠過唐代上，茲謀無乃東京轍。正統王振擅權時，先朝李廣亦恣睢。只今不獨劉瑾盛，帝上旁前安可知。倚社難薰占如此，操刀必割誰能已。三穴那能窮帝旁，萬機況復歸司禮。救枉扶偏本不同，更張琴瑟始成功。還期聖主思前事，莫遣玄明有別宮。一興一敗一登臨，千樹千花笑古今。崢嶸乍可誇豪傑，轉眼繁華日易沉。

【校記】

[一]案 "千門萬戶何逶迤玉鼎瓊几更絕奇金人兩兩坐相向錦石亭亭立不危崇垣豈止行千堵佳樹俄看大十圍玄明之宮高莫匹四海京師俱第一" 五十六字，《列朝詩集》本作 "千門萬戶誰甲乙玄明之宮推第一"。

中秋，同何大復望月二首

燕地中秋月，仍看此度明。照人愁白髮，為客嘆浮名。空闊無霄漢，清光接禁城。中原有戰士，今夕最關情。

又

令節他鄉酒，關山獨夜情。看花秋露下，望月海雲生。碧漢通槎近，朱樓隔水明。南飛有鴻雁，作意向人鳴。

紅菊，同何大復席上分韻

紅菊逢時晚，開花近北堂。枝枝濃向日[一]，葉葉翠含霜。細雨幽人宅，晴雲妃子妝。酒酣一把玩，飄泊嘆秋光。

【校記】

[一]"濃"，《盛明百家詩》本、嘉靖刻本《韓五泉詩》作"穠"。

送謝屯部之湖廣

謝子同官久，春深獨遠行。山花孤棹發，江草旅愁生。桂嶺通巴國，岷江接漢城。登臨雲日暮，何處是神京。

雲中九月八日，同張年兄字川登高

佳節明朝是，邊寒花未開。愁心看極塞，鄉思上高臺。對酒清笳咽，當歌白雁來。天涯難會面，風雨復相催。

送周世寧還

他鄉仍送子，秋日重沾巾。山館花催別，江亭鳥趣人。霜高過宋宅，日暮吊湘濱。中夜巴童曲，空山傷爾神。

關中

蜀寇金州入，胡兵鐵騎連。風塵迷故國，消息斷殘年。劍月明三輔，烽雲散八川。西征推總制，勿使聖心懸。

席上聞歌分韻

弦管青春劇，長安好事家。已聞音振木，知有面如花。院靜來疑近，風廻去轉賒。朱樓在縹緲，空復側烏紗。

秋日

水瘦江空湖漸平[一]，即看秋色老霜橙。雲籠淡日晴無定，風剪疏林寒有聲。殘菊蕭條他自發[二]，暮煙飄渺傍愁生。朱欄欲共何人倚，萬里長天一雁橫。

【校記】

[一]"湖"，嘉靖刻本《韓五泉詩》作"潮"。
[二]"他"，嘉靖刻本《韓五泉詩》作"憐"。

送張駕部參佐大中丞彭公討蜀，駕部山東討賊成功[一]，復有是命

落日孤峰漢水濱，美人使節出風塵。新平寇盜多風采，久事戎行獨苦辛。江上旌旗懸白日，天涯鼙鼓動青春。至尊今日還西顧，相國何時靖遠人。

【校記】

[一]"成功"，《盛明百家詩》本、嘉靖刻本《韓五泉詩》俱作"功成"。

冬日

帷帳生寒繡榻空，西風涼透玉芙蓉。閑雲已斷當年夢，往事常驚半夜鐘。樓外雁聲春信遠，水邊秋思晚霞濃。故鄉此去三千里，不隔中條望亦窮。

華山

平生夢寐在山林，羸馬何辭度遠岑。終古乾坤長屹立，半山風雨自晴陰。崖飛瀑布千尋玉，嶺背斜陽萬壁金。聞道尋當君穴裡[一]，時時還有臥龍吟。

【校記】

[一]"當"，《盛明百家詩》本、嘉靖刻本《韓五泉詩》俱作"常"。"君"，《盛明百家詩》本作"岩"。

北上二首

古廟幽深無四鄰，當時曾此養閑身。少年如夢水流去，遠客成家燕亦親。落落交遊非舊客，依依禽鳥欲留人。秋來風雨還相過，護我窗前翠竹春。

萬木蕭蕭共別離，此行未敢卜歸期。還鄉夢怯關山遠，戀土情深花竹知。滿榻閑雲憐去後，半窗風雨憶當時。不知他日庭前鳥，還上空槐第幾枝。

秋雨

雨到秋深易作霖，蕭蕭難會此時心。滴階響共蛩鳴切，入幕凉隨夜氣侵。江闊雁聲來渺渺，燈昏宮漏夜沉沉[一]。蕭條最是荊州客，獨倚高樓一醉吟。

【校記】

[一]"宮"，嘉靖刻本《韓五泉詩》作"海"。

冬夜懷舍弟

清夜寒風落葉頻，長松細竹自相親。却嫌冬熱愁多雨，苦恨春泥滯遠人。夢草看雲思獨苦，驚心轉眼歲還新。一樽自向床頭醉，岸柳園花且未春。

鎮江平賊二十韻

諸將圍群盜，舟師薄海洋。妖氛衝魯衛，烽火斷徐揚。劍戟雲生色，旌旗日鬭光。先聲誇閫帥，妙算自朝堂。司馬戎衣舊，中丞武略長。驅馳皆俊傑，慷慨盡忠良。江漢思潛突，潢池尚陸梁。釜魚那久活，籠鳥望高翔。險失狼山路，鋒摧北固檣。我軍先地利，逋寇遂天亡。鼎鑊天威重，雷霆帝法張。陰風號萬鬼，殺氣蝕三陽。歌凱歸京府，嚴程赴朔方。錦袍花錯落，金甲畫輝煌。殿閣丹青畫，勳勞鐵券詳[一]。河山看帶礪，行役念星霜。夕草胡沙白，秋雲野塞黃。入門兒女慰，報主姓名香。萬國看新政，蒼生願小康。天王無黷武，至治在垂裳。

【校記】

[一]"詳"，《盛明百家詩》本、嘉靖刻本《韓五泉詩》俱作"藏"。

移月堂為馬欹湖先生作

達人遠城市，卜居漄水旁。舊有餐霞志，新開移月堂。人思千里共，客愛九秋凉。玉露空霄漢，銀河落棟梁。他年剡溪興，應問水雲鄉。

谷太監出軍歌

五千精銳下良鄉，雲裡旌旗鬭日光。諸將不知中使貴，夜來馬上別君王。

聖上西巡歌五首

宮車七月度居庸，天子巡邊御六龍。胡虜遠藏三萬里，却鳴金鼓下雲中。
海日遙凝上將袍，胡霜不及侍中刀。兵臨瀚海冬無雪，騎轉陰山馬正驕。
河上龍舟待羽旗，五雲已滿曲江池。莫言王氣多幽薊，四海同風正此時。
內髻宮釵出近臣，蛾眉處處捧龍鱗。東京雖有中秋月，西土還看十月春。
宮日高懸太白前，蓬峰雲霧引香煙。春回雨雪稀三輔，氣轉河山邈萬年。

閨辭

門外長江日日流，桃花開後憶郎舟。相思肯信吳山遠，拋却金針上翠樓。

漫成四首

茅舍西南麻子池，自操小艇載漁絲。即今僕馬多塵土，腸斷青蒲雨後時。
復有長春千尺亭，竹扉不隔華山青。浮雲片片隨朝雨，白鷺輕輕下晚汀。
漆沮河邊兩岸沙，遶堤十里盡桃花。春風縱使隨流水，落日猶堪鬭彩霞。
沙苑煙光近白樓，黃河清渭兩交流。牛羊落日新丘壟，楊柳春風古渡頭。

解悶三首

江風江雨日紛紛，江上樓臺半是雲。岸底夭桃紅不得，隔堤楊柳漫愁紆。
陌上春光不可窮，杖藜強擬步春風。鄰家酒熟誰能喚，自發狂歌白日中。
吳越晴江日日流，紅雲仙掌華峰頭。浮生足迹多南北，風土看人何處愁。

三月二十五日雨

客裡風煙春暮時，即看楊柳已如絲。誰家臺館能邀客，走馬看花殊未遲。

解悶，柬何大復、孟無涯三首

秋日花開亦可憐，紛紛黃葉墮霜前。江邊草樹清沙濕，雲裡樓臺细雨懸。
朱樓瓊閣遞崔嵬，暮雨朝雲次第来。白日但教紅袖舞，黃金那可筑高臺。
覓酒尋花即欲狂，可憐無計住年光。麒麟閣上今誰有，翡翠樽中不可忘。

春興二首

山城二月落花飛，眾綠成蔭結夏幃。風動珠簾香不散，扶持春事有薔薇。
十里晴煙散薜蘿，輕寒乍暖試清和。柳眉杏臉桃花淚，各有春愁誰最多。

呂經 字道夫，號九川，寧州人。正德戊辰進士。官都憲。

傳奉外補

十年都諫任糾彈，外出綸音示轉官。呂經陞一級，着外任去，添註蒲州同知。漫擬盟心堪結舌，危言直道古來難。

寄涇野內翰

自別春明入晉來，黃花頻傍紫荑開。風清河澨王官谷，雲染天涯郭隗臺。
金闕春深嘗戀主，蒲關月冷愧非才。懸思日麗花磚永，却笑紅塵野馬埃。

寓居南軒祠

萬里投荒玉壘岑，茂州雪山，一名玉壘。更屯廣漢夏初深。空僑義利分明舍，辜負當年登對心。

管楫 字汝濟，號平田，咸寧人。正德辛未進士。官都憲。

寺居夜坐，時中州盜警，京師戒嚴

故園西望隔天涯，滿地兵戈更可嗟。客舍我依僧是主，帝京誰以宦為家。

禁城月靜吹寒角，戍壘風高起暮沙。獨抱國憂成不寐，謾將鄉信卜燈花。

聞山東殘寇奔逸淮揚

見說攻圍窮海岱，又聞奔潰過揚徐。朝中司馬勞籌策，閫外將軍畏簡書。兵甲東征久已敝，舳艫南下近何如。長江天塹真堪據，一鼓須教盡掃除。

聖駕北巡，感而有作三首

雲中上谷極邊城，聖武尋常躍馬行。清道不聞天子詔，選徒惟擁朔方兵。風沙日月開秦塞，雨雲關山濕漢旌。繞道君王北駐蹕，又聞整駕事西征。

行營金鼓日逢逢，武帝開邊氣更雄。按轡能調西域馬，彎弓親射北山熊。三秋遠冒風霜裡，萬里橫行沙漠中。今日廟堂憂不細，安危端繫在群公。

北望居庸鎖暮雲，向來消息遠傳聞。追胡又歷白登道，奏凱未旋神武軍。禁闕九重嚴虎衛，行營五色繞龍文。除凶雪恥誇前代，解甲櫜弓願聖君。

送南元善使寧夏

辭朝晨散禁墀花，西去遙遙擁使車。倚馬詩篇歌出塞，入關旌節便還家。烽煙晝靜千山路，河水春生二月槎。王事驅馳心獨苦，北雲天盡望京華。

省夜感述

省闥近切鳳凰城，寒夜寥寥夢不成。月色樓臺橫玉笛，露華霄漢濕金莖。西歸已動三秋興，北望真懸萬里情。多事杞人憂自苦，臥聽鐘鼓報殘更。

寺居，中秋對月，有懷君采

銀漢迢迢煙霧空，月輪光涌海天東。一尊獨對夜將半，萬里相看秋正中。金井漸繁梧葉露，玉闌徐度桂花風。佳人只在城西北，惆悵今宵恨未同。

答西陂蜀中中秋見懷之作

緘詩開罷自吟哦，客裡中秋意若何。靡鹽但懷王事重，相思仍為故人多。一尊獨悵峨眉月，雙鯉遙傳錦水波。曾約東園花共醉，春風歸棹莫蹉跎。

竹山為唐沛之乃兄題

青青萬竹欝山村，竹裡山人不出門。白日時聞造賓客，春風歲見長兒孫。煙霏翠色籠書閣，月上清陰覆酒樽。知有平安常為報，山林高節老能存。

秋興

秦中木葉下高林，太白終南爽氣森。波浪西江時滾滾，風沙北地日陰陰。冥鴻已振層霄羽，老驥猶存萬里心。十道勤王新有詔，征衣處處促寒砧。

五柳閑門一徑斜，病歸無奈病雙華。餐芝自識千年藥，浮海誰乘萬里槎。道上驚塵傳羽獵，邊頭明月怨胡笳。野人亦有南山興，愁向尊前對菊花。

向來戎馬事邊功，悵望園陵白露中。北伐將軍歌雨雪，南征天子賦秋風。花飄蘆渚縈沙白，葉染楓林鬪錦紅。萬里帆檣日風浪，江邊愁殺釣魚翁。

太微聞予遊空同，有詩見貽，次韻

星軺昨使西涼國，飛步空同到絕巔。日月九霄開洞府，風煙萬里盡胡天。斗邊暫駐乘槎客，石上空尋問道篇。玄鶴白雲今在目，重遊還擬拉詩仙。

南大吉字元善，號瑞泉，渭南人。正德辛未進士。官太府。

十五言懷己巳以前。

皇穹何穆穆，大化互流行。誰謂予嬰小，忽焉十五齡。志學固所願，含精殊未靈。獨念前賢訓，堯舜皆可幷。中懷轉激烈，仰思奮以興。復禮良由己，反身乃自成。所貴聞天道，華章但秋螢。毋徒拾青紫，赫耀日相乘。

早發安肅，至保定公館丁丑。

雞鳴度梁門，日午臨清苑。逶迤通側巷，窈窕陟崇館。青槐夾戶生，芳荑綠階滿。戎卒何匆忙，累月食無糧。長跪悲且泣，情如刀割傷。會計我所職，聞此迫中腸。年穀良不實，安得千斯倉。含淒眺京縣，青規何茫茫。有章殊未達，沉嘆永難忘。

門有遠方客行丁丑。

門有遠方客，言自居庸來。停鞅登我堂，言談殊可佳。孟秋朔烽熾，勁虜揚氛埃。君王按劍怒，鳳駕儼驂騑。平明遵側蹊，金瑞左右隨。遙遙青絲鞚，阿誰敢挽之。兩宮晝日昏，九廟風飄飄。青驄李柱史，聞此心獨悲。奮身當豹關，鐵冠何崔嵬。左手收金鑰，右手闔重扉。守臣遵羈束，殺身不敢違。赫赫天使至，薄暮空言歸。緘章中夜發，鷄鳴達皇闈。中官捧擁來，直詞凌九垓。所念寧邦國，剖心良不哀。坐令大威霽，鏘鏘鳴鑾回。清飈動九衢，白日耀三階。史臣更秉筆，青青簡編開。斯言良未竟，我心殊已諧。對客傾銀壺，痛飲不放杯。願言生羽翼，託身與之偕。

門有青雲客行丁丑。

門有青雲客，赤驥雙朱轓。照耀金盤陀，聯翩自幽燕。稅駕延入戶，磬折禮周旋。置酒寢門內，陳言京城間。秋高西風勁，僄躋時遊盤。夜見旄頭出，直欲勒燕然。賴有李柱史，閉關回鳴鑾。明月三五闋，柱史適南巡。遂復躍輕騎，翻身據繡鞍。左手控繁弱，右手攜龍泉。豪俠邊城兒，追隨四五人。朝遵盧溝滸，夕出居庸關。立馬飲龍池，飛鞚越狼山。練兵黃沙壘，射雕黑河灣。聞將窮瀚海，復道下秦川。兩宮晝不開，霑灑損玉顏。沉沉卿相府，白髮鏡中繁。到今無消息，寒蟾光復圓。言罷各停杯，竚立廣除前。決眥西北望，蒼茫起長嘆。

悼亡三首[一]庚辰。

我昔遊華嶽，陟彼白雲岑。玉女從西來，遺我紫瓊琴。金徽何錯落，中含曠世音。揮手一鼓之，泠泠龍鳳吟。素絲鮮且潔，飄風壯難仟。音聲中斷絕，頹響不可尋。空餘瑤軫在，令我傷肺心。

又

菲菲幽蕙花，寄生洪河岸。涼露何太早，芳香忽已散。之子竟何之，悠悠歲云晏。玄廬一何深，幽隔不可見。還顧雙飛翼，中懷車輪轉。天命良有常，結髮情何限。況思南澗蘋，青青憑誰薦。

【校記】

[一]"悼亡三首"，詩題標明為三首，其下詩作僅有二首，不知是詩題上的"三"為"二"

之誤，抑或原作為三首，選編者僅錄兩首。

題祝文安檔野卷辛巳。

鬱鬱溫江岸，青青檔樹林。美人中盤桓，佩服雙璆琳。睠茲生成易，丹泉日浸淫。霜露三代謝，苔苔百餘尋。連蜷凌青霓，百畝陰以森。一朝王師至，顧盼輕千金。運彼蒼精龍，遵此幽藪陰。采之為梁棟，舟楫兼所任。梁以擎清廟，中鳴瑟與琴。舟以濟大川，櫂歌發清音。清音一何長，泠泠眾所欽。達人乘大用，展轉多幽襟。蒼虬凌霧遊，紫淵杳深沉。鳴鸞翔羅囿，還顧白雲岑。喬林餘樹木，聯翩棲暮禽。殷勤還自愛，終此投華簪。

秋曉，發自秦村，復諸生講約甲午。

長飈響森木，宵景搖繁星。雞鳴嚴駟駕，迅予逝南征。霞晨度清渭，泛泛揚松舲。憑軾登脩坂，鏘鸞度遠坰。遵彼林下麓，款此水西扃。曲徑交綠竹，廣庭虛以明。摳衣趨猶子，循墻遲諸生。川輝澄講席，八牖洞疏櫺。蘭澤多芳草，山水鬱層層。采之薦清廟，兼以列丹楹。竊誦知新訓，慚無長善能。安得魯尼父，宮堂共爾升。仰思遺編在，青青耀性靈。白日如西墜，紅顏安可停。四十苟無聞，皓首竟何稱。邈矣先聖學，典哉貴始終。丹書何肅肅，千載乘吉凶。願言同此佩，永為盤上銘。

河中書院歌，為呂子道夫作己卯。

黃河之曲雷首隅，彼書者院何盤紆。高臺岐嶒俯通衢，上有飛樓百尺餘。雲梯杳窕朱欄扶，閣道周回丹牖虛。牙籤充棟網垂蛛，縕書縈墻龍掛圖。榱桶高凌三足烏，松桂下視羅階除。帝殿賢祠動星樞，射亭講室左右俱。此院此樓真絕殊，誰其為之呂大夫。君昔黃門侍金鋪，朝焚諫草暮塵途。朝廷失却滄海珠，蒲坂翻耀紅珊瑚。翩翩遙載五車書，翼翼獨能為此謨。土木移從古廟區，丹青不動公家需。碧梧無復妖鳥呼，青衿日見生徒趨。西都石渠空交疏，江上白鹿及此無。我來遊燕暫曳裾，登樓臨眺獨躊躇。深傾酒盞旅興孤，浮雲東北正愁予。日暮蒼茫將安如，聊為長歌歌大儒。

贈別何子仲默長歌戊寅。

古今天地何茫昧，才子高賢復幾人。卜商季札俱長往，大雅國風竟誰陳。洛下既蕪沒，鄴城亦蒿草。顏謝只瓊敷，王楊空玉藻。千載寥寥四海間，獨數謫仙與杜老。杜陵之老不可望，禹穴之傀亦高翔。蘭芬獨御當絕代，至今誰復接流芳。南望麒麟山，北俯黃河水。人傑鍾地靈，間世生何子。五歲操觚翰，七歲通經史，十歲揮毫如有神，十三遂充觀國賓。驊騮之駒走千里，射策君門邁等倫。崑丘此時失威鳳，朝廷自是得銀甕。凌雲作賦擬《離騷》，開口吟詩追《雅》《頌》。十年中省散緗帙，千古正聲歸健筆。黃鍾大呂雲門律，疏越朱弦清廟瑟。遺徵流傳達四溟，餘商散漫繞中京。字體遙觀倉頡氏，文章還似左丘明。我生清渭北，後君三四載。濯足涇水流，悵望懷風采。振衣謬登青雲梯，亨衢時復識琳圭。未隨大饗沾玄酒，忽道高空降紫泥。紫泥璽書何為者，黃金腰帶青驄馬。帝念秦中多英材，爛然瓊杯間玉斝。命君校此連城珍，共垂國華映千春。花驄夕飲盧溝窟，星駕秋經汴水濱。汴水應登李子舟，汝南還上故鄉樓。草堂花徑休留滯，秦川多士正含愁。含愁夫何如？沙礫群瓊玉。望君青銅鏡，早掛秦山曲。秦山況是我故里，未得同歸空仰止。此日猶堪餞行輪，後來何以接芳塵。遙遙函谷關，杳杳金城野。漢寢剝青麟，唐宮埋碧瓦。橫渠祠墓柏蒼蒼，周公碑殿繞丹墻。陵崇文考岐宮閟，廟祀羲皇隴坂長。去去橫槊入川口，翩翩應有詩千首。呦鹿還登小雅堂，關雎更瞰周南牖。凈掃西銘壁，置身周禮筵。遙從爻辭裡，直探卦畫前。窮搜如會相承訣，莫惜雙魚寄我傳。

遊紅石峽歌己卯。

戴總戎，劉將軍，金蟒銀麟爛綉紋。携我來遊紅石峽，踏青躍馬何紛紛。一徑遙廻邊澗水，諸天高入洞門雲。坐石深傾清濁酒，掃岩細讀古今文。更喜墩臺連朔野，單于不敢來牧馬。轉斾聯鑣出塞行，摐金伐鼓綠山下。立馬高崗聊騁望，把酒幽溪真瀟灑。平沙莽莽帶窮磧，亂草萋萋埋古瓦。歸來沙路沒蒿萊，轉向名園絕氛埃。人占軒前油幕起，濯纓亭上錦筵開。緣溪采藻翻紅藥，臨沼釣魚坐綠苔。急管啁啾緣雲上，異香泱漭入座來。此時眾賓懷俱壯，金觴玉爵遞飛颺。舞袖翩翩歡未歸，不知身在邊城上。日暮平川煙霧合，酒酣樂極轉悲愴。天生材官良不偶，況君俱是干城將。只今開拓勞明主，東征西伐富境土。轅門未得李將軍，幕下誰為齊仲父。我為君歌願君聽，自古名將多勒銘。

貔虎營中鳴角鼓，麒麟閣上畫丹青。君不見東都班虎頭，又不見西漢霍驃騎。萬里封侯度玉關，百年遺誓藏金匱。丈夫處世貴立名，君今何以答皇情。長槍大劍清絕漠，何用書生自請纓。

雁塔歌，喜逢吉弟及姜生泗鄉試登第，作此以示己卯。

秦川秋色何蒼蒼，中含寶塔金琅璫。上接青雲之梯，下臨黃金之堂。鴻名散方策，遺址自隋唐。昔日龍門客，曾此題名揚輝光。總是杏園春宴後，非關桂子當秋香。悠悠浮雲變今古，寥寥曠野自荒涼。爾曹幸與鹿鳴宴，會須尋訪一稱觴。掃開浮圖千丈壁，揮毫大書接流芳。奮翅遙通金閨籍，濟川仍駕紫桂航。更刺華虫補龍袞，毋徒織此綉羅裳。

天寧寺行辛巳。

城西野寺名天寧，遙遙大道臨郊坰。多士驪駒停玉策，諸天魚鑰啓金扃。金扃窈窕通華殿，桂拱璇題皆可見。雕衔紫蓋覆珍輪，獸吐青蓮承寶薦。寶薦明珠照四隅，脩廊廣室紛盤紆。參差鐵鳳翔高閣，琅璫金鐸涌浮屠。浮圖萬丈凌遙碧，嘉樹陰森連廣陌。丹青不道千黃金，土木寧論雙白璧。此都此寺真無比，誰其建者中常侍。可憐海內蒼生心，只得上方經行地。君不見年年四月天，傾城車馬紛聯翩。蘭若上人登寶座，沙門佛子坐青氊。此時公侯亦羅拜，神鐘大磬鳴天外。蠑首佳人解誦經，珠袍公子能受戒。受戒誦經敞綉筵，左廊右室曲相連。如陵之肉萬銅錢，如澠之酒金杯傳。金杯象箸何狼籍，蔓草叢蘭同一澤。薊門艷舞留飛錫，燕市名謳調上客。吁嗟乎，中黃門，食祿千鍾近至尊，胡為崇此盂蘭盆。

題《白樂天聽琵琶圖》丁亥。

吾聞冀北驊騮碧玉蹄，有時坎壈在塵泥。又聞東園桃李華爛熳，一朝凋謝人不見。時哉功名焉可圖，磊磊囂囂真丈夫。翻飛蹭蹬俱天地，浮雲衣綉與軒朱。君不見潯陽江頭左遷客，昔日鳳池今澤國。鄰舟一夜聽繁聲，把酒相看淚沾臆。秋葉蕭蕭春草生，清江依舊繞盆城。遷官商婦各何在，至今空傳《琵琶行》。

長安妓壬辰。

長安甲第含煙雲，長安女兒緗綺裙。垂手舞筵嬌落日，珠袖翩翩凌紫氛。拂拂紫氛沉綉褥，雕楹文坫金壺綠。主人中廚促豐膳，醉客前席要清曲。一曲清商發絳脣，箜篌相和不勝春。玉杯殷勤行素手，銀甲縹緲裡紅巾。紅巾香與高雲香，珠斗縱橫斜月小。揚眉轉袖入曲房，花裡鶯啼重門曉。重門深鎖複院幽，新妝娥娥寶鏡收。紅牙鏤馬歡未足，重開錦席上丹樓。丹樓凌紫燕，佳氣通芳甸。歌屏夕未掩，舞衣朝猶見。歌舞留人不可常，朝來暮去妒寵光。一朝顏色不稱意，百斛明珠委道傍。道傍野花年年發，新寵那復生塵襪。可憐綺陌娼家女，猶畫蛾眉歌白紵。

禁中有述四首戊寅。

七校傳天語，百官集禁城。君王親降敕，神武自行兵。鳳馭嚴宵駕，蛇蟠引畫旌。何當斬胡首，歸馬宴周京。

二

聖朝化無外，夷使日相乘。名向傳呼得，恩從賜予承。麒麟雙獸錦，菡萏四金繒。垂老黃龍戍，鐵衣獨不勝。

三

傳聞西幸輦，猶駐土城邊。風疊霓旌卷，雨捎虎帳偏。瑤池周駿馬，青海漢樓船。此日鳴鑾去，何時奏凱旋。

四

掖垣低燕雀，御沼綉荷菱。馳道看調馬，閣門見臂鷹。金宮雲寂寂，玉廟樹層層。仁壽中常侍，獨能問寢興。

哀三子并序己卯。

三子者何？中部劉中丞子也：伯曰佐，三十三卒；叔曰侃，二十九卒；季曰仁，二十四卒。卒，何為哀？三子者，皆才也，而俱夭，故哀之。然則何才？佐，予同榜進士，且同官，文而達。侃，舉人，文而不羈。仁，侃同榜，文而博，俊逸而不浮。皆有盛名于時，故曰才。

哭子今三載，蕭條度此城。登堂把杯酒，飛動想平生。遺珮紅雲闕，脩文白玉京。雁行同榜意，落日益含情。

二

弱冠遊京國，才名早擅場。衣冠憐俊秀，天地妒文章。一病歸黃土，三年長白楊。空遺詩卷在，傳誦有餘傷。

登進士第辛未。

弱冠謬充觀國賓，綸言慚復對丹宸。乘時竊擬酬前志，隨分應須致此身。皇闈日薰雙鳳暖，帝城風散萬花春。青雲肯負窗前月，白璧常懷席上珍。

喜弟逢吉至自故鄉壬申。

汝來就我問羈棲，青草紅塵亂馬蹄。落日喧傳群鵲喜，隔年相見萬行啼。漫披尺牘風燈暗，復戀重闈嶺樹迷。回首共看今夜月，白雲低繞華山西。

贈劉子廷麟使占城壬申。

象林封國丹書下，天使宵征玉節寒。萬里帆開閩海月，九夷風動漢臣冠。扶桑青瘴魚龍睡，春殿紅雲日夜看。但使深恩流絕域，未須文翠入長安。

早入禁中戊寅。

青驄朱紱漢郎官，楚漏追趨五夜殘。天樂只今傳玉塞，朝章依舊下金鑾。掖垣日送千門曉，閣道風生七月寒。回首紅雲起天末，却將宣府望長安。

雨後禁中戊寅。

涼氣蕭條滿禁城，高風殘雨度神京。文華殿日陰陰上，仁壽宮雲冉冉輕。玉戶深扃天上闕，金輿遙駐國西營。微臣候旨巖廊下，寂寞空懷劍佩聲。

早入禁中謝敕戊寅。

彈冠端笏禁城陰，河廻天寒秋氣深。星樓落落金鐘靜，風殿蕭蕭玉磬沉。鳴佩虛隨雙闕漏，回鑾應繫百官心。堯天只在桑乾北，拜答翻令淚滿襟。

經三川，望杜子美故宅己卯。

銀章赤琯曾供奉，南北東西絕可憐。萬里竄身登蜀道，全家寄食傍秦邊。

空山悵望溪雲繞，遺趾荒涼野蔓纏。應是蒼天深有意，故令詩史至今傳。

關內二首，為對山康子德涵作己丑。

海內文章稱獨步，汧東泉石且娛心。臺臨清渭迎紅嶼，樓背黃山涌翠岑。菊圃氣薰書館靜，杏園花積史壇深。金聲肯託《長門賦》，玉韻唯傳《梁甫吟》。

漳川遙與輞川同，弱水何如武水雄。北極星垂詩榭裡，南山雲溢禮庭中。陶潛黃菊應誰採，李白金樽肯自空。門外繽紛輪鞅至，抐留恒醉百花叢。

題杜子美圖筆甲午。

軒蓋何時返故鄉，青春空復斷人腸。那堪回首登江閣，且自尋花到野塘。玉壘啼鶯千樹合，劍門歸路萬山長。懸知畫省垂新柳，徒使儒冠老異方。

午入花園戊戌。

八載不窺黃狗谷，今朝馳駕五花驄。孤村近入花園裡，一徑斜通石澗中。霧樹白翻青嶂合，風泉紅灑碧潭空。主人掃候柴門道，笑問緣何獨采菘。

望華嶽辛丑。

華嶽岩嶤壓地尊，西堂終日坐相吞。晴峰夜拂星辰動，雲壑朝噓草木昏。河涌青蓮懸玉井，關通紫氣落金盆。掀髯如躡仙人掌，揮手應排帝子閽。

前巡幸歌戊寅。

萬乘秋巡瀚海灣，丁旗暮出居庸關。生憎老上多顏色，欲奪燕文作漢山。

前凱歌己卯。

伐鼓摐金四野聞，凱歌杕杜入燕雲。紅旗對列中書字，黃帳雙懸內史文。

豫章歌二首，聞南昌平作己卯。

名藩大郡金枝繞，桂海朔天玉曆同。借問歸俘玄武闕，何如端冕豫章宮。

鐵騎金槍憲府寒，毀垣壞殿故宮殘。香爐峰月娟娟在，照著空城血未乾。

- 249 -

後巡幸歌五首己卯。

鐵柱旌旗白晝懸，潯陽煙火上薰天。羽書夜報鷹房裡，駿馬朝鳴虎圈前。
驃騎手傳紫鳳文，鑾輿親將羽林軍。朱干玉戚凌江霧，翠蓋黃旗拂海雲。
誰遣中丞去復回，掃清衡岳夜登臺。高懸白旆章江上，肯待君王羽騎來。
安慶城中戰氣高，南昌城外鼓嘈嘈。樓船方待諸侯會，露布已傳萬乘勞。
妃子宮嬪滿畫船，天兵南下動紅煙。長江魚鼈應無賴，蟂首蛾眉絕可憐。

後凱歌四首庚辰。

千里驊騮按玉環，隔年龍舸傍江關。海門昨日紅雲動，知是君王振旅還。
羽盖雲廻江水澄，鍾山佳氣樹層層。金繩鐵檻諸囚首，面縛先應謁孝陵。
鐃歌朱鷺拂天來，賽馬紛從江漢回。紫殿丹宮龍闥閉，金鋪玉帳豹房開。
夾道千官錦綉分，霜戈晴按大將軍。寶圖麗日昭龍武，綵旌迎雲絢鳳文。

次韻張太微時濟滸西行樂詞二首癸巳。

白鳥黃鸝散水西，香風樓閣共誰躋。晚來愛妾橫琴坐，一曲清商烏夜啼。
仙人醉卧草萋萋，素女菱歌繞翠溪。丹室深懸滄海闊，紅樓高與白雲齊。

馬理字伯循，號谿田，三原人。正德甲戌會魁。官勳卿。諡忠憲。

和霍宰中秋對月二首

愛月同諸子，開尊及仲秋。嗤予觀物拙，念爾聚星稠。鳴鶴巡筵舞，吟螿與客謳。登臨各自適，不比仲宣樓。

又

南漢列虛宿，東林滿月華。空庭見落葉，疏樹起鳴鴉。露竹光堪摘，風花影易斜。龍泉何處在，埋沒氣如霞。

題觀音寺老僧方丈[一]

曾借禪房住，知君無是非。參時同上殿，齋罷獨關扉。開卷輒三藏，栽松已十圍。相看雖異術，機事却同違。

【校記】

[一]"題觀音寺老僧方丈"，明萬曆十七年刻、清乾隆十七年補修本《谿田文集》作"題觀音寺八衰老僧方丈"。

張原字佩蘭，號玉坡，三原人。正德甲戌進士。官給諫。

和呂太史仲木

匆匆纔作經旬別，又荷緘書遣使來。刺舌已甘為我戒，好懷偏喜向君開。功名半世悲蓬鬢，得失浮雲付酒杯。自是不才宜擯弃，桐江擬上子陵臺。

貴陽紀事

荒城千雉鎮山坳，市井蕭條若野郊。四季晨風吹黑霧，一番秋雨瘴黃茅。月明岩樹禽聲怪，日午官途虎迹交。人物眼前殊魍魎，羈人何以慰無聊。

寄寄庵雜興

草庭花砌一簾風，萬慮消沉向此中。細縷檀煙橫結篆，斜行雁字亂書空。愁懷如海生層浪，旅迹無家寄短蓬。最是相親天上月，清樽時復喜相同。

登都勻城樓

獨眺東風上戍樓，干戈擾擾暮雲愁。春山影送一簾雨，羌笛聲飛萬壑秋。四海孤身悲逐客，寸心千里憶神州。乾坤俯仰成何濟，羞對青萎照白頭。

登都勻譙樓

足躡層梯上翠微，空濛飛綠濕入衣。風崖挾雨驚三峽，月牖排山入四圍。萬壘晚雲勞客眼，一篙春水憶漁磯。登臨頓覺增愁絕，何日投冠得賦歸。

別成家中舍

邂逅相逢向戍城，匆匆未盡故交情。青燈客舍難為別，白酒旗亭此送行。

征斾細沾林雨潤，羈愁亂逐野雲橫。歸時前席如相問，為說長沙滯賈生。

雁

雕胡米熟正秋肥，應候來賓作序飛。仙掌月明驚北去，衡陽霜早又南歸。字行帶草斜還直，陣影排空密復稀。沙暖瀟湘矰繳少，丁寧到處避危機。

寄懷

落日山銜半壁黃，木魚聲細起回廊。嵐生遠樹雲疑濕，月出前峰夜轉涼。無路籲天心耿耿，有懷憂國鬢蒼蒼。疏迂自合長歸去，何待蓴鱸就故鄉。

春江

春江苔净浩無涯，兩兩鳧鷗睡暖沙。海燕拂雲天接水，晚風吹雨浪生花。武山霧歛青巒麗，蜀客船來畫鼓搉。日暮漁郎收釣去，莎堤一逕竹林斜。

登永祥寺南閣

晴陟危樓百尺巔，滿城風雨菊花天。幾家苗寨依山屋，一棹漁郎下釣船。紅葉亂明霜染樹，白鷗齊起水生煙。斜陽不盡登臨意，徙倚長吟倍惘然。

雪

半夜虛聲落竹梢，起看積雪已平坳。纔誇作勢風前舞，忽訝多情窗上敲。躍起蟄龍飛玉甲，歸來玄鶴失松巢。誰家弦管娛清賞，寂寞詩窮獨孟郊。

秋日山遊

稻花香暖日黃昏，曳杖長歌過小村。晚社祠墠繁鼓吹，秋風籬落散雞豚。離離紅葉山藏寺，曲曲清溪水遶門。偶遇老樵談物外，共依磐石坐雲根。

山居咏

古木岩前薈蔚，亂雲山下縱橫。僧寺知應不遠，風來時有鍾聲。

對酒口號

酒盞尋常不放空，愁城百匝苦難攻。朝來臉暈檳榔色，不是歡容帶酒紅。

道院題壁

石壇春靜步虛聲，柏子爐溫爇二更。明月滿天三籟息，赤城人去獨吹笙。

山行

清溪汨汨溜寒泉，晴曉嵐開咫尺天。十里荒山人迹少，刺桐花下麝香眠。

漫成

一陂春水漲魚腥，小屬如錢點翠青。風落楊花纔着水，雙雙來往撲蜻蜓。

劉儲秀 字士奇，號西陂，咸寧人。正德甲戌進士。官大司馬。

華巖川歌，送比部張太微謝病歸

憶昔嘗登終南巔，終南山下華巖川。回峰沓嶂峻千日，平原曲阜紛生煙。君家此地開精舍，盡土寸金寧論價。漠漠水田連廣衍，泠泠石溜冒清淺。鸕鶿薜荔葉中棲，翡翠芙蓉花上啼。嘉樹蒼蒼小山桂，華果垂垂大谷梨。奇絕宛與蓬壺對，膏腴仍比橘州倍。自君往歲之出矣，較藝南宮連得第。青絲走馬杏園中，赤舄飛梟花縣裏。昨者重遷西省郎，故園只恐近成荒。朝來謝病乞歸去，攜家直到舊居處。門前碧水仍潺湲，戶外青山尚盤踞。從今高臥曲江干，漁樵日與罄交歡。南畝稻炊雲子滑，東陵瓜嚼水精寒。曲肱竹裏枕烏几，散髮花間倒鶡冠。遙思勝地今有在[一]，嗟汝先歸不相待。懶逐伯陽入西戎，狂笑仲連蹈東海。但願明朝辭魏闕，與君共弄南山月。

【校記】

[一] "有"，明嘉靖三十年傅鳳翱刻本《劉西陂集》作"猶"。案以下在【校記】中簡稱為嘉靖本《劉西陂集》。

冬日，問李崆峒疾二首[一]

公本秦人，占籍宜溝。予頃參汴藩，始及見之，惜乎病已將危，道鄉情而已。然屢瞻二子，意托孤云。噫！鳥將逝而思故林，兔既死而願首丘，予于公重有感焉。

去國名元重，還家氣益增。一朝憐邂逅，萬里惜飛騰。文已追前漢，詩尤敵少陵。惟須了此事，何物更填膺。

又[二]

相逢即永訣，且復立斯須。回首猶懷土，傷心但恤孤。詩書紛歷亂，松菊儼荒蕪。却喜高名在，一時更有無。

【校記】

[一]"冬日問李崆峒疾二首"，嘉靖本《劉西陂集》作"冬日問李崆峒疾二首有序"。

[二]"又"，嘉靖本《劉西陂集》作"其二"。

題太微終南村居二首

遙憶城南韋杜前，故人早已賦歸田。去天只道當時近，選地還疑此日偏。樹抄懸崖飛紫閣[一]，花間曲竇瀉青泉。由來野外堪乘興，況復相留欲判年。

架上詩書已滿車，門前山色又從遮。開窗影落樊川樹，倚檻香飄杜曲花。閑掛鷫冠眠永日，狂携烏几坐平沙。村庄且喜相鄰近，日日經過酒謾賒。

【校記】

[一]"抄"，嘉靖本《劉西陂集》作"杪"。據詩句之意，底本"抄"當為"杪"之形訛。

九日，登含元殿

漢朝朝殿尚凌空，此日登臨四望同。千里山河秦苑外，萬家煙火斗城中。尊前竹葉寒猶綠，江上楓林晚更紅。短髮蕭蕭無柰老，可堪吹帽向西風。

秋日，同管、張二君集王翰林渼陂先生宅

久約同來鄠杜遊，到門風雨未全休。草麻重擬推中允，看竹聊須問子猷。白閣峰高爭獨往，紫霞杯好苦相酬。連宵不盡平生話，明日還留泛水舟[一]。

【校記】

[一]"水"，嘉靖本《劉西陂集》作"小"。

夜宿寧羌舘中

亂藤高竹繞廻溪，咫尺行臺入望迷。水接巴江思濯錦，山連秦塞憶磨笄。深秋孤月懸砧杵，遠戍悲風雜鼓鼙。休道比來長作客，今宵猶自在關西。

聞潞州賊平志喜

山中寇盜莫相侵，列省連兵又羽林。拒敵真成騎虎勢，受降遙慰從禽心[一]。即看地下無遺鏃，更道天邊有賜金。胡馬聞風亦遠避，向來金甲盡消沉[二]。

【校記】

[一]"從"，嘉靖本《劉西陂集》作"縱"。
[二]"消"，嘉靖本《劉西陂集》作"銷"。

彭漊道中

幾廻行役出彭漊，歲暮倉皇又復過。伊水沙塞飛白鷺，蒿山雪霽擁青螺[一]。敢論顏馴身將老，但念相如病已多。西望故園直咫尺[二]，一官羈絆奈如何。

【校記】

[一]"蒿山"，嘉靖本《劉西陂集》作"嵩山"。
[二]"直"，嘉靖本《劉西陂集》作"真"。

楚府芙蓉

記得錦城曾見汝，更於朱邸重相看。十年塞國關心久，千里秋江會面難。露蕊嬋娟沾繡幕，風枝婉娩颭雕欄。生來恐逐群芳歇，況復嬌姿不耐寒。

秋日咸寧道中 予咸寧人，偶入兹境，感慨係之。

聖祖當年建萬邦，題名怪底偶成雙。天寒沙浦看歸雁，地遠山村聽吠尨[一]。松桂千章夾遠道，音塵三月阻長江。終然信美非吾土，復此歸心未肯降。

【校記】

[一]"尨"，嘉靖本《劉西陂集》作"厖"。

鰣魚

當年薄宦鳳城春，曾見傳鮮遍侍臣。一出雲霄空憶舊，幾回江漢却嘗新。

極知風味流瓊液，尚覺波光帶玉鱗。日暮漁歌何處起，菰蒲影裡有垂綸。

過孫太白山人宅

共期飛舃上凌虛，埋骨當年恨有餘。閉戶山中長讀《易》，典衣海內久收書。詩篇傳誦衣冠重，丹竈銷沉草木疏。獨對西風增悵望，況同鄉國倍愁予[一]。

【校記】

[一]"況同鄉國倍愁予"，嘉靖本《劉西陂集》此句下有單行小字"孫關中人"四字。

過何大復先生故宅[一]

大復知何處，依然故宅留。過鄰愁聽笛，尋壑悼藏舟。庭鳥鳴風夜，池蘭掩露秋。纔聞漳水卧，忽見茂陵求。劍掛嗟何及，琴亡恨不休。萬行知己淚，幾度為君流。

【校記】

[一]"過何大復先生故宅"，嘉靖本《劉西陂集》此詩題下有"先生為中舍時予官比部既視學關中予亦以憂家居每暇必過訪焉或有所作輒出以示故其詩多得之未幾先生謝病歸信陽遂從茲逝矣後予北上每過前居不覺流涕因檢舊藏裝成茲帙嗟乎門墻如故翰墨猶新其人乃安在耶抆淚之餘爰賦短什匪獨思舊式懷知己云爾"一百零九字小序。

二月十八日雪廣寧。[一]

終南山水佳麗，長安岐路狹斜。選地向來卜宅，朝天老去還家。喜看稚子騎竹，笑指老妻緝麻。橋下慵尋黃石，爐中勤煉丹砂。

一曲清江分峪，千尋綠樹連村。春風野老爭席，夜月山僧叩門。談揮白拂木柄，飯煮青精瓦盆。敢論晉日三接，但免丁年七奔。

【校記】

[一]"二月十八日雪"，嘉靖本《劉西陂集》此題下的詩為："東風吹急雪，一夜滿轅門。不惜塞帷冷。惟憐挾纊溫。"。而底本中的這兩首詩，在嘉靖本《劉西陂集》中的詩題為："江坡別墅"。案嘉靖本《劉西陂集》"江坡別墅"題下共有四首詩，底本中所收為前兩首。且嘉靖本《劉西陂集》中"二月十八日雪"、"江坡別墅"二詩的次序前後緊鄰，故疑底本編者誤將"江坡別墅"題下的前兩首詩收到"二月十八日雪"之詩題下。

謁宋學士潛溪墓

君恩難久恃，棄擲復何論。竟化萇弘血，空悲杜宇魂。披麻留禁閣，拱木寄空門[一]。地下修文未[二]，傷心酹一尊。

【校記】

[一]"拱木寄空門"，嘉靖本《劉西陂集》此句下有雙行小字注曰"墓在靜居寺故云"。
[二]"地下"，嘉靖本《劉西陂集》作"不識"。

酬馬戶部雨中送別

老去江鄉會馬卿[一]，那堪別路雨猶鳴。年華冉冉嗟何待，世事悠悠話未成[二]。江上黃蘆鴻雁影，山前紅槿鷓鴣聲。亦知不是悲秋客，笑問如何大瘦生[三]。

【校記】

[一]"會"，清陳氏聽詩齋刻本《明詩紀事》作"識"。
[二]"話"，清陳氏聽詩齋刻本《明詩紀事》作"久"。
[三]"大"，清陳氏聽詩齋刻本《明詩紀事》作"太"。

周雅續卷之六終

周雅續卷之七

北圻賈鴻洙憲仲選輯
西極文翔鳳天瑞裁定
北海孫三傑淑房參閱

張治道字孟獨,號太微,咸寧人。正德甲戌進士。官比部。

望未央宮

咎運互以改,條忽良節旋。佳芳殞霜露,疏菊冒丘樊。登眺遵曠皙,臨危眷術阡。宮雉遙相望,山川遞盤桓。炎祚豈再吸,堯裔胥已遷。寒雲覆頹堞,連雁下秋湍。闕城盡蓁莽,芻牧往復還。慨古既難覿,撫今亦不延。歲序日來逼,煩疴遞相纏。感茲興廢理,淚下如流泉。

山遊

薄遊情未愜,耽玩興始邁。陟險攀危條,挹泉接飛溜。徑峴異廻復,澗谷殊昏晝。歷曠頓如坦,行側復如竇。凌晨已攀躋,落景尚馳驟。來景霧已溟,去路山忽逗。哀猿嘯已前,猛虎啼復後。回步迷始適,攬衣戾前就。倉忙履中野,淒淒心如疚。

春遊城南,遇李東橋着野服山巾,駕黃牛車,索余賦詩,馬上贈此

古服蒼頭黃犢車,野吟終日興堪誇。詩成遇我青湖側,醉後憐君烏帽斜。落日亂收千嶂雨,春風齊放五陵花。故園樂事行偏好,漢閣秦宮望轉賒。

詠龍池古藤

龍池石樹生交加，上有古藤相盤挐。大枝糾纏古柏死，小枝蜿蜒垂青蛇。春風再發百丈絲，能牽別樹最高枝。高枝曲蔓不可解，仿佛大陰雷雨垂。沉香亭畔石欄杆，根古疑是蛟龍蟠。霜雪自能老枝幹，風雷不受相摧殘。當時遊衍妃子喜，畫閣朱欄半臨水。舞袖千廻芍藥邊，鶯歌百囀垂楊里。芍藥垂楊不可見，古藤裊裊凌霜霰。日暮江南天際陰，北風凛凛生蕭森。

料絲燈

南溟珠胎破，閶風玉蕊垂。孰與料絲燈，照耀昆明池。昆明池畔多寶玉，瓊玖曾青光陸離。石鼎春生碧玉膏，瑤燈夜見黃金絲。君家得此滇山陽，朱樓紫闥夜初張。玉碗繚燃五色火，金堂已發百枝光。紫火金光照夜寒，月明初上黃金盤。霞綵霏微開網絲，虹光的皪生波瀾。霞綵虹光如錦字，烟霧玲瓏不礙視。日景輕翻翡翠羽，浪花暗引珊瑚樹。主人指點顏色誇，詞客相攀俱嘆嗟。織女金梭欲成字，鮫人冰縠夜生花。激景內光搖畫棟，雲裡翩翩下彩鳳。錦襲曾將獻至尊，丹青不必充南貢。

蔣將軍園亭

展簟迎風色，開筵待月華。把杯留看劍，倚樹聽鳴笳。樓對曲江直，城連北斗斜。胡琴與羌管，一半是梅花。

雨霽牛頭寺

寶月流香界，青霞護石龕。法雲廻鷲嶺，呪水山龍潭。象外金童謁，光中玉女參。若來欲問道，不必向天南。

立春日除夕

歲去仍當守，春來詎假迎。早知變梅蕊，不必聽雞聲。夜逐青尊盡，愁連白髮生。和風與寒漏，今夕共江城。

野望

野望浮雲靜，長吟落日暉。暝烟隨鳥宿，秋色帶人歸。風入蓮房落，霜飛菊蕊稀。登樓莫作賦，恐有淚沾衣。

薦福方丈同諸友詠石燈，分韻得乘字

月殿懸金碗，星龕架石燈。玲瓏分覺路，的皪影初乘。象外靈光轉，空中月色凝。自燃超下界，不必倚金繩。

同郭憲副道夫夜飲，雷雨大作，時關中旱，喜極賦此

移座雲生樹，開尊夜起雷。驚風吹地轉，凍雨自天來。恐觸千山動，愁連萬象摧。披襟望霄漢，携手意徘徊。

和胡蒙溪寺中食石榴

塗林分寶地，漢使致金方。童子攀青幹，仙人拆絳房。手傾香霧濕，盤動火珠光。不必來真果，清幽自可嘗。

渡灃河，柬王紫閣、康對山二先生

岸廻沙檻走風湍，百里山城路欝盤。畫舫晴開春浪穩，籃輿斜照雪峰寒。碧山學士辭金馬，紫閣仙人卧石壇。溪上草堂如許借，相隨日日採芳蘭。

杜陵花盛開，適康對山先生出城同賞

去歲看花恨未能，花開今日興堪乘。秪緣候客淹城市，豈為無詩繼少陵。駙馬洞前紅曲曲，將軍宅畔錦層層。原亭如許春還過，車馬何妨晚共登。

牛頭寺，用承之韻

梵宇香山下，王城定水隈。仙輪隨日轉，塔洞拂雲開。聽法神龍謁，參禪怖鴿來。慈風吹寶鐸，花雨滴青臺。覺路分金界，迷津渡酒杯。高僧千載去，錫杖幾時廻。

春日，同王侍御遊罔極寺

法海開龍藏，靈峰起雁堂。梵香遊寶地，作禮事金王。梵鏡栖禪影，仙輪帶佛光。六塵超靜域，三會啓迷鄉。天樂流空界，銀花散道場。乾坤留棟宇，

世代閱隋唐。石井蓮偏白，雪山草自香。山川雄殿閣，金碧動宮墻。隨喜春將至，經行日未央。忽看雙樹暝，頓覺萬緣忘。況接離群友，相携坐上方。

孫一元字太初，號太白山人，不知秦何人，空同有《傳》。

雜感

抱易住青山，長日青山對。烟雲散不收，晨昏變奇態。應知住山心，不在萬物內。乾坤古神器，機運誰謝代。以道獵眾能，兀兀意獨在。歸來南郭翁，天根同一嘅。

又

齊州赴宿諾，滄海歸茅廬。浴髮清泠中，沙月動影虛。天風颯然來，吹我白莬裾。手持古松枝，朗讀鶴背書。輕身煉五芽，去與元化俱。

遠遊

海水照髯影，天風吹角巾。早年負奇好，五嶽散閒身。日觀倚高寒，車箱夢猶真。一笑謝塵世，採藥青澗濱。偶來不解事，長句驚四垠。幾年聞格鬭，中原白骨新。山鬼夜啼血，層雲愁高旻。青鳳叫孤月，茫茫鼎湖春。攀髯不可得，終歲泣遺臣。

春日吟

地偏無往來，空亭春正深。會此淑霽景，花木开繁陰。去去散芳躅，風來吹我襟。意得不能語，野鳥酬好音。翛然遂忘倦，盡力還幽尋。纖纖孤月上，遲遲白日沉。呼來林居子，還當期此心。

與甘泉老人入董罌山

天風下高木，寒日墮蒼蒼。對坐青崖底，卸杖白石傍。瓦甌出泉味，布袍受松光。雲霞有古好，芝桂永相將。還携韓眾輩，去訪蓬山陽。

山中石菖蒲雨過忽開九花，喜而盡采食之

山中一雨涼，窗前曉氣清。菖歜忽開花，一葉冒九英。文石帶淺碧，照我几簟明。嘗讀古仙傳，此草天之精。出有靈物護，時見雲氣成。上帝憐我苦，服之令長生。玉杯收玄露，采花浮輕盈。但覺五情好，旋茹毛骨輕。便當謝人世，去去東蓬瀛。

種松

種松滿崑丘，眼中生蒼鱗。松根化為石，松葉不受塵。中有結廬者，長年事隱淪。入雲荷長鑱，劚苓青澗濱。木食有奇志，乃與天為鄰。放歌白雲裡，去去空山春。

收菊花貯枕

呼童收落英，晨起晞清露。滿囊剩貯秋，寒香散庭戶。夜來夢東籬，枕上得佳句。

秋夜同紫峽逸士、雪江老僧輩十人宿南屏山中，誦逋仙"夕寒山翠重，秋净鳥行高"，分韻賦詩，余得夕字

荒煙散不收，殘山帶遙碧。林鴉晚依依，草雉時嚇嚇。斜光明不定，居人掩荊柵。餲來喜盍簪，林下語幽賾。厓屋燈火青，野蔌旋新摘。豈無伏虎禪，亦有飛鳧客。愛此小崑丘，人世白雲隔。願當抱奇幽，烱言永終夕。

王野雲見寄《華山誌》，忽憶余曩昔月下著羽衣醉吟蓮花峰上，今已三載，喟然而嘆，作詩寄謝

憶昔遊上清，長風吹羽被。仙人九節筇，扶我蓮花側。太空借韶護，群動聲相嚇。石髓酌天瓢，此物山不惜。醉倚洗頭盆，月華凝欲滴。獨鶴驚夜半，回首秋雲碧。三年萬里遊，此事墮今昔。愧謝山中人，默光運闔闢。

紫陽山中徐步

窮壑卧孤松，寒風生杖屨。幽人獨往來，鳥嚀自成句。因山剩得秋，欣然有餘趣。片雨弄江光，孤雲起汀樹。望中水似天，嘯坐漁舟去。

雲居子

龍山有高人，結茅亂雲裡。愛雲不出山，自號雲居子。晨夕餐雲腴，眼中綠筋起。十年不見人，偶逢青崖底。古心仍古顏，相看不作禮。但問何處來，翠靄濕芒屜。予亦澹忘言，笑拈金鵝蕊。

寄斗笠翁

往年斗笠翁，相對空山裡。坐撫古梅根，眼中蒼鱗起。景象入無言，玄冥乃至理。別來經幾年，夢想隔丹巇。昨得白雲詞，披覽忽驚喜。重感至人言，涕下悲未已。若水與玉禾，一望幾千里。揮手謝塵凡，長往從此始。高歌碧雲回，一劍駕海水。

徐孺子

刑人弄神器，漢道日將覆。群賢抗大義，機露身先戮。矯矯南州士，雲臥匡山曲。高鴻眷青冥，潛虯媚幽獨。劫來世可遺，力耕食自足。四海吊黃公，千里芻一束。下榻走陳侯，身尊道不辱。緬邈有斯人，千古仰高躅。

陶淵明

淵明豪傑人，出處亦有道。昔讀荊軻詩，彷彿見懷抱。晉室漸陵夷，一官非所好。劉裕乃何人，天意亦草草。歸來臥潯陽，甲子紀年號。酒乃寓真情，菊也見孤操。

邊人曲

燕山風高白草枯，月明何處夜吹蘆。邊人戍久不忍聽，淚濕腰間金僕姑。

解所佩日本小劍遺殷近夫，作《公莫舞》

晴空一夜走白螭，河鼓下照寒江湄。葛盧之山元氣裂，神物將化天有為。鐔頭驚見赤花古，轆轤純鈞皆莫數[一]。千年碧血燐火明，萬里陰風髑髏語。帝王氣象佳蔥蔥，玉虹提攜行相從。座上酒酣公莫舞，要是當時隆準公。

【校記】

[一]"鈞"，明萬曆二十五年張睿卿刻三十九年增刻本《增定太白山人漫稿》作"鉤"。案

以下在【校記】中簡稱為"萬曆增刻本《漫稿》"。

松樹障子歌

眼底何人畫松樹，一株兩株拂烟霧。青入石泉形影空，老摧岩壑愁日暮。山鬼作靈夭矯行，於菟受縛却回顧。摩挲雙眼看不真，恍然步入廬山路。氣寒心悸狂欲踆，仰面大叫真宰怒。雷霆排空頃刻成，茅堂却被風拔去。停杯收卷起長嗟，四壁秋聲雨如注。

畫孔雀引

吳溪大絹長十尋，何人奪此造化心。不寫凡鷹與快鶻，獨寫青山石上之文禽[一]。高冠照水弄深碧，翠尾隔花浮暗金。文章真合自嫵媚，雌雄長日青樹林。君不見杜陵詩中語意深，見詩對畫如見箴。赤霄玄圃須來往[二]，慎勿渴飲寒泉陰。

【校記】

[一]"之文"，底本此二字不知何人徑直以筆圈去。
[二]"來往"，萬曆增刻本《漫稿》作"往來"。又影印文淵閣《四庫全書》所收《太白山人漫稿》亦作"往來"。案以下在【校記】中簡稱為《四庫》本《漫稿》。

山中人歌

山風日暮吹黃獨，山人歸來山中宿。白雲萬頃高映屋，山光相對眉髮綠。萬物到手吟不足，詩草床頭牛腰束。麋鹿相過亦不觸，毳袍芒屩識高躅。上皇之時有道術[一]，吾聞不死遊亭毒。我今煉藥山之麓，山中之人駕黃鵠。

【校記】

[一]"有道術"，《四庫》本《漫稿》作"道超俗"。

松厓歌[一]

吾聞徂徠之山巉崒高萬丈，上有古松千尺蟠據厓之巔。白日行天不到地，蒼藤翠蔦側挂相鉤連。皴皮剥落根半露，偃蓋反走枝相纏。下有元精山靈秘，流膏入土今千年。樵人牧豎不敢伐，乃知神物天能全。陰厓半夜起蛟蠖，哀壑萬里含雲烟。世間此木不見用,偃蹇獨卧空山前。只今大廈將傾圮,風雨無庇真堪憐。嗚呼！安得此木供採用,能令四海蒼生重熙然。

【校記】

[一]"松厓歌",萬曆增刻本《漫稿》、《四庫》本《漫稿》俱作"松厓歌寄方方伯壽卿"。

吳氏雙桂歌

吳家軒前有雙桂,虬枝曲鐵相交蹉。黑飇一夜鬼神會,天香墮地愁素娥。露靄向曉半身濕,烟痕翠剥莓苔多。邇來更借栽培力,開花無數黃金柯。君家兄弟好奇古,携我共坐青婆娑。月色輕搖白鷺簹,秋光浮動金叵羅。氣酣耳熱發大叫,仰面不怕真宰訶。寒蟾無語玄兎泣,一泓翠影搖山河。相看一笑唾壺缺,攬筆贈君雙桂歌。

南榮老人歌

南榮老人睡起晚,過午柴門日初轉。下床看山懶不冠,山光樹光渾莫辨。秋風更覺草堂深,鳥雀相馴機事淺。平生得處不須書,愛雲弄泉歲華晏。

跨驢遊西山天竺寺

秋葉滿林吹亂紅,秋光半在山寺中。老衲迎門解幽事,一見呼我長髯公。薰爐相對坐終夕,松聲泉韻何冲融。獨鶴隔竹向人立,欲鳴未鳴幽意同。氣酣日落豪思發,詩成三繞青桂叢。造物小兒玩人世,俯仰何必悲無窮。布袍斗笠自高格,狂歌醉叫驚山翁。歸來明月散林影,驢背仰嘯秋山空。

泛高士湖[一]

正德乙亥春[二],予與石川子泛舟西湖。時石川子着方山冠,予戴華陽巾,被高士服,把酒四望,顧謂石川子曰[三]："昔李白與尚書郎張謂泛沔州南湖[四],因改為郎官湖。今日,予與子遊[五],西湖固可為高士湖矣。"石川子一大笑,酹酒于湖,命予作詩紀之。時已爛醉[六],信口成篇[七],不竄一字[八]。

我聞唐家李白一世賢,郎官之湖至今傳。我今與子繼其迹,勝事豈許昔人專。方冠野服興不減,駕船載酒凌蒼烟。千山萬山兩岸如群龍,蜿蜒盡在几席前。青天落杯底，白日行舟邊。黿鼉突兀波面出，大魚小魚争避船。君把斗酒，我歌扣舷，天風下來，雲葉翩翩，爛醉騎鯨，遊崐崘巔。

【校记】

[一]"泛高士湖"，萬曆增刻本《漫稿》、《四庫》本《漫稿》在此題下俱有雙行小字注文"有引"。

[二]"乙亥春"，萬曆增刻本《漫稿》、《四庫》本《漫稿》俱作"乙亥孟春十四日"。

[三]"顧"，萬曆增刻本《漫稿》、《四庫》本《漫稿》在此字上俱有"予"字。

[四]"李白"，萬曆增刻本《漫稿》、《四庫》本《漫稿》俱作"青蓮居士李白"。

[五]"遊"，萬曆增刻本《漫稿》、《四庫》本《漫稿》在此字下俱有"頗追迹前事"五字。

[六]"時"，萬曆增刻本《漫稿》、《四庫》本《漫稿》在此字上俱有"予"字。

[七]"信口成篇"，萬曆增刻本《漫稿》、《四庫》本《漫稿》俱作"即信口長短成篇"。

[八]"竄"，萬曆增刻本《漫稿》、《四庫》本《漫稿》在此字下俱有"易"字。

春前五日大雪

一夜雪飛石徑齊，清晨壓我茅屋低。小奴開門抱甕出，赤脚汲水愁衝泥。墻頭飢烏太無賴，繞我階上哑哑啼。南山黄獨寒無苗，長鑱歸來風怒號。

按察使劉元瑞惠寶劍歌

劉侯意氣天下無，惠我寶劍來崐吾。腰間斜解虎頭綬，魚皮纏鞘蒼鱗粗。鑄煉自是神明力，歐冶已死風胡徂。泰山為砥作平地，東海出淬滄波枯。星迎寶鍔孤光動，赤帝篆文留其膚。天地相視忽改色，樹末慘怛風號呼。空山日暮熊兕走，蛟騰鯨駭翻江湖。黄雲古壘結不散，寒鴟嘯雨愁荒蕪。憶昨群胡犯天紀[一]，關城不守失邊鄙。天子憂遑費經理，今雖掃逐猶未已。國無守臣國之耻，劉侯劉侯莫輕擬。元也關中豪傑士，只今契會風塵裡。酒酣擊劍哀歌起，揚眉結義從此始，萬里同行報天子。

【校记】

[一]"群胡犯天紀"，《四庫》本《漫稿》作"邊烽接天起"。案此乃四庫館臣以違礙字而有意竄改，並非版本之異文。

謝鮑山人採松花見寄

山人縛屋黄山巔，青松萬株盤屋前。春風摘取花滿裡，逢人遙寄吳門仙。

吴門仙人身已輕，服花更覺靈氣生。白日獨坐若木下，滄海如席龍不鳴。昨夢訪君松樹樾，赤脚蹋雲石苔滑。天風颯颯吹欲醒，歸來松際留明月。

錢員外畫小石山歌

錢侯畫石大者如踞彪，小石犖确如驚虯。雲際十峰五峰出，白日不動蒼烟浮。中有山人煮石處，茅屋藏縛青匡幽。黃鶴飛來飲丹穴，月中桂樹枝相樛。錢侯錢侯有仙骨，手奪造化與天侔。我有仙人九節碧玉杖，與爾還訪崐崘十二之蓬丘[一]。

【校記】

[一]"爾"，萬曆增刻本《漫稿》、《四庫》本《漫稿》俱作"侯"。

致道觀看七星檜樹歌

海虞山前突兀見古檜，眼中氣勢相盤拏。上應七耀分布有神會，地靈千歲儲精華。皴皮無文盡剥落，老根化石吞泥沙。據山嶪嶪，映壑舒谺，身枯溜雨，枝黑藏蛇。佇立頃刻雲霧遮，日落未落山之厓。同行觀者皆嘆嗟，舌捫頸縮無敢譁。歸來靈物不可究，夜宿撼床恐龍鬥。

題古木竹石圖

石根拖雨雲脚過，老木舒谺石欲墮。白日抱珥天色微，翠葆含吟風勢大。山空往來不見人，山鳥一聲山竹破。當時此畫作者誰，湘娥猶泣真宰悲。

同沈石田先生吳門載酒泛月[一]

望望蒼茫裡，閑雲度野田。山空偏受月，木闊不分天。酒盞初侵夜，星河半在船。白袍江海上，樗散自年年。

又

微茫風日暮，歸鳥下青田。暝色遙吞樹，波容澹寫天。豚魚不吹浪，萍葉故迎船。笑殺鴟夷子，浮家不計年。

【校记】

[一]"同沈石田先生吳門載酒泛月"，萬曆增刻本《漫稿》、《四庫》本《漫稿》俱作"同

沈啓南吴門載酒泛月二首"。

春曉[一]，登越江城，寄彭幸庵先生[二]

鼓角風初曙，登樓倚望時。春愁迷斷雁，野色帶荒陴。千里雲山夢，十年江海詩。兵戈阻前路，還繫故人思。

【校记】

[一]"春曉"，萬曆增刻本《漫稿》、《四庫》本《漫稿》俱無二字。
[二]"彭幸庵先生"，萬曆增刻本《漫稿》、《四庫》本《漫稿》俱作"彭濟物憲副"。

有客

草堂對湖水，地僻有高情。雨意開林色，秋光泛菊英。到船覓魚蟹，有客過柴荊。長日看山處，相留几簟清。

同施邦直棹舟西湖[一]，乘月登孤山[二]，拜和靖處士墓

向晚南屏路[三]，相携上釣舩。山根晴亦濕，湖面夜難昏。月色留吹笛，鷗群廻洗樽。來尋林處士，地下有知言。

【校记】

[一]"同"，萬曆增刻本《漫稿》、《四庫》本《漫稿》在此字上俱有"癸酉六月望夜"六字。
[二]"乘"，萬曆增刻本《漫稿》、《四庫》本《漫稿》在此字上俱有"歷六橋抵望湖亭"七字。
[三]"晚"，萬曆增刻本《漫稿》、《四庫》本《漫稿》俱作"曉"。

晚霽

晚來雨初霽，烟火隔林微。一徑牛羊入，孤村桑柘稀。長天下遠水，積霧帶岩扉。月黑聞人語，溪南種樹歸。

月夜登臺[一]

凌虛有古榭，入夜月同幽。桂影吹欲散，水光凝不流。酒杯落吾手，詩句破高秋。見說盧敖在，同追汗漫遊。

【校记】

［一］"月夜登臺"，萬曆增刻本《漫稿》、《四庫》本《漫稿》俱作"月夜登臺和彭濟物韻"。

送彭幸庵先生赴闕[一]

多難還分手，秋邊一劍雄。青雲懸短夢，白日照孤忠。驛竹啼山鬼，江汀臥晚楓。兵戈猶在眼，好奏未央宮。

【校记】

［一］"彭幸庵先生"，萬曆增刻本《漫稿》、《四庫》本《漫稿》俱作"彭濟物憲副"。

夜坐，柬錢員外士弘

中夜不成寐，屋梁落月空。攬衣驚鼠散，看劍炙燈紅。吾道空山裡，年華細雨中。故人有傲吏，相憶興還同。

對酒

岩石韜弓劍，風塵混客身。易消吳地酒，不見隴山春。失路無騰蹋，供愁似眾人。獨憐嵇叔夜，何處可藏真。

贈別顧華玉謫全州

桂嶺經行處，泉聲日夜閑。飛蛇晴挂樹，毒霧晝沉山。去國鳴孤楫，傳詩到百蠻。柳侯讀書處，遺像沅湘間。

感興

作詩久成祟，身世困天毀。夢斷心猶壯，燈青首獨搔。梨花三月晚，春水一帆高。何處歸來好，看山破白醪。

江城柬近夫[一]

沙上風烟異，經時老客心。遠天低故壘，落日帶空林。目極芳華晚，愁緣野水深。江城有嚴武，猶可慰孤吟[二]。

【校記】

[一]"柬近夫"，萬曆增刻本《漫稿》作"簡殷近夫"。《四庫》本《漫稿》作"柬殷近夫"。

[二]"吟"，萬曆增刻本《漫稿》作"岑"。

避寇吳興山中

日暮漁樵散，山空河漢明。柝聲悲永夜，戎馬閉孤城。去國美人盡，感時黃葉生。酒杯徒自好，極目一沾纓。

柬邵二泉先生[一]

青鞋偶城市，邂逅喜相投。一笑滄江遠，到門拄杖留。人文望吾子，天意老漁舟。不盡風前興，寒花卧晚幽。

【校記】

[一]"柬邵二泉先生"，萬曆增刻本《漫稿》、《四庫》本《漫稿》俱作"邵國賢少司徒"。

西湖

十里山如拭，西湖背郭流。僧歸虹外雨，雲抱水邊樓。春事多逢醉，歌聲半是愁。獨憐垂釣者，吾欲共滄洲。

夜過王漢章，留酌

一笑真良晤，相看意氣同。杯痕寒較淺，暝色坐來空。倒幘高人醉，焚香秀句工。阿咸更清絕，愛客似而翁。

宿歸雲庵

獨坐山中寺，境閑真意存。瓦燈燃石壁，松葉暗柴門。夜久無群動，詩成偶自言。上方鐘意早，山月落前軒。

夜宴

河漢近瑤席，開簾空翠生。金杯搖夜影，畫燭剪春聲。一笑藏鈎戲，低回舞雪輕。歡歌雜未歇，澹月照三更。

劍

得自昆吾北，土花尚蝕紅。歌魚志終俠，斫地氣何雄。寒日飛孤電，晴空走白虹。平生忠義在，仗爾靖蠻戎。

晚晴信步至城東草堂，主人開尊留酌[一]

東風吹晚步，拄杖散閑身。燕掠春陰薄，鳩鳴桑葉新。過君文杏館，呼我酒仙人。正有烟霞骨，還知麋鹿親。

【校记】

[一]"尊"，萬曆增刻本《漫稿》、《四庫》本《漫稿》俱作"樽"。

荊溪道中

樹夾蒼崖立，遙遙溪路微。浪花迎棹尾，山影上人衣。饑鵲鳴將下，頹雲凍不飛。還尋舊遊處，日暮漁樵稀。

幽居

自得窮通理，幽居不誤身。清流梳石髮，遠霧着山巾。竹上僧留偈，庭前鶴近人。科頭坐終日，吾自愛吾真。

山寺對雪

寒入山中寺，今晨雪意逢。清樽留客過，野興對僧濃。別渚迷鷗影，深林印虎踪。此時誰會我，倚杖立高松。

獨往

無媒幽徑迴，笑語領東風。遠燒攙新綠，寒花動小紅。野情藜杖底，詩句酒杯中。一路春相候，何人識化工。

燕都張子言訪山中

有客自高格，入山從我遊。衣裳上雲色，枕簟移泉流。嵇叔遠世味，山公得酒儔。柴門近湖水，還可到漁舟。

石林

亂石生寒靄，殘林帶晚曦。松凉供睡穩，山静與詩宜。入洞隨猿迹，登崖割蜜脾。揭來天壤內，此地可棲遲。

失鶴

只在秋江上，連宵信不通。忽看雲外影，漫擬頂間紅。樂府音猶是，山家籠已空。此時還憶汝，學舞小庭中。

又

只在秋江上，長吟首重搔。避烟茶已熟，窺戶月初高。山角聞孤笛，湖陰夢小舠。此時還憶汝，把酒興空豪。

又

只在秋江上，高飛竟不還。君應懷遠漢，吾豈戀區寰。雲冷難成夢，月明疑扣關。此時還憶汝，何處訪蓬山。

又

只在秋江上，烟霧幾萬里。階前留墮羽，苔面想行踪。雲影忽傍水，月明猶在松。此時還憶汝，跨我出樊籠。

又

只在秋江上，孤踪竟所之。花間扶杖處，竹外聽泉時。野客來玄圃，山僧寄紫芝。此時還憶汝，伴我夜吟詩。

春日，吳門和李獻吉見寄

春水動幽興，江行人迹稀。青楓隨岸斷，遠雁與雲歸。過雨花經眼，停舟山近衣。長吟愁落日，雲外看餘暉。

又

漫艤吳門棹，因成極勝遊。野吟峰影出，林卧草光流。帆面過江鳥，雲陰開晚洲。狂歌聊自得，隨地覓岩丘。

雨晴

曉起雨初霽，輕風到野袍。日迎山氣盡，天入鸛群高。出澗喜新漲，携僧同小舠。欲留還自去，詩意動林皋。

錢員外施藥[一]，作詩戲贈

濟世韓康伯，辭官陶隱居。花前開藥裡，月下檢方書。道骨時應長，塵緣漸破除。高風動城郭，人迹滿門閭。

【校记】

[一]"錢員外施藥"，萬曆增刻本《漫稿》、《四庫》本《漫稿》俱作"錢員外施藥濟人遠近風動"。

遊龍井山

石磴攀蘿上，天風倚杖吟。鐘鳴山意動，泉净樹光深。白日觀雲物，清樽坐石林。歸來興更好，纖月映孤岑。

鄭繼之地官久不過湖上，奉簡

怪爾狂吟客，不過湖水濱。寧遭官長罵，莫得野人嗔。雲外烏藤杖，水邊白鷺巾。相看只自好，空送月華新。

東郭草堂和王濟之閣老韻

草堂臨野水，苔積路難分。枕簟虛山月，琴尊度海雲。嗒然真得道，隱矣不須文。長日少人迹，門開鸛鶴群。

蘭

落日天風動，空山蘭葉芳。瀟瀟湘水闊，冉冉楚雲長。獨抱幽人操，空懷王者香。隔江費蹇采，歲暮永相望。

贈黃勉之[一]

我愛黃江夏，雲山夙有期。風流懷上世，瀟灑有清詩。笑拾滄江月，行歌青桂枝。嵇康得石髓，王烈許從師。

【校记】

[一]"勉"，萬曆增刻本《漫稿》、《四庫》本《漫稿》俱作"得"。

渡江

斗酒醉初醒，長歌望海門。晚山橫北固，落日照中原。沙白鳥雙下，天青江獨吞。壯懷方激烈，危坐欲騰騫。

讀孟浩然詩

春水長蘭苔，春鷗來復饒。雲光欲到地，江色澹相搖。濁酒同漁父，輕風動野袍。峴山斜照裡，歸去趁鳴橈。

曉起

曉起風威急，江城鼓亂撾。沙明初報日，樹凍半留花。末路無騰躍，孤懷有歲華。平生杜陵老，爛醉是生涯。

夜起煮茶

碎擘月團細，分燈來夜缸。瓦鐺然野竹，石甕瀉秋江。水火聲初戰，旗槍勢已降。月明猶在壁，風雨打山窗。

幽居雜興

草堂連翠微，一徑轉柴扉。竹裡廚人散，雨中春事稀。蜂房爭自課，花片覺全飛。政愛蒲團好，焚香了化機。

又

十日荒城雨，開門草又新。若無一杯酒，孤負百年身。澹澹春圍野，青青山近人。喜看江上影，依舊白綸巾。

又

雞聲催旦暮，歲月夢中移。雲漢空回首，溪山獨占奇。買船同鶴載，得句報僧知。却笑南華子，閑看野馬馳。

又

清風生甕盎，天亦愛吾貧。看竹雲連屐，鈎簾雨映人。梅花偶到座，硯水動浮春。意外渾無物，青山共此身。

又

小艇初移棹，搖搖進遠風。晴江獻嶼碧，老樹消春紅。斗酒長吟處，百年無事中。釣竿如在手，便好作漁翁。

又

睡起不自好，出門遠望山。碧雲回夕色，老木澹秋顏。道路從違裡，菰蒲坐嘯間。吾師白鷗鳥，長日與同還。

費閣老先生、顧與成參議同訪，有詩見遺，依韻和答[一]

雨餘秋寺裡，一徑轉松長。上客同乘屐，高人獨據床。塔陰眠石壁，鶴迹遍山房。歸去猶餘興，看鷗意不忘。《鷲湖》詩："水鷗相對處，機事已全忘。"[二]

【校记】

[一]"費閣老先生"，萬曆增刻本《漫稿》、《四庫》本《漫稿》俱作"費鷲湖閣老"。

[二]"鷲湖詩水鷗相對處機事已全忘"，萬曆增刻本《漫稿》、《四庫》本《漫稿》俱無此雙行小字注。

遊道塲山

伏虎昔年寺，塔留雷半焚。我來白日靜，鐘落青山聞。亂石開雲氣，晴池散鳥群。遲回興不盡，林葉落紛紛。

滄江

千林草樹靜相依，來往尋詩坐釣磯。地近青春惟鳥雀，夜來新水到柴扉。中原落日愁多夢，萬里滄江定不歸。擬回鹿門為地主，不妨常著芰荷衣。

春來兩月，懶不讀書，蕭然無一事

少喜讀書今懶讀，下床過午雙髻逢[一]。青山滿樓燕坐處[二]，落日半江元氣中。看花聽鳥了物意，尋詩把酒酬春工。風前忽自發一笑，十年夢落滄洲東。

【校记】

[一]"雙髻逢"，萬曆增刻本《漫稿》、《四庫》本《漫稿》俱作"頭亂蓬"。

[二]"燕"，萬曆增刻本《漫稿》、《四庫》本《漫稿》俱作"宴"。

得彭幸庵先生書[一]

白馬行營照暮春，風流文采一時尊。遼陽燈火夜談劍，梁苑詞人今在門。

聞道經時頭盡白，還知百戰氣猶存。寄書為慰南州客，卧病獨吟江上村。

【校记】

[一]"彭幸庵先生" 萬曆增刻本《漫稿》、《四庫》本《漫稿》俱作"彭濟物總制"。

辛未中秋，同張秋泉、僧龍玉升、顯東明西湖泛月[一]

一望晴烟破暝幽，湖天灩灩月初浮。旋携斗酒呼鄰父，小有蔬盤上釣舟。笛咽水龍中夜冷，杯搖河影萬山秋。人間回首悲何事，欲攬清光最上頭。

【校记】

[一]"同張秋泉僧龍玉升顯東明西湖泛月"，萬曆增刻本《漫稿》、《四庫》本《漫稿》俱作"携張逸人僧龍玉升顯東明西湖泛月吹笛飲酒登望湖亭扶醉漫興"。

岳武穆王祠

誓死從來建大勳，長驅虎旅破妖氛[一]。中原故舊今餘幾，四海相看獨有君。吾道千年元氣喪，皇圖萬里一江分。至今風斷黃龍府，鐵馬猶嘶戰後雲。

【校记】

[一]"破妖"，《四庫》本《漫稿》作"蕩邊"。案此乃四庫館臣以違礙字而有意改者，非版本之異文。

送彭幸庵先生赴闕[一]

斗酒長歌賦遠遊，客心無賴攬衣裘。西風老雁啼殘夜，虛館青燈夢九州。一路江山隨指顧，萬方時瘼要分憂。功成天上歸來日，還覓滄浪舊釣儔。

【校记】

[一]"彭幸庵先生"，萬曆增刻本《漫稿》、《四庫》本《漫稿》俱作"彭濟物"。

秋晚眺鎮海樓[一]

樓上輕雲散女牁，樓前狂客獨支頤。江當夕照半添色，詩與秋山兩鬬奇。木葉無言時序暮，塵寰多事杖藜知。只應又被漁郎笑，雨細風斜歸去遲。

【校记】

[一]"眺"，萬曆增刻本《漫稿》、《四庫》本《漫稿》俱作"登"。

新卜南屏山居

石上藤蘿對夕曛，解衣長日坐來頻。挽回滄海真無計，領略青山合有人。養鶴似嫌雙口累，為漁又過一生身。相逢惟是南屏老，獨樹柴門許結鄰。

山居着野服

道人占斷南屏景，十里青山帶郭斜。對水柴門通鶴渚，隔鄰烟火是漁家。岩頭老檜占風雨，石上昌陽閱歲華。妝點太平還我輩，棕鞋桐帽送生涯。

別吳野航，約遊嚴陵釣臺[一]

一曲離歌日欲晡，寒雲漠漠亂蘼蕪。晚風江上人初別，黃葦樓中酒漫沽。凍樹裡花春有迹，暮林無葉月平鋪。明年準擬桐江去，共訪嚴陵舊釣徒。

【校记】

[一]"別吳野航約遊嚴陵釣臺"，萬曆增刻本《漫稿》、《四庫》本《漫稿》俱作"別吳廷高約明年同遊嚴陵釣臺"。

登吳山絶頂，望錢塘江潮

獨倚危岑岸接羅，晚潮初上練痕齊。亂搗鼉鼓妖蛟舞，倒捲銀山海日低。弓弩千年人去後，帆檣萬里望中迷。憑誰喚起眉山老，為誦錢王廟裡題。

同顧九和、鄭繼之、殷近夫泛太湖[一]，作軍中樂，酒酣賦詩

洞庭秋老翠陂陀，景物恢奇望裡過。石柱天風迴鸛鶴，海門波浪見黿鼉。帆檣萬里憐漁父，鼓角中流和櫂歌。獨倚蓬窗渾不醉，浮雲西北意如何。

【校记】

[一]"同顧九和鄭繼之殷近夫"，萬曆增刻本《漫稿》、《四庫》本《漫稿》俱作"同顧九和侍講鄭繼之戶部顧與成正郎殷近夫縣令"。

贈鶴

為愛使君雙舞鶴，杖藜相過水雲鄉。入門瘦影當窗見，隔樹閑行共我長。碧海青天憐昨夢，朱琴瑶月鬬圓吭。他年結屋羅浮上，萬樹梅花待汝翔。

中秋，同凌時東、董子言、陳用明西湖玩月[一]，爛醉歌此

十里蒹葭雨盡收，西湖一望月光浮。野袍白幘同幽事，菰米蓮房作好秋。波静黿龍聽醉語，夜涼河漢帶漁舟。高情盡在形骸外，不用逢人說勝遊。

【校记】

[一]"同凌時東董子言陳用明" 萬曆增刻本《漫稿》、《四庫》本《漫稿》俱作"夜同吳興凌時東海昌董子言陳用明"。

與施邦直過訪陸侍御[一]，遊道塲山，泛碧浪湖[二]

一笑長髯意已投，角巾相對草堂秋。看山載酒青藜健，籠鶴尋僧盡日遊。浮世事多悲去鳥，野人道在只滄洲。他年寄迹來南墅，小結芳鄰水竹幽。

【校记】

[一]"訪陸侍御"，萬曆增刻本《漫稿》、《四庫》本《漫稿》俱作"過南野堂訪陸如崐侍御"。

[二]"湖"，萬曆增刻本《漫稿》、《四庫》本《漫稿》在此字下俱有"臨別書此"四字。

晚晴獨眺昇山絶頂

石磴天風笑語清，捫蘿直上思猶輕。斷虹收雨青山出，白鳥弄波斜日明。迹學漁樵成久業，身隨麋鹿長高情。兵戈滿眼真何意，只漫蓬蒿過一生。

題潛庵

避俗年來學養慵，惟憐猿鶴日相從。閑看流水孤筇往，偶與歸樵一徑逢。老去形骸無長物，清留門户有高松。空教使者求顔闓，知入雲山第幾峰。

陪李參戎汝盛遊勝果寺，登月輪峰[一]，望錢塘江潮

閒來野寺尋幽事，扶醉登臨興更豪。山脚遙分雲樹碧，海門初上浪花高。坐當落日吟偏壯，望入中原首重搔。投老要窮奇絶處，不妨隨地混漁樵。

【校记】

[一]登月輪峰，萬曆增刻本《漫稿》、《四庫》本《漫稿》俱作"酒酣登月輪峰"。

贈徐廷應

老翁白首負奇好，來往江湖稱地仙。野鶩沙鷗各解事，青蓴紫鱖寧論錢。月明滿地夜呼酒，山色半帆秋放船。偶過海門訪歔父，相逢各誦雲烟篇。

種竹

種竹荒岡手記曾，滿林蒼翠盡騰凌。遙連野水青無間，斜壓秋雲冷不勝。慣覓漁竿防稚子，衹分拄杖與山僧。黃陵歌罷無人和，明月欄干只自凭。

烏啼

烏啼野樹歲將暮，滿眼菉葹行路艱。老我祇應依白墮，幾人猶未識青山。百年知己長鑱在，萬事無心拄杖間。獨倚高原望明月，隔雲黃鶴幾時還。

和劉先瑞參政夜歸見寄[一]

林下輕凉愜素裾，雨晴薄暮景偏餘。閉門句好香殘後，搗藥聲高月上初。意外區寰元自厭[二]，山中靜業未全疏。他年杖履來尋我，同在羅浮頂上居。

【校记】

[一]"先"，萬曆增刻本《漫稿》、《四庫》本《漫稿》俱作"元"。

[二]"意外區寰"，萬曆增刻本《漫稿》、《四庫》本《漫稿》俱作"世上風塵"。

月波樓為南濠陳子魚題[一]

危樓溪上倚層空，住近仙人白兔宮。浪靜魚龍眠桂影，夜涼河漢動秋風。鈎簾弄釣滄洲上，開檻洗杯清鐥中。他日乘舟聽吹箎，我來相訪水雲東。

【校记】

[一]"南濠"，萬曆增刻本《漫稿》、《四庫》本《漫稿》俱無此二字。

乙亥元日

元日狂歌倒竹樽，東風昨夜到柴門。生逢盛世憂何事，家在青山道自尊。殘雪疏林開舊色，白沙細浪長新痕。春來漫有滄洲興，文鷯銀鷫滿釣綸。

范文一昆仲約同汪進之、方質父泛西湖倡和[一]

雲移洲渚樹移灣[二]，來泛湖光十里間。逸客風流同白幘，道人詩句說青山。天留晚景平波上，鷗落漁家亂竹間。此意與君須領略，菰蒲明月棹歌還。

【校記】

[一]"范文一昆仲約同汪進之方質父"，萬曆增刻本《漫稿》、《四庫》本《漫稿》俱作"孟秋十六日孫道甫范文一昆仲邀予同汪進之京兆方質夫逸人"。

[二]"樹移灣"，萬曆增刻本《漫稿》、《四庫》本《漫稿》俱作"樹廻灣"。

夢鄭繼之

不見平生鄭廣文，風塵側望隔青雲。殊方物色偏憐客，兩夜燈花頻夢君。隔葉山鳩高自語，避人江鸛獨為群。眼中此日堪惆悵，塞北音書久未聞。

孟僉事望之載酒晚訪湖上

堆案不愁簿領急，青春畫舫載歌行。看雲湖上牽清夢，對客船頭洗玉觥。沙岸行人楓樹黑，水樓殘夜月華明。追隨此日真高會，四海相看意氣橫。

夜坐

中庭露下濕征裾，獨起蒼茫佇望餘。河漢夜深人語靜，海門潮上月華初。盛時去國愁難破，看劍燒鐙氣未疏。三載相看隔南越，故山戎馬久無書。

棲雲樓[一]

樓上閑雲萬頃漫，愛雲長日倚闌干。巖花半落嵐光重，木葉亂鳴江雨寒。野老自甘泉石味，兒童時進蕨薇盤。閑來更覺青山好，湘簪疏簾靜裡看[二]。

【校記】

[一]"棲雲樓"，萬曆增刻本《漫稿》、《四庫》本《漫稿》俱作"題程世洪棲雲樓"。

[二]"湘"，萬曆增刻本《漫稿》作"緗"。

出塞二首

夜出漢家城，朝來塞上行。黃金短匕首，白馬縵胡纓。瀚海驚傳檄，燕山暗住兵。妖狐衝隊立，燐火隔原明。柳拂轅門曙，旗翻朔雨晴。笑談開俎豆，陳列走蛟鯨。帳底鐃歌起，軍中殺氣橫。寧知謝州簿，猶是一書生。

又

四塞黃雲接，西征更北征。饑鷹掠地去，駿馬跑空鳴。出磧河聲咽，當關山勢橫。風生聞觱篥，月黑見攙搶。草際髑髏語，雲間獵火明。旋炊白登路，暗擣黑山營。鼓角三邊肅，熊羆萬里行。提攜玉龍起，擬死報明庭。

夢遊華山

半空隔風雨，萬壑聞長松。我往採三秀，騎龍蓮花峰。

春日遊彗山

閑撫溪邊石，坐談竹下門。殘霞不作雨，遠水欲浮村。

醉着

瓦瓶倒盡醉難醒，獨抱漁竿臥晚汀。風露滿身呼不起，一江流水夢中聽。

夜泊闔閭城

欲行未行風力柔，吳門挂席夜正幽。秋水半汀鷗共我，好山兩岸月隨舟。

與殷近夫放舟江心對月

挂帆半夜受天風，白幘高歌海月中。千古閑情誰領略，一杯今與使君同。

寄青空道人

斗酒長歌對夕曛，相思無那隔重雲。夜來夢到西湖路，白石灘頭鶴是君。

西湖

十里飛花送酒卮，六橋兒女蹋春詞。無人會得漁翁意，獨立晴湖照影時。

毛參政籠一白鶴與丹書一函見遺，即席二絕答之

奇格跟蹌自少塵，白榆花落島中春。主人應是浮丘伯，不惜仙禽借與人。

又

半世徒誇萬卷功，埋頭今作蠹魚蟲。元知天上多文字，雲篆烟書更不同。

飲龍井

眼底閑雲亂不開，偶隨麋鹿入雲來。平生於物元無取，消受山中水一杯。

席上偶成

楊花燕子弄春柔，醉倚箜篌笑未休。依舊清風明月好，買船吹籜過滄洲。

潯陽歌

兵戈北指犯天閽，未到南都勢盡奔。一夜玉顏凋後艦，珊瑚寶玦泣王孫。

又

聞道君王統六師，蠻兵百萬羽林兒。親征若果臨南徼，江水今為飲馬池。

奉和文徵明元日見訪

簫鼓迎新節事忙，喜驚閑客過山房。主人依舊清狂甚，笑博裊盧送酒香。

秋夜

林屋無人月正明，推窗欹枕睡魔輕。一秋詩句知多少，聽盡瀟瀟葉上聲。

林侍御見訪，留坐竹下，問武夷山水

清泉長日漱潺湲，豸史峨冠訪竹關。自笑道人迂野性，相逢先問武夷山。

中酒，閉門一月，偶出晚步

燕麥花開春亦移，道人扶杖下山時。獨醒免使漁翁笑，捲葉分泉當酒卮。

馬汝驥 字仲房，號西玄，綏德人。正德丁丑進士，官少宗伯，贈尚書，諡文簡。

述藝

大雅既沉淪，雕蟲紛媚靡。揣辭互聲病，研響摘宮徵。知音俟來哲，前達

昧斯旨。補衲求繁密，字字出經史。濫觴及梁陳，居然奪朱紫。妖艷一以倡，喧蕩詎能止。神龍非末運，天寶有元始。

又

聖代肇文明，十世纘鴻基。猗與孝皇朝，俎豆增威儀。英賢一二作，千仞揚鸞輝。抽翰追奇崛，琬琰光陸離。朱弦有三嘆，陽春和不稀。雅頌久無稱，庶以見今茲。

送舒國裳謫閩中

悠悠客言邁，薄送城之隅。薰風應律來，炎蘊稍驅除。裊裊微雲生，忽忽翳天衢。迢迢郊河樹，冉冉南行車。行車當萬里，會面不須臾。豈不愴中懷，何能少踟躕。

發京邑

鸞鳳世稀睹，神龍焉可縻。聖人貴時達，凌世而不隳。曰予負褊性，動焉昧先幾。玉駟舍靡駕，豺狼羞並馳。徘徊閶闔前，九首蟠玄螭。進白竟無成，退逐將奚為。倉惶就遠道，愴愴中情違。路傍孤生桐，枝葉何摧頹。上有離群鳥，鳴聲如我悲。顧我寡脩翼，安能俱奮飛。

歸至別業

行役不知倦，忽忽造里門。家人候車徒，款接如嚴賓。上堂拜父母，悲歡焉可云。族黨聞我至，存問集如雲。念我久饑渴[一]，展席羅殽珍。殽珍不及餐，各各稱悲辛。老稚改顏貌，今亡昔則存。庭前雙古樹，葉落何繽紛。聚散本無期，所願保其真。胡為學萍梗，泛泛河水濱。

【校記】

[一]"饑"，明嘉靖四十二年孫應鰲關中刻本《西玄集》作"飢"。案以下在【校記】中簡稱為嘉靖本《西玄集》。

聞覃懷共城山水奇秀，可移家焉，有志弗獲，悵然賦詩，貽諸朋舊

縱酣竹林士，長嘯蘇門賢。匪以肆情性，兼之戀山川。曰予覽圖籍，歆想徒歲年。鸞沼厭留滯，虎符逢播遷。具瞻得鄰郡，高詠契初緣。陶令世情窘，

謝公民務牽。解纓意未愜，濯足理誰宣。仰送遊雲羽，俯懷翻荇鮮。曠哉奚矯迹，逝矣當忘筌。終愧畢婚志，聊題招隱篇。

酬明卿見遲之作

違時寡朋侶，在世有羈縛。雖抱投沙懷，中欽臨海作。美人惠前顧，軒車駕雙駱。探幽肆廣筵，握美行高爵。宴晤稔故歡[一]，告別附新諾。沁渚既鯀芊，樓峰復聯絡。捫蘿情易暢，攀桂興欲躍。嚴程豈邅遠，郵館秪淹泊。復柱瑤華篇，報桃耻凉薄。吁嗟伯牙音，非子諒誰托。寄言備醇醑，俟我偕盤樂。

【校记】

[一]"稔"，嘉靖本《西玄集》作"稽"。

停君濁酒卮，贈張子言

停君濁酒卮，聽我短歌章。家本上郡民，少小慕戎行。結交豪俠士，馳遊羽獵塲。角弓挂左臂，寶劍耀星芒。誓滅黑山戎，復此黃河疆。奇策不被收，雄志無田償[一]。俯首誦詩書，強顏餂冠裳。揭來青雲衢，歘登白玉堂。晨昏抱翰墨，羈束左掖傍。翩翩諸文學，俊雅善趨蹌。回盻猛烈氣，焉能效低昂。玄關謝華蔚，達人以此藏。嚶嚶鳥鳴木，豈不願高翔。冥冥鴻在野，弋者徒徬徨。浮名污魯連，流俗哂蒙莊。素襟儻共愜，濯足去滄浪。

【校记】

[一]"田"，嘉靖本《西玄集》作"由"。

自平坡趨香山

峻陟力云疲，奇探興不盡。巖連石蹲豹，岸曲溪盤蚓。律律一徑絕，回回萬山窘。懸泉虹突流，飛閣天遙引。眷彼雲中軒，憩茲塵外畛。靈園氣葱鬱，躚步松蘿近。

秋夕，文內翰宅別盧駕部

瑤闕厲秋飈，華疏净夕嵐。哀鴻度朔雲，嘹嚦下寒潭。節流增往愴，路岐集來慚。北扉展離席，東部停征驂。款曲娛琴書，邂逅合冠簪。奧區富珍貝，靈巖列樟枏。蔚蔚詞林彥，多產大江南。接武承明廬，同聲邁笑談。陽春倡不一，清廟嘆必三。藻思隨風揮，玄文絕世探。親仁各有慕，敦義獨未堪。良訊眷芬馥，囂涬釋煩婪。目斷樓星錯，心飛川月含。儻今惜歡飲，明發誰晏酣。

元日

化工幹冥樞，靈春啓元祚。青陽協條風，玉律銷玄霧。資始萬彙悅，履端嘉慶遇。旭景煥朔臺，茅堂枉親故。門桃忽以改，盤蓼於焉具。圃稼問歲月，簪組牽塗路。初服昧今圖，匏瓜嗟昨誤。運徂齒不小，世難理無窊。碧草欻翕萌，黃鳥遲芳樹。時物各有適，慨然感玄素。惡彼正會歌，耽此閑居賦。

城南園亭集作

城內多氛雜，引響南郊園。陰林既攢岫，名花復繞原。矚目何清曠，矧乃陪高軒。高軒豈貴遊，同聲義所敦。芳弦薦綠水，旨酒傾金尊。攀桂長淹留，折蘭成笑言。情洽禮或簡，時暌道並存[一]。歡樂亮難久，感慨顧已煩。流鶯遙自集，春草萋更繁。比物得友生，嘆世招王孫。百年事未測，何用勞心魂。

【校记】

［一］"暌"，嘉靖本《西玄集》作"揆"。

到京，會許東侯太僕

人生幾契闊，流歲入奔易。欻邁夢寐如，形神總殊昔。暌感念百攢，合言心兩釋。高筵集列卿，殽醴享來客。極飲日云暮，華燈秉寒席。冰霜肅幽朔，星漢轉英澤。慚予曳青泥，羨子敦文璧。冲衿耀代寶，逸思凌風翮。比駕嗟路岐，登龍欽有翼。朝隱豈本性，時乘乃弘績。抱茲良鬱紆，高爵詎烜赫。俔切儻不忘，德音庶金石。

送孫參議之蜀

軨軒絕大江，餞客盈中塗。借問君何適，西入華陽都。蠶叢天一方，千里行崎嶇。壯哉藩省僚，雙旌抗雲衢。叱馭歷九折，襃帷開萬夫。謐土侯服邇，宣條王澤敷。還顧金陵闕，層城概虛無。朋交戀冠簪，芳詞耀明珠。慷慨念投義，危言流八區。賈疏漢常懷，葛籌蜀所須。原隰不可稽，傾杯亂吳歈。愧彼瓊瑤報，眷此蓬麻扶。

答贈蔡九逵內翰
秋歸一葉早，節近雙星夕。金陵行色動，玉署羈懷釋。桐知吳會材，藥困文園客。七襄慚報章，徙倚山川隔。

寒食日作
帝京日日霾塵土，錦綉園池身未睹。歲事漫經三十二，春華又過一百五。我昔為童憐令節，故鄉遊冶那羈紲。牽衣窣地柳如絲，走馬穿林花似雪。玉樽倒繫聽流鶯，細雨和風半醉行。曲罷人誇綵雲色，詩成自辨黃金聲。大隱年來青瑣裡，朝回閉閣愁楊子。忌龍何客掃莓苔，歸燕誰家趁桃李。城中佳氣滿新烟，貴里豪門歌舞前。公子南橋喧踘蹴，美人東苑出鞦韆。九陌徘徊黯將暮，天邊縹緲香車度。今宵漏轉散星辰，明日春殘鎖雲霧。春來春去真流水，頭白顏紅莫悲喜。寶殿蛾眉嬌妒多，碧空鳳翼光輝起。自入樊籠情不怡，人生快意苦無時。買舟乘興終滄海，脫帽逃名更紫芝。

駕幸南海子
鼓吹南郊發，鑾輿上苑來。三驅緹騎繞，萬乘綵旌陪。漢帝誇胡去，周王載士廻。從臣傳諫草，不愧馬卿才。

懷寄雷仲華
詞客渭陽去，依栖祇桂林。我懷日千里，矯首暮雲陰。流水朱弦調，秋風白紵吟。天邊儻傳示，何止萬黃金。

寄答許子
舊日趨閶闔，君同上玉堂。華鐙照杯酒，白雪繞詞塲。豈謂風塵隔，徒憐歲月忙。滄溟二龍劍，離合意何長。

明卿見過，留酌
海內風流客，天邊放逐臣。轉蓬嗟地遠，伐木喜情親。花送金杯數，雲停綵曲新。如泥君莫較，百歲幾青春。

宿玉清宮

羽節仰真仙，雲車入洞天。開襟坐蘿月，掃榻卧松烟。院静緣蟲字，山深落鳳弦。寶書如不秘，長此奉周旋。

曉詣太學候駕

曉鍾開紫極，春誦合瓊林。輦道烟花複，奎書日月深。文罷傳石鼓，綵鳳待瑤琴。御幄當門戟，爐烟繞檜陰。

出遊顯靈宮

玄宮枕城闕，朱日静林丘。何幸金門暇，言陪羽蓋遊。松階雙鶴舞，竹檻一鶯流。似得還丹訣，乘雲度十洲。

十五夜，懋昭席上

杯落金波影，城銜玉鏡輝。傍花蟾一照，繞樹鵲三飛。氣散青天迥，寒侵白露微。關山聞短笛，長此鑒羅衣。

十七夜，薛君采宅玩月，是夕望

月望過三五，流輝粉署寒。霧開搖水鏡，露下濕冰紈。的的西園上，盈盈北牖安。美人抽白雪，逸響出雲端。

人日，集劉吏部宅

畫省攀瑤席，金花出紫宸。漢京星聚客，燕市日逢人。柏入寒杯早，蓂生晚砌新。諸君搖綵翰，不愧和陽春。

春日館中

紫極軒楹敞，青霄殿閣深。花雲春筆散，香霧晝爐沉。鳴鳳依中沼，遷鶯入上林。獨慚文史地，長憶碧山岑。

八日夜，聚奎堂和薛子

鎖院春星聚，升堂夜月微。三台金露出，八舍綵毫揮。經術關西上，才華鄴下稀。仙郎清廟作，逸韻入瑤徽。

送劉郎中使蜀

蠶叢今作使，蜀道古云難。白石江三派，青天棧七盤。飛雲搖玉節，廻日照金翰。側想題橋地，高門駟馬看。

聞鄒、張二君遊西山歸，簡贈

西山五百寺，金碧落湖明。藜杖聞雙出，松岩想一行。錦雲龍虎闕，赤日鳳凰城。妙思烟霞入，歸來幾賦成。

中秋，君采宅玩月

月賞去年臨，光華苑樹深。中秋還歲序，萬里散雲陰。破暈寒飛玉，傾波静挹金。更殘客不醉，龍笛起哀音。

齋宿大興隆寺，呈同館諸君子

晝結金閨伴，宵隨寶刹緣。焚香一證果，秉燭對談禪。院静深珠月，窗虛散綵烟。側憐咫尺地，常憶九重天。

古意

賤妾出良家，爭妍入狹斜。巫山行暮雨，洛浦望朝霞。綵鳳栖芳樹，金蟬點落花。使君南陌上，枉駐七香車。

十四日夜，文徵仲宅對月次韻

亭對將盈月，尊開暫會時。金波空不醉，玉露重淒其。北想龍吟海，南瞻鵲繞枝。只愁天漢上，風起浪參差。

大同作

高城積風霧，大漠眇烽烟。奉使驚邊土，歸魂一黯然。笳沉清海日，劍倚白登天。燕頷今誰相，談兵耻少年。

瓷窰口值風

入塞風還惡，開關日半陰。飛沙平霧壑，轉石倒雲岑。地截盤蛇徑，天迷嘯虎林。馳驅慚猛士，敢賦北山吟。

芭蕉園

輦道山樓直，宮園水殿低。碧荷春檻出，紅藥晚階齊。釣石蛟龍隱，歌臺鳥雀啼。翠華當日幸，花木五雲迷。

兔園山

雲梯盤石迥，水洞穴山深。龍壑春雷鬭，鮫宮晝日臨。壁金翻竹色，檻玉落藤陰。誰作梁園賦，還來奏上林。

別業冬眺

孤村萬卉落，寂寂感年華。日氣含虛嶠，風威掠遠沙。霧深迷虎豹，水凍蟄龍蛇。舊憶玄亭草，門前竹徑斜。

河西驛，別大兄叔素弟

兄弟憐予將遠行，送予河上各沾纓。停舟三老休時促，接席深杯且暫傾。傍路寒鴉還對語，凌風晚雁況孤征。莫將冠蓋愁今日，終擬漁樵共此生。

登郊壇鐘樓

行轉丹梯四閣空，坐攀朱檻萬山雄。岩嶢太一雲天接，廻合勾陳日月通。晚甸草迷蓬海霧，春城樹繞薊門虹。漢郊歲歲龍文入，輦道斜飛翠蓋中。

送比部劉君任南京

南京樓閣大江邊，北客帆檣拂遠天。仙闕自瞻龍虎抱，古臺還憶鳳凰旋。贈蘭珮散金門雨，起草香留畫省烟。暫向雲霄分綵節，早聞山水入朱弦。

登太寧山絕頂[一]

太寧千仞插雲孤，斬木披榛石磴紆。下楫丹巒極嵩華，高臨翠壑盡虛無。長松倒日偏承蓋，亂瀑飛虹巧弄珠。廻望龍文開五色，山川盤鬱帝王都。

【校記】

[一]"登"，嘉靖本《西玄集》作"發"。

元日

春回半月日逢元，曉動千家氣正暄。獻頌往年還栢酒，索吟何處更梅軒。簪纓久添丹墀拜，車馬時從紫陌喧。西北浮雲愁望劇，將因草色賦田園。

歸德舟行

千里塵沙倦客情，一舟虛豁大河平。浪花破日迎檣立，溯片乘風避棹行。浮世朝昏鷗鷺好，征途南北雁鴻輕。仙槎渺渺雲天接，灑酒題詩憶漢京。

東麓亭集[一]

瑤林寶閣半空躋，水檻山窗雲霧迷。帝宅龍盤分樹迴，仙家鶴舞傍花低。杯中紫翠遙岑落，物外丹青古壁題。地勝官閑春更好，何妨一飲醉如泥。

【校記】

[一]"東"，嘉靖本《西玄集》作"束"。

西山道院作

仙苑青春殿閣幽，憑高杯酒更遲留。雲開疊嶂疑新出，日映澄江似不流。鑄劍城移龍自合，奏笙臺迴鳳還遊。西山窈窕連東麓，佳麗金陵此十洲。

送馬汀洲

皂蓋金緋二千石，行春獨向七閩西。南州花鳥愁今別，北闕香烟憶昨携。雨裡酒傾江市數，天邊帆桂海門低[一]。大才為郡應多暇，玉洞蓮峰與遍題。

【校記】

[一]"桂"，嘉靖本《西玄集》作"挂"。

過何大復故宅，和劉士奇

故壟申臺側，荒廬漢闕東。門開三徑在，閣閉九原同。鵩止人先去，麟來道更窮。藏書悲海嶽，落筆想雲虹。芝室秋烟入，薇坦夜月通[一]。藤盤蛛網裡，棘鎖雀羅中。綠水瑤琴絕，滄江寶劍空。誦君思舊賦，鄰笛轉淒風。

【校記】

[一]"坦"，嘉靖本《西玄集》作"垣"。

過玄明宮故址，傷往事六十韻

白日登遙陌，玄明問故宮。變桑徒薾薾，秀麥只芃芃。伊昔虞廷上，茲閣漢幄中。腹心推帝主，權位竊奸雄。巷陌詩篇重，門生禮數崇。閣臣行雅黜，戚里坐昏憒。自恃回天勢，誰分轉日功。憲章更七聖，奴僕視諸公。左順衣冠謁，東河奏疏通。笑談傾海嶽，呼吸動雷風。鐵券銜恩異，銀璫拜德同。巖廊逢魍魎，國社倚猿狨。刃血陳藩戇，囊頭孟博忠。急流翻俊乂，直道若愚朦。紈穀牢憎籾，肥甘簋厭餗。珍奇重譯至，歌舞四方工。甲第聯岑崿，長安表鬱蔥。弟兄爭閥閱，親昵獲幷幪。繡屋頻經始，琪園欲送終。夷墳開碧碗，奪宅失彤弓。南國梗樟盡，西峰土石窮。高居真玉帝，侍立儼金童。兩觀懸朱日，三梁架綵虹。蛟螭蟠棟赤，琥珀挂簾紅[二]。鑿水規溟渤，為山象泰嵩。千門迷紫霧，十閣概玄穹。丘壟圍丹竹，祠堂列錦楓。深林遊鹿豕，仙域守羆熊[三]。電雨何靈怪，星辰欸杳濛。誥箋垂綵鳳，頌筆著雕蟲。碑字黃扉出，彝章翠殿充。人情知損益，天運驗衰隆。赫怒窺文勇，哀矜感舜聰。簡霜纔肅殺，評月亦朦朧。書記殊邦斥，謳歌一旦空。夏門題賊榜，陰闥繫官僮。火向寒灰滅，冰緣皎日融。臍間然董相，眼底見胡种。大市喧童粉，佳城惜梓桐。暗檐惟雀網，廢井但麋罿。階澀苔苔迹，壇荒枳棘叢。香爐沉縹緲，翠帳落玲瓏。怨鶴應歸柱，哀駝竟化銅。閽人稀陝洛，羽士合崆峒。傳舍存三島，陪陵罷九嵏。綍頒元世改，巢破豈時蒙。黯慘無行馬，淒涼有去鴻。川廻沙苑外，臺先堞樓束[三]。嘯鼠穿殘瓦，啼狐出敗櫳。烟光浮宿草，風色斷孤蓬。衒達還熏蕷，恣睢更腐躬。群英虛寵貴，萬姓實疲癃。驥伏雲霄櫪，雕翻日月籠。操刀懷必割，奉璧恨難攻。幹斗憑機速，旋鈞借力洪。告猷多齟齬，布法或觳觫。音急看琴瑟，詞繁想受筒。履祥攖虎尾，畜吉牿牛犝。望已衡留傳，占猶劍在豐。瑤編聞黨議，寶鑒仰宸衷。

【校记】

[一]"挂",嘉靖本《西玄集》作"桂"。
[二]"羆",嘉靖本《西玄集》作"罷"。
[三]"先",嘉靖本《西玄集》作"圯"。

題泰法師講堂十二韻

柰園聞大士,講座竹蕭森。七覺人天長,三明道德林。慈雪披宿障[一],慧日照幽陰。晝落瑤燈焰[二],宵流寶鐸音。微言飛白雪,妙智布黃金。不滅因誰證,無為法所欽。網開疑路闊,舟度愛河深。惧鳥巡檐下,降龍抱塔吟。葉空生樹意,花絕吐蓮心。劫向殘灰變,年從逝水侵。菩提香相轉,舍利火光沉。極樂瞻西域,恒沙隔鷲岑。

【校记】

[一]"雪",嘉靖本《西玄集》作"雲"。
[二]"晝",嘉靖本《西玄集》作"畫"。

南泉十六韻,贈范廷儀郎中

吾愛南泉勝,元通碧漢流。四洋分惠澤,萬壑抱靈洲。錦色烟中動,瑤光日際浮。蒙山懸素瀑,離火濟丹丘。激石珠璣散,奔崖組練收。斗星搖白晝,風雨落清秋。仙藥經春灌,芳鱗入静遊。影翻霞嶼麗,派合月湖幽。泛酒思飛鷁,垂綸解下鷗。滄浪傳舊曲,綠水薦新謳。苔岸盤彫篆,荷堤映綵斿。書來題飲馬,槎去犯牽牛。玉醴堪時酌,金沙豈外求。谷神歸潤物,川德被盈疇。鑿隧機何在,臨壕樂自由。淡交逢莫逆,願借滌煩憂。

北嶽二十韻

代郡高誰闢,恒山鬱自盤。頂浮天地闊,傍掩日星殘。形勢并門扼,威靈冀宅安。省方玄帝始,分野紫垣端。錦繡虛無出,銀鐺縹緲看。寶符傳七聖,玉檢奉千官。俎豆行冬殿,琴棋駐曉鑾。觀碑垂歲月,窟石鎮林巒。百里烟霞秀,三時雨雹寒。穴風生虎吼,巖瀑主龍蟠。橫塞襟長白,穿胡帶紇干。魏遼曾甸服,燕趙自泥丸。氣滌腥羶雜,烽消岫嶺攢。東銜滄海嶼,北控黑河湍。鍾乳猶懸穗,金芝即捧槃。薜蘿翻翠壁,松栢護瑤壇。雲步名仙會,脂圖大隱歡。障開峰繞碧，社入竈還丹。拄杖思黄鵠，飛車問赤鸞。真源何窈窕，不獲挂纓冠。

無定河東岸登眺，呈大兄郭唐夫

沓嶂孤城對，巉崖一徑懸。園林移日月，河氣薄雲天。晝想池龍起，春逢谷鳥遷。藏書還翠壑，洗藥自清泉。地合幽栖戀，時空遠役牽。東皋冠早挂，南澗服終旋。況接菊花後，因歌桂樹前。登臨餘勝迹，卜築遲何年。

夜集薛吏部宅

炎夕留香署，涼飈落酒卮。稍看庭雨散，漸覺海雲披。洒翰花潛照，張燈燕倒窺。虛同醉月地，實忝聚星期。榻在懸須下，更殘坐屢移[一]。高情扳讌賞，歸騎却憐遲。

【校記】

[一]"坐"，嘉靖本《西玄集》作"座"。

春夕集吳舍人宅二首

興發青雲上，襟開素月前。張燈還舊雨，落筆更新烟。劍動黃金匣，琴揮白玉弦。戴舟迷霽雪，徐榻下春天。渠柳遙增麗，城梅巧鬭妍。濁醪休不醉，藉爾度芳年。

又

高軒消宿霧，靜院發春花。銀燭翻晴色，金尊閱歲華。青霄低鳳閣，明月抱龍沙。鳳鵠傳音迥，雲虹度影斜。薄遊從帝里，爛醉失天涯。燕賞憐簪合，狂歌倚謝家。

送少師楊公致仕歸蜀，七言排律八韻

紫閣長瞻日月旂，碧山還憶薜蘿衣。晨懸赤烏升金殿，夕捧黃麻下玉扉。扈帝郊都傳寶鼎，補天虞闕在璇璣。肖形自遲麒麟畫，歌德誰追鳳鳥輝。棧繞春江青樹合，關開晴壁白雲飛。只同辟穀留侯去，豈是扁舟越客歸。萬里橋邊新卜肆，千秋池畔舊漁磯。故園桃李饒葱倩[一]，西極門墻悵有違。

【校记】

[一]"倩"，嘉靖本《西玄集》作"舊"。

凱歌二首

人日廻鑾雪不晴，百官戎服北郊迎。旗翻豹尾搖金闕，劍吐龍文繞玉京。
將士先驅德勝門，滿城金鼓震乾坤。雕弓寶劍飛龍馬，五色雲中見至尊。

擬古宮詞四首

君王罷御大明宮，結束邊裝臂角弓。虎監豹房頻講武，貂璫百隊引飛熊。
風流白面漢金吾，玉榻承恩賜姓朱。扈蹕三春飛寶馬，調鷹挾彈五雲衢。
梁帝深宮誦大乘，創開樓閣禮胡僧。重關不閉黃金鑰，五夜長燃白玉燈。
雲中上谷接銀州，到處君王起玉樓。敕選後車多艷麗，掖庭愁殺大長秋。

豫章歌二首

群盜舟廻破竹同，提兵直入楚王宮。玉符自表參裨策，鐵券誰分節制功。
江上旌旗擁不流，斗邊城郭坐難投。蛾眉半死魚龍窟，金帛空堆翡翠樓。

送明卿

君家何處有衡門，沁水西崖灌木村。為報山花開莫盡，遲予潦倒對金尊。

送尹太史南祀

鴻濛南嶽半南天，下映明湖黛色懸。春薦馨香開玉檢，晴流七十二峰烟。
帝子南巡歷九疑，瀟湘班竹轉春姿。空山雲氣淋漓濕，古廟風花次第吹。
江漢東風送鷁舟，楚宮花木早鶯流。即看錦節青天轉，肯為湘纍賦遠遊。

出塞曲，贈許侍御伯誠

龍塞青笳咽暮風，鳳樓吹笛落梅空。何如馬上琵琶曲，秋草淒涼入漢宮。

望嶽

天嶺排雲碧障開，紫芝瑤雪閟樓臺。即看雷首河峰接，便插醫閭海岸廻。

廣州歌，贈廷儀二首

海霧冥冥萬嶺包，片帆飛浪接南交。蠻商不憚黿鼉窟，越客偏憐翡翠巢。

越王朝漢起樓臺，萬疊瓊瑤海上開。歌憶彩雲春不動，舞憐白雪夜飛廻。

送文内翰致仕歸吳

洞庭山穴五湖通，吳楚風烟一望中。解珮竟辭銀漢闕，著書長往白雲宮。

越中吟，送陳山人二首

結束千金寶劍雄，七星懸照若耶銅。赤山日鑄嬉遊地，怕有龍吟碧海東。

雲門樓殿闢天都，朝暮樵風採鶖呼。溪竹巖蘿盤一徑，前山鐘梵隔春湖。

周雅續卷之七終

周雅續卷之八

北圻賈鴻洙憲仲選輯
西極文翔鳳天瑞裁定
北海孫三傑淑房參閱

胡侍字承之，號濛谿，咸寧人。正德丁丑進士，官少卿。

苦寒行

北風其寒，雨雪漫漫。斧冰作糜，饑不及餐[一]。彼人之子，貂蒙其冠。我人之子，裋褐不完。狐裘與與，釃酒有黃。不彼之寒，而痛貧者。祁寒冽冽，卬則莫禦。蘊隆蟲蟲，伊寧有所。寒暑代周，曷惠曷仇。人也不諒，而天而尤。

【校記】

[一]"饑"，明嘉靖刻本《胡濛谿集》作"飢"。

吳山謠，送謝學憲應午參浙藩政

使君隴西來，盛道吳山好。示我吳山詩，侑以金光草。吳山岧嶤鎮西土，五峰去天才尺五。絕頂松梢綴曉星，半巖瀑布飛晴雨。五鎮之山此其一，祝號頗與群嶽匹。野鹿紛迎獬豸冠，懸崖倏睹龍蛇筆。北風颯颯驪駒鳴，揚旌却向東南行。玉節將移紫薇署，錦袍先入金陵城。浙藩自是東南美，亦有吳山在城裡。自公之暇登吳山，西望吳山渺千里。後時會面安可期，逢人先寄梅花枝。關門小吏解候氣，西來再續吳山詩。

謝公韻[一]

勝絕疑瑤水，招携有玉人。鈎簾進落毳，鼓瑟出潛鱗。竹粉題詩遍，荷筒送酒頻。此中自可樂，莫問武陵津。

【校記】

[一] "謝公韻"，明嘉靖刻本《胡蒙谿集》作 "夏日孔方伯汝錫謝學憲應午招燕郭西園二首次謝公韻"。題下原有兩首詩，此處所選為第一首。

送龍比部琰出相榮府

捐珮就南國，曳裾仍故鄉。唱驪燕柳碧，回鵠楚梧蒼。君即長沙傅，新辭漢署香。茲行有詞賦，早晚出沅湘。

牛車

巉嶁風門上，盤紆塔洞長。烟中辨海色，天畔引飛觴。吹雪廻陰磴，歸雲宿畫梁。直疑兜率會，坐待玉毫光。

送劉德徵守夔府

國有蠶叢古，城聞白帝雄。龍蛇夏禹廟，雲雨楚王宮。羽檄通南徼，樓船進北風。還令蜀父老，喜得漢文翁。

宿蒙谿舘二首

玉舘神霄洞，金壇綴露紋。巖窗深入霧，石磴曲盤雲。墮月杯中見，鳴泉席上聞。將因尋五嶽，特地訪真文。

又

青谿人不到，雲木晝冥冥。乳竇含陰雪，空潭蘸列星。路危斜避閣，巖轉曲藏亭。已覺無來往，烟霞散鶴汀。

紫騮馬二首

俠客紫花騮，揚鑣南陌頭。駸驪過下蔡，宛轉出長楸。臂綰青絲絡，腰懸錦帶鉤。但令橫絕漠，不用取封侯。

又

摐金摧鶴翼，戛玉度龍鱗。蹀躞詎辭還，權奇殊絕倫。風鬃颯紫露，冰汗結紅塵。一別長城窟，年年塞草春。

送白貞夫昆季還吳

並命歸吳苑，揚舲別漢京。闕隨雙鳳轉，雲引二龍行。島出江中寺，霞標海上城。論文期未可，抱劍一含情。

渼陂

擊汰春陂曲，廻橈孤草亭。雲光垂地白，水色漾空青。舟楫豈吾事，江湖元客星。美人期不至，惆悵北山銘。

送羅方伯循矩赴貴州

雙旌萬里道，三月五谿行。捫葛緣星棧，看花過錦城。碧雞雲裡下，銅鼓雨中鳴。急草邛𤏡檄，明君待長卿。

集永興王園

不厭西園景，追隨清夜遊。雨過蘭坂濕，月出桂山幽。驕馬盤金埒，仙禽語翠樓。坐餘歸興發，春草為淹留。

雨中同李憲副文極登天池寺二首

画剎凌香岫，金繩引覺途。人天標法界，形勝小秦都。雨響春階竹，雲籠寶殿珠。茫茫白毫裡，極目渺平蕪。

又

冒雨攀龍磴，憑虛坐雁堂。石門深窈窕，沙界迥蒼茫。雲氣蒸衣濕，天花繞座香。恭陪許玄度，留宿遠公房。

觀春雪，簡王二判府

蒼雲黯春晝，白雪下璇霄。雜雨俄先集，從風欲半消。著梅花並吐，拂柳絮爭飄。倘發山陰興，扁舟甚不遙。

昌平館

山館雨過涼氣旋，畫苦簿領夜分眠。撐庭老木森個個，縈階流水清涓涓。窗中皎月此時見，城上夕烽何處傳。客懷欲寐不得寐，野哭雞聲還耳邊。

城夜

露下庭皋秋夜清，星河冉冉動高城。林烏自避廚烟宿，旋雁孤隨海月鳴。塞上風雲還頒洞，客中鐘鼓最分明。金支翠節歸何晚，璧水瑤山擁漢京。

再遊蒙谿庵

蒙谿庵在杜陵西，仄徑廻巖舊不迷。雲寶嵌空懸翠水，烟蘿罨日護丹梯。潭心浴鷺晴還並，洞口哀猿晚自啼。北郡未聞豹虎息，吾將此地托幽棲。

詠珠上人院柏六韻

野寺經王劫，空齋古柏存。猶疑瓔珞樹，移自給孤園。寶葉香烟結，枯柯雷火燔。晴天風雨集，陸地海濤翻。歲月森盤鬱。蛟龍互啖吞。禪枝將可托，一欲挂心猿。

凉州詞

落日黃河雲倒流，沙場旌旆風悠悠。新降胡奴不解語，笛中吹出古《凉州》。

秦阿房宮

六王纔畢鮑魚回，赤帝兵從軹道來。雲閣曲連三百里，野風吹作楚人灰。

許宗魯 字伯誠，號少華，長安人。正德丁丑進士。官都憲。

吳下雜述，別同年詹秋官汝約

嘉會殊未永，君戫南歸棹。脩江浩無際，促景流寒照。解纜吳胥門，指帆玉山嶠。逡巡斷去留，牽挽成悲嘯。君行樂何如，予旋未可較。恨恨執君手，殊方寡同調。

又

風霜厲殺節，吳越亦隆寒。積霰栖隱巖，纖冰結江干。羲輪迅西軌，玄御驅南轅。景象閟佳麗，氣候恣凋殘。遠客滯未返，朝夕繁憂端。况茲歲云暮，重以離交歡。去去一尊酒，巖程不能攀。我心回萬折，逐子東流瀾。

延暉館

羲馭迅西軌，漂落隨坤隅。留光尚閃爍，反燭東窗虛。窗中吏隱子，頗解惜居諸。殷勤就餘景，顛倒理簿書。豈不眈逸處，駑足無長驅。勖哉古明訓，收功在桑榆。

述志

猗猗紫蘭草，幽谷熙陽春。鑒影石上泉，結嗅巖間雲。一為遊女擷，旖旎重髩脣。妍孀彼自負，靈質元芳芬。

擣衣

金颷御嚴氣，玉露凄以零。遙遙古塞北，肅肅寒易生。幽閨念遠戍，惕然中自驚。卷素出洞房，擣練向前楹。文砧瑩月色，香杵凌風聲。緩節既辛楚，急奏復丁寧。力疲豈辭倦，心切不可停。將因九原使，寄此萬里行。寂寥感獨夜，徘徊望雙星。為言河漢女，爾我同其情。

亭上

群動暮已息，吾亦與時休。暫去簿書勞，薄言懷夕遊。逶迤步畦逕，逍遙即林丘。涼風灑檐樹，亭影漾池流。澄神對止水，冲慮復何求。尊中有素醪，獨酌還自酬。心遠境亦寂，何必於滄州。

遊赤壁

輟翰去幽館，揚舲泝泂淵。澄瀾鏡羽蓋，倒景浮賓筵。前眺霞壁麗，側泛雲島妍。惠颷扇微鄰，纖魄流通川。岸姿媚嘉月，水容漾遙天。雜卉芬紫岫，鮮葩耀碧泉。躍鱗擲素波，慧羽吟繁弦。嘉朋艷簪盍，時景臻華年。淑氣怡賞情，和春蕩冲玄。擷芳縱泮渙，命酒恣留連。俯仰攬故迹，悵望懷昔賢。雅抱良不窮，既醉陳茲篇。

奉和燕泉先生少宰何公委心亭，陶韻

解绂辭要津，結廬向名山。習隱怡素懷，沈性養頹年。鵠舉冲丹霄，龍潛伏玄淵。且慰肥遁志，豈矜負郭田。朝遊雲島上，暮宿霞嶠間。海風搖戶外，嶺月流檻前。俯視瀟湘野，遠水淡蒼烟。馳想九疑封，振衣八桂巔。高居有至樂，寡營信餘閑。坐看歸雲馳，心賞真冷然。

暮春，同諸子登望江樓作

曩宦闕茲登，今來邁斯賞。朱閣凌漢飛，丹磴緣雲上。芳時艷桃柳，春渚茁菰蔣。浩浩江水脩，茫茫楚封廣。惠焱拂綺楹，淑氣耀金榜。波光蕩空洞，石霞映虛敞。層觀每興矚，萬籟各奏響。冲騫信有基，大造窺無象。暫喜辭喧卑，同懷納高爽。寄言御風軒，兼以稅塵網。

贈別王履吉

吳人王履吉，髦士也，抱器不售，翱翔江湖，鬱然繫人望焉。庚寅之春，有司貢至京，許子從之遊，歡甚。未浹旬，發舟東歸，逝不我留。余懷淒悲，纂序情言，撰為此篇云爾。

靚顏良苦遲，飲譽實在早。焉知邂逅日，即為睽別道。之子抱周器，彝鼎居鎮寶。獻璞志豈疏，奏瑟宦未巧。紫蕚軫鄉思，東帆向溟浩。吳岫望以微，具區即何渺。會促不可延，感深倏將老。傷此將乖翼，懷哉並柯鳥。何以縶子舟，思樹望歸草。

贈黃海亭卿

魯國不識麟，逡巡斃鉏商。楚人不識鳳，謬以山雞當。瑞物固有恒，所值乃無常。一解

鯤鵬搏海運，垂翼羅八荒。鷦鷯奮短翮，眷眷依榆枋。細人在卑栖，志士尚遠揚。二解

夷齊恥衰德，甘餓西山陽。仲連憤濁世，誓蹈東海洋。竭來千萬歲，世短名更長。三解

君子有貞操，不畏雪與霜。南山松柏枝，歲晚色愈蒼。豈效桃李花，妖豔爭春芳。四解

送馬司業赴南都

遠遊欽楚騷，浮湘劇遷史。奇抱表靈朕，遐情寄萬里。朝吟鳳凰臺，夕賦石頭壘。灼爍珠斗輝，焜煌耀南紀。

寒夜有懷馬司業仲房，效何水部

北風響高枝，凉月掛疏樹。蕙圃委芳菲，蘭徑被霜露。寂寂良夜遙，惻惻遐心注。泛瑟不成歡，披書那與晤。歲往念徒積，憂來浩無緒。相思鬢欲變，惟以佳人故。

暮春，遊王氏南墅

改服始禪祫，中車適郊坰。協風應律至，靈雨浹晨零。華林發陽彩，候鳥調鳴嚶。逶迤淑景遲，崢嶸遠秀迎。撫心驚逝節，命賞逮時榮。載饌出中庖，合燕即野亭。飛觴迅插羽，列坐旅班荊。回風揚舞袖，遏雲上歌聲。為歡詎知疲，顧景俄迫冥。言歸且復止，既醉儵而醒。主人善愛客，終燕有餘情。矢言投我轄，將為秉燭行。

寄祝黃門詠

聞君愛山水，枉駕終南麓。是日值新秋，凉風被草木。採真白鹿觀，問道青牛谷。相逢多異人，所受皆金籙。我欲從之遊，病體苦羈束。悵望雙鸞車，徒傷千里目。

春日，登含元殿故址作

覽故躡崇基，披荒撫遺迹。川原諒如斯，壯麗感非昔。五城隱見分，雙闕岧崿立。參差想華構，凌厲餘層級。却繞涇渭明，俯視終南屹。落日黯將暮，春草萋以碧。嗟哉市朝變，去矣雄圖熄。黍離有餘悲，桑海詎終極。

春日，雨中過曲江別業，效何水部

濕雲暝遙嶂，纖雨浥芳郊。草沾將翠合，花潤欲紅交。驅車城以外，息駕江之坳。睡望屬林坰，依栖眷衡茅。新水漲鷗渚，香泥落燕巢。園蔬雜葱韭，村醸注陶匏。醉舞或僂儸，狂歌亦呶呶。自分已忘世，何須賦解嘲。

送王朝邑班歸蜀

置酒送遠行，況乃平生歡。中觴不成醉，浩然起長嘆。丈夫非愴別，所悲行路難。江海多蛇龍，虎豹亦在山。風塵暗中衢，日月晦天關。徒含隕霜志，誰為雪其冤。淒淒歲云邁，式微何當還。我有千金劍，解佩子腰間。靈物顧寶愛，倘遇張茂先。

步登西阜，望太乙宮，宮據山麓，靈秀敻絕，信仙都也，予心慕焉，卜遊屢阻，結想未釋，賦詩

琳宇隱幽麓，玉京秘靈迹。撰期旋屢遷，訂言宣恒食。丹洞寓陶想，芝房企偃息。匪限波潭弱，諒羈塵軌迹。金友偕採真，蘭春幸同適。振履陟崎崒，馳觀屬玄閟。樓閣敞虛廓，崑閬峙咫尺。煥煥霞彩凝，皎皎犀光射。孔鸞紛下上，龍霓遞顯匿。緱笙欻夜停，穆駿儵退躑。變幻駭靡常，探討吁寧極。何當謝羅網，倏忽成羽翼。摶飇御霄遊，躡景凌霞術。服食九靈草，坐臥三生石。結契松與喬，所願從此畢。

苦雨，簡友生

積霖晦平陸，留暑謝層軒。淅淅崇朝集，瀟瀟入夜喧。濕靄蔽南野，流潦泛中園。梧桐井上落，莓苔階下繁。過從斷車馬，歡燕阻琴尊。幽襟不可釋，欝想竟誰論。期子惠我顧，光采賁丘樊。眷然不終棄，冀可奉玄言。

春夜宿白鹿仙洞，曉起，枕上見終南山，悠然有作

窈窕仙洞幽，枕簟烟霞暖。虛靜遠囂喧，閒若華陽館。我來臥春宵，刻漏何其短。明月方在除，朝光忽已滿。開門見南山，霽色翠可攬。怡然五情悅，塵目盡以澣。便思攜子喬，坐弄雲和管。

徐洞仙歸自武當，與予談異人斅子李之異，往予登遊，嘗聞其人，而未之見，今叩其踪迹，亦符前聞，予老矣，不能造謁，企慕之懷，不殊今昔，因賦懷仙之歌，李君靈悟前知，計當神交我也

山中異人斅子李，一入山中不知紀。風餐露吸久辟穀，蕙帶蘿衣半遮體。乘風下上不履地，眼光電發綠筋起。塞兌忘言若無識，目盼手揮皆至理。我昔

登山祈一見，丹厓翠壑空瞻禮。神遊渺渺窮八荒，弱水蓬壺三萬里。清宵獨倚望仙樓，徒然目斷烟霞裡。歸來廿載始逢君，傳道仙踪如昔聞。飛舉久知栖洞府，音塵早已謝人群。我生亦有求仙癖，塵役勞勞徒自勤。未能棄置從君往，悵望南天空白雲。

謝蕭宗樂惠硯歌

南海蕭生携錦石，為言遠自端溪出。上巖下巖三十里，中有澄潭秘靈迹。鬼神呵護龍蛇蟠，融膏滲液溪水寒。明熒不數紅瑪瑙，滑澤遠過青琅玕。山藏地蓄美鍾聚，苦索窮探極朝暮。斧鑿侵凌海若宮，網羅觸掛珊瑚樹。波翻浪覆水冥冥，玉潤金鏗始露形。拂拭猪肝流灼爍，琢磨鸜眼生晶熒。裁成永作文房客，鳳沼鯨池涵太液。銅雀殘陶耻污陋，歙溪龍尾堪羞匿。開軒置向烏皮几，管子松侯日相比。注水時時嶺霧昏，臨池細細溪雲起。蕭生蕭生瀛海仙，曾携此硯朝鈞天。獻賦春沾仙掌露，摛詞晴裊玉爐烟。蕭生好我如昆友，詞苑追隨交頗久。一朝捐惠連城珍，登堂拜受歡呼走。持來滿座生輝光，海霞山瘴猶蒼凉。自愧無文續班馬，兼之作字非鍾王。吁嗟端溪爾希世，我質鉛刀藉君礪。抱貞守一方以義，銘以誌之傳萬祀。

沅江行

沅江西來經月窟，湍騰萬里趨溟渤。中流卧石橫突兀，兩岸蒼厓劈天闕。山高石險不可越，迅濤穿雲長勃窣。雪花散亂轉山谷，水霧蒙密沈日月。波潭老蛟怒馳突，峽口巨黿驚出沒。崐崙龍門春漲漲，瞿塘灔澦懸流汩。風帆飄飄捷飛鶻，移山縮地坐超忽。舟中之子秦地客，乍涉江湖憂倉卒。倚蓬問程心巇危，頃刻愁多將白髮。君不見長安城南杜陵道，花香酒濃春更好。馬蹄尋春信昏曉，醉即墮馬眠芳草，胡為風波犯蠻島，坐令顏色愁中老。

崇陽洪歌

崇陽之洪高百丈，虎牙虹角石相向。懸溜空明一水通，銀潢倒瀉青冥上。前山三日驟雨鳴，清晨澗壑雙巖平。浮查寄迹在木杪，舟航來往摩雲行。奔湍激瀨雷霆走，盤渦急漩蛟龍吼。澎湃翻疑禹鑿初，開疏詎識神功久。雪花飄蕭白浪盤，蒼厓合杳生陰寒。炎精五月失光彩，中流坐覺衣裳單。平生雅志愛山水，訪石求泉遍遐邇。年來登覽頗富雄，海嶽崢嶸懷袖裡。將尋巫峽觀秋濤，更泛龍門春漲高。窮源便欲泝天漢，直引星槎掛斗杓。

洮州行

陰風淒淒動萬里，崑崙殺氣凌洮水。城頭鼓角悲黃昏，丹烽夜照青霄裡。胡兵如雲西海來，三旬合圍猶未回。城中樵汲日不給，四郊多壘何時開。將軍束手坐無策，戰士有懷空自激。馬市茶商道不通，隴山慘淡風塵色。嗚呼！門庭之寇古所憂，願言畢力援洮州。

贈琴棗陽王

越桐槎牙老麟角，何年神鬼留巖壑。衝淼震盪雰霾凝，上有啼鶯下鳴鶴。儲精含氣歲月深，蘊籍鏘鏘金石音。工師採之為雅琴，泛指已聽龍鳳吟。銘題咸淳知宋紀，流傳莫辯誰終始。皴裂多生蛇腹文，規模似是龍唇體。昆侖仙人遙致余，十年江海遊常俱。酒酣興到時抱弄，清商變徵驚潛魚。方城山人好奇古，解囊贈君君試鼓。好奏南薰協舜歌，莫諧怨瑟悲湘浦。

賦得折楊柳，送屠大夫北上

漢江楊柳夏初齊，千條萬條垂綠溪。濛濛細霧兼天遠，裊裊柔條拂地低。江頭離筵當柳開，柳花撲酒香風來。中流笳鼓凝不發，我歌楊柳君徘徊。折楊柳，送君行，黃鵠山頭望玉京。紫雲冉冉雙龍闕，綠柳依依五鳳城。鳳城垂柳三千樹，嫋娜金堤縈綵霧。君獻千秋寶鑑詞，柳烟深處重瞳顧。折楊柳，送君行，錦帆暮張風力輕。青山落日望不極，江漢之水俱離情。

石壁歌

江邊石壁千尋起，青蒼倒浸澄潭底。裊霧縈雲晴作陰，蘿懸竹掛波光裡。扁舟炎日過其前，涼風蕭蕭來遠天。我心苦熱正無那，思欲散髮巢樹顛。仙人饋我蒼水玉，使我服食煩燠捐，森輪羽蓋遊八埏。

武陵得張子魚寄詩，效答一篇

別君落花時，懷君明月秋。落花隨逝水，明月懸高樓。樓頭橫琴河漢白，

- 305 -

商焱捲雲凉思入。鳴弦拂軫一再吟，泠泠寫出懷君心。洞庭露下湘妃竹，楚岸猿啼楓樹林。懷君君在峴山西，我亦風烟客五溪。月明相望各千里，不如黃鵠雙栖止。湛湛沅江盤武陵，夜長白髮對青燈。愁來忽見思蓴賦，知是東吳張季鷹。

漢陽歌，別朱子宜

漢陽江水白浮天，漢陽離客情惘然。金杯不盡夜未半，玉笛一聲雙淚懸。垂垂禹廟暮雲捲，靡靡鸚洲芳草連。看爾霜空蒼隼擊，莫耽秋浦白鷗眠。

答王司諫履約短歌

燕臺暑雨經旬積，杜門不出泥數尺。畫簾冥冥海氣侵，夜床汨汨潮聲溢。欝蒸如在日南野，卑隘疑君齊相宅。脫簪解帶罷朝謁，赤腳露頂成狂疾。神昏思懶百不理，展轉偃卧親床席。東吳高士太玄子，南薰忽致凌虛什。臨檐一誦琳瑯辭，使我清焱生兩腋。洒然坐我凉風臺，手把月瓢飲金液。篇終頗識詞中旨，殷勤遠索玄門籍。洞中為啓白雲函，石上重翻蒼玉笈。寶書出匣星文動，雲篆入手龍光射。械封寄托霞霄使，題書附致求仙癖。倘遇真人河上公，青牛為問今何適。

夏日閑居

庭除布綠陰，簾幕夏堂深。明月搖團扇，南風入雅琴。遊魚忻在藻，倦鳥幸投林。既隱何須論，潛夫亦苦心。

十五夜，南峰王孫邸同葉右史賞月

上賓秦相國，賢主漢宗親。序屬分秋夜，筵開賞月辰。玉杯行瑪瑙，翠釜薦麒麟。忝列長裾後，多慚授簡人。

八月晦日，酌山樓同韋西諸君子小集

登樓携賦客，酌酒對南山。秋漸同人老，雲能共我閑。烟光三輔外，樹色五陵間。莫漫傷搖落，相逢且破顏。

送王生還鄠杜，兼訊渼翁丈人

鄠杜終南下，逶迤望不遙。君歸何造次，吾興轉蕭條。氣肅秋當晚，霜嚴木漸凋。因聲訊綺皓，何日小山招。

太峰王孫邸雨集

魏庭張雨燕，楚榭賦秋思。照室青藜火，當筵黃菊卮。情深留客夜，風急授衣時。爛熳有餘興，衝泥歸不辭。

晚秋村居，訪蔣將軍

東陵解侯印，卜隱傍青門。閑倚枯藤杖，狂呼老瓦盆。鋤犁銷劍戟，韜略事雞豚。若過霸亭下，須防醉尉尊。

秋日，曲江同韋西諸君子遊燕

柴門曲江畔，榆柳晝陰陰。入竹尋幽徑，開窗得遠岑。野蔬童旋摘，村酒客同斟。坐聽涼蟬響，蕭蕭秋滿林。

秋日，再過何中丞園觀妓

前遊無幾日，今賞忽驚秋。樹密雨垂降，堂虛風故留。客乘看竹興，童和採蓮謳。到此須成醉，當筵有莫愁。

臘日，雪中燕竹庵王孫第

雪對嘉平落，筵當甲夜開。梅花照錦席，椒縈泛金杯。賦客追梁苑，僊娥下楚臺。更聞郢中曲，細逐彩雲來。

人日，徐園燕集

青歲逢人日，名園集上賓。開簾風動燭，改席月留人。勝彩春花艷，杯香臘醢新。雙鬟對歌舞，元是掌中珍。

池上同諸子避暑

溽暑鎔金石，高人惠草堂。玉杯春酒碧，珍簟晚風涼。海月流初影，池蓮引細香。嘯歌便露坐，新爽襲衣裳。

雪後郊行即事

夜雪晨猶落，山寒曉倍加。遠峰明玉笋，高樹結冰花。野曠迷樵徑，林開見酒家。朔風吹雁過，空裡數行斜。

江村雨霽

霽曉春明媚，江郊風日和。落花紛作雨，啼鳥變成歌。村釀開醽醁，山衣試薜蘿。閑居宜縱酒，不醉復如何。

春夜園中作

晚逕風烟霽，春宵杖履隨。花香晴帶露，月色凈臨池。老漸從雙鬢，栖安眷一枝。無才甘棄置，空負聖明時。

春日，迎旭王孫山池宴集

春山雲裡静，樓閣樹頭懸。入洞疑通蜀，升岑可問天。池光明瀉鏡，峰勢秀開蓮。我醉携王子，吹笙共學仙。

將之鄠杜，訪王丈太史，因尋老子說經臺，雨阻不果，答姚韋西見貽之作

命駕緣山發，回轅為雨留。紫峰懷杜詠，陂水羨岑遊。玄閣書中訪，仙臺象外求。終期酬宿好，颯爽待新秋。

家園再飲李春谷

蓽門無俗駕，槐舍有新凉。上客青霄至，高談白日長。移尊雲石净，揮麈芰荷香。雨歇亭皋晚，明霞泛曲塘。

秋日，北莊省稼

舊名魚藻里，兹卜菟裘田。歸老資恒產，為農願有年。棗梨秋綴實，桑柘晚霏烟。望望青門近，東陵懷昔賢。

七月望夜對月

月自逢秋好，光從過雨添。鏡輝函玉兔，杯影落銀蟾。寶扇風徐引，冰綃露欲沾。倚樓看不寐，深夜尚搴簾。

送沮涯翁歸彭衙，因訊芳泉老人

西風送君去，遙指彭衙山。知厭塵居擾，因歸雲臥閑。石芝秋可茹，岩桂晚宜攀。問訊芳泉叟，何時寄大還。

九月望前月夜，飲石屏臺上

九皋森爽夕，萬里沉瀇天。氣肅臺逾峻，秋清月更鮮。風飄歌斷續，竹對舞翩翻。醉即不須去，荷衣傍升眠。

暮春，小院花下，携妓燕集

置酒送歸春，寧辭發盞頻。東風吹不定，西日繫無因。啼鳥催歌管，飛花籍舞茵。客愁憑遣釋，賴有玉為人。

暑夜池上

衰年殊苦熱，取適臥臨池。竹吹枕邊發，荷香露下滋。野凉魚出水，月白鳥驚枝。暫喜炎歊謝，長吟清夜詩。

和管中丞九日圓通寺登高聞警

漫說東籬好，東林秋更嘉。白蓮無酒禁，黃菊有霜華。閣峻凌空上，山晴引望賒。朔風晚來急，邊思繞龍沙。

登西嶽廟樓

晚峰春寂寂，古廟柏森森。立馬千山夕，登樓萬里心。厓寒留積雪，風暖散輕陰。欲訪長眠叟，其如虎豹林。

秋晴

經旬陰晦易，向夕見晴難。水接長天碧，林開萬木丹。風霜迎晚序，鷹隼厲新翰。暫喜清光露，浮雲且莫干。

晚歸，馬上看山作

野峙西山秀，城行馬上看。彩虹斜飲澗，碧藹淡浮巒。百里樓臺暝，千峰紫翠攢。風塵悲海內，何地一枝安。

閣上

閣道虛無裡，登臨似出群。晴添海島色，春起洞庭雲。曲岸孤帆轉，平皋細路分。風鈴下天樂，縹緲半空聞。

如聖寺遲李民部

湖水碧如油，平看靜不流。問程知到寺，遲客且停舟。竹樹青蓮宇，烟波白鷺洲。買魚賈春酒，共醉復何求。

吊孫太初墓

埋骨青山下，悲風起白楊。蓬壺虛日月，江海自文章。鶴去雲空白，蘭凋澗不芳。應憐首丘念，日夜在咸陽。

金山

萬折鯨波裡，千年鷲嶺浮。飛薨翻海色，側逕引江流。楚望雲霞夕，吳通烟水秋。僧舟歸縹緲，疑是泛杯遊。

登多景樓故基，次米南宮韻

遼翁相公出涯翁相公所寄米南宮多景樓墨迹示魯，且命學步於下方。魯晚生疏劣，久未能復。一日，偶登樓基，率爾用米韻作此。

樓景殘猶在，春雲暖正開。沿沙淮樹合，背日楚帆來。翠巘牽吟興，青山照酒杯。孤高堪送目，何處更登臺。

登大同城觀兵

遠眺臨玄朔，重城入紫氛。陣虛蛇鳥翼，威盡犬羊群。組練回川日，峰烟惨塞雲。雁門元古郡，誰復李將軍。

小園葡萄初熟，摘贈諸寮，因附以詩

馬乳垂梢重，驪珠入掌圓。秋成風味別，曉摘露華鮮。止渴隨冰碗，流漿濺玉泉。嘗新聊遣送，珍異比張騫。

曉望

湖水秋波净，城雲曉日紅。荷枯猶野色，桂老尚寒叢。鴻雁傳邊思，樓臺望楚宮。有懷如宋玉，搖落賦西風。

春日，登黃鶴樓

春雲横遠渚，遲日眺危樓。楚岫烟中出，巴江天際流。賦鸚傷綠草，招鶴望丹丘。獨步虛空上，泠然汗漫遊。

岳陽樓夜集，同謝水部

改席風生閣，傳杯月墮湖。漁燈依島嶼，沙鳥聚菰蒲。竹怨湘妃子，蘭悲楚大夫。賞心逢謝客，高興倒金壺。

夏日，重過雁峰寺

過寺追前賞，開軒識舊題。檻箐含雨並，巖蔓裛雲齊。妙品探龍藏，幽尋到虎谿。清凉消毒暑，欲借上方栖。

八月十三夜，舟行入女鄉，不見月

桂月違今賞，蘭江賦遠遊。棹開雲夢夕，水落洞庭秋。浦市依漁火，沙城傍蜃樓。垂垂暮烟重，轉倍越鄉愁。

塔上同諸子賦

菊節征鴻至，花宮並馬遊。懸燈躋寶塔，零露變金秋。珠頂天光覆，風門灝氣流。登高共諸子，各抱望鄉愁。

除夜，同張隱君、劉秀才諸君子守歲

鐘鼓聲中夜色闌，興來翻愛酒杯寬。當筵矍鑠身還健，剪燭留連客共歡。銀箭傳呼催漏短，錦屏羅列護春寒。諸君不醉無歸去，明日今宵隔歲看。

九日，約遊天壇不果，簡葉內翰叔晦

琳宮晚約見君情，令節秋違滯我行。苑樹亂凋寒野逈，壇雲深鏁限重成。浪傳仙醞迷巡酒，苦憶籬芳冷落英。白眼青尊虛九日，彩鸞朱鳳望三清。

邊事

大同西北玉林孤，開設雄當二海隅。紫塞風烟凌絕域，石城兵馬動強胡。可堪將帥多身計，誰切邊防為國圖。萬頃屯田荒已久，年來斗米重明珠。

寄皇甫氏父子

從為南紀文章客，再見東吳故舊書。雛鳳羽毛明日月，卧龍踪迹付樵漁。江聲遠抱春愁下，海色晴看夜榻虛。漫倚蘇臺瞻五馬，先憑楚水報雙魚。

九日，送張山人子言菊酒

彭澤黃花帶露曉，江州白酒開瓶新。嗟予遠餉殷勤意，慰爾重陽索莫辰。痛飲頻揮碧玉盞，狂來滿插青荷巾。亦知醉裡高歌處，不以風流讓古人。

秋日，曲江別業二首

垂柳偏依曲水，小橋正對衡門。一片雲山避世，數家雞犬成村。

二

斜日乍收白雨，殘虹半飲青天。靄靄雲霞漢時，離離禾黍秦川。

東湖道中即事，用汪希會韻

急雨溪平鴨嘴，夕陽影入雞腸。曲沼新荷紫翠，高田小麥青黃。

頃以洞庭春奉餉渼翁丈人，輒蒙開禁釂飲，陶然就醉，且為絕句，謹嗣元押，更致村釀，聊以表慶慰之意云

看花日日倒金壺，不學陶家煮酪奴。同是翰林風致別，思君欲寫醉翁圖。

園居雜興

新篁解籜幾竿青，即有濃陰蔽草亭。長日不冠聊謝客，此中閑註養生經。

讀太白山人詩

山人卧雲深幾重，手招白鶴騎蒼龍。翩然飛入紫烟去，江上獨有雙青峰。

王謳字舜夫，號□□[一]，白水人。正德丁丑進士。官僉憲。

【校記】

[一]"號"，底本此字下空二字。

夜行

夜行如在旦，殘月清林光。雲氣生深澗，露華泛蚤涼。白沙欝浩浩，翠壁凝蒼蒼。寂歷松柏徑，經過花草香。鷄聲互村落，曙色動柴桑。即事況多感，離心含永傷。

山城夜興

繁霜净林樾，寒氣翳空城。落日山翠滅，平郊河漢明。積冰澹容裔，高樓畫角清。暮原飛野燒，南來孤雁鳴。沉雲凍如沍，集羽還自驚。懷國正漂泊，方寸忽懸旌。歲往但歸興，身老尚浮名。薄劣時共棄，風塵羈旅情。焚香深閉閣，玄默養殘生。

馬廣文回示青門見憶，因留小酌，至晚別去

山城閉初夕，寒露濕蒼林。明霞獨不沒，積水净沉沉。空巢烏鵲噪，廣野

鹡鸰吟。對茲憶天末，閉門來好音。廣文吾鄉士，遊宦忽至今。昨飲歷下酒，因示青門心。郡中雖抱疾，堂上獨鳴琴。顧我伸宿好，開筵暢遠襟。歡歌聊取醉，世路似浮陰。枯冬愁作別，執手在登臨。此夜君復去，他時誰見尋。稍思葺荷袂，苦未抽華簪。寂寞東泉役，朝朝結翠岑。

傷別曲，送青門大兄還陝[一]

燕山空翠嵐氣高，易水陰森風怒號。十月行人愁遠別，千林落葉覆平皋。離家數載今不記，渭水終南在天際。遺得田園種蕨薇，閑開茅屋生松桂。松桂生成棲白鶴，琴尊來往開清酌。且須回首望秦臺，朝暮飛雲來鳳閣。

【校記】

[一]"陝"，底本原作"陝"，案據詩中"渭水""終南""秦臺"等語，知此詩題目最後一字當為"陝西"之"陝"，今據《明史·地理志》改。

胡沙行

胡地十月多悲風，胡人騎馬入雲中。茫茫碧草三春隔，浩浩黃沙萬里同。落日尚看葱嶺外，浮雲初望玉門東。慘目傷懷不可道，遊魂歸路迷晴灝。誰吹短笛遠相聞，坐對白頭愁獨老。鴻雁飛鳴夜度河，胡王射雁陰山島。

舞劍歌

古劍似秋水，寒光凝太陰。丈夫義氣憑爾發，堂前起舞生蕭森。崖谷淒淒神鬼哭，江湖颯颯蛟龍吟。豐城獄氣久不見，風雨晦冥擊雷電。蜿蜒不在延平津，雌雄飛出吳王殿。縱橫似遇白猿公，揮霍不數鴻門宴。冰鍔龜文拂紫花，乾坤豺虎亂如麻。已知埋沒不得用，對爾徒令長嘆嗟。

古意，寄別劉希尹、薛君采

馬生角，白變烏，金石易敝松柏枯。孺子騎龍上天衢，鼷鼠能將猛虎屠。世事紛紜何可道，古來白骨埋青草。豎子成名不足嗤，無時却愧身徒老。一曲長歌舞袖前，千杯取醉嫌不早。易將白露變為霜，明朝今日誰相保。

憶昔行

武宗皇帝建威武，西平江藩北平虜。晝夜團操十二營，甲士如雲將如雨。賜官異子列行麂，弓劍前頭猛過虎。揀選初來外四家，豹房校藝日擊鼓。有時騎馬臨居庸，一道風塵入宣府。輕身直獵到龍庭，老上胡奴不敢侮。宸濠作逆肆衡行，坐擁蠻夷百萬兵。遙制荊襄開後道，急攻安慶取南京。天怒祇憑一戰勝，先馳裨將搗江城。指揮神略孫吳上，測度賊謀日月明。飲馬長江江水竭，蛟龍伏匿避軍聲。帶礪河山恢舊業，一朝下詔倏親征。陽明夫子死報國，攙搶掃盡乾坤清。先皇誤中賊彬計，空為巡遊罷郊祭。深山射虎不知疲，歸來夜飲私人第。月下霓裳舞且歌，歡樂不是塵間世。移舟却欲駐西湖，南民苦楚日逾歲。羊馬粟金買幸臣，官道公門久已閉。周穆漢武昔雄豪，氣象恢宏頗可繼。賊滅凱奏大明宮，千里樓船一望同。帆轉金焦失夜雨，氣連豐沛望秋風。衣冠淄水清源近，星漢天津海成空。霜雪塞邊枯草白，烟霞樓外放燈紅。駿奔何處愁堪寄，踪迹飄飄類轉蓬。上馬宴歸傳放旨，叩頭親拜對重瞳。嗚呼今日非昨日，豈知生死從今畢。富貴牛山淚未乾，閑吟黃鳥情多失。我今憶昔歌且謠，閉門獨坐傷蕭瑟。憶昔長憶還如今，四望天地生寒陰。咄咄浮生草頭露，誰令國士易初心。先帝山陵竟寂寞，愚臣揮涕向高岑。

昌平館中

歲色此行役，邊城獨坐閑。寺鐘聞度隴，林火見燒山。漁網寒初集，樵歌夜未還。一杯須盡醉，且欲豁愁顏。

寄孫太初山人

雅好無為業，忘緣意出群。花交春樹靜，竹引石泉分。訪道騎丹鶴，虛巖卧白雲。浮丘終接手，何地挹清芬。

夏早郊行

草路行猶濕，溪陰遠漸開。晨風號欝木，旭日散高臺。鳥雀驚人去，雲山待客來。停杯空佇立，倚劍更徘徊。

登太白樓，時赴葉鳴玉宴

愁眼開今日，層樓出郡城。樹銜河日净，麥泛野風清。須醉司空酒，仍高太白名。敢攀行樂意，栖止愧浮生。

無事二首

門閉山常對，籬疏水自通。病身還抱杖，芳草亦薰風。池葉蓮房紫，畦苗藥片紅。雲霞隨結識，清賞竟誰同。

二

羈旅空愁眼，幽居自物華。雨階生亂草，風樹落殘花。舞鶴同清盟，看山散暮衙。一杯常獨把，此地亦吾家。

山行

絕壁纔容步，孤巖穩着花。春風不世態，此地亦年華。黃鳥學兒語，白猿作道家。平生愛泉石，隨意宿雲霞。

泛舟南湖

迹似滄浪客，為詩謝楚騷。古今雙醉眼，天地一漁舠。岸幘菱風細，揮琴渡月高。遡回還倚棹，江海得吾曹。

秋日登望

玄鳥識時敘，丹楓遲晚曛。一身猶避地，雙劍未離群。樹色浮三島，秋光切五雲。徘徊空老態，誰識李將軍。

冬日亭上

風物已蕭瑟，來遊空歲華。廻汀寒聚雁，高樹晚棲鴉。在野隨雲立，看山到日斜。勝懷緣往事，沽酒向東家。

曉行

殘月曉仍在，千林露似啼。石梁驚渡馬，茅屋暗聞鷄。風激秋聲碎，天開野色低。東山慚故舊，白日尚幽棲。

送崔翰林來鳳歸隱

黃綺昔辭漢，俱為避世人。君今採芝去，歌罷一傷神。逝水猶寒月，空山尚暮春。聖朝思羽翼，白日看蒲輪。

沙河晚泊

孤林秋葉落，微雨夕陽斜。旅館聞村鼓，秋香見野花。霜清催塞雁，風響折蒹葭。客裡縈心曲，栖遲秪自嗟。

冬日，訪吳園贈主人

村逕還蕪滅，林居亦畫閑。檻雲輕到竹，門雪暮連山。雙舞隨玄鶴，孤飛放白鵰。心期真出世，幽事自相關。

冬日有感二首

江漢無情極，風波使客愁。畫雲低斷渚，落日動長流。去國誰憐賈，哀時獨擬劉。連翩頻見雁，涕泗不能收。

二

春遊同結騎，携酒對江花。醉卧雲間野，歌回月到家。念來當歲暮，夢處是天涯。倚玉知何日，頻搔鬢影斜。

竹谷約遊未央，忙不克赴，憶題

嗟君湖海士，春入未央遊。蔓草無金闕，飛花豈玉溝。把杯清野淚，倚劍暮雲愁。我有悲歌曲，傷心渭水流。

在野

春歸仍在野，老去獨愁余。問舍行將隱，貪杯世總疏。粒松閑飼鶴，篸竹晚炊魚。醉飽身何累，詩成只待書。

水頭遊

廣筵圍曲水，引滿泛流觴。林屋荷衣稱，山風竹帽涼。簟雲眠草色，袂雨炙花香。避世能緣此，吾應學楚狂。

撥悶，柬張用載員外

嗜酒真吾性，為官不近名。薄遊淹帝里，漫刺向公卿。去已慚亭伯，狂寧學禰衡。相知憐汝在，江海共含情。

送孫敬之先生

南下風雲傷往事，北來關塞愴離筵。天涯長路黃塵內，歲暮歸心白日前。鄉國逢春新酒熟，江湖回首片帆懸。思君十載今初見，老我翻悲昔少年。

冬日，寄關中諸兄

長安一別又經年，遠客愁心倍黯然。搔髮半臨青鏡短，褰帷遙對白雲眠。關通函谷開秦塞，地轉河流遶漢川。茅屋早荒三徑業，再來何處覓詩篇。

逵泉孔氏竹林

孔翁好竹如飲食，半頃芳園多此君。疏影檀欒下白日，暮光蔥蒨搖青雲。形勝未煩山獨占，清幽却許壑同分。誅茅結屋自高尚，煮竹烹魚人不聞。

嶧縣楊天恩道舊

縣城日暖山烟碧，花下酒杯春樹紅。海內風塵殊自惡，天涯踪迹偶相同。側身懷古百年內，擊節悲歌萬古中。聚散浮雲君好惜，故園重會俱衰翁。

大風山行，傷花

薛山山下千花樹，一日惡風吹可憐。落去豈應春太早，坐來深為客無緣。典衣沽酒醉休惜，浮世轉蓬誰不然。明歲此時何處覓，故園燕塞兩愁牽。

識野別

官柳石橋風日幽，祖筵春水席邊流。浮生行樂有誰厭，為別多情難自由。黃鳥銜花逐燕子，青山閣筆對林丘。芳年勝集那能數，往事關心老去愁。

湖上

南湖昨夜水新發，今日來遊雙眼明。行葦刺蒲俱裊娜，落花撲絮鬪輕盈。

西林反照自深入，絕壁孤雲相映生。藉草傳杯頻不計，翻從鷗鷺笑浮名。

落日放舟
亂舸風帆落日收，長河滾滾急安流。買魚作膾此鄉客，吹笛滿空何處樓。水鳥夜深相對語，歸心歲暮獨生愁。東山月出蘋香净，清笑狂歌浪作遊。

山齋風夜述懷
落日閉門蘿薜深，山齋風夜澄清陰。疏櫺颯颯動書卷，暗壁時時聞暮琴。關塞一身曾別淚，乾坤萬古獨愁心。歲華人事豈俱劇，亂草空林蟋蟀吟。

無事
都從休沐覓閑居，官舍真能與世疏。芳草閑門唯燕雀，委懷終日在琴書。林松子熟勞頻摘，畦藥苗荒每自鋤。散髮如蓬應更結，任成慵懶不曾梳。

謁軒轅廟
懸崖路入逢人少，古廟頹垣駐節遙。鶴迹松陰翻此日，蟲書壁畫自前朝。空山雲覆無菁草，幽壑春深長藥苗。尚想鼎湖龍去後，攀號弓劍轉蕭條。

秋日閑居，因感年暮，翻然憶歸，恨此羈絆，有成
官居澹清暇，時物緬相仍。去矣無淹歲，悵然徒撫膺。早聞風緒改，坐見霧華凝。老態意安暢，愁端心倍憎。詎非同旅雁，焉得共閑僧。倦鳥倏長返，歸雲不可乘。觀書亡晝倦，寡寐及晨興。破浪懸千里，高峰快一登。服車終困驥，鍛翮轉纏鵬。貫虱頻勞目，良醫喜折肱。青山多樹桂，碧澗足垂藤。結屋曾招隱，辭榮臥茂陵。

秋夜對月
殘月山城外，寒雲古木邊。委光霑草露，飄練惹湘烟。入別從看缺，思歸稍待圓。弄珠知漢女，吹笛滿胡天。桂蕊含香細，花娥倚樹妍。長愁來塞國，灑淚向秦川。浮世誰堪語，生涯吾可憐。未辭韋布客，真稅杜陵田。對此勤多憶，揮尊歌扇前。

春興

野霽花争放，川長柳漸齊。春光更何許，多在杜陵西。

塞上

黃雲白草上高樓，一片交河出塞流。雲裡晴沙南雁下，數聲畫角起邊愁。

何棟字伯直，號太華，長安人。正德庚辰進士。官總督。

香山訪林上人

振策升西岨，邈與囂煩隔。林壑信欝葱，巘岫復幽賾。靈岩吐石髓，乳寶瀉泉液。桐枯半蝕根，藤弱縈上格。朝尋金光草，暮採水花碧。油油雲初起，冉冉日將夕。詎知宧窊谷，棲此隱淪客。谷烟入松門，林霏净瑤席。觀化色相空，談玄性靈懌。金軀儻弗毀，玄珠將可索。

宿功德寺

朝遊西山麓，夕息湖水陰。逍遙金沙字，徙倚青石林。林宇閴幽獨，松桂杳且深。餘暉猶掩藹，蒼紫發遙岑。泫泫抱花露，啾啾依樹禽。對茲感化理，緬惟激賞心。情歡既弗渝，煩慮詎能侵。翏狗迹已忘，蕉鹿理復沈。油雲入扃牖，輕飂吹衣襟。揚泉濯玄髮，撫石鳴素琴。願言賦招隱，達士邈難尋。

寺中齋居，趙都諫、段、劉二侍御夜過

净苑客初集，清齋夜欲分。倚松看霽月，抱鶴臥春雲。碧蕙香先動，金鶯語乍聞。郊裡叨侍從，壇殿望氤氲。

元夕，同臺中諸道長集顯靈宮

金吾馳夜禁，紫殿散春朝。驄馬來何處，花燈共此宵。窈窕仙人閣，飄颻鳳女簫。更憐風月好，今夕得春饒。

虎丘寺，簡徐使君達夫
碧殿千年寺，黃金十里沙。梵輪閑日月，繡佛閟雲霞。仙樂流天籟，空香散雨花。直從霄漢上，遙望使君槎。

春日，過韋曲訪張太微
離群淹節候，抱病過園林。出谷雲隨杖，入門風動琴。晴山春有色，花樹晚多陰。念子忘機久，招尋意獨深。

四日立春，同張太微川遊有作
四日憐春至，三川共爾遊。溪暄沙日麗，雪霽柳風柔。掃石盤餐坐，看山杖履留。此中堪避世，何必問丹丘。

姚韋西宅，同倪江野各賦春夕詩
車馬文園過，花燈夕宴開。春臺流霽月，雪檻散晴梅。舞度金樽轉，歌翻翠管催。逢時憐二妙，俱是出群材。

送人入燕
寒霜侵曉騎，古道映朝暾。我有懷人淚，君飛去國魂。臨分解寶劍，惜別重金樽。行憶西風裡，相思何處論。

泛湖
逗浦翻春溜，乘風進彩舟。浪花隨艫轉，雲葉逐帆流。湍急沙文亂，波搖峰影留。蒼茫迎遠樹，浩杳下前洲。

碧雲寺
萬峰圍殿閣，碧色凈如雲。樹影檐前落，泉聲竹裡聞。攀蘿丹磴轉，鑿石翠流分。獨愛空林靜，焚香對鶴群。

登真覺寺浮圖
凌空垂寶塔，破霧出銅盤。影照青蓮色，光涵白露團。霞標窺日近，風洞吐雲寒。静坐觀空界，天花遶石壇。

過胡光祿山池

空明紅雪館，縹緲紫霞峰。鳳吹花間出，蓮舟谷口逢。溪虛雲影動，石净露華重。念此同玄圃，何須訪赤松。

次杜工部秋興韻二首

少陵廢棄入南山，天寶君臣豺虎間。夜雨百官過棧道，秋風萬騎入函關。楚騷不盡逐臣怨，秦鏡空悲遊子顏。遙想長安懸珮客，何年重侍紫宸班。

二

竹帛慚無尺寸功，歸來棲拙亂山中。雲間仙掌秋晴露，石上松花日暮風。陰嶂浮嵐林壑黑，殘霞例影石門紅。懸車息馬忘機久，不愧尋薇白髮翁。

甲戌下第，秋興

白露風前落曉霜，黃花雨後散秋芳。千峰日影廻興慶，萬井鍾聲出景陽。月下琴書徐子榻，雲間鳥雀遠公堂。凌晨獨倚危欄嘯，紫氣橫空寶劍長。

陳順之茂才壯年未遇，欲之南國，別我荊溪，感而賦此

離花別草憐春去，帆影溪光念子來。霄漢浮槎牛斗近，蛟龍抱月海門開。思彈寶劍求知己，欲請黃金為築臺。愧我不如洛下令，逢時空羨賈生才。

入關，望華山作

新解兵機罷鎮廻，重尋精舍白雲隈。攀梯直止仙人掌，度索還登玉女臺。峰勢類蓮皆北拱，河流如練自西來。乘風為問希夷子，十丈荷花甚日開。

王用賓 字元興，號三渠，咸寧人。正德庚辰進士。官太宰。

謝人寄湘箋

綺箋聞說好，忽向故人傳。色動湘江竹，光含鄂渚烟。鮫文失窈窕，雲葉

避嬋娟。珍重題詩思，慚非白雪篇。

聞雁
避霜辭海甸，結陣向江干。影度金門月，聲連紫塞寒。客心同耿耿，秋思共漫漫。明歲來賓日，傳書為我看。

擬詠禁中鸚鵡
仙宮鸚鵡自西傳，紅嘴綠衿眾所憐。金鎖細穿香殿月，雕籠時惹御爐烟。本將言語陪供奉，却荷恩慈歷歲年。敢願君王垂庇渥，乘秋歸放隴山巔。

發白鹿山
寒日蕭條木葉飛，故園桑梓重相違。早從白鹿辭山閣，午向黃龍下石磯。憑軾漫憐潘岳賦，登堂長憶老萊衣。天涯遊子多悲思，回首層雲墮紫微。

出塞曲二首
塞外行春倚繡鞍，平沙荒草路漫漫。鳴笳撾鼓黑山動，仗鉞彎弓白晝寒。

二

煌煌烽火照邊疆，虜騎如雲寇朔方。聞說將軍調戰馬，明朝生縛左賢王。

瓶梅盛開，有感
憶昔邊關起暮笳，凍雲殘雪亂明沙。誰知畫閣如春暖，臘月瓶梅盡放花。

金鸞 字在衡，號白嶼，隴西人。布衣，寓金陵。

秋興
秋高閶闔帶輕烟，迢遞孤城接楚天。紅葉漸深傳雁信，白沙初冷抱鷗眠。閑愁底事頻書咄，沉思何人復草玄。不道生涯近無那，廢湖猶有種魚田。

別林屏東光祿

若為雞黍與君期，萬里秋風下武夷。江上入冬猶見菊，尊前對雨可無詩。自驚蓬鬢逢遲暮，敢信綈袍戀故知。聞說壺公山月好，可能別去不相思。

留宿葦航方丈

山僧坐卧一枯床，信宿相留共此堂。竹裡候涼秋漸爽，燈前聽雨夜初長。風塵少見安閑地，醫藥多存老病方。莫謂無生翻有碍，十年踪迹在滄浪。

早春，夜集張一渠館中漫賦

海上逢君已二毛，草堂藥裡伴《離騷》。却憐王猛空捫虱，未信任公久釣鰲。綠酒共傾春乍人[一]，青燈相對夜頻挑。雨晴明月遊船好，添得湖堤水半篙。

【校記】

[一]"人"，明嘉靖至萬曆刻本《盛明百家詩》所收《金白嶼集》作"入"。案細味詩意，當為"入"字，底本蓋以形近致訛。

九日，喜河上寇平，奉簡二三知己

聞道官兵下泗州，五河群盜已全收。可憐白首重生日，却喜黃花正及秋。多病不妨連夜飲，故人還為幾時留。西風莫趁歸心急，吹落清江數點鷗。

泊安慶

小舟未繫已三更，尚隔舒州十里程。銀漢漸傾秋水冷，玉蟾將吐夜潮生。山鄉地遠書難致，澤國天寒夢屢驚。何待東風多用力，一囊詩草半帆輕。

寄懷江南親故

一春負却故山薇，朝暮思歸尚未歸。湘水直從湖口下，楚雲常傍石頭飛。東征烽火連星急，北望音書與雁稀。安得菱塘共明月，冷香依舊襲人衣。

聞倭夷復寇揚州，烽戍接境，憶昔嬉遊樂土，半成丘墟，歌酒故人，悉罹喪亂，望風增愴，揮涕寄言

當年歌舞壓隋堤，岸柳青青望欲迷。蝴蝶不知歸夢杳，流鶯空向落花啼。

尚傳金鼓連關北，正想樓船在竹西。萬里相思書一紙，故應和泪為君題。

除夕

還憶去年辭白下，却憐今夕在黃州。空江積雪添雙鬢，細雨疏燈共一樓。世難久拚魚雁絕，家貧常為稻梁謀。歸來故舊多凋喪，愁對東風感壯遊。

薄暮

垂柳拖新渌，橫橋瑣斷烟。采蓮人已去，空繫木蘭船。

述所聞

玉轂金貂擁豹房，錦鞲黃幄下龍驤。南郊盡日堪禖祀，已報前星耀建章。

春城曲

雨餘芳草遠萋萋，春暖遊人信馬蹄。日暮畫樓歸去晚，落花香裡路東西。

周雅續卷之八終

周雅續卷之九

北坼賈鴻洙仲憲選輯
西極文翔鳳天瑞裁定
北海孫三傑淑房參閱

呂顒字幼通，號定原，寧州人，經兄子。嘉靖■■解元[一]，年二十二。癸未進士。官大京兆。

【校記】

[一]"嘉靖■■解元"，底本"嘉靖"下二字原為墨丁。案此謂嘉靖某某年為解元，恐有誤。據《（乾隆）甘肅通志》，呂顒"舉正德己卯，鄉試第一。嘉靖二年進士"。知"解元"即此所謂"鄉試第一"，亦知下文"癸未"即此所謂"嘉靖二年"，則"嘉靖■■"，當為"正德己卯"。

居庸關

金鑰天門壯，玄垣帝宅尊。中峰流日月，四壁抱乾坤。虎塞春長滿，龍沙晝不昏。書生提節鉞，何以報深恩。

過遇錢若水墓

羨君元是謫仙人，却作鑾坡視草臣。三尺雲封山下路，急流誰更識迷津。

左思忠字長臣[一]，號石臬[二]，耀州人。嘉靖癸未進士。官■■[三]。

【校記】

[一]"長臣"，底本原為墨丁，今據焦竑《國朝獻徵錄》卷二六《吏部員外郎左君思忠墓志銘》補。

[二]"石臬"，底本原為墨丁，今據焦竑《國朝獻徵錄》卷二六《吏部員外郎左君思忠墓志

銘》補。

[三]"■■"，底本原為墨丁，約闕二字。

贈陳羽士鳴谷隱居

愛爾谷中深，結廬高樹林。石厓流日氣，山鳥美春音。長棄人間事，空餘物外心。異時重問道，披盡白雲尋。

趙時春字伯仁，號浚谷，平涼人。嘉靖丙戌會元，年十八。官都憲。

洛原賦

將與子兮瞻彼洛，洛之水瀹瀹而清漠。披宿海而劃龍潴，暈漢宮而帶唐郭。馳走周韓之郊，鴟張大嶽之腳。泝鴻蒙之肇域，懷麓宛其如昨。帝殷厘茲秘謨，期使天文式廓。命巨靈之贔贔，贊崇子之疏鑿。奎章兆於神龜，文命受而齋淪。敷賁爛若群英，炳五用於丹臒。肆後獻之製材必於是乎，咨度靈光，覃夫千秋。伊獻哲之攸作，懷聖圖以宣文。駕崐崘而磅礴，爰諭俗以摛詞。反斥約而為博，託音咏以諷規。郁春葩之敷萼，翳元白之媲徽。實雞群之孤鶴，慶流衍於江漬。紛胤緒之奕絡，鏘鈞韶之鳳鳴。亦乘秋而作鶚，傳世夐其殊流。義將湮而恩薄，顧之子盡諸衷。懼將遺乎宗祐，迺道河以泝江。葛藟延其所託，錫嘉名于豫邦。本太始之渾噩，陟崇丘之纍纍。縆千里其如削，帶湍流之喧豗。噴魚龍之揮霍，嗣先猷之鴻音。鼓清風于萬壑，巍厚載以爭隆。澤沿洛而施博，煽軌躅于無疆[一]，豈期文之鑴鑠[二]。亂曰：與子遊兮洛之南，南有三峰熊耳山，遙瞻淮漢流潺湲。與子遊兮洛之西，殽華連蟠朱揥，層峰峻嶺與大齊。與子遊兮洛之陽，崧少崢嶸直太行，龍門九曲道路長。與子遊兮洛之野，鬭雞走馬金溝下，纍纍塚墓何為者。洛之原兮邙之水，松檜森森兮泉石每每。沃野良田眾所美，禹範周鼎有遺趾，吾與子兮從茲始。

【校記】

[一]"疆"，明萬曆八年周鑑刻本《浚谷集》作"疆"。案以下在【校記】中簡稱為"萬曆八年刻本《浚谷集》"。

[二]"期"，萬曆八年刻本《浚谷集》作"斯"。

- 327 -

誚蒲萄賦

上天有命，品物咸正。何傾欹委靡，詰曲旁掌，斜膠膠臈[一]，紛披縱橫，委蛇周折，柔紉不勁乎？何羅麗纒綿，叢條縈牽，盤旋芊鬱，青翠凝妍，迢迤圍匝，盤礴膴延，託寄而棲，附物而前，屈蔓纍結，夤緣不遷乎？何產於亶亹戎馬之鄉，盛於西裔流僻之地，珍乎休離扚衽之方，而不擇中土享帝王乎？又何飄泊流落，佻蕩遨遊，浮沉沒沒。何緣何由，登金張之圃，而塞中域之州乎？夫其芳柯如雲，朱實離離。紫圓清甘，煥然特奇。狀如朔棋，質如荔枝。馥齎芳芬，光采陸離。厭飫咀呟，樂以忘饑。使漢皇受西域之質，符詔興萬里之師。吁嗟嗟兮，其敗人也！或媒以麴蘗，胙為水漿。沉浸醲郁，爽冽汪洋。使人嗜之，顛倒增狂。湎亂錯繆，越度失常。唐宗沉淫，以悅不良。詞人珍之，盛諸夜光。又咄咄兮，其迷真也！亂曰：爰有異品來殊方，亂我局度干典常。脆薄詭隨無所用，正士直人羞自傷。

【校記】

[一]"斜膠"，萬曆八年刻本《浚谷集》、影印文淵閣《四庫全書》本《歷代賦彙》俱作"糾繆"。"膠臈"，影印文淵閣《四庫全書》本《歷代賦彙》作"轇轕"。

春暮遣興

突兀衡門吟[一]，高覽日初寤。瀝零聞雨聲，綠藕瞰前樹。烟靄發清興，爽籟凝物趣。感時覺騷憂，復此值春暮。風轉落花飛，青郊美無度。柱杖尋微行，數步一回顧。豈徒戀物華，自能解心悟。顏生甘簞瓢，宋玉饒詞賦。所貴古今人，浮名何足慕。

【校記】

[一]"吟"，萬曆八年刻本《浚谷集》作"泠"。

懷春

東風噓澤陂，春水蕩漣漪。流水既不遠，落花將在茲。顛倒含空碧，晴雲宛相宜。曉來臨池照，萬象俱參差。颯然會我心，滌蕩煩憂思。雖未諧夙願，且復酬斯須。江湖會有約，何必適前期。

古別離，答黃德兆武部

遠言所思者，乃在巫山陽。巫山迥且崇，瀟湘變淒凉。驅車發都邑，南顧臨河梁。誰云邇京洛，終然險路長。路長何所悲，蕭索澄秋霜。歲月奄忽暮，鴻雁復南翔。美人不可見，凋零慘眾芳。

擬古，答黃武部二首

與君別離久，相望何漫漫。傷彼瑤臺月，虧盈暗雲端。又如洪河檝，飄搖不敢安。手封泥錦字，報子青琅玕。道遠誰為致，欲憑兩飛鸞。飛鸞下來食，謂言行路難。昭陽出復沒，年光代燠寒。憂來不可輟，愴況摧心肝。

又

青樓結朱羅，凉颷澹夕陰。忽聞青絲聲，佳人撫瑤琴。一彈明月白，再彈秋鶴吟。拊按三四彈，商風栀北林[一]。柔指弄直弦，滌蕩悅人心。豈無陽春曲，迢遙難和音。

【校記】

[一]"栀"，萬曆八年刻本《浚谷集》作"振"。

塞上曲

大將擁旌旄，飛師度白檀。烈士多膽氣，麾戈斬樓蘭。朔漠饒風雪，貂裘九月寒。胡天白皓皓，龍沙路漫漫。長懷報明主，況敢辭艱難。曉行搜弱水，夜戰度桑乾。驚塵翳紅日，漸血巘彫鞍。面縛小單于[一]，旗懸大可汗。歸來奏天子，天子賜貂冠。策勳上麟閣，甲第列長安。丈夫苦數奇[二]，遭遇良足歡。

【校記】

[一]"面縛小單于"，萬曆八年刻本《浚谷集》作"箭射左當戶"。
[二]"苦數奇"，萬曆八年刻本《浚谷集》作"悲多奇"。

燕歌行

幽都四通路，北地多豪雄[一]。手挾魚腹劍，腰懸象弭弓。因激胡虜憤，獻策平山戎。出師三十萬，號令如雷風。斬王單于庭，洗兵遼海中。捷書奏未央，百蠻盡來同。元戎方虎拜，天子乘飛龍。堪笑李將軍，白首無奇功。

【校記】

[一]"北地",萬曆八年刻本《浚谷集》作"寶地"。

春思,玉臺體

東風動瑤草,行人在遠道。碧樹鶯亂啼,綺園花未老。空望蛾眉月,不見嬋娟好。此時倦遊人,離思傷懷抱。

雜詩贈友人

驚禽出林杪,翩翩上雲端。自非風翩歌,誰能廻首看。嗟君遠行邁,行邁良為艱。白日因仍謝,金魄幾團圓。杖策行且歌,悲歌聲無歡。常恐時節晚,安知道路難。赤松倘有遇,相將到歲寒。

又

蘇秦古寸舌[一],談笑輕諸侯。豎子何足道,能令強秦憂。淮陰起卒伍,折箠笞東州。雖然頗奇恃,終非達者流。孔明既能武,子卿頗為文。令名範百世,豈曰建時勳。少小喜任俠[二],好古觀丘墳。長劍遠行邁[三],不數漢終軍。燕塞多驚急,越徼揚邊塵。安能守筆硯,四十無所聞。

【校記】

[一]"古",萬曆八年刻本《浚谷集》作"鼓"。
[二]"喜任俠",萬曆八年刻本《浚谷集》作"悅豪放"。
[三]"遠行邁",萬曆八年刻本《浚谷集》作"三五尺"。

伏日白雲樓

自公多消暇,避暑上高樓。高樓何所依,岧嶤瞰皇州。涼飈擊北戶,六月懸清秋。遙空片雲沒,二儀渺難求。微生幸有託,焉用懷百憂。玉衡指朱雀,大火復西流。逝者不再得,聊用恣遨遊。

感遇

有鳥被翠翰,生自隴山樹。百丈巢其顛,飛鳴隨去住。一朝閉金籠,感激主人遇。學語期報恩,寧知鸜鵒妒。逾淮諒非良,巧構疇能寤。因得謝絛鏃,還向雲中路。極知故山好,何似主恩故。豈無高飛翼,睢盱為誰鶩。攸攸今古心，愴況禰生賦。

早秋，懷羅達夫、唐應德

會少寄書多，古人夙所嘆。顧茲長別離，尺書亦難見[一]。江山幾萬重，烟波眇鄉縣。長風天外來，一夜青林換。眾虫鳴喧雜，群雞叫清旦。嗟余但索居，終焉寡儔伴。起登南山巔，五陵空秋烟。回看青海底，鯨波殊未已。昔賢安在哉，悵望青陵臺。赤烏方西逝，關月正東來[二]。昔者同携手，此日難復有。人定長樂鍾，夜涼西苑柳。柳色年年新，思君成白首[三]。悠悠塵世間，倏忽成老醜。無作嘆飛蓬，相將期不朽。

【校記】

[一]"尺書"句下，萬曆八年刻本《浚谷集》有"皇風正清夷同仁異離亂胡為阻天涯而不一對面"二十字。

[二]"關月"句下，萬曆八年刻本《浚谷集》有"不覺霜露重萬籟吹新哀"十字。

[三]"思君"句下，萬曆八年刻本《浚谷集》有"本自硃鄉邑安能竟相守斯機未能息陸地龍蛇走"二十字。

仲夏喜雨

凱風吹雨着芳樹，巨葉濃陰噴如注。萬壑奔濤動地來，到處鼓吹群蛙聚[一]。幽人發興在高清，騎馬尋芳不知暮。芊芊青莎藹妍郊，歷歷翠楊迷遠渡。忽明忽暗隴頭雲，乍開乍合溪邊霧。彷彿神龍穴欲翻，或云河伯婦應娶。淼茫不辨周秦京，咫尺便有滄洲趣。自茲百卉倍榮光，吾亦欣然賦長句。

【校記】

[一]"蛙"，萬曆八年刻本《浚谷集》作"蛀"。

華山謠，別張南川侍御

我行長安道，驅車五陵間。石獸巔危不可問，舉頭忽見太華山。太華之高千萬丈，飛梯直上落星灣。右排崑崙絕弱水，左朝嵩嶽廻函關。却望雍梁小如點，直與太行王屋相鈎連。洛下秦中消息斷，終南岷劍何纏綿。河伯未得朝東海，鼓濤欲進波連天。巨靈持斧蛟螭怒，然後山摧石爛通三川。其中嵯岈峭壁立，飛鳥不敢相往還。深崖大壑響鳴籟，往往蒼峰噴石泉。隱若白虹半空沒，

- 331 -

嵐光黛色倚天邊。雲深深兮含雨，水蕩漾兮潺湲。但見朝雲暮雨，縹緲生輕烟。靈光霞紫射丹牖，福地桃紅落素岩。玉女峰頭猿鶴度，仙人掌上日月懸。九步一折，十步一盤，嶔岑崎嶇，龍踞尖巒[一]。壯士視此無顏色，縱有長劍鐵鎖誰能攀。華山高，高且難，使我瞻依壯心目恍惚，疑開玉井連繡衣。使者空廻首，白面書生增悵然。起持長劍尊前舞，焉得華岳便吞吐。君不見韓衆騎鹿此山遊，人間無事成今古。

【校記】

[一]"龍踞尖巒"下，萬曆八年刻本《浚谷集》有"狹小不容拳"五字。

固原南池泛月，奉陪唐尚書，與劉總戎、段正郎、樊兵憲同舟

四郊芊靄夏雲多，玉關無事遍笙歌。原州城南青草碧，流溯澹蕩生微波。波光瀲灩浸苺苔，芳辰樂景仍相摧。尚書既攜二妙至，戎司亦領三驅來。遂使炎蒸化時雨，忽於滄溟聽殷雷。殷雷時雨何浩渺，衆峰突兀雲徘徊。烟水茫茫同一色，凌風始覺臨高臺。彩虹欲射青海口，赤霞初映白龍堆。須臾長空靜如拭，萬山洗盡無塵埃。黃鴨花鳧池頭集，放舸解纜旋相及。宛轉中流簫鼓鳴，泒洄兩岸兼葭濕。天清地靜悄無聲，一輪明月隨浪汲[一]。桂影光吞烏鵲橋[二]，金波蕩漾玻璃汁[三]。金波桂影入望遙[四]，綠綺玉鏡兩爭高。勢傾斗柄廻南極，中涵太虛沉碧霄。祇疑蟾宮失雪兔，翻於水殿踏冰綃。池裡潛虯徒偃蹇，野外還飈吹泬寥。泬寥鶴駕去仍還，時時此地會群仙。君看黑水乘舟夜[五]，豈減蘭亭修禊年。

【校記】

[一]"隨浪汲"，萬曆八年刻本《浚谷集》作"當空立"。
[二]"烏鵲橋"，萬曆八年刻本《浚谷集》作"玻璃寒"。
[三]"玻璃汁"，萬曆八年刻本《浚谷集》作"鵁鶄急"。
[四]"入望遙"，萬曆八年刻本《浚谷集》作"寂無濤"。
[五]"黑水乘舟"，萬曆八年刻本《浚谷集》作"南池泛舟"。

贈呂幼誠

緩歌長吟呂主事，聽我漫道生平志。天高地厚不須論，猶聞故老哭弘治。一旦堯天十日橫，白晝夔魖生詭異。翠旗影動高冥間，果然怪鳥落雙翅。餘者

炰烋難具陳，一掃妖氛歸正議。是時后羿虛張弧，靈藥空亡真造次。天王嗣服起南荊，萬邦寶玉仍作贄。大夫學士竦精神，駃騠渥洼充上駟。我起髧髦君及冠，一朝四海稱國器。老成典刑歸白眉，戈鋌武庫森赤幟。高揖羲皇世上人，肯作漢唐轅下吏。寧知二十餘年來，嗚乎世事堪流涕。余充士伍卧南山，君亦坎坷不得意。生計衰遲逐牧樵，風義蕭條歷憔悴。愁聞避地燕南垂，喜憶追馳渭北騎。咸陽陵墓欝岩堯，累代繁華頓寂寥。我輩垂鞭問往事，耕夫植杖耡春苗。目今已逝皆陳迹，壯懷感此倍魂消。君既排雲射錦標，余亦賜環歸寶刀。各綰牙章清禁省，重搖玉珮紫宸朝。紫宸宮闕祥雲遶，天雞每晨報清曉。萬戶千門總不知，群仙冠劍藏窈窕。當午鳴珂出玉街，有時烽火來燕趙。代北將軍悲苦辛，閨中少婦誇妖嫋。不惜千金博彈丸，可憐折盡邊城鳥。鵰鶚吞聲鴻鵠飛，何況鷦鷯身尚小。以茲激烈動心懷，人間萬務轉悠哉。東流之水吞不盡，孟門三峽正崩開[一]。會須射殺前湖蜃，手挽百川逆浪廻。

【校記】

[一]"門"，萬曆八年刻本《浚谷集》作"明"。

送王編修省親

江南十月蓬草枯，歸舟泛江錦牽徂。黿伯水仙迎鷁首，朝發北海暮三吳。腰間王劍拂虹彩，波底龍光轉轆轤。入門交友生顧盼，登堂父母頓歡娛。人間始見臨風玉，天上却廻明月珠。甲第因仍列時彥，奕業登朝人共羨。畫日占雲丹鳳墀，鳴瑲曳珮金鑾殿。有時磨墨戲楯欄，詞鋒往往來酣戰。寶螭石鯨咸動色，祗疑霹靂生池硯。如此清閑久不歸，顧瞻桑梓情逾依。拜章乞告肝膽露，天書許假心神飛。異螺供饌理須有，祥烏反哺事不違。暫借鳴鳩養靈壽，終看細草抱春暉[一]。清時孝理大下重，豈為還鄉誇錦衣。

【校記】

[一]"暉"，底本原作"軍"，今據萬曆八年刻本《浚谷集》改。

花馬池歌，寄劉松石尚書

花馬城邊三萬騎，手攜霜刃未曾試。悲笳夜報飛鳴鏑，赤囊如電走邊吏。胡氣憑陵欲奔放，白帔晝竪斬驕將。元戎旌斾倚雲間，尚書節制來天上。後驅靈箏卷旄頭，左圖參伐排兵仗。肉飛紫燕追流星，彍吐青龍裂寶嶂。聞道奔走甌脫王，更傳馳逐烏介帳。勝氣三秋雷雨橫，醜虜一朝肝膽喪。絕漠連營萬馬鳴，前吹角鼓振天聲。始知信叔有英概，何似劉生空不平。

送連伯金館長左遷日照令

共直金閨裡，相隨玉署中。一時登俊乂，四海盛英雄。桂籍芳聲晚，蘭臺意氣同。天衢方努力，雲散各西東。

早朝

傳呼開紫極，聯步趨彤墀。合散金鞭靜，紛披御仗移。風雲肅殿閣，日月暖旌旗。未就甘泉賦，深慚雨露私。

送李子西侍御巡邊

多君重義氣，能賦復能兵。飛檄三關肅，登車萬里清。前籌資上略，北闕請長纓。遙相龍沙裏，應聞奉使名。

原州九日

秋聲咽塞笳，邊氣肅霜華。九日登高處，群山入望賒。蒹葭依碧水，酒淺對黃花。鴻鵠歸何處，長天空落霞。

登龍門洞，望飛鳳山

試攀龍洞口，遙望鳳山岑。秦隴廻天小，岷梁絕塞陰。依微懸紫閣，迢遞列青林。千古雄圖在，哀歌獨至今。

奉寄劉尊師，時分守宣府

秋風驚朔漠，胡馬飲桑乾。欲問安邊計，猶傳出塞難[一]。一鞭投瀚海，長策縶呼韓。無術排閶闔，明時尚永嘆。

【校記】

[一]"出塞"，萬曆八年刻本《浚谷集》作"行路"。

問固原告急

聞道白羊騎，猶穿花馬池。故園烽火急，上苑羽書遲。涇汭思雲鳥，蕭關入鼓鼙。何由當一隊，直擣向燕支。

陪許都事遊空同

飛舄謁玄都，相將扣玉壺。樹陰侵地遍，山色近天無。仙馭人何在，神遊興詎殊。行歌千仞上，倚醉不須扶。

春興

曙色迴龍氣，春聲送鳥啼。氤氳千嶂合，菩發眾芳齊。意靜心常泰，神存道未迷。自然諧物理，無事問天倪。

北亭雨餘

兩山夾岸開，一水自東來。野漲迷奔壑，雲峰入壯懷。晴光分遠樹，曉色靜浮苔。杖履多幽興[一]，觀遊日幾回。

【校記】

[一]"多幽興" 萬曆八年刻本《浚谷集》作"休言倦"。

兩亭溝

南亭望北亭，相對兩峰青。山色遙依隴，溪流曲到涇。塞烽深地暗，殘照入雲暝。最是晨光好，周圍列翠屏。

將兵北戍

建牙傳海岱，飛檄達天都。涿鹿雄三輔，幽燕控五湖[一]。風霆收戰色，沙漠拱皇圖[二]。上將須方略，還應出廟謨[三]。

【校記】

[一]"涿鹿"二句，萬曆八年刻本《浚谷集》作"涿野橫雲陣堯階落日烏"。
[二]"拱皇圖"，萬曆八年刻本《浚谷集》作"布雄圖"。
[三]"上將"二句，萬曆八年刻本《浚谷集》作"上將略聞匡濟斯文不可"。

練兵二首

風動戟門曉，天平錦斾垂。野雲分鳥陣，營柳貫魚麗。吉甫終還鎬，夷吾豈辨淄。行逢歸馬日，釋杖看東菑。

又

豈是屯兵少，多因紀律疏。氣銷廝養後，鋒減永洪初。助寇英豪沮，肥家府藏虛。子都誰者子[一]，早已掛金魚。

【校記】

[一]"子都誰者子"，萬曆八年刻本《浚谷集》作"綺羅誰氏子"。

順義別郭戶部

燕塞收兵後，逢君易水寒。蕭條下木葉，咫尺望長安。邊月侵關冷，胡霜入漢乾。相期歌杕杜，不必問呼韓。

登鎮遠樓

晉代山河壯，樓臺屬望遙。民風存蟋蟀，壯士擁金貂[一]。氣色來千里，烟雲變一朝。憑軒發長嘯，胡騎遁中宵。

【校記】

[一]"壯士擁金貂"，萬曆八年刻本《浚谷集》作"牧伯憶虞陶"。

寄張邦敷

寂寞湖州守，秋來病骨輕。靜添詩有味，健助老能行。十畝壺關月，三軍灞上營。休論閑與劇，相望二毛生[一]。

【校記】

[一]"對"，萬曆八年刻本《浚谷集》作"望"。

早春，飲陶園

將軍初解印，甲第早生春。叢竹抽青節，平池躍紫鱗。蘿深烟鎖樹，院靜鳥窺人。重過開芳崟，偏宜倒角巾。

柳湖讌集，用民瞻韻[一]

橫野山為帶，連天城作屏。湖光隨地綠，樹影入潭清。宿霧凝朝潤，輕風帶晚晴[二]。柴桑不可作，柳色欝含情[三]。

【校記】

[一]"柳湖讌集用民瞻韻"，萬曆八年刻本《浚谷集》作"柳湖讌集用陶民瞻韻二首"，題下共有兩首詩，此處所選為第一首。

[二]"宿霧"二句，萬曆八年刻本《浚谷集》作"宿霧簾仍濕溪風水與鳴"。

[三]"柴桑"二句，萬曆八年刻本《浚谷集》作"相邀揮綵筆何必羨登瀛"。

書舍

山延壠坂北，水自柳湖東。清曉眠花雨，午凉生樹風。影添窗隙綠，香落硯池紅。更喜烽烟息，甘為塞上翁[一]。

【校記】

[一]"更喜"二句，萬曆八年刻本《浚谷集》作"更喜息烽燧而不患狄戎"。

有聞三首

豈是中臺彥，天廻寒谷春。沉寥任草野，經濟謝朝紳。日遠瞻天近，時清樂聖真。寄言十六相，巢父已沉淪。

又

入講曾通直，提兵遠備邊。報恩慚海岳，卧病老林泉。敢作終南徑，甘分隴上田。彈冠吾獨嬾，安可玷時賢。

又

撫鎮職非細，中臺氣亦豪。爭誇金獬廌，無復素絲羔。我有千金劍，人嗤九牯毛。鳳鳴不可見，琴鶴尚徒勞。

聞唐應德南征

鯨波深不極，鵬翼奮將搏。信美從軍樂，無嗟行路難。一麾山嶽動，雙劍斗牛寒。南紀風濤靜，仍期早掛冠。

- 337 -

霜候

不覺金天氣，蕭然滿宇中。霜空生夜白，風葉下秋紅。健翮鳥初變，授衣人未同。豈無甘菊酒，奈此白頭翁。

清明閑居

不覺老隨身，偏驚節序新。花釃修禊客，柳暗渡涇人。春色無高下，風光自淺深。如雲遊騎密，抱膝獨閑吟。

答次扶風王令宿山墅韻

弱齡登漢署，白首謝明君[一]。南畝多逸興，北山不勒文。榴窗紅吐日，柳徑碧生雲。養拙聊觀物，相將麋鹿群[二]。

【校記】

[一]"白首"句，萬曆八年刻本《浚谷集》作"華首辭明君"。
[二]"相將"句，萬曆八年刻本《浚谷集》作"非穀此物群"。

送任勇將五軍營

汝作天蓬帥，常聯環衛師。熊羆六甲將[一]，日月九斿旗。騎轉風雷動，戈揮星斗移[二]。策勳清大漠，奏凱報明時[三]。

【校記】

[一]"六甲將"，萬曆八年刻本《浚谷集》作"十萬士"。
[二]"戈"，萬曆八年刻本《浚谷集》作"劍"。
[三]"奏凱"句，萬曆八年刻本《浚谷集》作"復古更陳詩"。

送陶總戎赴督府

還撫龍泉劍，遙從驃騎營。胡沙昏白日，邊地盡秋聲。王略勤三捷，天威肅九征。燕然石尚在，待爾樹勳名。

和廖群倅對雪用韻

燭龍噴戶北，滕陸度城西。欲問梅花信，言尋何處溪。風林群鳥散，木稼眾峰齊。不覺層裘重，空驚曙色迷。

冬日，東郊即事

東道指咸陽，輶軒去路長。水深龍蟄穩，世遠鳳歌狂。旭日含霜白，流埃上木蒼。秦川一以望，何處是長楊[一]。

【校記】

[一]"秦川"二句，萬曆八年刻本《浚谷集》作"推遷從物理終老無何鄉"。

次李大卿招讌陶總戎竹園，兼懷陶

朝光結綺樹，春色動芳尊。花暖香迎戶，柳深烟滿村。高談出日表，清思識天根。獨愛幽閑者，時臨蓬蓽門。

涇浦躬穫

腰鎌出甫田，秋色靜娟娟。地迥山吞日，沙清水盪天。壠分牛馬陣，烽息虎狼烟[一]。社鼓連村發，邊城報有年[二]。

【校記】

[一]"烽息"句，萬曆八年刻本《浚谷集》作"人足藁穰烟"。
[二]"社鼓"二句，萬曆八年刻本《浚谷集》作"炊黍同鄉里時雍樂舜年。"

訊唐應德避居城南寺

聞道城南寺，清溪不着氛。烟花渡流水，樓觀入層雲。知子區緣薄，聊將靜者群。我懷叢桂樹，幽思益紛紛。

東閣晚出

日照紫宸殿，風清丹鳳樓。鳥鳴朱戟靜，人散玉堂幽。瑞氣傳龍采，台光燭斗牛。何由陪劍舄，清曉立螭頭。

旅雁

萬里冥鴻海外來，天涯力盡未曾迴。幾行數下中霄淚，孤影長鳴竟日哀。霜露久淹燕伯國，稻梁何處越王臺。猶存健翮隨飄泊，試與凌雲見異才。

通州道中

大同橋上送歸舟，通濟河邊戀舊遊[一]。蘋蓼澤蘭空泣露，落花流水自傷秋。關河縹緲三千里，雲樹蒼茫百二州。遙憶美人何處是，玉簫聲斷鳳凰樓。

【校記】

[一]"大同"二句，萬曆八年刻本《浚谷集》作"大同橋下嘯鳴水通濟河邊芳草洲"。

代紀元正上翟石門

上相旄旌出漢關，邊庭殺氣暗天山。九霄雨露清秋滿，萬窟貐貔白晝閑。太乙還從七宿下，三台只在五雲間。何須遠使窮西海，蚤已威稜震北蠻。

羅達夫、唐應德謁陵廻，折簡走問

弓劍龍遊護翠微，衣冠鵠立拜巖扉。千年玉署承恩渥，萬歲金宮望幸非。靈駕瑞雲移綵仗，侍臣香霧起仙衣。即看神鼎窺湖去，領取鈞天清樂歸。

寄張邦敷二首

烽火山西不記年，皂旗曾閃潞城邊。平生報國傷心地，今日登樓嘯月天。二帝不聞曾躍馬，五胡端合罪談玄。閑身正喜當年壯，隱几詳研六月篇。

又

秦晉連疆隔大河，夢中相憶阻洪波。勢分涸轍修鱗少，愁入秋風短髮多。空谷淹留傷聞寂，平生交好半蹉跎。有懷無路連床話，為爾長吟伐木歌。

和翁都憲過訪不遇韻

早隨金馬謁承明，立仗無端効一鳴。三黜還家行漸老，幾廻戀闕不勝情。極知樗散疏人事，敢嘆儒冠負此生。駑頓空慚承驥尾，年年伏櫪壯心驚。

次許少華中丞校閱韻

絕塞秋高萬馬肥，漢家飛將肅霜威[一]。已招日逐新降虜，更向燕支大合圍[二]。陣吐風雲皆變色，韜深龍虎自藏機。幕賓無路陪談笑，真待元戎奏凱歸[三]。

【校記】

[一]"絕塞"二句，萬曆八年刻本《浚谷集》作"燕塞秋来馬欲肥漢兵北顧思宣威"。
[二]"燕支"句，萬曆八年刻本《浚谷集》作"月支"。
[三]"真待"句，萬曆八年刻本《浚谷集》作"直待康居攜首歸"。

出塞二首[一]

海門日射幕南庭[二]，瀛島風牽薊北旌[三]。已有威稜摇黑水，豈無雄志為蒼生。天連虯鯉星辰動，波静析津霞靄明[四]。按劍君王憂不細，棲棲六月獨專征[五]。

【校記】

[一]"出塞二首"，萬曆八年刻本《浚谷集》作"伏日北戍十首"，題下原有十首，此處選其中二首。
[二]"幕南庭"，萬曆八年刻本《浚谷集》作"黃金殿"。
[三]"薊北"，萬曆八年刻本《浚谷集》作"白羽"。
[四]"静"，萬曆八年刻本《浚谷集》作"净"。
[五]"按劍"二句，萬曆八年刻本《浚谷集》作"仙客不煩假羽翼凌霄亡慮數途程"。

又

潮河南下渾河束[一]，艫舳相連萬里通。錦纜虹吞燕雨白，朱輪雷動海波紅。直從北面朝元后，回望中天駕六龍[二]。鼓吹入朝應奏凱，愧非吉甫詠清風[三]。

【校記】

[一]"束"，萬曆八年刻本《浚谷集》作"東"。
[二]"直從"二句，萬曆八年刻本《浚谷集》作"直從北面朝群象復道左旋乘六龍"。
[三]"鼓吹"二句，萬曆八年刻本《浚谷集》作"鼓吹入朝私有羨幸同蓂草被薰風"。

奉次總督何太華巡古北口，過虎頭山韻[一]

摐金伐鼓振三軍，破虜降王策大勳。陣列六韜嚴號令，觴稱萬壽獻明君。虎頭山色吞遼海，燕塞霓旌捲夜雲[二]。聞道虞廷舞干羽，須知此日重修文[三]。

【校記】

[一]"奉次"句，萬曆八年刻本《浚谷集》作"奉次總督何太華帥師巡古北口過虎頭山韻"。
[二]"虎頭"二句，萬曆八年刻本《浚谷集》作"唐庭正朔海東布秦傑蚩聲宇內聞"。
[三]"聞道"二句，萬曆八年刻本《浚谷集》作"行看蓂階舞干羽天生元凱奉華勳"。

次周户部韻，送人巡邊

障亭極目塞沙黃，建斾深秋度白羊。劍倚穹廬時動色，馬鳴甌脫正騰驤[一]。風鈴夜肅元戎帳[二]，月陣朝臨蹋頓王[三]。自古平戎思上略，于今皇道有輝光。

【校記】

[一]"正騰驤"，萬曆八年刻本《浚谷集》作"應難當"。

[二]"夜肅"，萬曆八年刻本《浚谷集》作"細繞"。

[三]"朝"，萬曆八年刻本《浚谷集》作"重"。

和柏泉胡大參祀吳山

西岩地鎮山川壯，禋祀天開禮秩崇。玉檢封泥連華岳，雲車訪道亞空同。幨帷已潤使君雨，羽扇輕搖長者風[一]。信有名藩贍具美，道傍騎竹拜羌戎。

【校記】

[一]"長者"，萬曆八年刻本《浚谷集》作"執矩"。

寄賀胡栢泉冢宰

暫秉留樞即召還，宅揆特冠九卿班。法懸象魏光天下，手握璇衡照斗間。入轂雄材多虎拜，垂衣聖主動龍顏。忻逢元凱扶堯日，悵望雲霄不可攀。

秋懷

邊城朔氣動胡沙，古塞陰雲徹海涯。戍士壯心摧羽檄，文姬鄉淚墮琵琶。風生月窟嘶邊馬，霜冷天山起暮笳。誰道秦關春色晚，鐃歌聲裡落梅花。

寄翁總督

頻年目斷塞門魚，千里能勞天上書。飛檄幾迴傳虎帳，鳴弦十萬動狼胥。不妨鴻鵠衝霄翼，況是鯤鵬並海居。身似敬通福相薄，無緣攬轡奉征車。

山行，尋白院判故城

山中宜雨復宜晴，錦樹平鋪萬壑明。草上看風知物候，林間聽鳥得春聲。霏烟曉散分樵逕，斜日迴光照古城。更覓前人爭戰處[一]，可憐麋鹿任橫行[二]。

【校記】

[一]"更覓",萬曆八年刻本《浚谷集》作"復有"。
[二]"任橫行",萬曆八年刻本《浚谷集》作"亦曾驚"。

入函關

龍霧洪河隱,鷄鳴函谷開。鎮雄天地壯,塞絶山川廻。迢遞雲中路,委遲星使來。二陵風雨急,百戰虎狼摧。雉堞埋秦鏃,虹橋識楚灰。霸圖餘想像,佳氣近崔嵬。白馬將軍去,青牛仙子廻。古今同遊者,懷想信悠哉。水落蒲津遠,山空林籟哀。應知題柱客,羞數棄繻才。

上京樂四首

二月漁陽花似錦,渾河春水碧於藍。三千俠客歸何許,十五胡姬酒半酣。
玉珮銀環拂地來,鳴鍾伐鼓正陽開。金貌項上行人度[一],織女河邊探石廻。
花帽腰金著錦衣,年年執戟護黃扉。蒼龍紫闕當晨啓,白馬青韉薄暮歸。
朔吹聲高戰馬飛,雪深草地狐兔肥[二]。小姬爭奏牛心炙,胡波欲彈大打圍。

【校記】

[一]"項",萬曆八年刻本《浚谷集》作"頂"。
[二]"雪深草地",萬曆八年刻本《浚谷集》作"草地雪深"。

元日,禹城朝賀

白髮慚隨白日長,赤誠空憶赤墀光。翻憐二十八年事,曾賜宮花出上陽。

送咸寧侯總戎兩廣

大將承恩出建章,旄頭飛羽度衡陽。樓船夜擁江波黑,劍戟光搖君馬黃。
田州刺史開江後,海外諸侯進表來。使者丹書天上至,元戎金鼓日邊廻。

河西歌四首

洮水黃河接塞流,南山插隴入甘州。山河本自隔戎夏,誰遣殘胡西海頭。
十萬鳴弦小十王,曾驅叛寇入河湟。青海便為胡部落,赤斤元是漢封疆。
見說東平王總制,盡將旌斾竪山椒。天聲五月風雷動,胡騎三千烟霧消。

甘肅繞通一綫路，誰念河西十萬師。聞道今年小王子，驅降西已過燕支。

張總督還自花馬池歌四首

紫府仙人辭玉皇，手揮金甲静邊方。功成直擬歸天上，不使蕃人頌六郎。
沙雲黯黯胡天高，海上風塵未全消[一]。須向長河開月陣，早麾飛將取天驕。
冒頓驅降過月支，蟠成右臂盡西陲。玉關驛路纔如綫，可念河西十萬師。
鐵甲光寒紫塞秋，年年塞上送征裘。征人未掛黃金印，思婦城南已白頭。

【校記】

[一]"海上風塵"，萬曆八年刻本《浚谷集》作"風塵海上"。

塞上曲五首

雪海冰深胡馬驕，沙雲黯淡胡天高。靈旗一掃旄頭落，豈待將軍試六韜。
沙磧草青軍馬黃，關山月落漢天長。大農不用調車乘，已道生擒日逐王。
欲挽銀河洗甲兵，玉關遼海罷長征。薰風吹散蹄林馬，暖日晴搖細柳營。
尚方寶劍赤茸環，一舉清都虎豹閒。四宇星辰皆拱北，風塵不動靜如山。
霜刀玉彎驓拳毛，月滿騂弓雲陣高。萬騎沙邊齊舉手，驚看一箭落雙鵰。

至薊

鳴笳疊鼓下漁陽，邊樹重重海日黃。四顧無塵氛浸息，空持龍劍吐光芒[一]。

【校記】

[一]"空持"句，萬曆八年刻本《浚谷集》作"獨彈寶劍望遐荒"。

張問仁 字■■[一]，號■■[二]，西寧人。嘉靖丙戌進士。官■■[三]。

【校記】

[一]■■，底本原為墨丁。
[二]■■，底本原為墨丁。
[三]■■，底本原為墨丁。

早朝

鳴鞭三徹珮初收，絳殿朱燈霄漢頭。日映爐烟浮翠盖，雲依仙掌結層樓。詞臣召對趨傳賞，上相承恩特賜留。淺劣豈能終報立，慚隨鵷鷺覲宸旒。

登岱

倐然不覺有人寰，策馬俄驚霄漢間。海外雲來歸五嶽，人間水去到三山。周王轍迹空烟樹，漢帝樓臺祇暮關。此日便應抛世累，尚平婚嫁幾時閒。

江樓遠眺，時新被倭患

高樓一望客心驚，六代衣冠此遞更。花鳥幾經當世變，江山空帶舊時名。潮廻綠草三春暮，日落蒼烟萬里生。何用別傷千載事，郊原野火不勝情。

高郵夜渡

一葉秋江趁晚潮，江頭燈火望中遙。簹過曲岸天為轉，浪撼衝風斗共搖。淡月擁雲入海嶠，浮光乘露射蘭橈。荻花淺裡漁郎醒，吹斷覊情子夜簫。

秋夜，仰懷恩師斗城先生，先生代巡中州，時以疾請告而行

相隨無計淚長傾，南北遙牽萬里情。葉落江皋人已去，月明山館夢初驚。道尊海內偏憐我，羽弱天涯獨寄苹。坐起披衣心欲斷，空階露濕草虫鳴。

仰懷北郭先生，寄呈

東海城東望海樓，携兒日日上樓頭。天清島嶼欄邊出，潮湧蛟龍階下遊。醉後功名從燕雀，詩成世故已蜉蝣。銷魂河外銜恩士，叵得趨庭伴鯉遊。

秋夜懷崔瑜浦，柬呈

窗葉蕭蕭冷不禁，興來翻覆憶知音。偶因擊節哦新句，便欲乘舟試遠尋。雁帶海雲歸絕浦，柝敲山月下孤岑。扃門此際無他事，應對清樽正朗吟。

秋夜

蕭條虛館漏初催，客思秋懷不可裁。斜月乍隨松影去，斷風時掠雨聲來。

燕山易水書難達，隴樹秦雲夢屢廻。寸績未成頭白盡，天涯空自恨非才。

廣陵懷古

一醉繁華更不論，隋皇曾此棄乾坤。錦纜已灰堤尚在，瓊花無主觀空存。江流不盡美人恨，月色應銷帝子魂。獨有管弦猶似昔，夜深依舊沸千門。

朱仙鎮岳武穆廟

痛哭南旋願已孤，中原從此盡為胡。祖生有志終扶晉，宰嚭無情酷間吳。古鎮冤橫雲自慘，荒祠春盡鳥長呼。高宗餘業仍歸虜，泉下當時一恨無。

晚春，園亭期張、嚴二逸士不至

初憐春服歎春還，幽客春深幽興殷。靜愛落花頻倚檻，偶堆閑石漫為山。彤闈有夢經年絕，雲戶無人盡日關。獨訝求羊招未得，虛堂虛對鳥綿蠻。

尋鄭道士不遇

寂寂窗臨絕澗幽，著殘棋在石床頭。一秋積葉春慵掃，滿院閑雲午未收。獨鶴爐邊看藥睡，清泉月下泛花流。定知別入藏身處，惆悵壺中不可求。

登泰山，因懷兗州李東河太守，時予將有兗州之行，故先戲寄

登天路欲近三台，望入滄溟到八垓。漢時有雲空鎖月，秦碑無字更封苔。日過陽谷三更出，山接崑崙萬里來。可得凌風因羽化，思君愁復向塵埃。

蚤秋，居庸道中

忽聞朔雁向江洲，雲水蒼茫接素秋。山寺疏鍾和暮靄，溪村紅葉映霜流。長風短笛渾將裂，落日寒蟬半已收。莫把淒涼當絕塞，風光猶是在皇州。

送王秀才南遊

為愛烟波思扣舷，故隨商棹向江天。落帆夏口春方盡，載酒荊門月正圓。過客傳詩應到我，論文此別又經年。南中秋暑絕堪忌，遙見西風莫忘旋。

李一元字伯會，號■■[一]，咸寧人。嘉靖間，官長史。

【校記】

[一] ■■，底本原為墨丁。

奉和余方池太史江興

聖代詞臣溯有源，相如昔已在文園。還鄉似跨青城鶴，適楚應聞巫峽猿。憶在玉堂曾應制，聽歌白雪共銷魂。一從放逐江潭後，夢裡誰登金馬門。

芝山招遊草堂

春日欣承左相招，杖藜那厭草堂遙。當時避亂憐孤客，此日追歡託聖朝。枉駕曾聞嚴僕射，侑觴何用董妖饒。山公不醉留連久，歸去烟迷萬里橋。

送陳雨泉僉憲

仙舟二月下江南，送別人皆作美談。氣節遠過唐戴冑，才名高出晉羅含。文旌風緩搖江柳，祖席春香點石楠。欲向吳門寄雙鯉，發時應自百花潭。

和升庵先生春興

隔江蘭若對金沙，泊棹漁村問酒家。傲吏壯懷吞夢澤，道人詩思入烟霞。醉來不厭飛觴促，歸去那知挂杖斜。薄暮嚴城明返照，戍樓深處起清笳。

登泰山

千巖萬壑費登臨，杖屨穿雲入更深。滿耳鳥聲春雜沓，逼人山氣晝陰森。乾坤萬里勞雙眼，泉石一時諧寸心。獨臥仙家清夢覺，忽聞風送步虛音。

楊爵字■■[一]，號斛山，富平人。嘉靖己丑進士。官御史。贈勳卿，諡忠介。

【校記】

[一] ■■，底本原為墨丁。

幽懷[一]

地隱春遲到，幽懷更耐看。雁聲愁遠塞，雲影滯餘寒。斗笠營秦隴，絲綸坐渭竿。而今耕釣手，桔橰亦相安。

【校記】

[一]"幽懷"，影印文淵閣《四庫全書》所收《楊忠介集》作"雜興"，詩題下共有四首詩，此處所選為第二首。案以下在【校記】中簡稱為《四庫》本《楊忠介集》。

有感

庭院幽沉處，黃鸝聲自和。炎風侵夏木，世道轉頹波。夙志逢時健，韶光雙鬢皤。如何人世上，獨我憂心多。

有感

天涯風景又將秋，想像西周已古丘。萬里鄉關驚旅夢，百年身世嘆幽囚。披懷有慮成虛迹，觸眼無窮是隱憂。解得古人行邁意，知吾於此更何求。

遣思男歸秦[一]

聞汝臨歸血淚流，苦情都入我心頭。本為世道千年慮，適到家門百口憂。幽地北風留父久，遠山寒雨重兒愁。聖朝不易朱雲檻，終許殘生遂首丘。

【校記】

[一]"思"，《四庫》本《楊忠介集》作"偲"。

來聘 字■■[一]，號■■[二]，三原人。嘉靖乙未進士。官憲副。

【校記】

[一]■■，底本原為墨丁。
[二]■■，底本原為墨丁。

獨坐

解綬歸來鎮日閑，小莊遠在柳溪間。柴門深處無人到，時有清風數往還。

小酌

不受當年羯鼓催，曉風疏雨傍山隈。春花雖艷非吾好，為爾甘心醉幾杯。

劉鳳池字■■[一]，號東陵，渭南人。嘉靖乙未進士。官■■[二]。

【校記】

[一] ■■，底本原為墨丁。
[二] ■■，底本原為墨丁。

秋雨

八月雨連夕，層雲失太清。鬼燈依近壘，螢火點山楹。戍鼓沉無韻，棲禽遞有聲。誰當出曉日，馳馬任縱橫。

雨後聞蟬，憶都下諸君子

溽暑積炎夏，涼飈起雨餘。陰岑日落處，高樹蟬吟初。隔歲聽新韻，經時戀舊廬。相看念知己，天際附鴻書。

重九客邸述懷

役役塵途歷盛時，深秋逢節益堪悲。山連秦晉隔鄉夢，人共乾坤憶別離。一逕菊風驚歲晚，半輪桂月憶歸遲。年來久負登高興，悵望寒雲起暮陴。

王維禎字允寧，號槐野，華州人。嘉靖乙未進士。官大司成。

寄謝氏

首夏與君別，杪秋忽逮茲。天道有變易，世事安可期。孤鴻暮南適，嗷嗷聲何悲。感物惻我衷，各天悼乖離。藹藹金閨遊，夙昔相追隨。讌婉非怕情，結義良在斯。驚飈吹飛藿，倏爾東南馳。安得肅肅羽，奮飛從所思。

與汪仲子別

還子無苦顏，羈人寡歡趣。宛馬東道來，西風常反顧。予也塞鄙人，謬習從章句。會值好文時，凌風偶鸞鷟。天路豈不廓，翱翔非所慕。華嶽雲臺邊，翳翳饒松樹。其下盤茯苓，其上棲白鷺。歸與依吾鄉，延年而保素。

贈袁生督兵守鳳陽

淮野山盤曲，雉兔交囘岡。躍馬徵徒出，觀者盈路傍。矢發不虛歸，左右斃雙翔。就岩敲石火，炙鮮呼金觴。還車意未已，試巧疊穿楊。從禽豈所欲，聊以娛時康。

贈劉少參赴楚守顯陵

先皇昔時乘飛龍，龍飛弓墮楚山中。其後瑤池邀聖母，遺珮却在燕臺宮。當時諸臣議頗紛，或欲別隧比湘君。所賴我皇見不移，同室同穴古有云。嘉靖己亥二三月，天駕親行觀陵闕。羨門馳道皆新啓，荊榛為掃山突兀。歸來始發梓宮舟，五月江平非人謀。使者還報哀未已，更詔置吏守其丘。茲丘巀嶪俯南州，下峰踞虎上盤螭。金粟之山何足數，黃帝橋陵未可儔。中有桂樹枝相結，雙棲鸑鷟將九雛。自從置吏十年周，關臨虎豹茂松楸。崖頭石鏡光閃爍，山鬼驚避聲啾啾。劉君此去百不憂，伏臘虛筵俎豆張。但奉衣冠時出遊，亭碑雙峙功德在，閑剔苔蘚識蝌蚪。我聞洞庭以南即蒼梧，隔岸有廟帝女孤。千年斑竹猶含怨，一水盈盈不得俱。只今二聖共一山，翠華雲輧相往還。夜深風起萬壑間，虛空珊珊響珮環。君也聞之動心顏。嗚呼！君也聞之動心顏。

送盧子上泰陵祠昭聖太后

虞帝英為嬪，周王姒作述。當年稱二聖，此日閉重丘。雲慘蒼梧夕，風悲玉殿秋。侍臣瞻切際，鳳輦必來遊。

雨霽，宴郊壇徐奉常院

愛此赤松家，令予清興賒。玉童調白鶴，金竈閟丹砂。衣潤臺邊露，花迷洞口霞。何當謝人世，即爾駐年華。

送駱太史謝病歸湖州

忽謝金門直，言尋碧海濱。明時豈無意，旅病苦傷神。白髮愁中長，青山夢裡真。知非鷗鷺侶，暫與薜蘿鄰。

又

桂帝下遙潯，行行指越林。菱歌醒旅夢，鱸膾稱鄉心。千里秋江水，孤舟夜月吟。和人渾不見，霄漢有知音。

又

何處采芝苓，松岩與石町。一蘇司馬病，重注子雲經。舍外湖光白，窗中越岫青。客來時問字，不得臥深扃。

陳戚宛宅同年會，和孫季泉太史韻[一]

俱起脫荷裳，聯趨傍日光。十年霄漢客，七貴欝金堂。興逐讌歌發，衣携御案香。猶思曲江舊，春水遠青蒼。

【校記】

[一]"陳戚宛宅同年會和孫季泉太史韻"，明萬曆三十四年黃陛、王九叙刻本《槐野先生存笥稿》作"陳戚畹宅同年會和孫志高韻四首"，題下原有四首詩，此處所選為第一首。案以下在【校記】中簡稱為"萬曆三十四刻本《槐野先生存笥稿》"。

廣德寺送別陳子

俱是遊京國，獨憐尋故山。鄉心因子劇，別句對僧刪。枯沼風荷咽，空林夕鳥閑。前程愁欲暮，乞與一燈還。

贈王戀中太史移居

苑水斜連戶，宮梅近拂墻。氣侵琴劍濕，風染竹蘿香。虛閣玄經就，閑門碧草長。雖然住霄漢，何異在林塘。

又

昔住城臨廛，今棲市接門。多君不擇地，得道自忘喧。車馬朝天路，蓬蒿隱吏軒。可言渾掃却，時有問奇煩。

中秋，過汪氏二昆季玩月

孤月明無際，繁星淡不輝。只疑金鏡轉，却道玉盤非[一]。氣逼浮雲歛，光含白露微。無因生羽翰，萬里但瞻依。

【校記】

[一]"非"，萬曆三十四刻本《槐野先生存笥稿》作"飛"。

雪中柬鄰舍汪子

君為南楚客，我乃西秦人。舊國元連壤，今居更卜鄰。坐看簾外雪，調憶郢中新。興至相尋易，無愁棹遠津。

寄東氏妹

萬里遊真倦，向來依故廬。寧親迎衛女，設饌釣河魚。奔詔身仍遠，思家意不舒。班昭應有念，早上丐兄書。

寺閣同諸子和楊司諫韻

樓中客未返，棲鳥已松篁。興在惜餘照，空冥識妙香。鍾聲侵檻急，杯影接雲涼。惠遠休憎飲，陶公嗜醉鄉。

賦得天寧塔，贈別胡青岩同年[一]

平郊曠千里，孤塔突青天。寒集三秋雁，危開百丈蓮。望應收楚蜀，勢已壓幽燕。徙倚吾愁上，離魂會渺然。

【校記】

[一] "贈別胡青岩同年"，萬曆三十四年刻本《槐野先生存笥稿》作"贈胡中望同年"。

郭氏莊遊，次洞山尹子韻[一]

曠野迷禾黍，聞流不辨谿。問途行復立，入里北還西。谷遠疑禽響，園深詫虎蹄[二]。上林雲在邇，獵地豈應栖。

【校記】

[一] "洞山"，萬曆三十四年刻本《槐野先生存笥稿》作"崇基"。
[二] "蹄"，萬曆三十四年刻本《槐野先生存笥稿》作"啼"。

南浦舟泛次韻

呼舟催力進，波靜日仍暉。怕有回風作，虛令蕩槳歸。白鷗來故狎，青鳥望何微。出浦聞相近，吾將遂所依。

有客

有客談農事，淒然傷我心。風回青失壠，日轉赤流金。處處神巫問，哀哀寡婦音。憑誰還報語，帝禱已桑林。

又

單于欸款塞，使者急臨邊。果得蒲梢馬，何言少府錢。沙塲元恨井，炎月更生烟。願假將軍劍，山山為出泉。

熱

院深風不度，火鑠井猶溫。林密翻包暑，蚊多故趁昏。何方無五月，明發問孤村。蓮洞涼如許，岩嶤不可奔。

春夜於草堂飲趙太洲限韻[一]

窈窕歌今夕，留連及曙鍾。殘星低北牖，片月墮西峰。歡向樽前劇，思於別後重。高標蓮嶽似，萬仞削芙蓉。

【校記】

[一]"趙太洲"，萬曆三十四年刻本《槐野先生存笥稿》作"趙孟靜"。

夜投乾州

旦發暮還轍，荒林已宿鴉。前旌明野火，遠戍咽樓笳。行漸初星密，愁深曲徑斜。風塵疲道路，瞻想五陵霞。

秦嶺過文公祠

萬里南遷客，千峰昔此停。雪巖不可度，猿夜若為聽。道在翻能重，名高故有亭。松門吾下馬，瞻竚涕雙零。

康陵陪祀

塞上猶傳八駿名，帝丘今望赤霄平。千峰雲起旌旗影，萬木風多劍槊聲。玉殿香烟浮俎豆，瑤墀星斗燦冠纓。雍歌聽徹人歸盡，獨立春宵百感生。

- 353 -

沙河道中，用王太史韻[一]

曉日平郊遠色分，皇家千嶂抱諸墳。沾花車騎香聞露，過水冠裳潤帶雲。繡壁斜翻丹鳳勢，回沙細擁白蛇文。詞臣預喜瞻依地，寶篆穹碑七帝勳。

【校記】

[一]"王太史"，萬曆三十四年刻本《槐野先生存笥稿》作"懋中太史"。

祗役山陵，憩道觀

山程迢遞溙雲沙，仙苑幽虛貯彩霞。興為吹笙聊駐馬，桃如索笑故開花。芝房漫倚燒丹竈，瑤水空憐泛海槎。此去蒼梧猶道路，乘風欲借紫鸞車。

小至，院内對月，簡諸同宿

海東滿月上金規，風後寒光湛玉墀。出檻新梅渾失影，當階老鶴淡無姿。宵深霜露侵偏劇，節近星河望欲移。坐待嚴城樓觀曉，擬看雲物共登危。

乙巳元日

白霧陰陰欲匝天[一]，今年元日異常年。簪纓朝退沾猶濕，梅柳春遲凍不姸。趁節軒車交紫陌，臨風樓閣落朱弦。愁予正爾成孤坐，柏酒盈觴為罷傳。

【校記】

[一]"白霧"，萬曆三十四年刻本《槐野先生存笥稿》作"白露"。

夏日，同諸文學登都城，和孫季泉韻[一]

帝城今得倚崔嵬，可那歡多暮角催。不去真憐天上侶，貪凉忍罷掌中杯。風筵蕭颯霜疑下，霧堞陰森晚漸開。時向建章宮北望，通天隱隱見高臺。

【校記】

[一]"孫季泉"，萬曆三十四年刻本《槐野先生存笥稿》作"孫志高"。

贈李封君樂隱公

丈人高隱古梁園，修竹蓬池今在門。自向明時甘抱甕，却因令子強乘軒。黃河東望烟波闊，魏闕遙瞻雲霧屯。牟氏懷恩情漫切，任公垂釣意終存。

曹侍御使金陵

西北烽烟年更劇，東南民力日堪哀。極窮早上寬租疏，按塞猶思攬轡才。王氣金陵千古會，大江雪浪九天回。亦知遊覽非君志，望闕能無上鳳臺。

聞笛

寒夜高樓玉笛哀，天涯羈客思難裁。關山萬里惟看月，霜露孤庭有落梅。怨鶴愁聞雲裡下，吟龍疑自海邊來。誰能吹向飛狐塞，一遣胡奴競北回。

贈張憲使之閩中

閩疆萬里盡東南，漢使宣威促去驂。臘雪薊門寒尚積，早春江柳色先含。山猿見節移深樹，水怪驚戈徙別潭。若到越王臺上望，皇朝無外海同涵。

贈蔡使君守衡州

楚鄉春至即炎風，去馬遙衝歸塞鴻。媚客柳條臨路待，到官蠻谷為君通。嶽形倒看清湘水，桂樹高攀赤帝宮。聞說五峰峰並峭，何當詞賦與爭雄。

春日，邀諸同好登毘盧閣，和洞山韻[一]

我向君曹意不疏，芳時嘉約可教虛。便從淨界看花放，已得春風隔夜噓。歡劇共拚樓上醉，悲來偏濕檻邊裾。天涯遊子秦川客，翹首西雲片片舒。

【校記】

[一]"洞山"，萬曆三十四年刻本《槐野先生存笥稿》作"尹崇基"。

六月三日作

西山砰兀與天參，湖水城隅碧浪涵。風起湯池威轉放，雲來炎郭毒逾含。虛傳吹黍名燕谷，實有蒸波類漢南。華嶽高寒清渭肅，故鄉回首欲抽簪。

立秋

閏夏逢秋氣自淒，風城吹葉遍沙堤。紅顏鏡裡能恒駐，寶劍天涯亦暫携。螢動虬潛悲此日，山青雲白憶吾栖。勳名老去終何有，野望行歌好杖藜。

西溪亭上，次劉太守韻

溪光寒浸千峰影，霞氣霄蒸五色文。上客有懷惟對酒，孤亭無主但流雲。沙鷗野鷺看還下，水管風簫聽正紛。不用登臨深慷慨，勝遊天地幾同群。

原州鎮西樓松石公讌集用韻

天清塞閣敞秋筵，木落山空殺氣先。千里登臨吾慷慨，萬年疆宇此喉咽。雲移沙磧邊烽靜，日閃旌旗海色連。老將論兵渾不懈，酒中猶欲弄龍泉。

原州魚池秋泛，用三渠宮諭韻[一]

夜深燈火燦池臺，歌管留歡未擬回。十里烟花雙放舸，百年天地幾御杯[二]。入波星斗帆前動，驚吹鳧鷺島上來。笑指滄洲生遠興，醉吟巴曲愧雄才。

【校記】

[一]"三渠宮諭"，萬曆三十四年刻本《槐野先生存笥稿》作"王宮諭"。

[二]"御"，萬曆三十四年刻本《槐野先生存笥稿》作"銜"。

瓊翰流輝樓二十韻

聖帝九重居[一]，兢兢念不疏。頻徵黃閣策[二]，時下紫泥書[三]。謀鉅關元化，憂深至里閭。周王全屬旦，衛國獨賢蘧。睿異蒙求我，謙將問起予。片言雙璧重，一札十行餘[四]。鼎鼐期調燮，攙搶計掃除。密章綸細出，雄藻翰橫舒。歲月龍綃積，江天貝閣虛。非同八詠建，欲取百籤儲。雲日明珠拱[五]，風烟閉綺疏。形成疑翡翠，勢峻等匡廬。網拒穿檐雀，芸防蠹字魚。華囊裁錦繡，玉匣剖璠璵。虞典安天下，羲文啓治初。永存沙變海，長曜斗臨墟[六]。鄴氏藏充棟，張華載滿車。誰云伊可羨，須信此難如。余也生金微，歘來濫石渠。才微慚授簡，質散類遺樗。強擬高樓作，終然謝大夫[七]。

【校記】

[一]"九重居"，萬曆三十四年刻本《槐野先生存笥稿》作"撫皇輿"。

[二]"黃閣"，萬曆三十四年刻本《槐野先生存笥稿》作"萬世"。

[三]"時下紫泥書"，萬曆三十四年刻本《槐野先生存笥稿》作"屢下十行書"。

[四]"片言"二句，萬曆三十四年刻本《槐野先生存笥稿》作"擎來光自絢誦罷氣還餘"。

[五]"雲"，萬曆三十四年刻本《槐野先生存笥稿》作"瑞"。"拱"，萬曆三十四年

刻本《槐野先生存笥稿》作"栱"。

[六]"曜",萬曆三十四年刻本《槐野先生存笥稿》作"曜"。

[七]"終然謝大夫",萬曆三十四年刻本《槐野先生存笥稿》作"大夫謝不如"。

望雨

堂北鳩空喚,堂南風漫吹。火雲與珠淚,相對共垂垂。

春意

春意今朝動,鄉關萬里遙。客心共江柳,日夜絲千條。

喬世寧字景叔,號三石,耀州人。嘉靖□□解元[一],戊戌進士。官大參。

【校記】

[一]"□□",底本此處為空格,約闕二字。

騮馬

騮馬繫朱纓,煌煌赤電生。千金蒙一顧,萬里為君行。落日城南戰,因風塞下鳴[一]。只愁流血盡,不罷漢家兵。

【校記】

[一]"因",明嘉靖至萬曆刻本《盛明百家詩》所收《喬三石集》作"悲"。案以下在【校記】中簡稱為《盛明百家詩》本。

劉生

意氣五陵豪,登壇仗節旄。生來雙燕頷,況有九龍韜。細柳垂金甲,連星璨寶刀[一]。君恩如可報,軀命等鴻毛。

【校記】

[一]"璨",《盛明百家詩》本作"粲"。

出塞

漢將欲平虜，揚兵出塞嵎[一]。幕南空戰馬，臺上望單于。界柱標葱嶺，屯田過草湖。河源行且盡，先獻海西圖。

【校記】

[一]"嵎"，《盛明百家詩》本作"隅"。

聞笛

何處吹羌笛，龍吟入夜哀。乍驚雲外落，應向月中來。楊柳春先報，關山客未廻。更愁三調罷，飛盡漢宮梅。

關山月

關山一片月，揚彩射金微。胡馬中宵動，天街七暈圍。將軍橫塞角，少婦搗邊衣。為有刀頭望，長看破鏡飛。

梅花落

坐待梅花盡，征人獨未歸。宮妝臨鏡懶，春信到邊稀。斷縷驚龍管，餘香入鳳幃。持將花比貌，空有淚沾衣。

秋夜

今夜燕城館，忽驚霜露侵。寒砧薄暮急，落葉下庭深。為客仍多病，悲秋正苦吟。誰家明月下，吹笛更關心。

七夕過臨潼，馮、董二舉人招飲溫泉[一]

相逢難此夜[二]，遊宴過華清。何處長生殿，當時無限情。山花還繡色，宮樹滿秋聲。罷酒中庭月，蕭然客思生。

【校記】

[一]"馮董二舉人招飲溫泉"，《盛明百家詩》本作"馮董子子招飲溫泉"。
[二]"難"，《盛明百家詩》本作"歡"。"此"，《盛明百家詩》本作"良"。

孟津樓

黃河秋水漲，留客孟津樓。舟繫青楓岸，簾開白鷺洲。風雲迷北望，天地入東流。却憶乘槎者，當年亦壯遊。

江樓

獨上望江樓，烟波送客愁。寒雲澹秋浦，落日信漁舟。地盡黿鼉窟，天平蓼荻洲。滄溟定不遠，何處羽人丘。

東麓亭宴集

玄都陪上客，看竹到東林。時有風雲氣，況聞鐘磬音。坐看天闕近，行入洞霄深。若遇桃花水，僊源好共尋。

行嘉州城

勝地三江匯，孤城撼水開。山當雲裡見，人似鏡中來。雄堞穿林入，彪旗映日廻。四方須猛士，登覽愧雄才。

經始皇墓

雄圖不可見，墟墓亦無憑。寶藏應先發，泉宮侈後稱。只餘雙嶺月，長作萬年燈。山下東原道，人人說霸陵。

題後岡山房

家在幽林下，青天對草堂。開門見山水，終日命琴觴。一繫郎官綬，空留桂樹芳。十年頻北望，目極雁雲長。

宿紫霄宮

天柱看猶遠，冥棲向紫霄。卤臨星漢落，風引磬笙飄。月傍千巖寂，神應五夜朝。軿幢不可見，側聽步虛謠。

秋夕

廻風翻墜葉，落月半平林。露坐空階寂，烟霏入夜深。高樓誰弄笛，萬戶復鳴砧。愁絕秋聲急，況多關塞心。

十三夜，劉、吳諸君召集

才子集京館，高筵屬舊遊。人今來萬里，月已近中秋。離緒那堪問，良宵詎可酬。睠茲芳桂發，仰視素河流。綺席隨鐙徙，朱弦入夜幽。過逢憐往昔，惜別更綢繆。尊酒君須酌，中堂樂未休。明朝即遠道，關塞阻相求。

溆浦道中，見風土多異，又會兵征苗，即事感述

溆浦常烟雨，玄陰黯不消。地應饒瘴癘，人已異風謠。亭障通蠻部，車書合聖朝。西南三楚盡，山水五溪遙。俗尚擊銅鼓，江歌雜洞簫。猿狸啼白晝，竹箐際青霄。近寨時防虎，行人日佩刀。林昏聞鬼鳥，月上見山魈。荒徼皆王土，硃方歷使軺。雲霓流劍氣，星野問龍標。警報紛無已，戎心覺漸驕。軍容合震耀，文物故荒寥。何以殲兇醜，將無議樵招。忍令妨俎豆，遂爾溷蘭蕭。蕩日愁氛褐，瞻天仰舜堯。太平須保障，選將擬驃姚。一舉青槃瓠，歸功奏鳳韶。可如商帝旅，持久為頑苗。

過城南左子園

仲子辭官早，為園泪水潯。城隅常曲薄，郊館易窺臨。當徑皆蘭草，巡簷遞鳥音。山看十里近，門繞兩溪深。高況追玄晏，生涯即漢陰。真成南郭隱，何羨北山岑。招我遊蓮沼，開筵傍竹林。君曾五馬貴，吾已二毛侵。門外還栽柳，床頭莫問金。經過如不厭，載酒日相尋。

擣衣

城上秋風木葉稀，城中思婦擣寒衣。誰憐此夜腸空斷，獨恨經年戍不歸。聲度隴雲傳雪嶺[一]，心隨關月到金微。相思更有殘機錦，願逐長安一雁飛。

【校記】

[一]"雪嶺"，《列朝詩集》本、影印文淵閣《四庫全書》本《四朝詩》均作"玉塞"。

棄妾吟，柬陳子虛

棄妾長吟白紵詞，容華不照影娥池。鳳樓簫斷情元苦，錦字詩成調更悲。

豈向漢宮矜燕舞，由來秦女妒蛾眉。繡衾星夜空携去，紈扇秋風祇自知。

聞警

太原烽火照中原，何事諸軍守雁門。終夜聞笳猶洒淚，平生說劍只空言。誰堪清嘯臨邊月，坐遣胡塵淨塞垣。人道漢皇新好武，洗兵今擬到河源。

栽柏

側葉叢枝元異種，遠移涇澛及春栽。好奇從此延車馬，晚歲何當伴竹梅。得地況逢時雨足，成林還有夜烏來。山人為爾仍多事，抱甕巡擔日幾廻。

丁巳除夕

張燈繫鼓淹除夜，對酒停歌獨愴神。眼見百年真過鳥，能禁白髮又逢春。媚人梅柳仍多態，滿地干戈奈此身。但向尊前拚一醉，忍令新草喚愁新。

春日

白下春來雲氣深，南天霧雨常陰陰。誰家歌鼓日為樂，千里故鄉時在心。海雁如何獨不見，江蘺空復助悲吟。開門恰對長干曲，散步仍慚綠樹林。

望九疑

衡山杳靄接蒼梧，御氣龍華定有無。一望南荒悲帝子，傷心何處訪仙都。空餘斑竹淒湘浦，遺恨黃陵叫鷓鴣[一]。烟雨楚天常不斷[二]，祇愁雲散九疑孤[三]。

【校記】

[一] "空餘斑竹淒湘浦遺恨黃陵叫鷓鴣"，《盛明百家詩》本作"月明山鬼蟠驂駕瑟罷湘靈淚墮珠"。

[二] "常"，《盛明百家詩》本作"時"。

[三] "祇愁雲散"，《盛明百家詩》本作"片雲飛去"。

春夕江行

花暖烟消五兩風，輕舟泛月少城東。祇疑春水浮天上，倒指青山落鏡中。

洞庭祠

桂酒椒漿雜楚歌，停橈日暮奈愁何。誰謂神君不可見，情知來去水增波。

御河

御溝春日長春蘿，楊柳青時鳬雁多。銀漢由來通苑水，仙槎誰與問天河。

南逢吉字■■[一]，號姜泉，渭南人，大吉弟。嘉靖戊戌進士。官憲副。

【校記】

[一]"■■"，底本此處為墨丁，約闕二字。

謁文丞相祠

階靜蒼苔合，庭幽白日斜。香傳松殿葉，光送竹壇花。神采猶燕市，衣冠自宋家。懸知北上日，南望斷天涯。

渡楊子江

金山何崒崒，焦寺復冥冥。不見高僧窟，空傳隱士亭。海門一水白，江面兩峰青。那得回蘭槳，高吟瘞鶴銘。

楚子國寶過訪，邀飲龍首山房

寶林低曠漢，鏡水俯高居。巖閣含雲杳，山楹動月虛。留連傾玉盞，爛熳賦嘉魚。大雅何寥落，逢君一起予。

春日，同越中諸友登大禹陵山

登山臨海上，觀水到江東。烟繞香爐紫，霞棲天柱紅。望仙瑤草沒，探穴玉書空。唯有諸豪俊，高談愧我同。

秋夜，同諸年丈過呂子幼誠寓，席上得烟字

落日簾櫳靜，寒宵星漢懸。華燈張錦席，寶鴨吐青烟。附尾期千里，論交

到百年。臨觴歌湛露，翻笑七人賢。

洛陽官舍，會喬景叔年丈

昔別元何地，今逢復此亭。風塵頭轉白，岐路眼終青。秉燭堪長夜，飛觥會落星。未須辭爛醉，天地一浮萍。

經郭林宗墓

東都高士衡門迴，遁世懷珠皎夜光。遺跡至今尋故里，空墳千古傍斜陽。野亭莽莽青碑斷，井逕荒荒紫蔓長。咫尺綿山亦祠廟，常年寒食共垂楊。

呂顒 字幼誠，號芹谷，寧州人，涇子。嘉靖戊戌進士。官太府。

《歷田圖》，為張兵憲題

達人守初志，崇車念幽栖。我觀歷田圖，因之再噫嘻。豈不列庖俎，草糗原相宜。所以貞夫懷，貴與賤若遺。牛羊日下來，木卉咸悅怡。悠悠全性真，何物觸我機。

登朝天嶺

盤盤上天門，白馬衝青雲。虛風迅如雷，海水凝似盆。行行淑氣清，灝曠靜無聞。顧盼金烏接，步履紫霞翻。白鸞擁笙歌，蒼虯護輪轅。下矚盡渣滓，舉世還初元。感嘆奮八翮，夢寐何足言。

徐溝院中，見定原家兄留題用韻

接歲憐塵鞅，隨山又日斜。開顏入晉國，屈指計吾家。西署饒春澤，兄舊為晉減刑使。深臺飛采霞。怪來前夕夢，並馬向東華。

淳化羅仲山年兄同楊縣公寺餞

縣從淳化闢，寺以壽峰名。初日登金殿，高花倒玉瓶。賞春偕水部，問俗得楊卿。欲度藏耕所，遙遙憶漢京。縣有劉仲藏耕之地。

與家兄話別善果寺

暮日城邊寺，雙橋風漸和。誰知歡晤地，翻動別離歌。紫蕨傳杯少，青天見雁多。高堂白首在，千里謂予何。

春日，福先寺與劉祠部方嵋小酌

天涯憐小別，菽酒慰同年。瑣闥名題久，才嵋以給事出謫。秋臺蹟浪傳。予以刑曹出謫。開花洛水曲，飛雁北邙前。歷歷堪乘興，春風薄管弦。

訪蘇門邵子窩

衛洛君英趾，繫予兩郡官。邀車春似燠，恭爨雪猶寒。水寂花爭發，松深鳥自盤。徘徊未能去，斗室與天寬。

寄山王長卿邀飲遊燕子磯，時同林雲山、章鄧山、陳罍山三公，予適早至，詩以竢之

共往期隨後，登臨訝獨先。澗花初漾日，巖竹尚封烟。濤白晴含雪，峰青靄入天。還招鳴鳳侶，飄曳五雲邊。

秋日，登太和山

辟穀延敷李，敷子李者，辟穀三年。懸栖嘆虎張。有老人衣虎皮，二人俱不在。還真未可信，超迹遽難忘。碧管鳴秋澗，寒鍾動夕廊。悠然問身世，玄鶴自南翔。

大夫松

老松三代舊，不敢問行年。托脉青雲表，呈華赤日邊。自知仙可庇，常與鶴相憐。豈為封題在，清風春自妍。

除日立春小集，趙浚谷話別

歲華冉冉又春光，秉燭今憐舉別觴。聚散已非十載外，行藏況是半生強。玄蘿綰霧青山好，紫鱖臨流白日長。徙倚正愁騎馬去，寒風晚雨過西堂。

奉答定原家兄使迎之作

江鄉擬奉白雲闈，此路重來願已違。豈有三冬開素卷，却憐十載尚荷衣。池邊得夢生春早，花下袪愁見面稀。敷奏近聞天子詔，先扳村酒醉初暉。

朱仙鎮謁岳廟

祠前芳草暗晴暉，惆悵朱仙事已違。十二牌書天有意，八千雲月志忘歸。真憐臣節為行止，不向皇猷問是非。匹馬辨香隨父老，冷風寒樹鴉争啼。

訪趙浚谷氏

十年学士卧青山，千里尋遊興未闌。層□結龍晴問斗[一]，飛泉屑玉夏傳寒。潛夫論著今多少，通國封緘早慨嘆。中夜未應歌白石，蒼生久矣荷肩看。

【校記】

[一]"□"，底本此處為空格，約闕一字。

宿秋林驛，時老父謫居漢州，相去百里，不覺悲喜交集，詩以識之

千峰寂寂松雲寒，石上霜風砧杵殘。近夜壺餐立馬問，異鄉燈火倚門看。逢時已嘆長沙遠，避地真憐一室寬。廣漢即聞罷秋漲，萊衣喜舞月團團。

司成趙大洲謫任荔陂，襄陽舟中用韻送別

江郡歡迎老國師，十年遙繫斗山思。疏簾莫訝風前棹，小吹聊供花里卮。烟嶠茫茫春樹隔，蓬洲冉冉曙雲遲。馳環即擬來丹詔，聖主曾親玉陛題。

答趙浚谷年兄見懷之什

伏枕讀君寄我詩，天涯三十載相離。升沉各遂浮生業，酬勸常懸舊日思。足下仙簫環後夜，掌中靈鑰擅先時。清尊暮共溪邊月，玉節行經華岳祠。

萬峰樓上共題詩，五月山花照陸離。八節風雲傳部語，一天霖雨繫闕思。寶林洞口龍蟠處，潑黛巘前雁度時。便欲手携青竹杖，因君好叩廣成祠。

入廷對

文武樓南白玉廊，輕風和靄襲衣裳。揮毫旭日龍蛇動，上署遙傳飯雪香。

大駕南巡三首

十八年春，帝幸南承天，原駐飛龍驂，瞻依路自嵩山去，萬歲重應祝再三。

行宮百里十辰朝，鳳輦匆匆度玉橋。想像先皇求福地，不徒霜露悲烏號。

明明日月五雲邊，赫赫風雷雙劍懸。文武盡提行在印，君玉兢業萬幾權。

羽書十道達南州，萬乘巡行本壯猷。內帑自隨三百萬，極知黎庶苦征求。

小事青宮大事聞，廟廊綱紀自彬彬。誰知要試岐嶷質，遵我高皇監國文。

與徐承差艾賢 徐為蜀巡按，董公使送家君。

劍閣蕭關雁不飛，烏臺為念逐臣歸。想看多少晨昏意，傍柳提壺到翠微。

張才 字□□[一]，號□□[二]，西安衛人。嘉靖甲辰進士。官□□[三]。

【校記】

[一]"□□"，底本此處原為空格，約闕二字。

[二]"□□"，底本此處原為空格，約闕二字。

[三]"□□"，底本此處原為空格，約闕二字。

過鄴訪謝茂秦

十年作賦共京華，一別關中道路賒。謝朓詩名驚海內，張衡宦迹滯天涯。月明鄴館愁為客，雲隔秦山苦憶家。知己于今君尚在，未應白首向人嗟。

周雅續卷之九終

周雅續卷之十

北圻賈鴻洙憲仲選輯
西極文翔鳳天瑞裁定
北海孫三傑淑房參閱

王鶴字子臯，號薇田，長安人。嘉靖甲辰進士。官大京兆。

江上留別朴、李二都監 使朝鮮時作。

春陰潤靈雨，草木方自滋。我從朝鮮來，將涉江之涯。英英二都監，手持黃金卮。長揖送遠行，戚然感別離。青榆雜平蕪，黃鳥鳴高枝。感時不辭醉，所憂前路岐。酒罷雲山隔，悠悠空爾思。

白雲

碧空浮白雲，遙在南山嵋。望望隔函谷，悠悠繫遠思。朝焉步虛閣，暮焉步長堤。朝暮豈云勞，庶幾恒見之。如何狂風發，塵沙滿天涯。咫尺成晦冥，日光為所欺。何以愜素心，泫然雙淚垂。

夏日，南滁懷雅社諸友二首

高槐覆幽亭，驟雨過清池。繁枝成夕陰，涼風生夏時。遙遙伐木情，欝欝停雲思。援琴擬清唱，鍾期不在茲。

其二

梁園摛詞藻，河間明禮樂。蘭蕙性所同，松筠志相若。高標陋東山，耆英擬西洛。塵沙垢余顏，移文羞猿鶴。

夏日病後，宴東明社長池亭

狗馬虛壯歲，鵷鶒逸暮年。採薪脫煩憂，伐水登盛筵。池鱗潛復躍，亭卉紛且妍。雍雍簪初盍，秩秩几屢前。瓊漿薦瑤席，素指揮朱弦。廣除靜囂紛，長林鳴蜩蟬。語投孤悶排，情攄沉痾全。感茲道義敦，遂令欝抱蠲。夜涼清風發，庭虛明月懸。投桃意彌深，報李竟莫先。

集景亭詞

鳴蟬咽高枝，征鴻陣遠漢。素商易朱明，涼燠變昏旦。雅情倦籬落，餘芳媚清玩。感此歲月徂，招我林壑伴。芳筵陳朱實，雕盤出白粲。插荑一登臺，操觚屢揮翰。五斗既能辭，百年亦過半。歌詠足陶真，奚為牛山嘆。

答客

有客排荊棘，侵晨坐草堂。容止傾西都，言辭信有章。所稱里中豪，擬之金與張。甲第凌高雲，珍奇埒尚方。不惜金飾屋，寧厭桂為梁。錦屏雲母文，珠箔明月光。明璫飾艷色，纖羅曳舞裳。充腸擊肥鮮，撲鼻行椒漿。每令夜作晝，那忌妄為常。子獨守遺經，孳孳慕虞唐。軌轍固遵循，涯涘何杳茫。見不脫面牆，嘆益切望洋。咄咄幾書空，冉冉雙鬢蒼。客誠憐我愚，嗟愚似有長。水深鱨鯉適，雲空鴻鵠翔。稿壤甘蚯蚓，草露足蛩螿。力命詎齊一，志願各包藏。聖人貴順適，大道無迎將。朵願喪其珍，染指終見殃。誓將抱清真，肯俾名教傷。深謝客意勤，客言非所望。

七先生詠

<small>關中故稱多士，以余所睹記，七先生者，咸馳聲海內，為當世之望焉。暇日，為五言古風各一章，述其終始，志高山景行之私云。</small>

兵部尚書西陂劉先生

公度匯溟渤，公詞爛星斗。健翮奮清時，壯猷紆白首。自筑東郭園，比迹商山叟。何慚公幹詩，頗嗜伯倫酒。倏忽歲時徂，梁木成頹朽。竟枯階下蘭，空餘門前柳。東園宛如昨，不為公所有。

刑部主事太微張先生

先生負高節，千仞安足數。名家古少陵，勝概天尺五。蚤年仕西曹，不受兒童侮。投章歌歸歟，何物簪與組。詞賦振金石，襟期眇寰宇。終能匹先哲，俎豆同千古。

都察院右副都御史少華許先生

我昔弱冠時，侍公在閭里。公忘長者尊，視我如桃李。時時示瑤篇，浩思隨風起。霞彩自天成，刺繡終難比。邇來二十年，孤塚荒荊杞。開函讀公詩，烟雲生滿紙。對之空涕零，無由報知己。

右都御史兼兵部右侍郎太華何先生

何公捍衛才，長城恒自擬。一受北門鑰，遂破單于壘。烽烟期盡息，雕虫未暇理。豈無橫槊能，何嫌壯夫恥。西山有遺音，孰云遜七子。

鴻臚寺少卿濛溪胡先生

鴻臚何奇偉，久侍承明殿。抗疏脫冠簪，下帷弄筆硯。美錦製千絲，精金期百煉。瑩然滄海珠，可同魚目賤。

四川按察使三石喬先生

丘隅大卜士，藝苑稱名家。德既擬良璧，詞亦若木花。探道足膏腴，飭躬厭浮華。投老西山薇，畢志東陵瓜。聖朝重老成，蒲輪遍海涯。豈不西車轅，殼函道路賒。蛟龍不可馴，鴻鵠不可罝。壯哉黎陽詞，讀之生嘆嗟。

南京國子監祭酒槐野王先生

華嶽抱雲氣，公生鍾其美。石渠讀秘書，蘭臺稱良史。雄談決江河，高文爛錦綺。姚江等宏博，取配空同了。十年一遷秩，戀戀走桑梓。崩摧會地坼，悲哉長已矣。彼蒼喪斯文，陵谷胡不圮。

木居士怨

士名余偶得，木性余何識。紛紛求福人，底事日相逼。顛者逼余扶，失者逼余得。萎逼振其弱，灰逼燃其熄。逼來每無端，逼苦將何支。逾垣竟莫能，閉門獨深思。安得御長風，飄飄去九夷。安得乘飛雲，八荒任所之。八荒邈難至，九夷不可居。仰屋空頓足，憤懣安能紓。作詩告冥頑，冥頑竟自如。

感懷三首

十年刷羽翼，一朝凌長風。舉手謝蓬蒿，翱翔遊太空。太空紫微垣，天帝宅其中。五城十二樓，複道何穹窿。傍有鳳凰池，清波匯西東。靈鳥自為群，鴟鵂不可同。仰瞻愧朝陽，俯視慚梧桐。一枝竟誰托，瀟然歸故叢。靡不有其初，鮮克有所終。

海中三神山，瑤臺白玉闕。高下峙乾坤，東西行日月。仙人廬其中，行樂無銷歇。曾飛鶴背書，憐我餐薇蕨。我欲從之遊，道險不可涉。蛟螭噴其流，鯨鯢揚其鬣。骨體本塵凡，況乃無舟楫。

飛龍御中天，光輝燭宇宙。麒麟遊郊坰，鳳凰來苑囿。恭逢垂衣時，謬當簪筆後。竟孤北闕恩，廬此南山右。休沐逸朝夕，耕鑿荷高厚。日飽藜藿腸，時介松芩壽。乾餱期罔愆，行樂畢朋舊。

憤俗二首

薄夫談道義，天地等高厚。巨伯安足云，叔牙胡能右。雨雲一翻覆，羅網張苑囿。魚炙出其前，銅科操於後。唇吻歲寒盟，腹腸門庭寇。含沙理或然，下石事不謬。滄溟亦可測，此機終難究。

彼狡奮遊辭，其辭乖真贗。良璧謂瑕疵，魚目稱燦爛。紛紛下木屑，滔滔走江漢。為儀更為秦，能從復能散。朱紫倏傾奪，白黑應難判。緘口空有銘，駟舌終無憚。兩觀詎可逃，慎勿恣汝亂。

悼潘山人

山人不販亦不賈，薄田十畝江之滸。荊棘滿門屋環堵，芒履褐衫容貌古。燃竹煮糜泉注釜，婦前舉粥粥過午。長安臘月風力鼓，雪花墮地堆屋宇。山人踏雪吟思苦，貰酒東鄰醉起舞。狂呼走看梅花吐，自稱前身白與甫。忽聞軍帖傳幕府，呼喚山人充卒伍。云是軍役自爾祖，聲如雷霆勢風雨。可憐山人元不武，手足匍匐腰弓弩。力疲氣竭饑成蠱，食不下咽歸黃土。獨有新詩留三輔，吁嗟山人死不腐。

醉春亭賞牡丹歌

醉春亭上春風度，亭前牡丹開萬樹。寶檻千盤紫翠扶，紗廚四壁雲霞護。朝來西第聚鶡冠，紛紛饌玉行雕盤。當軒詞賦擬清平，呼酒分題各盡歡。軒中主人文且賢，東平北海相後先。圖史日從稷下生，壺觴無謝飲中仙。我亦潦倒列仙中，不稱山翁稱醉翁。文字交遊三十年，論心握手兄弟同。酒酣起舞傍花枝，舉酒酬花花弄姿。此地何如今谷園，此樂不數習家池。須更花影半斜橫，夕陽欲沒明月生。主人移榻呼長檠，共向花前傾巨觥。燈光花艷照金波，詞客滿堂發浩歌。花前不放醉顏酡，蒼顏白髮奈老何。

賣鷄行

老農藍縷生計無，老婦糟糠蓄鷄雛。雛成夫婦日相呼，晝防烏鳶夜防狐。一月兩月雛成鷄，振羽長鳴毛骨殊。丹砂為冠錦為裳，文采如鳳仍如凰。呼日日出照扶桑，四極八表生輝光。長安城中鬪鷄多，王孫公子日相過。競把黃金巧作距，寧惜項上纏紅羅。老婦清晨語老農，我鷄如木健且雄。此時此鷄得厚直，胡不持向城市中。老農抱鷄入城市，赤幘青衫兩卒至。手持長索口咄咄，白板朱書十數字。不問鷄從何處來，但道今晨公讞開。向農奪鷄農哀哀，一言未終生禍災。兩卒擊農頭破裂，推農倒地聲嗚咽。巾脫髮披紛如雪，齒才墮落口流血。唾面批頰勢如虎，更欲縛農向官府。老農長跪拭淚痕，不願還鷄願還村。出城十步九步休，日夕方能到里門。老婦扶農坐草軒，泣涕相對不敢言。何如烹鷄成一餐，猶勝朝朝煮菜根。曾聞官府禁豺狼，豺狼反在此中藏。日睫之前已如此，敢望高明照四方。君不見泰山高，高可企；黃河深，深有底。官府高深那可擬，堂下從來遠千里。

渡鴨綠江

九霄馳使節，萬里渡江津。立馬呼舟子，揚帆向海濱。亂流喧欸乃，泊岸靜風塵。譯使頻相訊，中華有聖人。

義順館

東藩迎侯吏，冠盖滿郊闉。簫鼓風聲徹，旌旄曙色新。材官江雁列，甲士海波鄰。虞舜垂裳日，遐荒重使臣。

發林畔館

四牡東藩地，行行未敢遑。烟巒分塞國，溟海限封疆。曙館林橫日，春亭草不霜。歸期何日是，遊子一沾裳。

黄州

使節下黄州，程途萬里愁。山迎官路出，江斷野橋流。樹隱清歡閣，雲開廣遠樓。何能了王事，尊酒一遨遊。

金郊道中

車馬入叢林，迢遙路轉深。一川新歲柳，萬里故鄉心。雲净山光出，天晴海氣沉。遠遊憐客子，撫景發長吟。

發開城府

曉發開城騎，春風動旌旗。雪殘梅樹老，烟重柳條初。川谷瞻封域，桑麻問井閭。郊原十萬戶，在在富苗畬。

泛臨津江

解纜臨津渡，杯盤坐小舟。青山依遠樹，碧水泛輕鷗。棹向中流鼓，帆當泊岸收。今朝風日好，不減漢江遊。

夜燕廣遠樓

畫閣開華宴，雕檐列絳紗。金樽春注綠，瑶燭夜生花。滄海升新月，明河散晚霞。詩成還縱酒，吟眺北辰斜。

泛大同

帆動拂晴霞，樓舡棹兩涯。試看江裡楫，疑是海邊槎。冰解魚吹浪，風和觀聚沙。春思同逝水，何處是京華。

登練光亭

亭勢與雲平，烟光接漢城。明霞恣遠眺，好鳥美新晴。江静饒漁唱，山空響狄聲。斯遊足嘯傲，寧復嘆浮萍。

登浮碧樓

危樓登遠客，形勝俯郊坰。縹緲雲中樹，微茫沙上亭。江光吞碧落，山勢跨滄溟。水國天涯遠，星槎憶濁涇。

早登快哉亭

旭日明朱檻，登臨覽物華。嵐光雙島嶼，烟火萬人家。江柳俱含翠，山桃盡吐花。浮雲生遠岫，還似五陵霞。

謁箕子廟

商運式微日，先生隱忍時。當年須有見，後世豈能知。教澤東人祖，書疇周武師。瞻依終萬古，駐馬薦清卮。

春日山莊二首

藜床春睡足，揮塵坐空堂。啼樹鶯初至，穿花蝶正忙。簾虛浮草色，戶迥接山光。盡日松陰下，逍遙似老莊。

其二

覆院雲光净，迎軒曙色新。閑情依杖履，俗駕隔城闉。今古浮生梦，乾坤未老身。青山堪寄傲，吟眺任吾真。

將尹應天感懷

京尹南行日，叨恩過百司。封疆周畿輔，車服漢官儀。技愧黔驢薄，途慚老驥知。萬年根本地，何以效驅馳。

岷川劉公將赴貴州，過秦，邀至南城樓宴集

宴敞雲中閣，客停漢上槎。簷消三伏暑，窗落半空霞。天地襟懷放，山河眺望賒。唱酬歸去晚，明月照烏紗。

過太微莊，懷太微先生

韋杜先生里，經過訪故踪。階空青草合，門靜碧山重。有子堪飛鳳，無時起卧龍。少陵祠屋近，泉下定相從。

十五夜，同諸山人對月

青靄開良夜，烏巾岸廣除。桂花風動處，卮酒月臨初。冉冉浮前席，遙遙薄太虛。那能冰玉色，常此伴樵漁。

柬竹逸移居，用原韻

官辭明聖世，宅傍野人家。月牖通宵對，風簾盡日遮。幽情閑似竹，麗句秀於花。獨好論文客，常停深夜車。

柬明宅嘗酒

麯米開新釀，入唇早自醺。酒徒堪作伴，朝士倦為群。翠斝留華月，朱弦駐彩雲。扶黎歸去晚，冉冉夜將分。

平壤城

縹緲孤城接大荒，關山目斷客心傷。天高西北星辰遠，地險東南道路長。浮碧樓邊江浩浩，練光亭畔樹蒼蒼。烟波萬里悲遊子，回首白雲天一方。

王京迎詔

春到王京草色芳，晴雲繞繞樹蒼蒼。旌旄迓日光東海，鼓角隨風入大荒。鴛鷺鳴珂迎鳳節，貔貅拂劍護龍章。天朝貢賦三千國，獨此冠裳擬漢唐。

遊漢江

漢江萬里壯東藩，放舸中流鼓角喧。四座冠裳來國士，一時笑語出方言。

清樽引浪浮春蟻，長笛吹風嘯暮猿。況是陽和行海外，蒼苔烟樹滿郊園。

初度，諸友招讌，內李生號通仙道，末故及之

山人初度暮冬時，四十六年髻已絲。但喜長增犬馬齒，敢言重到鳳凰池。雪梅漸放江頭蕊，烟柳初含灞上枝。桃熟海天今幾度，坐中定是少君知。

讀《皇華集》有感

奉使當年到海濱，夷王舞蹈候絲綸。遂令重譯通中國，益遣三韓戴聖人。薏苡日南揮馬援，圖書江左貯曹彬。冰霜踪跡今俱在，讀罷依然感使臣。

書懷

道人元住五陵間，種藥燒丹擬駐顏。豈有萬言酬聖主，徒令十載玷朝班。雲中戰馬將還廄，日本蠻王欲款關。滄海無波封事少，昆吾御宿早投閑。

清流關留別許元復關在大山中，去滁三十餘里。

迎我送我六十里，別君憶君千萬山。歸心渺渺時將晚，客路瀟瀟行獨難。天上風雲他自往，巖間松桂誰共攀。江頭鴻雁能南北，音書何憚清流關。

秋興二首

□路橫空木葉丹，呼童葺草護幽蘭。知無冠盖排荊戶，恐有漁樵看藥欄。窗逼假山圍島嶼，籬穿修竹長琅玕。鷦鷯即此將投老，不向青霄振羽翰。

其二

橫袍蠻帶向殊方，玉節金函出建章。海上浮槎乘漢使，山中負弩走蠻王。三韓古道瞻封域，百濟長途涉大荒。逝水浮雲成往事，空勞詩句紀行藏。

席上同陳一泉詠綬帶香

草閣留賓入夜時，共憐清景坐題詩。烟雲散去香仍在，綬帶結成狀益奇。虛擬瓊鉤懸玉筯，真如綵勝繫青絲。幾回欲作山人佩，疑是虯龍不敢持。

宿天池寺

終南山下梵王宮，行盡三川路始通。十地丹青留卮相，四天樓閣抱虛空。僧歸池上龍常避，客到谿邊虎欲逢。倦倚曇雲眠不得，滿窗松葉下西風。

中秋家宴

萬里秋空月上初，一樽乘興坐前除。樓臺暑盡歸玄鳥，河漢凉生愜素裾。曲奏霓裳淹舞席，香飄金粟散晴虛。兒孫次第供杯酌，即醉今宵亦快余。

九月八日，竹逸、華樓二山人携樽過訪，即約來日再集山堂

連朝風雨澹秋光，詞客相尋抱錦囊。地擬竹林來二仲，天開菊節近重陽。芳鄰已結枌榆社，麗藻還同翰墨場。籬下更期明日醉，可能乘興過山堂。

九月二十八日，期渠翁相公同諸吟社賞菊

荒圃能淹上客車，一樽盡日對寒花。盈盈露蕊當筵媚，裊裊風枝倚檻斜。小有雞豚供野酌，絕無蜂蝶到山家。不妨插帽俱成醉，一任西風兩鬢華。

隆慶宰相

相國挐舟向碧灘，明時不戀戀江干。波傾東海將誰挽，星坼中台漫自看。四序成功天地數，萬鍾脫屣古今難。鼎司虛席猶前日，彈破當朝壯士冠。

得金白嶼詩，寄答

白嶼山人八十餘，襟期老去更何如。遠遊寧厭盧敖杖，玄悟應眈老氏書。興寄野鷗閑海際，詩隨征雁到山居。東風回首石城路，雲樹烟波悵望余。

春日，杜祠立太微先生從祀碑，同諸吟社致奠，因過牛頭寺

少陵原下杜公祠，俎豆重瞻一過之。藜杖撥雲行處好，竹樽傾露坐中奇。古今形勝三川路，山斗聲名二老碑。更向諸天時縱目，無邊風景盡成詩。

宿韋曲別業

江上茅茨遠市塵，買田種樹任吾真。為從麋鹿尋幽事，遂與漁樵結好鄰。

低戶雲山堪對酒，隔籬花鳥最宜人。夜來偃卧藜床穩，梓里柴桑入梦頻。

讀黃甥所藏渼陂先生詩卷，先生以翰林為時宰所嫉，謫壽州，罷歸，更號紫閣山人自老云

幾年飄泊嘆孤蹤，落盡清階尚不容。只以聲名齊李杜，遂令勳業罷夔龍。四時花鳥青藜杖，一榻琴書紫閣峰。讀罷遺文成感慨，高風千載願相從。

過周戶部槐村書屋

投章辭粉署，擇里避錙塵。堂樹開三徑，竹松接四鄰。為園隨地勢，抱甕任天真。蔦蔓牽籬遠，荷香入座頻。琴書成雅集，風雨霽芳辰。浮白清如聖，談玄妙入神。鳳麟誰爾瑞，猿鶴自余親。月旦將何擬，裘羊定可倫。

讀大行皇帝遺詔 嘉靖四十五年。

金爐香盡玉壇遙，絳蠟光沉紫氣消。仙馭已隨雲霧去，齋宮猶自鬼神朝。

其二
秉一真人號大仙，自言白日上青天。爵封已佩恭誠甲，不獻金丹聖主前。

其三
先是恭儉帝堯同，亨帝籲天有別宮。無奈公輸多獻枝，黃金腰帶拜司空。

四月十五，余先妻周氏忌日，同兒胤吉致奠，悲悼賦此

祖兆佛宮西，中有余妻墓。葬時拱把枝，于今已成樹。釵鏡久沉埋，音容杳難遇。相背三十年，余年今亦暮。巾櫛兩少年，相繼向重泉。粉黛成虛幻，金鈿摠弃捐。余饑孰為羹，余寒孰為綿。書幃自孤燈，琴匣無故弦。憶昔棄我兒，清和四月時。兒今復有子，悲哉知不知。此時復清和，此日淚成波。矢詞寫衷腸，擬之長恨歌。

友人題岳武穆班師，責武穆不知《春秋》兵諫之義，余駁之以此

戚戚紹興事，紛紛後代辭。將軍須有見，詩客豈能知。憂憤班師日，從容就獄時。仁成義亦盡，那復忌奸欺。

南軒 字叔後，號陽谷，渭南人，逢吉子。嘉靖癸丑進士。官憲副。

除夕，京邸感懷

宿歲當今夕，孤燈傍帝城。繁星掛城頭，輝輝低戶明。端坐理清編，忽聞爆竹聲。伐鼓喧九衢，家家栢酒傾。如何遠遊子，終歲曠溫清。遙憶豐原側，長縣倚閭情。攬衣步前除，颯颯涼風生。安得凌風翮，飛向西南征。

登岳陽樓曉望

昔聞洞庭湖，波撼岳陽城。今上岳陽樓，大觀俯洞庭。浩渺浮天際，汪洋如鏡平。青草媚春色，螺髻聳蓬瀛。此中含靈氣，矗矗拂太清。翠微開寶刹，倒影落黛明。帝子去不返，空傳鼓瑟聲。亦有脩真者，飄飄朝玉京。我欲往從之，欻然風浪生。蔽日蛟龍舞，轟雷燕雀驚。翻思博士對，幽眚不可憑。如何名利子，片帆逐濤行。目隨征鳥沒，懷向畫圖澄。徙倚臨沙渚，悠悠漫濯纓。

榆林歌，寄贈李汝愚中丞

榆林城子高且孤，白草黃沙北控胡。萬馬蕭條悲戰角，千門牢落啼夜烏。聞道去年李開府，建麾遙向此中居。晝日高團青油幕，台星照耀綉螫弧。夜看邊月彈霜劍，朝揮飛將獵寒蕪。衡行漠北臨青海，歸來城市聞笙竽。遂使款塞狼烟净，萬里從今發靮舒。文武足追吉甫憲，安危原繫子儀軀。總關聖主能推轂，坐令窮徼識雄圖。

送中舍許稚幹使恒山，便歸省侍

中朝推世德，持節下恒阿。柳色分長路，晴光繞大河。氣藏龍匣滿，星傍使軺多。彩侍函關側，青牛憶此過。

東陵陪祀

拂曙窺天壽，蕭蕭風樹長。七陵開勝地，萬壑肅嚴霜。對越青霄迥，君嵩碧殿涼。依稀驅八駿，飛下白雲鄉。

長陵陪祀

步屣趨陵寢，巍觀出見聞。千巖驚虎視，萬疊儼龍分。地控胡沙迥，天開王氣殷。雄圖元再造，昭格肅秋旻。

玄極寶殿陪祀

寶殿燔柴候，珠星殷昴時。鳳儀旋羽蓋，鶴舞自瑤池。明德昭天鑒，休符聰帝釐。禮成紛獻頌，天保萬年期。

遊慈恩寺

五世題名地，三春行樂時。譚禪無舊主，禮塔有新詩。柏古蒼烟合，山空日日遲。曲江猶勝概，臨睡滯還期。

登落雁峰

絕巘盤雲上，憑虛拂翠嵐。諸峰如戟列，一柱與天參。避詔懸崖下，朝元削壁南。登臨如未盡，猶是動心男。

送長男學仲同季男師仲赴南宮試，兼寄仲男憲仲

仲子棘津令，觀光遲爾行。雙魚煩驛使，六翮共雲程。奕世韋經志，春風姜被情。大廷如並對，傾悃答王明。

送同年馬體乾太史使蜀，便歸省覲

關西太史文章伯，暫假分茅出玉堂。供帳曉開尊酒綠，征騑宵帶隴梅香。趨庭近傍青蓮麓，負弩遙臨錦水陽。萬里浣花堪作賦，應懷視草待明光。

春日，同劉少衡曹郎遊天界寺

汀頭春畫渾無事，海內忻逢劉器之。勝覽雨花風細細，幽尋天界日遲遲。孤峰靜對層霄月，萬劫空看雙樹枝。漫聽惠休譚覺海，何當對榻滯還期。

登攝山頂

聞道攝山飛鳥絕，乘春策杖陟其巔。長江下擁蛟龍出，碧漢平臨日月懸。

北極雄圖開萬里，南朝遺迹俯千年。風來不染烟塵色，默坐真如到九天。

春日，同胡正甫寮丈遊草堂

萬里橋西十里花，浣花溪抱草堂斜。當年卜築只流寓，千載尋春尚大家。天擁吟壇巢乳燕，山銜煦日散晴葩。交遊海內逢知己，村酒何嫌向夜賒。

入關志喜

八載京華憶故山，縣知嚴父望兒還。關雲翳路團征盖，明日應瞻百歲顏。

讀《醉翁亭記》

歐老文章落玉除，閑來紀醉在南滁。想像當時無限意，而今只有子瞻書。

鶴來賦

重光大荒，玄月盈旬。凉飇徐至，曜靈載晨。陽谷子策杖龍山之麓，長睡清渭之津；感金氣之始肅，采張翰之秋蓴。於是旋歸鍵戶，操弦效嚬，忘山居之岑宋，寄笑傲于乾坤。時有白鶴，飛來自天。載棲載鳴，于階之前。或舒而舞，或焉而恬。既歷冬而徂春，日栖栖其靡。遷客有過而訝者，曰："於乎異哉！胡為乎來哉？睹羽族之翔集，紛億萬其殊名。考幽經之上相，偉陽鳥其莫并。朱頂丹頰，皓體玄睛，龜背鳳翼，藻質天成。爰引吭于九皋，聿翻翰于八紘。朝飲瑤池之水，夕唼太湖之萍。披彩霞乎玄圃，迓仙侶于蓬瀛。協鸞簫而清咮，隨蜺駕以遙征。信為羽族之宗長，仙人之騏驥也。顧今去彼閬丘，來依塵世，匪矰而獲，匪邀而至。余聞好道則白鶴見，是謂還丹之使，子豈有以致之者與？"陽谷子蹴然答曰："物固有同聲而相應，同氣而相求。亦云情以為寶，道以為樞，方圓枘鑿，匪同奚謀？走，山居鄙人也，志軒氏之願學，獨藐焉其寡儔。信爾之言，則緱山可乘，入帳可脩矣。竊聞君子貴葆神以全歸，未敢耽玄而索幽也。"客曰："庶幾哉！子可與明志矣。雖然《書》著五福之先，《易》彰咸通之妙，孰謂彼其無知，胡相遭于感召。余聞鶴之為道也，本胎化以含靈，善服氣而引導，抱土木而自養，凝金火而內照。保浮曠之真精，永聞天之高調。神煥長庚，命延大造。歷千秋以獨存，超九轉之丹竈。夫文標古畫，歌奏南飛，猶為稱壽之奇矣。矧今鶴降自天，雍雍依依，豈伊人為，厥惟有幾，謂為壽禎非與，敢以為子慶。"陽谷子愯然避席，曰："昔人有言，上壽壽國，其次壽民，其次壽身。粵稽訓于尼父，獨崇德而歸仁。走也，進無所裨于世，退不能範乎人，碌碌塊處，踽踽無聞。強日月而一至，顧欲徼壽于一身。爰視履以考祥，實有愧于斯禽。噫嘻！爾過矣。幸更有以教我，將挽竣烏于桑榆，羌礱礱而惜陰也。"客曰："達觀哉！其可與言學乎，請以鶴德論。清迥內蘊，高朗外宣，千里御風，一飛御天，是鶴之志也。動不妄舉，止必擇地，樊縶恥嬰，烟霞是憩，是鶴之智也。舞則應節，鳴則中律，值至治而翔旬，羨鳳儀而追躅，是鶴之才也。矯矯脩翮，孑孑孤性，歲寒彌堅，窮秋益勁，是鶴之節也。遇則雲霄，逸則荒阜，雖棄捐其奚憂，即登庸而靡喜，是鶴之度也。嗟彼鳥類，備茲五善，比德君子，未之或先。且聞達士圖遠志，夫好脩齒長而道無聞。時邁而行未孚，悠悠窮年，不將貽鶴之羞乎！惟子其圖之。"陽谷子儳然謝曰："思深哉，命走矣，是知走之心也。"於是開東道之席，傾北海之樽。繹靈質之殊操，締友道乎雷陳。乃援琴而歌曰："白鶴來兮遊我堂，羽肅肅兮鳴鏘鏘。陋乘軒兮甘徒步，厭傾市兮韜輝光。舞喬松兮偃蓋，食苦蓼兮秋塘。嗟彼至德兮若視我穀，胡我抱靈兮不與比伉？"客使復之而和曰："心霄漢兮曠達，迹岩穴兮幽深。依山人兮傲俗，儼獨立兮鷄群。啜清流兮衎衎，狎燕雀兮旼旼。豈無能兮振脩羽，爰知止兮聊自珍。羞彼文繡兮白以為賁，軼乃彭籛兮永有令聞。"

馬自強 字體乾，號乾庵，同州人。嘉靖癸丑進士。官大學士。諡文莊。

七月七日，送張惇物先生之襄陽

才本襄陽調，官仍楚水濱。詩應名後代，孟或是前身。會合憐秋節，分離慨此辰。征鞍無計挽，佇立幾沾巾。

贈戴錦衣講堂侍直

銀牓新趨直，金吾舊奮庸。講筵環羽騎，劍珮護銅龍。班接鄒枚武，功期耿鄧封。青宮恩數渥，千載慶遭逢。

夜度梅嶺，宿柏林驛

危巔當落日，萬象色含冥。谷樹傳幽響，巖花流暗馨。年空明赤燒，雙斾拂寒星。清漏人間永，盤雲下驛亭。

潼川夜度

清流深夜渡，候吏帶星迎。不見荒城色，惟聞孤櫂聲。兩行蠟炬靜，一葉綵舟輕。何處漁家火，遙遙隔岸明。

送李季純參政齊東

夜宴不成醉，愁心安所隆。憐將離五樹，膡為照銀缸。補闕光周道，分藩殿魯邦。懸知行部日，應報政無雙。

三月晦日，開化寺阻雨，聽僧吹笙

回岡勝地俯河湄，衹苑崚嶒對嶺披。春去花間紅斂色，雨來林外綠生姿。龍門咫尺聊為阻，禪榻孤清重有思。不謂惠休能愛客，瑤笙故上梵樓吹。

遊南吏部園亭

弱柳垂垂一徑通，亭臺深處敞簾櫳。迂回門巷過難記，指點花名問莫窮。蓮沼盡教圍暗綠，藥欄猶及見殘紅。夜酣池外笙簧奏，隔水遙聽又不同。

何、趙二廣文同郡舉貢諸君子分送余趙渡鎮與潼關

紛紛車馬動高朋，百里關河近二陵。河鎮離筵留暮雨，關城分袂宿寒燈。衰顏遊子糸何事，健翮諸君即擬升。別後相思難縮地，直從霄漢待飛騰。

周鑑 字■■[一]，號霽川，平涼人。嘉靖壬子解元，癸丑進士。官都憲。

【校記】

[一]"■■"，底本此處為墨丁，約闕二字。

送友人之南康

瑟瑟秋風澹野雲，春明把酒悵離群。江涵雁影孤帆度，風送蟬聲夾岸聞。地僻不妨棲傲吏，政成還可訪匡君。興來何處登臨好，五老峰頭坐夕曛。

野酌二首

緣溪入小徑，拂霧陟崇岡。舊侶集玄圃，新醅促羽觴。脫巾坐雲樹，鼓腹話羲皇。漱齒石流下，悠然接混茫。

其二

□徑南山下[一]，數家春酒香。呼童啓茅屋，繫馬在垂楊。握手頻相慰，當壚索共嘗。醉愁歸路遠，烟雨更微茫。

【校記】

[一]"□"，底本此處為空格，約闕一字。

懷表弟徐玄遁道人

聞道逸姿迥異初，碧瞳炯炯照璠璵。秖因避虎山中宿，授得降龍海外書。御氣乘風歷汗漫，耕雲釣月混樵漁。塵踪愧我猶擾擾，清夢徒勞憶華胥。

寄浚翁

餐霞仙客愛樓居，獨立風塵長宴如。倚劍空同時馭鶴，垂綸渭水却忘魚。雲開千嶂滋蘭畹，月滿雙溪淡玉虛。一曲郢中人寡和，清纓濯罷草玄書。

觀浚谷手迹有感，和前人

箕星已蛻駕，墨迹宛猶初。舊草螭頭潤，新銘銀管疏。彩毫千駟重，直道半生虛。細檢篋中草，絕無封禪書。

送河汀年兄赴靖虜衛

山含空翠水成文，是處清光可贈君。漢驛黃花多冒雨，蕭關紅樹半侵雲。身輕不插茱萸健，道在寧嫌麋鹿群。此去折衝尊俎上，何妨書劍遠從軍。

吊武功康太史公

南山野火燃青藜，東壁寒光照滸西。李白豪吟千古醉，杜陵綵筆五雲低。天還太華真精爽，人誦曲江舊品題。黃閣卮虛玄草在，春風無那鳥空啼。

千佛山分韻，得振字

南山欝嵯峨，春旭悅流瞬。對華不注峰，遙遙青未盡。登茲曠形神，而我忘淄磷。僧房翠微開，梵宇青蓮蔭。古洞蒼虹蟠，金液靈泉潤。深岩花漫發，喬木鶯初振。風景既超夷，朋遊寡係吝。高山奏綺琴，幽澗采芳信。浮白香生襲，長嘯虛谷震。捐彼區中緣，天地共委順。

得友人李鶴岩書

故人歸卧空洞山，紫氣年來滿漢關。忽枉青鸞過海上，却憐玄鶴在人間。松窗揮翰留雲濕，花徑携壺帶月還。清興與君元不淺，放歌何日一開顏。

趵突泉次董右坡韻

誰捧天漿酌海若，玉壺倒瀉蕩空明。移來拱樹花爭發，驀得驪龍珠自生。石竇有風敲素籟，雪濤無恙沸寒城。濯纓何處歌滄浪，欲往從之春水盈。

上王鑑川司馬

匈奴納款罷長征，司馬攘夷世所驚。幕下盡封典屬國，雲中高筑受降城。舞干喜接夔龍會，出塞羞傳衛霍名。元老壯猷今再見，采微天保頌昇平。

重陽，舟中自述

征途九日罷登臺，簫鼓中流畫舫來。漫憶風前吹帽落，恍疑天外泛槎廻。衝波白鷺紛相舞，冒雨黃花好自開。無那客愁消不得，朗吟彭澤且銜杯。

送川樓吳參伯人賀萬壽

天王壽域開閶闔，詞客嵩呼拜衮衣。鷄舌舊含仙杖入，鳳毛重向掖垣飛。紫霞觴盡歡無極，白雪歌成和正稀。治行如君元第一，更承清問沐恩暉。

汴署賞海棠，次左使吳小江舊韻

為愛名花坐日移，斜暉裊裊弄春姿。神疑洛浦人難賦，舞訝西施醉不支。風度微香頻送酒，月寒清影漫催詩。隔年歡賞憐同調，猶有餘芳滿舊枝。

重過錦屏，次洞賓韻

錦帳斜開爛不收，蘭昌風物幾經秋。仙翁杖履遊天末，織女機絲掛樹頭。飛蓋□誇凌倒景[一]，摘星何用搆危樓。醉來枕石餐松露，洗盡人間萬斛愁。

【校記】

[一]"□"，底本此處為空格，約闕一字。

吾舅浚翁豪飲，每宴客酒酣，出所藏魚眼、鬼頭瓢諸器以佐歡，魚眼可盛斗酒，鬼頭亦容數升，客或病不勝，先生輒為浮白，日數十舉，余往侍觴詠，亦強效其一二，今且十餘年矣，先生既不可作，而余亦衰見二毛，再御茲器，乃逡巡而不能竟也，有懷今昔，為之悵然，遂賦一章

髩髮相從見二毛，追思大雅夢魂勞。深杯百罰歡初洽，雄辯四筵氣愈豪。天上歲星方朔隱，人間酒德伯倫高。自漸逸興因衰減，無復長鯨吸海濤。

羅廷紳 字□□[一]，號小山，淳化人。嘉靖癸丑進士。官大府。

【校記】

[一]"□□"，底本此處為空格，約闕二字。

別羅響泉兄弟，飲中偶成

客裡逢君意轉親，憑高四望草如茵。秦川氣蹙灘聲急，硤石雲開曙色新。雨濕甘棠千古夢，風飄浮梗百年身。明朝又向樽前別，一醉何妨倒著巾。

張蒙訓字子成，號惇物，耀州人。嘉靖間鄉貢。官廣文。

三月晦日，臨舊岐有感

隴麥青青雙雉飛，臨岐忽漫淚沾衣。非關此日傷春去，為憶前年送別歸。韋曲花殘人獨遠，秦川目斷雁來稀。箜篌更奏相思引，立馬那堪對落暉。

東漢字希節，渭南人。官憲副。科名未詳。

和汪南雋登鈴山堂

秀江東下邈仙堂，列障屏開次第光。天外遠峰入望眼，澗頭空翠襲人裳。春隨花意爭舒綠，雪暗梅魂尚帶杳。愧我勞勞塵坌裡，無緣載酒引杯長。

田園樂，次王摩詰韻三首

眇眇川迎樹色，微微風度花飛。山徑犬鳴客去，江村夜火人歸。

新柳綠垂烟細，落花紅綴風斜。渡口水橫孤艇，山頭雲入人家。

幾點峰巒罨盡，一川禾黍青烟。遠似漁樵結社，忘機鷗鳥同眠。

邵昇字■■[一]，號東溪，鳳翔人。嘉靖■■鄉貢[二]。官■■[三]。

【校记】

[一]"■■"，底本此處為墨丁，約闕二字。
[二]"■■"，底本此處為墨丁，約闕二字。
[三]"■■"，底本此處為墨丁，約闕二字。

送毛南充

吾登王粲樓，君上李膺舟。秦樹風烟隔，蜀江日夜流。遠天低曠野，明月照新秋。望望南飛雁，今應到果州。

挽埜堂

平生壯節杜陵齊，物色曾經幾品題。一隔夜臺成昨日，空餘秋水到平堤。鳳凰月冷岐山遠，鸚鵡雲愁隴坂低。回首白楊今又古，南郊風雨日淒淒。

周宇 字子大，號槐村，咸寧人。嘉靖乙酉鄉貢。官戶部。

雨竹賦 有序。

秦卿仲受詠雨竹焉，古選遺也，走簡索和。余方睡起，庭除聽珊珊誦，猗猗適與意會，然不復能五言矣，希體陳思小賦云答。

濛濛籔籔，連朝累宿。窗外何聲，冷如碎玉。涼風盪襟，欣此夢足。開軒視之，忽訝此君。紉珠鳳羽，潤澤龍文。如揖欲語，矯焉若醺。飄飄蒲服，孫而不折。逾滋幽貞，浴德滌節。蒼煙白霧，肖我孤潔。影不蔭月，吟不倩風。六逸故侶，瀟灑階東。點無落片，滴不摘桐。以偃以仰，非淚胡溠。塵净瀟湘，雲蒸渭水。群芳盡歇，松颼獨比。有美蒼筤，適我鄰震。懷此好音，參差相近。秋館同淹，衛風共韻。

博山爐歎

八口可無饑，一倉菽與粟。卒歲嘆無衣，裘葛了寒燠。上有數椽下有裀，此身生計百年足。君不見石氏珊瑚惕家屏，梁土罍樽楚人玉，蛇吐隋侯珠，龍染葉公軸，百年珍愛世無雙，而今淪落誰之族。嗚呼！朝綠門，夕朱戶，燕高堂，賓為主。風吹花版，番堵華筵。昨玩博山爐，欸來市肆求人沽，寒酸貰酒過不問，踏雪去來提胡盧。

別墅看山，有懷同志

村館朝初霽，開門得好山。日移群巘動，鳥沒片雲閒。未就農家語，獨看燕子還。思君渾欲往，得句好相刪。

登太乙峰

梵閣孤峰頂，崎嶔到上平。烟嵐晴樹變，燐火夜山明。僧抱閑雲宿，人驕過虎聲。曉歸繁露裡，拾得紫芝英。

登終南五臺

倚杖遙尋萬仞岡，濛濛細雨健衣裳。空山翠鎖林梢重，曲徑嵐飛草色涼。遊子盡編楓葉帽，高僧時蓺柏枝香。登臨不憚捫蘿力，直欲披雲到日傍。

路外舅華原先生墓

一丘草露北村坡，孤憤飛為滿地蛾。田畝歲侵曾剩幾，紙錢春到亦無多。鄰家暗算城邊屋，樵斧偏尋隴上柯。且莫追傷聊佇德，漢陵遠遠牧童歌。

再過野人家次韻

看山重啓杏花窗，更喜金蘭舊友雙。江上酒家還自好，城中春醞不須扛。杜陵雨歇開千徑，沂水風流盪滿腔。最是黃鸝偏厭客，一聲飛出柳絲撞。

登太乙峰絕頂

高山上去不曾休，回首長安覆一甌。山上日晴山下雨，果然身在碧雲頭。

春日，同客憩慈恩寺塔

塔老勢欲飛，巉巖魂為起。畫船曲江時，影照江頭水。今無江頭水，尚管江頭春。古今幾勝遊，感慨同其心。吾爾幸雅集，斷橋醉夕曛。明日橋邊客，知我今茲吟。羨古賢達士，過客視光陰。飲盡杯中物，南山忽起雲。

南村寡媍行

南村寡媍五更哭，就塒縛雞出茅屋。呼兒早起向市賣，莊起新錢稅欠穀。里胥打門無日夜，安取成群更蓄育。出門又囑兒，入城慎所之，潛蹤且往舅氏家，倩之羽翼過通達，萬一莫令公人見。聞說官司日開燕，前度烹庖未給值，今我何物充輸縣。兒去復來脚盤跚，如泣如訴不敢前。昨見外家門巷蔟縣官，滿城似閙間架錢。

過永興故邸

百年王子宅，水木重淒其。荷老傍穿岸，藤長倒入池。吹笙非舊主，跨鶴總新知。今昔相過意，茫然幾歲時。

自笑

潛夫潛處樹陰森，自笑行藏趁鳥吟。薄劣盡疏當世務，勤渠獨有灌園心。意隨雲表孤鴻遠，伴在漁舠入水潯。花落花開春目主，滿頭拌取雪盈簪。

覽李伯會先生《登泰山》詩

伯會氏，吾鄉先生，嘉靖中能詩者，徒以遇不大其名，即今鄉之人，且不知有伯會氏者，況其他乎。余自友人馮子純得觀泰山詩十首，蓋貳守濟南時作也。如"鄉關遙指思千里，星野平分識九州。""乾坤萬里勞雙眼，泉石一時諧寸心。""曉殿香烟和霧雨，夜岩燈火亂星辰。""手探日月臨三觀，目送風雲入四溟。""絕壁侵雲妨過雁，古藤垂澗飲懸猱。""片時雲起千山暝，一月天餘幾日晴。""舉足稱佳聯，而未到五更。""先見日已過，三月不知春。"尤奇徼。結如"此日昇平歌聖主，鑾輿安肯事東巡。""七十二峰期歷遍，不知何處會盧敖。"具有諷托，余感而作是詩。伯會，名一元，咸寧人，仕終蜀相。

泰山頂與天關近，曾有仙翁往扣扃。高步倒看海底日，豪吟直摘斗邊星。山精石怪還餘否，萬壑千岩已遍經。不知十首詩成後，幾度春歸草木青。

採藥

竹杖芒鞋烏角巾，清平草莽一閑身。丹霞採藥還須我，金鼎調元賸著人。懶腳逢山登更健，閑眉耽句轉成顰。抱琴走盡天涯路，獨喜終南麋鹿馴。

病臥數年，藩大夫以謫檄趣行，賦詩見志

衰病無才世用疏，幸承優詔放為漁。幾年秋興蟬聲裡，一榻詩狂鶴夢餘。曼倩漫勞答客難，嵇康空寫絕交書。出門亦欲酬知己，老馬酸嘶不駕車。

早菊

商風白露始含滋，細蕊俄驚半吐枝。似向桂叢爭馥郁，肯從萸把共葳蕤。秋光忽被忙催老，騷客爭吟乍見時。恰喜田家分社酒，甕頭桑落總教遲。

和仙詩

仙風道氣來逼人，為猿化鶴安可親。分明寒空白雪調，不知何處青山身。十九首中無步驟，五千言外出丰神。丹丘不見日云暮，貽我空潭月一輪。

刪稾

江關倦客寡友生，短袍獨榻春風輕。山光滿樓雲出入，樹色照眼花經營。世用何勞數行墨，春來但點幾流鶯。青藜斑管淹白墮，醉頰胡盧詩又成。

吾梗書此為戲

五十年餘得爾力，菜根菰米度詩窮。自從搖落初歸後，更覺稀疏積痛中。一粒粟驚閑作梗，九回腸笑漸無功。邇來長策寧吾困，輭滑花前一酒筒。

聞艾員外將游終南，發罔極寺

一杖山靈似有期，青螺拭雨更爭奇。蟬林雙耳吟風露，鳥道高踪破菜菹。落日逢僧都是主，幽巖選石細留詩。興闌還下城東寺，拾得瓊英示我知。

蹇驢換趙帖

跨出春郊不記期，陳玄古軸感相遺。筐餘芻豆憐回首，榻拂雲烟為解頤。灞上孤吟還憶爾，空梁什襲可歸誰。他時倘過臨書處，尚欲長鳴飲墨池。

詠史

六宮日夜侍宸遊，煨麝薰蘭未敢休。蓮面郎君供禁臠，金輪帝王下簾鉤。鳴環莫過青蒲外，更漏總長玉殿頭。人在房陵心獨苦，纔提雙陸便無愁。

溫純 字希文，號亦齋，三原人。嘉靖甲子解元，乙丑進士。官總憲。贈少保，諡恭毅。

艾如張

鬱鬱灌木，眾鳥嚶嚶。臨深酌酒，亦可怡情。有鳥有鳥，鷖鷖其鳴。厥德耿介，厥質文明。嗟賈如皐，但博偶聲。恐逢鷙鳥，觸樹致驚。以媒下翳，以艾藏形。庶幾我獲，為吾友生。

送劉衍亨宗伯還朝

裊裊琴中操，離離沼間芷，賞音以同芳，飲醇忘其旨。與君結綢繆，願言未有已。膏車駕言邁，謹讔方伊始。顧聽嚶鳴聲，何以贈吾子。宛彼石頭城，日夕生春水。曉月媚仙舟，清風拂中沚。含情將訴誰，扣舷鳴其裡。翩翩颺雙翩，雙翩橫萬里。簪笏歸承明，禮樂唯君倚。漢庭今側席，正人在端揆。東觀已然藜，北省亦方軌。瀛海神仙宅，君恩去天咫。承顏歸省畢，調鼎報天子。勿以明發心，鍾情于岵屺。至孝塞天地，顯揚端在此。

登庾亮樓歌

荊州綰轂地，庾亮古今樓。樓吞瀟湘洞庭水，地控東西上下流。蜀吳虎闘亦雄武，不得荊州苦更苦。須臾勝敗一局棋，三分事業幾丘土。何如乘月舒兩眸，不淺興同參佐遊。一入醉鄉我也無，俯仰天地亦蜉蝣。我今把酒酹明月，雖有圓缺，歲歲無休歇。曾向樓中照酒人，又照當時舳艫旌旗之猎猎。瞥見君山雲霧橫，又見章華草木榮。舜妃楚靈今何在，愁聞江上鐵笛聲。笛聲嘹喨特悽楚，落盡梅花悶不語。回望檐頭月已西，乃知千古陳迹僅如一瞬許。孰得孰失孰存亡，孰如江月尚流光。此樓亦難盡滿遊人興，胡不乘風鼓枻窮滄海而相羊。醉餘學李白，搥碎黃鶴為狂客。恐殺風景碍吾徒，旋車水滸，遍覓庾信羅含宅。

書董生《玉几山房圖》[一]

玉几去天纔尺五，何緣聳立君之戶。松檜為垣草為堂，閑窺科蚪窮今古。竭來嘯傲天之涯，酒酣落筆走龍蛇。彈鋏羞為孟嘗客，無魚甘白老京華。

【校記】

[一]"玉"，底本原作"王"，據此詩首句及影印文淵閣《四庫全書》所收《溫恭毅集》改。案以下在【校記】中簡稱為《四庫》本《溫恭毅集》。

上元，同劉敬甫送弟從戎

海內風塵滿，憂時可奈何。暗香梅自發，積雪髻全皤。任俠揮長劍，銘勳望伏波。竚看麟閣畫，握手醉烟蘿。

過邯鄲

驅車出北平，暮向邯鄲行。秋在風前樹，波連雨後萍。三千矜趙客，十二傲秦城。此日哀陳迹，平原草木生。

過武關

關塞空秦漢，風塵感歲華。猿啼惟鳥道，犬吠有人家。孤嶂天疑近，窮途日易斜。商山知不遠，吾欲了生涯。

送辛四景虞上春官[一]

持憲神羊著，參軍草檄名。景虞之世父父也。白眉憐馬季，綵筆笑江生。風入鵬南翼，雲蒸冀北程。黃金臺望遠，萬里正含情。

【校記】

[一]"送辛四景虞上春官"，《四庫》本《溫恭毅集》作"送辛四景虞應癸未試"。

夏日，同裴太僕泛西湖

剛憐簪乍盍，却恐袂仍分。槎入六橋柳，杯浮二嶺雲。雨餘荷欲長，風送磬常聞。半日跏趺坐，相將譯梵文。

登萬松嶺

攬勝對高春，銜杯俯萬松。人疑乘鳳舞，亭似藉雲封。湖海當檐盡，山林引興濃。願言婚嫁畢，同此醉芙蓉。

武陵城樓送李少參之關中

登樓愁望遠，把袂又逢秋。共訝謫仙去，誰憐落葉稠。魂飛函谷道，月滿洞庭洲。相見知何日，桃源好駐舟。

寓天寧寺蘭上人房

寶塔何年刱，相傳自盛唐。一燈留法界，片月照迷方。山歛浮雲盡，風翻貝葉香。無生如可學，吾欲泛慈航。

海潮庵

古寺碧雲邊，登臨息萬緣。法堂留月照，衣鉢付燈傳。近水花饒笑，開簾鶴欲前。相逢天竺客，說破野孤禪[一]。

【校記】

[一]"孤"，《四庫》本《溫恭毅集》作"狐"。

過夷門，有懷西亭宗正

傳經憐帝子，垂淚過夷門。幾載詩筒廢，千秋藜杖存。鶴歸疑見汝，草綠正傷魂。在笥文仍富，相思夢裡論。

寄題葵園

沁園春色蓋傾初，日涉因成趣有餘。排闥青來山岬屼，當軒碧擁樹扶疏。忘機迹與鷗相狎，衛足心仍藿共舒。況是侯王同姓者，何如藜杖夜讎書。

遊青柯坪

削成絕壁倚危梯，剛到山腰眼界迷。為近天門尋白帝，故從鳥道拄青藜。銜杯欲併峰蓮吸，得句先攜玉女題。正好乘風凌絕頂，歸來恐作舊人啼。

邯鄲建追遠祠志喜[一]

憩邯幾住呂公軒，何意支流派最繁。接武箕裘多國器，將文點竄為家門。從知姬姓元同氣[二]，況乃唐封出太原。譜志分明非漫合，何妨兩地薦蘋繁。

【校記】

[一]"邯鄲建追遠祠志喜"，《四庫》本《溫恭毅集》作"邯鄲合族建追遠祠志喜"。
[二]"元"，《四庫》本《溫恭毅集》作"本"。

遊李氏園

亭子高連睥睨齊，相逢倒屣共君躋。尊開北海憑溪轉，坐對西山返照低。金闕曉開雲外擁，玉樓烟裊雨中迷。清時休沐堪乘興，不是尋常戀景棲[一]。

- 393 -

【校記】

[一]"不是尋常戀景棲",《四庫》本《溫恭毅集》作"刻燭新詩子夜題"。

再遊李氏園

重憐幽寂再開筵,信步乘風到斗邊。半日同為天上客[一],百年誰是酒中仙[二]。看山目落中原盡,倚韻詩慚大曆前。自笑支離歸去晚,不妨盡日坐雲烟。

【校記】

[一]"天上客",《四庫》本《溫恭毅集》作"園際客"。
[二]"誰",《四庫》本《溫恭毅集》作"君"。

登金山寺

特立中流瀾倒回,振衣極目此徘徊。尋源有意乘槎去,對景渾疑跨鶴來。雨霽龍宮行日月,潮廻蜃氣接樓臺。入瞻座上西來像,為汲中泠供一杯。

虎跑泉寺,同孫樞相、王李二柱史宴集,次蘇韻,時王君將代[一]

林深地僻但聞香[二],雨霽風來入座涼[三]。花發滿原春未改,燈傳列祖月同長。偷閑剛喜成三笑[四],話別先愁各一方。好景共遊難再得,醉餘且覓虎泉嘗。

【校記】

[一]"王君",《四庫》本《溫恭毅集》作"王柱史"。
[二]"但聞香",《四庫》本《溫恭毅集》作"構禪堂"。
[三]"入座",《四庫》本《溫恭毅集》作"襟袖"。
[四]"偷閑剛喜",《四庫》本《溫恭毅集》作"清時且喜"。

雁山瀑布

乘興尋幽到海涯,懸泉千仞溜爭奇。空傳如練玄暉語,笑殺翻盆杜甫詩。雲裡飛虹終想像,風前捲霧亦參差[一]。千秋為汝標名字,白玉生烟豈漫詞。

【校記】

[一]"捲霧",《四庫》本《溫恭毅集》作"瀑布"。

上巳，邀司馬汪公伯玉遊西湖

乘時脩禊向烟波，為愛風流晉永和。久別琴樽霜入鬢，乍逢湖海酒如河。移舟曲傍蘇堤柳，躡蹬高捫葛嶺蘿。入夜論文真倚玉，陽春誰和郢人歌。

仲夏，定海招寶山，同王將軍、張按察觀水陸大操

障日樓舡破浪過，平臨島嶼盡橫戈。漣漪碧擁青油幕，矛戟光寒紫玉珂。已信舟中無敵國，肯令海上有風波。銜艫鼓角聲聞遠，似奏功成振旅歌。

江村夜渡

休沐同遊江上村，尋春徙倚到黃昏。舟車遠望兼南北，星月平臨互吐吞。傍水花陰侵座入，當檐山色伴雲屯。相逢莫作乘桴嘆，兀坐中流過海門。

王陽德大參伯中邀飲墨池園，池即右軍洗硯處，謝氏夢草堂在側

選勝名園傍斗城，客來倒屣笑相迎。攔成曲折花爭發，坐倚芳菲鳥不驚。生草塘餘靈運夢，臨池家給右軍聲。主人且莫言投轄，還欲重為結襪行。

同鄒、秦二使君遊德山

孤峰突兀俯群山，遙望江湖碧一灣。善卷池連青草合，高僧塔共野雲閑。聽經鶴去烟霞外，采藥人來杏靄間。一局殘棋鐘磬落，招提盡掩不知還。

同胡奉常、党侍中集燕子磯

丹崖峭壁欲迴瀾，直插中流作杜看。影落江心疑燕度，根連鍾嶺隱龍蟠。逍遙盡日機全息，花鳥逢春興未闌。況是皇家豐芑地，河山長輦萬年安。

次汝脩觀梅

帝里梅花向日紅，巡檐不與少陵同。已分上苑枝頭月，肯逐高樓篴裡風。醉後共憐西圃盛，賦成誰似廣平工。九重正想調羹手，莫道商岩有傅公。

春日社集，得餐字

載酒尋春賦考槃，不勞折簡罄交歡。閑依花徑班荊坐，漫采園蔬作脯餐。

- 395 -

樹裡鳥鳴驚客到，池中魚躍鮮人看。醉餘散髮忘歸去，笑擊空明把釣竿。

憂旱

西郊雲起也縱橫，不分星河夜夜明。近水園林何處綠，向陽葵藿幾時傾。豈因東海冤猶結，可是弘羊烈未烹。却憶吾皇曾步禱，隨車膏雨遍生成。

丙午上元，西社觀燈登城樓，次日，橋上看龍燈，同孔治甫、胡含素、梁君旭、薛龍阜、來陽伯馭仲暨家弟希孔，得"同"字

村社招邀少長同，恰逢皎月滿晴空。欲從雉堞遊天外，如睹鰲山在禁中。不夜城連南北合，長春花入綺羅叢。橋成燦爛龍爭躍，鼓鬘雙雙戲彩虹。

送蕭可發直指還朝

皂囊欲奏建章前，使者停驄尺五天。莫論埋輪稱柱史，已從攬轡向秦川。澤覃涸轍全蘇鮒，霜入穿廬欲净烟。結綬交情頻徙倚，笑看父老擁離筵。

題李太僕雲池卷[一]

荊樹相看不記年，耽詩共詠鶺鴒篇。謝家得句饒春夢，杜甫多懷但晝眠。海上池連芳草畔，天涯雲在夕陽前。故園招隱憑誰賦，難弟風流亦謫仙。

【校記】

[一]"題李太僕雲池卷"，《四庫》本《溫恭毅集》作"題李太僕看雲池卷"。

得兒自知

別墅交遊聚，為成艮索歡。林看花有實，兒喜行平安。如夢因名蓋，添丁勝得官。桑榆吾願足，把酒更加餐。

同胡子忠重遊燕子磯，聞我兵復朝鮮王京

寶閣重登酒半闌，相逢春色映層瀾。飛磯豈學銜泥燕，近水常留折葦灘。日送花陰侵座入，夜耽棋局把杯彈。東征忽報師全捷，賭墅風流憶謝安。

哭敏肅宮保

鎮東開府地，得代已稱奇。況是持衡日，均當總憲時。前茅公不愧，已事我堪師。去就還連輒，相思隴月知。

紀懷

計偕試南宮，遂上公車對。時當世太平，內外爭盡瘁。穆穆肅皇聖，主靜勤修內。懷柔懾萬靈，納言收中貴。懲貪更訓廉，信賞罰無貸。嘉靖殷邦同，久道萬方賴。至今思祖功，父老猶垂泪。

其二

莊皇初踐祚，首重言官路。徵書羅四方，召從諸彥後。左掖拜夕郎，白簡容敷奏。一時頌恭默，納約無庸牖。淵哉尼父言，無為真聖度。升遐胡太蚤，遺弓泣宇宙。

其三

朱明景風至，銜命之藩代。言陟天下眷，歷晉出雁塞。上黨文物集，朱門多風概。沁水主人奇，論文出流輩。踟躕馬邑城，追慨許為害。雲中節至止，帶礪盟千載。邂逅趙將軍，豈。英聲無與佩。接武渭陽周，尚文。出師胡輒北。養士周。與雙眼，鎗，名趙創。屈指名僅再。賴有劉都督，承嗣。三捷威仍倚[一]。今為連砲雷，一發敵盡碎。省卒更省餉，不戰功尤最。先聲屈人兵，庶以威為愛。乃知禦侮策，全勝在修內。

【校記】

[一]"倚"，《四庫》本《溫恭毅集》作"倍"。

其四

驅車之荊楚，暫憩習家池。西憶羊叔子，山有墮淚碑。言尋雲夢澤，荒迷不可知。江漢依然在，皥皥濯于斯。朝登黃鶴樓，暮倚鸚鵡陂。再過巴陵道，不禁先憂思。一著歸來賦，遠謝叔子規。夢濯纓與足，如在江之涘。仲尼不可尚，千載是吾師。

其五

時值大淵獻，罔命以綠綬。入關過里門，北征將父母。伏陛瞻龍袞，端拱臨星斗。余從典屬國，再步廷尉後。旋總大官署，六禮親奔走。喜遇泰交成，遠近歡盈口。至今三十年，乾坤同悠久。

其六

視師鰲柱下，尋登鰲柱上。舉目溟渤盡，樓船爭用命。共恨海不波，髀肉生愈怳。翻思武欲修，文事宜先尚。郤縠何人哉，禮樂稱名將。回瞻孔廟頹，鼎新如始剏。群士課文秋[一]，薛子魯叔。神尤王。令如石頭城，御李敏蕭[二]。兒共傍。其師亦千之，余愧申公望。師已魁多士，蔡弘甫。薛魯叔。文日暢。辛丑同對庭，文子德任。亦與伉。又同讀秘書，鹽梅吾已諒。獨有兒予知，挾冊猶惆悵。盍簪兼麗澤，相期仍無量。

【校記】

[一]"群"，《四庫》本《溫恭毅集》作"郡"。
[二]"蕭"，《四庫》本《溫恭毅集》作"肅"。

其七

捧詔領南銓，始遂金陵遊。仰瞻定鼎基，王氣千年收。龍盤連燕磯，虎踞對牛頭。孝陵鬱以蔥，都會今稱留。百司常拱衛，南北盛二周。余忝百官長，表率愧前修。癸巳當計吏，但知右名流。追憶郊鄽卜，極目望宸旒。

其八

讀禮松楸間，併讀論孟語。始知精一脉，乃在不逾矩。所欲惟從心，危微寧異睹。形色性命合，鄒孟真學魯。直養開一闢，作聖如導瞽。上達在下學，剛大豈襲取。求一惟忠恕，為己當學古。日用精義足，默識敢自沮。不然內外岐，空談竟何補。

同胡藩參、蔡憲使集永嘉江心寺

紺宇空懸面面低，觀風聊此一攀躋。閒橫雙眼扶桑盡，細話三生弱水迷。獨立潮頭天上下，平臨塔影月東西。經行處處堪垂泪，敢道波澄靜鼓鼙。

其二

異地金焦江上齊，又如灧澦起招提。水雲亂鎖青蓮合，天地雙瞻北斗迷。盡日皈依留幻境，逢人耕歛問遺黎。相看誰是東南柱，謾向中流握管題。

送夏元甫給諫使琉球冊封

尼父憐吾道，乘桴欲浮海。張騫入天河，浮槎稱志怪。何如捧詔行，東盡扶桑外。壯遊針作引，一統海靡界。帝寵中山王，茅土不言類。金檢與玉冊，大賚寧少愛。梅花五月開，芙蓉連雙黛。七日看山色，平嘉雞籠在。龍怪有時來，長年遙相待。免朝丹書字，怪息龍亦退。況當波不揚，聖人拱大內。侍臣秉忠信，麟袍玉為帶。鑾節臨鰈域，隆恩天廣大。不同鄒與枚，王孫欣傾蓋。詩成海月吟，禮就蠻王會。乃信漢威儀，無遠不可屆。歸來奏當宁，下交道成泰。聲名日出及，一人萬方賴。

送秦二使君之蜀

一麾十載悵離群，乍晤那堪落葉分。重以神羊臨絕域，幾呼綠蟻對斜曛。草堂莫問悲秋賦，劍閣應傳諭蜀文。此日西南豺虎甚，除苛萬里喜逢君。

挽御史大夫葛公

誰領法冠抗御前，中臺風節故應憐。幾年海嶠稱龍臥，萬里雲霄信羽翩。家有彩毛渾是鳳，國餘諫草尚如弦。駐顏虛擬葛洪健，解組空傳疏傅賢。鐘鼎勳俘華不注，絲綸恩徹汶陽田。于今拊髀思明聖，何處招魂泣杜鵑。綠野夷猶孤夜月，青山寂寞鎖寒烟。北來耆舊凋零盡，目斷荒原一黯然。

重遊永嘉江心寺

江心一柱障波流，再入烟雲豁兩眸。近海疑從天外望，憑虛始向斗間遊。乾坤萬里誰函蓋，南北經年自去留。泣血迸空憐杜甫，杖藜不盡古今愁。

答司寇王公元美，次來韻，兼懷其弟敬美

一代才名眾豈如，幾年高隱蚤懸車。有時搦管揮文藻，盡日耽玄味道書，難弟金蘭交不淺，元方夢寐迹仍疏。且憑魚雁訂歸計，那得相逢海上漁。

題楊太宰桃花嶺

茂叔獨愛蓮，淵明獨愛菊。蓮為名君子，菊為供幽獨。何如仙人桃，花灼實亦馥。古有木帝精，蟠山三見熟。主人海濱居，種之滿山曲。的皪陋河陽，

紛披成綺褥。結實仍纍纍，盡醉韶華足。持以啖阿母，百歲顏如玉。亦悟樹人理，成蹊光前躅。朅來厭紛囂，夢寐山中屋。託興在丹青，開卷霞奪目。不是避秦時，寧問武陵澳。金馬且陸沉，神遊亦可掬。再種菊與蓮，時時春更簇。他日賦歸來，紉荷以為服。或餐英與實，輕身掛仙籙。不則延良友，花間醉醽醁。我亦倦遊人，求羊或不辱。欲鼓山陰棹，開征待趑趄[一]。

【校記】

[一]"征"，《四庫》本《溫恭毅集》作"徑"。

王庭詩 字■■[一]，號蓮洲，華州人。鄉貢，時年十六。嘉靖乙丑進士。官方伯。

【校記】

[一]"■■"，底本此處為墨丁，約闕二字。

茂陵陪祀，望新筑昭陵，呈旭庵都諫

萬騎趨陵日，百官望輦心。由來瞻拜地，無復翠華臨。臺殿風霜古，松杉雨露深。相悲舊侍從，沽酒碧山陰。

靈濟宮訪劉少嵐

炎暑苦相蒙，尋君過梵宮。長林偃海日，曲院引天風。歲序驚流水，行踪任轉蓬。坐來侵爽氣，瀟颯意無窮。

曉發晉關，寄舍弟太史

蚤發驅征騎，重關曉未通。峰巒旋帶月，巖壑動呼風。榆塞青雲外，秦關紫氣中。西歸池草合，春夢與君同。

山居，雨中待舍弟正卿

高枕不成寐，寢興天未明。三秋聞雁過，四壁有蛩鳴。裋褐江湖色，孤衾風雨聲。平生無限意，中夜一關情。

喬因阜字□□[一]，號壽齋，耀州人，世寧子。隆慶戊辰會魁。官通政。

【校记】

[一]"□□"，底本此處為空格，約闕二字。

遊華嶽

諸嶽信岩嶤，元不讓土壤。雖稱幾千丈，層巒雜埃塊。況復崩奔來，未見卓立狀。突兀惟華嶽，峭壁拔地起。直上五千仞，旁臨無依倚。四面類削成，三峰與雲齊。巍巍司寇冠，金莖空外迷。星漢若可捫，寥廓俯八極。何時升絕頂，眺德豁胸臆。好將驚人句，揮毫玉井題。巨靈混沌師，神功元氣宅。高掌搴天半，蓮峰劃地擘。黃河洶涌來，滔滔乃東適。斷山兩却立，嵐翠如開闢。至今留靈蹤，詭閟難思繹。

望道塲山，因讀詩人孫一元《宿歸雲庵》之作，即依韻為詩吊之 一元，關中人也。

遠山瞻望思欲飛，野墅何處尋幽扉。霞編古調人不見，雅興高蹤今更稀。長林芳草應多怨，蘿月孤鶴秪自依。為君投師訊旅魂，白玉樓中歸不歸。

官道柳

咸陽東去長安道，昔時古柳仍迤邐。一自渭濱望潼關，青青柳色三百里。千株萬株夾官路，秦漢以來今尚爾。神物已經千載餘，扶疏靈柯誰與比。艷彩紛錯縈浮墅，密葉蓊勃蔭長蹊。吟風嘯雨貫四時，輕烟飛絮望中迷。炎暑陰森庇旅人，青葱隱映一路春。晝日搖曳隨風舞，夜月淒清如列陳。可憐凋殘今漸稀，過者誰復問採薪。老根卷曲蟠厚地，大半摧推尚挺身。修榦瑟颯聳雲霄，亦有紛披掃沙津。蒼鱗擁腫多薜澀，瘦甲偃蹇復舒伸。狂飆奮迅虬龍走，輪囷蹲踞虎豹嗔。依依兒孫之羅列，後先追隨何相親。怪異古奇不可名，殊形詭狀難具論。嗚呼！向日何處望未央，臨春空復憶建章。隋堤積翠埋幽草，官渡濃陰盡荒涼。秪今唯此官道柳，猶堪千載嘆興亡。

觀宋理宗遺像

蕪城遺舊迹，宋室小朝廷。憶昔蒙塵事，至今堪涕零。故宮無禾黍，野寺有丹青。誰識龍顏主，曾經護百靈。

萬曆壬午，過大柳，癸未，復過，對月述懷

宦情吾已薄，遊子幾時還。客舍逢新月，幽懷重惘然。非關憐此夜，為是憶前年。於世終無補，悠悠愧昔賢。

歸里中

微官以謫出，豈是自抽簪。久有三宜去，況兼七不堪。宦情何可問，世味已能諳。早晚南山下，結茅傍菊潭。

群寮餞莫愁湖

相送誰能遠，群公歔此行。一時集勝地，盡日見深情。把袂看江渚，悲心聽渭城。此懷常夢寐，那敢忘平生。

和丘子夏日署中吾兼亭初成，憶李、鄭兩曹長之作

昔時鳴大雅，少谷與空同。粉署名誰並，詞林調獨工。風雲慚後侶，鍾鼎仰前功。盛事今何得，孤懷感慨中。

宿香山寺

層巒萬壑峙雲根，灌木陰森夏日昏。一望丹梯懸彩翠，三休青磴儘扳援。晚風枕簟投蘭若，永夜烟霞入夢魂。明發可堪驅馬去，幾時能更到山門。

九日，同諸僚集北高峰

憑高綺宴對晨光，靈境登攀秋興長。曲徑平臨天漢轉，危峰倒指海雲傍。萬壑風濤落遠近，千林霜葉半紅黃。探奇好得陪歡賞，莫厭深杯醉夕陽。

過子陵釣臺

嶙峋危石倚山隈，知是先生舊釣臺。此地祇應猿鶴到，當時誰問姓名來。桐江不入磻溪夢，帝座空憐漢鼎才。千載清風人獨遠，孤帆落日更遲廻。

劉貽哲自汝上寄詩見懷，有"不才今日亦抽簪"之句，未幾，貽哲有南海之行，暇日，用韻答之

我以迂疏明主棄，汝緣底事亦抽簪。從來直道應三黜，誰信孤臣衹一心。海島至今驚廟算，潞川猶自護棠陰。薄遊嶺表聊行役，旦夕徵書報好音。

天台石梁

危梁遠跨翠微端，夾岸奔流飛迅湍。石壑千年驚晝雨，長風六月散高寒。晴霄虹影雲邊映，午夜鵲橋天外看。最是赤城奇勝處，眺吟終日尚盤桓。

括蒼道中思兄

少小追隨未忍離，鄉園圖史共棲遲。衹緣旅宦山川阻，無那遙心歲月思。一聽征鴻憐後序，每看春草憶前詩。倦遊吾已拚歸興，何事蹉跎向此時。

早朝闕下望月

五夜霜身度晚風，天街月色滿層空。遙看漏彩蒼龍闕，恰似身遊白兔宮。

西海行

上卿授鉞事專征，豈料臨戎但請成。重幣甘言誘虜去，捷書飛奏已東行。捏工莽刺二長川，千里窮荒名莫傳。內有古城猶對峙，不知遺堵是何年。

江行

遠棹寒江兩岸秋，連雲宿雨更清幽。蘆花白於三冬雪，楓葉紅如五月榴。

宋宮詞

宣德樓前結露臺，殿頭禁衛兩班開。下簾樂作恣遊賞，爭看紅燈候駕回。中秋排當看潮來，每御天開圖畫臺。雉尾雲深遙一見，恍然金闕九霄開。

文幽風諱運開，字時泰，三水人。隆慶間明經。官廣文。以子儀部封。

贈松峰從祖

掛冠而歸金印懸，一生雅好悟真篇。白羊成隊豈無分，黃鶴高飛應有緣。醉戲山河橘內奕，坐收日月壺中天。他年青鳥迎王母，此日紅顏作地儒。

教臺

礙日密林蔭教臺，石渠人道寒冰堆。回琴點瑟浮梁繞，李白桃紅戴雨開。細舞階前花樹動，高歌枝上鳥聲來。三鱣時戲龍橋水，端在五雲望上台。

華州獻文馬二首

唐堯明德出層霄，古鄭驛騮獻聖朝。雷震九天碧玉闕，風來十地蕭稍飄。綠毫五色鳳凰舞，紫焰雙瞳日月瞭。逐水鳴鷥有造父，周流八極任陶陶。

文明啓運際中天，腰褭隆生華嶽邊。渡水應知惜錦障，行空何用贈金鞭。蛟龍飛躍碧池底，琥珀舞鄉玉殿前。天骨縱經伯樂相，花虬一見紫宸嗎。

馮柏泉雙孫二首

懷墮昴箕夢異哉，釋迦親送麒麟來。神情骨玉唐卿子，雛鳳虬龍炎帝才。豈向寶門誇五桂，謾與王宅鬭三槐。二孩皆挾吞牛氣，漢代蕭圖商說梅。

玄鳥蒼龍古異胎，二孫誕育亦奇哉。呱聲直上雲霄去，嶷資鍾由海嶽來。向後八龍肯少讓，於今三鳳不多推。勸君積善滾滾繼，再有公侯應上台。

贈冀州門人張茂才可大

一覽東洲上苑葩，便稱北冀大方家。蛟龍爭鬭懸河水，鸞鳳翻飛旭日霞。月步兀霄攀桂蕊，雷鳴三浪滾桃花。臚傳五色彩雲見，星應輔台照翠華。

贈棗强張尹

四載軒乘入冀關，兩岐麥秀動天顏。鸞聲遠播滄溟界，鴻緒蚤傳紫閣間。此日琴堂光列宿，他年豸史勢搖山。聞君特發燕山桂，指睫隨朝鷺羽班。

林下見一人

林下見一人，一人入憐岣。濯足掬泉水，乘風戴葛巾。

思虛野

羊裘何不抱琴來，農暇不妨傾盖哉。偶設長竿垂餌釣，與君重上富春臺。

漁樵問答

船行何如陸地穩，樵斧争比釣絲輕。相逢莫道遊蹤異，緑水青山各有情。

題香山九老屏風

峭立千山列巚，側流一水潺湲。白猿戲睡斜樹，玄鶴飛鳴午天。萬境穠華翠色，百年野老盤旋。亡羊畫紙棋局，流水焦桐玉弦。有客騎驢徑出，何人曳杖橋邊。興來撫景聯句，心逸覽圖展編。泛泛江湖散老，飄飄平地神僊。山中宰相弘景，洞裏真人稚川。可伴紫芝四皓，肯題綠竹多賢。騎鯨采石何苦，嘆尤咸陽誰憐。

盛訥字■■[一]，號鳳岡，潼關人。隆慶辛未進士。官少宰。贈大宗伯。

【校記】

[一]"■■"，底本此處為墨丁，約闕二字。

三月三日脩禊

佳節尋芳傍近川，遺風尚踵永和年。西池酬唱人中俊，洛水登臨望裏仙。苑外紅桃千頃綺，岸頭緑柳萬條烟。清時小作流觴會，滾滾裴張論可傳。

雪

同雲纚布碧山隈，六出繽紛萬里來。上苑連霄瓊作樹，皇州幾處玉為臺。風窗栗烈寒燈燦，月宇朦朧曙影開。染翰晨趨金馬署，謝庭誰許擅新裁。

周雅續卷之十終

周雅續卷之十一

北圻賈鴻洙憲仲選輯
西極文翔鳳天瑞裁定
北海孫三傑淑房參閱

文少白 諱在中，字德充，三水人，豳風翁子。隆慶庚午解元，年十九。萬曆甲戌進士。官儀部。

陽春篇一百十三首 原三百首，選刻。

　　或曰渾沌氏既老，獲麟二百七萬年。一元萬年者十二，吾意其書必不然。彭祖、廣成如迅電，桑田滄海在垂鞭。却恨釣鰲龍伯子，三山遺此淚潺湲。

　　崐崘到底為吾宅，幾樹烟村豈我家。顧問東西王父母，遂批五色古雲霞。天崩地老僊焉畢，不死還同日月華。安得九垓逢汗漫，凌風飛渡恒河沙。

　　北到燭龍幽谷宿，南逾銅柱陟丹丘。西臨弱水騎鴻羽，東折扶桑駕海舟。重獻九州今可步，阿難三界與誰遊。乘槎織女宮中過，仍約張騫問斗牛。

　　世上春秋還易老，必須雲外訪真人。乘龍飛度天為岸，騎鶴遠遊海掩潾。欲食朱華攀桂樹，將朝王母駕青麟。女媧親手調神藥，益歲延年九萬春。

　　日日寒鴉朝晚樹，年年翠柳繞新春。忽焉秦漢三千載，知者羲黃五六人。多少飛蛾熙燭影，分明弱草弄輕塵。雲臺功業何時奏，姑取兩篇草甲寅。

　　丹霞垂地崐崘隱，桂樹拂雲閶闔封。門上雄盤雙石馬，腰間還挾兩飛龍。書傳三足西王鳥[一]，旗樹蚩尤第一峰。洪崖招我敲棋罷，不識阿誰是赤松。

　　一斗百篇堪杜敵，隴西李白是詩魁。若使作詩九萬句，但須飲酒三千杯。黃鶴高樓君踢倒，三峰華嶽我還摧。江南勿謂秦無士，令我一朝腸九廻。

　　楚曲吳趨君莫唱，車轔聽我詠秦風。黃河九曲流為海，華嶽三峰氣飲虹。

七帝五王咸在此，建瓴而下勢不同。鬼參自古多奇士，姑俟鈞天奏帝宮。

一臨滄海還無水，不到崑崙盡是山。有客崤函之內駐，自云方丈島邊還。九驅赤水閒風馬，七折蒼門委羽關。五更不盡千篇畢，八彩眉垂天地間。

煉藥鼎湖皆浪說，休從阿堵學長年。我觀彭祖如拋電，到底丹丘化作烟。但取羲軒頭面識，可期參井姓名懸。若逢鬧市休爭路，九繞日城好著鞭。

騎龍繞日方裁罷，星宿海中問張騫。騎牛遂飲牽郎水，馬蹋東王幾畒田。織女此時當七夕，畫眉西閣弄嬋娟。與君同酌青核酒，跨鶴揚州誓不還。

並道曹、劉墻十仞，爭誇何、李筆如椽。蜻蜓點水飛箋上，蝴蝶捕花舞筆端。萬古光陰留不得，然燈磨墨我三歎。吾將遠訪盤嫓社，豈暇復登屈、宋壇。

平明譙吏催晨鼓，來往長楊夾廣津。負劍忙然千里到，謀金若曰萬年人。跛鱉吞舟橫意氣，蝦蟲借霧使威神。太沖招隱兩篇賦，蟬冕客須書爾紳。

策馬紅塵四十載，歸來一夢老黃梁。方憂書廢兼詩闕，復值母疴與父亡。縱使風雲為志氣，豈能鐵石作肝腸。登高更欲歌卷耳，我馬不勝玄且黃。

閬風天外霞光斷，一鳥獨飛日月旁。常伯招之抽寶劍。甚廉為我負青囊。清瑟好彈鄠郢曲，琵琶却笑邯鄲倡。堆金積玉為山嶽，不若芝蘭滿谷香。

點點蜻蜓滴滴水，飛飛蛺蝶高高墻。溶溶桃浪輕輕弄，翠翠烟花細細嘗。剪剪縫裳妙妙手，殘殘燈下淒淒傷。纏纏曼曼樓東賦，夜夜涼涼長信床。

無功既遂負苓酒，張翰豈思江水魚。老卧方知深巷貴，縱杯不覺小犂除。登崖望月冠偏倒，牽葉灑風柳近廬。遠謫何慚京國誚，初心弗與古盟疏。

花枝春到驚黃鳥，樹葉逢秋盡落霜。雲過側眉天外事，枕閒折指意中郎。日暮鴉朝無雜客，詩成鳳吐但空床。流水聲潺催筆管，綠陰樹下試陽光。

草枝逢雨窗前舞，黃鵠附雲天岸翔。願學採芝綺與甪，作書深謝蕭還張。吾將竄老兼流佛，憑爾弼虞并緇唐。陛下三千六百歲，胡無沙馬海無洋。

漢賦唐詩吾不逮，黃墳虞典復何如。青冰何取蘭陵子，繁露却輕董仲舒。方拂虛儀夫子杖，遂過烏有先生廬。八龍長挾凌風意，漫度日居與月諸。

勿道束山無遠志，庭前且喜鳳生雛。長沙何必歌梟鳥。湘水亦無怨女須。乘馬不堪三嗟苦，焚巢使我九次且。魏齊豈不誣須賈，張祿却羞冒范雎。

若說生涯渾不慮，肩如蒙穀與鳶臛。長思飲酒長為禁，每欲取姬每不須。塞上翁歸馬却在，腰間刀取龍為屠。吾將高步凌姬孔，或代兒童筆薛瞿。

咸池日落年云莫，萬里揮戈赴紫都。行李蕭條於碣石，風雷叱咤在蒼梧。

天長必也逢鄒衍，阮籍何須哭短途。雄取長竿橫海底，鞭驅萬古但須臾。

萬古返思吞宇宙，却憑辭賦作生涯。龍鱗化此三秋露，鳳羽剪成五色紗。九雲氣岸九雲手，萬丈文章萬丈霞。飛白千篇堆案上，畢期不待日頭斜。

設榻山人携酒至，怪君綠髮即懸簪。將與鯤鵬飛海底，遂同鷗鳥狎江潯。吾當天上買雲隱，桂樹分渠第一林。大鳥西方卵如甕，豈能俯喙飲蹄涔。

日月畢天而不老，無論盤古到於今。公旦揮戈惟戊午，崇山疏海在辛壬。綠陰樹下欺長晝，野鳥雲頭覓舊林。三折鐵撾然後可，韋編須自絕中尋。

憶昔京師談道客，茶甌到手必圓楞。混沌無姓誰為始，七佛出沙總後仍。我得先天無上訣，伏羲一畫是初乘。如來可咤其飛錫，法岸吾將舍筏登。

西來弗解達磨意，月下敲門問老僧。誰是無增無減海，而懸不死不生燈。況虜彌勒空門說，於我羲皇法不應。不若杏壇枝上宿，儒冠何必取禪稱。

於今年既逾知命，猶憶垂髫步閩魯。強驅猛虎歸柙內，不識天空任馬騰。攬轡遂之龍伯國，撐舟還過太微陵。墻高定是除風雨，爾勿取沙甑裡蒸。

白雲一片擔肩上，三術却羞問范蠡。已在酆都驅鬼魅，肯於造物作兒啼。地臨海上期為盡，天到山頭可與齊。猶憶三峰攀躐日，携風滿袖並翔兒。

丹心一片如寒玉，天際青松萬丈摩。三弄桓伊船上笛，籠廻逸少一群鵝。自從殿上拋鸂鶒，顒在名山索蚪蝌。我有長城須亟築，紅輪今已到西坡。

詩到曹劉歌好鳥，才如杜李倒鴻波。宋些屈問風偏雋，鶴膝蜂腰法過苛。法外吾當驅走馬，空中獨步握靈蛇。何須九曲而腸苦，敲句至於折鐵樝。

西海之濱生大鳥，張天為罻不能羅。雪車石鼎今何在，我且百篇一日歌。萬仞引弓招禦寇，獨絲垂釣學詹何。幾使朱童成蕩漾，總憐紅日浪蹉跎。

登高吾欲呼閶闔，路遠焉能到鳳城。彩筆覺來皆舊夢，紅雲深處是皇京。時時望望無三鳥，夜夜空空到兩楹。安得夔龍同引手，九門使我放雙睛。

汗漫先生休迎我，吾將塵世掃淤沙。眼前愁見東西亂，國事不勝再四嗟。三獻皆言無白璧，袖中誰識有青蛇。補天五色今原在，用我莫須待日斜。

南逾蒼嶺思虞舜，北過崇丘憶帝堯。渤水東臨無筏木，岐山西到有鳴鴞。爭將浴日還補月，誰可挾山兼海超。世事眼前難下手，不如天上訪王喬。

江北江南人盡老，吾將驅馬出崤關。麒麟閣上應無姓，髻髮兩邊已有斑。危坐披衣恒夜半，濡池磨墨看青山。倒提日月微雙手，却恨虛生在世間。

作賦百篇何足乍，羲農榜上也堪魁。長纓吾將懸南越，詩句豈惟壓顥崔。

既遣蹇修渾不報，又無青鳥可同媒。目成借問於何日，使我愁腸夜九廻。

天馬驅空方半路，只愁蹋倒匡廬山。眼睛張處無華夏，息鼻出時失朵顏。日色月光齊照耀，江波河浪盡潺湲。六卿頡晉三桓魯，浮海仲尼却自閑。

撐舟已到羲黃岸，樹幟遂登孔孟壇。深波淺瀨咸垂餌，高鳥低禽盡可彈。誓欲轟轟成一事，豈能促促博微官。偶聞東海妖狐嘯，擲筆案頭使我歎。

西方大鳥冲天羽，心若浮雲氣蓋山。九禦吾聞諸墨翟，雲梯不必設公班。與其賦句盈金閣，豈若封侯出玉關。可與馮河惟仲子，心齋且自學顏淵。

休聽山前歌猛虎，歸家涕淚滿衣裳。誰憐蒼赤為兒女，愛我家兄字孔方。魏國三年悲碩鼠，召南幾個是甘棠。山東扶老咸憑杖，願過華胥化日長。

錦罩荔支今亂咽，明妃豈可入胡沙。醜婦西鄰空對鏡，以為西子不如花。樹間綠葉還非舊，頭上紅輪忽已斜。飛白漫誇百萬卷，風雲空讀三千車。

不知天意何歸結，焉用絕編歎獲麟。秉未罷耕廻北地，閽門長日讀西疄。漢唐既起皆豪士，天地初開論聖人。惟恐時非吾道塞，長安豈願據要津。

岸頭流水思前浦，峰上行雲戀故山。姑取湛盧歸匣內，却雄筆陣出函關。臥龍長自歌梁甫，黃雀隨他得玉環。愁見望舒盈又缺，積年累月墨翰間。

辭客題詩傷節候，却愁風擺早春梅。既成小謝池塘夢，堪與宗之被錦廻。山頭飯顆今何在，黃鶴高樓我碎搥。幽獨傷神偏在晚，仍携明月影徘徊。

揚戈欲取玄王璽，臨鏡分明有玉容。我既著書一萬卷，何勞賜粟三千鍾。指揮群聖朝丹闕，領率諸圭獨素封。搥碎珊瑚凡幾樹，手携北斗論心胸。

塵間已斷生前苦，雲外絕無死後愁。可咽韓終玉色李，還騎秦國花蹄牛。五真齊到三峰下，九老相携影木丘。蚤歲明珠元在此，心佳分外亦何求。

何須鑄鼎為丹母，遍體金流色盡黃。三光影裡羅元氣，八海水中洗濁腸。允也懸鶉吾不病，縱然食藿爾非尩。先天一畫鴻濛畢，稽首不煩問九皇。

一葉將垂終古後，海涯獨取老椿栽。候陰流水花間過，閣筆青山案上來。《客難》雖陳世勿解，《子虛》既賦誰憐才。天駒豈無騰空意，伯樂不逢却自哀。

許山高臥潁川水，堯與舜禪總不聞。流影花間飛細鳥，垂天頭上蓋奇雲。二豪豈解劉伶意，四子空陳論德文。投筆玉門堪走馬，請纓却欲學終軍。

大明氣運雄千古，一朵彩雲到此留。自許巢、由能稷契，且從屈、宋訪伊周。自傷鏌鋣微歐冶，誰取吳鴻作帶鈎。莫奏素商清角曲，撫弦使我淚雙流。

豈有朽樗將錦挂，不堪石杵取瑤椿。道高天下須龍蠖，路曲世間恥蔦松。千里花牛驅野草，漱金細鳥出雕籠。吾將插血盟盤古，肯為庖羲作附庸。

蚤年雅志非人世，萬古乾坤獨自愁。雄飲八川涇渭水，橫吞六代帝王州。鳥栖長信藤蘿月，馬蹋上林苜蓿秋。懷古登高還作賦，玉門長夜憶封侯。

每到夜分燈即檠，清晨慣懶髮誰梳。但傳赤烏丹符意，豈讀司空城旦書。奇氣飛來噴日月，鴻辭放出奪璠璵。後生何代無才子，為爾垂謀總不疏。

濯纓既自歌漁父，作詁不須學仲尼。軒冕微翹雙玉趾，孔壇笑鼓兩桃顋。夢中馳騁皆千古，天上周流幾萬廻。起視三星懸戶外，流光使我歎摽梅。

今朝還取明朝論，劫後生前夢總流。拋却世上難了事，不勝天外許多愁。長開桃樹千花蕊，豈怕神黿九出頭。驅駕江山今古裡，此來莫道是蜉蝣。

還有碧虛宮舊址，何須雞犬作新豐。天龍真骨誰堪畫，西母桃花却自紅。世界休愁浮泡裡，三才總在玉壺中。鐵針一鉢能吞盡，使君今夜見鴻濛。

我將天外成雲癖，世上華簪不足抽。天子六龍成夢裏，大夫五馬豈魂游。長思携鶴尋三秀，亦或作詩擬《四愁》。休論借王垂後代，還思畫閣筆為投。

抱夜休疑柳下惠，臨邛豈鼓長卿琴。南州孺子人如玉，彭澤先生菊似金。涎唾於今垂萬古，花枝隨爾插華簪。不堪撲面紅塵裏，明月影還可洗心。

明時不必登金閣，駕古驅今也自豪。愁到或歌青玉案，月臨還賦廣陵濤。為傷田橫裁《薤里》，因念游童作《董逃》。安得憂民逢夏禹，殿前使我一搖韶。

吾彈駕辯庖羲曲，一世不能解此篇。野鶴隴頭辭盡鄙，採桑折柳調空傳。誰能吹管增三頌，且復益琴作九弦。刪後無詩堪太息，但稱工部與青蓮。

大明天子江山博，誰識人間有少微。興到飲風還欲醉，夜間餐月也能肥。一官雞肋真堪笑，萬古龍頭是我非。蟾姊已遺紅繡段，吾將服此廣寒歸。

自從白鹿傳經罷，太上希夷不可聞。厭哉西域三生說，逌矣河圖八卦文。識字江湘兼海岱，讀書陽羨至丘墳。春華却怕傷秋實，杏壇一枝取贈君。

鴻濛無盡還無始，兩字陰陽易可窮。馬是朝霞沉薤影，鞭惟廣莫不周風。青雲萬丈垂雄句，白眼一雙待域中。得弓却在楚人手，喪馬豈須問塞翁。

曾遊八極騎天馬，不記世間有此身。物態眼前皆幻影，游雲頭上識吾真。寄餐瀨水漂綿母，狎視斬蛟夜半人。飛衛駐眸還不瞬，虱懸三載似車輪。

江山影子都拋盡，不許丹臺掛一毫，獨是搖頭方叔夜，絕無問札到山濤。忽成王勃南昌賦，還頌劉伶酒德豪。豈有負牖捫虱者，而能劍佩步夔皋。

分明廣武登臨意，而取英雄笑項劉。長積好書窮百代，時蒐快語動千秋。

蹋高携斗星間繞，騎馬騰空月內遊。落葉蕭條拋世界，但愁長夜讀無油。

目下撐舟光可弄，封侯不必學蒙鷔。風前能騎驚帆馬，醉後還揮漏影刀。憑宇宙篇論千古，寫風雲意在蒼毫。床頭借問為何物，商頌幾章并楚騷。

氣如奔馬驅千古，絕快爽人做一塲。可忍還思懷赤棘，無憂何必贈青堂。湘妃休淚三江竹，龜背能支萬歲床。肘後雲頭元寄語，至今永夜不可忘。

為人性癖姿丰好，玉女水晶屋裏逢。鸚鵡別名稱隴鳥，蓮花小字即芙蓉。低頭能作西施步，放手還撞赤水鐘。獨視雲樓天漢上，八面開窗影玲瓏。

一塵世上誰能到，五百年前論昔人。肆筆風雲皆動色，賦成花鳥與爭春。千杯酌酒傾河飲，萬丈樹旗在古秦。東魯不能顓素帝，於今紫闕有玄臣。

《離騷》憑筆還堪掃，辭在不須道應徐。禹穴窮觀遷馬史，青藜讀盡向劉書。獨携萱草廻幽谷，安用金燈照石渠。借問登高能賦客，心胸何似漢相如。

蓬戶歸來惟古臥，深山夜半聽窮猿。一官青髻淹郎署，畢歲竹冠老石門。窗前不堪霜葉落，耳邊轉是急流噴。天梯萬古誰能陟，披髮垂肩學渾敦。

樓取岳陽黃鶴碎，手批羲老龍圖分。洞庭三萬六千頃，七十二峰衡嶽雲。可壓建安七子價，且空淮上八公群。少陵詩法龍門史，握手探懷欲擬君。

世上謂余雕木鳳，自嘲却是負山蚊。將驅駿馬陵三代，豈學酒徒詠五君。彭澤門前堪折柳，北山涯岸莫移文。若非天外尋知己，深谷芝蘭竟不聞。

滲思長夜謀來世，閶闔蚤開第一門。琥珀伏苓終古在，神龜玄兔後天存。望舒可用方諸取，陽燧能收赤曜魂。大道為公天下細，千秋萬歲是兒孫。

獨懸亘古無窮意，淚在天前地後流。波倒洞庭三萬頃，蔭垂椿葉八千秋。并吞滄海珊瑚樹，釣盡巨鰲六七頭。槿木休愁光景短，提携元會有鴻眸。

匠心世外天梯設，萬古總之欲發蒙。非禹驚傳東鬼子，惡堯還乍飲牛翁。眼懸東陸青龍野，駕到西干赤水宮。雲裡雙雙皆落雁，指頭往往是虛弓。

三江偶到湘妃岸，一朵彩霞欲贈君。此地今朝堪握手，分明昨夜夢凌雲。蝴蝶飛來還個個，鼎湖何必亂云云。欲學子猷窮絕調，笛聲不許別人聞。

一到瀛洲皆絕倒，兩觀宁宙豈虛辭。自從父母方生日，已見嶽河不闢時。並乍五雲垂舜目，還奇八彩列堯眉。獨携龍劍歸何處，霞岸作書寄所知。

一片芳心雲外寄，世間豈肯作浮萍。桑枝定不經三宿，蓮葉却疑論再生。誰識龍珠上品價，休憐駿馬五都城。只今歲已將垂暮，南越焉能復請纓。

昨日朝天臨上蕊，歸來世路耻相爭。九華徒望飛龍影，五色不容鳳鳥鳴。

可唱離鴻憐羽曲，還彈落葉轉蓬聲。萬乘長揖辭丹闕，未有一塵入眼睛。

草玄休怪千篇在，沉海潛天學子淵。浪說《上林》為賦聖，莫稱《蜀道》是謫仙。紙鳶不可飛雲岸，雕鳳自誇有彩烟。欲識龍圖三畫意，請君親與伏羲眠。

纖纖妙指彩彩綫，淹淹燈下挺挺針。裊裊弱骨垂垂鬢，細細輕踪成成襟。唯唯柔聲靨靨笑，翹翹高髻搖搖簪。悠悠長夜深深閣，冷冷月光寂寂琴。

蕩蕩巍巍為度量，瀟瀟洒洒好襟懷。苞苞裏裏千秋意，變變通通一段才。烈烈轟轟如武將，嬌嬌媚媚若嬰孩。五方六合三光備，四面八方九閣開。

雄雄膽略英英意，瘦瘦面容弱弱衣。隆準重瞳風骨異，蛇身牛首兩顴奇。阮籍高歌裴旻劍，張旭草字弈秋棋。才高或可方諸葛，道大分明擬仲尼。

要知性命惟《周易》，萬卷禪書盡可焚。旁孔慎無尋佛老，虛辭亦勿學淵雲。欲作參天貳地業，遂超五帝四王群。乾坤胚子都窺破，赤壁旌旗譬一蚊。

死後復生元性在，要之未始出吾宗。插旗東海招三島，獨立崑崙第一峰。踢倒嵩山兼少室，顓師盤古與神農。不容老子如來到，可取一丸函谷封。

不到天然無事處，誰能撐眼見羲黃。焚書萬卷如王壽，舞劍八風學大娘。見天見地臨無影，學劍學書總不妨。三絕韋編空自苦，取之還欲射天狼。

舊日篇篇皆李白，爾來草草即《離騷》。能垂龍伯大人餌，獨釣歸墟之海鰲。張蓋勿羞朱亥酒，肆中却有屠龍刀。男兒不負生平志，要奪天門赤錦袍。

曾與翔兒登華頂，博觀天下念蒼生。只今羲老三墳列，且見仲尼六學成。將使姬公鳴鼉鼓，還招呂望伐神鉦。九重綸汗如來到，必爾嶽寧并海清。

著書安得還徐出，今已一生過半生。空使渭濱存學館，焉能北地久躬耕。城中好地無三畝，百萬胸中有甲兵。憤此遼東橫小虜，上書不敢請長纓。

張祿不妨稱范叔，吾衰猶爾夢周公。囊中我有三鎩箭，臂上能張九石弓。贊《易》還希逢《泰卦》，觀《詩》不欲讀《王風》。獨憑南面春秋筆，游、夏豈能強折衷。

筆墨畢朝陳玉案，愧無姓字到旂常。男兒不能終懸印，却悔當年枉弄璋。世上有誰堪屈指，吾於天下懶垂眶。總因蔽日浮雲在，使我無媒見有唐。

庖羲盤古今何在，龍骨鳳睛依舊懸。此意蕭條知者少，作為宇宙三千篇。古人高處皆窺透，直盡九垓與八埏。潛地潛天無不可，揚雄何必作淵騫。

弱冠已將柔翰弄，勒碑恨不到燕然。夢得池塘春草語，忽成古道南登篇。金水撥沙皆赤頳，空中剪紙即飛鳶。細看曹、劉風骨好，須兼杜、李廣辭淵。

庖羲三十萬餘歲，龍骨至今作馬筮。懷舊春秋如旦暮，縱觀宇宙益淒其。祇憑往昔隆疏想，絕少朋知論古辭。總之兩篇非浪作，後來將繼獲麟垂。

　　周衰何必生尼父，徒作《春秋》草獲麟。廣武登臨卑楚漢，昆陽大戰耻三旬。豈惟諸葛、淮陰等，還取阿衡、呂望論。虞舜重華拋我去，今朝不識是何春。

　　已將筆硯裨天地，仍荷干戈定海山。揚、馬分明兒子業，垂鞭不若瀚波還。轅門吾欲論韓、白，窗下豈能讀孔、顏。長劍橫雲無可用，只宜復取舊書刪。

　　跨古凌今垂萬代，百篇作賦豈辭徒。氣吞四海兼千古，波及三江并五湖。盤古死時天意定，大明到此故生吾。我今有道堪醫世，奚不使為社稷圖。

　　歲云莫矣吾何俟，鞭笞風雷在此時。長路豈能窮阮籍，畫眉未有過西施。元無石虎堪吞羽，轉使東丘笑仲尼。恨少繫王三尺組，書空每夜寫遐思。

　　縱有積腸非敢說，吾將策馬出函關。幹些實事扶昭代，張此虛名到兩間。青竹還須垂幾字，白雲何必玩南山。蒼生天下皆餓死，只看吾頭髮已斑。

　　天上豈無真富貴，世間但識九旒尊。我觀登閣攀龍影，豈若搖頭取虱捫。本姓吾聞為斗宿，舊莊元自在崐崙。鳳池不許頒袍笏，空手何妨往舊村。

　　崐崙大鳥苞天地，一羽還能蓋百王。懸印何時如季子，椎沙也敢學張良。空中騎馬詢神萑，吾國運悠過洗腸。但恐許由終絕世，牽牛不肯應陶唐。

　　豈可上慚參與井，奇才天下在三秦。荊州今已欺關羽，河北却宜借寇恂。海內此時將破壞，貴臣空爾拒要津。鳥飛還有歸巢處，兵法焉得不細論。

　　園田耻作兒孫計，楮硯顒為萬古謀。搥碎崐崙樓何惜，手提星宿海倒流。筆頭於盜皆誅盡，不敢上書恐取糾。已在扶桑枝老後，不期封伯與封侯。

　　若有甲兵雄百萬，愁見草綠復霜黃。雲頭安得騎三足，獨負青冥看八方。流水高山予自聽，陽春白雪調空長。此君若問歸藏處，明月萬斛取斗量。

　　無用題詩逾百首，燈前幽獨恐傷神。操瓢長在顏回巷，執轡將廻仲子津。釣渭空令公望老，采薇豈患伯夷貧。錦袍夜夢天宮到，何日不知出紫塵。

　　寸心長到日月外，萬卷必垂天地間。一夜然燈長不睡，三更將半喚么鬟。好作鴻篇如倒海，但搖彩筆欲傾山。當朝學士無輕此，星闕將為後世頒。

　　弗染真同柳下惠，善嘲却似東方生。道大心雄才復博，五色綵絲繡不成。八彩橫眉龍骨聳，準隆貌瘦復雙睛。氣如奔馬聲如虎，必可封侯故請纓。

　　不識懸冠緣甚事，幽懷到底弗能平。畢朝磨墨窮天道，每夜然燈索木榮。一日五更十二舍，百年三萬六千程。十乘讀盡張華簡，築此一元萬古城。

當時曾在賓夷館，蚤歲草為觀宇篇。大海長江波泛泛，游龍彩鳳氣翩翩。布縑磨墨誰家子，二十八星盡倒旋。天下豈無狼狽吏，彈章何必到高賢。

聲名不必盈天下，幽谷芝蘭亦自香。堯桀於今還共國，穀臧或至總亡羊。風塵詎許來侵面，雲岸是吾縱轡場。倏爾身心皆放下，解牛迎刃有鋒芒。

生於西極駐幽谷，諱曰黃裳胤德充。可惜雄軀長九尺，弗能作宧至三公。誰知吾國有夫子，不到京師天下空。安石東山終未起，上頭幾个是青瞳。

【校記】

[一]"鳥"，當為"烏"之形誤。

清秋篇六十三首 原三百首，選刻。

金輪休轉咸池裏，若木我攀第一枝。栗陸大庭堪握手，龍頭龜背是吾師。直窮日月東西影，還問陰陽長短期。兩眼分明空宇宙，釋迦三界浪稱奇。

少時氣勝如奔馬，揚策登山任所之。待飯長時日過午，梳頭動與月相期。萬言作賦還嫌短，一筆成論却恨遲。雲間已見真消息，披髮垂肩折竹籬。

何必黃金三萬兩，蓬萊山上結幽襟。他年必放麒麟母，此度生於鷟鷺岑。可與白鷗南北海，還同月鳥北山南。泛舟赤水遊天上，北斗七星傍我臨。

凌風縱馬觀三代，批霧獵雲讀九丘。我有巨鰲吞海意，誰知愚父徙山謀。羲、黃傳道惟三畫，揚、馬萬篇枉汗流。被褐但懷荊下玉，不須投筆論封侯。

殘貌不堪臨鏡照，張冠懶去設青銅。雲頭一箭雙鶬鳥，九石能張兕角弓。學出伯安頭一地，才兼元美眼還空。枕肱願作鈞天夢，不奏簫韶曲未終。

走馬章臺雲夢在，謀家何必患懸鶉。生何如死今齊看，富不及貧見已真。長嘯一聲還自笑，深逃天子懶稱臣。眼前光景如紅錦，他日應為紫府賓。

吾祖豸冠今九代，阿家華姓出宗周。八王七謝龍為步，玉葉金枝氣食牛。況有兩郎誇桂樹，兼之一仲處青樓。泰山梁木將誰托，使我畢宵作古愁。

畫卦庖羲離我死，涕流泗上少皞墟。九齡與汝殘經亂，三豕渡河豈古書。漏到夜分忙把筆，田荒五月不知鋤。自從麟足傷東魯，烏有先生賦子虛。

黃塵驅馬緣衣食，南北東西路上奔。一日百錢誰到手，有時夜半不關門。萬篇青竹垂天地，幾穴黃金禍子孫。種樹天池枝葉大，栽桃何必玄都村。

氣橫北海孔文舉，十九解頭王右丞。足踏鰲波千尺水，眼懸螭口五枝燈。虎皮設帳陳毛雅，麟角續弦在玉繩。簾外飛霜皆夜倒，當年意氣裂層冰。

從此歸耕終澗谷，決雲一劍論心胸。醉來騎虎三揪尾，舞罷騰風九足龍。筆殺天池蒼頡兔，眉橫盤古雪峰松。五山供冶銅皆盡，願鑄崑崙閣上鐘。

苑後荊榛還削去，但留芝草葉垂旗。魂飛日月不臨處，夢到星辰無影時。但許械民劉向辨，並驚豹鼠終軍知。少年氣若騰空馬，按轡只今學伯夷。

一入紅塵三十載，歸來却不負青山。梳頭客到來何緩，對局壘臨意轉閑。籠蓋一時空海內，羲農千古揖雲間。畫龍獨是睛難點，豹見吾今得一斑。

鄧林莫挽青龍轡，薄暮却愁白髮侵。玄黙困敦之歲降[一]，到今不覺六經壬。徒栽懷草憂仍在，空挾龍泉水底沈。路上拾遺慚季子，負薪五月豈憐金。

夔龍今已盈丹闕，海岸撐船可樹旗。無用三歌江有汜，不妨長餓盧之漪。擔瓜直至蓬萊嶺，騎魚倒拂琴高髻。無論馬蹄毛不等，但觀鳥羽亦參差。

近世道皆談白鹿，天初我但學媧盤。乾坤上下拳搥碎，日月東西眼縱觀。徑入冰壺顛倒臥，何須岐路再三歎。一披閬苑珣琪樹，秀氣香風盡可餐。

武溪既到秦人宅，世界分明若火焚。幾個男兒能識字，一雙玉手可凌雲。將邀韓愈同原道，懶與少陵細論文。不意騎龍登玉闕，九華殿上得逢君。

欲學聖人非我侶，江山千載與君逢。丹臺各畫羲黃卦，唇上豈爭呂陸鋒。不信先天元舊蒂，試從玉海問青童。有書堪讀皆塵後，無語可尋是古容。

玉手明珠彈鳳鳥，腸如錦繡口如蘭。有時辭賦凌揚、馬，還恥雕蟲學柳、韓。側耳偶聞三昧語，此身疑到九雲端。洋洋纚纚言皆妙，飛木作鳶過子般。

即今歲既五旬六，却恨少年負不群。乘鶴忽逢王子晉，涕流遂悟孟嘗君。聽鶯使我憐紅日，折柳還悲過白雲。朱、陸並談千古事，授茶何閱語紛紛。

性敦却使功名薄，神密莫疑世事疏。座上慎無言率爾，那知點也撰何如。朱輪深巷誰能到，青草山頭用力鋤。骯髒不能諧爾意，筆玄萬卷在雲廬。

夏日誰堪能睡黑，乘閑將取典謨删。披襟極論今天下，高上人都墨翰間。千載麟經空寄意，西銘數語可訂頑。若還欲見前人面，橫梁必須過鐵關。

陽春一過東風盡，樹葉蕭蕭落未秋。寸心不堪今夜折，妙容雖在為誰脩。亡羊天下悲多路，建鼓豈能取子求。此夕佳期遲且暮，燈殘恨取玉簪抽。

讀書自少空千庫，學劍十年復不終。生理蕭條墻半倒，神情飽滿鼻留虹。雲間實少雙飛雁，臂上徒懸九石弓。懶作周公初歲夢，六經既就效王通。

將為聖人雄樹幟，神思邈爾寄鉛槧。少年却慕陳同父，晚節惟宗朱晦庵。若取靈臺長浚導，不妨識見漸增添。龍圖起處還深遠，無用折枝海岸探。

借問我從何處到，生於太古桂花村。須知性是空空物，安見仁非洞洞門。但取林叢尋斧斫，自然虎豹滿山奔。崐崘絕岸觀天下，諸嶺分明盡末孫。

送茶直至辭門外，說話分明錦作唇。命復將為真御史，理窮遇此好山人。同舟若郭情何密，傾蓋如程語絕親。明珠滾滾雕盤走，言下縱橫總是仁。

清言如玉淋淋出，聖學但憑慎獨尋。靜後也須談涉世，境中那不屬吾心。能調踢馬塵方絕，衝過鐵關敵乃擒。涿鹿吞天雄戰伐，蚩尤授首論胸襟。

閑取少陵詩律弄，較諸博奕庶為賢。辭人不許談心語，鐵筆我將聖學傳。句盡已成千萬句，燭殘還草五三篇。門外搴簾睇月色，蟾蜍每憶貌嬋娟。

功垂萬代千篇在，何用希權學韋脂。握彤七轉三尼父，作夢十廻九伏羲。後世為家儻似智，市兒笑我崑何癡。美人遙想難重見，雅論真如玉溫其。

功業豈顓憑此筆，元期大道自今還。讀《易》魂驚損益處，序《書》淚墮夏虞間。心傳洙泗堪張幟，賦擬淵雲但汗顏。走馬踢裘其事鄙，不辭何以度餘閑。

西極先生芳草律，邯鄲馬上報南宮。桂樹不皆吳質伐，孫山之外有神龍。分明百步穿楊手，可咋烏號失楚弓。高山流水還須奏，微彈應待鍾期窮。

獻賦蓬萊空手到，垂天六翮與雲長。負霄獨立惟鵬鳥，千尺翻風有豫章。可命崐崘使者去，擔來王屋洞天箱。應知骨骼非凡馬，只得相神待九方。

枯葉飄零予就暮，嬌枝三折爾堪愁。無樹撲花憐蛺蝶，越都一蹶訝驊騮。風光滿目慘文硯，意態橫雲視帶鈎。才奇他日用還大，莫羨小兒得錦裘。

爾既時窮逢眼白，我今筆罷看山青。郢中不識陽春調，雲岸還摧彩鳳翎。元稱文若為龍骨，誰認東方是歲星。少年心事挐雲手，却取大鵬擬北溟。

鬱陶思爾憑誰語，欲寄家書少北鴻。隆想無因裁短札，繁辭緣此寫深衷。窗前早起有鳴雀，行客必來攜遠風。終憑之子披情愫，揮筆探懷授侍僮。

年誰過百憂千歲，塗不至中半白頭。裁聞歸雁銜蘆草，忽見玉繩指杪秋。風吹草上青枝少，雲過峰頭亂絮收。安得月中逢巧笑，羿妃携手與同遊。

廻頭清夜觀河嶽，誰是仙人王子喬。蝶夢終當歸太夜，風燈何事競華貂。洪鐘三撞開眉上，白璧一雙舞纖腰。他夕今朝難自料，積錢徒使我心焦。

騎馬少年驅薄莫，並誇髮綠飲朱堂。河邊鵲鳥橋成浪，海上六鰲骨作霜。張蓋可入青柳巷，裂冠欲學沐猴狂。回頭屈指時能幾，但愛白雲萬丈長。

林北晨風懷遠思，豈能裊裊學飛蚊。昔日雍門流淚地，今人已種孟嘗墳。吹簫玉女飛樓上，騎鶴子喬在白雲。但舞綺羅沽美酒，海隅理亂不須聞。

白榆萬樹皆新植，馬上相逢豈舊郎。月兔正堪騎桂下，蟠桃不復怕嚴霜。三朝濯髮天池裏，兩手張冠日月旁。齷齪泥塗何足道，紅雲一朵是吾鄉。

　　絕愛黃鸝鳴好樹，還同翠柳競清烟。不平濫作《箜篌引》，興到忽成《鸚鵡篇》。天與階前花共老，海同眉上鎖無邊。不許吳質伐桂樹，我將姮女之旁眠。

　　阿房五柞三千處，鬥草折英在曲臺。階下花枝皆帶笑，鏡中玉面如天裁。駕到上陽邢李宅，賦稱學士孔陳才。太真舞袖風吹斷，一曲霓裳九廟災。

　　咸陽王氣阿房斷，紫燕至今不敢翔。隆冬桂樹爭蔥蒨，暖地碧桃傲雪霜。閣道迤邐愁出入，曲欄奇篠但彷徨。徐福盧敖空海上，蓬萊玉露幾時嘗。

　　攬轡王孫青草路，不勝帝子赤輪愁。蓮花步步經丹砌，翡翠翹翹入玉樓。長樂鐘聲喧野鳥，昆明池水倒清流。章華不是茅茨意，每過驪山淚欲浮。

　　兒子麒麟臺裏畫，我今奚以讀書為。折花不必簪頭上，握管深慚學古吹。百歲光陰垂且盡，千篇辭賦欲攜誰。美人玉面何時會，我馬玄黃獨自悲。

　　江山到底終須盡，不死文章即是儒。月下敲門佳句得，池中春草催新篇。魯陽戈倒天方懼，豹鼠雅窮道可傳。書肆說林無弗獵，坐忘方爾學顏淵。

　　不識崑崙山所在，浪驅八駿信游疆。眉毛畢竟生前短，光景終須域外長。絕戀但彈走馬引，離塵還唱淮南王。夜深無語庭除步，北斗七星正倒張。

　　畫工可恨無青眼，不到王嬙寫月題。鴐燕誰登黃耳鼎，鳳毛誤落黑風谿。萬牛莫掣高山趾，一手能懸漢水梯。披髮深林空嘯傲，長安猶憶五雲低。

　　非是乘龍天上到，胸中焉可去深愁。低吟高嘯驚雲岸，大海長江盡倒流。飛入紫宮騎日月，崑崙不必駕騧騮。吾將世外尋盤古，與爾天前地後遊。

　　細步蛾眉稱第一，青銅懶照有遐思。影流玉蕊三千朵，面上桃花一萬枝。携天絡地為笙子，挈月縛風爾是誰。擊鐘會食今朝乍，張里舊曾學馬醫。

　　獻策劉蕡居下第，一書方著謫南淮。龍顏使我幽人憶，淮水不勝帝里懷。却笑鄧林驅日渴，還愁愚父取山桮。逆鱗何必批頷下，可抱驪珠畢海涯。

　　雲作浮橋電作馬，拖天垂地論文章。還期後世能知我，不必即時見有唐。虛舟撐入華胥國，鐵筆擬封南面王。自古到今誰握管，獨臨銅雀侍青陽。

　　為人性僻心還闊，江嶽指稱武庫材。壬癸井開堪灌注，乙丁賜轉有根荄。海上一鞧浮淺瀨，水鷗逢此莫多猜。江湖無事咸恩澤，稽首陶堯贊大哉。

　　長嘯一聲飛天外，也能翠樹作鶯啼。欲攖虎子穴須探，携出明珠龍是驪。將與龐公栖大木，敢從范叔乞殘綈。九韶休為鸚鵡奏，傲世凌雲似阮嵇。

青編盡被華蟲蠹，丹思將尋好木刊。長取冠纓清素水，有時雄髮指危冠。思牽萬古腸應直，淚滴六經肺欲乾。抽出一雙冰玉手，鴛鴦繡罷使君看。

裁上高樓風便到，花間葉綠鳥還吟。輕衾半幅空床掩，明月三更櫺外臨。清曲為誰歌玉齒，飛蓬何事插花簪。願為繞樹南流景，忽至君前道我心。

海南天北君何去，使我涕流灑此裳。入夜焚香歸邃閣，不眠曳履出東廊。樹上飛花開復落，腰間翠帶短還長。松江新到鱸魚好，須自垂鉤待爾嘗。

有美一人金作面，玲瓏到骨玉為心。採花提籠還攀柳，倚樹隨風却攬襟。指纖可憐分白雪，唇丹何不與桃深。歸來髮亂時將暮，窗外幾聲噪晚禽。

暖到蚤遊芳樹下，步輕徐出鳳凰樓。風擺腰間無力任，雲飛面上有春浮。細聽初鶯啼碧樹，愁觀歸雁去青洲。銀河今夜橋空設，祇是月光旁枕流。

蟬髩似從倦筆畫，風飄如欲到雲端。吹簫樓上郎今去，學舞昔年那作歡。堂前愁見雙飛燕，屏裏懶觀共影鸞。縱還竊藥能騰月，豈若鴛鴦戲水灘。

馬頭長城橫鐵勒，交河八月踐胡沙。却疑玉閣鏡中影，即是陽關雁尾霞。深愁隔葉聽黃鳥，懶去蹋陰掃落花。猶記昔時懸劍處，痕存壁上有龍蛇。

青銅鑄作揚州鏡，攬照休臨舊日容。昨夕相盟鴛枕語，已成路上馬塵踪。愁觀霞氣沉江底，無奈陰風吼夜松。太白西方流曉月，床頭不覺濕芙蓉。

憶昔江門初到日，西園為我結高樓。池塘引水蜻蛉戲，臺榭擁雲月兔流。點翠華裾欄外曳，綴金瓊佩出軒浮。滿堤芳草皆鬥麗，棄我不能待白頭。

征馬將行斜影照，遠風吹得別思隨。方君冒雨懷家日，是我登樓望到時。豈向窗前懸玉鏡，不曾面上見燕支。崑崙山下黃河水，莫洗深宮一夜悲。

歸到天宮還若世，客來好婦候清都。折腰問我躬安否，酌酒復詢量有無。指點青童遲玉駕，薄陳脫粟在中廚。廢禮逾閒賓送別，丁寧道意至門樞。

【校記】

［一］"黣"，疑為"默"字之形近而訛。

聖旦篇七十四首 原二百首，選刻。

蚩尤伏戮逾黃帝，袞旒拱手法紫微。行見彩鸞流斐亹，且逢朱草鬥芳菲。燕臺日月將無際，十世鬲肝總不違。天下太平應有兆，神州今旦生光輝。

鳳閣今宵佳氣色，西山草木吐清烟。歌謠玉殿明天子，多少長安美少年。大秦來獻騉蹄馬，麟脯咸登玳瑁筵。臣願邊陲皆頗牧，萬年東海絕腥羶。

- 418 -

祇在長塗驅走馬，夢魂不到銅駝街。願同沙海謀天下，流落江湖舛舊懷。
明道方疑今日是，雄思漸與初來乖。大郎執策長安去，猶記訓兒作聖齋。

此日玄冥方整轡，朱明久矣辭祝融。童兒擊節歌王母，殿士麾竿呵白虹。
蕢莢應期生玉砌，紫騮嘶影走清風。百官齋沐稱觴獻，五鳳樓前紫霧濃。

吾願山中采杜若，獻之萬歲五雲宮。歷雨經霜而不老，細麕食此色童童。
南山增土三千尺，河水長流九曲中。咸曰軒轅垂寶鼎，天元無始地無窮。

明珠彈雀何須獻，此日鳳皇出少陽。朝食不周禾一飢，莫臨碣石掩三光。
九德傳臚其爾雅，嘉名則號曰歸昌。嬪妃將使聖人壽，此鳥分明巢後堂。

拱手眉端垂八彩，九旒六璽統中華。巍巍翼翼憑月極，扈扈煌煌被海涯。
覆露蒼生無齮齕，亭毒寓內但柔嘉。太平深內方高臥，起視朝暾影欲斜。

御極於今方一載，三千六百雨中華。八風於是咸閶闔，恩澤忽焉盡海遐。
後苑有時栖野雀，館人更不歌無車。神州氣象今何等，縱視三皇且過些。

黃霧飛飛垂海內，清風瑟瑟繞扶松。漸臺既報臨東井，髠者荷橦撞曉鐘。
九屋不開甲乙庫，千官咸覲聖人容。出門上馬延郊問，槲下渴夫慶蔭儂。

雖然誅草南山下，也或魂遊白雀門。採藥携匡登峻嶺，批雲騎鹿卧荒村。
趨朝豈復聞王夏，坐石有時列瓦罇。不越虎溪吾有誓，忽聽鐘聲舊思存。

元元世世為天子，子子孫孫幾萬年。風后負圖推國運，飛廉荷劍斬祅烟。
後天而老惟《周易》，勿讀青牛課又玄。臣願蒼生歌愷悌，此時即到大羅天。

淳風忽爾還三代，羽化不須訪十洲。此世陰陽無九六，一元吾國是龍頭。
殿前縱有東方朔，萬樹桃花豈可偷。臣願畢年執玉簡，九華殿上取封侯。

天下今朝生福國，吹笙打鼓頌良辰。洪武戊申蒙古走，天曆前年到甲寅。
七十二君讓大理，吾皇一萬八千春。雲中臣問泥離子，天帝獨尊為上賓。

高皇荷戟開天地，日月樓前第一人。屈指古來誰亂費，論功雲外冠星辰。
孫孫子子長為帝，邠邠獷獷盡作臣。若問大明之景運，譬諸盤古到於今。

今之天下民窮矣，陛下固當速救之。富室有時復借貸，豐年豈免餓妻兒。
他邦為客歌黃鳥，深谷指期學赤眉。獨有龍陽驕輦下，江南海北盡流離。

日月星辰皆卵內，願同元氣並周流。裁逾蜃海觀三島，遂到始青遍七丘。
大叚鳥飛遼絕處，於凡人跡所稀游。世間惟有東方朔，可與泛槎問斗牛。

今之天下豈無事，臣願黃門有直臣。方望董狐握鐵筆，徒令孔褒頌錢神。
盡言焉得公孫聖，清論亦無折角巾。鹿馬深憂何日止，搖頭揣耳過秋春。

心頭願畢無窮事，一百還須八十年。巨水名山考故典，龍樓麟閣搜遺編。雖然未到秘書府，亦或野耕群王田。帝命布衣弄筆墨，授之萬古一元權。

周公尼父既黃土，盤古乾坤誰可肩。天下文章似在此，吾生必也應星躔。清朝食玉九源子，五內生華李謫仙。偶得空青益鳳髓，遂嘔羽獵與甘泉。

萬里八踠步景馬，世無視作黔之驢。可同造物者游化，無乃天人之黨歟。瑤臺獨駕千年鶴，赤驥長驅五色車。安得御之有許少，為臣肺鬲潰其淤。

既空萬古誰青眼，讀罷《春秋》許獲麟。盤古至今幾萬歲，點眉不過四三人。殊傷六經遭丁丙，遂筆兩篇兆甲寅。乃取丹毛虜鳳穴，獻於子月之龍辰。

微臣蒙澤最為早，登第龍飛第一科。宋客但求燕石寶，郢人獨唱《陽春》歌。九門不可希龍伯，惟用七篇繼孟軻。萬古千秋誦且諷，流於天地如黃河。

願騎王父清津馬，三繞烏菟日月城。遂過浣紗織女石，垂鞭而問天地情。飛越軒轅南極宅，還邀子晉安期生。大明天子壽三萬，爾擊薑兮我伐征。

吾皇一萬八千歲，北斗七星第一宮。不食靈芝五色草，紅顏三彩如朝虹。江山不與老朝莫，但可鴻濛問始終。是日黃雲覆紫屋，老人星見夜當中。

環視八荒包日月，并吞寓內是心胸。功高萬古惟皇祖，勒祚崑崙第一峰。無論江山兼草木，皆涵雨露有春容。三杯願獻雲陽酒，祝曰一元天地宗。

吾皇萬世咸龍德，獨握風雲太乙權。道在鴻濛五帝上，功垂箕斗兩河間。荷戈願與魯陽戰，倒日卻迴夸父淵。通三明一真皇帝，長見老椿垂八埏。

鳳起龍騰垂十世，披虹乘霧統千官。景雲飛到乾清殿，甘露滴於白玉盤。入夜嵩山呼萬歲，臨風仙鶴舞丹冠。巨鰲長戴三山祝，桂樹九栽漢水灘。

號為皇帝真皇帝，稱作聖人是聖人。臣見聖人岸既到，乃知皇帝位為尊。聖人名越扶桑外，皇帝風傳弱水津。紀聖人功有史館，頌皇帝德在辭臣。

南山作案肴皇帝，北斗為杯酒聖人。十堯九舜皆三讓，五帝九皇在一嚬。勒畢條支貢玉烏，蒼門委羽驅銅輪。聖人萬歲為皇帝，皇帝千秋頌聖人。

稽顙拜首五千國，端玉垂瞳一百年。黃耳霜蹄在關下，鳳膏龍脯皆登筵。陽烏倒景銜芝草，龍雀垂頭耕玉田。三島神仙咸俟燕，行肴酌酒到溫泉。

履墀未必能夔契，不若歸而犁白雲。夕飲淪陰朝沉瀣，內觀欲學長桑君。搴旗海岸招天下，走馬雲中氣不群。勿謂布衣無寸土，也能紙上靜妖氛。

放筆車輪書大字，不逾十日詩千篇。崑崙為硯鄧林管，性命垂之天地間。右地左天設擔子，挾山超海張空拳。洗腸疏粒或禁酒，思到卻無天地前。

濬祖神宗垂燕翼，靈孫聖子盡麒麟。山川此日多薰色，日月揚華於海漘。汗血月支皆進馬，金篓樂浪入為臣。眼中遙望凌霄遠，傾藿作詩上紫宸。

　　商郊黃鉞薄周武，灞上赤旗小漢高。曲榭誇門潛汹濩，帝林皇圃騁雄豪。道登文案心逾小，功過禹圭不伐勞。七國稱戈如夜夢，六朝主邕但鴻毛。

　　盤古燧人今往世，扶桑鳥次永無憂。主張日月星辰土，吞吐唐虞殷夏周。長統倉梧並弱水，倒看織女與牽牛。吾皇萬世握神器，協雨調風宅九州。

　　龍飛初起超前世，開鑛抽商曁既還。宮內不許設錦市，親臣誰敢作銅山。千門萬戶觀玄鏡。八地九天效玉環。解罘放麟稱至化，紫城不到第三班。

　　滄海長江環玉桂，玄鳥靈兔亘長空。但聞九奏吹韶管，還恥一觴歌沛風。道冠三才紹宋後，歷周六甲與羲同。金閨皆剪王良馬，越翼歷張駕九虹。

　　已聞赤鳥遺丹字，還有青龍生伏羲。玉樹庭前栖鳳鳥，神堯不作丹朱棋。洛書五福古稱少，樗蒲三盧真是奇。五鳳樓前金霧繞，鯨魚九伐告黃離。

　　抵掌而談天下事，大都萬姓須憐之。欲驅小雅皇華響，愁讀國風苌楚詩。借問分醪投水曲，何如挾纊衣寒兒。蝗蟲今已半東海，散粟發錢在此時。

　　十晨一雨思豐歲，一日三朝惟聖王。我見應時珠玉落，焉能水旱病堯湯。憂民願見商羊舞，觀國愁聽猛虎行。昨夜泛舟江岸過，深山野老歌無裳。

　　域內不知何等世，試於道上問行人。已憐矜寡兼孤獨，既越羲農況漢秦。一祖十宗垂統緒，千山萬水拱星辰。見今四極奠鼇趾，何用女媧補玉輪。

　　九重執璽惟堯舜，五尺童兒耻管蕭。野樹閑雲嘔造化，深山陡澗詠漁樵。胡兒不得驚沙漠，此歲海波必沉寥。吾欲今朝祝萬歲，地官但勿行青苗。

　　天地至今將開闢，臣為布穀令風雲。空中搖筆震山嶽，夜半讀書窮典墳。《禮》、《樂》、《易》、《詩》何草草，淵雲崔蔡徒紛紛。盈箱堆案皆糟魄，却笑乘龍金闕君。

　　女媧盤古回天地，我有鐵椎破崐崙。正可乘雲遊五嶽，何須捫虱見桓溫。讀書還到索丘上，不必顑登周孔門。願取會稽石一片，高峰獨勒一家言。

　　洛龜已矣龍圖往，百國今何號人明。王父還乘飛電馬，女媧遺我紫雲笙。倚天撫劍向三島，揮袖凌虛過海瀛。終夜所思在上世，九霄神女識吾情。

　　獨倚天馬到天外，遂與大鵬偕霧歸。乘鶴而來為子晉，窺樓彈者乃湘妃。還吹子晉採菱曲，遂弄湘妃翠羽衣。此曲不為巴客唱，此衣但可結雲飛。

　　均之受命於天地，未有社丘先有民。草木飛禽皆性命，須澄江海到星辰。

擊雲鞭雷馮推轂，鼓楫調羹在宰臣。能施恩澤滿閶闔，馳驟五三可絕塵。

隨霧緣霜敷教化，際天窮地振威靈。三光五嶽咸歸命，功越赫胥及大庭。明是眼前東海水，還同頭上長庚星。百神今日朝嘉旦，黃露三升倒玉瓶。

當朝靈運超三代，無地無天無古今。馮露為生惟蓿草，涵風而舞有飛禽。鬼神四面來靈嶽，日月分明照海溽。無數蜻蜓繞玉樹，一雙鳳鳥栖神林。

何不中天翹聖喆，而於海上求神仙。縱能馳馬須平地，不必騎龍到九天。遼海鶴翎成浪說，鼎湖弓影盡虛傳。不如噓氣春臺上，窮屋之民皆有椽。

章臺走馬折楊柳，一片白雲欲贈君。天下文章咸在此，吾聞冀北已空群。不徒天馬騰霞轡，方且象耕與鳥芸。盜取九門玉鑰紐，開閶闔殿奏南薰。

其惟太祖高皇帝，橫古絕今第一人。長戟鐵鋌出泗甸，雲旗霧旆搖三秦。梟頭已到張九六，雄將況逢常遇春。日月光明垂宇宙，江南河北盡稱臣。

功高不但漢高帝，道大過於天乙王。不待張弓能下鳥，但聞走馬已迴腸。旌旗拂日壓豐沛，矛戟擁雲勝晉陽。撫劍心雄箕翼斗，張睛下視宋齊梁。

精衛紅陽皆侍燕，玉童五百駕青麟。真人天外折丹桂，方士海邊伐老椿。酌酒捧觴六七子，延年益壽三千春。道逢乘鹿負囊者，採藥將逾白水津。

自古能知天地者，其惟臣與東方生。偷桃三次欺王母，騎馬九迴繞日城。直到顓墟之路左，酌瓊漿者乃雲英。玄霜玉杵搗多少，子月穀晨獻大明。

讀《易》至於《復》、《姤》卦，將他天地始終窮。江山且老在朝莫，盤古到頭一夢中。欲取馬肝拂白髮，縱吞龍腦無春容。既登閶闔九樓殿，龍伯五山不足椎。

手端董謁周公笏，足躡黃安萬歲龜。飛寫星辰之外視，去留不迫但馮之。周流八澤螺為渡，遍歷五山羊不腯。何必松喬傳吐納，鳳樓執玉壽如茲。

上之三輔洪梁酒，波祇文螺可作杯。造父豈能馭帝舜，巧於使馬思顏回。扶桑海外獻霞草，閶闔宮中稱玉罍。凌霧步虛難可信，撫臨四海民為媒。

式金步玉思王度，莫雨朝雲感楚臺。願取雲冰照萬國，日精之葉幾時開。小民已臥春宮裡，王母還求玉樹栽。七十二君封岱嶽，我其黃帝也虖哉。

願餐扶木鳳冠粟，後天而老凋三光。仙人玉女時來往，何必乘雲至帝鄉。功在生民枯草潤，壽同天地亦何傷。崐崙可以為吾宅，還命女媧吹玉簧。

粵自羲農之歿矣，諸侯乃有夙沙氏。黃口小兒爭作帝，持干戈者半江陲。我皇起運超千古，苙浦仍當發細枝。鳳鳥麒麟在後苑，臣將復作卿雲詩。

夔皋此日朝方半，神馬黃龍不足奇。門外何須白虎守，蒼天必爾降黃離。

殿前玉女投壺罷，還與東蘆王父棋。蘭閣金樓酒既醉，蓬萊引駕有俞兒。

焉有嵩山呼萬歲，異哉漢武之為人。繼文景業有天下，蒼生不問祭白麟。復蹈秦王蓬少步，焉能飛渡軒轅津。我皇德茂於三五，獨得玄珠道絕塵。

黃河華嶽分秦晉，大國之風也虖哉。臣觀王氣西南盡，復視天門東北開。粵自高皇兼九有，至於今日統三才。一腔傾葍之心事，願恤寡鰥及幼孩。

安得分岐秦任好，兼之挾纊楚莊王。解罦蔭樾學三代，地厚天高包八荒。臣步皋陶傅說後，推肩躡武獻杯觴。生於有道之明世，以此寸區報我皇。

方今天下非無事，在陛下籌而處之。東海西州歌采蕨，皇孫胄子賦干斯。須觀公旦《無逸》訓，還讀國風《七月》詩。然後燕臺奠九鼎，垂天而立崑崙碑。

夜夢高皇帝屬曰，道垂萬世爾之功。還須鐫到崑崙鼎，不但銘於日月宮。至命功夫六學讓，知天學問萬年同。布衣可以弼皇極，代此女媧補太空。

臣顛越再三而對，固願勉旃力努之。惟此甲寅之穀歲，昊英進曆於庖羲。為詩書僕臣何敢，僭楚吳王罪不辭。願取崑崙為巨硯，典刑將篆之來茲。

十載風塵羞短計，滿腔古意在長生。青霄到底無窮處，世事何須抱不平。濁酒三杯聊自酌，白雲一朵解吾情。萬篇揮筆雄思在，縱是朝天帝亦驚。

將到淮陰廻首望，浮雲影傍紫薇流。酸風冬末侵眸子，荒月夜深隨馬頭。蘆花滿岸彭城古，莎草出泥沛水秋。却恐叩關閽者怒，涕垂閶闔不勝愁。

佳人揮袖凌虛舞，流影轉睛顧我傍。初唱琴中驚別鶴，再彈泣下作離凰。飛雨清鈞兼薄霧，行雲疏節間輕霜。可憐指爪麻姑秀，休負陽春柳色香。

撫枕萬思千想出，觀雲步月到明晨。風擺樹梢懸雁影，帳圖雙鳳動離人。排悶携來雕玉籠，躡洲步拾馥若春。荷葉空翻紅日浪，攬衣不欲去江漘。

茱萸非盡無顏色，握手不如桂與蘭。滌肺洗肝為枕語，烏頭馬角有盟壇。瓶水忽然傾地上，東西各自泛波瀾。傍行仁義終何益，棄蒯於今甚可歎。

骨弱不勝瓊佩引，婆娑起舞若龍盤。霍納都梁光夜燕，鳳頸鸞腰助君餐。忽掀七彩芙蓉帳，如見九華繡玉鞍。積情如海緣誰訴，頭上只今玳瑁殘。

論學篇六十六首原二百首，選刻。

五百年來寄此生，激昂千古在雞鳴。風雲旗下振鼓角，日月城頭懸眼睛。夜靜書空方殷浩，夢深吞燕學弘成。春到將尋吾黨客，弄波洙泗濯冠纓。

夢到羲黃恨莫裁，萌芽初毓在嬰孩。寄言捧硯烟霞客，休負迎春桃李腮。

垂雲鵬鳥溟池起，擁日若枝渤海栽。青眼丈夫高自視，震時功業非麟臺。

空言謀欲敵王侯，鎮日吟詩卧小樓。衾枕三思金石計，榮華一過水泡浮。懷中滾滾明珠抱，夢裏飛飛彩鳳嘔。擬作《春秋》為事業，不遑浴面與梳頭。

結茅幽谷隱石巖，鋪笺取筆幾番拈。廟堂深計慚韓范，後世迂懷步雒濂。西蹋崑崙騎虎背，東攀扶木拂龍髯。六經九載期成就，姑學龍門王仲淹。

長憂力薄慚麟筆，不意庭深產鳳雛。聞道浪驚鯉也異，潛心難測回之愚。《騷》、《莊》不過為皮殼，舜禹蓋將並步趨。今古馳驅相上下，崑崙造父得天駒。

八代文章空意氣，五陵車馬失輕肥。坎軻憑彼纏終日，素願羞將古達違。王母摘桃仙島在，珠林走馬玉鞭揮。莫愁飲罷無休處，夜與赤松携手歸。

人物秦前方覺是，文章漢後却無人。書窮漆吏觀秋水，賦訪湘江采白蘋。每過山間揪虎尾，不思天上附龍鱗。雲岸吾將尋舊識，風塵未必取心論。

將邀四海為兄弟，況復庭前有鳳毛。鄒衍同誰來鼓角，惠施時與並觀濠。長因賦渴思湍井，未暇詩成請錦袍。不遇雲邊希有鳥，鵬飛那識與天高。

黃河引作硯池水，華嶽樹為戶外屏。第在性中脩古意，懶於世上取浮榮。心懸越國指南轂，人是堯階應月蓂。夜夢伏羲圖八卦，與吾老睡並時醒。

休尋彭祖問長年，不朽於今但子淵。世若江河流不止，名於日月空中懸。性源祇在圖畫取，秘訣不須海島傳。宇宙兩篇非剩語，口將此意付槧鉛。

少時念抑波愈起，近歲事忙意轉閑。祇向冊書涵笑面，不緣衣食作愁顏。三行五行床頭數，七卷八卷枕上頒。從此眼中小宇宙，憑他江水日潺潺。

萬卷書陳亂若麻，五更蚤起到寒鴉。吾將策馬追雲影，路遠山高阻且遐。借問傍行扶杖客，何時可到混沌家。移山但學愚公子，飲渭休談逐日夸。

少時逢客好彈棋，但學杜夫空費時。讀書長夜不知倦，嗜酒近來但數巵。雛範河圖將在我，千年責任且焉辭。在陰鳴鶴須誰和，好爵願同爾輩麼。

經緯乾坤柱自才，此生總為述刪來。不蒙天上股肱用，空取溝中孤獨哀。夜費燈油稽曰若，時憑筆硯贊明哉。知己何愁伯樂少，汗漫相期在九垓。

為人死不虧元心，八面何愁鬼神臨。縱然飲酒懸心戒，不待抱懷杜夜淫。四座汗流勿秉扇，披裘五月豈憐金。雄思或射斗牛界，頭上誰知白髮侵。

少年走馬期揮劍，浪度百年天地身。麒麟臺上名雖闕，墳典胸中道不貧。絕筆敢云繩泗水，續經差可擬河汾。扶風豪士休嘲我，既作杏壇門下臣。

老驥臨風不伏櫪，故枝思鳥偏傷魂。擊壺豈怨天忘朕，涉水却愁霧籠搽。阿閣巢中懷彩鳳，北溟池裏想游鯤。三秦自古多豪傑，景略故來取虱捫。

皇王帝伯壯堯夫，却怪雄圖在匹夫。菜色不妨仍論道，海波何故欲乘桴。豈無傅說能調鼎，焉取侯人復荷殳。參贊天工惟著作，卷舒萬古把龍屠。

神聖塲中不占頭，使儂愧恨汗交流。疏麻折罷迎風笑，芳草洲邊縱轡遊。屈指中天評舜禹，博觀後代小殷周。不勝大道言游嘆，秦漢祇生讀史愁。

不妨萬事不如人，獨是為人要得真。作夢終期嘔白鳳，立身豈敢恥懸鶉。與人竟日恣談笑，幽處未嘗畏鬼神。有癖非關錢與馬，詩成珠玉錦為唇。

孟軻死後二千歲，一臥深林十七年。紅日不能拴走馬，青娥長日剪飛鳶。造化眉毛圖寸紙，雄兵百萬在空拳。滿岸風波愁莫濟，卬須我友並撐船。

秦漢前頭訪舊識，千年王氣到狂花。畫眉裂錦為辭句，其說瓌瑋成一家。念我草玄愧執戟，也因識字驚侯巴。知常誰取根宗悟，漫道風雲讀五車。

豎亥他年脚步闊，九垓荷尺而量之。初信天皇為始祖，乃知孔子即親師。箕裘在我應須肖，由、賜同門不得辭。昨與孟軻分手罷，出郊流涕意淒其。

《三禮》康成心甚苦，輔嗣《易》豈盡支離。休將宋傳嫌漢傳，須取唐詩讀古詩。兩掖清風懷邵老，一雙鐵脚步程頤。垂鞭然後廢銜勒，策馬東郊憑所之。

非徒今日索殘編，聖學潛心三十年。惜昔壯時偏不惑，逮逾知命益超然。路到羊腸騎走馬，崖臨萬仞引弓弦。九期面壁天將會，然後閉關草《太玄》。

一自庖羲至孟軻，得其八斗道殊多。撐天布卦懸銅柱，張燭讀書折鐵撾。獨取牢籠能脫解，肯教歲月浪蹉跎。餘姚左祖江西意，幾於入室動干戈。

少年好讀空同子，吳下近來道鳳洲。大句鴻篇連牘寫，其書可以汗黃牛。晚歲奈何溺佛說，為文不能窮源頭。復思《原道》昌黎老，獨坐空中百尺樓。

非謂我無禹稷手，度其時乃當顏淵。乾龍坤馬多違願，亥豕魯魚但細研。落葉隨風掃樹下，爛綿應手嘗弓弦。讀書拈筆為生理，憑此區區補八埏。

讀書夜半不能睡，明月一庭愁殺人。自古先民皆有作，我生不意到今辰。筆底有風空灑翰，手中無餌可垂綸。山門負笈將何往，將往杏壇為素臣。

若論功業無分毫，志擬前賢狂自豪。不念深溝終餓死，時抽書架課兒曹。筆閒雲雁或傍顧，腸斷山猿為夜號。世事每逢做不去，踟躕再四把頭搔。

架上舊書欲復讀，翻書往往多華蟲。十年杜徑忘頭白，萬卷充腸患腹空。辭傳知我惟豪傑，費盡所憂在僕僮。後世鍾期應不少，解嘲勿得學揚雄。

解綬歸家二十載，越溝來往亦奔波。夢中盤燧頻頻見，筆下雲霞片片羅。書獻荊州雄李白，賦成赤壁步東坡。蕭條直至難堪處，忌我當如世態何。

　　為人落魄不懷家，展紙染翰如裂紗。雲影水波上下捉，青龍素虎東西跨。六經擬罷仍諸子，好古夢還到女媧。不記麒麟閣上像，但携筆硯作生涯。

　　白狐夜嘯黃狐滿，紫霧斷霞鎖古臺。設紙案頭愁月到，題詩佳句自天來。淚流村落家家盡，雁去沙城處處哀。願隱深山携童子，白雲巖下把眉開。

　　漏到五更星欲落，搴帷簾外月初涯。嚴霜還邀涼風至，金氣來彫樹上花。袖中芳草皆瓊蕊，紙上清辭盡紫霞。白璧百雙非所願，聊城一箭却自嗟。

　　脫帽浪從都護飲，將於天下領辭盟。碧梧萬樹青鸞舞，漢水一舟白鵲橫。筆上瓊華招鳳食，池中芝草駕龍耕。莫愁今世無知己，三千年後問雲程。

　　茅屋結為塵絕處，日高猶臥伏羲床。若揮麈尾無蠅到，不夢銅龍袖自香。九道能窮日月影，兩河蹋斷蜺虹梁。橫山張蔚今何事，已見鷦鵬寥廓翔。

　　生怕高風扇綠水，更聞好鳥歌殘梅。片片輕雲籠漏日，飄飄疏雨點停雷。昨夜今朝書一卷，愁前詩後酒三杯。可向青林開眉笑，何須舊路九遲廻。

　　雲影隨風輕綠樹，月華籠霧到青林。藤枝繞樹能為舞，竹葉拂籬欲奏音。洗耳不嫌巢父水，作歌還到紫芝岑。兩手携霞歸古岸，無須季子十年金。

　　庭寂蜘蛛當戶網，花殘到晚鳥棲欄。脫冠露頂為狂客，取草折枝醉後簪。秋菊佳顏稱玉女，幽蘭秀色即黃金。林間飲酒遲紅日，洗盞開懷一放襟。

　　羶羊膩豕皆却鼻，只憑飲水慰清魂。尋春將欲步曾點，鼓瑟不妨到孔門。方思騎雲捉月兔，豈願捫蝨見桓溫。披霞伴鳥搬書讀，還取山林舊情敦。

　　動念直須臨北斗，縱思亦不到塵情。一源見性窮天命，兩字死心學至誠。到底江山作實地，上頭日月懸空名。未至堯舜勳華處，令我睡眠拂得寧。

　　縱然離色違塵界，還取嫦娥結舊情。八卦須從男女起，三才盡自坎離生。風吹柳葉懷多媚，月入冰壺一點清。不解紫陽鉛汞說，使君盜女學長生。

　　入山辟穀學長生，幾個男兒識此情。金海有時飛白雪，中黃不覺產孩嬰。但臨昏黑人皆死，獨上蓬萊把眼撐。鵬背一攀九萬里，勿於林藪求鷦鵬。

　　不到華山絕頂上，臨風使我意難平。若臨熊耳真蟻虱，將取嵩高結弟兄。倘入風雲懸玉杵，即憑日月築長城。征鴻多自半腰過，獨許鳳凰峰外行。

　　記我朝携盤古手，曾經暮宿伏羲家。自頭到尾窮天地，一夢江山渺且遐。六鰲幾戴三山去，折盡扶桑若木華。日月老親藏袖裏，揚州瓊蕊頗堪誇。

願駕崐崙八駿馬，御呼栢夭訪瑤池。混沌昨日分天地，盤古到今能幾期。八極周流惟一息，囊其天寶括雄雌。核戹酌酒醒春夢，直到華胥廣我思。

問道崆峒見廣成，先生伐鼓我鳴鉦。曩時採藥尋芝草，今朝騎龍到玉京。出入九垓求汗漫，人間老死笑鼓鏗。乘槎夜自天河下，支石翻波作磕砰。

堪笑秦皇遊海上，還嗤漢武謁神君。天馬蒲桃何藉藉，童男稚女浪紛紛。奈何撐眼如成夢，令我塞聰不欲聞。九歲齋心朝太素，清都一到便乘雲。

晉楚浪驚吾弗及，敵之在道學曾參。空中揮斧樓將就，岐路亡羊淚不禁。但看披裘過五月，應知所欲非遺金。三更夜靜尋誰語，明月滿堂獨鼓琴。

心積丹思何處寄，手翻黃卷費商量。好尋萱草栽堂北，休使葵花傾太陽。雖則人非鬼不怒，莫云筮短龜何長。得朋我欲論天下，西北東南悔盡亡。

縱不朱輪亦不愁，但憑玉案作銀鉤。滿天魁斗懷中入，萬斛珠璣夢裏謳。曾過日邊馬九繞，復於王母桃三偷。龍門將執子長手，却笑濟南白雪樓。

士有窮年不得志，世兒恥與浪悠悠。筆窮尖上千山兔，書費燈前幾桶油。歲暮誰知鬌髮變，夜深還取肺腸抽，紆思每至沸騰處，簾外江波為倒流。

作夢長懷千古計，見書不記眼前愁。百篇詩就三杯待，萬卷架懸半歲周。自來客到不曾見，怪得月餘忘梳頭。竟日風塵成甚事，但乘筆閣看雲浮。

自聖其人人不聖，領天下士并為之。羲黃墓上長青草，鄒魯壁中藏古辭。天上弗行堯舜事，布衣乃有秉權時。手扶日月補其闕，勿謂斯文不在茲。

吾非不願苟為安，老卧丘園強自寬。昨自庖羲三屈指，不勝兩眼淚成瀾。淚流如海憂無盡，然燭作書欲不刊。不刊今還不可保，筆鋒第勿取心瞞。

駕馬須還尋驥馬，為人豈可作庸流。悔我少時忘自愛，至今長夜起深愁。杏壇若使有夫子，執轡不妨為仲由。沈酣詩書刪後意，設肱為枕復何求。

朝朝硯下穿辭海，夜夜筆頭築學山。穿海須穿溟渤海，築山還築崐崙山。撐眸絕不知三事，披髮傲而睨兩間。松下問師有客到，蓬萊觀景幾時還。

少年騎馬到長安，玉作勒銜金作鞍。洶洶海浪眉前倒，顆顆明珠筆上彈。經過千雙青白眼，獨臨百尺風雲竿。何時周趙鞭頭問，大將是誰莫築壇。

丹臺不潔似奔馬，陌上未行先起塵。長嘯雲間迷古意，蹙眉竟日但憂民。誰能取帝之尊爵，何乃以身為僕臣。老睡到頭不得醒，窗前滿眼皆荊榛。

是時冬至子之半，草詩我乃扶正陽。乾坤起處看消息，草木根頭覓穢芳。太一須先窮性術，九變然後論文章。造端立命將憑此，念動問君良不良。

元來性命如難悟，虛去虛來這一遭。眼下平空貪地步，到頭那得取分毫。桃紅柳綠目何羨，月白風清肩可挑。寧學蓬蒿張仲蔚，出門必不作蕭曹。

　　烏羽驅輪東到海，兔兒搗月幾千秋。無臨赤壁懸雄思，轉使綠珠惹古愁。却將紅塵飛素面，獨留蕙草在芳洲。我觀綺季商山意，擬入橘中對局遊。

　　長椿不中尋繩墨，落葉蕭蕭海上飛。餘影還垂三萬仞，一枝何論九千圍。何須東郭稱天命，可與壺丘杜內機。此夜凉風侵曉案，拈筆兩篇覘月輝。

　　桃花萬樹欺西勝，玉壺一滴咽蟾蜍。有絲休取平原繡，過市將從朱亥屠。歸來海上三峰臥，漸與雲邊五鳳疏。倒海翻山無不可，還憑方寸指南車。

　　天馬作駒須汗血，晨風振翩必凌群。倒流九曲黃河水，掃盡三峰華嶽雲。鳳鳥還尋梧葉宿，簫韶莫使爰居聞。臨風無用懷長恨，酌酒命花與論文。

　　　　　　　　　　　　周雅續卷之十一終

周雅續卷之十二

北圻賈鴻洙憲仲選輯
西極文翔鳳天瑞裁定
北海孫三傑淑房參閱

文少白

華山篇四十五首 原一百首，選刻。

皆負青冥臨八寰，半疑身出九雲間。太微春色深千丈，玉井碧蓮放一斑。滄海噴珠明萬里，長空走馬越三山。不須建木攀其影，已抱陽州瞻日還。

勒馬峰頭意不平，須臾七竅虹蜺生。蒼門積羽放懷抱，丹澤和丘暢眼睛。飯顆五三懸魁斗，彈丸八九盡殯紘。洗腸吾命算天地，鄒衍不容談海瀛。

后羿彎弓射日月，渾敦覆手闢乾坤。青鳥幾雙銜札字，玉童五六待天門。龍到垂髯方出水，馬須繞日稱絕塵。鑒井誤穿下日界，武陵驚看桃花新。

過得天門箭括嶺，人間幾度泣分離。駕窮日月經天處，眼到江河水絕時。南極老人可握手，十星北斗漸低眉。玉蟾搗藥聚為食，懶向西山吊伯夷。

鳥道峰頭危足立，颶風吹壞翠雲裾。人長欲問天高下，晷短能窮日疢徐。下臨虛壑億尋外，上至赤霄幾尺餘。風雨多方究竟盡，勝讀惠子五車書。

既築崇霞通電舘，瑀珉遂得飲丹泉。好同無極谷將子，以約長庚李謫仙。魁杓呵前來導路，飛廉殿後為揮鞭。自媒土母謁黃帝，醉至枕其股上眠。

五色翠條生石上，鸚鵡數千能歌詩。猶憶初頌凌雲賦，鞭我手拙玉釵枝。西山王母賓天子，太虛先生為爾師。金沙已取甕中浴，何必龍鬚天半垂。

青城化作蜀都鶴，瓊臼搗成雲女漿。羽觀萬年皆玉缶，碧潭百日飲玄霜。撚指倒流江海水，裂襟橫設埏垓匡。海若望洋向岸嘆，徒悲臧穀羊皆亡。

月廣三千八萬戶，日橫五十二由旬。琉璃踏破赤烏瓦，莎樹盡窺玉兔春。洪崖携手風吹帽，衛叔彈棋斧爛薪。磐古沈淪天地老，登臨廣武屬何晨。

桑野蜿蜒離曲阿，懸車躞蹀薄虞泉。八殥四極眼睛放，九海七淵胸臆懸。上天下地邃廬寄，日往月來蓬顆遷。牛馬可呼吾弗問，雌雄何論隨風卷。

目瞵燭龍銜火北，足翹玉樹崑崙西。鼻孔飛飛帶霧露，眉灣繞繞掛虹蜺。揮戈睛反魯陽日，竊藥追來后羿妻。立馬吳峰嘆息久，豪曹太阿手中携。

鞭雷掣電駕雲車，驚起月中古蟾蜍。既睹三桑無葉國，兼睇棄策鄧林墟。瀛海何勞鄒衍辯，風雲不必惠施書。一片紅塵山下滿，紫霞消息竟何如？

東臨暘谷到搏桑，西極宵明兼燭光。徑掩不周謁簡翟，忽過赤水賓西王。朝飲朱明火棗汁，夕餐冰谷素瓜瓢。歸來六代子孫易，千載白雲遺故鄉。

夜夢崑崙頂上遊，倒提九曲黃河流。伐倒老椿一顆樹，長垂歸壑萬尋鉤。內外玄黃苞日月，始終天地數春秋。南峰立馬倚雲看，盤古江山如水鷗。

磊落世間一百年，已過三千六洞天。赤坂好乘絕轡馬，歸墟長撐逆風船。鳳銜赤字九霓越，龍抱驪珠淵底眠。然後復臨太華上，分明五嶽峰如拳。

作詩動筆三千句，飲酒長逾五百杯。雪花雲片翻天下，巨鰲長鯨擁海來。東方馳馬約三島，汗漫騎龍待九垓。一旦身長過魁律，萬年盤古為嬰孩。

先生太極為吾師，傾蓋軒轅與伏羲。建木不堪螻蟻柱，玉京長懼蠅蜓嗤。一腔駕古凌今意，長嘯登山臨水時。瑤琴已爛鍾期死，獨有三峰把眼知。

一冲黃鵠到雲岸，縹緲胸襟私自憐。莫道眼前皆白眼，見今天外見青天。空中雷雨驚初夢，巖下螭龍起老眠。嗟爾峰三何峻峭，拈之掌上如丸牽。

雲岫霞岡爬未盡，已知域內無名山。眼睛出入風雲外，懷抱襟羅天地間。欲學盧敖遊上界，何須驢下笑紅顏。臨空長嘯却自哂，函冶拭來藏古灣。

離天不及三千尺，絕地萬仞風凄凄。縱掣指頭織女綫，斧之東海扶桑携。莫垂渭水一竿釣，難引崑崙八駿蹄。五嶽崚嶒無此比，老頭焉有猿猴啼。

巖深石怪倒唇橫，鰭鬣奮掀海怒鯨。六馬空蹄泰豆木，九梯何用墨翟城。夜存峽想夢寒骨，談到崖臨客掩睛。多少邯鄲失故步，虛弓往往落飛鵑。

如乘黃鶴仙人駕，拂拂烈風耳後穿。好報紫微垣野上，已臨白帝闕封前。八千億萬里眉取，三十六天外眼懸。性與天道聞此在，何須忉利法輪轉。

尋地不須用水準，冲天豈必假鵰翎。疑是天孫織錦手，空中懸下翠雲屏。上抽河漢一枝脉，下蒂風霞萬狀形。可取太冲衣振此，千仞危處把驂停。

布吾之脇引其上，參井手携為比鄰。駕非逐電凌風馬，眼是周流八極人。捧來三沐三薰水，洗盡六根六識塵。莫鑿渾沌竅使七，為無懷氏遺醇民。

御風而冷發長嘘，不乃九天其上與。疑到月宮三撫掌，面於玉帝一彈裾。腸流絮孔燭書屋，劍掘豐城冲斗墟。一到絕峰懸盡解，躓山躒海如舟虛。

陡危危爾兮峰倒，霜此渾盤之老秋。絕地蒼龍虹半掛，冲天日月蛛懸遊。索三尺把渾無恙，足二分垂不紀愁。策馬臨高峰第一，蹄間萬頃雲悠悠。

青坪巖下更短綈，螻蟻爬緣壁上栖。里可郵之四十也，仭其繩以五千兮。到途半處鐵為索，待路窮時天設梯。足垂不會學壺子，懸解誰能把物齊。

摩天峭壁面前懸，絕少迹痕可爬緣。青藕出浮渾勝錦，白雲攤亂爛於綿。鳥飛低羽側枝谷，猿度刺眉危石邊。天半寄言探珠子，把心放下飲龍涎。

氣裂虎犀何所用，不勝壁窄峭垂層。崖回巢父耳邊洗，峰削郢人鼻上蠅。驚落引弓禦冠手，悕酸原道昌黎肱。從來知華客凡幾，詩畢百篇如挾冰。

不愁石磊不愁烟，徑到頂頭衣一褰。西嶽峰三擡足在，北垣星七墮眉懸。雲浮沉處盡上下，目寥廓時失方圓。齊諧我與談天久，懶去重參羊角篇。

汝於天地襲英魂，崛若而翹如酒樽。拱手嵩衡齒擬長，簪冠江海分看尊。蒲蘿堪削電娃扇，塵垢足供風伯餐。一逼洪爐誰不化，三光扈爾插君存。

太宅一潛五嶽懸，多君氣岸獨霜然。勢若孤鶩立海上，狀如奔馬走橋邊。九雲角角欲圖往，千里騰騰弗可牽。弄得輪空眭眼大，上天下地愁方圓。

覽盡名山極域內，復來觀華意方酣。鐵敲城子堞為二，玉削冠頭折作三。兄弟一生讓汝伯，化工五個好兒男。告於西上崑崙老，獨取天綱白帝擔。

群山姑勿與高卑，氣弟律然復翠猗。虎踞龍盤貌犖岸，繡分綺錯形參差。滲之高下纖洪骨，搴乃東南西北旗。諸嶺雄雄皆貴甚，嶽宗叨爾而孩之。

三峰峰峰氣不平，擡頭萬里令人驚。肘雄不服崑崙子，背削擬為嵩嶽兄。赤水崆峒執璧覲，太行王屋刑牲盟。歸來白帝天西路，繡甲金人列羽營。

為君一見意婆娑，拳石其如群岫何。拖足却愁地欲拆，舉頭獨與天相摩。氣凌洲島許多岸，名甲嶠壺第一科。却恐諸峰意不分，遙遙爾向圖援戈。

山家飯顆漫云云，崛起天西獨是君。洪棟一枝極海底，雄旌獨樹篲浮雲。若橫斗宿如螢見，縱乍雷霆不耳聞。世道此翁骨似鐵，通天貫地幾條筋。

山經嶠崒多於薑，吾華吞之一粒銜。圖出九河卦少女，磨環八角乳初男。會章紫綠並玄赤，能味酸辛與苦甘。彌天漫地光離陸，一齊收入玉花簪。

險譎路頭經不多，風波變態如之何。臨邛四壁面徒立，五噫梁鴻邙上歌。傾倒月宮玉兔樹，斧為手內蚩尤柯。萬丈丹梯雲下就，崑崙潋冽可平過。

風鬎拂其不止兮，踏空走馬把衣提。溢溢眼光樹烈炬，轟轟鼻息拖長蜺。非無戈指可回日，實為錦泥愁越溪。翻手撥雲視華下，烟波不斷樹杪迷。

凌空逼視意凄凄，憤此三峰莫與齊。越影獨騎萬里馬，上天踢盡九雲梯。無能堯舜戈撞背，不到孔顏氣裂犀。却恨詩腸廻不得，當時過華錯論題。

詠華初來不便侈，番捻弄罷番參差。颯風颯電兩行字，潛地潛天一角眉。銜取絲抽獨繭水，噴為雨打梅花詩。須知思楚《騷離》客，不是吳吟輕薄兒。

兒子臍胞不瘠肥，標容勿謂我巍巍。且逢雲翼垂天鳥，蓋欲翻空挾爾飛。性盡還欣予有托，運窮却怕君無歸。何如銷此形來物，徒手騰騰質太微。

到地周流誰是身，姑依高處認吾真，且看秋水芙蓉面，堪洗浮雲霹靂塵。生死一心只恁地，乾坤千古更何人。坦夷立脚不蹉跌，何用孤懸駭四鄰。

花朵艷榮幾處插，一枝紅桂獨輸君。瓊漿玉液皆餐盡，廣樂鈞天不屑聞。沈約律周三十韻，揚雄玄到五千文。別離無所為峰贈，彩繡百端遺白雲。

大鵬篇一萬四千餘字，分七十二解。

帝若曰：唉！爾大鵬之鳥，胡為虜來茲穹宇港洞之海角。猗上天下地，東日西月，憑九霄而翱翔。一蜇而控萬里以迅征。再蜇而絕霄漢之河梁。三蜇而搗紫虛之穴。四蜇而軼日月鄹琅之宮出其旁。五蜇而蕩羽翮，恣扶搖，簸燕雀，遺鳳皇。六蜇而戛然叩兩翅，破盤古大庭，蒼面黃髮，仡仡垂頰之鴻荒。逍遙不欲宿北斗，背負瀠溟闖八方。噬碧黃狗嘔日月，朝獵羲嚳莫虞唐。飛虻差足方軼駕，駿馴難與騁遊韁。領下猶銜北溟水，喉中仍持六月糧。玉翮刷刷擊兩腋，旻顥之野獨宮商。鄧林日月之枝折幹摧，鬱而不能掌滄海萬頃之波。倒而提之，斟傾艘量，不能濡羽裳。一解。

吾聞天高二億一萬八千里，地厚二億三萬三千里。四方上下謂之宇，往古來今謂之宙。宇宙元屬，盤古庖羲。自古之宇宙，無內外之可言，何今昔之可究。大鵬好胸襟，獨能探日月之消息，與天地而長久，吞日月而為卵，生陰陽之先後。邪睨軒轅，卑視夏后，五帝不敢與之齊馳，三王畏其後影而却走。惟宇宙之開闢，至於今其未久。破六經之涯岸，垂法憲於千秋。天光雲影，徘徊悠悠。高鳥潛魚，正可遨遊。六經幾虖其得之，姬孔登梯而生愁。二解。

帝若曰：唉！爾大鵬之飛而洒獨能抵於此。氣勢方未歇，驅馳何濂隉。宇宙元屬，綿古絚今。朕之宇宙，宇宙之宇宙，大鵬之子，詎得盱雲岸。曰：區區黑子彈丸，乃星宿九賓之一絲，岷山濫江之初觴，居然挾此巨堵虖窈停寥廓螟蝛不到之處獨尚羊，東盼猗渤澥，乃爾執杓朝飲之故池，西睞猗崐崘，無乃委翅倦臥鄭陁邅廻之暮牆。左挾白雲彌殘翼，右傾日月助眉芒。江嶽到眼不麼么，霞壞氣魄漸羸尪。周旋風雨不抵之玄嶺而作巢，指麾虞淵晞𣂏之隅在蕩槳。苶收三十六霄之爛絮，紛拏祝融七十二崿之斷霞。殘光乃爾胸臆之所慵錄，鼻孔之所羞嘗。九垓盈縮逾索漠，八殥消息逾渺茫。出呼入吸逾容與，上揭下掀逾獟狷。撫摩赫胥，曰小兒乳臭，帝魁不童。汪流影一憇三萬載，而紛披垂蔭億劫。虛壑之邱老冰霜，湍池飲盡赤螭涎，閶風五月餐雪漿。瞳隅瞬息暑寒變，口中朝暮榆葉香。五嶽不足樹眉杪，三江倒而可注眶。三解。

唉！爾大鵬豈其欲挾此宇宙之兩物，提此巨堵虖窈停寥廓之上，而左擊右撞、前簸後蕩獨飛揚。宇宙乃宇宙之宇宙，天下萬古之宇宙，軒黃殷周之宇宙，秦漢唐宋之宇宙，爾安得破其藩籬、決其垣牆，而獨私之於腋下以為往來刷毛舒翅之塲？大羅禹餘之外，三十六洞天不足以當其鼻孔之所呼吸。崐崘琪樹之下，九千四百隅，一鼓而批之，遂至紅雲之帝鄉。唐虞秦漢三代以來，盡是胡馬之所奔走，蝴蝶飛而秋草長，尪然焉能引而注爾之眼眶。洙泗以後，亦無真儒，雖有玉膏注采一盤，不堪與之共採嘗。四解。

帝曰：乾坤一石爾八斗，大鵬爾亦無得有愆殃，且爾羊角九萬里鬱捋而上，風斯下猗颭歇，欲墜復磅礴，中途不能俯鴻雁，洞庭潯爾為壺觴，徑搗天外巉絕處，野馬不能演其鄉。往時假館碧雲灘，歸來弭節紫霞堂。吾命閽者啟重關，天門一張與再張。北斗碬駭覆厥卮，南箕驚跌失簸揚。牽牛汛河仙槎到，織女入床解錦囊。蜿蜒蟾蜍桂樹下，濯羽銀漢熙洋洋。吾命飛廉為前驅，后羿彎弓射天狼。屏翳除路靈毛灑，二十八舍沸奔忙。吾命豐隆慫電轡，吾命望舒紩霞裳。羲和鞭之赤輪走，回祿發爇崑崙岡。吾命洪爐子覆鑄燧人之天地而齟厥貌。吾命大冶氏還煉風媧之五石補玄黃。不爾，則此鳥之不時怒而飛。猗鼓鬣揚鬐，上擊下搶，不遑有妨，正可掀赤水三疊之峰而撤屏障，斧桑榆拔掇之，左枝橫漬八鄩之崿壘而廣戰塲，河山歷之未論多少。猛風獵射，憭不可當。杞人憂深今成病，天崩地裂可預防。何物老嫗胎此天內天外、天前天後、獨出獨入、紛母跐逾之一羽，恢台燜，佟翕煜。扈煌勢，欲與太碧老子把盈注

-433-

虚、挈短度長，分鴻溝為楚漢，割風雲而劃疆埸。縱數爾羽，鬼神升降於一氄。橫數爾羽，錯迡老少為陰陽。噓噫之間，蹀踖恒河沙無鄂，腋下片毫墜落時，三才可與抵皇王。五解。

羊角直上九萬里，嗟爾大鵬將何往，吾將與爾細商量。乾坤一石爾八斗，造化亦或忌爾之爪垂而翅長。爪掌既與地灝灝，毛色復偕天蒼蒼。天門四控與五控，北斗七張只八張。飛鳥為之退步浪奔走，后羿為之失弓色忙忙。覆鑄燧人氏之天地亦何用，女媧不能為之供炭而補其闕。大鵬徒焉往來，毛羽畢竟有傷。河嶽為爾震怒，三山為爾倒翻，大造老子却含恨。溪霧山雲，蕩於爾之一籔扇。蕭曹房杜不足道，五帝三皇垂距間，恨不能試之於跬步，空爾張翅扶桑巔。六解。

帝若曰：咦！爾大鵬之鳥，緬想其數千里之背鯤之既化。猗崛起溟波之初晨，朕命大風焚輪而迎之。八紘事業儘堪論，冠山巨鰲走旁隚。橫海鯨魚揪纖鱗，琴高不敢來海上。天吳驚竄，或與罔象。鄭若氏為爾飧龍腥，遺爾龍女上品玄珠明月新。玉京子掉尾縮頸逋深穴，焉能候安期生朝天之羽駕陟雲峭，況陽都侯怒氣之洶洶，何暇作剽矯溺天之洪濤老。九萬里倚靡高厲之雄津，黿鼉蛟螭狂吼漫泣水府之門，玄鶴白鷺屬玉雞鷞，雝雝喑喑、帛帛綸綸，不能當腋下遊風之一扇蕩之，為背後所擊三千里溟波之外細礫塵，爾乃旖旎而刷長空。猗搖曳而鑿黝雲，迅風勁翮相鼓靳，猛氣律律逐霞生，遺碧落而婆娑，躪琉璃之萬狀，猶憾其不能旁驅而遠騁。諧闊思，暢威靈，吾將命掌洪鈞者，批崐崘腦上之列闕，鑿尾閭重陰之冥冥。繆溋汗潢已若斯，何為逼窄而齷齪之欲旁侵。竊恐赤霄聞之，以爾蜩傴大塊欿憯色不平，躑躅虜廣莫之濱砰磕遊，彷徨虜扶輿之郭，探摸深意，蓋曰八埏臕臁氣勢佳，駕至斯虜不閲片期，傑眙再登臨頰盼，則秦晉齊楚燕趙魯衛中山唐虞殷周遞徙之棟落星錯，棋橫岠域澩極目，則江湖海河汝濟泗淮汨羅潁過沱潛灉濆山海之所紀載，禹益之所經營。東西南北巨派洪浸一綫明，從此青赤皂白赭堊雌黃洛堤楚。囷綠房紫苞之叢叢色色，翠狀銀屏不能細畦町岱峰，於是虜螳垤蚩尤髭之，而青孁蓬萊不足為之趾，閶風蔽之但胖翎。焉得雌雄牝牡角羽膻腥螺蠕俘介之倫鑿鑿精精分齒唇，馳懸虱貫柳、秋毫必洞離婁之眸子，垂廣武登臨、青白待人阮籍之眼睛，邐眺東土之平陂高下、九夷八蠻、七戎六貉，梯山航海之烽火燉營。若飛蚊之與腐熒，上極不箒而應桓團之風雲，下鏡赤縣神州鄒衍之九瀛，掩掩溟溟祇一泓，

- 434 -

遠略天竺函谷之三界十方四空六際，崆峒王屋大羅鄧城華陽紫真之三十六洞，摩夷兜率之八十一京。如臺榭之樹池塘，花甒之與水瓶，令尹、老聃之所不頰，阿難、文殊之所極稱，不足當眉隅之一瞬，刹那之所經。泡影幻光徒縈縈，閱覽諸有皆纖蒂。踏破空虛無鐵城，元會因劫獨超之，河山大地緫伶俜。低顱而南窮所圖，昂頭青天張畫屏。欲向魴鱮寄書問，不識幾度到水萍。薤露朝晞愁世界，荊砥之上看火星。夢中栩栩笑蛺蝶，樹杪嗾嗾聽鴃鳴。一滙滄溟岸螻蟻，兩轂日月倒流熒。我巨會使物偏細，眼眶世界不相能。幾於逼空出圍去，誰辨山藋與海澂。右翼已與扶桑拂，左趾初遺流沙涔。上與列闕互峰峭，下與大壑相瀧沈。銜虛無泥作老巢，緣恍惚枝為深林。啖雲翼棗莫而餔，摘方朔桃供朝飱。安息大鳥甕卵破，大宛神駒暇糞金。鸚鵡不遑隴西語，黃鸝驚斷春州音。彌天長弋不須設，橫山而羅連罦吞。或與雄虹相搏噬，或與雌霓影蹤莘。翹足而起幽崖崩，振股再飛越朱垠。弱水不能浮厥毛，齊州甕甗九點存。不假三足為之使，直撞閶闔叩其閽。仍邈隻影出青碧，膠膈無復撥亂雲。誅風伯猗刑雨師，駸潤瀁猗駉混淪。直到天外天無處，羽駕不堪再問津。紫漠已謁太微面，黃壚不紀其由旬。世上風塸厚十仭，空中一點靡可云。脫非老鵬出海底而眉之，幾使盤古之天地遂覆盆，化而魚猗廣千里，化而鯤猗蕩海潯，化而鳥猗背九萬，化而鵬猗等五雲。《山海》不能經其毛羽之出處，《爾雅》不能本其骨突之氏名。訪於《湯問》之夏革靡祕錄，好怪《齊諧》不能為之史。臣祖閑翎莛鐘戈黍者，繹繹識得此鳥之瓌譎。訾幾朋臨空，四望陵陵將何往？騰遝而上辭紫闕，宿顓城，越元會，尋舊盟。七解。

唉！爾大鵬，世上大半多學鳩，惟爾可與論胸襟。海童江湘真堪笑，無論西尚與東臣，一飛直上九萬里，再飛不覺失風雲，一扇兩扇之間天地盡，日月東西之帝亂追尋。九霄尚忌爾之貪造化，堯舜豈敢與之較混淪。赤縣神州但一綫，四空六際亂撐船。踏破空虛而論道，超出元會亦何難。眼眶之中無世界，我大會使物遂小。大宛之駒不足戀，鸚鵡之鳥不足巧。上之可以衝九天，下之可以越三島。鵬乎鵬乎山海底而覆浮雲，張洶涌之氣勢而蕩解羽之萬鳥。《爾雅》無其名，夏革不能傳，乃乾坤間之第一毛羽。羲不敢與之論馬，軒不敢與之論龍，孔不敢與之論麟，舜不敢與之論鳳，日不敢與之論東，月不敢與之論西，地不敢與之論後，天不敢與之論先。八解。

帝若曰：唉！爾鵬負絕世之風翩，氣何奇，一衝而上徑出溟波謁紫微，乘風憑陵橫天地而直度。張兩翅，似塞旗，絕雲氣之斐亹，蜿蟺妖繞而直突。半空拋虹蜺，發軔捷風雨，指麾八隅在擬眉，置郵次第無可語，炭於雷電之霹靂。經巉岩，越嶮巇，叩天門之消息而不可虔得。暨過銀河，狎鵲橋，弄水涯，竊笑天馬之奮蹄決轡，繞日城之三匝，白汚交流於堞下須淋漓。飛龍睨其尾而自憐曰：阿！蟠蜿幾何，鴻雁不測其何，抵逐影皆披靡。緜邈懷恨之狀不可摸，乃在衡樞七星之上。盤躄四顧而擬議，白榆一刷而折摧，天雞悲號而喧唏，蟾蜍慴偸而不敢寐，使玉兔擣藥而不暇餐，角枕一夜颯九徙。后羿彎弓十日之旁伏而泣，西霜之琱，肅慎之羽，目眴腕蘇不能持，蚩尤執玉戚雷斧而浩嘆，蚩兼負戟睥睨而歔欷，天孫懼而投杼告牛渚，電婆箷焚輪之剡剡執南箕。潢池之澘、頢項之嵋，乃至尊之所飲馬而狩圍，不足容其景之蹁躚而差池，軒轅之宮鉤陳墮髻而伏床，星閣月垣，嬋媛之姬不遑懸玉鏡而畫曲眉，婆娑愕眙虔白榆之下，失樹上之鸞鸘。鄰太初之家，陟虛無之城，而放眸下視崑崙之坂，九層之臺，如巴國黃橘瓟封瓢未批，蓋野仲遊光之所不能遊。我獨揮玉鞭而駕青驪，蹂躪中關之龍蓋而罔忌，碎其曲閣廻廊殿上之琉璃，傲睨天衢索相知金丹大儢不能歷其區落，狺睨影髣髴疑所歸。東驅王父棄馬之清津，而一過西衝金母戴勝之黛宮而絕褵。瞿雲何暇結塔而搆蘭若，貘攝蓮花碧玉之幽姿，後顧星君而不見，前與紫城而劃劐。九解。

　　唉！爾大鵬巍然負絕世之氣概，脫虔凌天地而徑度，置郵不知其何始，胸中有無窮之武庫。叩天門之消息在兩翅之間，遂能知風雨之所以始終之源，兼之通萬物之所以死生之故。軒轅轉蓬嫣然而發一笑，龍馬負圖未足為之門戶。星閣月垣之間，惟有汝虛無太初之家，惟汝遊蓮花幽姿空谷獨修，區區世界亦又何求。十解。

　　帝若曰：唉！爾鵬一爪萬里，儵至何有之岸而撐巨嘴，厥背九萬里而負風以上為鴻冥，步天之黎印，譎風之桓團，焉能譸張而詫取世欺。不周、閶闔夾扇扇之兩腋，而挾之大淵獻赤奮若閼逢涒灘之徒，踵厥趾之先後，乃能始終。天綱與地維，屏氣鞠躬待巡駕，望塵九稽三甲其部屬，鸞笙吹喝候天潾，精蓍齋八極使者赤髪而櫞唬竹虔巨鰲之峰，為問館六合，泰貞帥，貔旅鳴，清角酌，流霞之觿傾玉巵，朱曜素舒，竭蹶隉企而不能躅。東皇太一拂袖而稱詩，抃足遐想倣黃竹而致辭。十一解。

　　唉！爾大鵬乃千古萬古之一鳥哉。新闢天地，帝悅其才。甚高爾功，東皇稱詩，讚爾之能，待爾天臺。十二解。

帝若曰：咦！爾鵬，朕在九碧之上隔居而屏處，潔容而愛儀，寧不怡不圖爾發九萬里之節符驟到茲，履朕之堂與坳，陟朕之城與陴。揚其糠秕，歠其糟醨，與朕承顏為古契。朕將錫爾金槌粤夆在手，而六漠揰璚枝珣樹，不許青鷃、白鳳爭巢栖。亮匪爾不能蕩下界之幽氣，躡紫霞之絕梯。爰爾橫朕之壁，獨挂龍泉之劍光陸離，鶴為之使鵁為介，授之瓊佩儺彤墀。十三解。

帝若曰：滌蕩下界，惟爾之責。籠泉陸離，超絕千古。製為辭章，永可為則。十四解。

帝若曰：咦！夐哉飛歟，若斯之剟絕而葳蕤。匪河圖之龍，岐陽之鳳，曲郊之麟，越海之雉，焉能與之頡頏跳踘出一元之外，掀鴻鋪，見金雀，緪長暉。爾逈批閶闔猗重關，扣月姬猗玉扉，提北斗猗曲杓，陵搖光猗謁太微，龍德亢猗多悔將。促裝以理歸，餞爾猗析木之滸，覘若華猗療饑，張嚧觸猗北郭，井鬼柳猗西堤，勿峭厲猗逼霄，迤雲沱猗高低，固窮驅猗迯視，須徐矙猗細睨，風颯猗翩撿，歷險猗紆之，背天猗為岸，翼霓猗為衣，陵空猗薄無，搶波猗伏思，蜿蜿猗故路，驛驛猗廻蹊，直衝猗橫突，側耳猗狙伺，環山猗狡慾，惕雪猗譎狸，曳尾猗杜患，藏窟猗待危，潋洌猗傾側，瞪瑕猗一絲，佩言猗罔斁，歸路猗焉迷。十五解。

帝若曰：龍德勿亢，爾可理歸，無行邪徑，萬世將以爾為蹊。處今之世甚危，爾亦不可不與時俱迷。十六解。

帝曰：咦！爾鵬拜彤命，辭玉闕，弛然下九霄而迤邐，山川不能紀厥幾萬里之跋涉，水陸不能紀厥幾萬里之航梯。其在大鵬，如輶車滑路馳於行空，天馬逐電落霞躒雲之蹄外，不知八刹之有剩隅。內不覺五膈之有耖思傳諸斥鷃學鳩，則沿途蕭條曠漭，旅次郵亭之事景，可與剞劂蓬枝之上勒甕帕，聽扃外之鴻說猗片餉，敞覆瓿之璞識猗靡涯。故命管城侯望行旌而畢錄，以與青鳥氏考舊志而錯稽。然後知大鵬非凡族，日月可出圖，崑崙非絕峰，若木亦矮枝。爾獨臨虛壑之岸，探八極之消息，而旁眙陟九門之階。差池厥羽而量天地之高低，遂取程而記次，非崇怪而語奇，能睎天地之膠貌者，誰予將裂葆幢而與爾論微。十七解。

帝曰：爾不知局外，可以問大鵬，曷不令執筆者記次而錄程。沿途所至，無非雲宮，可以喚天下之覆瓿者而使之醒。朕將用爾，建厥奇功。十八解。

— 437 —

帝曰：唉！爾鵬乃自空空之際來，遂至天闕與朕辭。初發軔時兩距垂，出都青靄繞城飛。挽駕欲歸北溟岸，復取紫閣細閱睇。纖霧飛飛垂螭涎，輕烟細細抽蛾絲。遊風不能到此陣，襲氣焉來搴其旗。天經地志皆散失，或曰皇都第一畿。其下丹霞羅爾羽，練練不斷如委衣。如樹洛陽千堤花，倒批紅日映風熙。頷有焉支好顏色，絕勝七襄錦繡機。朕命蟾蜍猗勞問，尚之瓊英肜虖而，信信宿宿而旁睥。道遠故爾行遲遲。其下浮雲為罘罳，漸吐色相堪把持。霖霂茲其為之母，轉翅撐胎影參差，太始元氣蚤得之。五色效旷孔斌媚，繞風飛燕慚紅裙，太真一見罷畫眉。其下疏星爛爛環，爾尾皓月娟娟嫗。清輝初離皇都郵，三五遙瞻紫座光。旖旎廓落無色之漠界，太妃寢褥在後闈。庖羲參天有故館，哨囉護衛舊鐵衣。碧桃不能於斯樹，蓮花不能為之蒔。禪宗不能來寂滅，仙客不能至遊嬉。從此落趾降一等，詣家道者可攀梯。十九解。

帝曰：嘉爾之道，尚之瓊英。禪宗仙客，未可從行。降趾一等，乃見羲農。千古獨步，莫追其踪。二十解。

其下釋迦、文殊、觀音、優那三十三天琉璃諸境界遊之畢，突厥圍適遭我駒之玄黃而崔嵬，揮鞭垂影半空歸，鄒衍神州赤縣之談不逮茲。爾乃揚鬣而揭髭，然後知春秋冬夏、北南東西、四時風雲錯踏互跱混須彌。鵬虖鵬虖橫兩翼而鼓之，如來袈裟一爪撕，維詰、達摩卧湫卑，元不得掀庖羲、炎帝、軒轅眉，何敢曰麾七聖之豪旗，戴鐵冠之峩峩而佩長劍之陸離，以與天地日月之鴻波劫灰逃始終，內外綱罟之表靡滅期。其下老聃登青牛之背，獨批雰霧騎出古道頷項谿，但在玄牝之門、混成之竅、天地萬物有無間。論毫釐窮之雞卵，苞絡六合之玄微。仡仡不能語，枵然垂兩頤。脫非《原道》一篇、《佛骨》一疏作於六朝南北以後，晚唐之昌黎如愚氓，以生死涅槃頷天竺，則燧人、地皇茹毛結繩時儳虖世上皆癡兒，陶虞三季姬孔之前天廖氣琅，彌勒七尊佛未出世度闍黎，河圖八卦非真容，誰為中華聖人傳鉢衣。列禦寇學於走，巫咸之壺子，爨其妻漆園，師柱下史為知白守黑、知雄守雌之說，欺乘風泠泠。爾何歸天前地後蒙弗知，並誇華黍雪碧桃，總屬野人舌酸梨。其下乃見浮丘偓子，兩手支頰笑洪崖，軒襟携手共朗眉。敲江月之殘局而對客爛山前之斧柯，而不知蕭史騎鳳至，王喬雙鳧飛，張果折紙倒驢下，佯指赤松阿是誰。是時大鵬既粵方壺員嶠過昆陵，凌空不紀霞壇雲隍影高低驚散東王西母奉高曠原蟠桃燕。正邐方朔小兒贅上元之背，駐馬回易骨代髓事頽迹淪姑勿問，竊嫣割肉歸來徒令細君嗤。二十一解。

帝曰：鵬虖鵬虖，斥佛老於偏區，知天地之始終，望昌黎而一笑，浮丘洪崖皆屬小生，未論王喬，亦無赤松，神農、伏羲，幾失其朋。二十二解。

其下乃揖盧敖虖罔㝱之野，蒙榖之溪，與舞空若士迎風而䡅正食鳥殼時，鳶肩不能當此腋下颺九垓，遂違仙師汗漫期，細諦武陵小峽似澤，孔叩之乃是桃花舊源仙人邸。秦人不知鯤鵬張翼垂雲，過與泛槎者咍雞酹黍，共咤天地迷。緣此挽駕不敢復到三島洲，却愁驚起海底之巨鰲，五山搖動皆崩徙其下，乃聞紫電聲觱栗。是時也，鵬駕已返至中陂，雷風相射擊六陲，乍霆泠泠如裂繒，流光爍爍星火飛，電伯豐隆意者欲奘爾之行色歟！取北溟之節旄而先秉之震僻隅與荒陬。不爾，軹邑之聶政，易水之荊軻，何激烈而忼慨。為不妨中道改館授餐姑遨遊，遂使鯤池到時逗日逌月愆程期。其下雲低電顯光，依稀遊龍威稜何煜，而鞭雷師獶笞電伯，雨注三秋如倒杯，猛虎怒發深山吼，聲歙風擘雲披靡。鵬虖鵬虖，駐觀真虎神龍鬭相久，天地為之踟躕色凄凄，風雲不能當此巨翮刷鷸蚌方持解散兩家圍。其下威鳳耀文章，五華璀璨錦離離，鳳須為鵬搬氣勢，鵬却為鳳逐芳菲。帝曰：鳳虖寥廓幾可鵬為友，惲悆以上愁爾靈毫亦難梯。其下黃鶴闒緩揚州騎，萬錢腰纏不得羈飯顆杜甫者，謫仙金陵不分崔顥詩氣雄，欲搥黃鶴樓，手張空拳獨睥睨。鸚鵡洲上草不生，禰衡鼻中猶虹霓。鼎俎罔絕弋人篡，頮視藪澤淚淋漓。其下十仞之上黃鵠啼，偏懼王孫砮矰墜毛衣。黃鵠一飛四海橫，何必隕涕顧戚姬。隨他黃雀調酸醷，此計勿使蜻蛉知。西江不須決涸轍，三閭何事餉彭胥。無徂長沙吊鵩鳥，休到西山哭夷齊。世間所貴簪胄子，我見馬蹄襯青泥。蓬蒿眼界乃爾爾，岺閣深為學鳩悲。黃鵠聞諸且竊笑，況與大鵬論藩籬。帝曰鵬，爾來俯首不得渠回顧，殼意排空向天飛，剖橘現瓢甘方授，縹瓷酌醴不足奇，樂至九變音乃窮，羣雛撧扱寧知蘷。二十三解。

帝若曰：鳳虖鳳虖，幾可與鵬齊。蒼蒼以上，恐爾亦難梯。自盤古以至於今，可謂登斯道之極岸，破天地之藩籬。二十四解。

帝若曰：唉！爾鵬胡為虖憑陵紫虛之上而橫絕，半上半下太空之落烟，斥鷃學鳩，望爾羊角九萬里之背不能捫，蹟其所為且肆訕。鵬若曰：唏，傑汝鳩，傑汝鷃，汝欲得阿之初蜚，黃鵠到者為淺濇。汝欲得阿之再蜚，鳳皇丹穴乃巨灘。三蜚而出塵冥，踐落霞，眤雲碧，星辰日月趾跟懸。六蜚而放斧欒，鞠破天門赤符，不使三足傳九蜚而達然，澎濞攙入神聖班，批紅雲之繇邈，謁

— 439 —

太上之真顏，與庖羲、神農束帶摳衣北面參，夜則館於丹霞尾，倦乃床諸霶霧檐。天河不足注其觥，八水一吸傾洪瀾。九隴不足橫其股，一羽防風不能專。六幕之城不足籠，日月之髾旁翼牽。三山十洲弗之粒，四海五湖引嗾漱。蹉若木之枝而崛，餘颸能移王屋山。愚伯子孫不須簣，重繭一步三作嘆。張其喉嚨而嚥之，能隱艅艎蓋海船。任公何敢五十犗，釣諸淛河蒼梧灣。擷今古之菁藻而沮茹，裁峭陁之雲物而嬋媛，苟八埏之弗敵乃跼踖。而何堪之二蟲則何知，殆蟲臂與鼠肝，以蓬枝為四極，難歷星而押天，何為阿虖泫流，以圖南為迂談。二十五解。

帝曰：爾墮一羽，防風不能專。崛若木而飛，可移王屋山。伊尹周公為之櫼，伏羲、神農可同船。今之海內之士，勿以大鵬為迂談。二十六解。

二鳥曰：震慹而跪聽鼎言，如奏咸池味醰醰，愕立惻惐痛悁悁。製為微辭上雲端，我觀夫子遂翼履虛登危巘，不如委翅蓬蒿反固然。跳躍而鼓跮步間，榆枋一枝饒蜿蜒籬下，雲夢已迤九百里，坳外老椿春秋亦八千。渾甌淪鐘何滲灘，馬蹄牛泡各曙天。世道岱山之剩鴻毛幾億鈞，找見殤子長於彭祖十萬年。世運遞之朝暮，元會代諸晦朔。間談崐崘不離口，賞風雲至再三。面目鬱塊虖幽廬而無鄂，夫子何必露天無頂戴危冠。易牙脣上，但嘗淄澠知苦甘。一臠鼎味在，何須八廚餐。投之一芒則睛繞，各得其情光胥圓。日月周圍八角滾，乾坤但耐顛倒觀，海若何以甚何伯，醯覆今朝請君掀。二十七解。

帝曰：雲夢九百，老椿八千。城旦之書，識則陋焉。則奚不履無抵之幽壑，戴無天之巍冠。二十八解。

大鵬聞之，黯然色沮，口籨然，阿將請命於帝，解此二鳥頸下鐵索千重固。然後鈞天廣樂，可與趙鞅、秦繆傳撤耳目之障，解四支之懸，然後可與昶八極無垠之眼睛，陟軒轅九層之峭巘。阿將請命於帝，使黎邛氏垂閶闔之纏繡拖於地，重獻氏設九雲之丹梯總諸天，以刜斯廣莫不周枝節腠理之壅淤，垂若河山星辰聊浪儲與之巨觀。阿請三謦五興，令爾七摸九研，然後知鴻纖博窄紛母皆爨，終不可同條譚。二十九解。

帝曰：八埏之外，尚有巨觀。井蛙夏蟲，不可與談。則不可不懸八極之眼睛，不可不奏廣樂於鈞天。三十解。

大鵬曰：甬汝鳩汝鶏邸之黃馬驪馬，非公孫龍之白馬。蠻氏觸氏爭地奪城，血流漂櫓戰空酣。塪井之䵷笑鱉足之先入於東海，終不聞吞天激日之浪井底翻甬，不見阿朝築紫霓作甬道，暮憑雲氣樹欄杆。天方半處紗窗八面闢，不須王爾削墨、離婁督繩萬丈，樓閣揮斧成諸刹那間。甬不見八百里之洞庭，在方城漢水章臺之側湍波瀾，下有風穴電孔萬古老龍潭，詭譎幻狀蓺不宣，甕塘盆池媒鰌鱔之數尾。此景匝可自咤三尺蕪榭前。勿趨岳陽樓上騎鶴湖客傳。甬不見崑崙樓頭萬石虎上洪鐘懸，後聲妥妥、前聲殗殗魚蠹殘，焉得冲天駔，揆大棒子擊之，俾爾瞻潋洌巨雷迅霆裂耳轟鼻酸。說者曰：芭萑葉大侈月盤，此言壁上畫餅釭潰似可餐，大嚼而過朱亥鼓刀淋血之屠門肉不得，且恣意漂母不逢王孫怒空張虎頷嚥龍涎剪紙而驢非可騎，泡房毖勿當鐵船野人覆瓿作螳蚸之醯為醬羹。醯雞踴躍瓶之中。曰：光景嶻崒不可垺，何必蓬萊方丈險嵲樹高斿。前坰後牧，蛇旐龍旗儂既搴，何殊小兒拈取玄黃紿子野，眩思紬度之間，乃蘆藍倒白覆紫庤何薑。儜不見紫燕綠螭駿足蹋空翻，霞影電光生前蹄後蹄八尺之闊踠，蹇驢一步九隉徒遲延，詎能策之歷龍門之險，驅赤水之峽躍嶠潭。大鵬蜿蟬哮闠之芒昧消息，畢不可桃蟲譚，譬釆齊肆夏邯鄲龍虎之闊步，強使壽陵餘子踦躕學之九載不成，傴僂蒲伏歸抱慚。儜不睹秦王不與崤函少睥之西城十五，藺子怒目電瞳而睨銅柱把三尺之龍淵，懷中和氏被褐蹶關陰歸趙。濂爾齋沐七朝，庭邀九賓傳殿發三緘，阿今言大語非過，嗤爾無珠抱匵還，阿有驪龍結瘤之珠千金價，可命皇孫公子驕弓射鳥弦上彈，將批頷下痛處龍偏護，竊道榆枋逆鱗酷成瘢。三十一解。

帝曰：八面四闢乃乾坤之路頭，方城漢水八百里之洞庭，何足言與其南爭荊楚，西戰崤函，不若把三尺之龍淵割風雲而為界，取鴻濛之一嫣，安得修人，天道可傳。三十二解。

儜曰：穴中兩蟻隔隴鬭，口齧霜刃甋飛鋒，如兕牛句蹄捭角之抵崆峒山，涿鹿阪泉之戰迅風午，霆殼金機驅剛豪，不能折其雄戟貝輪輒，側耳聽之，終不聞霹靂裂空，動諸鸛埑寸谷曲巖間。鵬若曰：儜，汝鳩汝鷃，汝今無米，呵婢然其作縻，徒令巧倛轑釜蹙眉四壁，看帝子負狐掖竹葉傾觥仙桃爛醉不勝寒。蕉人暴背南牖負餔暄顏，赭鼻射氣溢太宅間，獻諸金爐貂閣麟席鳳闥之前，焯掌支頤博一嫣。不聞上林陂池之出入涇渭，終始灞滻，丹水紫淵相背異瀾，則南楚夢澤，東海之罘，遂成瑋觀。況爾守蓬顆而築離壇，井蛙不可與語海，夏蟲不可與道寒，扁鵲不能醫桓侯，解難却無市南丸，鄰姬不能肖西子，田巴終須困魯連。阿將授爾越王之鐵甲三千，領吳蕃之背沙貳伯斛而不貽，奈何欲破洭水鳧飛蠅蠆之寇，張空拳使爾踵阿之後蹈其巢，何蒿艾數步之蔭可涎，奈何縮律魁猗孈子，暴三寸猗萬筵，命侏儒與僬僥，戴衝天猗危冠，設雲梯猗公輸，搖霄半猗紙鳶，剪玉葉猗宋國，解惠施猗連環，痱漏屋猗禦雨，撐漢氾猗膠船，伐三尺猗弱桃，供稚蘇猗萬年，曰雞卵猗可鶩，燕越猗中天，謂馬牛猗能黿，使蛟螭猗鼻穿，譽駑駘猗電影，毀飛兔猗拗鞭，創蜂巢猗植壝，擗螳卵猗匿山，蜻蛉點猗池塘，鳳皇歊猗雲端，蝴蝶姝猗數仍，紫豹霧猗籠戀，牧人占猗簑笠，化人遊猗胥壇，莛華鐘猗聲不盡，戈椿猗揚秕難，八紘樓猗蹇企，六極矇猗不可探，嘯水河猗噓嶽，靡幻術猗訑謾，五月霜猗太白，匪翹趾猗孰贍，壁畫猗焉龍，枕圖猗詎鶯，懼西門猗不憽，令東郭猗指瘢，言支猗不蔓，語繟然猗弗殫，匪覝猗二鳥，不可睇天庭之儕猗夥傳。三十三解。

帝曰：剪玉終不可以為葉，尺桃終不可以萬年。見大識遠，然後可以探鳳皇之危巢，遊華胥之化壇。三十四解。

乃斥鷃學鳩聞之，舌舉而不能下，猗曰：西北銜火而照之，燭龍畢不能釗岡兩之景，墳羊之精。玄冥鴻洞之深潭，大鵬戚之，帖耳垂翅而不能蜚。猗姑命巫陽南北東西、上下六顧而招此鳥之魂還古壝。將卷舌不語，俟阿鵬之逾雲峰，然後可與期汗漫而噣瓊華，陵列缺而旁魄，摩袂聯袵駢蹁躚。三十五解。

帝曰：東西六顧，南北四瞻，肆意磅礴，天地之間。宋玉不必於招魂，《楞嚴》不必於三參。道在天上，勿執兩端。三十六解。

鄂而希有鳥者，過不垠之野，經岡垓之山，揖大鵬虖無空之閣，謂之曰：偉哉鵬虖！其蜚邪若斯之崢嶸而灝瀚，爞燏而連蜷。我呼，乃遊乃吸，我旋，可與問紫微之清都，越鬼區而披太乙之蒼髮，不難夫子固絙恒文誕，彌垂天之龐尾，微斯亦符懸象焉，奕絕群之靈翰。三十七解。

且也邪，夫子處於無空之閣，何其地位高且懸，我欲從之道路艱。欲從之而未由，覺彌高而彌堅。道至此虖可謂雄傑而無倫。夫子已到紫微之清都，何不垂手引之，慰微斯之清魂，使其勉強拮据，亦與世而絕群。庶可與夫子陵今跨古，共贊乾坤，以之發後之蒙，以之解世之紛。三十八解。

埃焚輪猗為媒，出汹潏猗濯顏。蔑蓬顆猗遏鶡，俯蜩鸎猗三嘆。獷若木猗左杪，歷蒼梧猗隆巖。食不周猗長穗，吞閶風猗泥丸。遡破卵猗學蛬，蠖羽壯猗高騫。輻千載猗秀氣，非凡鵲猗孱顏。蠑螈山猗三騰，飲九屈猗虹川。睨鼇趾猗若蚓，釋鯨鱛猗罔箝。覘鸚鵡猗辯惠，間作書猗青鶯。贂微名猗丹經，固萬古猗宣傳。狎條支猗甕卵，薄錦雞猗刷班。辱遺胤猗紫鳬，慕千秋猗古鴐。俘青霄猗激昂，恧一枝猗乞安。越芳洲猗緑沚，採蘭苕猗穀餐。固熙群猗海鷗，或玩波猗愕鮮。取筠竹猗夕餔，朝刈敖猗碧蓮。失歸雁猗一簌，懷爰居猗海灣。室七層猗瓊井，或盪背猗湯泉。屬丹穴猗霓種，苞聚窟猗淑烟。爾彩霞猗為裸，巖或嘰猗珣玕。笑焦螟猗學微，揭明槻猗疏觀。張出星猗青眼，戴玉英猗藻冠。俯崑崙猗何弋，陋王孫猗挾彈。陵窮宇猗結巢，佩弦月猗為環。梯昌門猗上征，與魁衡猗論班。折神蘺猗自薰，或俯拾猗朝蘭。棄老條猗劫古，蔭秦漢猗逌年。經伊洛猗細囊，摸龍圖猗河瀲。覆三宅猗翼下，陟兩階猗陵肩。荷在昔猗巨勝，嘆隻影猗靜淵。憂江山猗弗貉，嫉海桑猗波遷。塗庖羲猗炎農，交割肉猗相敢。懷紫冥猗越志，酌浮蟻猗消閑。蓄鼎沸猗古憤，思金華猗雲灘。奈夫君猗一過，欣接踵猗蜿蟺。阿陽焉能鬱鬱久居茲，猗願與夫子張膽橫目垂盼八荒之間，枕巨鳥之一羽而休息，退之可鎮崤函以彌崩陁，進之則策躄哨睟葰蘇九塊之河山。三十九解。

且夫天地之氣運有限，喆人不能以恒生。若木垂於東海之上，其枝不止於萬丈。巨鰲走於歸墟之波，吞山橫海而為之雄。末學小子徒激昂而前奮，若雛鳥之學飛，須積久而後成。垂微名於千秋，若海上之一鷗，飲湯泉而自濯，至閬風而解鞅，探丹穴之鳳卵，直欲餐夫琳球。俯崑崙而八望，笑垂鞭者之封侯。以伊洛為未至，玩龍圖而銷憂。結巢不知其何所，戴危冠而垂玉鉤。戚江山之弗固，嗟西馳之黃牛。垂盼八荒之間而自視不小，亦欲枕夫子之一羽，與日月而同流。望趾下之餘蔭，冀朝夕之栖休。四十解。

希有鳥遂致辭於大鵬曰：夫子奚不師悅漾而律鴻蒙，麾斗杓而符星躔。上至虡畢方遊光屑牲之所弗馳，下訖虡方相馮夷憚怖之所罔潛，為我沃爐塵、濯炎暑、灑五臟、破連孿、軒大魁，再張垂天之雲翼，操生簶，復撰逍遙之海篇。走雖不敏，願在下風，踊躍引頸，長隨夫子之後，負珥執玉鞭，夫子傑偘橫天之長眉而磙硌厥貌，走亦弘敞橫雲之顱眶而嵬峨雙顴，駢樹中天兩竿旗，衝斷紫城萬堞烟，橫出東日西月滂濞之池塘，差翔隆天肶地坱圠之敞軒，不須砰雷磕霆極力張氣岸，固乃檥無棹空揳斗駕樓船，怪得吳山楚水今夜縕積風雨暗，乃爾龍泉太阿噴薄牛渚會急湍。四十一解。

吾嘗讀《莊子》之第一幅，號曰"南華之經"。北溟之魚，其背三千里化而為鳥，其名曰鵬。其翼若垂天之雲，羊角直上九萬里，眾鳥莫不引領拜下風。東日西月不足謂之池塘，上天下地不足入其眼眶。夫子之道之大而一至於此，我亦決裂奔騰於恍惚無窮之門，而覺此志之荒唐。吳山楚水須無盡，龍泉太阿既相會，今日必須細商量。四十二解。

夫子奚不駕舲船畢羅於八十一蓋之上，麾蕩漾之戈誅罔象，窮幽谿蜎蠕於三十六輿之下，搗虛無之巢縛夔蚿，壞地方，破天圓，月為履，日為冠。夫子奚不倒提崇伯之九鼎，盝魑魅之踪，銘玉鉉，俾我亦得鼓鼓扇扇、裔裔汭汭，刷玉毛，擊華腕，啜餕醒，餧腐羶。夫子奚不左翼熺曜周、召明堂洛水之禮樂，右翼恢夐伊呂升陑磻溪之戈鋌，前羽磊落陶唐揖讓之岸涔，鳳皇兩階之清津邁中天，後羽擺脫殷周征伐之礉慘，崇綽約黜蓬勃斧批虎賁三千之戰士船，滌秋霜，澍春雨，聽黃鸝，屏鷹鸇，吹古笙。虜太上之女媧，淋祥飇於洙泗之杏壇，獵天地之無於河山崩債以後，躝天地之有於風雲權輿之前，取渾敦之堪輿而再鑿其竅。漂扶桑之日月，命隗山之老童使倒懸，使我滲半蠡而測東海，窺一管而獲豹斑。并撐巨鰲威夷之背而支六極，同標飛龍峻崿之脊而豎洪訩剪其毛羽為文章，爛諸盛代聳大觀。四十三解。

我見夫子左翼一張周、召之禮樂，可以壯天地之大觀，右翼一扇伊、呂之戈矛橫其前，諸葛無所用其臨危制變之謀略，孫吳不能測其奇正之互出。九天九地之出沒而飛潛，唐虞揖讓乃大同之極岸。卑殷周之征伐，笑虎賁之三千。獵天地之無於風雲之前，何功業之可言，躝天地之有於河山之後，亦麾戈，亦摧殘。彼唐虞之勲華，或代之以杏壇。性命倫理但一條，無前無後，無內無外。從容羲軒之埸，周流八極之間。小子固此不敏，亦能窺其一斑。四十四解。

則夫子九萬里南圖之駕介，軔不虛發。希有子亦得憑厥風前風後之餘扇，鼓大薄滂，瀕之波瀾。巴里帥而奏《陽春》，鍾期或可聽《高山》。携手既逢衛叔卿，一知殊可勝百訕。陵風翻浪雲峨峨，紫霄一覰萬古緣。夫子前翅我繼翮，座齊輿而遞儴，鋪神章與靈篇，屹然垂不朽之盛事於幽坎呀兮，張泡肥之巨脣摹瑤箋，傲睇倒曳以窮極，瞻厥畫豈不遙哉。將汗漫之可期，顧蓬下而堪憐。四十五解。

文章固不朽之盛事，衛叔卿天下有幾人。雖然千古之下，未必無知我者矣，旦暮待之，亦無不可，何妨兩篇之云云。磨墨設硯為千秋慮，伏望再奏《白雪》與《陽春》。四十六解。

大鵬則憩風際翅而嘆曰：知我哉，希有鳥也！可與窮八極之消息於轉眴，蹋赤城之子微而何慚。阿將授子廣莫之樂九篇，俾素魴封之赤鳥，負函稽首而獻諸閶闔紫禁之前，增鈞天之新曲，借八風虡並宣。四十七解。

八極之消息，非子不足以探之。抽之赤魴之腹中，遂倚閶闔之閣而製詩。子慎聽之，吾將執筆以書。四十八解。

鵬猗鵬猗，顧謂希有鳥，阿聞大章之步，東西一億三萬里而遙，豎亥之步，南北二億三萬里而遙，兩兒所步，無乃六漠以內太虛先生耳。輸左旋之片毫不足臺，南圖子青冥為岸扶輿布武之一超，南海北海誇脩幕，戛擊不逾五石鞠。千秋萬嗣漏三點，劫前劫後曠幾朝。斯乃聊浪之僻囿，出呼入吸棧小巢。阿欲與若涉波掌。距下弊帚四虛突。自豪駕懸車靡鳥，次徑暘谷宿曲橋。挾日月虡兩腋橫，比極在眉梢將命鉗。且太丙兩大夫，為阿驂六螭，駕雲軿，倒御陰陽，斜馳八荒之郊，寄語桑枝焦螟鳥，勿得遷喬伐微。勞子能從我而瀟瀟，與希有鳥垂翅而哨曰：誠願蹋懺慌之界，學夫子之溥漠而騈苞。四十九解。

太虛先生真知我，吾將跨翅於其前。懸車鳥次何足道，陰陽以之為左驂。或駕之虡天地之後，或駕之虡天地之前。知六合之內外，陋勳業於兩間。希有垂翅而謝曰：亦能功業，亦能文章，亦能性命，亦能綱常。天下之道，盡虡其此。我則悅之，有志未將。五十解。

鵬猗鵬猗，顧謂希有鳥：阿聞自天至地，司重氏順風數之而下，五億萬里而奇。軒轅之少廣沒之，不能準厥雲波出沒之高低。從地至天，司黎民逆風數之而上，五億萬里而奇。隸首之鉤股乘之，不能折其蕎虛蹈空旁驅野渡之七谷八溪。阿欲與若踰金壇，凌委羽，跳幽虛之坂，航清玉之池，蹂三十六區王屋崆峒之壇墠已。拋逾輝，棄越影，遂嗤奔戎驂盜驪。天上神仙幾回葬，策駒繞日三匝歸。子能從我同扣紫垣之扉，與希有鳥郤步辭曰：躅茅而待久矣，塗遙駟疲，何以齎養。雖然檻鑣徙倚，願附大駕之左騑。五十一解。

從天至地有幾人？從地至天有幾人？三十六洞誰見之？天上神仙幾易魂？繞日三匝者九矣，世上兒子徒紛紛。希有鳥謝曰：道大無方，無天無地，世不能識，誠如所云。五十二解。

鵬猗鵬猗，顧謂希有鳥：阿聞西極有崑崙山，出日月之上，搖絕無僅有之玄烟。東海有若木，枝垂於天地未貌、日月不髭之前，九日蔭厥踵，一日標厥巔。阿欲與若陟崑崙九岫之絕崿，參西方白帝之縞顏，下視西王母、軒轅飛觴之宮。若有若無蟺卵之倒懸，栖桂樹搖月之第一枝，倚紫微太素之門側弁觀。

- 445 -

然後蕩漾兩顴之青瞳子，縱觀日月出入之扉，穿須彌之脇，而參氣蠱光熒火之扈腐草間。小蜇翾翾，一蜇而彈指之間，浴西海東海之巨瀾，東南之竹箭、西北之琅玕一齁餐。然後知餞之不在搏桑，阿駐之不在落棠灣。大蜇翩翩，一蜇而逾曠於揚州之扶木，撐天地之上下桀為竿。一蜇而折脊都廣之建林，繩日月之髯縠，北南之邸阡，探無傾有，瀹靡端蕩簸天地欷歔間。然後知唐勒之館蠅鬢、宴毫蕊匪纖說，宋玉之吞四夷、枯河海非鉅譚。夫六合之外，子能從我而恣嬋娟，與希有鳥伏頭俯耳而應曰：賴夫子之力而劫癘，固願牘疏客張瓊筵彈荊王夜半闌。五十三解。

則爾何不側弁泰素之門而窺之？揖神農於左廟，望伏羲之古顏。桂樹之花，先折一枝。傍日月而旁歎，觀東海之消長，乃蜉蝣之朝暮。我則有不朽者存羔，可取鏡而自觀。希有鳥曰：都！吾嘗以之內照，亦自覺其嬋娟。五十四解。

鵬猗鵬猗，顧謂希有鳥：阿欲與汝咀喋碧空而為琬琰，橫耕六漠而種芝田，阿與汝不能盡八紘之規模，裂層翠而翱翔，縱六月而一息，猶搶地而面牆。阿將與汝過扶桑之東五萬里，至鬱水之上而陟磅磄，浴咸池而弄波，銜榆葉以繼糧。然後西與戴勝食再劫一熟之碧桃。宴會罷，東與王父在扶桑之枝、萬圍之樹下，返駕即與薦觥觚。休趾未幾，乘風復翔，萬里長騖，周歷四荒，乃見條約之山有神蓬連把大千仞，長小枝，可勝明堂之礎，烏大枝，可截吳江之艅艎。儂欲取之拮吾巢，懼其纖巨不相當。已乃食霧成子之黑蚌於寒山之嶺，咽始皇帝之金鳧於羅者之綱。挺千歲之神黿於卷耳之上，吞如駒之羱羊於錢山之陽。噉昆明之玉鳥兼圜丘之蛾漿，充晦朔之飢渴，足朝暮之餱糧。擷八極而搖頸，出元會而簸揚。跌飲啄之既倦，將以息虙象床。此乃蟬蛻之妙景，子能從我而趨蹌，與希有鳥磬折而厲聲曰：先生請湫虙揚袂，我將促裝。五十五解。

以碧空為宅子而猶以為隘，以八紘為故土不覺其多，可以咸池，可以山河。東父西母或薦之觴。須臾之間周歷八荒。以祝下界濁世秕糠。子能從之，世以之濟，形以之康。可以遊天上，可以安萬邦。希有鳥曰：都！安得附爾之背，與之共彷徨。五十六解。

鵬猗鵬猗，顧謂希有鳥：阿聞神禹決崐崙之墟而下地五億丈，填洪水之波以上涌，然後五嶽嶷爾天下多名山，然後煉昆吾之赤銅三千船，益地髓腦招搖之。文王如雪花之蕤，蕤補青天，然後雨金雨粟而陰陽調，登欓伐山而海安瀾。阿欲與汝量天地之上下趾掌間，掩日月之東西索垓埏，斧東海三千圍之榤樹,支頷下而一息,掘風山五百里之電穴,飲白螭之素涎。然後馮風鼓擊,肆意盤桓,東南無澱地,西北無闕天,栖崐崘之左隅,掩須彌而不睭。飲不死之丹水,涸赤陂與瑤泉。不待魯陽麾戈而日月翳,能代北山愚公而簸徙太行、王屋之二山。夸父棄其逐日之杖,飲於河渭,腐為鄧林。金烏窮而足弗前三子者,智力與造化俱困,不足以當吾羊角九萬里扶搖風頸之一彎。俯仰萬古之江山而徐圖力不勞,猗鬱陶宣奇狀環豔詭不可識。子能從我而蜿蜒。與希有鳥騰躍而前抂曰:夫子靈曄溶與,崐崘邪睨,蓬島俯瞰,小子不敏,願磶瓦股,長覘玉面。五十七解[一]。

吾之兩趾可以量天地之上下,吾之四翼可以掩日月之東西。徐而展翅,風穴不足謂之一息,怒而飛焉,五山盡為之崩徙。女媧補天今復壞,夸父化杖不能從之周旋,安得高翮為之侶,元曾之外相循環。希有鳥曰:都!道路威夷,但無漁父為我撐船。五十八解。

鵬猗鵬猗,顧謂希有鳥:阿聞八至之外八荒為之堋,八荒之外八殯為之屏,八殯之外有八紘,八紘之外然後有八極之老名。阿欲與汝一南一北,一緯一經,東馳西騖,從噬橫吞,俯視泰遠幽國濮鈆祝栗之熒熒。猗芙蓉池上點蜻蜓。遊覽觚竹北戶西王母日下之沈沈。猗朗月之旁爛明星,逾少海丹澤無通大冥之襲襲。倚遂擁玄鶴搗帝臺氏觴百神之前庭。轉旌遙指棘林沙所大窮和丘之灝灝沛沛。猗乃歌白雲與淥水,肴鱣魚之喁喁,淫愓而飲宵明。燭光之河洲,唳萬籟,細流萍。已乃悲號長叫,振鬣廻頸,鼓翅於蒼門波母編竹幽都之外。上出霄霓,下睇無垠,巫咸有娥酌巵,嬉戲失容墜席,為阿灑羽虖紫城。窮奇共工,諸比隅強,變幻蹇愕,浪孟螟蛉,九天仙子,西方化人,供酒挾琴,罏案負籠,為我僅丁絳霄之下,巨慹之上,窮野極斥,蕩搖鼉睛。阿欲與汝日月為燭,虹蜺為屏,撫熊弄波,淜魁岞崿。阿欲與汝登樞楅之閣,攙開陽之袤,睥睨萬古無極之乾坤,分明崐崘樓上葩華朦朧一紗燈。爾非庖羲、炎農潛喆聰明,跳於甕埔虎路之外而登月殿、躪玉京,不能罄此情。繇斯可以遊九頭之館,訪五龍之城。子能從我而茧鳴,與希有鳥蹙眉久之,瞇睉張目曰:聞之明燭桂酒不可獨飲,芳褥烘爐不可獨薰,夫子又安得幹流獨往而舍蝦蟆。五十九解。

吾將并吞六合,小視八荒。棘林沙所不廻頸,編竹幽都,未堪稱觴。伏羲可與處,太虛為之師,睥睨萬古而蓬夥之則可不?希有鳥曰:都!夫子不可獨往,我將後之,不敢失時。六十解。

鵬猗鵬猗，顧謂希有鳥：阿欲與汝過夸父洗耳之處而濯髮，涉三桑並枝之國，逾神蓬、軼鷓鴣於如餘，矢歸雁於碣石而薄遊颮跨雄虹，況雷淵之西金霧如籠，若象之赤螭，若壺之玄鼇，不足網諸鼻孔中，遂劫大鵲之長穗於方湖不周之嶺，而掇蜾步之巨螺在合明防丘之東。魂洲之影木，萬年而一葉，黑瓣而金濃，上有萬歲，一交千歲，衘毛學飛之駕鶖巢，其谿不遑餐琳國之玉李巨如斗，驚風駭浪而栖之逍遙洗腸之絕峰，繞八極而一息。布算子而成丘壠，讀終軍之《爾雅》，稽郭璞之山經，何足訊巨豪之出處，識阿元會之靡窮。可衝而斷此東之報德，西之背陽，南之常羊，北之號通，四維之張於腹下，盤礴一毳之殘風，而過魯之大野，越之具區，晉之大陸，秦之揚陓，趙之巨鹿，燕之昭余，宋之孟諸，齊之海隅，八藪之滙漩波洌，潤潤溶溶，細而嘬之九廻八溪之曲腸，駢碍無橐之喉嚨，如蚩廉之捲落葉，疴鳥之嘗琱弓。六十一解。

展翅而飛，鷗鷄在後。況虖歸雁，能與之群。既食琳國如斗之李，遂栖洗腸絕雲之村。河山不足以當一爪，八極不足以慰遊魂。子能從之太虛上，兩翅與我並紛紜。希有鳥曰：都！非不悅子之道，第恐力未能任。六十二解。

阿聞東方朔騎吉雲之神馬，繞日城之三匝，至暮而謁甘泉之宮，函谷東門猶未封。阿與若彈指萬里，一滴千鍾，何必鞭霜蹄而奮電足，使氣極力馳雲波之洶洶。既謁紫皇遊無盡，以眸萬象皆蟣蟓。芒芒甄甄，控彎嵌籠。子能從我而騁鐵驄，與希有鳥聲耴而微聲曰：青璨朱闕，不可探於冥鴻，匪夫子之垂鬚引之，又焉能危冠竦劍，蠵駄直上而揪號弓。六十三解。

阿與若彈指萬里，萬古在眉，東方朔之神馬何足道，西王母之碧桃今已餐之萬次幾無餘。從我而往，亦又何疑。希有鳥曰：都！危冠竦劍，待之久矣，望風而趨，志與雲齊。六十四解。

鵬猗鵬猗，顧謂希有鳥：阿聞陰陽水猗，天地船猗，風雲席猗，日月帆猗。願與若飲援杯之神人於巫蛇，聽霜鳴之九鐘於豐山，箝深目聶耳之衣於西北之崎岸，蕩結胸長股之影於東南之巉巖。出八維而橫渡，摩招搖而垂竿。麗雲衝而挾斯，百鳥顧而驚慚。女娃衘木石於東海，化為精衛不敢還。桃蟲細而懼其簽，雗渠舞頸暇連錢。海洲爰居大如馬，蕩諸坻岸淚長浤。墮羿勿須逢蒙射，狂鳥焉食粟廣田。晨風不遑擊鳩鴿，夷由詎復弄火烟。群鳥五彩空纏聯，纖爪焉能刺雲湍。天關敕我王百翻，水宿吸盡銀河瀾。阿不能學桑扈竊脂，棘扈竊丹，夏扈竊玄，秋扈竊藍。盜天地之左藏，生五內之陰慚，但羨關而東謂之商庚，關而西謂之鸝黃，江淮之南謂之楚雀，海岱之間謂之黍搏。佳謐總不過黃鶯之一鳥九囀，皇州之春色影嫣嬛。此鳥餐芙蓉之秀氣如希有，可與海運之鯤鵬吹噓吭哼陰陽之妙道，駢參却哂怒於車轍之螳蜋奮臂為斧，倒而撐諸長楸間。阿若憑空恃大而不能隱弱波，與罩鳥盆魚不知海湏天曠同可姍。烏黑猗鳳逝，狐鳴猗龍潛，阿將與爾浮沉偕周旋。阿在大荒之濱而餐陽藍。子能從我而入風幨，與希有鳥延頸哀鳴，望出星之軒嘆曰：睎羽九陽，玄嶺紆盤，夫子可謂放豔目而見都天。僕不肖，不能邀鄿趨危而後願剪拂錦毛，躡輕風而徘徊，登溟波之岸，與鸝黃子而參譚。六十五解。

竊非桑扈，巧如鸝黃。奮臂為斧，怒如螳蜋。互為其用，一柔一剛。子能從之，亦能低飛，亦能高翔。希有鳥曰：都！仰而望之，不可企及，羽翼有限，愧不能知山川之紆曲，窺天地之圜方。六十六解。

鵬猗鵬猗，顧謂希有鳥：阿既鼓丹唇，鬱懸想，批黃絡，傾靈淵；爾亦凝朱瞳，薦昌言，賡九德，撰洪篇。六十七解。

道大而無方，要之非一端。第我不能盡之，爾亦來而昌言。道之大也，至於無窮，太虛不能八九，天地不能七六，羲黃不能四五，堯舜不能三二。岱山大於拳石幾何，海若不可以其眾流自足。廣思博收，乃道之門，願言助我，共補乾坤。六十八解。

希有鳥聞之，俛而後，俯而前，曰：敢不咀桂根，敷芳蘭，歃金釭，注玉涎。夫子固迸遊空之神龍而垂曼胡走，亦願希兩階之鳳毛而灑瑤翰。竊聞虛舟不怒，飄瓦無冤，蹈空而遊，呂梁可懸。無鹽窈窕，為稷下之冠，白鶴何伎，乘懿公之軒。烈颷不容雪中之有梅蕊，化工偏妒彩鳥之有丹冠。材大難用，遡古而嘆，陵空好大，夫子所患。則奚不學神龍之能大能小，能飛能潛。溢諸六漠之外，風雲溟漭之氣色天岸噴，戢諸寸泬之內，湖漢圜灝之波濤亦涌翻。然後知大無在無不無之際，老空在空不空之間。一動一靜，道之極玄。堯中孔時，竊帝玉環。六十九解。

仲尼，神龍也，而困於陳蔡之間。孟軻，通儒也，而齊梁之國不能停驂。高木多折，驟雨不朝。季孟馳駟，庚齊蕭條。芝蘭生於幽谷，蒺藜滿道，爭茂蓬蒿。夫子之患，在虜自遂，或夷或險，是不可以漫試，必須視而後翔。堯孔至矣，願進斯言，酌之玉觴。七十解。

大鵬頷之，噓曰畣焉。學飛於魚，學躍於鳶。塊猗岑處，潰猗旁澨。下不

-449-

狎世，上不患天。小心兢兢，履薄臨淵。七十一解。

惟此大聖，譬如神龍，或飛之九天之上，或藏之一粒之中，堯舜無所加其毫末，孔顏不能損其中情。性則定矣，不在其形，志苟足焉，豈妨屢空。好大喜功，乃予之患，敬佩玉音，遁而不見。七十二解。

【校記】

[一]"五十七解"，底本原作"七十五解"，案題下注本篇"分七十二解"，今據上文"五十六解"、下文"五十八解"改。

周雅續卷之十二終

周雅續卷之十三

北圻賈鴻洙憲仲選輯
西極文翔鳳天瑞裁定
北海孫三傑淑房參閱

文少白

梅花篇 一萬四千餘字，分七十二解。

　　借問梅花阿是誰，予亦梅精所發揮。一奪百卉之顏色，風雨因而來折摧。百折此花不足惜，風急條斷花安歸。梅花枝子正芳菲，閶闔何故動靈威。不是閶闔動靈威，電婆雷伯為謀非。梅花朝朝泣霜氣，風雨夜夜撼玉扉。東海扶桑萬丈餘，鄧林大椿三千圍。何不繫之仆其幹，偏使梅花心事違。填石為橋無靈鵲，織女遂與牽牛離。客星不得入紫座，二十八宿無光輝。梅花色殘已不堪，上苑黃鶯聲相催。梅花葉落風吹日，黃鶯百囀腸斷時。為聽百囀黃鶯鳥，抽出萬片梅花思。請取黃鶯舌上語，裁此梅花枝頭詩。梅花眼前色爛熳，黃鶯耳後勿再啼。梅花鶯啼不肯止，令人魂魄肅愴凄。梅枝搖落殆欲盡，黃鶯啼聲亦漸低。聽鶯不解睍睆意，折花誰道下成蹊。梅花愁風樹欲枯，黃鶯啼罷意歇歊。步出青樓誰家女，看花驚動洛陽堤。折腰能為宛轉態，影嬌力無風吹衣。曼歌可與傲黃鸝，顧步不讓梅花枝。梅花黃鸝勿競巧，漢女湘妃恨難齊。眼看無鹽冠後宮，西施負薪且餐藜。歷觀絕代佳人色，傾城獨立有誰知。北方佳人難冉得，靈脩棄之怨何為。桃李不言自含笑，梅花何必淚淋漓。花生花落應有時，奕來奕往此理微。梅花蕩漾逐風去，黃鸝復來無枝栖。梅花飄泊意不堪，化工何故生黃鸝。青袍玉勒誰家子，揚鞭走馬過金堤。眉隅片片舒雲霞，鼻孔擁擁垂虹蜺。霄霓未必皆桂樹，梅花顧影私自疑。一夜思君腸九曲，恨無青鳥為之媒。天涯雲斷書何寄，夢中展轉枕三徙。臉際空使芙蓉敷，白頭却被茂陵欺。視爾如茈姿何艷，手持握椒欲語誰。不逢東皇獻《九歌》，獨陟北邙詠《五噫》。花枝不須搖春風，玉容鏡中堪自媚。才多江山若為妒，物尤風雲不護持。簪玉鳴金半隴廉，洗鉛拂朱任所之。長門不堪永巷愁，廻腸為文製此辭。一解。

　　借問何以"廻腸為文製此辭"？總為長門深鎖不堪永巷愁。簪玉鳴金半是隴廉真可笑，洗鉛拂珠鏡中玉顏堪自抽。才多者，江山見之若為妒。風雲之所不肯護持，半是物之尤。文君臉際芙蓉，既聘茂陵女子，尚作《白頭吟》。采蘋題詩作賦，剪刀樓東何其妙。太真逐之携履去，獨使夜半淚空流。金堤之上青袍玉勒誰家子，鼻孔片片垂虹蜺，安能共枕到三秋？所以梁鴻不免於《五噫》，屈原不免於《九歌》。才子與佳人作賦，空爾汗九牛。所以賈誼不免於長沙之行，李廣頭白不得與衛、霍同封侯。自經梁上不止一侯夫人，絕代佳人，傾城傾國，愀然夜半然燈，獨自垂簾鉤。看花東陌，洛陽城中皆驚動。明月既倒，輕逸蓮步，顧影悽愴出青樓。縱有梅花顏色如玉美，宜言飲酒，誓之偕老，幾人相處到白頭？二解。

　　借問梅花阿是誰，獨絕百草發清香。荷葉不足與之豔，牡丹不敢為之王。黃菊空有陵霜氣，海棠遇之雕紅芳。未若此花侵雪色，楚圃蘭蕙盡嗟傷。下竊山川為髓液，上取日月盜其光。紫微之垣多秀色，苞羅八紘吸陰陽。五耳紛披支六鰲，一葉堪把孕玄黃。化而為人顏如玉，抽簪弄花耀文章。當其迎風得意時，不記春溫與秋涼。天地間氣鍾諸茲，化為西施口若簧。能作巧態百端出，揉碎梅花意飛揚。我欲取筆寫其妙，似有若無風中翔。飄然淑質蕩天香，佩玉鳴珂出幽房。不知其人為何狀，但聽玎璫聲琳琅。紫燕行塵迹無存，試取沉香布象床。一舞麗娟空中繞，再歌延娛汗出顙。不敢九折為細聲，百斛珍珠使君量。手扶綠玉五色杖，嬰娵金砌翠帶長。柳絲腰肢愁風擺，徘徊密步過蓮塘。步步遺影花枝笑，聲聲悲啼百禽忙。蓮花滿塘發豔光，姣人步步心欲狂。蓮花馥馥香氣噴，心狂愁聞蓮花香。安得垂綆湍池井，一咽瓊液冷如霜。騎鶴搖風崆峒嶺，飛雪為殿五月涼。燧林將取丹雀矢，青童將之有瓊筐。我欲餐此遊四極，九天洞達豁眼眶。自此腸中絕火穀，藍橋飲足雲英漿。吾將朝天騎白龍，乃使裊烟拂繡裳。一見蒼帝永不死，滿樹朝霞儘堪嘗。見今搗藥五百日，不信月娥不授香。三解。

今朝作為梅花詩，不是詠梅花一出百草無顏色。此花顏色奪雲霞，下焉者山川之髓液，上焉者日月之精英。於是虜在自從此花出，百花總不佳。牡丹豈敢稱花王，蓮花豈敢稱玉女。此花元不俗，百花皆讓他。作為梅花詩，非是詠梅花。玉閣不得出其顏色，金殿不得展其才華。山川秀氣，蕭條之造化，老子孤負他。輕逸蓮步出閨房，前步後步遺清香。飛鳥見之低而下，白雲過之影遲翔。此女天上人間之所未有，奈之何推而棄之不得上玉床。四解。

　　獨抱瑤琴慵下指，長夜挾此坐月堂。坐久更深不能寐，但愁月影侵簾廊。頹然而枕就玉簟，夢思相牽神弗康。顧問侍者今何夜，更人報之籌幾雙。搖搖曳曳渭塘夢，指環扇墜互相將。奇遇千古不可偶，顧謂侍者取羽觴。綠衣白華古有之，百壺可以消愁腸。顧謂侍者更籌幾，仰而視之見河梁。余曰不寐夜何苦，擬議之間東方明。清晨懶沐薄言遊，先入西園去采蠶。愁見蝴蝶雙雙飛，回頭池中是鴛鴦。元神為斯盡蕩漾，魂氣不營漸羸尪。一絲引引如搖旌，搖來搖去萬尋長。不覺日夕黃昏到，歸來依舊在空床。忽聞履聲庸外動，乃是梅花一枝撞。梅花紿予信有之，明月直闖魂何忙。月影焉能使目亂，梅花適遇肝脾荒。總為眼懸兼心渴，月影梅枝欺東窗。梅枝月影不勝欺，覓紙作書然燭光。筆鋒殺盡環山兔，墨池飲竭洞庭江。斧崑崙山為巨硯，二十八宿至畫堂。董之杏壇客三千，磨墨敷翰寫新章。假之萬期之天地，錄其須臾之肺腸。自盤古兮至天劫，春秋不可謂之不長。繇清晨兮抵黃昏，思慮不可謂之不詳。縱使作書自盤古，涕淚萬行不能將。萬人執管空躊躇，餘滴千年流衣裳。侍者扶予在筠席，拊膺再四泣汪汪。青蠅不聽塵尾摔，飛蚊麾去復入床。夏月炎炎天作暑，床上冰霜不可當。五解。

　　坐久更深虛堂彈琴罷，頹然而臥，春思想牽若見白玉郎。此情不得遂，摔碎案卜琳與琅。採花後園，忽見蝴蝶飛東牆。歸入帳內，愁看枕上雙鴛鴦。有憂千古不得消，顧謂侍者設席取羽觴。夜間不敢捲簾視，懼見天上之河梁。忽聞戶外履聲殷殷到，乃是梅花一枝遠遠來相撞。相思不堪此夜長，流淚不堪到衣裳。斧崑崙山九萬里之石為硯，請二十八宿斗牛奎婁箕尾井鬼之朋而齊到畫閣之前。益之以孔門七十二人，並其兼通六藝之士客三千。假之以盤古至今之老期春秋，吾不知其幾萬年。不能盡其心腸與曲衷，硯水傾東海，淚流空潺潺。所以人生莫作婦人身，百年光景到底不得真。衾枕相隨而不離，自古到今有幾人。六解。

不可當兮奈若何，思公子兮不敢忘。夢沉沉兮入巫山，若有人兮在其傍。東堤誰是白玉郎，騎馬如龍穿垂楊。風神豪爽靡可雙，玉樹淋淋軒且朗。聲音瀏瀏洪鐘出，兩眼陁然垂八荒。鄧林之木一萬丈，不能取其眉杪量。眼憑日月為東西，直擎天地盡圜方。胸襟壙然無閡壥，擊壺高歌何慨慷。斥鷃學鳩伏蓬蒿，空望扶搖嘲短長。白馬矯矯氣昂藏，令人三魄六魂亡。已而翻然顧我笑，垂手似欲牽其裳，白馬天子眉若兔，飛花落葉互相狂。顧問阿陽何氏子，憑何溪谷寄幽香。笑指白雲乃妾家，不在青樓大路旁。生於蟾兔桂樹下，長諸玄霜玉杵堂。曾乘王母海霞舟，雕壺盛膏獻紫皇。篆絲三絕不足道，桃花一靨笑王嬙。縈塵集羽得舞意，骨弱衣纖佩異香。弓彎妙態依舊學，一曲《薤露》能繞梁。火精碧玉為日月，青瑤玄兔結雲房。坐諸雲石五百里，遍觴蓬萊賓八方。朝餐赤陂萬劫桃，夕飲千歲白螭漿。瓊林清飈冷然至，或餌雲苗醫酒殃。顧謂侍者摘東園，猗桑之椹煎為糖。好蓄水銀養馬肝，更聞細棗出崚嶒。南遊朱明食火梨，曾剖冰谷素瓜瓤。欲往龍洞乘蕡草，或結丹樓取沙棠。深山採藥三千歲，空中騎鶴憐故鄉。佩此昆吾八劍精，捫日倒月垂彩裳。四時長聞洞庭奏，吉雲之露琥珀觥。甜水味逾甘泉井，天然筠枝自笙簧。玉骨出元無代謝，依舊懸鏡作新妝。氣噴蘭葉還善舞，腰間琥珀聲瑲瑲。壺中涎唾盡珠璣，化為青雀繞帝旁。上帝憐之入織宮，七襄迴錦為文章。欲垂佳句落人間，為此東郊來採桑。風流不輸秦羅敷，使君逢之緣非常。手中三尺青絲絡，願授馬上為遊韁。玉林玄蛾使君啖，百壺瓊液待君嘗。今朝化作梅花枝，東風至時花忽狂。踟躕桑下不欲歸，神情相授意蒼茫。是曰素女之出處，稽首告諸軒轅皇。白馬矯矯如龍馳，欲附龍尾共翱翔。巫山雲雨夢還醒，依舊空床月荒涼。七解。

　　借問東堤之上揚鞭走馬而至者，誰家一個皙面白玉郎。徐而觀其氣象之飄飄，聲音之朗朗，吾不知其心胸才思之何如。玉樹淋淋，英風揚揚，聞者見之，令人心肝五臟盡摧傷。白馬夫子氣象何昂藏，令我見之，魂魄盡荒忙。已而夫子過於採桑之側，翻然顧我笑，垂手下引，似欲牽予之衣裳。借問爾家天東海西何處是，不在尋常柳巷花街青樓大路旁。青靄是吾家，丹霞是吾房，王母上元見之不敢誇玉顏。而況結衿愁風之飛燕，左右顧視之王嬙。夜夢此人到吾枕，醒來不見思紛紛。畢竟不成巫山夢，畢竟不慰楚王魂。八解。

　　借問梅花何處來，素蕊綠葉非花根。梅花非我性不見，我非梅花誰作心。絕代佳人離世立，孕於風雲梅之真。我欲代此梅花言，寫此梅花真精神。梅花逢雪色更艷，但披寒氣益繽紛。滿堤芳草皆鬭麗，肉多骨少不如君。西施貌清如玉嫩，必與梅花作比鄰。演作梅花詩百篇，如出梅精玉口唇。在地風吹香滿谷，朝天堪插衝雲簪。蘭蕙遇之芳為減，牡丹勺藥不足春。獨有荷花如錦翠，秀氣終遜梅三分。星辰菁華籠諸此，不翅抽盡江山魂。隨他桃李迎風綻，梅花負雪意自深。須聽梅花枝頭語，乃知蛾眉夜思侵。萬言作為梅花賦，為爾捉筆次第吟。梅花有色但自笑，梅花有香但自薰。軒轅宮中三千人，梅枝占盡洛陽春。宮中美人步步妍，梅花顏色番番新。下枝可與作玉勝，上枝可與栖瑤禽。可鑑池中水底月，可射君王臨臺心。不須敷鉛有真白，不須施朱丹色存。朝朝暮暮出陽臺，盛矣麗矣如鬼神。眉舒並驚朝暾出，面掩則如月半輪。霧縠影日細細步，墀聲拂佩珊珊聞。一睇秀色似可餐，再顧不論千黃金。流光將奪芙蓉尾，纖耀渾欺孔雀唇。絕忌明璫結飛颻，切防羽袖征浮雲。海棠比之無顏色，荃蘪不能襲清氛。颦來卉木皆含戚，一倩江山盡生春。旅人見之故鄉遺，征夫陌上半停輪。蕤子山中弛其檐，漁父江頭罷乘緡。檐前花枝故低拂，飛鳥廻翼倦浮雲。君王城國此其傾，銅雀春色此其深。文章陸離本質出，極服妙彩何足云。動止沈詳何容與，盼睞四顧奇態生。九天神蛾歛眉曲，西蜀櫻桃慚丹唇。微睇而視層波動，曼鬋長垂則麕噴。繁篩參差金舃步，移趾綽約過芸蒪。動容多製在溢態，揮霍蟬蛻妖風淋。雲影低低襲雙翹，翠羽拂拂瑤珠簪。沐於蘭湯風璚樹，鳳趾麟文躡花陰。嫣目爛爛光彩溢，蜻蜓點池紅日臨。玉環傾仄力似絕，纖腰玄折骨不禁。眉如飛雪栖鶯羽，面若晴空敷輕雲。綠鉛不能為之皙，焉支靡所加其真。文履洢洢鴛鴦舞，翠髻飄飄蓬萊賓。空詠紈扇出長信，自賦樓東學采蘋。夢中一別白馬子，夜深冷殺如花人。却願太陽放光明，照此環佩月夜魂。九解。

　　借問代此梅花作詩意何為？美人即梅花，梅花即美人。世上才子亦如此，孕於風雲更是梅之真。今朝作為梅花詩，百篇字字皆是梅花口中言。昔者軒轅層城宮中三千人，不欲攀弓不欲騎龍不願仙，但願鳳閣麟苑與帝相周旋。所以班姬、采蘋之徒，自謂容如花，不得到殿前。歷觀古來才子亦如此，說與志士幽人休嗟嘆。十解。

　　我欲贈之江南璫，何以報我崑山珉。五色駮駱有文石，飲於螭潭螺百樽。玉齒嫣然發一笑，能迷陽城下蔡魂。遵大路兮逢白馬，贈以芳華辭麟彬。我欲贈之江離草，何以報之瑤臺雲。肜光四布滿地起，我欲駕此凌紫城。為客高唐有日矣，願薦枕席效微誠。中夜撫枕不能寐，思乘赤虬到玉京。我欲贈之秋菊英，何以報我海門椿。小枝不下五百圍，大枝幾至三千尋。造而為舟如雲樓，漢廣江永可問津。不愁不見安期面，縱步蓬萊如灞涇。我欲贈之麟鬚拂，何以報我雙蛾翎。西飛曠原解羽野，東至云亭奉高城。月出皎兮瞭多美，骨法奇兮動止馴。懷橘解佩待君來，奈何棄之在江濱。我欲贈之闟毛席，何以報我燧林燈。化為精衛隨君飛，河洲吐光學宵明。餘輝照之何不及此，使我涉江獨采菱。弄玉東樓握鳳管，欲見子喬和紫笙。我欲贈之翡翠羽，何以報我海山瓊。龍女藏珠照幽洞，萬樹香風動球琳。臨大路兮結青樓，鼓瑤琴兮繞白雲。彈別鶴兮傷昔懷，刑天鷄兮尋舊盟。我欲贈之七星旗，何以報我崑崙旌。江河南北環若帶，日月東西如轉睛。從此心胸盡闊閬，逍遙遊宴過東溟。抱琴三歲無人聽，一見鍾期諧我情。我欲贈之五雲石，何以報我十洲瀛。天地老嫩洗腸數，三十六碧亂崢嶸。六鰲消息問誰知，龍伯大人自分明。願耕瑤圃種芝草，吸風飲露學長生。吸風飲露得長生，何必臨銅懷不平。十一解。

遵大路兮忽聞白馬之東來，贈之江離，浪取予之心事猜念。夫高唐為客之日久矣，而不能至楚王朝雲暮雨之臺。吾欲懷橘解佩而無由，安期不至，上元夫人眉不開。涉江采菱，此意不能忘。願見子焉，握手而談。三歲不來，心上如嚴霜。卿之來，竟何期，消息更秋越春無人報。令我臨鏡畫眉，愁坐此一空堂。十二解。

噫吁嚱！慘虖悲哉，梅花寥寂色可憐。今古負艷不得意，如此梅花非一端。深谷永巷怨蛾眉，奇士幽人嘯雲間。秘懷鬱抑不得吐，凌霄意思堪同觀。楚圃荃蕙空九畹，上官大夫惡其娟。徒聽子蘭與張儀，騷人遂沈汨羅淵。洛陽飛辯英少年，厝火積薪弩釋弦。絳灌乃曰客紛更，長沙服鳥啼血潺。首陽之西伯夷餓，臨淄以東肥諸田。彭澤空與松菊老，葛巾漉酒終餘年。永嘉心事將誰測，徒詠荊軻漸離篇。河汾獻闕不見收，數奇命促偕子淵。六朝氣運遂淪晦，九疇布衣胸中懸。柳州梓人非不高，徒招雪犬吠霽天。執戟乃取覆瓿笑，誰知賦手擅甘泉。正平何賦鸚鵡洲，使我兩涕不得乾。十似牆中七步才，煮豆然箕淚滿衫。請纓休誇終軍妙，三尺赤組成虛譚。論將馮唐今將老，拊髀頗、牧遺眼前。駕霆答雷氣何豪，天津漫步聽杜鵑。關西虎皮設何為，折柳衹來歌哭訕。誠意正心四個字，雖批逆鱗龍自眠。斯皆絕代稱麗色，堪與梅花鬭芳顏。十三解。

若夫古之玉顏，豈惟永巷之中蛾眉為然？若夫屈原之於子蘭，長沙之於絳灌，彭澤之於永嘉，河汾之於開平，執戟之於甘泉，天津之於杜鵑，斯皆絕代之奇才，可與玉人而爭顏。狂歌醉舞不得用，朝暮化為腐草烟。是皆山川之秀氣，寧可使之空流連。十四解。

若有人兮陵洪荒，鞭撻秦漢恥并駸。胸中梅花真意在，搦管九摸乃七嘆。顧謂侍者取花箋，百韻作為梅花篇。梅花雖然不自道，黃鸝九囀催其前。今古無數梅花客，愁眉不展抱雪顏。凌烟麒麟不得繪，瀛洲方壺與騎筵。不忍梅花風雨苦，梅花媚語細聽旃。縱遇悍夫必墮淚，況其愷悌悲何堪。嗟帝子兮與王孫，廓獨處兮金閨攔。萬抽錦繡裂燕趙，以供掖庭弄休閒。千堤桃李皆籠之，環於𪗋纈蕩塵煩。上林罘罳飛飛撞，多少蝴蝶緣畦翻。乾坤浩蕩日月眼，細禽含情多帶酸。關東關西鸝黃鳥，盡化阿房閣上鶯。江南江北堂中燕，巢於甘泉玉樹端。宜笑的皪儘璀璨，細步輕搖自綽偄。芳心飄飄苦難持，曼睩娟娟恣流觀。兩靨輕雲籠皓月，雙眉飛蛾垂弓彎。腰纖能為鮮卑狀，容艷拂袖倖朝烟。玉燭光輝照八紘，勿使向隅啼其偏。飛鳥為我鳴林端，桃枝為我拂玉冠。青娥臨鏡肝腸摧，永巷花陰鎖少年。梅花影子菲菲翬，披雪萬狀盡可憐。芳草發榮好鳥歌，我獨不得與比焉。可惜衝風凌霄枝，朝暮化為腐草烟。十五解。

胸中有鞭笞秦漢，吞吐三代之雄意。一片梅花，七蹋八舞，揉碎天地間。吾嘗顧侍者而生嘆，取萬卷之花箋，宛轉顧暮，作為梅花詩百篇。歷觀前代無數梅花客，空在深閨洞房抱雪顏。彼燕趙之處子與鄭衛下蔡之粉黛，何不供之掖庭之間以塞萬幾之休閒？籠千堤之桃李，集眾禽之羽翼，而蕩𪗋纈九疏之塵煩。乾坤浩蕩，日月東西放光輝。而何不使草木之精，蓮花之步，輕搖細行到金磚。使我臨鏡九顧，肝腸盡摧壞，不得與芳華好鳥共舞春風天地間。十六解。

君不見軒轅烏號弓固懸，龍髯垂垂總難攀。劍舄空留鼎湖上，幾人隨風到雲端。飛魚被寵者誰子？涕淚雪鉛滿三千。誰與劍書遊萬里？徒使石渠冒沙瀾。七十二臣皆登天，低頭細思悲曼髯。我欲從之跨鶴去，閶闔九重深且玄。當時在世不得見，況能天上睇清顏。說與世上泂髻人，得夫不欲得羽儒。十七解。

竊傷軒轅宮中艷姬麗人至於滿三千。後苑深墻莫不低頭細思，桃樹之下、李花之旁弄曼髯。縱使跨鶴揚州去，豈若得見軒轅顏。所以閨中人，得夫不願仙。十八解。

又不見穆王百歲雖耄荒，西謁王母策驪驦。佳期一去何時歸，白雲長鎖層城墻。黃竹空唱瑤池曲,桃被風彫不堪嘗。春山白鳥信可玩,枝斯之英載玉筐。歸苑蘭蕙半摧折,何必淑姬傷野王。陽春一去花落盡,徒使枯枝眼汪汪。幾人能隨八駿駕,崑崙要非畫眉堂。背人不語去桃下,揮巾拭淚已滿眶。休怪邢妃好故衣,我今無心為新妝。十九解。

荒哉穆天子,何必獨取盛姬玉貌傷野王。層城之中待君不來愁蛾眉,豈止盛姬之一人,何必封淑人之丘再四淚汪汪。二十解。

君不見秦王阿房抵南山,殿下五丈旗可懸。六王蠑蛾鬭窈窕,玳瑁簪謝與山高。寶蓋銜日蛟龍動,流蘇迎風鸞鳳翔。蟬鬢敷敷垂霞彩,鴉黃嫋嫋綽天桃。駕從西垣出南陛,鉛華擁擁殿閣搖。仙壇雲葱灝氣籠,丹樹風臨翠鳥嬌。鄭衛處子笑花影,燕趙佳人捲紅綃。巷老屈指數恩澤,十人入宮九人咷。聞從徐福入海上,方丈仙人不易遭。深宮還願鴛鴦枕,不欲天子泛蓬濤。化為花際雙蛺蝶,為君金銀臺上飄。清魂隨淚飛君前,不堪晝長夜如年。願到君前一言死,敷衽但道別離難。二十一解。

吾壯秦王之為人,虎視六合何雄哉。遠取七國之美人,宮中築為玳瑁臺。鄭衛燕趙之英魂處於此,今日不得幸,明日不得幸,終歲愁眉不得開。今月不到,後月不到,待君幾夜君不來。二十二解。

又不見漢武氣雄方虎視,揮劍入雲四鄙開。北使驃騎探瀚海,西登王母瓊樹臺。方朔神馬一萬里,一日三取碧桃核。椒房誰其霑雨露,荒思长注崑崙崖。長門春色鎖阿嬌,黃金買賦帝不來。徒取暗海潛英石,不念今者志乖哉。幾人得至尚衣軒,中庭梓樹夢難諧。尹婕焉能當主意,洗鉛邢姬亦天涯。可嘆玉階寂寞處,青草冪歷不生苔。明光徒增秩六百,五柞濫收八千材。花枝但觀麗娟舞,幾人得上青雲階。念我舊慣春波曲,猶憶讀賦鞭玉釵。學舞十載芳華度,一斛明珠賜若儕。荔支轉為他人啖,空矜花朵為顧頤。二十三解。

漢武氣雄,三代狹小,秦漢鞭撻四夷,向函谷而束開。晉之懷、惠,宋之徽、欽,聞之羞死沙漠不敢歸。邢夫人、尹夫人、李夫人之外,望恩不得幸,徒垂桃李顋。二十四解。

君不見昭君靚妝至殿前,顧影徘徊宮殿寒。天子一見為絕倒,無錢十萬繪厥顏。一曲琵琶沙漠月,清調萬古取人憐。崑崙八海漢日月,康居、大夏知張騫。天馬蒲桃被恩澤,腐草棄我為腥羶。縱使北胡解華語,朱弦何忍臨風彈。玉面不惜當霜色,九重乃使畫者瞞。於長沙兮為絳、灌,在湘水兮則子蘭。芙蓉玉影汩泥沙，明心清廻不得宣。花根罔埋漢宮徑，香骨將堆長城間。朱顏不得登圖上，歸州虛存明妃灘。盛名之下多坎壈，羊腸不須步步嘆。二十五解。

昭君顏色妙，延壽元來畫不得。琵琶馬上，一到沙漠不得歸。天馬蒲桃，康居、大夏，皆得入天子包荒之內蒙恩澤，我獨北行至死不得歸。羊腸九曲不必步步嘆，但看古之坎軻而不遇者多奇才。二十六解。

又不見班姬作詩詠團扇，棄捐中道恩情絕。來往不在懷袖中，縱有微風何獵獵。終年飲恨長信宮，樓東作賦腸九折。一片思懸密靜處，幽谷蘭蕙誰復悅悅。夭桃絳唇堪奪朱，寒蟬真眉能學月。白鶴孤雌亂叫鳴，昔愆數盡拈花葉。芳菲滿袖無人攜，黃昏愀然望遂輟。徒倚蘭房為誰訴，獨語空堂但面壁。遭命奈何奇且薄，裂素作書燭欲滅。蔭樹尚欲選翠條，躡苔不嫌綠錢劣。供虜末流斯已矣，飛燕譜端何傑傑。不知雪夜期射鳥，還招赤鳳入宮掖。但讀伶玄子于篇，二馮罪尤可細摘。液池不得見天子，總為貝錦南箕遮。結佩不妨艾盈腰，幽蘭自好勿念妾。二十七解。

我觀班婕妤之才，豈在班叔皮之下，飲恨長信宮，中道恩情絕，雖然數盡昔時愆亦何益。作詩盈懷袖，每到黃昏望遂輟。隨爾蒿枝作佩艾盈腰，幽蘭自好，我可度日勿念妾。二十八解。

君不見煬帝新鑿十六院，五湖四海宮中見。廣明翠光窮侈麗，瀛洲蓬萊次第繕。製為新詩寫其勝，聯珠綴錦讚宮殿。銀兔夜夜倒月影，桂枝欲拂娟娥面。樹葉敲戶風作聲，落花浮瀾光若電。東風搖弄腰支佳，曉雲飄出媚眼看。不說梁苑賦掖庭，采蓮自有玉人譔。清管朱弦盡夜聞，窮日踏青鬥榮艷。蘭棹穩穩蕩西池，寒影沉沉菱花旋。淑人侯氏經梁上，十載不得天子盼。文章無過侯夫人，氣凌陳、孔才可羨。一枝寒玉鎖雕欄，祕洞仙葩舒一片。深牆無羽應難出，春風不使愁顏綻。不寫昭君罪可戮，朱棟懸白難自勸。今山不止侯夫人，往往抱珠眠深澱。負石投江事殊多，幽憤滿腔為誰辯。淑影清絕人不知，歸來揉碎花與鈿。專城何須覓夫婿，有麝不妨自馥面。二十九解。

隋煬帝豈有道之君，鑿為前苑後苑、五湖四海十六院。蓬萊、方壺移之宮中，宮人皆曾見，楊素越公之外，群臣不得見面，竟歲不到天子聽治殿。哀哉侯夫人，作為文章盈懷袖，因為不得見天子，自經梁上揉碎花與鈿。千古不止侯夫人，屈原枉死汩羅水，伯夷空餓西山坡。君不用我，我之花心玉面固自在，何必空餓兼投波。三十解。

-459-

又不見明皇之時有梅精，號曰梅妃字采蘋。投諸東樓竟不召，剪刀綺窗賦青春。妙歌雖稱珠一斛，柳葉蛾眉幾曾伸。錦籠荔支被人餐，紅綃和淚寫冤心。廣南貢之白鸚鵡，亦以雪顏媚太真。羞取黃金買司馬，才冠後宮自撰文。玉鑑輕塵時時拂，花心颺颺付瑤琴。黃昏怕聽笙管舞，柳眼愁時鳥弄吟。遺舄而歸為肥婢，復憶蕚樓淚不禁。才藻若斯投閑地，雖賜真珠不知心。清夜不堪望弦月，百壺自斟思益侵。龍顏一顧今何在，息壤有盟竟難尋。鳳奩香浮今懶弄，姑取支機長織衽。三十一解。

采蘋之文章風流、四肢輕妙，非若太真之肥癡。《霓裳》一曲獨能歌，四賦徒作，天子不顧如之何。明皇幸蜀，死於祿山亂兵之下良足多，可與虞美人之流、秋胡子之妻作為一傳，百世之下垂山河。三十二解。

恨不得與髮長七尺陳麗華臨軒靚妝作神僊，錦籠內餐鸚鵡粒。恨不得與蓮花鑿地潘淑妃步步金蓮花磚襲。恨不得化為常山傷魂鳥，丹冠若鳳君懷集，朝暮遊於桂樹側。恨不得飛入東吳琉璃屏，洛珍潔花異香馥，枕箪餘芳散不得。恨不得與戚夫人同為翹袖折腰舞，出塞入塞歌且瑟，徘徊四顧赤龍膝。恨不得與西蜀甘夫人綽約柔態兼玉傾，河南所獻玉人碎，神智而哲不可匹。恨不得與太液池上趙飛燕金鎖雲船纜水裔，結彩戲風愁將飛，君王帶笑意自密。恨不得與常山新至薛靈芸青色牛駕三千里，石葉香噴五百節，築為燭臺遠相照，唾成火齊為玉葉。三十三解。

陳麗華非不賢，陳主用之非其人。使其入重華之宮，則豈不能步娥皇、女英、登比之後塵。馮淑妃非不賢，齊主御之非其人。使其登《葛覃》、《卷耳》之堂，則《關雎》、《麟趾》之意在天下。聞之如玉之女皆懷春，南國被化豈不深。昔之淫，今之貞，甚哉！閨門之中不可無聖人。三十四解。

奈何龍錦織兮玉指捐，袞衣製兮鍼神戚。黃鵠翼剪畢入廁，白虎尾斷吳山崒。夷光細珠穿未成，鄭旦明鏡樹下絕。膠舟遂沉漢江女，湘竹淚斑何濕濕。摧折崐崘瑤樹枝，莫掃深宮眉頭雪。或決東海扶桑波，誰解枕上別離渴。月缺月圓應有時，靈雀戲水影難捉。長夜幽思不可專，絕代顏色多棄捐。梅枝涼風不足恃，羊腸行路步步難。三十五解。

古之不得志者不但薛靈芸，絕代佳顏能保其終有幾人。至虖賈誼有長沙之行，長孺到淮陽之潯，昌黎有朝陽之貶[一]，魏徵仆碑而且停婚。然後知賢者不必用，用者不必賢。官者不必才，才者不必官。苟無大舜，雖有皋陶，苟無成湯，雖有伊尹，終不能轉否而為泰，與魚水而交歡。三十六解。

噫吁嚱！梅花紛披枝亂亂，藩深墻兮不得出，不止長楊五柞怨。顧況浮水寫梧葉，待瓜有書寄歸雁。草木榮枯皆有期，烏兔代謝遞相閃。山間明月欺人老，江上波瀾移顧盼。佳人休負桃李色，才子或孤雲霞願。越隙白駒在須臾，焉有百朝花長豔。潦倒太清美人家，踏碎梅花枝萬段。箜篌休彈別離恨，丹青明誓總難念。鴛鴦棄捐在中路，下體萹菲誰復戀。狡童諸詩不堪讀，英雲綠衣情一綫。聖人刪述胸襟闊，蔓草溱洧亦弗欠。周流風雲探八窟，放眼日月人無間。願借燭龍銜火影，騎魚撒披皆照遍。墨客為之代不平，古今閨篇不翅萬。我今作賦詠長門，風便可帶上林燕。三十七解。

噫吁嚱，草木榮枯，烏兔代謝。今朝明日，今歲後歲。光陰暗過，不覺欺人老。四其翼者兩其足，予之角者去其齒。陰陽之得失相準，造化之待人甚巧。佳人憑桃李之色，而不得誇其妙，才子負雲霞之氣，困而踣之乃其常事不足道。自天授之，謂之天之命，自人安之，聖之教六經皆此意，吾將諷而誦之，以為學士大夫告。三十八解。

君不見秦王初起臨洮城，蒙恬屯兵上郡時，戍卒半作沙場鬼，丁男鮮出玉門歸。佳人不知魂遊處，遙望天末淚濕衣。姬公不為東山勞，才子往往代采薇。墨池飲盡瀚海水，愁氣欲干雁門霓。風吹陽關雲一段，惹得黃鸝在樹啼。織此鴛鴦腸斷辭，付諸邊塞寄纑衣。北風受節征夫行，調砧擣素不勝悲。理篋手攜青絲綫，縫此征袍馬上騎。獨向紗窗背燈語，剪碎吳錦暗自疑。吳錦剪破戒履出，未至東階魂欲飛。望雲低顏色淒淒，停箴私數代瓜期。楊柳盡是傷心樹，桃李盡是斷腸枝。安得化為雲鴻飛，飛來飛去繞君啼。願化清風隨君去，願化遊雲伴君歸。上蒼不知閨人怨，空中何不設丹梯。君淚滴在羅巾上，妾淚化作路塵飛。羅巾拭過長在手，路塵飛去逐馬蹄。鼻酸愁看路旁草，心折憎人言別離。此行苦樂難自保，輾轉濚洄色淒其。結髮已遲出征早，紅日麗景不長持。且看階前桃樹花，一番風擺一番稀。江水渺渺浮藻動，東風浩浩紫燕歸。青門綠楊風吹倒，長安春色取肝摧。歸來夜夢傷懷抱，紗窗朦朧玉兔肥。遙指天上月團圓，與君生死觀清輝。與君生死觀清輝，但愁雪花滿殘褋。滿褋雪花不足掃，但願戍畢歸家早。三十九解。

吾觀秦王之築長城以防亡秦之胡而傾頹，東至於遼陽以為尾，西至於臨洮以為頭，而士卒之死於長城之下者，白骨如山而不得歸。至虞周公之勞歸士，

- 461 -

以至於"鸛鳴"、"瓜苦"之情皆編之為歌，而不遺文王《采薇》之篇，則言及於"草蟲"、"阜螽"之微下之所不敢言為上者，皆代其肺腑而為之辭：陽關、玉門。後世才士千牘萬簡不出此。要之，皆人情之所必至，而非強為之。桃李盡是傷心之樹，楊柳盡是斷腸之枝。望遊雲而自悲，同山猿而并啼。聖人以為情莫過於夫婦，事莫難於別離。文王、周公知之以天下之情為情，故子孫數百年而有天下，雲仍來昴，流奕葉之光輝。秦皇帝不知，故一世二世而即亡。孟姜死於長城之下，白骨積於長城之隈。祖龍抱璧滈池而天下離，驪山未葬而劉季、項籍、陳勝、吳廣之徒荷戈而起，執耒而戰，齊楚各自為齊楚，燕趙各自為燕趙。昔也，出於崤函之外而諸侯走。今也，入於崤函之內而諸侯來。章邯、董翳、司馬欣之徒莫之誰何？一戰於函谷，再戰於灞水，三戰於廢丘，四戰於塞上，白馬素衣而上玉璽。驪山之役未畢，七百人起，帶甲百萬，而百二之河山移。趙高作為偽命，咸陽既殺李斯，而天下之事，遂至於潰散而不可支持。君子觀秦之所以亡與周之所以興，然後知聖人之治天下非其他術：不離人情。而王道在於此虖可稽。四十解。

君不見嫖姚將軍入瀚海，漢武北征驍雄思，但欲犁此老上庭。可憐黃龍塞上兒，可憐隴頭白馬子，雪花如席被單衣，燕山雪花大如席。嚴霜裂指佳人啼，君身寒薄如何當。庭前桂樹玉絮飛，鴻雁寄書書不到，浮雲移夢夢不知。卷帷江水流漫漫，搴簾愁看明月虧。愁容鏡中頻頻露，苦調故在弦上揮。夜色到秋偏綿邈，夏間日影何葳蕤。流水波濤翻古愁，長空飛鳥授遐思。天涯夢中蔑不見，離情但有枕相知。一段白雲紫塞起，南國蝴蝶故來飛。望斷白雲雁千里，忽見綠樹啼黃鸝。玉釵之上雀翹翹，一拚香絲亂飛飛。下階遙折櫻桃花，花枝未折桃下啼。歸而拂枕誰能寐，屈指數漏月漸低。背人不語思沉沉，戶外如聞駿馬嘶。兒騎竹馬來相報，乃曰崑崙消息遲。窗前桃花凡幾見，檐頭瓜蔓幾抽絲。不惜貌膿筋力弱，但恨思苦君不知。四十一解。

識者徒知嫖姚將軍之功，頭虜首級加於衛青之上，而瀚海垂鞭歸，不知一將功成，白骨山積，淚成血點，功繪雲臺。將軍過虜黃龍之府，雪花飛於燕山之南。衣單而馬上墮，指裂而佳人啼。因白雲以寄夢，而君不知瓜期已過。鴻雁寄書不知在幾時。夏之日，苦其永。冬之夜，苦其長相思。相會在何日？日日夜夜，年年歲歲，思君君不知。四十二解。

君不見隋皇東征高麗時，餘威迤邐到月支。阜螽趯趯征夫去，蒹葭蒼蒼來無時。門前新到有車馬，疑是歸來却又非。一夢一覺魂恍惚，設蓍灼龜問佳期。懶到芳洲折瓊草，夕陽欲斜怨落暉。比目連根計乃虛，落花飛空今自嗤。餘香尚在繡被留，春燕銜書在幾時。雲中望鳥徒極目，花折多時堤成蹊。秋色蕭瑟擊樹木，蟋蟀悲鳴侵北扉。隆想積思彌年在，簪玉鳴金步南階。蜘蛛四壁或結網，飛蛾頻拂燭將微。薄暮樹上愁寒雅，清晨涉水采江離。清魂蕩漾欲寄書，青鳥在雲遂修辭。書辭數行雖不多，十函九襲盡其私。若遇王門風吹到，字字句句淚淋漓。離魂萬里一朝慰，拱璧十雙不足奇。下篇白雲長相思，上篇征鴻古別離。歷歷胸臆所不出，寫在札上盡封題。枕上更有獨得語，時自吟哦意最微。此意不得附書尾，征夫讀罷應自知。四十三解。

況虜隋皇帝之征高麗，盡起天下之兵一百三十萬，中國出師之盛未之有，閭左山間無餘黎。征夫跨馬躍鞭出門去，婦人然燈縫裳、設砧擣衣、低頭暗思豈不悲。出門則出門，歸家則無期。十行五行不忍上馬，臉上多淚痕。千里萬里音信相阻隔，何日鴨綠起程復乘嘶草駿馬歸。折柳採花不知凡幾時。積思彌年月，懶去遲金階。寒鴉到晚樹上鬧，燭上飛蛾拂去又復來。一向寄札寫情思，鴻雁無消息。何日歸到，携手復上後苑小樓臺。如聞駿馬鳴，問之却不是。無冬無夏忘却爾，此時此夜絕難捱。四十四解。

君不見文君眉宇如望山，臉際常帶芙蓉色。花枝染成放誕恚，綠綺竊聽意愴惻。當壚徒取親舊憐，子虛賦成漸改德。千金復聘茂陵妹，吟成《白頭》憶黔墨。花朵有時辭故條，龍鬚席上淚點濕。幾人得意不相負，湘竹涕斑不可拂。又不見石家綠珠冠金谷，更有翾風貌若玉。東樓已還綠珠魂，翾風未老霜氣肅。能分南北辨玉聲，詩藻直被陳、孔伏。年未三十為房老，讀其歌辭想清淑。春華未幾秋草殘，顧盼光彩乃儵若。凌雲作賦非不美，世無楊意將誰托。古今奪錦袍者誰，明河佳篇音落漠。鸚鵡筆斷芳草洲，蘭蕙不忍生其垕。白頭不但文君吟，不但翾風摧春蕚。請言閨人別離苦，才客讀罷須自愕。四十五解。

文君臉際雖帶芙蓉色，《子虛》之賦既成，縣官負弩復聘茂陵之女，令人意慘惻。幾人得意不相負，綠珠死於東樓之下。翾風為房老，金谷亦不顧，才子佳人多坎軻。此乃造物之常事，今日執筆為君直言君勿護。四十六解。

遊林者珍木難攀，浮海者清沚不識。西城狂舞移人意，桑門柳下難拋棄。冶容妖態能傾都，電裾緩步玉不音。遊子莫近大路間，青樓處子齒最稚。蔓草勺藥生艷羨，遊魚飛鳥皆駐視。海榴一點世所稀，萬緡不直雙鬢幟。頭上藍田玉為簪，耳後大秦珠誰市。我欲遺之青銅鏡，採桑城隅志不易。錦絡似為花枝牽，馳馬踏青東堤至。贈金將有秋胡愆，却怪羅敷愚不慧。羅敷有夫鬑鬑鬑，使君踟躕緣何事。調笑東城結金絡，五馬如龍擲鞭戲。西施浣紗橋西頭，玉貌蕙心當君意。蛾眉不肯為君掃，蕙草不肯為君寄。何必采花溱洧圃，使其室人夜發喟。為君羅帶日益緩，為君髮蓬懶理治。為君春帶不曾斷，為君長夜牽一綫。凝丹一片雲心在，剖肝與君君不見。奈何留戀東樓女，不憐故園桃花綻。男兒自古行多乖，女子真信長取賤。鶯花爛熳君不念，空使節操秋霜貫。蓬萊幾樹千劫果，桃李幾枝萬年餤。四野蕭條天地老，鶯歌蝶舞韶光換。苕華槿葉能幾時，君不來兮難自遣。四十七解。

嗟夫！丈夫心事恍惚，到底不可多捉摸。冶容妖態何處無，或時東城樓上挑胡姬，採桑大道之旁誘羅敷。羅敷自有夫，使君亦何愚。不如歌東門之詩，絕蔓草之思，於情最為宜，使君何踟躕。四十八解。

已而已而梅何瞋，梅花不須負清芬。紫宮由來忌蛾眉，從古至今非一晨。殿上嫫母召飲酒，呵笞西施使負薪。西施愁來顰更美，學之取笑有東鄰。西施眉間天然秀，千態萬態眉間皺。玉樹四面妖風臨，分明神仙瀛洲邁。妙舞曼歌八座驚，一片錦情鬼神授。徒知西施美眉顰，不知西施神骨秀。芙蓉風披無不佳，榮光疊出裂綺繡。下抽山水所沉鬱，嬌影謫世乃星宿。靈氣鐘閨則西施，化而為梅在寒岫。但道梅花色最妙，不知先天有至俏。梅花顏色白如雪，瓊枝琪葉總不肖。一段香風度雲中，化之則為西施貌。流涕微盼在兩眸，綽約動心惟一笑。環佩玉步皆堪憐，黃鶯不足擬歌嘯。眉間自有瑞霧聚，點水不但蜻蜓妙。奈何長門數幸者，半是東鄰效顰人。緣此西施氣不平，臨風惆悵故云云。四十九解。

已而已而梅何怨，西施神骨天然秀，不如嫫母飲酒長。在殿飲酒，隨他飲酒。秀骨還我秀骨，幽谷蓮花自然香。九重天子，從今以後，斂迹深隱，不必復相見。五十解。

長門怨恨無畢期，靡有膂力可呻吟。秀色斐亹空絕世，搖風不分洛陽春。洛陽堤上關姓氏，九畹關遍還自珍。才枝英品能幾樹，蘭桂以下不足論。奇花異卉出南國，菱藻荷葉畢如舞。獨有梅花能傲雪，牡丹芍藥皆須遜。愛爾精神香且遠，命為花帝百草震。蛺蝶過而不知采，風雨連夜力不任。梅花影子淡且慘，使我淚下弗能禁。杜蘅猶可入楚圃，隸葹何故樹上林。鳳皇已翔九仞徂，鸚鵡亦飛隴山雲。靈毛須有陰陽護，笙簧乃在天死聞。謾誇楚王籠子大，不得羅為雲夢禽。直翔寥廓入無窮，勿張繁弱蒿枝尋。琵琶馬上彈沙漠，總因延壽廢昭君。非是丹青繪不得，明妃篋笥無黃金。江南二喬鎖不駐，銅雀有春空自深。五十一解。

一段秀色，幽谷自薰空絕世，縱無人知有天知。天子不求我，我亦不復求天子。挽駕北行，有酒自飲，有詩自歌，寂寞終歲夫何辭。所以昭君馬上抱他琵琶去，不顧天子之顏色，恨此天子窮年窮月不相知。夜與明月伴，晝與綠草親。天子不尋我，我亦不去天子尋。五十二解。

已而已而梅將搖，懷香自薰在今朝。勿羨得意花枝好，勿入閬苑鬥碧桃。方謀迎春耀旭日，誰使嚴霜封翠條。翠條雖被嚴霜折，芳心歲寒仍不彫。東堂美人何其曠，引領天末趾微翹。懷袖空藏三歲字，不遇飛鴻寄雲霄。書中字字道相思，一夜幾廻到臨洮。欲濟舟楫不肯設，欲飛靡翼可扶搖。可愕轉蓬離厥根，隨風上下不自操。篋無尺羅與寸錦，手中空持快剪刀。燈殘剪刀靡所試，孤雌夜半白楊號。被中不見舊鴛鴦，枕上引起古鬱陶。安得回飆吹我飛，吹我直至青雲腰。化為長空流景繞，蕩漾霞岸弄天濤。騎虹霓影攬虛無，天際將下與君遭。同駕青龍雲中遊，與君同控望舒鑣。五十三解。

已而已而梅何怨，人生世上，光景幾何？昨夕今朝，飛電疾矢，不覺已千秋。縱然洛陽堤上闕姓氏，不妨趁蜂採花浪自遊。借問洛陽堤上名花能幾樹？一見此花，蘭桂以下皆生愁。自從一別君，九春又三秋。鸚鵡西飛隴山去，一步十喚不回頭。漫誇章臺、雲夢楚王籠子大，獨有此鳥高飛於寥廓之上不得羅為他家禽。乃江南二喬到底鎖不得，銅雀臺上美人百萬何足云。五十四解。

天南海北泛清波，釣得歸墟長尾鰲。吞山遂不讓崑崙，我看八壤浮一鞠。日月為餌釣巨魚，河傾勿許馮夷朝。任公三嘆罷其鉤，鯨鯢從此劫祖巢。釣此大魚將何為，將充上帝賓星庖。朝與軒轅黃帝獵，暮聽西山金母謠。三千鐵甲將軍至，七十二臣盡醇醪。宮中共談九素事，舜竹一節渡皋陶。能知天道咨惟汝，邁於八載九河勞。蚩尤干持龍腦椎，飛廉鼓髯目多瞭。拳碎白虎與朱雀，使我俯眉獻神堯。神堯如其不肯受，九鼎不許伊摯調。蓬萊佳客滿堂待，將解明璣而相邀。五十五解。

梅花影子天來大，化為東海巨鰲水上遊。垂引三千尺，巨鰲不上鉤。寄書水中之鮋鱔，爾雖得志不定道。飲海吞月自有時，到底我當為龍頭。五十六解。

已而已而梅何嘆，自古枝無千日艷。鮮彩非不奪碧桃，媚影不論紅蓮綻。但愁雪深梅枝壓，枝頭鳳冠不自見。妙態隨風而飄落，有如佳人失光僟。眉目傾月徒自知，焉得后王帶笑看。素蕊空爾綠葉垂，清飈不至香誰辨。結根瑤池蒂絡深，飛霜彫之枝殘半。春風偶發艷陽質，含光崢嶸誰不羨。幽園將與荒草蕪，芳歇條萎涕淚汕。五十七解。

已而已而梅自慰，我欲因風寄書為爾道予意。縱然人不知，我則有其真。顏色果如花，不必到處誇。天外消息好，無乃是我家。五十八解。

侍者指揮挂簾鉤，風花搖落肝脾亂。箜篌彈之不成曲，羽觴却與憂思戰。春風憐我嬌且慵，玉釵聲膩墮前殿。聽罷黃鶯步花陰，風飄香袖如燁電。鴛紋半織不能竟，頻年消息寡旅雁。冬夜雪深漏聲長，夏月風高塵侵面。為君相思衣帶緩，焉得凌空張羽翰。瀛女吹簫鳳不至，願隨黃鵠到天岸。可探元會大消息，世間榮悴永無患。五十九解。

勿取箜篌彈，彈之不成曲。梅花影子果然嬌，縱無知者我自足。天上光景如飛電，鴻雁消息何寂寂。相思兩字，從今以後再勿講。天內天外，千會萬元，無窮世界亦自廣。六十解。

已而已而梅勿傷，幽谷不出梅自香。天涯地角皆暗浮，梅花何故生悽愴。秋胡納雁而遠遊，潔姿皎皎在空房。精誠匪可南金動，良人心事多乖方。脉脉兩岸不得語，頃爾織錦成七襄。與君參商將終年，每夜待鵲怨河梁。庭前奇樹發綠色，芳菲盈袖我心惻。清曲當戶不能理，紫燕銜泥將何息。長夜獨宿夢偏多，晨起烈風取衣拂。憂來不寐可訴誰，垂楊擺動影如蜮。幽人肺腸處處摧，眼前物態堪於邑。六十一解。

已而已而梅何恨，世事難齊說不盡。南子不必配宋朝，許由不必仕堯舜。瑤琴折碎，清曲不必理。鍾期難遇，高山流水堪自知。陽春白雪，勿以巴曲來傲朕。已而已而，吾生竟有歸，心肝勿自摧。六十二解。

西南懸車輪方馳，扶桑斜陽忽墨墨。東階弱柳度殘陰，樹上晨鷄栖不忒。郭東蒩人休再歌，山頭老猿啼日昃。乃用青絲為絡子，朝起入郊桑枝屈。日暮歸垌蠶作畢，華燈煌煌取魂襲。燈前停鍼不可語，涕淚隱隱飲腸曲。天末王郎不見面，鏡中顏色亦消溢。芳思種種侵繡被，欲化青鳥遊四域。只可垂影謝世界，直窺九蒼為其幕。行盡日月經天嶺，飛過虹霓匿影窟。黃龍負蓋而前導，白虎參駕赤松值。不須七十二鴛鴦，應知雲中影不隻。六十三解。

西南懸車，光景疾如箭。堯舜孔顏，相去僅一綫。繡出鴛鴦樣子，高出一世無人看。巧筆難描，簪花整鈿，豈不邁於尋常之萬萬。誓將日月經天之嶺，虹霓不飛之區，凌空問路尋夥伴。堯、舜異於孔、顏幾何，重華、放勳終不羨。六十四解。

辭春宮兮出世，擇吉日兮華辰。織素錦兮璇臺，覯白帝兮海湄。乘輕槎兮雲漢，陟桐峰兮理琴。摘紅椹兮萬劫，攀孤桑兮干雲。天清兮地曠廻，薄萬象兮蕩春心。窮水宿兮滄湄，放龍舟兮窮津。期鄒屑兮河洛，吞八日兮為神。授八卦兮華胥，承玉簡兮禹門。招黑鳥兮遺卵，貯瓊筐兮桑林。咽八百兮玉字，符神母兮靈文。裁靈鵲兮為扇，張鳳蓋兮高岑。取蕙若兮為枕，席荃蒎兮芬芬。怨靈修兮浩蕩，索胡繩兮紉芸蒣。懼人心兮不察，淚浪浪兮霑襟。過澥浦兮遺彩，折若木兮贈君。六十五解。

吾將期鄒屑於河洛，以報我皇，有何不可。立於伏羲之右，神農之左。執爵而飲，顏如桃朵。急拋世界，無羨麟閣，世界如火。六十六解。

及榮華兮未落，寄寸心兮陽春。悲時命兮不遇，思華年兮齒髫。持青絲兮何為，何長鬐兮餘雕。傷採折兮靡期，顧梅枝兮蕭條。飲瑤膏兮丹泉，陟霞臺兮絳綃。漱金烏兮昆明，食黿腦兮然洲之濤。朝發軔兮蒼梧，暮玄圃兮逍遙。日忽忽兮將暮，懷靈琈兮心勞。詔金皇兮涉余，使馮夷兮鼓舡。歲既宴兮難淹，訪叔卿兮王喬。何旋懷兮輕趾，履弋屑兮為妖。設麟文兮纖席，折縈塵兮細腰。藏妙枝兮不試，登高峰兮樹標。荷衣兮蕙帶，須君兮蘭皋。勿風塵兮蹙眉，有上皇兮相邀。六十七解。

夫既有縈塵之細腰，旋懷之輕趾，則何不與叔卿而彈棋，偕王喬而嬉戲。相期於雲霄之外，無年歲之可記。嗟虖！有奇才者必有奇用。事出意外，遭會風雲，寧無其際？待之，待之，人之責報也。每速天之報人也，絕細。人行不加，窮居不損。抱此玉顏，纖髮如膩。撫鏡臨形，朝夕可以自慰，則亦胡為虖而不得意。六十八解。

籠雕壺兮為照，使燭龍兮然烟。種恒春兮青杖，調四時兮暄寒。綴紺珠兮百斛，織羽觴兮蹁躚。掘焦石兮爛灰，化黃氛兮岱輿之嶺。斧沙棠兮豫章，櫂細枝兮為船。訪長庚兮謁白母，入鴻濛兮不還。臥庖羲兮胡床，遭黎邛兮問天。窮天地兮初闢，到盤古兮以前。啓渾沌兮鐵關，睇玉繩兮抽添。究日月兮出入，垂兩眸兮曠觀。經山川兮幾何，到崑崙兮幾筵。下何郵兮駐節，上何崿兮張竿。謁紫微兮翠蓋，駕六龍兮玄壇。貫九幽兮三光，出四瀛兮八埏。皇路闢兮五達，肅歸湯池兮濯髯。俟清都兮君不來，悵獨宿兮星灣。六十九解。

駕沙棠、豫章之船而過岱輿、員嶠之山，登伏羲之床上而共臥，與盤古之蒼面而相參。無天無地無物無我，道乃可觀。順虛無而體自然，則亦無巧業之可言。七十解。

怨靈修兮不仁，獨華余兮秀顏。服藻龍兮翔鴻，臥火齊兮寶床。食連錢兮靈苗，蔬琉璃兮冰腸。經日月兮不到，至北極兮銜光。張金炬兮為導，折瓊枝兮繼芳。召軒轅兮攝提，窮星宿兮輝芒。日七出兮八落，敲石火兮叩古堂。視一劫兮再劫，如飲醪兮覆觴。咀蘂英兮養素，登清微兮遂良。貢上玄兮潔精，坐瑤席兮象床。讀仙經兮煉氣，入幽閣兮弄明璫。逐蟾兔兮遊，佳歌一曲兮月朗。年已至兮恨難裁，纖縑匹兮新如霜。俯仰江山兮幾何，香風不到兮梅傷。垂文采兮謝世，將以贄兮上皇。七十一解。

既圖八卦，亦無仙經。為堯為舜，為羲為黃。為許為巢，為隨為光。元會無窮，我總不更。道固兼體，事亦雙成。宗孔之時，執堯之中。與雲淵而上下，何窮達之可稱。七十二解。

【校記】

[一] "朝陽"，當為"潮陽"之誤。唐代詩人韓愈的籍貫為昌黎，曾因上《諫迎佛骨表》而被貶官潮州，亦稱潮陽，其《左遷至藍關示姪孫湘》一詩即寫此事，首聯謂："一封朝奏九重天，夕貶潮陽路八千。"可以為證。

代翰篇，寄趙夢白

僑鶴先生於同年中為密契，予割手三十載，欲寄鴻，無繇也。適有以事干高邑者，予曰："當為萬言篇，以寫不罄之懷。"適事者逼我甚急，遂不獲終篇，而先以其半上焉。仍期足為萬。萬，盈數也，不可以訓。然僑鶴之於道則既滿，施之則無愆，於是乎序。

偶發拼者問夢白，將過鄗邑造古燕。東京世祖即位處，授鉞四七有故壇。鄧侯、伏波繪雲臺，投筆得無垂螭涎。棄瓢介子沈樓蘭，掉鬐趙生揭龍淵。趙生二十學請纓，彎弓志在狼胥山。少與三楚周元乎，鳴弓走馬巨鹿間。大宛天駒并踠馳，昆吾巨闕肘後懸。每笑張騫屠月氏，欲蹣賀蘭雪國冤。西極文子氣僝弱，往往同戴切雲冠。鐵冠崔苂睥羽林，長鋏陸離過市鄽。托宿專諸有奇志，結交夷門枕戈眠。西羌北胡心莫逞，蜈硯時與崐崙穿。辭鋒九峽流盡倒，筆陣峥嶸陵燕然。鷸蚌不欲持何、李，樹幟將伏濟南幡。趙子讞刑到汝，歸揖天官分衡銓。趙子為人耻央亡，賦性較頸直如弦。只今綠髮白未瓣，已儕白白鶴翱林間[一]。周子觀兵至張掖，將與毋寡盟九泉。飲馬不敢棄褊筏，醉後臺罷罵可汗。劇孟原涉携手遊，甲冑生虮蟣生鞍。飲恨而歸猶慷慨，青蠅玷璧令人嘆。文子少歲樸且魯，三十聞道漸譜謾。兮謂胸中溧且窘，借箸不滿留與鄭。少白自號長庚氏，著書兩觀宇宙篇。志大才猥如弱波，間從二君拾垂殘。二君騷違不得意，余亦乘驢入函關。緣斯忽邈不相見，輾轉將及三十年。二君通都兼衢路，水陸絡繹時往還。獨余深居崑之岩，鴻雁不獲南北傳。斯諺之日良已多，介紹將到儕鶴邊。雖用細事相誣誘，荊州龍門得再攀。少白氏曰噫吁嚱，儕鶴先生高厓嵰。儕鶴人品比塵世，譬諸孟陬與隴廉。儕鶴文章俯藝林，魚眼明月相天淵。儕鶴胸襟傲猿鶴，儕剟劂滿川巒[二]。二君印印與岠虛，余為囓草甘其間。蠛蟲廢足難致遠，負我而行如走丸。涸轍之魚久思水，作書魴鱮道波瀾。非無五十犕為引，唾喙吞之有其愆。故人不遺絺袍戀，叔夜不乞巨源憐。流水曲惟鍾子聽，驥馬淚為孫陽潸。山川阻隔三千里，烟雲葱蘢泥塗蟠。眷念使者此遣後，寸衷尺幅誰憑宣。不妨作詩一萬字，二十八宿取松研。知爾才雄索雌友，虎眎西東北南間。海上鯨鯢拋餌去，巨鰲驚戴三山旋。緬想二崞西極子，太華少華石如拳。西極作屋巀鄧林，紫石為柱筆為椽。白眼莫待青眼客，尺組難取獅象牽。陵今襄古騁志氣，一瀉九曲代華箋。君為王鮪江湖長，我作叔鮪漭濔湍。魚枕須有丁丙字，雁足遂成蘇、李篇。積年剝膠盡序豁，良夜愜憭皆振彈。跪而敷衽授使者，尼父將候蘧瑗安。我欲草草作俗札，念此道遠使頗艱。輶軒大夫不到幽，靡莽之草浪翩翩。崑崙使者待消息，三朝磨墨寫誠肝。爾行雖急勿怵褊，案前九叩何眉攢。儕鶴先生意中客，指屈幾个在八埏。辭賦之美無壘妆，力量律崛抗馬、韓。方取藝業共伴莫，何恤掃盡千幅縑。遂爾魏盈叱使去，彌年隆想寄九函。文章兩字作祖鼻，性命根蒂並搔探。吾將閶風建九斿，靈鑣之闠相吹扇。儕鶴先生跨白鶴，鶴餐猲車並木蘭。帝閽為爾載玉鑰，飛廉為爾鼓電鞭。日落咸池不可追，崦嵫山下可停船。上浮析津若池塘，下遊赤水如釜鸞。踢倒瓶水東西流，搥碎珊瑚空手看。腰間日月不塀霓，橘中商山何茷纖。詞苑商榷萬古事，與爾登壇作健崣。不為《離騷》之孥父，縱遇六籍亦蠡參。並道易牙知淄澠，還偕輪扁學苦甘。舍筏須渡信陽岸，不許北地獨撐船。弇州寬博猶狎翠，濟南戍削多痕斑。重闢堪輿在此日，取出肯綮手中拈。辭非載道為虛轂，文不典奧辱鉛椠。《周官》漫注康成鄭，《元經》枉撰龍門淹。《子虛》、《甘泉》成字母，《呂覽》、《鴻烈》復說山。沈酒染血方猩猩，比翼紛飛學鶼鶼。空使手足漸惰窳，以致朝暾赴濛崦。我欲橫古論彤管，崑崙為架閣筆端。揮蠡天地之畢始，蘳汎六經之廡欄。丘墳城陴負鋋登，元魏僞調拋鋤芟。直從獲麟遡鴻濛，將邀諸君甋沒焉。角弓不欲張死蛇，學士家口概可箝。阿陽非敢謠下里，采菱延露覷縷彈。塗山須步候人猗，綠水蒼攲體蝹蜿。減酸益鹹具勺藥，攬風參頌唱木蘭。君誠孤峙之介麋，我作乘雁戲江灘。脩札不覺魂征忪，為君名高震騷壇。培塿焉敢睥嵩華，螾蜴亦欲鑿蛟潭。蚍蜉之丘翹趾望，流沙赤水眉杪前。將詔西皇渡白津，與君共啜湍井瀾。杜衡江離不須採，瓊華盈袖九層灣。路轉不周之左角，遂駕八龍搴雲旂。直鞭列缺突無垠，匜視六漠似箔幨。太乙清都吾且朝，勾芒蓐收護欄杆。恣睚而盼意担撟，神思潤瀁目盡丹。黔嬴於是乎來迎，太丙控轡為次驂。春食朝霞五內灑，秋餐淪陰渀濁涓。懶要傅說托箕尾，姑學仁羿妻月蟾。騎龍蚴蟉降大壑，八寓冢寞幾點烟。芥蔕焉敢入高眙，閶闔一臨膽脾寒。九魁環而警蹕之，五嶽憭慄旁作嘆。馮夷曷克來擊鼓，靈圉揭簀乘風懸。庖羲駕辯方堪曲，鄢郢勞商何須傳。滂心綽態者為舞，嫮目曼睩眺步欄。鮮卑細腰作妖狀，孤鶴纖頸獻笑嗎。十日不礙平原飲，千朝將呼玄石眠。夢白之意澒如是，四酎重釀偕汝酣。吾將湘江招元孚，築成糟丘酨朱顏。醉舞八風捐公孫，指髮書壁學張顛。君作大字大如斗，元孚高歌登顥天。少白氏隅目而睨，《華黍》、《由庚》殿其間。迅羽輕足相追隨，遊鷫運鷗互翯鸞。驅此天寶出宇宙，囊其雌雄調辛鹹。二童不容化神雞，度朔為我桃作鞭。欝壘荷戟清詞路，僬荼麾梗插筆山。野仲遊光鼠其影，方良之腦飼蒼鸇。然後文章道大備，腰裹飛兔騰嶄巖。博望已牽西域駒，豫且不至困白黿。西涉大秦經弱水，東過樂浪瞰桑摶。狂猺誅以湛盧劍，魑魅廓之豫章竿。王蛇斷之大皇野，狐匿鼠伏魄猶酸。評史正須遺太初，論詩何必宗建安。璵璠至聞熟上林，玉樹焉得葱甘泉。比目遂遊滻灞水，海若忽出液池間。瑕英符彩能有幾，菉蔪滿砌不堪搴。將種留夷與胡繩，以給夕餔與朝饘。屈宋趑趄何道哉，張左累卵危塔尖。少陵、青蓮城旦語，《虞初》小說置勿談。餘子叢茾於海隅，蚊眉蟻蠓何漫漫。昭明振擷不須秉，《品彙》笯鑊何褸襤。不勝呴唏千古事，流涕將為二君譚。徒生秦漢墟落間，藝囿道喪幾千年。姬、孔覤摹吾弗逡，圖範漂泊沈漪瀾。珠借空踏汧沇水，岌弇慚戴井參

- 470 -

烟。我欲欲口文不論，男兒生既六射天。推倒崑崙腦後骨，掀出玉龍噴海涎。折取若木代管城，刷禿扶桑渤澥乾。耆鰲雄鯨涌天吼，吞舟倒浪銀皮翻。鈞天洴醒趙鞅夢，鳴球須遞夔足宣。《八索》、《九丘》淪岱嶽，《莊》、《騷》數子差可觀。遠遊天問稱澔㵞，秋水鯤鵬何蟠蜷。觀濤《七發》堪折指，咤齊《子虛》出比肩。西都東京骨纖弱，執戟漫與童烏玄。《長楊》、《羽獵》頗弩張，《法言》局促既月弦。吾於潘、陸何齒頰，曹、劉纏韻較便娟。摻衣升堂許杜甫，入室課妙將謫仙。何、李旗鼓不相下，七子塡窴在眼前。援戈極力殆魯陽，捎㨃浪涉風雨壇。我生甕州不見天，鳴於幽谷如寒蟬。卷甲不敢出澠池，制龍焉能施毒鞭。犨麋難作龍陽態，壽陵冒欲步邯鄲。江漢洪於樹麻城，高邑扶轂駕並驂。二子少年釋褐時，要我詩盟參京燕。夢白黶驢目有神，一斗百篇大句傳。東海洪濤在一吸，日月兩輠罔觳擔。遠望蒼松古岫插，細睇江水芙蓉涵。譬諸邢妃淡妝出，尹婕不覺涕淚泫。武陽氣蓋易水上，失色秦王殿柱邊。欲與之角力不敢，殆類童叛槍靈㦖。分襟乎茲三十載，仍聞夫子抱紅顏。去年翔兒過高邑，道爾能詠《子虛》篇。嬰姍勃窣上金堤，與君妙管匹嬬嬽。到爾一飲能一石，炙轂恢諧鬚鬖鬖。道爾門頭靡白丁，公卿刺名車徒喧。長卿何足當吾子，季布金諾傳秦關。惠我間書數字至，紫霧明窺渾豹斑。晚作誠於詩律細，猿臂仍取鈎弩彈。風骨綽綽何捷獵，諸君氣力殊尫單。獨峙孤峰如蒼鷹，凌風逼雲佳羽翰。后羿彎弓得雀目，任公垂釣空浙川。鵬鳥勿於榆枋索，驊騮却欲齊步難。雄辯不殊平原侯，天人驚倒淳邯鄲。錦繡段馮纖指裂，珊瑚樹用鐵如殘。客獻三尺素絲絹，琅玕擁擁傾金盤。樹頷鼓頰笑西北，盛名狼籍滿東南。少陵製使右軍掃，兩絕詞人但旁觀。矧予生長蒺藜村，爬山第摘酸黎餐。熊蹯豹胎八珍列，豈堪入君之喉咽。嚴陵富春一夫耳，客座猶能動星躔。況茲西嶽玉井蓮，托根崑崙丹水湍。祛魔風到浧顏色，珣琪葉了弄清瀾。貴人頭上縱不簪，芳態幽谷堪白憐。桓伊笛聲何處吹，三弄欲待子猷船。安得日月會龍猷，並訪二魯駕艅艎。飛雲蓋海鼓柂子，榜人流喝蕩桂槳。帳羅居廬之勁矛，駢脅之士如禺強。旗鼓紛紛動江上，披髮鬖鬖走陸梁。䖑夫戴鶡為護衛，青屋蒨斾於是張。羽蓋朱華明往路，前命句始後橃槍。葩瑤曲莖蔽紅日，蠱艷要紹侍洞房。壯思逸興相飛馳，扣舷而歌奏新章。石菌靈芝咀嚼之，欲凌天池絕飛梁。舞廻女床之鸞雛，簫招丹穴之鳳皇。曲終則閿之王夏，巨箏騷殺徹昊蒼。顧謂鄒衍吹清角，還請女媧調笙簧。水豹潛牛皆出聽，神䲐耆䱱頭昂藏。

甲乙之帳懸赤壁，漫衍之戲學武皇。麗於潎瀿之小州，狀若松江供君嘗。瑤席四布候夫君，兼之薰肴並蘭湯。捐袂遺襟將贈蓀，設鏞陳簴請宮商。爾時撐眼望吾子，相思一曲度空桑。孔蓋翠旍幨媿人，紃瑟瑤琴斑鏗鎗。於焉遂泛洞庭湖，返舠還飲岳陽樓。思與子僑化白蜺，拚飛大鳥啄芳洲。靈蛇吞象真可怪，雄虺九首復何求。歸墟之水飲不足，玉枝瓊葉懸圍嘔。庚回荷劍何儃佪，蚩尤負笈作前郵。布衣氣岸凌白日，何必靦姡乞封侯。一言九鼎黃卷在，荃何為兮鐭眉愁。吾願下山採糜蕪，蕙帶芝裳浪憁憁。日暮停檝纜水裔，要眇起舞玉珥抽。虙妃女岐充瓊幃，理冤不須干蹇脩。湯谷濛汜停箸間，何不散髮鼓枻遊。旁窺六極若甕牖，下探八柱如水鷗。何必坐之幽篁中，南冠學彼鍾儀囚。風穴還命飛廉掘，電藪復喚豐隆搜。礔礰砰磕而騰去，鷽鳩唧唧不能儔。不必指南導鐵轂，自有攝提運衡樞。蒲相之馬出承華，駕駘駁駁不相侔。鄩都譬諸青骹捕，麻城譬諸飛鶃浮。翠帽金較互輝映，駘盪駁婆如縣疣。擊鐘安肯希張里，濁氏連騎殆蟒蟵。月虧珠減應天象，托辰貫虹戴金兜。才子英氛橫霄漢，玉觀璇題非所留。騰遠射干筆鋒走，玄豹白虎紫石遊。春田驅馬踐雲夢，秋蒐張弓射之罘。纖阿之御不為巧，蒲苴之弋與神謀。紫貝紛紛出池底，駿鸃雙雙飛銀勾。駃騠三日超其母，五白一呼成梟牟。聊浪儲與靡不備，勝彼烏有獵青丘。陽都却與犢子會，蛾眉一曲孰能酬。瓦缶罔識咸英眇，韎禁勿須奏韗韖。孫息九雞不為危，宋人棘刺就母侯。天孫妙手織雲錦，衛娘鬖鬖鬘妝樓。大雅新聲調元氣，巴姬不必唱蠻謳。箟簬之竹高十丈，桂榝豈堪裁箜篌。干鏌夫婦化為劍，扈稽昆弟鑄作勾。應有俞騎來引路，前逸駱駝覓水溝。我取白鷳易雙璧，君勿驦驪悋唐侯。西織橦布輸劍閣，東負鶴唳出石頭。與君涿鹿作大戰，即墨城下火九牛。馬肝可以當方伯，聲垂八區亦奇籌。玄枵歲次誤西征，翼軫却為藤閣尤。乃奇張華識龍鮓，獨是嚴遵知牽牛。新豐徒徙屠沽兒，柏谷濫封羽林郎。區區不能廻皇鑒，穎水牽犢謝陶唐。夜半步月東欄下，懶指玉繩與瑤光。長樂鐘聲今寥寂，彤楹繡戶在何方。姑學潛水出梓潼，竊慕叔敖封磝岡。休移西伯菖蒲嗜，願嚼文侯晨梟腸。為衣山中採樗繭，作麵蜀江收桄榔。青珠黃環潛腹裡，巨萬藏鏠須厚亡。猿父猱子可作伴，鯨魚何必候靴霜。扛鼎時召都盧子，棠谿之劍立負牆。無以此劍弗蓬蒿，無以豹韜盛澤瀼。勝兵百萬出蘭錡，律魁統之亂騰驤。逢蒙見之為樗杝，欲野歇山似天行。獨攜周鼎擊嵩高，手控枉矢射天狼。鴻藻景鑠舖當代，繡柟雲楣結幽岡。東壁千仞何赫戲，茅屋刺星駕文昌。吾將緣梯而北上，直登太儀造玉堂。俯視禹州九點露，何殊载蠋牽我裳。璚華樹之於東扃，赤瑾取而列中唐。筳敲虢鐘和伯牙，彈厥大筝黜蚣蝝。將與慶忌競捷木，更同要離斬水汪。決茲海涯滋鄧杖，疏彼江波灌豫章。安能作爾偓促態，俾我靈懷不得彰。驥垂兩耳思伯樂，弗同鉛刀試鋒芒。五山之精鑄風胡，刊木登岣誅梟楊。八維於我為後扈，六霝儵焉戈前廊。懲炎吹鼇知無補，臂折為九意佺攘。草衣攝葉不堪著，羸馬蹎踣欲何蹌。朝發葱嶺路儃佪，夕越蒼梧增懷悵。腰間更挾筦簬箭，彎刀在囊刃如霜。麟角嶤嶤不見瑞，椿木櫹糁枉自長。秋鞠菸邑幾日黃，狂犬猖猖懼我傷。邑犬群吠吠所怪，念此不眠曙東方。篇薄雖解何處贈，歲華曶曶越中央。彭咸所以任重石，玉珉同襟心悲愴。鳳鳥在笯非所宜，伴處僻域思彷徨。欲將此衷告堵敖，帝閽不肯闢靈窗。從斯解羽曠原野，虛弓不堪勝箭瘡。九衢朱華植幽隴，象箸乃取藜羹嘗。女鬢謠諑不肯止，皇輿杌楻不獲匡。欲取肺腸獻重華，上苑無地種疏麻。深閨非無娥孃姿，瓊玖誰肯報木瓜。轑上有鷹長懸饑，雪中無兔枉張罝。烏烏之曲多屬耳，有琴切勿學瓠巴。將與夢白論文事，使者催我秣駿騢。聞道雖百難自滿，願謁海門請大家。萬言有意不得終，鹵莽成章思紛拏。脫或風便鴻鳥至，不妨重寄書五車。撫弦暫取六百語，貢之琴堂笑綺紗。為君作書成消渴，介旋應頒綠昌茶。先取三百韻營魄，還有長說寫曠遐。直竢翔豚赴春官，補足萬字上法衙。

【校記】

[一]"已儕白白鶴翱林間"，細味此句文義，當衍一"白"字。

[二]"儕刳剛滿川巒"，案此詩之體為七古，而此句僅六字，文義欠明晰，當有脫文。

周雅續卷之十三終

周雅續卷之十四

北圻賈鴻洙憲仲選輯
西極文翔鳳天瑞裁定
北海孫三傑淑房參閱

南憲仲字子章，號次原，渭南人，軒仲子。萬曆甲戌進士。官縣令。

答友人

榆柳蔭長衢，炎光散紫霄。廻焱起天末，高樹森鳴蜩。翩翩雲中侶，馳翰時相招。埃塵飛昨日，風雨灑深宵。而我成間隔，咫尺千里遙。撫心對明燭，飛瀑響清廖。晨星如爛漫，携酒振華鑣。對酌層城陰，探頤竟崇朝。

苦暑

樹木鬱蒼蒼，飆風鳴未歇。永夕不能寐，起視星辰沒。朱光忽已升，丹氣射殘月。沈抱何由宣，徒勞懷積雪。況當疾始瘳，煩襟中自結。顧瞻雙黃鵠，一舉浮景絕。願言附修翼，遙遙集天末。會須凌華巔，永與喧囂別。

秋日，集白氏園亭

命駕適芳館，飛蓋層城西。林色鬱蒼蒼，流雲相與齊。幽鳥啼夾路，細柳被長堤。流盼矖川陸，振衣凌高梯。神超八弦景，意托三秋蘼。良朋敦夙好，馳翰相招携。放情極日昃，嘉會安可違。

華山道人閉關處

上古冥寂士，杜機于此山。千載閟石室，劃然開雲關。孤鶴伴玄髮，五芝駐玉顏。何當生羽翼，共爾出塵寰。

夏夜，與友人對酌漫興

城隅日西頹，遠壑含夕霏。群鳥歸平林，檐楹度涼颸。颶颶滌煩襟，良會及清時。華燭照綺筵，芳醑泛金卮。感彼蟋蟀吟，詠此唐風詩。高歌舒懷抱，欻欲凌風飛。夜闌樂未央，露下沾裳衣。

詠黃鳥

黃鳥出幽谷，芳春遷高岡。高岡見玄鳳，日夕餐瓊芳。豈不懷舊巢，千里徒相望。歲莫驚風飛，玄鳳歸雲房。情素將安陳，短翮難頡頏。長鳴睇雙闕，俯首空彷徨。

夜燕友人邸

火雲屯西陸，層城含景光。丹氣吐炎埃，蒸雲鬱以翔。際曉困簿書，薄莫登君堂。神飈吹零雨，蕭條一何涼。倏睇天宇澄，列宿互低昂。逍遙臨前墀，樹不鬱青蒼。皓露被芳茝，意氣相馨香。雖無弦歌聲，玄言灑瓊芳。厭厭不知歸，喈喈晨雞鳴。淳德令心傾，永矢安能忘。顧茲鴻鵠羽，願言奮翺翔。

秋懷

杪秋寒氣發，草蟲鳴荒除。搔首見紅雲，雙闕百丈餘。野鳥翔閶闔，金瑠夾儼輿。玄旻何悠悠，原野日蕭疏。清霜加群木，黃葉紛郊墟。常恐淒風至，寒沼瘁芙蕖。願言騎黃鵠，振衣歸敝廬。

寄贈帥侯赴召二首

凌晨步前除，門有遠行客。雲白關西來，手把書盈尺。為報我明公，華旍動行色。徵書逼前期，虞廷正側席。驪歌傾渭城，遊子情何極。

- 475 -

又

恒嶽何嵯峨，繚繞如朝宗。中有黃金臺，王氣鬱瓏葱。緇衣軼古道，循吏儼雲從。治行推公最，應簡大明宮。所志在四方，何以慰慈容。

除夕書懷

落日照恒陽，明霞流餘絢。眾星忽已繁，爛熳皆可見。斗回氣已改，感來懷易倦。信美非吾土，而況羈纓弁。緬憶清渭遥，坐惜芳時換。嘉會阻高堂，塤篪隔遊衍。安得凌條風，歸及椒觴宴。

過邢子愿彈琴室

宓子昔為宰，彈琴不下堂。當令返淳樸，豈直著循良。君子有幽室，千載楊其芳。對客拭龍唇，列宿動光芒。

郊原有懷

出郭風蕭蕭，遊目矚山隅。翔雁歸沙塞，感慨悲離居。達人志四方，眷戀欲何如。但傷生別久，庭闈定省疏。回首阻高山，能不增煩紆。

春日遊華山，歸至華州

朝飲蓮華峰上水，盡日攀緣石磴裡。歸來烟霧洞門深，淒淒風吹花亂起。微月明星照澗濆，周行西去達咸林。咸林應須暫駐馬，況有同心舊主人。

詠王氏庭前竹

階前萬竹擁高檐，此日升堂具爾瞻。紫籜參差穿綠野，翠梢掩映入朱簾。朱簾日暮濃陰覆，復有琳琅聲戛玉。但教雨露常霑濡，佇看青鸞時下宿。

長歌行，次涿州，夜懷京邸諸同年

北風蕭條夜氣凉，平林搖落烏鵲翔。落月皎皎映星梁，流光徘徊獨空床。攬衣起視眾星光，輾轉懷思心內傷。西方美人鹓鷺行，容輝咫尺遙相望。援琴發軫奏流商，高山峨峨水湯湯。曲終踟躕步東廂，安得賞音在我傍。

臨發江南,曉望

倚舟江上望,江樹遠參差。積雨初晴後,遊人欲發時。風烟那可盡,去住總難期。最是思鄉切,偏驚北雁遲。

立春後除夕

菜盤春正好,柏酒歲方除。千里親闈遠,三江旅夢虛。爆竹驚愁起,庭梅帶雪舒。白下今何似,關雲雁更疏。

遊杜工部草堂

聞道草堂勝,窗虛面水開。長年勞想像,此日一登臺。萬里橋西過,百花潭北來。夕陽疏樹影,欲去首重回。

對月席上,得深字

絳燭燒清夜,棲鴉藏竹林。回看知月上,相對坐更深。星影搖秦塞,江光落蜀岑。雞鳴不自覺,轉使動鄉心。

蚤發新都,與子興弟言懷

際曉發江濱,東風媚旅人。花光含露潤,鳥語入春新。行路悲前事,趨庭愧此身。好將匣裡劍,共汝渡延津。

梅嶺道中

迢遞躋梅嶺,風塵兩髻垂。雨來千壑暝,雲重萬峰低。不是庭趨日,還如鯉對時。參差蒼樹色,掩映落霞奇。

棧道有感

去屬三千里,遙天八百賒。龍江上牛斗,鳳嶺下烟霞。漢相追奇地,唐人避戰沙。英雄俱夢幻,風雨萬溪斜。

登耀州城樓

役祠當關輔,輿圖存舊名。五臺藏古洞,二水抱孤城。鳥入高原迥,雲歸大漠平。登樓烟樹合，作賦最含情。

遊瑞泉觀

尋芳登古殿，張宴俯酒湄。半嶺仙音度，遙空練影垂。渚蓮紅歷亂，堤柳碧參差。清覽疑蓬島，芳樽醉不辭。

再過耿氏

郊外扶筇去，重過野老家。香分千日酒，風亂一溪花。草澗浮春水，楓林上晚霞。漁梁看不遠，隨處是生涯。

久雨

漦城八月雨，宿霧幾時開。坐抱青山濕，行侵綠野苔。風微葉自落，雲密雁難廻。獨有長安菊，含滋渭水隈。

羑里

西伯胡羈此，艱貞事獨夫。三分屬周鼎，六畫演義圖。風偃潛龜草，雲垂集鳳梧。荒臺連野色，駐馬獨躊躕。

琴磚

有器崩崖出，携來帶白雲。名元依爨下，陶豈自河濆。音響流虛腹，塵沙暗細文。郭公稱絕技，留可奏南薰。

花朝，懷渭上兄弟

春來長作客，遲日此亭幽。紅蕊欣俱吐，青樽笑獨浮。鷽遷喬木末，雲渡遠峰頭。每羨春歸雁，雙雙集渭流。

華州王蓮塘同年招飲傳芳樓，兼示晜季諸作

王粲藏書處，群芳萃小樓。三峰佳氣合，二陸雋才優。床上風翻帙，花邊鳥集洲。夜來星漢動，應是劍光浮。

二

曲江曾並轡，華下復尋君。把酒邀晴色，論文倚夕曛。歌翻鄴樹雪，夢破謝池雲。明日重回首，相思一水分。

寄侯子建年兄

憐君千里別，魚雁一春遲。谷鳥遷愁我，皋蘭把贈誰。不成命駕興，空憶看花時。千古荊人淚，猶當獻璞垂。

洪戒寺同姚、湯二生夜話

帝里元佳麗，相尋古剎幽。諸天涼月上，初地火雲流。海內萍踪合，淮南桂樹留。蕭蕭禪榻夜，得句贈湯休。

送張育齋、馬裕庵還秦

握手憐張仲，臨岐惜馬卿。如何抱雙璧，不一請長纓。春日雲回雁，關門柳囀鶯。庭闈君漸近，遊子重含情。

過雷奉常

清朝多暇日，漫過太常家。玉盌香浮蟻，冰盤色薦瓜。涼颸來陌柳，驟雨落檐花。拚飲寧辭醉，雲開五鳳斜。

淇縣道中

別家曾幾日，為客似經年。遠樹東連魯，長河北抱燕。人經斜照外，雁度暮雲邊。赤縣猶千里，搖搖客思懸。

宿趙州苦熱

駐馬炎蒸逼，登樓夜未央。三星臨遠塞，孤月下虛堂。移席侵零露，開襟受晚涼。步檐頻不寐，朱夏漏翻長。

曉發滁陽述懷

遙遙南邁遠辭親，心悵重闈隔渭濱。姜被夜侵霜氣冷，萊衣春映柳條新。

環滁山暗連風雨，入洛車輕惹路塵。遊子未歸鄉思迫，不堪跋涉越江津。

邀客避暑東園，值雨

邀賓避暑掩柴荊，簌簌林端急雨鳴。風動渭川搖野樹，雲侵豐嶺失山城。蛟龍久蟄乘時起，草木方焦待潤榮。凉氣滿堂炎燠散，披襟且候月華明。

長安道上懷渭上諸友

長安陌上柳初黃，曉日晴風拂客裳。八水波光涵華嶽，五陵霽色照咸陽。人穿林塢新鶯囀，馬踏溪頭細草香。寄語渭濱同調者，春花珍重曲江傍。

春日，役祠諸君子邀遊五臺

昔年獨負尋春約，茲日同為選勝人。載酒馬卿多病後，看花杜甫出郊晨。輕雲杳靄山河媚，細雨霏微觀閣新。取醉歸來興未盡，翩翩聯轡踏芳塵。

客舍有懷

薰風已遍山城裡，獨坐空齋意惘然。到處花牽三月恨，誰家酒借一朝眠。隔堤綠樹鶯聲渺，當戶紅榴蝶影翩。自是遊來踪迹異，美人咫尺在天邊。

東郊迎兄

夕陽杳靄出郊遲，堤柳依然似去時。易水黃金何日實，荊山白璧幾人悲。春鴻已接天邊翼，池草還牽夢裡思。莫向庭闈嗟落羽，綵衣同上萬年卮。

夜坐，次伯兄韻

五車書史何時足，燈火蕭然二十秋。遙向禹門瞻氣象，近從顏巷識風流。鷄聲聽徹偏催曙，梅蕊持來欲亂愁。長夜不妨多雨雪，羲皇應與夢同遊。

除夜

弱冠明朝又六春，年年此夜愧儒巾。蒼龍氣轉當除歲，玄律音移已正辰。勝裡棣華聯綵近，燈前柏葉引杯頻。遙瞻斗極風烟迥，亦自嵩呼祝帝宸。

將赴雁塔喜晴

一夜晴光萬里開，文昌流景溢中台。綵毫花自雲林發，丹桂香從月窟來。池畔卧龍冥海種，江頭遺構豫章材。明朝載酒追遊處，誰是甘泉獻賦才。

黃梁夢[一]

夢裡盧生何處去，道旁檜柏晝陰陰。雲浮古殿蓬萊近，苔滿空床歲月深。睡破黃梁埋熟釜[二]，丹成玉笛斷哀音。經過此地無窮感，萬里風烟日欲沈。

【校记】

[一]"梁"，當爲"粱"之形讹。
[二]"梁"，當爲"粱"之形讹。

河西候内父話別，次韻二首

秋風渭上睽離久，八載天涯會面稀。叱馭屢嗟悲蜀道，彙征初喜赴王畿。薊門道上塵隨馬，潞水橋邊柳拂衣。自愧不能成宅相，空悲落羽素心違。

相逢無那又分攜，舉目長安萬國西。甥舅自成河上別，詩篇猶向醉中題。緣堤草樹三春暮，逆水樓船一望迷。關市及瓜期已迫，津頭惆悵白雲低。

野望

曠野秋深花已殘，層城遙見舊長安。低空隱隱重樓斷，古道茫茫細草寒。萬里黃雲愁玉塞，十年青簡誤儒冠。未央麟閣頻回首，落日誰登大將壇。

雨後，恩榮宴呈兩榜同年

憶昔迪鑣題雁塔，于今隨步集龍墀。俱陳漢殿天人策，總屬明廷雨露私。香惹宮衣分柳色，杯浮春釀映花枝。微才獨愧逢熙世，欲報涓埃祇自期。

正月十五夜，同僚佐登樓燕覽

滹水遙光帶暮曛，恒山佳氣抱晴氛。樓通青嶂娟娟月，亭逼丹空渺渺雲。穠李落梅何處遍，鏗鐘考鼓幾家聞。閭閻未遂豐登樂，敢罄金罇到夜分。

舟行

迢遞淮南樹，依微泗上樓。漫搖青雀舫，飛度白蘋洲。

連山道中口號

雨晴草色連野，風引花香襲衣，橋斷馬嘶澗水，山深鳥語巖扉。

雪臺觀訪劉道士

拄杖憑虛一問師，白雲深處卧松時。道人不語長生訣，終日雲崖只茹芝。

吊墜崖僧

壬申九月之望，余遊華下南塔寺，見壁間黑迹，疑而怪之。老衲曰："歲之四月，弟子有為母疾禱於嶽之飛僊崖，俄而自墜，蓋以身伐之[一]。"問其年，未及二旬耳。噫！真耶？偽耶？世固有傳是說者，何惑焉！而汝輒蹈之耶！余獨取汝赤子之心，而惜其未聞儒者之道。然猶怪夫世之讀儒書而置父母於不顧者，汝亦奚憾焉！因有絕句吊汝，汝其知之否？

為禱飛僊去路賒，孤魂望斷白雲斜。堪悲死孝投厓者，不及林中返哺鴉。

【校记】

[一］"伐"，疑爲"代"之形訛。

芭蕉雨

階前際曉綠新滋，色映南窗午未移。昨夜雨聲飄葉急，莫教便洗舊題詩。

觀還，約邢四同舟，不果，詩以嘲之

江梅岸柳總堪憐，雙鳥朝回二月天。却笑南亭邢茂宰，風流不上李膺船。

李時芳 字惟榮，號兩山，武功人。萬曆甲戌進士。官觀察。

郭鹿坪拜遼陽參知，便道歸里

兄弟相依歲月深，臨岐天地亦蕭森。為郎玉珮承鵷鷺，執憲金城護羽林。白首風塵雙別淚，青山夢寐一歸心。芙蓉華表皆遼闊，塞雁那傳萬里音。

周公化遠遺書畫，獨負宿約，詩以見意

玉門天闊嘆浮槎，折得雲中薜荔花。素練瀟湘吞日月，彩椽烟雨起龍蛇。漠南獨擅王生賦，汴上宜虛公子車。空負青牛千里約，春風倚劍夕陽斜。

秋日，澄心亭留酌胡荆甫、周公化、許子長，得"寒"字

落落荒陲寄一官，逢迎高客具盤餐。風含薜荔關雲紫，月照琳瑯夜色寒。初地上乘誰到岸，中原大雅幾登壇。抽簪與結青蓮社，五嶽音書動羽翰。

寺中感懷

伏枕空門乍雨晴，關城新草傍愁生。唯將尊酒消長日，何處題詩寄遠情。半百行藏羞白髮，幾人顧盼按青萍。閑揮流水酬知己，世路崎嶇不易行。

王道純字希文，號熙宇，長安人。萬曆甲戌進士。官憲副。

改門

高大從今古，居身自有閑。但令停車馬，何事競俛班。晨坐隨風啓，夕遊帶月關。更須開三逕，二仲可相攀。

聞鶯

不晃金衣久，朝來復此鳴。坐臨槐並色，聲與曉俱清。偏自催詩興，仍關求友情。淹留知去什，秋日少南征。

讀杜少陵祠

川自華原界，祠從故里開。一溪通峪脈，萬竹倚山栽。眷戀憂時老，縱橫作賦才。知音陪祀在，杖履共徘徊。

秋日，束季鳳諸晜弟

瀟灑秋光好，催人詩思來。長城雄五字，鼓吹奏群才。初試霜前雁，未連

暑後杯。枯腸芒角隱，偏得剩清裁。

友人贈京醞，酌而志感

曾經三錫宴，誰道此重嘗。點點杯中物，盈盈天上漿。悲歌思壯士，消渴潤枯腸。巴噢吾焉敢，涓埃報未央。

山居

不向山中住，安知林下情。塵稀心自遠，慮澹景逾清。虎穴忘機履，雲芽習定生。移文總有客，無起北山名。

送大參吉源房公入賀

冠裳萬國共朝天，持獻誰如漢使偏。露瀉峰頭凝碧玉，桃擎池上靄祥烟。鳴珂紫陌秋風裡，錫宴金門夜月前。內拜還看承眷顧，定因簪筆憶當年。

送楊助吾水部即事蜀中

握手清談暫欲分，遙瞻劍閣靄秋雲。不緣使者星軺度，誰發尚書石槨文。華萼樓臺餘髣髴，錦江烟霧尚絪縕。西風回首休惆悵，且向雲安試一醺。

秋日，懷李毓華年丈

木落天高過雁群，坐看西北有浮雲。美人應繫蒼生望，辭客偏憐白社分。驄馬風流何處轉，賀蘭芳草醉中曛。向來卜築長安市，連璧成名只為君。

戲贈張徵君竹逸

徵君何處詠風烟，獨坐停雲思惘然。詩律將無工晚節，新聲似是屬當年。何須不下陳藩榻，莫倚曾登魯叟筵。市得胡琴肯舉碎，宣陽聲價倍於前。

月夜林中，同謝芑濱蓬門共酌

僻地經過夏木清，況逢纖月正初明。一行澄影幽人步，三匝高林宿鳥驚。似有新詩憐謝朓，將無學術問更生。留連不惜清樽倒，風露催人斗已橫。

諸將

河西忽報洮洲變，林下初聞也自驚。豈謂盡捐雲鳥陣，翻然空負歲時盟。那堪千里列戎幕，忍見孤懸拔漢旌。雪耻終當屬虎將，只愁西顧動宸情。

送陳應虹方伯總轄西蜀

龍門幾度繫予情，此日春風欲送行。蜀地迤邐錦作水，楚材高潔玉為名。有懷授簡親函丈，無計執鞭報去程。聞說松州烽火急，即看開府藉前旌。

送李實吾巡撫延綏

高標磊落媵雄名，樗散何緣見目成。幕府今開唐拓地，軍容元樹漢時旌。春回花馬千營暖，月上榆林九塞明。勳業應須歸李牧，遠猷還復受降城。

贈王肖洲孝廉

幾度逢君興欲賒，清才況自出名家。當年憶共琅邪派，此日期同上苑花。庾信江關詞賦苦，仲宣樓上雁行斜。人生適志聊為樂，暫對清樽莫嘆嗟。

示成都千兵繆愷

荷戈見爾三城戍，執簡今從萬里來。似是芳年不好武，益憐蜀地故多才。薊門風日應初遇，大路岳蓮可盛開。谷口子真還憶汝，江山多少入詩裁。

送李瑞泉二府遷比部員外

辭郡為郎赴帝州，真如陸海泛仙舟。西曹意氣從來重，櫻下才名可獨收。奏事應趨明月夜，懷人肯上白雲樓。紅亭綠酒看新事，目極傷神憶舊遊。

雪後有事南郊，望終南寫懷

衝寒迢遞盡終朝，面對南山去不遙。積雪光搖失青霭，行雲影净得岩嶢。此中佳處非吾事，若問真源定見招。寄語山靈容買地，終須結伴老漁樵。

新正，同胡紹溪諸友小集蓮池新亭

小徑通池路不賒，含烟新柳未全遮。從來兩岸堪留客，此日一泓擬泛槎。

鸛送銜魚供縷鱠，杯傳席地坐趺跏。江山元自添詩興，好對青春賦未涯。

送曾仁宇別駕之守徐州

為政風流果見君，交歡無奈惜離群。蕭江刻燭詩堪並，李郭同舟爽更聞。五馬馳時非吏隱，兩都賦就屬雄文。北囱高臥羲皇客，南注欲停靄靄雲。

答贈李思弦二府憐予貧，又稱予邃於玄學

不負青山折角巾，槽頭滴酒未全貧。談經時復攢眉去，遺世甘從放浪人。天上同袍多慰藉，人間吏隱伴沉淪。獨慚短髮簪欲墜，只有無生可住身。

望華

袞袞當年共客行，也曾題字娑羅坪。探奇恐累華陰令，尋問深懸白帝情。出世未能聊住世，無生還勝羨長生。睡仙覺後無消息，天外三峰只自清。

李三才字■■[一]，號修吾，臨潼人，遷通州。萬曆甲戌進士。官大司農。

【校記】

[一]"■■"，底本此處為墨丁，約闕二字。

黃生再過作別

無那黃生去，天涯別恨新。秋風楊子渡，落日玉田春。相對還須飲，重過未厭頻。燕山吾故土，寄爾淚盈巾。

秋夜宿直

十載猶郎署，蹉跎愧少年。涼風迴樹杪，白露下夜前。漏度三更雨，燈殘五夜烟。由來飛動意，回首欲茫然。

呂梁遇仲文留飲志別

潦倒從吾好，飄零見汝心。顏無別後改，交比向來深。船壓魚龍夜，星稀

烏鵲林。人情驚反覆，腸斷白頭吟。

初至金陵，酬李吏部于田二首

漂泊愁誰語，艱難喜爾同。客心秋草外，世事酒杯中。野色侵船黑，江波蕩晚空。相看無限淚，不是泣途窮。

又

相送燕臺側，相逢楚水邊。異方還會面，一別已三年。石屋含空翠，江樓淡遠烟。故鄉今夜月，清切為誰圓。

送張二遊天目，魏大同賦

真成南國隱，無事北山文。酌酒君將去，離亭日已曛。江清吳市月，帆卷富春雲。莫復愁孤寂，長空足雁群。

送馬心易言事被謫南還

風雨金陵暮，蕭然逐客舟。酬恩空一劍，去國正三秋。岸闊青楓遠，江深落照愁。五湖如有興，知此又何求。

同夏二府登光岳樓

雄樓百尺俯神州，携手登臨八月秋。勢控青徐天外折，光連海岱檻前浮。銜杯掌上烟雲入，倚杖檐頭河漢流。我欲憑高瞻北極，天門咫尺不堪愁。

初至金陵，魏懋忠、李于田見過留飲

春風灑涕別長安，此地開樽強笑歡。縱得故人分客恨，更教短鋏對誰彈。秦淮日夜愁中急，漢闕崚嶒夢裡看。聞道薊門新接戰，鄉雲邊月共憑闌。

冬日，同歐禎伯諸公飲李通侯清嘯軒，得卮字

雨雪江天抱病時，衝泥騎馬欲何之。西園公子頻迎客，北海詞人共賦詩。草色侵池春意動，梅枝照眼驛書遲。却憐獨醒緣何事，潦倒從人覆酒卮。

至日，寄舍弟

遙憐二弟滯長安，爲寄封書淚不乾。鴻雁影隨燕樹遠，鷓鴣聲送楚江寒。茅齋地濕防春雨，野逕風多護藥闌。共是窮愁添一綫，天涯無那各加餐。

九日，署菊無花

他鄉此日還佳節，坐對庭花靜不開。晚艷寒香雙悶寂，纏風逗雨獨徘徊。燕雲故送清鴻影，海月斜侵濁酒杯。去國憂時無一補，幾番搔首立蒼苔。

集繁臺禹廟，謁三賢祠

古廟荒臺半草萊，邀賓繫馬共徘徊。天開平野當軒落，樹引黃河抱郭來。風雅有人還李杜，安危無策但罇罍。低頭不盡千年思，壁馬空餘瓠子哀。

江清口阻風，贈邵生

清江留滯又經旬，渺渺風波恥問津。汪倫此日情多少，嘆爾黃金行路人。

江上逢李祝

與君相遇還相別，綠酒黃花只暫親。莫訝隔年方會面，寧堪即日是征人。

王庭譔 字■■[一]，號蓮塘，華州人。隆慶庚午鄉貢，年十七。萬曆庚辰探花。官修撰。

【校記】

[一] "■■"，底本此處爲墨丁，約闕二字。

秋雨

何事秋霖不肯晴，朝朝暮暮若爲情。那分樹色連冥色，半是砧聲和雨聲。萬頃野田衰草沒，千家茅屋亂雲橫。始知天漏終難補，環堵蕭蕭嘆此生。

秋日，宴東家亭子，即席有贈

悠悠何處絕塵氛，曲巷幽人意出群。世上浮名非賈傳，山中熟酒是陶君。

霜前白日明秋色，雨後晴嵐點暮雲。良夜更憐孤月在，可能相對不成醺。

田園誰道欲荒蕪，桂樹淹留可自娛。滿地白雲掃不去，半輪明月照還孤。但知卜築開三逕，那用扁舟問五湖。世事弈棋何足道，一床書帙老潛夫。

贈桃源孫主簿蘭石

為問武陵何所有，萬山洞口碧桃花。唯應古木知年代，未許東風管歲華。自是生來元道骨，縱然謫去亦仙家。主恩前後知非薄，回首春明莫怨嗟。

華清宮

山擁金城固，池通玉液流。當時歌舞地，盡日翠華遊。古殿生秋草，離宮沒故丘。空餘波上月，夜夜為誰浮。

秋原薄暮

村居原避俗，秋色況分明。秔稻來香氣，林泉送遠聲。新凉宜病體，暮野稱閒情。倦飛歸鳥過，吾亦掩柴荊。

送郭鹿坪轉餉雲中

泉刀幾載漢仙郎，忽報乘槎向朔方。轉餉自知憂國計，論兵久已動遐荒。秋臨關塞寒應早，月照邊城夜正長。若到祖生起舞處，擬將雄劍淨胡霜。

送劉華石侍御還朝

多病年來滯馬卿，登車此度向神京。驪駒唱徹關城曉[一]，繡斧光搖日月明。何處秋高鵰鶚影，到時春滿鳳凰城。中朝擬薦雄文似，知爾長楊賦已成。

【校記】

[一]"驪"，疑為"驪"之形近而訛。案"驪駒"，指古代告別時所賦的歌詞。

秋日，得漢冲丈書問，詩以報之

蓮花峰下一為別，鎮日蕭條賦索居。望望思君湘浦雁，迢迢寄我武昌魚。無營學種門前柳，多病慵看架上書。況復山田逢歲惡，生涯空自問園蔬。

劉復初 字貽哲，號天虞，高陵人。萬曆壬午解元，癸未進士。官樂卿。

登峨眉山二首

野净山光面面開，溪灣逶轉更周廻。雷坪動處雨雲起，勝水流將鉢杖來。望裡岫烟須到頂，坐中花氣已成臺。炎天僻地寒如此，聊對千峰一舉杯。

翠氣流來車馬前，林垌幽翳亦鮮妍。蒼蒼欲問千山色，鬱鬱還迷萬樹烟。祇覺手持九節杖，不知身到七重天。清虛夜向峨眉宿，明月如鈎釣渭川。

王圖 字則之，號衷白，耀州人。萬曆丙子解元，年二十。丙戌進士。官大宗伯。贈宮保，諡文肅。

瀛洲亭觀新水

鳳池遙接五雲樓，池上開軒景倍幽。誰瀉碧泉通曲沼，最宜清荇映廻流。憑闌不盡千秋思，結侶疑從三島遊。自愧塵踪附仙列，願輸涓滴答皇休。

謁先聖祠，瞻壁間石刻畫像

縈余啓蒙初，夙志宗洙泗。披籍恣冥搜，尋章闇微義。茲應弓旌招，與窺玉堂邃。玉堂敞奕陰，聖祠深以閟。誰貌壁間容，皜皜秋陽賁。諸賢勤步趨，冠劍紛相侍。哲人去已邈，儀刑儼若對。我來謁祠前，芒芒發深喟。不有刪述功，長夜永成寐。所愧昏懦資，仰鑽莫由遂。願言藉遺休，精誠倘能值。

讀《秋聲賦》有感

運序驚秋杪，蕭條落葉鳴。砧聲萬戶急，蛩響四隅清。倚案愁心結，憑闌世慮清。榮枯觀物理，憂樂嘆浮生。何用貪榮祿，誰當脫利名。有懷歐子賦，惆悵倍含情。

賦得玉壺冰

玉壺原皎潔，況復映冰寒。色借崑山潤，光分太液瀾。境從空外境，天入鏡中看。比德吾何有，虛堂一倚闌。

扈從南郊紀事

泰壇禋祀萃丹誠，御輦高驅出禁城。香氣暗隨仙杖轉，祥光細傍袞衣生。升燔琮璧符玄造，薦芋笙鏞薄紫清。自幸甘泉叨侍從，揮毫猶愧子雲名。

九重春色

帝里河山四望披，春光先到萬年枝。雲浮金闕祥烟滿，日射銅樓淑影垂。端笏喜隨鵷鷺列，抽毫況近鳳凰池。太平紀述詞臣事，擬賦長楊獻御墀。

恭讀宣宗皇帝諭庶吉士詩，感而有述

繄余枋榆姿，夙志在林莽。偶邁王明求，濫竽千金享。奮迹鳳凰池，抱槧雲霄上。玉署肅秋客，燃藜恣玄賞。往籍紛以披，儀刑邈可想。況乃睿藻垂，燦若日星朗。淳厖勒訓辭，操行勵忠讜。睠茲綸綍宣，微衷激慨慷。願言稟楷模，崇德酬浩蕩。勿耽溫飽謀，屋漏增愴怳。

雪後，朝天宮習儀

儐官初試漢威儀，正是繽紛始霽時。乍覺輕寒浮玉鳥，頓疑曙色映瑤池。爐烟裊裊分中禁，冠佩鏘鏘儼法墀。共識聖恩回大造，有年長此頌皇禧。

西苑觀菊

禁苑高秋候，前楹菊正芳。迎春偏有態，著雨更添香。幽意憐江芷，清標陋海棠。遙看駐蹕處，深映御袍黃。

城樓登眺

層閣聳城頭，公餘振珮遊。晴嵐入望净，爽氣倚空浮。鎖鑰連三鎮，梯航遍九州。照臨歸睿略，控馭自英謀。擬效華封祝，無煩杞士憂。憑高何限意，乘興暫淹留。

朝日壇有述

清時祀典重趨陪，御輦高驅拂曙來。佳氣暗隨仙仗轉，祥雲遙借旭光開。即看俎豆迎暘馭，況復衣冠萃漢材。自幸玉宮叨侍從，揮毫猶愧子雲才。

賦得春深五鳳城

禁苑春如許，韶光入望平。宮桃凝豔色，簾燕度新聲。九陌香風滿，層城瑞靄縈。上林如可賦，蚤晚子虛成。

觀《上林春曉圖》

禁苑春光三月多，蘢葱芳意裊烟蘿。曉來幾樹繁花綻，亦有紛紛嬌燕過。此際韶華如舒綺，雲霞極目迷紅紫。何人畫手逼神工，收入春光圖障裡。蟬綃數幅絕塵嚣，恍如近禦饒佳麗。不煩遙借漢宮春，勝有丹青相點綴。我來謁帝上承明，披此春圖感慨生。草玄自守楊雄宅，擬賦長楊愧未成。

賜百官鰣魚，恭紀

吳江四月玉鱗生，鮮奏遙傳入禁城。方自九重供尚食，俄從三殿賜諸卿。御庖啟處恩偏重。法膳分來遇獨榮。宴樂已賡魚藻詠，還沾涓轍尉皇情。

皇子誕生，志喜

桂殿春常滿，椒房蔭倍滋。佳祥占筦簟，異夢協熊羆。少海方重潤，連枝更協奇。多男諧華祝，再索慰皇慈。未佇桐圭賜，先知莫運熙。雲連閣道迥，日麗禁闈遲。駢錫趨中使，歡呼遍九陲。小臣何以頌，長此效傾葵。

省中紅藥選體

庭中有奇卉，含露發華滋。枝葉何葰茂，灼灼映清池。光華紛四照，五色一以披。睇茲明媚景。對此芳妍姿。幽賞既以愜，素心良不移。惠風蕩繁圃，好鳥喧南枝。徙倚謝軨掌，容與耽棲遲。所忻蘭芷詠，嗟彼溱洧詩。

金人捧劍篇

函谷古稱百二雄，秦王指顧生英風。漫從修禊臨曲水，照眼桃花夾岸紅。驂驔羽騎人如市，流觴初泛曲江裏。青荇綠萍次第開，忽驚神物波心起。手持尺劍獻筵前，白日蒼芒電光紫。莫邪飛來神鬼號，延津化去原不死。冰刃細騰陸離文，霜鋒寒照流水澨。風胡薛燭坐嘆息，秦王從此長雄心。匣中時作蛟龍吼，燕趙披靡荊人走。長平健兒夜流赤，夷陵一炬成焦土。吁嗟此物踪迹胡太奇，惜哉天心眷秦秦不知。祖龍既亡素靈泣，精光埋沒復幾時。方令遼左急援桴，雄兵十萬壯擊胡。安得此物再向水心見，携得夫容贊廟謨。

霜降，陪祀山陵詩

高秋霜落候，風木急郊原。弓劍留鴻烈，園陵展駿奔。遊衣仙馭渺，上食總帷尊。回首陪遊地，蕭條落日昏。

過慈壽寺，贈超如上人

寶閣崚嶒佛日懸，石床竹几意蕭然。塔傳萬鐸閑清晝，龕映千燈了宿緣。地敞可容揮麈客，堂虛時有散花天。西來何處求真諦，願借天龍一指禪。

贈獨空上人住持隆慶寺

法輪普現白毫光，杖錫新來駐上方。遂有梵音驚四眾，即看慧力挽群狂。禁墀初賁梨衣紫，聖諦行垂蘭若芳。自愧浮生成夢鹿，將因大覺問行藏。

瞻庵

凌兢千尺蕩高旻，翠蓋亭亭不記春。聞道六龍曾駐蹕，日將風雨鬥璘珣。

右古柏

高原古木兩蕭疏，一探清霜恨有餘。況復驚濤秋雨夜，那堪凄咽到荒盧。

右岩泉

誰遣中流一柱分，廻溪百折寫氤氳。主人不斷臨池興，五色長流峽底雲。

右綠野

環堵巋然十二重，何如百尺坐元龍。凭欄面面青山借，倘有仙人海上逢。

右一環樓

迢迢積翠擁高臺，玉宇無塵霽色開。正遇山中春酒熟，忽看海上夜珠來。

右玩月臺

朝暉一道出扶桑，寶媻俄看五色糚。不是真人關紫氣，何由石髓幻金光。

送少宰沈公奉詔歸省

薊門芳草澹晴烟，仙客翩翩擁傅還。身引御香雲外裛，手將金誥日邊懸。花明江浦春帆遠，路入山陰畫錦妍。莫向庭闈戀綵服，黃麻咫尺主恩偏。

少宗伯張洪陽館師予告還里，奉題閑雲館四首

選勝聊耽寂，幽棲且避喧。長梧環蘚砌，清溜浸苔痕。遊鳥時窺戶，閑僧數到門。禪心渾欲契，揮麈已忘言。

又

滕閣浮空峙，龍沙遠檻通。層巒遙映碧，曲沼靜澄空。幽意看流水，冥心托遠鴻。世情那足問，孤劍倚崆峒。

又

秘府聲華舊，經帷啓沃多。一麾甘寂寞，三徑闢烟蘿。習靜觀朝槿，離囂伴野蓑。時名山斗在，未許老巖阿。

又

夫子賦歸與，南山卧舊廬。登高舒野眺，避世問閑居。絳帳情何極，蒼生望豈虛。不堪芳草色，岐路倍躊躇。

題沈封君柏溪《墨竹圖》

移得淇竿傍碧潯，誰將尺幅貌清陰。扶疏恍抱高人節，瀟洒猶存處士心。毫底輕烟迷翠色，尊前瘦影足幽襟。懸知三迳淹留處，賸有琅玕動鳳吟。時胤君龍江先生雅負公輔望，故末語及之。

送蕭漢冲太史冊封秦藩

桐圭遙下曉雲輕，仙客翩翩出禁城。匣擁鳳書開帝胄，手持龍節問王程。花明嶽頂青蓮迥，路入關門紫氣迎。知有彩毫輝五色，轓軒蚤擬獻金莖。

送潘雪松侍御謫廣州 時與侍御有山中之約。

西風千里片帆秋，芳樹斜陽送客舟。直以寸心酬聖主，何妨孤劍向南州。山中芝朮春應長，物外烟霞道可求。愧我勞勞塵世者，欲憑尺素問滄州。

送吳問源年丈請告歸省

薊門烟霧曉霏霏，才子清時擁傳歸。不向帝城分漢綬，却從仙里試萊衣。長橋細柳晴相引，故國新花晚共依。遙想庭闈歡宴處，那堪客思獨相違。

送別駕歸君之任閩中 代作。

薊門芳草送行旌，仙客翩翩出帝城。業自吳江推上第，郡當越徼藉才名。川原悠邈浮雲迥，驛路逶迤暮靄平。行矣豈愁淹驥足，由來漢吏起公卿。

送李晉陽館丈予告還吳中

瑟瑟秋風送客船，故人烟雨片帆懸。相思何處梅花發，薊北江南一雁還。

送葛山人壺春歸楚中

薊門烟霧澹晴暉，君去青山獨掩扉。潦倒莫辭今夜醉，明朝遙望楚雲飛。

皇極門宣捷，志喜

漢將揚威破虜年，捷音喜自九天宣。旌旗盡掩旄頭色，鼓角遙清瀚海烟。睿略自應歸聖武，雄文何用勒燕然。太平盛事輝今古，萬載長看日月懸。

詔清冤獄，寬大辟六十餘人，恭紀

園扉溽暑晝昏昏，聖主新推肆赦恩。自有漢章繩漏網，暫懸堯鏡照幽盆。渭流盡洗商君雪，霜氣全消孝婦冤。欣遇皇仁真浩蕩，願將嵩祀叩天閽。

白燕

天女何來二月時，翩翩雪羽弄芳姿。雙穿簾外雲為影，並宿梁間玉作肌。香入粉糈含態遠，月明花榭度聲遲。年年社日春常在，還傍烏衣訂舊期。

壽徐年伯 時侍御海石年兄在京師。

高堂春藹敞晴暉，遊子瞻雲意獨違。嶺外烟花迷海樹，筵前歌舞憶萊衣。稱觴遙借青霞色，授簡直慚白雪稀。陟岵不勞頻悵望，主恩今已被庭闈。

送林開先館丈參藩處州二首

長橋柳色澹晴烟，回首風波各黯然。忼慨已沉湘水賦，羇離初泛剡溪船。茫茫世路塵中夢，渺渺輕帆江上仙。去住知君原不繫，獨留明月寸心懸。

長安幾載共棲遲，日日花前倒接䍦。豈謂乾坤能解妒，翻令今古總含悲。陸沉金馬空玄草，悵望仙都結夢思。骯髒朱弦彈不易，臨風一曲倍淒其。

送李成甫館丈冊封周藩，便歸省覲

桐圭初下曉雲輕，仙客翩翩出禁城。匣擁鳳書開帝子，手持龍節問王程。山連嵩少河流壯，地接夷門劍氣橫。莫向南州淹綵服，風謠蚤擬獻承明。

送黃明起館丈冊封趙藩，便歸省覲

詞臣銜詔出蓬瀛，驛路鶯花拂露清。五夜星文高劍珮，千年帶礪寵宗盟。開尊漫數平原履，奉璧能當和氏城。裘馬翩翩公子少，還家應慰倚閭情。

送黃慎軒太史冊封韓藩，便歸省覲

寶王親將六傳開，黃河如帶接秦廻。侍臣暫罷金鑾直，關尹先占紫氣來。雲映翠屏橫彩筆，香傅青鳥散芳罍。趨庭況有難兄弟，舞綵何須羨老萊。

送高東溟侍御請告歸省

長橋烟柳曉霏霏，回馭王陽計豈非。闕下乘驄名柱史，堂前舞綵舊萊衣。露滋蓬島蟠仙實，花滿桃源訪釣磯。主德時艱憂不細，未應長掩故園扉。

送馮琢吾宮詹歸省

清時幾載侍金鑾，此日陳情拜命寬。謝傅東山聊寄望，萊衣北海暫承歡。薊門曉拂寒霜色，岱嶽晴分湛露團。辱在後塵慚倚玉，忻逢盛事一彈冠。

送徐春原之任澧州尉三首

春風嫋嫋送行舟，芳草斜陽綰客愁。悵望故人垂遠別，一尊且許共淹留。
君家幽砌接層樓，二十年前此壯遊。為謝主人能好客，清歌時醉藕花洲。
交遊兩世締雷陳，一望天涯便愴神。君到岳陽應見憶，梅花時寄隴頭春。

閩中典試，舟過蘭江，方司馬眾甫枉贈瑤章，率爾酬謝四首

江上浮槎一葉輕，片帆烟雨帶潮行。風流司馬原同調，時並蘭橈待月明。
使君意氣薄雲旻，日日相過興轉新。況是江淹雄綵筆，幾聯佳句倍驚人。
萬頃烟波極目秋，兼葭鷗鷺共悠悠。祇緣親倚崑山玉，贏得他年紀壯遊。
一曲滄浪對酒卮，水光山色坐中窺。向平五嶽如相許，携手尋幽過武夷。

九日，許中丞敬庵招飲凌霄臺，同方司馬明齋賦二首

崒嵂仙巒面面臺，江流廻合望中來，乍看丹桂三秋艷，更喜黃花九日開。
遠座簫聲過別巘，當筵月色落行杯。相携不盡登臨興，酩酊何妨玉漏催。
三山勝處即蓬瀛，況是霜高顥氣清。孤徑且憑雙屐入，長天遙指片雲明。
深崖苦迹留殘字，前浦漁歌趁晚聲。一息千秋吾黨在，長安無地不浮名。

宿天真禪院

野寺圍叢竹，幽棲接翠微。霞明開錦幛，雲重濕羅衣。梵應鐘聲遠，香參花氣飛。揮毫標勝境，書罷欲忘歸。

飲徐一亭家園題贈

幽徑開玄圃，層臺曡翠巒。風微花有色，苔密石生寒。邀月成三客，和君足二難。勝遊還許再，拚醉玉闌干。

別水南徐先生

霜落江城澹荻蘆，天涯歧路倍躊躇。一尊柳色驪歌斷，九月梅花驛路孤。
雁度藍關尋舊社，雪清憶夢傍吳都。綈袍零落風塵遠，愁絕憑誰問五湖。

別用吾王君

乘槎萬里到江皋，此日南樓屬興豪。已分迁狂甘阮籍，翻從詞賦識王褒。深宵月色清誰似，靜夜琴聲孤自操。世上如君能有幾，常將離恨掛綈袍。

過釣臺，謁子陵先生祠二首

微雨輕舟快羽翰，子陵臺下水潺潺。羊裘不改青霞色，釣石還留白雪寒。一夜客星驚帝座，千年遺迹壯嚴灘。祇今來往長安客，誰解逢萌蚤掛冠。

崒嵂嚴山四望開，西風蕭瑟拂塵埃。孤松猶壯凌霜節，遺廟堪停醉月杯。賈傅空潦悲楚賦，揚雄虛負劇秦才。何如石上餐霞客，獨釣桐江百尺臺。

過釣臺日，余初度也，徐殷民有詩見贈，述懷致謝

曉星拂曙渡寒流，迴首嚴陵百尺樓。華髮不堪催客歲，青袍猶自滯孤舟。已看雅度高徐稚，復枉新詩愧子猷。別後清江勞遠夢，應隨明月到滄州。

過錢塘江

獨挾琴書賦遠遊，一江烟雨壯高秋。風翻巨浪千巘落，派引滄溟萬古流。宮苑已空吳越壘，河山猶識帝王州。應知此地星橋近，欲駕長槎問斗牛。

登西湖逍遙樓二首

烟波杳杳盡秋光，貰酒登臨屬興長。極目芰荷浮十里，風前時送一簾香。

湖山過雨起寒颸，半如中流半入樓。醉後尚多登覽興，更携明月上孤舟。

別徐公子殷民

看君不忍別，庭草亦相親。仗劍思留越，登山可望秦。未堪歌柳色，能不畏風塵。賴有清江月，猶疑見故人。

遊金山二首

十載金山夢，何緣此日遊。探奇攀蘚壁，耽勝駐蘭舟。籟靜聞潮急，風生覺地浮。倏然思翰羽，仿佛即丹丘。

二

孤嶼插中流，高秋壯客遊。四圍雲氣合，一徑薜蘿幽。樹古虯形偃，碑荒鳥字留。倚欄頻極目，今古總蜉蝣。

贈郡博木齋先生之任魯藩教授二首

青燈杯酒共含情，可信浮名一羽輕。前度舊推梁太傅，遺經新授魯諸生。鑑陽秋色橫雙劍，華岳晴雲擁客旌。桃李數年饒雨露，欲將離恨掛琮璜。

曉聞驪曲倍忉忉，宦海誰公一字褒。業付琳琅能繼謝，逕存松菊欲甘陶。青萍影落寒蘆荻，白雪音稀憶羽毛。回首舊遊成夢隔，碧宵長望海雲高。

贈友人還秦

孤尊片月同今夕，握手河梁意脉脉。不堪客舍送行人，一夜寒生燕山石。

贈靜修上人

雙樹原名地，傳燈更有君。三生空法界，半偈了塵氛。風靜閑花鳥，窗虛映竹雲。祇應許玄度，清夜聽經文。

下第，書慶都郵壁

泛梗飄蓬愧此身，依然書劍混風塵。不堪少小凌霄志，頻作長安下第人。

下第，偶成五首

三年薊北破寒氈，猶以儒冠返故園。却笑鱸生成底事，向人不敢論青錢。

親闈綵戲罷承歡，一望秦關思黯然。莫向春風憐失意，錦衣原不勝斑襴。

故園山水足漁磯，況有同心可共棲。但得彩毫勝昔日，不妨高卧且題詩。

五臺靈氣曉葱菁，上有幽棲隔世情。暫避東山謝安石，天心未合厭蒼生。

獨立蒼茫一佇思，英雄豈合老清時。聖明何日虛前席，勝有訏謨答王墀。

題修吾王孫宴坐齋

到門花雨撲簾櫳，帝子居然帝釋宮。大士有因呈相好，空門無語坐觀空。旃檀香欲迷叢桂，貝葉文堪護剪桐。白社從來疏載酒，于今可許過陶公。

題吳文仲枝隱庵三首

秋空無際澹孤雲，野鶴風高不作群。自結一椽桃葉渡，題書遙謝武夷君。
卑樓聊許一枝安，轉向雲霄惜羽翰。欲詫上林蔥蒨好，木禾株樹滿毫端。
憐君一室寄天涯，歲歲巢燕空子期。試逐月明烏鵲夜，南飛應選出輪枝。

過共城，遊百泉并陟孫登嘯臺，時余來此已三度矣

浩淼源泉倚翠隈，參差亭榭傍泉開。澄波映日金為縷，層浪翻風玉作堆。冥迹已隨孤鶴遠，嘯聲還逐洞簫廻。山靈識我如相問，為道塵踪三度來。

蘇雲浦中舍奉使南行，話別

堪恨聯交日，翻成話別時。一尊分客柳，匹馬帶朝曦。色相原無住，肝腸許共期。拈花誰契悟，爾我兩人知。

贈朱蘭嵎宮諭擢留京掌院，余舊官於此，因以志感

宮袍曉拂帝城烟，六傳先馳畫錦鮮。文采久推鈴閣彥，官階新冠玉堂仙。青藜掩映千秋色，彩筆飛楊六代前。回首昔遊成浪迹，風流誰得似名賢。

壽孫立翁太宰雙壽八袠五言排律四十韻

河嶽蟠真氣，風雲起代英。蓮峰方峻節，砥柱象孤貞。弱冠登朝列，鴻階發雋聲。主書趨左掖，簪筆侍西清。正色飛霜簡，薿衿敵露莖。皂鵰千蠹剔，驄馬百寮驚。奏對瞻天表，罘罳近御屏。劍光驅鬼魅，筆陣掃欃槍。畏路方談虎，憂時欲斷鯨。風清天闕皎，暾烜雪山傾。綸綍徵遺直，巖廊起阿衡。建牙酬壯志，缺檻表忠誠。畿甸繩遠直，臺閣挺復橫。虞翻無媚骨，孫寶有芳名。彗茀氛俄隕，迷陽運欲盈。撥留過五院，敭歷晉三旌。北斗司喉舌，中原屬品程。淺深咸滿量，劇易總持平。自信心如水，寧云守似硜。行能銖鎰定，簪組羽毛輕。一手終難拍，群咻儵已萌。聿從鴻鵠舉，幾度觸蠻爭。除目嗟紛錯，銓條輒變更。鸞日鴟放久，門選戶調行。聖主思耆德，安車賁里閎。眷懷懸紫闥，勉出副蒼生。宇宙誰肩荷，乾坤獨手撐。人倫歸水鏡，仕路慶夷庚。毛玠真移俗，山濤雅擅評。三朝績更懋，百折氣尤勍。皇覽當熙節，清韶滿玉京。共誇南極影，偏接上台明。瓊室雙仙侶，金門一歲精。漫支靈壽杖，並醉海籌

觥。鶴馭來三島，瑤盤獻五城。顛毛應累伐，石髓會須烹。一品披靈骨，三花駐碧睛。長提均統柄，永作廟廊楨。論道方虛席，宣麻待秉成。中書看念考，大臺未孩嬰。

同任和宇、李華峰、文崇吾、胡子朴、懋圍二弟、扶兒登華嶽，至青柯坪有述壬寅八月。

策杖來遊第一峰，上方樓閣俯重重。青開玉井蓮花出，翠削金天薜荔封。靈峽雲連惟鳥度，仙橋霧鎖許誰從。相看俱有凌霄意，惆悵青霞未可逢。

出都偶成四首辛亥十二月。

惆悵人間世，何官不可休。丹心盟皎日，素業指浮漚。不盡滄江興，空餘魏闕憂。歸來三徑在，偏喜伴沙鷗。

又

物態風雲變，人情谿谷深。含沙防影蝕，積羽畏舟沉。雙劍懸行色，孤星照夕陰。無能酬聖主，虛負報恩心。

又

蚤歲承家訓，策名思致身。幾年曾竊祿，念載未離貧。畏路驚蕉夢，閒心寄釣緡。鼠肝憑妒口，吾意已沉淪。

又

蘭臭真難遇，鶯鳴不可求。升沉觀世局，離合見交遊。華髮催新曆，漁蓑有舊儔。故園山色好，不借望京樓。

華陰道中即景乙卯七月。

三峰萬古鬱嵯峨，衰病扶筇此再過。風雨行行歸雁急，烟嵐望望暮鴉多。函關紫氣人難識，司馬青衫髩已皤。欲向希夷尋睡訣，考槃深處醉顏酡。

秋日，過渭上，飲南宮庶玄象園亭，宮庶出示東園感興之作，依韻奉和四首

磯頭不復問鳴珂，秋日名園共笑歌。徑入茂林全障雨，手扶短竹自捫蘿。溪邊浮白流雲映，醉後抽毫逸興多。最喜芰荷香滿沼，夜闌徙倚碧山阿。

主人好客意皇皇，雁侶人推馬季常。彩筆三秋凌紫氣，錦囊隻字挾清霜。怡情賸有花千樹，憂國惟餘淚幾行。巖築自應來夢卜，閑將烟艇付蒼茫。

幾年金馬陸成沉，此日蘭交喜共尋。莫論浮雲多變幻，且來勝地愜登臨。層巒翠削芙蓉迴，幽砌青環薜荔陰。瑣闥才名誰得似，梅花思寄故人心。宮庶詩有"骨鯁奉常"之句，故末二句及之。

披衷相對眼俱青，世事何如水上萍。豈有高名垂歷歷，堪嗟衰鬢見星星。疏籬自植陶潛菊，玄草人傳楊子亭。是處笛聲聞隴外，停杯洗耳共君聽。

登嵯峨絕頂二首

碧岑遙接紫霄宮，鳥道逶迤一徑通。勢壓秦關三輔小，靈蟠福地五峰雄。渭流繚繞平蕪外，華頂依稀落照中。片片明霞歸枝底，憑欄徙倚興何窮。

縹緲烟巒翠欲流，遙空雲物望中收。蒼茫函谷黃河壯，指點終南紫閣浮。一派仙音來碧落，數聲清梵到丹丘。自疑身在諸天上，不羨人間有十洲。

千秋金鑑歌

有唐御歷世昇平，開元天子稱賢明。閭閻撲地塵烽息，堂皇垂拱流英聲。姚宋良臣相繼相，曲江嗣之允人望。忽逢令節千秋期，紛紛寶鏡爭獻奇。吁嗟寶鏡何足玩，獨有古來賢聖是吾師。曲江耿耿抱忠赤，抽毫選牘綜縹帙。興亡披卷在目前，妍媸何趣鏡中迹。持以代祝萬年觴，至今青史留顏色。

涿鹿道中，有懷同館諸君子

河橋分袂長離憂，回首長安一夢遊。但取寸心明月在，不妨萍迹兩悠悠。

壽陳太夫人 代作。

雲藹蓬壺敞晝扉，仙郎遙試老萊衣。光分南極星偏麗，瑞結蟠桃日倍暉。細細歌聲浮幔入，霏霏香氣帶花飛。庭闈勝事人間少，海上添籌願豈違。

屈昌衢比部讞獄關外，便歸省覲

六傳朝馳駟馬輕，高堂白髮慶長生。光分貫索寒星麗，瑞入庭闈綵服明。覽勝正當尋菊候，稱觴偏慰倚閭情。憐予作客長安市，極目雲山片片橫。

送郭清宇館丈參藩湖州

掖垣疏草萬人傳，又泛星槎雪水邊。千里旌旄新佩紫，三年藜火舊摛玄。地當吳會需雄略，棹倚錢塘儼上仙。尊酒且同燕市裡，不堪芳草醉離筵。

寄懷伯兄

薊門分袂易星霜，萬里思人路緲茫。風露蚤侵姜被冷，池塘遙憶謝詩香。蓬踪一舉空南岳，劍鍔雙懸映上蒼。借問皇州春幾許，擬將心事賦長楊。

再寄伯兄，並述鄉思

遙天秋色曉雲開，萬里遊人思壯哉。劍倚客星高北斗，夢回夜雨望金臺。風塵不盡湘中色，辭賦誰雄鄴下才。松菊故園何處是，異鄉搖落總堪哀。

都門同社諸君小集

一曲清尊動夜光，幾多豪興向誰狂。風流賸有同心侶，却道燕山是故鄉。

贈友人還秦

携手河梁上，天涯別友生。三春遊子意，萬里故園情。柳色拂雙劍，驪聲動客旌。題橋如有約，莫負馬卿名。

贈友人還秦

君不見太阿寶劍藏豐城，神光夜冲斗墟明。一朝鏗然出深匣，罔兩避匿蛟龍驚。去年君上長安路，雲衢欲騁驊騮步。我亦追隨入玉京，明光擬上長楊賦。可憐白雪少人知，流水高山失子期。莫向芙蓉怨秋水，祇嗟桃李未逢時。君今別我還鄉國，我今尚滯燕山地。送君河梁雙淚垂，翹首秦關意惻惻。秦關燕樹總悠悠，一片驪聲半是愁。丈夫賸有凌雲志，豈慮區區萬戶侯。

贈李鑑峰司訓安定

長橋尊酒傍離旌，仙客翩翩出帝京。業自關西推國士，經從塞北授諸生。倚窗草映青氊薄，入座雲浮絳帳明。莫向天涯厭寂寞，專城還擬聽琴聲。

送曹侍御冲宇按淮陽代。

旌旆遙遙海氣開，秋風萬里壯遊哉。西臺蚤擅乘驄譽，南國新瞻攬轡才。淮甸雲山明憲節，薊門花月照離杯。江漁塞雁能相憶，彩筆頻傳錦字廻。

題修吾王孫好修堂

明時賓從盛陪京，公子邀驩逸興生。賦就滿堂廻郢雪，歌徵隔浦薦江蘅。雄風盡日欣三接，翠蓋凌霄每一傾。自有修名還自好，寧無高調引同聲。

題修吾王孫最樂處

亭亭高館眺春城，欲結梁園物外情。曲几焚香成小憩，疏櫺倚杖逐閑行。日斜樹影當窗盡，雲落溪光射檻明。獨向此中名最樂，風流何減漢東平。

贈于文若符卿考績北上

灼灼桃李姿，穠郁發芳蕊。所以下成蹊，為愛容顏美。亦有芝與蘭，空谷自旖旎。清香襲人裾，幽襟化塵滓。有美同心彥，英標瓊玉峙。冥心契真詮，妙悟超無始。八斗擅才名，揮灑錯如綺。雖現宰官身，空瑩湛秋水。自慚糠粃容，崑山幸相倚。乘暇恣延眺，春風隨杖履。有時鼓焦桐，清音暢玄旨。如飲露盤漿，甘洌浸肌理。雙劍忽中分，斗文黯無紀。會合知何時，中懷增菀懿。

題符卿于公畫《雪山圖》贈工部馬公

一夜寒風雪深積，群岫參差同潔白。陰崖開朗枯樹榮，方圓隨遇成珪璧。玉蕊瑤華往往逢，仙鶴素鷟飛絡繹。峰文處處皆塗平，盡掩舊色新光生。佛氏本稱銀世界，仙家宜住白玉京。當代風流尚璽筆，興來揮灑鬼神泣。頃刻能奪造化工，千秋元氣猶凝濕。寫成為贈司空郎，展卷依稀在故鄉。退食時時寄心目，忘却滇南萬里長。

題于符卿雪景小畫

文軒曠以閑，綺窗明復滅。不必涉寒暄，但覺成幽絕。微茫咫尺片陰懸，長積峨眉萬古雪。于公才大情有鍾，摩挲妙手時波撇。彌天膚合泰山雲，平蕪點出滄江碣。大雅高風上古齊，眼前名下多不屑。青桂長松大隱心，朱纓紫綬符卿節。每從濠濮意相矜，似慕關西情更結。寒色先探庾嶺梅，宵行欲放山陰枻。惟有仙人姑射姿，與君仿佛同高潔。

贈趙貞甫冏卿冊封益藩，道出金陵省覲

上卿銜命出東瀛，五月榴花夾道迎。暫以趨庭辭帝闕，且隨剪葉計王程。雲連牛渚飛帆遠，霞泛蒲觴綵服明。莫戀承歡淹使節，須知明主待持衡。

乞歸偶成，時庚戌十二月十九日

長安車馬競詵詵，眼底空華物外身。拙性豈能投世好，清時願許作閑人。家鄰小浦藏漁艇，門掩疏籬遠市塵。自向此中成獨往，瀟然宴坐一綸巾。

魏王樓弔古 壬寅四月。

郡西北山中一地曰"堅坪"，群峰迴環，形勢閎敞。東晉時，姚襄曾屯兵於此，其弟萇據有舊基，遂創霸業。史稱姚萇起兵北地，即此處。今山阿有魏王樓、秦王殿遺址，尚存殘礎，斷鏃沉沒野草中。追念興亡，不覺長慨。襄受封魏王，而"秦"乃萇國號也，故樓、殿有今名。

晴日深山訪勝遊，深山深處見頹垢。河流縈抱形猶壯，霸業淒涼氣已收。殘礎半沉衰草合，荒烟空鎖夕陽愁。興亡不盡英雄恨，千古惟傳百尺樓。

周雅續卷之十四終

周雅續卷之十五

北圻賈鴻洙憲仲選輯
西極文翔鳳天瑞裁定
北海孫三傑淑房參閱

馮從吾字仲好，號少墟，長安人。萬曆己丑進士。官大司空。贈宮保，謚恭定。

關中四先生詠

涇野呂先生

涇野呂夫子，矯矯崇正學。挾冊遊成均，馬崔同切琢。馬谿田，崔後渠。射策冠時髦，聲華何卓犖。慷慨批龍鱗，封章凌五嶽。講學重躬行，乾坤在其握。吁嗟橫渠後，關中稱先覺。

谿田馬先生

卓彼馬光祿，聲望高山斗。弱冠崇理學，平川稱畏友。立朝無多日，強半在獻覛。富貴與功名，視之如敝帚。垂老學逾虛，一步不肯苟。吁嗟如先生，百代名難朽。

苑洛韓先生

偉矣韓司馬，造物鍾奇異。讀書探理窟，著作人難企。生平精樂律，書成雙鶴至。立朝著偉節，居鄉譚道義。繄有五泉子，孝弟稱昆季。嗟余生也晚，景行竊自愧。

斛山楊先生

挺挺楊侍御，直節高今古。人知直節難，不知問學苦。獄中究理學，周錢日揮麈。周訥溪，錢緒山。歲寒節彌堅，不茹亦不吐。之死誓靡他，淵源接鄒魯。嗟彼虛憍人，敢與先生伍。訥溪、緒山，時俱以事下獄。

觀書吟

立言先立意，意定始修辭。欲得辭中意，當看未立時。

丙申春日，與同志論學，因及莫春章，有感三首[一]

春風沂水雨初晴，童冠新成洙泗盟。兩兩三三閑玩適，歸來歌詠不勝情。
幾日清閑幾日忙，春風沂水任相羊。莫教童冠空歸去，贏得當年點也狂。
憶昔宣尼發憤年，曲肱疏水樂悠然。狂夫但得些兒意，解脫人生名利緣。

【校記】

[一]"有感三首"，影印文淵閣《四庫全書》所收《少墟集》作"有感為賦十二絕"，題下共十二首詩，此選其中三首。案以下在【校記】中簡稱為《四庫》本《少墟集》。

余自戊戌臥病，閉關九年，至丙午冬，始勉赴學會，感而賦此

藥物頻為供，塵情總不知。閉關垂十載，如在羲皇時。

戊申莫春，偕王惟大郡丞、宜化汝刺史、劉孟直郡丞、楊工載進士、周淑遠大參、張去浮學博、宜叔尚文學講學太華山中，同志至三百餘眾

徵會來蓮嶽，良朋喜共遊。閑雲時去住[一]，野鳥自夷猶。雨霽千巖翠，春深萬木稠。山靈真有待，吾道重千秋。

【校記】

[一]"閑"，《四庫》本《少墟集》作"白"。

讀陋巷章，自勗二首

命定難逃陋巷貧，機關徒惹鬼神嗔。不如打疊心源淨，做個羲皇以上人。
命定難逃陋巷貧，奔忙徒惹世人嗔。不如閉戶焚香坐，做個乾坤無事人。

夏日郊居，有以腴田求售者，余辭去，賦此志喜

生平甘寂寞，那得買山錢。幸有先人業，耕耘度歲年。

寄懷鄒南皋先生

憶昔嬰鱗出帝畿，志完聲價古今稀。千年絕學君能繼，一點真心我不違。桃李有情開絳帳，乾坤無事掩柴扉。何時負笈來相訪，五老峰頭爛醉歸。

與同志講學太華書院

太華峰頭好振衣，雨晴百卉競芳菲。孔顏博約傳心訣，堯舜危微洩性機。玄鶴遠從天外至，白雲時傍洞中飛。功夫須到真源處，才得吟風弄月歸。

武之望 字叔卿，號陽紆，臨潼人。萬曆戊子解元，己丑進士，官總督。

送陳東川還江右

陳君磊落才，夙有烟霞志。胸中羅八極，圭臬特所寄。長遊遍南北，迎款無停轡。三度入秦關，搜討無遺地。俯臨清渭川，蛟龍行深避。足躡華嶽巔，巨靈為晶贔。曾指終南山，採藥探真秘。以君蟬脫姿，輕世如敝屣。嗟我樗散人，尚多向平累。悠悠空塵埃，青雲那可致。聞君束裝歸，忡忡夜不寐。早聽驪駒歌，分袂無乃易。行矣慎前途，重來是所覬。待君結茅廬，共翕垂天翅。

余為郎九年，不調，客有以不善仕諷者，賦此應之

顯晦應無定，升沉可自由。抗身還我貴，低面向人羞。野性終難伏，直弦不易柔。平生稀遇合，五月任披裘。

又

逢世吾無術，要榮詎有津。倚冰難向日，食蓼久忘辛。寂寞羞彈鋏，淹留任積薪。長門甘自放，妒婦莫生嗔。

初秋有感

我愛秋天好，人嗟生事虧。郊園資虎豹，血肉厭狐貍。竭澤魚堪痛，焚林鳥盡悲。倒懸何日解，一問為淒其。

石榴堌舟行，時河水橫決

昔日桑麻地，今停水一方。流波搖萬樹，濁浪隱千檣。璧馬沉何處，魚龍共此鄉。懷襄思往事，疏鑿憶前王。

登清涼臺

氣肅雲霾靜，風生殿閣涼。疏林空暮靄，斜日澹秋光。天際歸帆影，江皋落雁行。相看情不極，直欲渡瀟湘。

夏日，同留朋麓餉部遊南臺寺

大火流金日，相將憩碧岑。樓臺紆小徑，禾黍燦深林。淨地風沙淺，空山雨氣沉。一尊北海月，暫爾豁塵襟。

關雒途中秋懷三首

客路風霜九月寒，那堪千里據征鞍。徘徊空抱長沙憤，寂寞誰彈貢禹冠。日暮驊騮艱獨步，夜闌豺虎恣深歡。浮雲遮莫滄江遠，何處樓臺迥自看。

洛水碧連千樹合，大河波涌萬家沉。蓴鱸思逐西風起，龍馬靈從何處尋。雒陽東北若干里，為古龍馬負圖處。失意賈生傷歲暮，多愁宋玉怨秋深。不堪搖落邙山道，木葉蕭蕭向夕吟。

崤函西望邈重關，紫塞黃雲接遠山。跋涉祇深遊子恨，馳驅徒損舊時顏。石門不礙豺狼度，白日空將虎豹閑。為問巡行刁斗吏，曾誰來往棄繻還。

春日漫興四首

旭日氤氳曉雪殘，幽厓肯照寸心丹。寒烟未散秦川柳，春色先廻楚澤蘭。浩蕩乾坤終寂寞，浮沉身世共澶漫。怪來骯髒成何事，百計無如早挂冠。

烟村十里媚繁花，杖拄青蚨問酒家。賦就歸來堪自放，詩成招隱向誰誇。欲從緱嶺邀鳴鳳，先傍東門學種瓜。懶性只今饒醉臥，婆娑無事誦南華。

搜金到處煩中使，不但開山命五丁。厭見虎狼噬白日，忍聞鴻雁叫青冥。深心欲問天垂盡，巧斲寧知地有靈。最是荒郊搖落後，春來猶自草青青。

一官九載臥沉痾，荏苒星霜鬢已皤，豪氣元龍成底事。才名賈傳竟如何，空山淒斷春雲冷，芳草新春暮雨多。贏得此身同泛梗，江湖隨處混漁蓑。

金陵，同史省愚寅丈、宗海籌都督閱武

壁開高接禁城寒，直北旄頭向夜看。未擬六韜窺豹略，先從七校辨材官。軍容勢壓江濤静，鼓角威收海霧殘。愧我折衝無遠計，謬隨諸將共登壇。

木未亭，次鍾繼原韻

落木初飛一葉秋，偶乘暇日到林丘。未尋海上蓬萊境，且共江鄉汗漫遊。天外三山行裡見，雲間五嶺望中收。孤亭徙倚聞征雁，旅況蕭條欲白頭。

集清凉寺，次鍾繼原韻

萬山廻合擁神京，綠樹陰森覆石城。寶刹流光搖白晝，丹楓滴露注銀罌。天風縹緲連香落，竹逕玲瓏帶翠迎。極目海雲空浩蕩，飛觴促共兩三行。

寧前道中

黄沙漠漠接胡天，紫塞風霜净曉烟。白日柝鈴連戍路，寒宵甲馬護長川。雲霾直逼陰山壯，劍氣遥當瀚海懸。借問請纓誰得似，夜來空抱玉鞍眠。

滋陽晚行

夾路依依柳，拂墻嫋嫋風。行看初上月，千里澹長空。

周傳誦 字叔遠，號達庵，咸寧人，字子。萬曆己丑進士。官方伯。

沙河道中，懷秦汝睦太守

同舍郎官舊，專城太守尊。幾年頻握手，此別倍消魂。古樹迷征旆，平沙

沒遠村。長歌懷國士，寂寞罷清樽。

嵩遊歸，經密縣，觀天仙宮白松

才把三花秀，扶疏見白松。應知根化石，寧借色為容。雪霽迷玄鶴，天青掛玉龍。歲寒凝素節，肯受大夫封。

寄懷太醫令朱汝修

傾盖交驩意若何，高蹤無日不相過。一官笑我郎為隱，多病憐君詩作魔。醉裡時聞燕市筑，別來空憶楚狂歌。故人縱有青囊術，醫得離愁知幾多。

南師仲 字子興，號玄象，渭南人，軒叔子。萬曆乙未進士。官大宗伯。

與康梣詩

良時不再至，離別可奈何。嗟我同心人，駕言指滹沱。餞子薊門西，黃金鬱嵯峨。驪駒號中野，傷心春草多。人生百歲間，飄如風中波。相朂在千秋，何暇計轗軻。躑躅日已莫，蕭然發嘯歌。

槐野舅墓下作

曉發密時臺，午憩少華山。密時已淪沒，少華自屼巘。中有萬年宅，澗水相糾纏。舅氏昔謝世，甘之泉下眠。意氣凌層霄，文章空馬遷。如何間世英，徒增千載嘆。玄堂餘鼠迹，松柏任斧斤。往予薦牲芻，池館書自閑。今來把高風，逸趾莫可攀。斷碣尚舊題，隧道非故阡。茫茫宇宙內，獨識子雲玄。握笔抒衷悰，寒飆損愁顏。寄語後來人，無須佳城田。

齋中雜詠二首

我有青銅鏡，携手妒芳姿。一從遭離別，塵掩不勝悲。開匣見素絲，菱花何足奇。鏡兮慎自愛，郎歸掩清輝。

- 511 -

又

我有合歡衾，云是端綺裁。中夜踞胡床，媼人安在哉？輾轉不成寐，明月共徘徊。衾兮慎自愛，梅花夢裡催。

邀汪明生層樓翫月

遙空澄霽色，圓景照層樓。登樓誰與同，眷言命良儔。並坐頮庭槐，列宿燦以浮。扶光帶棲禽，淪彩動潛虯。烁碪響蘭閨，遠懷榆塞憂。君固四方士，亦復起鄉愁。清夜不罄歡，後會渺悠悠。觴來謝不御，獻詠獨夷猶。

丙戌生日

坐對南山空巘業，臘日荒城地凍裂。夜來不寐擁寒爐，西風吹散千門雪。我今行年四九秋，無名無兒亦無愁。四壁架上萬卷書，十年囊裡一敝裘。似我窮愁君莫憾，古來豪傑聊自玩。有札不擬絕交篇，有詩不賦長門怨。轉眼春光楊柳青，傷心落日灞陵中。潦倒尊前看歌舞，從它世上豎兒名。

立春日作

嗟！歲膺和風，習淑氣清。端居感化，觸物含情。千條將舒穎，百卉欲呈英。由來代謝理，何物苦經營。檻外雪消，春水窗前，徙倚聽流鶯。支離短褐聊爾爾，儵忽盤餐細菜生雕蟲。翻蹈蜀人悔臥龍，效南陽之躬耕，揮灑縱馮凌乎？千古吾寧醉裡與造化為朋，請看梅花朝開夕復落，無用戚戚向身後計浮名。

玉堂秋月歌

層城秋净暮烟飛，萬戶千門見月暉。曖曖乍流金鳳闕，熒熒轉麗銅龍扉。龍扉鳳闕凌空起，綺構雕甍相對峙。五夜徘徊皎似霜，九衢潋灩清如水。儒客頻登白玉堂，翛然共翫此穠光。青天挂鏡氛初滅，白露垂珠夜未央。石渠弘敞非人境，東壁深沉澄灝景。玉兔哀臨玉宇幽，冰輪倒浸冰壺冷。承明廬自拱天居，緗帙牙籤散廣除。匡衡不用窺鄰壁，江泌還堪照夜書。重門蔑下葳蕤鎖，桂魄盈盈光欲墮。却笑隋侯掌上珠，寧勞太乙藜端火。纔看揚彩映檐阿，俄頃餘霞漾御河。清暉竟掩華堂燭，寒影翻搖曲沼波。華堂曲沼承歡宴，舞榭歌樓幾回見。鳳皇臺畔布瓊鋪，雲母屏前舒素練。此時飛蓋在西園，此際置賓命綠尊。仲宣授簡幽情愜，公幹抽毫藻思繁。賦就尊傾歡未畢，涼氣滿堂吟蟋蟀。已遣娟娟鑒薄帷，誰令炯炯明虛室。疏螢掩映綴階前，旅雁迢遙度莫天。擣衣砧上聲猶苦，織錦機邊影自憐。獨念征夫千里別，蘭閨榆塞音塵絕。南陌啼殘夢裡雲，北庭望斷刀頭月。盈虧在天莫漫愁，宛轉聊成清夜遊。若個更乘牛渚棹，何人重上武昌樓。凝華燦爛光天步，坐久羅衣霑皓露。堂流壁月有餘清，月射瑤堂占佳趣。更闌徒倚睠秋空，心賞由來幾處同。最喜長安三五夕，常縣明月此堂中。

代妓，得重字

秋夕幸相逢，徘徊意轉濃。露浸羅袂潤，簾捲月華重。玉柱銷殘燼，銀屏倚醉容。問君昨夜夢，曾不到巫峰。

夏日，同益侄邀姚繼叔

微熱來初夏，當檐欲共論。君才元郢雪，我病自文園。四海三更酒，千秋一劍恩。竹林堪嘯傲，未可問歸轅。

寄蕭季馨，兼憶楊子立二首

燕市追陪日，青燈每夜分。殷勤斗酒外，意氣五雲深。豈我能譚武，唯君雅好文。相思何處笛，凄切不堪聞。

又

每從花月下，輒憶高陽徒。世態驚風雨，文情乍有無。千山心盡折，一夜眼堪枯。何事求羊輩，飄零未可呼。

廣川，哭二兄不寐

佇立閑庭玉露沉，兄魂飄渺淚霑襟。紫雲光映樓中賦，花縣歌殘堂上琴。往事遲回傷雁影，遺編惆悵起龍吟。遙思渭北池塘月，依舊清輝棣萼陰。

衛源逢劉介卿，雪中留飲

幾年湖海重相思，歧路相逢歲杪時。君向狗屠憐意氣，誰從龍匣惜雄雌。黃河渡口秦川月，白雪尊前楚客辭。明發離亭分手處，不勝天外莫雲垂。

懷州憶魏二懋權，時奉使秦中

岐途杯酒暫同群，別後魚書杳不聞。曾向漳河憐魏武，更從函谷憶田文。劍隨玉塞千山色，馬度清秋萬里雲。為愛風騷還勝賞，于今眼底孰如君。

頻陽吊斛山先生

何物濯纓漆水灣，先生久矣厭塵寰。自憐失馬來燕市，真愧批鱗叩帝關。四海清風一諫草，孤村寒雨萬斛山。黃昏青塚云縹緲，蕭瑟白楊未可攀。

寄進父宗尉昆季

別來風雨暗燕關，寂寞黃金草色斑。薄俗頓令銷駿骨，浮名容易失朱顏。詩成感舊憑誰達，賦擬閑情且自刪。若問故人搖落意，開窗空見坐中山。

老妓

春華何事忽斜陽，憶昔曾憐傾國妝。翠被祇餘明月夜，羅襦不共少年塲。塵埋錦瑟銀燈暗，雪滿菱花玉筯長。最是銷魂弦管地，誰家寶馬冶遊郎。

梅花紙帳

美人徙倚衍波清，方絮翩翩頓有情。市隱當年梅道士，臥遊今日褚先生。雁頭影淡珊瑚色，崔膝香飛蝴蝶輕。試問江南一片月，寒宵幾度為誰明。

九日，友人過草堂登眺

南山疊抱草堂前，堂靜山青興渺然。一壑秋風三徑菊，孤城斜日萬家烟。登高不負囊萸約，題句欣同落帽天。酩酊但教酬令節，馮闌莫問杖頭錢。

次韻答孟弢見寄

目極匡山秋又分，故人消息那堪聞。從來意氣憐同調，更向飄零思不群。萬里寒暄空灑淚，百年風雨幾論文。我今自笑無昏嫁，欲買扁舟一問君。

哭朱子得

憶從郡閣蓋初傾，雨散星流歲屢更。傳道湘南瓊樹殞，應知天上玉樓成。

雲垂丘隴開新兆，花暗山城冷舊盟。借問歸來遼海崔，珠林幾度月華明。

秋日，同友人郊原登眺

臺樹平臨渭水涯，相過聊復駐柴車。遠池夕景含楓葉，傍檻秋光到菊花。崔避深林驚俗客，烟開別浦見漁家。蕭蕭風雨重陽近，極目高天雁影斜。

伯明宗侯許繪《玄象山房圖》，時余將北上，詩以促之

草堂下築象山頭，照眼山花興自幽。不謂迹隨牛馬走，翻移文動崔猿愁。千盤關路悲搖落，一室烟雲羨臥遊。願乞輞川圖半幅，長從縑素挹風流。

別玄子孟弢女修當吉諸子

十載飄零鬢有華，只今詞賦向誰誇。馬嘶原草春將盡，人散津亭日欲斜。楊柳蹊邊開露葉，芙蓉匣底照霜華。明朝此地應陳迹，一片離心繞落霞。

悼安姬

一曲將雛歌正濃，履綦無處覓芳踪。音沉別鵠弦宵斷，香散幽蘭鏡曉封。竊藥恐應奔月窟，為雲疑復去巫峰。盈盈河漢還清淺，翹首黃姑恨萬重。

驅車復驅車

驅車復驅車，車行不可晚。望斷車中人，心隨車輪轉。

其四

曲沚坐祼潺湲，眾鳥階前往還。幾樹陶家黃菊，一簾謝氏青山。

少年行

白馬朱纓美少年，萬金擲盡氣凌烟。狂來一笑無人識，醉枕龍泉陌上眠。

青樓曲

十二青樓大道邊，春來處處柳含烟。中流五兩乘風急，疑是潯陽估客船。

來儼然 字望之，號小澗，三原人。萬曆乙未進士。官兵部。

登華山，晚至莎蘿坪而止，悵然有作

登高拚引眺，着意禮金天。未抹千尋綆，剛成半日緣。晴嵐開紫翠，寒瀑落潺湲。鐘磬泠然發，渾疑是斗邊。

渡江

七月蒼茫曉，長江好放舡。濤聲真撼石，水氣欲吞天。綠荻孤洲映，青山兩岸連。中流頻擊楫，豪興已翩翩。

邀胡肖雅京兆、耿藍陽進士觀海亭眺望

客興饒登覽，相將赴海門。快心逐溟渤[一]，凝目俯層軒。氣結波濤壯，光搖日月昏。飛僊如可挾，去矣脫丘樊。

【校記】

[一]"逐"，明萬曆四十七年刻本《自愉堂集》作"隨"。案以下在【校記】中簡稱為明刻本《自愉堂集》。

咏鷺

颺絲聳骨絕埃氛，聊混沙頭鸛鷟群。聲入碧霄還嬝嬝，影隨寒月欲紛紛。若教弄水清干玉[一]，却恐摩空化作雲。仙籍故應傳羽客，不妨喚作雪衣君。

【校記】

[一]"干"，明刻本《自愉堂集》作"于"。

詠柑燈

良宵一點麗中堂，絕勝驪珠細吐光。滿座總分團蓋影，重幃不散鬱金香。六鰲駕上春如海，八月湖南夜有霜。縱道東方天欲曙，丹衷猶可對朝陽。

兒復登華山，雨中覽眺，為余道之，遂有此賦

青春聞汝陟巑岏，仿佛凌空借羽翰。俯瞰雲霞開萬壑，笑攀日月弄雙丸。

短衣欲振天風側，拄杖無辭鳥道盤。金帝真詮如可問，驂鸞排闥未應難。

戊子歲，余識持心上人于金山，茲復會于太和官舍，其歸也，送之以詩

憶昔相逢證聖因，十年聲迹各沉淪。朱門不礙高飛錫，陸海偏驚浩劫塵。破衲此生空色象，孤雲一片去來身。江天法界渾無恙，幻住還憑作主人。

李太學園繡毬花

佳卉芳園總麗情，飛瓊猶擅一時名。已傾宮冶三千色，堪敵隋珠十五城。縞練颺風還嫋嫋，流蘇浥露轉輕輕。主人況是多才思，高咏枝頭碎月明。

冬日，同朗哉集米仲詔年兄石丈齋

合簪偏喜弄芳尊，擊缶呼盧笑語繁。吾道百年寧落莫，壯懷今日欲騰騫。檐虛薄射微晴色[一]，池面初融久凍痕。片石對人常下拜，老顛奕葉有聞孫。

【校記】

［一］"微"，明刻本《自愉堂集》作"初"。

潘象安中翰使至山海，一見投合，于其歸也，詩以送之

凍合關榆氣欝森，一時邂逅愜幽襟。憐予潦倒尚書署，羨爾飛騰翰墨林。大漠風雲偏動色，邊城鼓角幾長吟。冰花未散歸途杳，去住應煩兩地心。

秋日南行，再至廣陵有作

雨晴風細濕雲稠，又入淮南好放舟。千古豪華榮夢寐，十年冠劍幾追遊。柳迷隋苑和烟歇，潮擁邗江帶月流。若倚吹簫人似玉，畫橋無處不宜秋。

咏月

雲净天高夕爽清，團團孤魄動山城。蟾蜍瀲灧晴堪挹，桂樹婆娑晚自生。冷入榆關秋雁落，光含海國暮潮平。夜深掛向西林上，移得梅花瘦影橫。

－ 517 －

朱敬鑑 字進父，號志川。秦藩宗尉。萬曆間人。

九日，諸吟社雨中登南城樓
登臨夙有龍山約，此日携尊共戍樓。百雉烟雲還對雨，千林搖落況逢秋。倚天鴻雁悲青海，壓帽黃花笑白頭。極目五陵形勝處，楸梧誰識舊王侯。

無題
錦屏翠幪玉樓深，搖落淒凉思不禁。腸斷湘娥斑竹淚，心摧卓女白頭吟。秋風五夜傳宮漏，明月千家急暮砧。恩愛于今成底事，髻雲猶戴辟寒金。

中都劉文夏、姑蘇李若樗二文學見訪
西風搖落臥林園，有客相將過華門。漫倚幽蘭調玉軫，敢論芳草憶王孫。江楓映日秋偏寂，籬菊含霜晚故繁。高調最憐知己在，一尊相對坐黃昏。

費逵 字伯鴻，號■■[一]，咸寧人。萬曆壬午鄉貢。官州守。

【校記】

[一] "■■"，底本此處為墨丁，約闕二字。

讀朱進父飲酒詩，却贈
世人競好飲，不解飲酒趣。但能嗜醉飽，此身如釀具。竹林有七賢，飲中有八仙。曠達寄情深，高名千載傳。風流帝子朱進父，翩翩不與俗流伍。雅飭禮度儼儒生，深藏書史失良賈。作賦能令詞客驚，揮毫會見龍蛇舞。離騷悲屈平，孤憤惜韓非。子建空求試，更生心事違。自憐雅抱甘株守，浪迹混作高陽偶。三杯滌開錦繡腸，五斗傾倒懸河口。春華秋月入品題，江山雲水結良友。共醉人前忘形骸，獨醒胸中有臧否。葵心欲傾太陽前，蘭質肯落群芳後。不隨波靡競豪奢，期將事業垂不朽。借問此意何繇識，新詩讀罷窺抱負。慚予雖非知音者，敢向洪鐘吹劍首。從今期結吟詩盟，與君常醉吟詩酒。

殷太師墓

宗臣忼慨抱深憂，逆耳忠言恨未投。七竅精光流簡冊，千秋身世託荒丘。淒淒野草常含淚，黯黯荒雲總結愁。不是真心剖不去，遺踪安得至今留。

朱惟燇 字伯明，號海亭。秦藩將軍。萬曆間人。

秋日，沈閫帥見訪

野性方隨鹿豕群，忽看旌旆滿江濆。却慚疏客難偕世，自是將軍雅好文。草閣秋聲催落木，荒庭竹色亂寒雲。清尊揮麈紅塵外，誰復風流得似君。

答客

問我年來只閉關，自甘愚拙愛幽閑。未能拔足風塵外，聊爾藏名酒博間。抱杖林中隨皓月，科頭江上看青山。野心曠蕩難馴媚，車馬何人解往還。

冬夜讌，贈南思受茂才

華館高窗竹影垂，同人綠酒得佳期。清歌幸不孤金盞，明月還來照翠眉。風定疏鐘林外徹，天寒宿鳥夜深移。妙年逸藻驚人目，相倚真慚玉樹枝。

夏日，曾別駕見過留酌，曾能詩善琴

相尋不厭幽居僻，解帶披襟盡夕陽。雅弄新詩看爾媚，跳丸擊劍笑吾狂。舉觴並吸星河影，拂袂時來菡萏香。深竹動風秋意滿，清虛何減對瀟湘。

初夏

灌木新晴嘯野禽，波明石淨北堂陰。散風荷氣清晝榥，艷日榴花映竹林。臨帖倦來時隱几，玄經讀罷復長吟。閉門自信惟疏放，咫尺交遊懶去尋。

夏日

茶鐺書卷坐相隨，穆穆清風雨過時。喬樹漸交覆砌影，修篁新長入檐枝。

遊蜂遶案尋筠管，野雀將雛飲硯池。盡日掩關唯習靜，但聞請謁即攢眉。

早春，諸子邀飲曲江，因懷老杜

江上春歸碧草滋，江頭春酒酹吾師。傷心一代繁華地，悵望千門細柳垂。蹭蹬即今難讓汝，風流實恨不同時。玉樓金殿皆荒土，落日蒼茫萬古思。

劉叔定、趙屏國入青門社，賦贈

擊筑悲歌意未休，寂寥甘作醉鄉侯。閑身惟識耕耘計，浪迹相期汗漫遊。華髮青雲依二妙，窮途彩筆寄千秋。匡君撫世皆公等，莫為山中桂樹留。

輿地圖

片楮局方盡海隅，青山簇簇水縈紆。他時高舉青天上，却視人間若此圖。

文在茲 字德任，號少玄，三水人，少白先生弟。萬曆辛丑進士。官庶常。

登華山賦

序曰：在茲童稚時，聞長者談華嶽高峻異諸山，意輒欣然欲往。及壯，數經華陰，瞻三峰青碧有靈氣，則聳然欲巔之，奈冗羈無其期。庚寅九月，始携羽士偕攀焉。始至玉泉院，即玉井之下流湍潆處，有希夷臥洞，秀柯磐石，已非人間矣。入谷五里有關，過則為莎蘿坪、桃花坪、希夷峽，則各少憩。道人烹茗，問路徑，談山中事，惟大小上方不暇至。迤邐二十里為青柯坪，東高處即白雲峰，西則北斗坪、毛女峰，岡巒環峙，稍稍見下界。南望西峰千仞在雲際，遂偕羽士自回心石而上。初上峽，嶂千百尺，危甚，苦難竟欲還者、再遊者至此半回腸。或易名勵志岩，予疑之即空同子謂"挽索纚纚悲號恐"處。北至白雲峰，則可望終南嵯峨，太白諸嶺穎穎如管，未出涇渭灞滻帶之僅練。然縱觀上林、五陵、周秦漢唐之都邑，丘隴平蕪，已不辯樵牧，而氣蔥蘢。然視華陰，則一圃之垣在山前，繪之可扇柄持。次至日月巖、蒼龍嶺頭，則東望太行，西望崆峒，南見太和嶺隆隆，北望黃河風塵混，冥濛襲襲，如揖崑崙。惟明星、玉女踞三峰間，不甚遠，絕蹊懸崖，險之足慄弗能前。遂上東峰，至南峰絕頂，則一壁五千仞，凌跨太虛，不知復有雲間不。壯觀天地間，靡不可盼睞者，獨患眼界局也。西峰之頂有大石如覆盂，山中呼為天綱峰。翻外側渾如小山一座，危累棋立，履此怵不可下視。稍下三峰之阿有玉井，井上有閣，不睹所謂丈花船藕者矣。獨旁瞰厥中湛湛渟渟，滲入肌骨，欲作寒爾。恣覽竟日，如泛月槎，乍低乍高，不知去星辰遠近。目既飽，返則宿細辛坪，與白髮練師王雲堂先生論岩中之趣，及出有入無之說。登嶺末如別遊一天地，非此生矣。次日晨起，則觀朝陽之始暾，紅霞照耀，巖間帶眉杪，白雲片片馳坪下，布滿長空，如弓彈爛絮羊茸。然遇峰嵐處，溶溶避流，如江波之經島嶼，有迴駕，無犯蹕，恍惚坐九霄玄宮，遺落大地，不知有無。蓋床第之慮，簪笏之思，不呵肅矣。乃知圖南子微蓳長往世外，亦各有以非無說。遂盤桓怡娛其間，不欲復到人間世，令塵撲面。二人在望，拚置而歸，以其狀報家君。家君翻然欲往，以臥病不能，更稱"白雲逸叟"寓其指。每草堂清夢，往往如復攀緣，覺則悵然。姑賦此，志其大略。儻世緣畢也，更棲此中，究三際圓融之業。調華胥，譜混沌，遊神六合內外為館壇。則如可窮此嶽之靈境姱迹，揖風雲，待汗漫，抵無有可也。其辭曰：

維華岳之夐峻以崚嶒兮，跨高標乎穹蒼。群山欝崒夫西極兮，獨爾翹焉冠萬壑而頫大荒。削芙蓉以黛空碧兮，下視白雲而怖飛翔。胡巨靈之矯以雄兮，鼇極斷立夫首陽。枕秦關而薄漢時兮，耿耿陵宇宙而豎劍鋩。度雍州而大起兮，上千鬼墟以鎮徬徨。雷電晦明於下土兮，皎日方霽而照耀乎扶桑。何白帝之窮高而極峻邁兮，獨立縹緲而無畏傷。跨日月而振風標兮，秉介特而凌嚴霜。峭直無與之為朋兮，勢或欹斜而無倚傍。廣厚載之重不勝兮，橫秦楚而割陰陽。絕峰之去天不可以尺兮，星辰的皪而宿巇廊。惟大體之嚴凝兮，如公孤端冕而肅笏立乎明堂。探重巖之多積秀兮，有似姱士振揥挈裳而標烟霞以昂臧。抱三秦而中拱兮，冠四岳而為伯長。緬自重華之西巡兮，柴燔八月之既望。迥脩路之幽遠，畏巉巉而不能返。于時蓐收掌命，少昊司天，乃携羽士歸罷蹇。訪山童，憩幽館，望雲臺之翼翼，泝玉泉之涓涓。漱清流於澗石，液玉川之波瀾。時捫蘿而得石，或途窮而茫然。有歸關之五里，如有守而將闌。乃令羽衣開關而前導兮，石磴迤邐而逗。嫋嫋傍張超之舊峪，霧市猶封夫巇巇。望莎蘿與桃林，掇落葉以蹣跚。砢嶒屼而驚出，遵流水之潺湲。則有龍潭飛峽，陳祠翼然，側風號怒，令我神慘。時猶未陟夫山之巘屭巘之岩也，怪石虎視，浮橋虹纜，是為青柯坪，而諸羽士出焉。上有千仞之峰，下臨百折之淵，湍流潨石，參差澹淡。于是傴僂而上，緣穴圻扳，懸石向虛，壑臨回隙，峽容一綫，嶂亙千尺，乏玄猨之狡慧，謝飛鳥之輕翩。兢兢慄慄，如遠而迫，一進一却，搖睛頓灭。雖萬狀之橫空，而斂神觀以莫窺。思蛙步而蹉跌，雖萬里其奚迫。由是萬折千廻，幽岩稍逾。乃登長岡之磐石，入倚雲之新搆，流覽遐觀，目馳神驟。巀嶭左飾，崤函右雷，熊耳玄象為之纓，終南驪嶺為之綬。萬壑紛馳，千峰奔湊，或奮而起，或頫而仆，或背而欹，或傾而就。驚革如鸞口之欲翔[一]，恐懼若猛獸之伏走。或環縈重抱，如城郭之萬雉；或長岩巨石，如囷倉之千覆。或峨峨乎壯一尊，或點點而露數岫。于是架飛橋于厓絕，凌斷峁而躡虛。俯匹練于渭川，徑尺石而崎嶇。憑車廂之幽谷，倚箭括之矗矗。峽罅錯以相銜，阪棧斷而復續。則又穿礙耳之長剡，隱日月于崇巖。雲迹鳥道，十步九匼，厓複剡窮，乃將陟蒼龍之峻嶺，咸踟躕以徘徊，勢仰觀而轉雄。兩崖杳杳，下眠神鷲。岸有削而無餘，壑無風而長鳴。架虹橋而千里，豈呼予之乘龍。望僊人之掌迹，指隱隱而孤擎。遂騎行而搦嶺，笑酈生之葳茸。乘空飈而遠聽，聞石鼓之微鳴。于是嶺盡硊出，有將軍五松，負岨阿而秀起，亂虯枝乎五風，勇冠三軍，虎落轅門，聳黛色以參天，亘磐石而托根。遂上先登乎玉女之所昧，石礐礐而峻峙，杳盤臼之相磕。仰視三峰，猶若天外。于是踰橫穿徑，東上龍嵷。洗頭盆兮鉛華繡，杖九節兮黃玉生。別麓聳立兮山之南，恍惚聆洪厓衛卿之博聲。窿穹窿而西轉，即落雁之危峰。既登高而復下池，仰天而摘辰星。乃四顧躊躇，悠遠長懷，東瞰目盡，西暢無涯。杳黃河之奔來於大漠兮，蜿蜒回折如帶之扱西。崑崙而盡星宿之源兮，弱水黯黯而化形汁。迷瀍澇之所終始兮，沚涇渭之出入。豐鎬紆曲而馳鶩兮，漆沮暗而不明。蕩八川之相背而異態兮，紛交流而漸澇。眇崆峒之西峙兮，太白六月而雪復冰。粒賀蘭之釜炭兮，小吳山而剞崲。亘中幹而東馳兮，見日觀于熹微。彼二室之嶔崎兮，立中原之標儀。憑商顏而軾太和兮，直橫峨眉而窺衡湘。三公負之而如豆兮，集百神而觴之。伊南山北山之間兮，古天府之雄都。提金城之千里兮，渙百二之王居。惟若靈之偉鎮，神變化于太虛。粵庖羲氏之觀混元而分卦象兮，自成紀焉圖馬龍。軒轅鑄鼎於荊山兮，峨甘泉而接萬，靈武歸馬於華陽兮，懿文德于幽岐。穆八駿以周遊兮，浮赤水而觴瑤池。宣側身於雲漢兮，蒐蒲草而試師。至周平之東遷兮，王風遂委夫黍離。始皇汎掃夫六合兮，寒烟徒裛于驪陽。白馬華山君兮，祖龍遺璧以相望。思孝公之擁雍州而搆富彊兮，盡畢於封禪之一舉。豈岳靈之靳祉福兮，抑願望之非處。巍大漢之龍飛兮，雲瑞肇啟於鴻門。雖絕棧於褒斜，遂傳檄而定三秦。郊五畤而道四岳兮，曠瀁哉孝武帝之登崇。望唐宗之創元兮，獨築宮乎九嵕。荒哉隋家帝兮，搆玉華而憑回風。壯萊公之舉頭于紅日兮，竟澶淵而定計。指顧五丈原而悲風起兮，傷諸葛之六出而志莫濟。何、李布衣之鷙鷔而投書兮，竟收功於絕界。邇烟塞之多烽壘兮，罕若人之為繼忻。予若有所獲兮，懷古丈夫之梧岸。彼晏子之瞻望，猶盡日而不知厭。采似布之青草兮，拾玉姜之遺釵。宋銒冠之而切雲兮，表四方以崔嵬。羨孤鶴之清唳兮，惡肥遺之多翼。彼牧童所時往還兮，樵采擔荷焉如平地。胡昌黎之開衡雲而奪三軍兮，顧魄動而魂悸。慨長安之鶩名利兮，孰長生之肯學。惟希夷之避世兮，長龕臥於幽壑。雖丹鳳之銜來兮，羌素心之矯矯。彼白雲能留住兮，縶之子之高蹈。奚獨有會於此山兮，又墮驢而長笑。三峰摠以賜君兮，妙契惟混沌之元譜。胡華胥之玄調兮，迺為圖書之鼻祖。眈賀老之長寂寞兮，石堯堯而獨處。我來步陟夫層霄兮，渺獨立而俯平蕪。似憑虛而御風兮，仍出有而入無。通呼吸于帝座兮，想李白之仙骨。攜驚人之謝朓兮，亦何與于岩之月。乘清氣以御陰陽兮，淡烟微靄繚繞以相觸。疑青冥將既我以靈虛兮，卒攬之而不盈掬。于是所之既倦，則就細辛坪而息焉。胡麻之飣山夾之羹肴，以松實菜以黃精。恐遂若秦宮之毛女，飛還往而身輕。比凌晨而出日，翳白雲之盪山胸。溶溶鋪而如席，紛紛屯而若營。隔人世而若棄兮，似一灑練五臟躡帝闕之清泠。尋白帝而問真源兮，帝亦寥寥而莫予應。乃羽士亦偕予登而陟其絕，瀟然聳矑，四望無窮。怪靈氣之獨秀，冠神州之諸峰。憩堂而言曰："夫赤縣名山，環於方丈、蓬萊之外，列於崑崙閬風、齊州聚窟之內，為崇禹栢翳山海之所經，大章豎亥東西北南之所步。以山稱殆不趐萬計，奚斯之峭銳而欲歙，若鉅工之所削砌，敢於嶄巀、惡於拖帶若茲也耶？"少玄子則仰而憑，俯而嘆，曰："若客所謂啜其華，未漑其根，徒知黃河萬里之赴海，而不達於亦賓之几絲瀸濊者也。夫天地者，陰陽之原也。八方者，五氣之乘也。西主金，厥色白，於卦則少女而象，故折也。秋，成物之府，而金秋，氣也。淵蜎哉陰陽之至精莫逾金，而金最嚴凝。物莫不成自嚴凝，夫華乃天地之嚴凝氣也。秋為刑官，峻厲莫如刑，孤高嚴肅莫如秋。物無傷不可以成功。西主商音而律夷，則洪鈞之氣，義勝者也。少女為《兌》三，索諸陰，其體悅物，莫悅於其所成。大功畢，必返乎太素。故灝氣為自而《兌》之象，反為折精堅之極。欝為高峻，物莫峻於鑪錘之既成。故高峻之極，斷決剛勁，如欲折而不毀者。此況吾與子，涼秋九月，登高橫眸。觸輕寒之薄暮，感白露之驚秋。觀萬木之蕭瑟，鏡潦水之澄凝。悲宋玉之廓落，聽歐子之秋聲。亘精氣之出入，窺大壑之冥冥。攀金天於只尺，望天高而氣清。當秋陽之皛皛，峰嶢嶢而稜稜。見白帝於彷彿，披浙瀝之朔風。覽大塊兮若扃，洞太虛於八紘。澄萬緣而幾盡，挾明月以冲冲。表獨立兮遺世，隣太乙而相親。願比德於清秋，庶不負乎斯遊。"羽士攝髮釋節，拂襟望予，再拜曰："允哉乎德，獨此華岡。天地枕之而長，日月挾之而明，江湖漱之而脉絡遠。羽蹄水卉，履而繞之，咀而唼之。而爪翼奢，華蒂昌，彼其中有不死者，存是洪濛之所，鼻祖摩撫磐石為嬰兒者也。華得之為華，而吾與汝則胡得哉？"少玄子曰："嘻！吾聞子之言，知吾胸中有金精矣。鍊而食之，後天地老。業畢塵歇，請事此言。"

【校记】

[一]"□"，底本此字漫漶不清。

答何籽孝茂才

騷壇聲價幾清秋，尚爾淹留不繫舟。饒令堯孔百壺醉，難灑乾坤萬古愁。請纓自可平胡馬，遺世莫將問海鷗。梁父悲吟空感慨，投文白帝好拈籌。

辛丑計偕過華山

瞥見西皇節仗新，搖光垂建斗知春。憶初長嘯蒼龍嶺，遂上高尋白帝真。墨浪翻盆調玉女，筆鋒擎掌侍仙人。金天拱手朝華盖，特領匡藩十二臣。

和少白先生驚人籙二首

来非酗酒並餐糧，去豈脱冠與解裳。明月挾之風雨掖，捧圖稽首面天皇。
本是餐霞漱玉郎，鳳笙龍管嘯聲長。臨風不惜傳清籟，山動雲橫那可當。

武用望字伯燮，號孕華，寧州人。萬曆間明經。官廣文。

丁酉七夕，同文少玄、葛洵可並文甥天瑞伯仲，坐九龍池之沈香亭，漫拈星字聯句，驚見飛星如練，直射天瑞座，流耀者久之，遂喜而志云

九龍池上聚客星，天外松風度鵲翎。銀氣金光垂若練，文經武緯現為形。

喬雲正報牛郎巧，彩筆仍飛太白亭。皓月相看叢桂影，更闌不覺異香冷。

馮烈婦悼二首

結髮側君子，秋輪鑒素床。兩髦原矢死，雙璧故同藏。蘭萎銷芳歲，雲停直曲腸。男兒空墮地，七尺負昂藏。

二

向夜烏啼苦，北風乍雨霜。帝鄉神縹緲，不窟氣悲涼。破鏡秦雲暗，招魂楚些長。歲寒青不改，長此秀孤芳。

劉紹基字伯良，號■■[一]，興安人。萬曆間太學，年二十餘。

【校記】

[一]"■■"，底本此處為墨丁，約闕二字。

太宰楊公種桃千株，稱桃花嶺，而索題焉，猥為短韻

東方有歲星，來遊泰山麓。罦思度朔山，其上多桃木。一笑呼山靈，地成五沃陸。不植若耶蓮，豈種瀟湘竹。何用大夫松，無取處士菊。桃花可好容，桃膠可斷穀。勾鼻重二斤，紺鴨大十斛。如在天台行，如在武陵宿。星舍白榆明，月嶠丹桂馥。主人天之官，公門士如簇。五雲可尚羊，奚必侶樵牧。桃謝桃自開，叮嚀作湯沐。俗哉綠野堂，鄙矣金為谷。桃葉與桃根，視此更碌碌。

哭長公姚大

天道何冥冥，日月如轉轂。喆人忽云逝，慷慨發長哭。天樗老天年，梟以不鳴戮。才與不才間，人生宜何逐。憶昔與君遊，高陽狂擊築。意氣露膽肝，襟期淪骨肉。不能為雄飛，而乃為雌伏。造物本忌人，夷貧回死速。卧病才一朝，溘然夢倚木。垂白有高堂，誰為供饘粥。少妻啼毻帷，稚子號襁褓。釜魚甑生塵，傷哉貧可掬。熒熒少微星，夜隕吳門陸。紙帳冷梅花，布衾不掩腹。同調惜知音，琴沉榻為覆。君身不可親，君顏猶在目。大莫隔幽明，纍然一塚矗。

冬夜步月，用唐人孟郊韻

淡月浸空庭，如水不成濕。幽人憐其清，坐久涼風入。簫鼓是誰家，輕歌夜半急。欲臥不能眠，起向當軒立。

詠史

項羽軍鴻門，沛公來謝時。玉玦示者三，羽意終不移。項莊拔劍舞，良出語噲知。擁盾入軍門，交戟盡仆欹。披帷西向立，眥裂髮如支。問客何為者，參乘漢有司。賜之生彘肩，切而立啗之。壯士能飲乎，與酒一斗卮。臣死且不辟，卮酒安足辭。秦有虎狼心，天下皆叛離。沛公入咸陽，秋毫無所私。遣將守關者，懼有他盜馳。大王聽細說，功高乃見疑。亡秦之續耳，竊為大王嗤。言已俱如廁，沛公去獨騎。向微屠狗人，天命詎可期。

苦雹行

屏翳吐衝颷，大圓注甘雷。天眼匿朱光，翔陽與陰妃。辟歷鳴天鼓，霶淞靚天漏。颶颭旋羊角，淙濛會龍魓。銀核擲彈丸，玉果損隕宿。是豈讐我畛，以而馘我后。兩期弗成年，百陌焉企富。扶風自扮野，傾羲匪啓畫。拜拜碧翁翁，擊攻胡可久。

鳳旂篇 為彭學士二尊人壽。

江南太史何英英，王馬翩翩步瀣瀛。畫錦持裁作斑綵，釀來盤露當金莖。乘傳當年梁苑客，皇華周道青蜩鳴。先驅縣官負弩矢，太守以下皆郊迎。此日晴光綻卿霭，空香裊裊覺春生。把酒當歌自起舞，跽上高堂難老彭。紺瞳壽母師何母，翠髮儇翁舊老彭。龍沙洲高江水綠，牛斗原旁杖星明。嫦娥月中墮靈藥，句曲謠者茅初成。棗大如瓜桃如斛，白石在釜芝在鐺。七子櫺羅碧虯饌，五英闕橫紫鸞笙。玉女投壺供電笑，揮杯奏技須容城。乘鵝彎鶴長烟裡，瑞鳥祥花滿玉京。

代答

嫁得蕭郎大有情，青鸞無日不雙鳴。不知翡翠樓前路，能得君王幾度行。

宮詞

睡覺雕窗百感生，強教鸚鵡念心經。掀簾恰與宮官語，忽地連呼駕到聲。

碧囊琴，予不善奏，但植壁間，時一撫摩，便令人有山水之思，陶彭澤乃先學我矣

蟬捕鳳求事已非，斷文焦尾近應稀。豈無文錦堪裁服，且共主人着布衣。

送伯休兄歸

鄉心縈別恨，泪濃未行先。帆落屏中月，人歸鏡裡天。汀花香屑氣，津藻麯塵烟。好句憐春草，懸知夢惠連。

讀雒廷評諫疏

事烈知人忌，名芳是聖恩。掛冠歸地肺，拂袖叫天閽。溝壑如餘喘，蒭蕘尚有言。愚臣癡戀闕，北望兩眸昏。

送曰可下第歸臨川二首

客子長安挽不留，霜風敝滿黑貂裘。舌存尚有談天口，金盡那禁炊玉憂。短鋏欲歌無主納，長門有賦倩誰收。當年季子燕還日，曾把陰符着意籌。

二

十月燕南柳嬋黃，銷魂攬淚把離觴。屠龍有技悲天遠，射虎無心論羽長。此去寒雲迷北國，他時明月滿西堂。東山莫惜驚人句，雁足時時待八行。

白燕

掌上曾能翻妙舞，當年傳粉尚餘輝。玉堂晝永時聞語，珠箔春深不見歸。掠水驚看非紫鷰，銜泥何處問烏衣。梁間夢覺留殘月，拂柳風來和絮飛。

上陳懷雲御史

弄印要掀鐵是肝，四其聲落禁雲寒。凌霜氣擁屈軼砌，沖斗光飛獬豸冠。栢寺有花皆判黑，松廳無草不流丹。鰍生雅摟何蕃志，願展清河一笑看。

古詩

人生貴適意，不為身後名。我來遊楚岳，問道學長生。山川相映發，草木如相迎。日莫躍鱗上，時鳥變新聲。神交王子敬，心契陶淵明。懶笑嵇中散，嘯驚阮步兵。哈坐弄麈柄，熟讀陰符經。白雲如可摘，乘之往志城。

遙望太和，遂有已登之夢

帝扉迢遞隔天門，一葦均陽遠不論。詩就遊仙三百首，書藏證聖五千言。爐峰烟重香時爇，燭澗風吹影畫昏。借得青磁絕頂卧，松濤枕上亂啼猿。爐峰、燭澗，皆實有之。

麋中

廻颿夾口一槌搗，雨霽新寒卧畫艖。但得會心何論客，若多欣賞便宜家。白雲滿地松花老，秋水連天燕子斜。短褐色野人劉子驥，前身的是老梅花。

南巖宮

亭亭晴幢盡星羅，削壁峻嶒掛蔦蘿。猿摘松花來石室，鳥銜楓葉下巖阿。掃雲峰底堪觴詠，留月臺邊足嘯歌。更有大人迹尚在，至今旦夕鬼神呵。

天柱峰

高高天柱矗玄清，鬼斧曾經運蜀丁。鐵檻索牽懸渡影，石梯屐響步虛聲。三公拱待開圖畫，五老朝宗列障屏。下望方城皆蟻穴，豈應復去誤浮生。三公、五老，皆峰名。

紫霄宮

化人宮闕倚天開，曉日金光擁殿階。前控小池浴日月，後臨絕壁接蓬萊。白雲飛下青山去，碧水流將黃葉來。酣叫想當妨帝聽，赤虬倒跨問瓊臺。

韓期維字光宋，號梅野，鄠縣人。萬曆甲辰進士。官縣令。

同劉鴻臺豐樂邸中守歲

燈殘櫪馬鬭喧譁，旅邸開樽具不奢。客子無心剪綵勝，細君何意頌椒花。酒非故國難成醉，夢在他鄉易到家。此夜鄰人聞守歲，不知歲向暗中加。

周雅續卷之十五終

周雅續卷之十六

北圻賈鴻洙憲仲選輯
西極文翔鳳天瑞裁定
北海孫三傑淑房參閱

來復 字陽伯，號星海，三原人，儼然子。萬曆丙辰進士。官方伯。

擄武師
擄武師，討叛虜。攄夷寨營，骨蓳腦鹽，誓除兇讎報千古。

發丁庸
舟滯起，剝沙淤。抓河徵，萬夫聚。纖波排門，牽役州縣。點查櫂，不欸乃，勞者不歌。野無饁，漁賣蓑。曳難轉石，竟夜擊鑼。咄咄天乎，到底不雨將奈何！

鬧官渡
借問舟中誰，云俱冠蓋使。不見從南來，都是由北至。攢桅如麻，密如鱗次。撾鼓淵淵一似雷，響器嘈嘈夜難寐。坐守十日不上閘，貴人反遭黃頭誶。旱極那堪霜降餘，三百重船壓頭刺。天河難挽舟難藏，携家窮冬定安寄，奴氛猶近心惴惴。

賦得偓人攬六著篇，奉贈大冑侯荊谷翁七袤壽
偓人攬六著，神侶為博徒。擲蒱華坪闊，拂局扶桑隅。頂髮垂熒雪，頰顏

如渥朱。駕邀王韓飲，羞與淮南俱。瑟倩湘娥拊，毛女舞前除。筑峰羅洞館，樹囿燦瓊珠。金鑄客為履，玉函烏作書。綺薆烟繚繞，桂棟雲卷舒。五芝佐肴俎，九醞備屠蘇。潢派通洙泒，周親出曉儒。雅容飭禮席，儇家做安如。身世泰無憂，玄修契太虛。托祝馭晨風，詞殫臆未攄。

送梁君參之廣陵

有鳥迅發，閑爾翩矣。與子言別，吁其迫矣。悠悠白雲，忽焉過之。清吹迭鳴，與子和之。載肴載蔬，載醑載酬。子有安居，視子鳴驂。春陰冪冪，春華的的。將子無感，春再而覯。

抵華陰，同胡含素、梁君參、君旭、君晉遊華山

寰瀛聳靈域，矗嶵頫咸秦。藤蘿斜徑轉，臺觀危橋侵。仰瞻旭日光，俯眺群壑陰。行行穿微竇，望望逾石扃。尋源漱流瀑，緣滑探殘銘。爰酬夙昔諾，遂愜幽深情。談賞諧同好，尊罍集良朋。重襲畏絮薄，申防戒巖傾。白雲聞雞犬，落日發韶英。修路何崎嶇，咽泉復沸騰。琪樹艷寒葩，石乳滴春冰。飛鳥無疾翮，哀猿多暮聲。屓簦披蔓蓧，吟眺恣憑陵。起伏變縈折，突兀還相仍。雲腰空巨壑，金掌臨滄溟。曠覽小蟻界，飛棧失蜀形。已令胼胝忘，轉覺愁喜并。山中斷轡鑾，松下饒芝苓。仙人善服攝，白日空岩行。睇形悲凡骨，嬰羅愁天刑。豪華餘塵刼，栖靜知沉冥。鴻鵠有高棲，揮手謝繳矰。

贈屠赤水先生

頹陽寧返馭，衰草無茂荄。迍邅貧賤士，中歲意已摧。阻修悲道路，悵望徒徘徊。取師散群籍，揮斤劚良材。常恐意淪胥，如砥成迂回。中宵睹龍變，煒煥窮埏垓。倏忽運權奇，莫知其際涯。至人握洪造，千古昌期開。金管映奇迹，綠篆發深埋。太言無始括，精言妙理該。至言言復忘，瀟灑通靈臺。超絕竦形身，毛羽何毰毸。終期希玄詣，訪迹八關齋。

擬今日良宴會

問言今日樂，乃在王孫宅。錦綺羅朱軒，珍圖耀華席。主賓工度曲，佐歡申所獲。齊播管與弦，高響暢今昔。吾生久賤貧，棘路常懇懇。既慚奮翼志，

不聽轅下迫。何知素心雄，看余飲盡石。

夢華嶽南峰

巍巍萬仞峰，縈縈千泉岸。緣絙梯靈雲，登危凌絕棧。緬思十年時，來往何矯悍。三向坪中憩，一住巔崖飯。疾雨龍嶺深，仙掌莽廻盼。飛電繞下方，宿霧霾前院。是時求赤松，仿佛宛如見。因意峭壁滑，沮洳望愁嘆。去阻最高峰，歸恨負夙願。四眺正迷離，山靈悶奇幻。祇今魂夢遊，已無昔時健。境象雖滿前，恐尚非真面。

對竹作有引。

余三十以後，始解嗜竹、種竹。七、八年，始成竹百竿，竿不盈丈。然每見人家有茂竹，多種植不得其地。徒灌腥穢以投竹癖，竹亦悅其豢而留之。古人夷門抱關、馬曹良醞廚之間有賢人焉，苦可知矣。謂此君有玩世心可耳。漢史以渭川千畝比國君之祿，而晉張廌至以數十頃驕不屑見右軍。人固挾竹貴矣。關中土燥，余邑水泉更深，歲多旱沴，何修而冀享此亦為百爾。君子置安所，免致囚縛，如眼中所見若若焉，對之相忻，快必矣。故余謂三十之後，始解嗜竹，解竹性也。

城中三楹齋，舊植兩叢竹。亘階界甄鼻，列檐更周覆。抽筍苦難長，籟影半老禿。邠園竹傍牆，炎夏風不續。瀟碧澗埃塵，感焉傷局促。辟之畏熱客，重裡敗絮褥。我來對之嘆，寸心共竹燠。却盡擗此牆，汲灌與君浴。好風四面吹，聽之聲簌簌。公然迎我笑，似解帝桔辱。乃悟龍鍾由，從前過拘束。酹酒祝明年，凌霄蔽茆屋。

米仲韶先生勺園

已賞市囿清，更此步幽墅。石陂具靈詭，虹梁引深處。簫筹鬱瞻望，鼓柎知柱渚。松已漸成圍，荷從幾時茂。塗遵無正就，廊複多迷戶。屋裡却汸流，山烟入堂宇。開牖弄菖蒲，即境理農圃。吳歈詞客尊，詩觴黃鳥語。林麓本宿存，巧闢快新睹。余亦抱癖同，坐肅兩神與。

贈僚友李季重別，兼簡王季木丈二首

雨歇氣候殊，涼飈洊凜駛。郊稼歛晚熟，霜雁正南避。獵獵来斾旌，離酌緩東轡。秋雲暗夕暉，感焉感同顙。宦轍無停輪，瞬息異澳萃。豈寡軒蓋交，

誰諧金石志。

又

佶調多促音，追雅嗟恆難。共君倡詠歌，永矢心慮殫。藻思遊天表，振奮五色翰。挽茲中葉微，文塗理彫殘。青齊駢佳彥，精力浩瀰潒。蹻趾岱宗上，玉符披函觀。俯睨衰賤子，齷齪塵滿冠。孤響多噍殺，顧戀徒摧肝。

堂委壩上諸倉收草豆作

晨起漫束帶，離城趨村屯。雙旗聊前導，單車寡囂喧。將達迎數役，始訝入廢垣。坐廈愁傾木，觸暫畏墮瞀。何年蓋此倉，云是祖宗初。騋牝字駒攻，法駕資馳驅。以實甲乙方，頗採形家書。剏之具深意，小臣見自疏。庾廩既已圮，芻豆不絕輸。蹣跚諸寺閹，告老來此居。周旋出餕饡，恍若食鬼國。誰言瑺性倨，勢殺恭有餘。責委一祗承，所快無寸逋。

書馬圖後

余曾管大壩，頗稽放青田。圖籍既已沒，吞囓久相沿。馬官不見饒，馬瘠不可旋。芻豆與租入，半供進內錢。瑺瑺自相食，羸騎瘖啄鳶。

題小繪

丫髻山下土，赭流耀滿山。人馬腳嫌碍，堆棄初上關。持來擂作色，入畫成山顏。二種判紅黃，質堅却不頑。巨僧素愛此，石翁覓之艱。俗工塗人目，磐石强與般。寧止資繪苑，翳經不敢刪。

題劉叔定家藏《竹林七賢圖》

愛君橫軸十尺長，文錦為緣青縹囊。花階塵靜敞蘭室，忽驚滿几雲烟出。竹竿掩映千萬條，碧蔭穠稍亂雲日。參差貌出名賢姿，衣帶飄飄真散逸。支頤笑傲各有致，細玩亦稱能事筆。茅茨低隘斜透林，翻嗟諸公愁褌虱。冰縵和閑歌調高，鵾弦當傭聲嘈嘈。興酣滿浮白玉礨，是時伶也先酕醄。小阮鯨吞大阮嘯，嵇生箕踞向生笑。就中兩人似尚醒，別有清韻懷廊廟。我尋軌迹不易尋，風流人代成陸沉。嗣武紛紛有八達，玉塵雄談氣飛越。銅駝天外蓁荊闊。

春閨

暖烟霏霏銜水低，遊絲過院縈香泥。海棠搖風嬌向人，合歡滋雨露新黃。桂眉雙上青鸞月，寶瑟羞彈烏夜栖。繡几枯香纖指齊，東風澹蕩拂羅袿。笑倚層樓臨大道，復移華館御堤西。年華正戀芳顏日，此處藏春春亦迷。紅粉憐伊不解愁，夫君新拜大長秋。

聽斗谷宗侯琵琶歌

我與宗侯相遇時，乃在長安客舍裡。宗侯弱冠我尚幼，相留夜宿常同被。是時來生對彈棋，屢慚負進訝技師。兩三青衣善絲竹，日來勸酒向客屋。手抱琵琶不敢彈，為有倫摯正當局。宗侯手取抽撥續，徐把安膝笑轉軸。長拂小拈兩三彈，凉風滿屋聲謖謖。為我一彈鷓鴣曲，轉聲促軫音更悲。恰如百指按弦聲高低，大弦如濤小弦雨。鶯雛鳳鷇相喚飛，曲聲婉轉復激楚。云是古傳吳葉兒，餘韻嚌嘈凝不散，多少宮商弦上換。忽聽千兵赴陣，甲馬行珊珊，轉似隔壁幾個好女傷春坐愁嘆。侯家第宅東城偏，父子兄弟皆好賢。邀我幾醉如澠酒，兄弟列坐鳴管弦。坐中搊箏兼吹笛，聲聲倚和真的歷。揔道同經內府傳，纔說琵琶皆不敵。回首長安已幾年，三春老盡杏花天。近時二三友人探春信，復與宗侯相周旋。一聞此聲意俱醉，歸乃謂余之言然。誰知枯木嬌如語，誰知雅弄將琴侶。河間虛對三雍宮，定陶枉摘銅丸鼓。銅丸摘鼓聲鏧鏧，樅金戛玉徒雍容。只好七閩查八十[一]，近時京都李瞎翁。天工一夜推送三人音，弄入我手，使我一彈一飲自廢蓬蒿中。

【校記】

[一]"七閩"，《列朝詩集》本作"新安"。

繪得《雙柏圖》，贈馮仲好侍御先生

誰將雙古柏，種到長安古寺裡。寺久柏蒼不記時，枝幹皴瘃長苔紫。何來儒服集滿林，講業紛紛比槐市。共擁真人坐說經，森然如瞻御史庭。不為逃禪撫雙樹，兼因滄露寄獨醒。柏香月影地清越，月下弦歌對栢發。我貌奇形托興真，恍見離奇歲寒骨。栢乎有靈生綃邊，筆底仿佛騰雲烟。人言此物聽經後，化作神龍每上天。

新移杏花數株于廨院，同第友諸子飲其下，酒邊成歌

莫將凡花易此花，邊地苦寒，三月始芽。狂風吹開轉眼謝，今朝映日綴明霞。恨無及時雨洗塵沙。我不移植，俗哉官衙，舍尊賦詩天之涯。吁嗟四載不還家，月與同心，痛飲兮送春華。

冠縣距此止百里，移竹至，葉幹俱焦，偶張仲房文學從安陽舟載五十竿相貽，碧藹可掬，始嘆水陸生枯不同如此，輒命栽灌，占詩為謝

余也十年只栽竹，栽竹之區數畝綠。君園延袤若許圍，分得修篁玉簇簇。扁舟經旬撐旱河，日潑衛流常數斛。敷陰葉潤過淇門，截管枝長饑嵫谷。衙階局促礙廣步，却恐此君嫌煩燠。笑余権關孤可憐，君亦病起客清淵。愛竹會篩鸞鳳影，醉吟風雨且酣然。

抵邠州，鄭天符戶部招飲，同楊巨橋進士

相逢憐接袵，浪迹漫彈冠。雲漢騫堪易，江湖路正難。談天輸爾辨，中聖恣余歡。何處尋狼乳，秋原望裡寬。

同含素遊大佛寺在邠州西二十里大道傍。

西林香剎邃，飛棟梵天新。金寶開龍象，山河幻法身。空巖超色界，塵路閱迷津。為示三乘教，周疆侶聖人。

米仲韶水部先生湛園觀石分韻

奇石疊深秘，迥然天劃餘。好偏惟水部，坐久似山居。群干羅窗秀，層雲吐凡虛。不須携勝具，千里訪巫閭。

夏日，邀廖對鰲、練君豫、李元鎮、祝九如、任敬一、范鑒曲諸丈，時旱後澍雨，遂俱歡飲

多賫長安酒，相期河朔杯。濯枝占稔歲，倚玉愧凡材。促席憐宵短，歸途待暑開。院花經雨潤，幽賞約重來。

寄竹居宗正二首

種竹愛成林，朱門滿綠蔭。潚清通溉遠，龍偃結根深。映架涵虛影，臨風和嘯吟。傳家稱路叔，大業遂幽尋。

又

余癖或相似，手栽今被圍。護持此君譜，巨細世人論。共對應如友，幽居好避喧。他時訪梁苑，焉許萬竿捫。

山人賈巢雲訪我耦園，山人善琴

雅曲和燕市，重逢憐二毛。笑余指久澀，怪爾調彌高。竹室添清籟，風廊動古操。秋來桑落熟，彈罷飲能豪。

早春，耦園迎笑亭看竹，同郭漱六作，分得亭字

叢篁移植久，陰滿覆孤亭。酒沁風枝碧，階穿草色青。月來光欲滴，琴入籟同聽。客過王猷賞，搜詩夜戶扃。

看園中紅梅，次郭漱六詞兄韻

手種春花囿，惟茲早露紅。根斑龍欲躍，香豔麝初烘。額瓣含鮮蕾，唇朱上玉叢。蹊桃慚作伴，不敢放時同。

青柯坪訪還虛道人，不遇，道人結屋巖阿石穴，瞰空垂絙，出入院中，甃石疏泉，望若僊界，坪中勝概也

擘石通玄觀，綠蘿近紫虛。抽添丹竈藥，歲月石床書。放鶴招仙侶，驂鸞謁帝居。無由探妙訣，欲去倍躊躇。

夢登第

喧耀枕邊意，歡騰柯裡身。却將百年事，判取片時真。籟靜沉沉雨，香廻嬝嬝春。始知冠冕客，盡作夢中人。

鞏縣道中

鞏洛經行客，崎嶇嗟路難。秋泉溜墻濕，野木映山繁。喧散三家市，腸縈

一寶盤。楚雲迷岫曲，行矣集憂端。

恭酬屠赤水先生過細陽大篇見寄

夫子遠遊日，高華想像聞。烟霜逐雄劍，天地剖靈文。雁影來秦塞，珍書下楚雲。不知蓬戶裡，明月落紛紛。

又

瀾廻東海闊，萬里驟晴霞。日月輝昭代，文章屬大家。窮侵憐鄭子，意合有任華。一感鄒君吹，春生黍谷賒。

謝君旭惠紫檀印盛

珍檀工製作，贈我太殷勤。依矩雕瓊玉，為衣染赭雲。擎來滿香氣，韜處秘奇文。稱意茆齋裡，龜駝貯一群。

盱眙書懷

愁絕征行路，能堪思黯然。臂侵三日雨，身托幾家烟。水國堤防缺，南隅氣候偏。勞生吾自愧，好便賦歸田。

贈海門王明府擢延慶守

名吏饒經術，儒臣笕秘機。文風騰海曲，兵氣散春輝。月動專城雉，帷褰刺史緋。忻將葉縣舄，遙指帝城飛。

無從先生席卜聞雁有感，即席成

底事微君席，淒其淚獨乖。春時鴻信早，南地客歸遲。月暗群難進，雲迷語更悲。他鄉稻梁計，漂泊重愁思。

賦得春雨，限西字，無從先生席上作

霂霖乘陽候，田膏被綠齊。近谿通溜小，侵戶放寒低。含霧縈花外，携烟過竹西。山家聽更好，遮莫醉銜泥。

讀空同先生詩

赤幟趨群彥，清時值孝宗。斯文還狎主，有喻謂如龍。滄海千嵐紫，峨眉積雪封。雲烟高北地，旗鼓許相從。

亡女忌日感懷

強自寬愁抱，年來痛不忘。汝容如在眼，我淚動盈眶。設果憶曾嗜，焚錢資買香。沉寥春雨後，墓草定新長。

野居

奴指歲方益，鶴糧倉僅餘。逢人多問稼，久住為甘蔬。秋氣催園變，明時愧業虛。將邀二三子，題句遍吾廬。

初夏，承魏道冲太史招飲作

何來遇清賞，風榭一披襟。鷺杓行筵久，龍門倒屐深。朱榴疑火綴，玉李貯冰沉。敢擬占星會，猶慚問字尋。公贈詩有"問字"語。

飲王恒石鴻臚宅

兩醉如澠酒，深宵清樂多。肉絲忽近遠，圖畫靜摩挲。愛客筵彌重，伸情禮不苛。猶憐迂吏苦，滿酌慰蹉跎。

寓都下，寄弟馭仲

痛飲長安作酒狂，春風日日據胡床。腰間贈有青萍劍，馬上羞稱白面郎。千古荊卿悲易水，當年靈運詠池塘。故園春到花如錦，應把芳尊對海棠。

登華山，至日月巖作

群峰乍豁闢無垠，路入圭巖勢已馴。出沒自旋雲外影，氤氳不散洞中春。平鋪黛色天門霽，一抹青山海氣勻。欲吸精華參帝座，朝來拋卻未閒身。

登華山遇雨

山雨霏微景色深，攀緣剛喜披層陰。澹林滅沒迷春色，烟壑空濛失翠岑。

著屐不辭石徑滑，穿蘿轉覺寺鍾沉。好詩滿眼收無盡，應放奇思入暮林。

得家信

出門荏苒已三月，家書飄渺時一來。黃口小兒解人語，平頭奴子鉏禾廻。登臨著屐我自放，徙倚看鴻尊且開。欲寄尺書憑問訊，新雨好花將無栽。

秋日齋居

醉憐起色倚樓寒，芳草迷烟道路難。萬斛商颸凋鳳葉，一瓢秋水煮龍團。種苔遶砌通松徑，斫竹編籬護藥欄。地坼齊梁饒古意，凭虛斜日好盤桓。

登華山，近峰阻雨，下山

雨過蒼龍仙路悶，盤盤歸嶺漲空濛。岾岈回首雲霞外，丘壑關心杖屨中。凉帶仙人擎處露，香來玉女浴時風。解知造化留無盡，遮莫全抛九仞功。

白雲峰閣

飛道微從石寶披，虛堂雲出故遲遲。蒼巖縋冷千尋鐵，磠嶺耕餘老子犁。咫尺似通呼吸氣，憑陵下瞰子孫奇。夕陽矯首三峰近，一嘯天風倒竹皮。

櫟陽寺

到來城廓俯斜暉，古道招提晝掩扉。說偈曇留雙雁塔，散花香漬五銖衣。幾家僧舍鄰禾黍，千疊空王駐翠微。即向塵緣論去住，天涯佳節幾人歸。時九月十日也。

憶君星，時君星從遊家君宦邸

別來何事慰沉淪，坐倚烏皮舊業尊。竹裡有歌常命酒，窗前但雨即關門。開簾草樹迎千帙，搖筆烟花盪一軒。預信康成東去後，更看衣鉢賴誰存。

秋日別家君細陽，感懷二首

極目荒塵歸路長，白雲回首已蒼茫。頻年客老離時淚，千里人餘斷後腸。桑柘幾家惟野色，菰蒲斜日自寒塘。旅魂忽漫添蕭索，始覺今宵是異鄉。

孤城疏柳送征鞍，秋入千林木葉丹。遮道官儀矜氣色，推烏父老盛盤餐。橋停駟馬名仍愧，器假繁纓禮未安。憑語市兒休辟易，十年湖海一儒冠。

走筆賦燈下海棠，限眠字

玉階裊娜領春烟，斜映蘭膏火欲然。乍曉迎風初破面，含羞照影却驚眠。輕匀紅粉腮腮嫩，細吐瓊珠顆顆圓。亦有幽香自披拂，月明芬馥到尊前。

遊城西禪林

招提寂寂獨相尋，古木寒松氣鬱森。僧梵依微超夜壑，禪燈明滅隔花陰。諸天界净西來法，罔象愁搖落日心。悟却十年踪迹幻，忍教髮白嘆浮沉。

山行

杖屨翩翩興不收，半山風露薜蘿秋。如雲怪石當人立，百道鳴泉入地流。囊貯籙圖神物秘，筆橫烟霧秀巖留。憑誰喚起今康樂，得與青蓮一夜遊。

小集，適值送瓦樽數種，遂即席遍觴諸公

歲晏山家野蕨盤，污樽剛喜佐高歡。當筵風即羲皇世，鼓腹人歌帝力寬。茅屋清供添上品，濁醪滿酌為頻乾。亦知文舉堂中客，不並東鄰犀玉看。

感遇

茫茫天地據愁生，匝布陰氛氣正橫。落日鼙笳孤客淚，幾年杼軸萬方情。驚看正月繁霜下，共指西人采服明。耽隱幼安貧自可，南巖早晚遂躬耕。

村居晚興，簡胡含素

日夕林邊水竹澄，千花送暖氣猶蒸。山蜂課業頻將蜜，群蟻思家半下籐。野戶未眠防盜夜，茅堂半滅讀書燈。春城咫尺頻遊賞，如我淒凉憶未曾。

贈吳美成　美成雅善繪事。

片語論交海嶽輕，風流今見古人情。揮鞭恥逐東城俠，搖筆平添萬壑聲。遠屋春留香藥裡，籠花烟暖沸茶鐺。疏狂我自同嵇阮，願借香醪解宿酲。

逸度席上，同家弟馭仲、張恭甫、許寅如二君情意甚洽，輒賦贈，二君，故丹青名手也

燒燭良宵興轉添，疑看丘壑坐清恬。共翻子夜謳吳曲，必有群星應德占。抵掌掀髯天正闊，呼盧賭局醉堪兼。明朝尺紙傳雙美，顧陸筆成愧二閻。

題顧朗哉丈獨倚樓

仙人逸興白雲端，高結丹梯勢欲騫。為喜著書淹皓髮，時憑曲檻醉青天。元龍隱處憑誰覓，王粲愁來只自憐。解說幽棲稱獨倚，如何容我嘯歌還。

華陰道中，遇雨望嶽

亙地陰連十萬家，奔溪野澗帶城斜。真源此日憑誰覓，失路吾生轉自嗟。千笠共攢雲外頂，長莖高吐霧中花。悲來滿目浮沉事，大麓衝風起暮沙。

喜君旭歸自廣陵

舊路蕭蕭匹馬來，風塵相對壯顏開。攜將競爽千篇玉，好共論文八斗才。幻彩山川拂袖入，添愁花鳥慣君猜。正憐聚散難憑甚，豈可日無一舉杯。

奉和修齡先生新豐送別蒲汝揚明府被逮之作二首，次韻

赴闕孤臣嗟路難，西風蕭颯動江干。琅鐺忽報長秋過，雞犬群驚落日寒。未似楊綵威洛郡，先同鍾子泣南冠。惟君牽袂綢繆處，多少秦民掩淚看。楊綵磔宦官王甫屍，史論其"太慘"。

慷慨憐君意氣長，交情今日豈茫茫。訟冤飛騎書千里，弭變清宵淚萬行。秦缶擊殘賡楚調，柳條攀後憶荷裳。他年窮鳥如堪賦，好記愁辛渭水陽。漢趙壹以友人脫患，作《窮鳥賦》感之。

南思受刑部使留都，聞住廣陵，與君宿、君肇、元之諸君遊甚洽，詩以訊之，寓企羨焉

寒江疊鼓動千艘，斗絡星連法署高。逆旅主人多舊友，觀風使者更詩豪。杯前近接三吳秀，句裡橫飛八月濤。勝地淹留歌舞席，誰憐故國髩刁騷。

麗人

寶釧雲衣曳靚妝，玉肌柔澤粉無光。牡丹姿艷矜春最，巫女魂輕托夢長。歌扇態新時理曲，浴蘭窗曉自拈香。狹邪醉訪環車馬，獨解來詩問老狂。

方南與諸君友人盤餐杏林下

尊前千樹遶潺湲，坐弄春林十里烟。知節新鶯初變語，媚人繁萼乍回妍。歌時據地莎茵軟，花裡看山乳竇懸。何必勝遊誇往昔，諸賢佳句盡堪傳。

有人從遼海寄石子來

萬里孤槎下海門，支機幾個離雲根。正憐五色矜天巧，忽有群星映座繁。驅罷祖龍遺舊恨，煮成仙子慰加餐。一盆瀠澗清無滓，想像青鷗白鷺翻。

贈文天瑞禮部時天瑞入賀，便歸省覲。

髫歲文章氣已振，應無珠握尚迷津。名高執戟寧稱貴，思至拈毫類有神。清橐潤携南國秀，彩衣光映使韜新。自憐頭白甘頹放，減盡才情愧故人。

自勗一首

釋儒昭代雙來復，紀載千年兩伯夷。浮世姓名原自幻，幾番來去竟誰知。文章真宰從收散，烟月閑情誤絆羈。榮利未辭溫飽愧，茫茫何路扣三師。

春日憶家

四十餘年眈隱身，四時寄好只三春。桃花古粉常攀手，柳絮楊花任骨巾。好鳥佐觴芳樹密，良朋賡句臭蘭親。時從西陌遊東陌，但得花憐願結鄰。

斷飲詩

經旬斷此物，悶坐白檀城。諸雅久希御，延歡空復情。踐余止酒誓，謝却濫觴名。令節將花負，天寒覺絮輕。却愁遇良醖，忍遠聖人清。

登丫髻山

雙螺陡峙鎖絪縕，每歲喧闐醮禮勤。俗競出都惟夏日，我來無伴正斜曛。

險多下馬穿輕屐，磴峻扶筇脫短裙。工有神輸難對搆，擘疑鬼斧乍中分。髮看浸水常梳石，鬟是橫空不斷雲。簣土亦無松合抱，道人不見磬先聞。拾薪炊飯為供僕，汲水烹茶屨漱齦。長鎖即攀西嶽路，高禖冥應碧霞君。往來十里神猶健，徙倚長林酒半醺。奇勝堪題行載筆，摩崖紀勒愧斯文。

趙崛 字屏國，號季石，鰲屋人。萬曆己酉鄉貢。

雜詠五首

昔遊鳳皇原，陟彼杜陵道。借問隱士宅，二仲締交好。田父雖沉淪，名以漆園表。古人慕高誼，後世滋懊惱。何不并謝絕，優遊以終老。

驕兒方貴幸，鹵簿耀千乘。阿翁望清塵，道左亦屏營。位地自殊絕，炙手畏炎蒸。何如輕鯈遊，終年負深冰。冰深不足嘆，聊以避絲罾。

結交指青松，本圖如金石。同聲互倡酬，願言照肝鬲。富貴毋相忘，豈復念疇昔。今日車上人，原非路傍客。啓口作楚音，對面不相識。

前墀種嘉樹，後軒蔭修竹。靜聽別鶴音，復奏孤鸞曲。樂極多悲傷，虛願寧能足。祿命既不辰，營營徒自辱。且詠貧士詩，賴有古賢躅。

中年多畏酒，一飲輒能醉。惟顧世上名，不識醉中意。人生盡醉中，榮華亦夢寐。安能遊酒國，并飲狂泉味。昂首笑阮公，焉得途窮淚。

宿東莊

山迳高復下，行行望村烟。墟甲產荊棘，深巷絕塵喧。主人貌朴陋，稚子皆驚看。言辭多蒙浪，逢迎少顧瞻。自去窮山陰，經月無時鮮。嘉節及朱夏，厲風凛冬寒。豆麥苗一尺，藿茹豈成餐。割鷄供黍食，陳酒如太玄。日入無明燭，刈薪聊伐然。欣然為醉飽，反覺禮數寬。寢我茅茨下，終夜抱膝眠。天明主人至，相見歡且慚。欲別復躊躇，愛此太古賢。

趙主簿

終南千里腥風急，豐狐跳梁長蛇立。空郊日落少行旅，荒村夜靜聞哭泣。

東家處子將嫁人，紅緅單衣叙鬢銀。白刃如麻豺狼吼，下床長跪但乞身。西家取婦才三日，寶釧束臂入廚新。豪客窺之亦色動，攫取黄昏驚四鄰。更有賈兒自吴越，甋甈易得黄金玦。歸來堂上把獻親，忽聞打門門破裂。耶娘妻子倉皇走，賈兒首碎腰間鐵。詰朝奔訴使君前，伍伯持符先索錢。由來伍伯自知賊，置之不問問十連。銀鐺如銀長百尺，孤兒寡婦首魚駢。白刃才過遭白挺，不如含淚入黄泉。吁嗟此弊那足數，今日得逢趙主簿。主簿邯鄲遊俠兒，七歲能文十歲武。仰面一箭落雙雕，醉舞長鐔授處女。坐下宛馬號追風，峻骨龍騰背文虎。烟塵昨夜起山椒，主簿聞之髮欲豎。長劍在手弓在腰，一揮健兒進墻堵。賊聞相顧便失色，猶向草間著強弩。主簿雙瞳迸電光，霹靂一聲賊跟蹌。舉鞭指健兒：爾曹各努力，吾當擒賊王。賊王髑髏渾銕色，橫提馬上如探囊。妖腰亂領次搜縛，歸家擲向令君堂。趙主簿，聽我歌，我家十世南山阿。故老向我言，況兼目擊多。黄柏原頭起烽燧，此時嘉靖年己未。令尹西蜀何起鳴，誤驅市人由郝尉。仰面攻賊賊豕奔，退相蹂躪我失利。中丞爲遣孟將軍，圍賊數重賊窮潰。將軍愛賊不肯攻，自筑受降罍賊類。犬羊生聚日成群，磨牙吮血何紛紛。銅虎中宵出軍府，多魚之漏因細人。月暗天昏賊遁走，軍至但將巢穴焚。景峪權枒有三窟，渭河南北無完村。高陵城高數十仭，飛越入城城晝昏。長安一朝羽檄鶩，大將分提左右軍。賊也鼠竄緣山谷，夜行求食晝仍伏。夫屯几日不見人，但取老稚軍前戮。東山安石能練兵，轉戰不亂聲與目。天池山前列鸛鵝，將兵者誰用馬服。官軍未捷賊亦窮，東奔鄠杜降徐翁。徐翁老子坐觀釁，一矢不費侈成功。蒼鷹匿爪饑就食，穴室樞戶猶橫行。徐翁既死白郎至，設餌餌賊入穽中。兕虎已垂狐兔走，餘氛未滅猶點兵。吾家茅宰王子晉，飛來鳧舄坐吹笙。王子文儒盛葛亮，主簿身膽真子龍。文以爲經武作緯，六十老翁見河清。但恐寇翁不爲潁川儈[一]，京兆之間枹鼓鳴。趙主簿，歌莫停，郗得吹噓聞九重。似爾一身當萬里，何必更筑集賢城。

【校記】

[一]"潁"，當爲"潁"之形訛。

將登昭陵，阻大風雨，率爾短歌

君不見九嵕山鴻濛突出涇渭間，岡峰橫截青天色，俯視日月如雙丸。怪石嶜崟勢絶斗，大者鯨吞小虎吼。唐帝龍髯此上升，玉押珠襦今何有。御道曾聞鳳輦臨，玄宮不復熊羆守。悲哉！文武之臣，附蟄冢纍纍，千秋魂魄能相依。余也過之生慷慨，腰有長虹倚翠微。恍惚似聞神靈怒，鞭驪龍兮叱馮夷。澎澎湃湃，狂風驟雨如翻浪。山精木鬼，白日爭跌宕。疑是浴鉎三萬自東來，鼓吹前俊聲悲壯。又疑是褒公鄂公酣戰時，大呼動天天震盪。君不見昨日天晴今日陰，眼中之事等流雲。漢家長陵竄野鼠，秦帝驪山空草痕。願提一斗酒，澆君青樹根。盡灑英雄恨千古，雨捲風收天地昏。

己亥初夏雜詩

漢室誰高第，寥寥數趙張。繭絲天下計，兔窟百年藏。春草生金谷，秋風冷未央。竭來憂國意，清淚不成行。

登昭陵

眾山忽破碎，突兀一峰青。地脈蟠千里，神功辟五丁。風雲行殿合，松柏翠華停。寂寞攀髯者，何人問夜扃。

仙遊寺

危徑轉深入，諸天隱上方。隨刊經帝力，締構自前皇。昔代宸遊地，今時卓錫鄉。棟櫨千劫氣，丹碧十尋光。寶樹沾花雨，叢林有異香。潭聲珠唄落，山色翠眉長。虎豹蒼巖伏，蛟龍白晝藏。側身窺雁影，跼步造雲莊。石立疑鯨動，橋飛訝蝀翔。對門玉女洞，隔水朗公房。仙吹聞雙管，禪心話半床。世緣如可棄，吾欲禮空王。

莊河村主人

落日牛羊嶺上村，誰開三徑召王孫。山容似黛斜侵檻，水字如巴曲到門。野客行藏無揖讓，田家賓主有盤樽。欲將谷口烟霞色，並向桃源洞裡論。

興善寺閣，讀故觀察劉公恩徵留題

上方高閣鳳城南，慧窟禪枝恣所探。忽有新詩披謝朓，翻令清淚灑羊曇。乾坤六象搜難盡，日月雙輪轉自參。無郤世緣俱寂滅，暫從芳澤問遺簪。

普光寺

貝闕珠宮倚翠微，跏趺終日澹忘歸。蓮花忽自波中見，鷺影敬從檻外飛。柳底鳴蛙關動定，松間馴鶴識飯依。龍池亦是東林社，不必廬山好息機。

華嚴寺

杜陵原上草樹遮，華嚴寺傍山水涯。浴鳧飛鷺水田迥，過雨留雲山色賒。老僧施食去扃戶，童子乞火來烹茶。法堂東閣半沉寂，讀罷殘碑坐日斜。

初偕計

四十年餘半白頭，西風新擁鶼鶼裘。携來痛哭連城在，老去行謌伏櫪秋。萬里雲霞依北極，三春花鳥攬皇州。却從燕市尋遺迹，易水蕭蕭日暮愁。

王氏披雲樓，觀沈周畫松卷

我有沈周畫山水，千里烟雲出片紙。今來觀汝長松卷，老手丹青不足羨。前半畫梢後畫根，萬態千狀墨澤新。雲幹陰森蒼虬舞，霜皮雛裂老龍鱗。飈忽似聞鬼神入，陰風颯颯樓中集。徂徠老樹失元神，泰岳五株恍人立。此老當年最號奇，貌出千巘冰雪姿。酒酣擲筆能起舞，更題長篇照環堵。字迹淋漓泣魯直，老句憑陵偪杜甫。但恐樓當少華前，山中松樹不知年。精靈夜訴神應怒，攫取君家最上顛。

元日，洛陽試筆

才逢臘日復元日，一別咸陽又洛陽。四十二年年已度，三千餘里里初長。風塵照眼憐萍梗，歲月驚心只酒狂。馬上半生能作客，不知此地是他鄉。

湯陰謁岳鄂武穆王祠

四字銘心苦，三言斷獄成。和戎乖國相，策死怨書生。豈有百年運，空墮萬里城。鞭尸問行客，流恨未全平。

憶昨

憶昨辭家日，含愁太不禁。五更風雪夜，一片別離心。閨夢人先老，鄉書客自深。春衣須待汝，千里寄清砧。

過劉叔定

千古文章事，應悲此會難。君能憑建水，吾亦解封丸。莫負中興意，同登大將壇。和敵兩不厭，把劍幾回彈。

侯念岡席上遇黃岡江之鼇

客從大梁來，復就侯生飲。侯生席上客如雲，侯生飲酒流過吻。入門長揖據上坐，不通姓字索滿引。床頭按劍有江郎，雙眦迸裂光熒煌。長髯長髯者誰子，裹中鍥錐不可當。客也聞之亟起謝，眼底英雄焉足詫。黃河如帶向東流，秦人稱伯楚人愁。江郎楚人傑，賦成擬白雪。囊有三都草，肯向傖父說。狂來只學王稚欽，紅衫白馬街頭吟。下據胡床逼酒肆，一飲一斛常自斟。自古結交數燕市，寶劍懷來把向君。侯生侯生白髮垂過耳，安得有客能爾爾，何不遣從魏公子。

下第歸途中十首

風雨千山逐客悲，黃金裝盡橐空垂。但須拂拭魚腸鍥，恐有窮交一借時。
一辭故國三千里，才到公車四十年。今日天涯成浪迹，向人心事有誰憐。
擊筑悲歌行路難，嗟咤忍向鏡中看。縱教白髮成千丈，按劍猶能一指冠。
聞道長安正早春，長安春色一時新。舉頭惟有長安月，不照窮途痛哭人。
燕市佯狂哭未沐，寂寥歸向故園秋。五陵亦有王孫客，不是屠埋不淚流。
獨馬蕭蕭傍曉行，北來霜雪又南征。自憐不及三春雁，猶得翻飛向帝京。
愁逐東風罷遠遊，古來白璧更誰酬。亦知未定渖城日，哭向王門總不收。
遙憐匹馬去皇州，三月鶯花何處樓。想到家園春事寂，海棠開盡一年愁。
一嘯乾坤夜未央，古來薄命見文章。相攜幸有虞卿在，不說窮愁也斷腸。
劉馨遠同歸。
老去逢春春可憐，東都風物正依然。狂來醉舞都亭月，不信明年不少年。

康萬民 字■■[一]，號■■[二]，武功人，海孫。萬曆間諸生。

【校記】

[一]"■■"，底本此處為墨丁，約闕二字。
[二]"■■"，底本此處為墨丁，約闕二字。

雁字三首

烟霄遙見偃波群，曲屈縈紆體勢分。逸少銛鋒應遜汝，公孫劍器亦輸君。衡陽月冷書空迹，榆塞風回織錦文。奇字行行渾不解，也須載酒問揚雲。

臨池誰不羨鍾王，變態如君更擅場。一畫遠分葱嶺雪，幾聲遙帶玉門霜。飛來活字藏平仄，啼處清音自羽商。日暮亂投沙渚去，斷文一一下瀟湘。

霄漢如鋪玉版牋，盤飛結搆勝張顛。都將千古無窮恨，寫入三秋碧落天。唳月猶能傳疊韵，迷雲誰復辨輕烟。凭闌目送莎汀晚，何處遐踪不可憐。

張我英 字■■[一]，號西華，西安衛人。萬曆間貳師。

【校記】

[一]"■■"，底本此處為墨丁，約闕二字。

日夕山中，忽然有懷

晦迹白雲鄉，遂成白雲客。山青遊不厭，雲闊日將夕。猿戲澗邊藤，月移松下石。衣藉野花香，樹因繁露白。幽士得嘉遁，仙人為窟宅。遙思烟霞伴，奈何千里隔。望空鶴未返，延竚獨蕭索。

胡笳曲

樓蘭派月發，吹處野沙明。曲向征鴻斷，聲隨牧馬鳴。凄凉驚客夢，清切動人情。況乃寒霜夜，難為萬里程。

柳

裊裊青樓畔，依依綠水陰。絮飄疑散粉，葉媚類含余。短笛隋堤發，清歌灞上吟。腰纖眉更翠，掩亂總春心。

感懷

孤踪一劍客天涯，寒氣侵人菊始華。霜落平沙憐塞草，月明高戍聽胡笳。殊方鴻雁三秋斷，故國關山一望賒。荏苒風塵難返轡，蕭蕭哀柳棲歸鴉。

九日

塞下深秋日漸微，對時撫景嘆相違。遊人疏散羞吹帽，戍客蕭條望授衣。十載丹心徒俯仰，二陵黃菊正芳菲。殷勤分付南翔雁，若到秦川款款飛。

張三丰 名一全，寶雞人。永樂初以仙術顯，世稱張邋遢。

題揚州瓊花

瓊枝玉樹識仙家，未信人間有此花。清致不沾凡雨露，高標猶帶古烟霞。歷年既久何曾老，舉世無雙莫浪誇。便欲載回天上去，擬從博望借靈槎。

釋魯山 秦人，與李、何同時。

為靈應寶泉師題梅

西湖舊識雪中春，骨瘦魂清絕俗塵。江北江南路迢遞，幽窗勞我夢君頻。吳越倦遊三十載，相思歲歲哀容改[一]。扶筇因入古招提，復睹逋仙舊風采。八十老僧真白眉，此花堪與同襟期。索我為歌三弄曲，松泉烹茗澆詩脾。賦成方倚柴床歌，樓臺影落黃昏月。明朝去住又分岐，雲水相逢無定時。唯師與我心相叶，却憐不為梅花知。

【校記】

［一］"哀"，明嘉靖至萬曆刻本《盛明百家詩》所收《釋魯山集》作"衰"。案以下在【校記】中簡稱為《盛明百家詩》本《釋魯山集》。

秋晴

幾日荳花雨，慈晨方見晴^[一]。寒蟬依樹響，秋蘚上階生。山脫雲尤翠，池涵日更明。西風催萬戶，都作搗衣聲。

【校記】

［一］"慈"，《盛明百家詩》本《釋魯山集》作"兹"。

寄廣川準無則

白雲紅樹對離情，秋意微茫畫不成。吟就新詩書落葉，憑風吹過德州城。

送許廷綸

柳花飛蕩草萋迷，蹴踏東風任馬蹄。野鳥不知鄉思苦，更來行客耳邊啼。

訪張佩之，不遇

幾度尋君不見君，門前高樹掛斜曛。踏春馬向誰家去，一鳥空啼滿地雲。

寄王宗器

松下思君獨杖藜，隴山遙望眼中迷。書成欲付霜前雁，却恨南飛不向西。

葛節婦 三水人，少白先生女。有《君子亭詩賦》三百餘首，手抄書六十卷。

《九騷》引

余少時，與姑共脩閫範，王父授《論語》、《毛詩》。嗣後執蘋繁之事，各處一方。不幸遭有柏舟之憂，與姑相繼遇變。凜凜如登崎嶇之阪，夙夜小心，惟德是先。仰觀清都，俯窺幽冥，人生一世，如白駒之過塵。昔嬀汭既徂，洽陽邈矣，女道幾墜。廢寢忘餐，秉炬夜覽。述古人之則，掇後賢之思，悲憤不已。托素懷於青編，作《九騷》，創辭端，蓋奉家大人命云。

感往昔

歲聿莫而歷寋兮，執霜心以為柄。揚真氣之馥馥兮，叩寂寞而見性。刷溴涩之流俗兮，佩蕙纕以自解。驚箕伯之襲幃兮，撞我思之悠悠。捧《柏舟》之佳韻兮，魂離披而生愁。持徽音之不二兮，憶兩髦之匹儔。覽嫠婦之悲賦兮，涕橫迸而沾襟。聆露鷄之三唱兮，夜漫漫而思侵。竦余志於天崿兮，佩秋蘭而采綠芝。心與願之不偕兮，遭坎廩而噫嘻。托素懷於白雲兮，摭蔓茅於九疑。仰清都之剡剡兮，飲沆瀣而餐露葵。昔媯汭之釐降兮，欽帝命而名垂。乃洽陽之不作兮，道暗暗而日墮。紛吾肜肜有此內美兮，秉鈞陳之遺志。良夜忽焉而假寐兮，夢女媧之來葚。列清芬於筆端兮，則穢累而為粹。效前脩之矩規兮，樛玄思乎遠睟。嘉盦山之蠋思兮，惡褎閻之嗎呧。閱女史其怦怦兮，九折摘而申肆。妎孌媚之為郵兮，抱太素之天懿。緬先子之丰標兮，心搖搖而如醉。髮鬡鬡而局曲兮，樹諼而靡寐。精貞函於方寸兮，飛譽冠乎天庭。處奄奄之塵區兮，敢舍志而違經。思英英而內棲兮，駕騰騰而上征。命靈靈而不昧兮，順天稟而脩名。盡中饋之典職兮，調陰教而和羹。思窈窕之沕態兮，飲瓊瑤之玉漿。步芳躅其不忘兮，撫角枕而仿徨。

懷湘江

覽洞庭之流波兮，帝子遊乎瀟湘。神仿佛而忽睹兮，雲瀚瀚而飛揚。石磕磕而振厓兮，瀬長瀾之洋洋。登巘巖之峻丘兮，攀朴枝而鳥翔。勁風為之振木兮，柔條悲鳴而似簧。秋蘭時其未吐兮，芙蓉蔥籠而含香。緬二妃之清塵兮，芳草菇焉有輝光。佐重華之隆盛兮，風教垂於椒房。伊任姒之母周兮，性沈儼而淑良。佳媛千古鮮儷兮，郁金并爾噴香。文姬蘇蕙焉可比兮，毛嬙西子亦匪其行。慕窈窕之懿範兮，指內則以為方。握芳椒以流盼兮，折桂枝而樹旌。步前躅之懵恩兮，注烈思之婆娑。夫何廢寢而忘餐兮，搜典籍而羅瑤瓊。張丹槃而讀史兮，惟砥德之是榮。翻規箴於往牒兮，心戰兢而惺惺。髮鬖鬖而慵整兮，志款款而弗更。希太素之玄風兮，敢撫衾而渝舊盟。惡貪穢之溴濁兮，誦《綠衣》而脩名。叩天閶而闢扉兮，謁鈞陳之坤靈。睇太微之光芒兮，顧微軀其何生。將法古以垂後兮，裁青編而見情。庶誕降之不虛兮，弗顧影而愧形。

望洽陽

惟長子其濬哲兮，古盒山之苗裔。遙仰文母之婀娜兮，嗣前徽而婉嫕。羨螽斯之振振兮，吐玉英而樹庭蕙。望關雎於河洲兮，識靈偶之重別。貌雍雍而齊莊兮，氣馥馥以內潔。予誦樛木而知惠兮，殊惡妎婦之摧花。垂萬世之閫格兮，咀性中之天葩。馳吾思於雲際兮，慕聖媛之餘響。播清塵於千載兮，覽芳規以目爽。追前修而希静一兮，宓妃女媧邀以為黨。女貞乃木之佳諱兮，鴻亦非偶而不翔。睹微物之清淑兮，生與儷而休有光。時荏苒其代謝兮，感落葉而心傷。抱素質而自嫮兮，倚恬淡以為床。余將登閬風以息趾兮，征不死之素鄉。覯銀臺之戴勝兮，贈我白水之瑤漿。携雙成之悅婆娑兮，眉聯娟而動朱唇。內恍恍而靡翳兮，神涣涣而絕塵。歲與大鈞齊兮，執恍忽而為真。棲遐志於浮雲兮，整青絡而越瑤津。端直吾之所願兮，脩性理幽惟節與仁。

矢柏舟

泛柏舟之河中兮，忽侘傺而內結。含薄怒以惓惓兮，心鬱鬱而堅節。念兩髦之我儀兮，矢靡他而志訣。持仁義以內脩兮，遇緯繡而腸絕。何庭慈之不諒兮，遏心志而摧折。嘉共姜之淑慎兮，遵槃嬪而自潔。慟杞妻之崩城兮，赴淄水而嗚咽。徽爽女之志篤兮，屍還陰而心鐵。哀八軌之血痕兮，令千載而心裂。遭天運之殃咎兮，表貞潔以霜雪。傷花妻之鋈逝兮，閔紗圓於火烈。皆舍生以取義兮，抱靈脩而豈更迭。撫人生之誰無死兮，一殺身而甄英傑。遭繽紛而怖覆兮，佩瓊瑤于祁祁。鍾清英之靈秀兮，魂渺渺而何之？脩靈原之不死兮，涉天津而采紫芝。天步余之艱難兮，失比翼以獨居。悲廻腸而傷氣兮，志柏舟而如饑。奠桂酒而馳念兮，坐蘭閨以凝思。飲脩竹之墜露兮，心披披而淚垂。匹陶唐之二女兮，軼大漢之惠姬。慕孟母以孜孜兮，訓三遷而為世師。中蹇蹇而悶督兮，意忳忳而心難夷。竭誠信而專一兮，忘儇媚而如癡。

愀離幛

離玄帳之五載兮，致桂酒而為羞。神刻刻而如見兮，目無睹而心憂。思舊愛之莫得兮，逝長往而悠悠。協清和之斌斌兮，獲二儀之婉柔。闡坤德之英英兮，匹任姒而尹優。親蠶桑以為務兮，性勤儉而采苤。持內則其純備兮，克溫恭而行脩。想儀容之髣髴兮，意歔欷而難茝。感霜露之不停兮，羌棄我於何遊。胸悶悶而倦極兮，忽枕藉而如睹。垂靈袖之納納兮，呼余來而贈蘅茝。女不聞乎陰陽兮，始太極而為主。天統一而萬地兮，日月一而星數。婦以專一之為美兮，子眾多而一父。陰伏陽以為德兮，陽統陰以為明。人在世之貞潔兮，沒萬代而垂名。昔潔潔之英媛兮，淚瘢瘢而寄情。身處仁而遷義兮，神飄飄而超太清。於是忽焉而大覺兮，生為夢而死靈。獻蘭蕙以告神兮，敢不取義以輕生。滌塵垢而不染兮，茹芙蓉之英英。餐秋菊之墜露兮，煮姊茗而供冰。清何顧頷之不舒兮，將茬苒而登帝城[一]。

【校記】

[一]"苒"，底本作"再"，當為"苒"之形近而訛，今據《列朝詩集》本改。

傷落花

處沖漠之蘭閨兮，心絓結而如醉。歲忽忽其將邁兮，花落落而蕊墜。攀長條之要妙兮，睹鴻造之殊異。悲晨風之震木兮，鳥翔集而爭媚。拾朱英而太息兮，時豈可乎再至。睇焦螟而巢於蛟睫兮，愕莫莢而內傷。蕤賓主其仲夏兮，蓐收至而變商。感寒暑之代謝兮，素葉零於雕霜。氣鬱邑而填膺兮，陟阿丘而采虹。瞻蜉蝣之楚楚兮，中悶悶而心驚。哀薄軀之須臾兮，倄素質而益榮。陳凄情於姮女兮，垂青盼而顧語。引吾導夫前路兮，涉層霞而求侶。何人生之短期兮，安寄旅而懷憂。登巘谷以趦趄兮，覽六區之鴻流。逾扶桑而蔭趾兮，雙材旁而抽清謳。將茬蘅以充幃[一]，體嬋娟而佩瓊琇。持太淡以為柄兮，悟往昔之沉迷。閱玉牒之遺于南窗兮，審容膝而獨栖。披惠姬之誡於清案兮，心朗朗而古期。托幽懷於筆端兮，聊以寄情而舒永思。胡然而我念之兮，涕滂沱而心悲。君俟我乎霞表兮，終歸骨而同居。

【校記】

[一]"將茬蘅以充幃"，《列朝詩集》本作"將茬蘅以充幃兮"。

臨雲嘆

臨高雲而三嘆兮，撫簡冊以致思。步花陰而四顧兮，內傷悲而移時。睹扶光之如箭兮，哀歲月其難迫[一]。仰浮雲之飄飄兮，志凛然而與世披。夜皎皎而不寐兮，心朗朗而氣夷。却羅綺之黼帳兮，設黍藜而療饑。避世途之繽紛兮，崇仁義以為懿。讀先哲之遺訓兮，身三省而內刺。年四十而不惑兮，脩天禀之淳粹。瞰二紀之無窮兮，察五緯之遹皇。妒盤逸之無度兮，樂未畢而哀生。聽素女之撫弦兮，令吾神氣爽而思清。瞻故都於霞表兮，陟鈞陳之瓊宮。出閶闔其遠眺兮，俯九土而生愁。風騷騷其振衣兮，雪霏霏而似瓊琳。覽太虛之蒼茫兮，羨王雎之悠悠。玄鶴鳴於九皐兮，聲聞野不收[一]。鳶相羊而戾天兮，魚沉淵而潛遊。察至道乎上下兮，理陰陽而度三秋。物貴貞而淑美兮，遵純儇而自脩。登銀台而常羊兮，取玉芝以為羞。披初服之脩潔兮，更思周任之內柔。想兩髦之佳儀兮，心惏慄而懷憂。遭險屯之窮時兮，安簿命而靡郵[三]。

【校記】

[一]"迫"，《列朝詩集》本作"追"。

[二]"聲聞野不收"，《列朝詩集》本作"聲聞野而不收"。

[三]"簿"，《列朝詩集》本作"薄"。

待月愁

夫何月色之燦爛兮，凌樹影而入羅幃。獨倚床而延佇兮，侍女怠而欲歸。仰圓靈其萬戶兮，竊皦皦之清輝。睹姮娥之縱體兮，揚輕袿之繡裳。含然諾其欲吐兮，氣蘝蘭而噴香。當長風之飄飄兮，襲羅衣而彷徨。眾鳥棲於茂林兮，翔千仞之鳳與皇[一]。悼鴻鵠之墜空兮，羌中道而失偶。嘉斯鳥之貞潔兮，觸我思之悠悠。衷懊呻而不止兮，寄愁懷于沙鷗。坐蘭閨之閑夜兮，聆回飆之颼颼。解垢氛之嬰身兮，心翼翼而無尤。嘆三閭之見放兮，增壹鬱而懷憂。惟察察之哲人兮，能淈泥而揚清波。覽江沱之淑媛兮，被德化而嘯也歌。睎銀漢之織女兮，供霓裳而弄金梭。正衽衿而危坐兮，如銜枚而無語。神英英而內棲兮，思恍惚而登慮。虛方寸之寂寞兮，安斗室而獨處。藏彩翚之佳麗兮，性耿介而內專。時青陽以告謝兮，肇朱明而心酸。傷十載之鶴化兮，撫幼子而吞熊丸[二]。酌金罍以弛念兮，善懷托於青編。

【校記】

[一]"皇"，《列朝詩集》本作"凰"。

[二]"熊"，底本作"態"，今據《列朝詩集》本改。

撫玉鏡

撫玉鏡之纖塵兮，光皎皎而虛明。睹此物之神聖兮，不淑見而心驚。始自軒轅之時兮，含碧水之青瑩。悲朱顏其易改兮，惟寸心之不更。擲榮華於俗外兮，脩禮容以為盟。雞初鳴而披衣兮，視啓明於東方。塞蹊途之旁徑兮，法先聖而師乎邑姜。覽回迴文之縱橫而詠胡笳之悲歌兮，則陳哀思而何所補於三綱？於斯之時亦浮華而相尚兮，飾翡翠而道德戕。想窈窕之淑範兮，敦坤德而惟洽陽。仁風衍於百代兮，德業脩于椒房。掃蘭个之清潔兮，焚獸爐而炷寶香。雲飛飛以遶戶兮，風颼颼而襲書窗。時隆冬以冰雷兮，菊英英而吐黃。柏森森而不凋兮，松蒼蒼其冒霜。且草木亦有此勁操兮，吾人何可無此蕙纕。昔宋景之仁德兮，熒惑退而徙三舍。緬塗山之長子兮，內專一而興大夏。無非儀而安處兮，脩婦職以遵聖化。崇仁義以為郭兮，超世俗而為差。

讀書辭 丁酉。

讀既倦兮草草，步蒼苔兮縹緲，問落花兮多少。簾外流鶯報曉，昨夜殘紅風掃[一]。鳥喧喧兮人稀，柳依依兮絮飛，思悠悠兮春歸，惟把卷兮送餘暉。

【校記】

[一]"簾外流鶯報曉昨夜殘紅風掃"，《列朝詩集》本作"怨殘紅兮風掃"。

春恨 乙巳。

漫教兒子誦文章，肺病只今藥共將。有客問于思舊否，請看青鬢已成霜。

孟春曉起

山色蒼蒼曉月微，疏星歷亂入空帷。微寒榻上冰懷手，輕暖檐前烏弄輝。寂寂吞聲渾似夢，潸潸制淚已盈衣。傷春盡是離情處，怕到黃昏獨掩扉。

春日有懷

新雨柔條一色鮮，穿簾燕子浪蹁躚。征鴻寫淚垂千里，半路割雄墮九泉。石婦生前空望眼，玉蕭身後尚重緣[一]。思君漫想追歡處，只許相逢枕夢前。

【校記】

［一］"蕭"，疑為"簫"之形近而訛。

戒子天儁

不知世事小兒郎，孤子從來衣破裳。誰問學書少紙筆，舅氏為汝言文章。

久待姑不至

割襟五載意忡忡，悵望玉音久不通。簾外鶯花入眼異，天涯姑姪遭時同。可憐虛擲三春色，安得偕披一座風。直待于歸重聚首，離懷話盡恨方終。

窮愁

年來漂泊常為客，此日窮愁恨轉深。千古風流都屬夢，一生苦楚摠憑琴。朱顏槁盡悲玄髮，絳蠟燒殘淚綠襟。爛漫春風偏係感，苦遭相思摧肝心。

立春悼亡 丙午。

春風又自換韶光，忽憶當時賣錦襠。佳節每逢即灑淚，良辰何處更飛觴。梅花帳冷香空媚，竹葉杯浮恨欲長。回首十年成往事，向人無語轉淒凉。

汝寧熊節媛寄詩，贈答

大家綵筆照時曹，鴻雁天邊繫足勞。玉札已驚裁雪調，銀鈎更喜染霜毫。勁節應與乾坤老，雅號還同日月高。莫道生前空有恨，歲寒然後知松豪。

姑氏久寓汝寧，聞近又好玄，因寄之

幾見花開草色鮮，天涯人去何時還。玉釵已碎曲腸斷，珠淚空懸望眼穿。南北從遊身是夢，西東脩刺恨相牽。近來頗解玄關竅，靜坐蒲團不夜眠。

厥德三章，章四句 喜天瑞弟得長男，時三月初四日。

祖翁厥德，降此禎祥。乃生男子，其泣喤喤。

祖翁厥德，後嗣其光。乃生男子，載衣之裳。

祖翁厥德，教之義方。乃生男子，載弄之璋。

喜文大家武生次子吟 時丁未五月二十有一日。

頭角崢嶸笑欲嚬，迥然肌骨異精神。世間瑞氣驚玉燕，天上祥雲降石麟。王母蟠桃重結子，嫦娥丹桂並擎春。袞袞積善從來遠，造化何嘗妄與人。

七夕

一鈎新月照明河，怕聽尊前笑語歌。天上歡娛歸絳漢，人間慘淡望金波。嫦娥桂殿空衣羽，織女鵲橋且住梭。守拙澄然方寸靜，乞庭何用巧還多。

秋日，即席成回文二首

詩酬相對飲，曲新就筆揮。辭巧出肝肺，彩霞映落暉。

又

觴舉宜清興，筆揮恃妙辭。黃花新媚眼，蝶舞落寒枝。

重陽

佳節每逢氣不平，愁心却怕聽蟬鳴。黃花滿插須三徑，白髮新添已數莖。對景含顰空佇目，向人無語若為情。題詩更欲發清興，總是思君曲未成。

立秋懷姑氏 戊申。

困人天氣懶登樓，獨立紗窗擁素裯。別後善懷成遠夢，近來羽書倍新愁。悴容不許臨青鏡，淚眼應憐早白頭。世事升沉波自轉，蟬鳴幾處報初秋。

落花吟

晨起梳頭懶着簪，一腔幽恨白呻吟。殘眉曉月不堪掃，素質落花那可尋。舊業已隨流影去，新聞須向昔賢欽。飛紅任地零千片，自古冰壺不染心。

夢天瑞弟握大筆繪竹，紅箋上葉似"仁"字 己酉。

一枝直幹聳雲高，彩鳳騰空兩掖翶。握筆自當參造化，分明夢裡見節操。

韭頌

青青者韭，春以薦兮。可以羞王公，亦可以逮賤兮。生則澄痰，熟則叶脾。于采于畦，用以正頤。秀於孟陬，老於秋季。韭者九乎，豈惟九刈。韭字之義，其畫九也。二縱六橫，八卦首也。一象太極，妙不容口也。孰謂一草一木，非道藪耶！

喜天瑞弟登南宮庚戌。

縱轡八荒喜氣新，飛騰萬里快精神。杏林春色千花錦，麟閣風流第一人。

志道吟

一墮靈源落九州，滾來滾去古今愁。吾生覷破玄玄竅，名表天都白玉樓。

又

性體真空空不空，此身原自賴天功。生生化化皆前定，一點光明無始終。

悼懷篇五首

青青山上松，年華不可考。灼灼園中花，顏色不常好。青蓮出沙泥，潔姿亦何皎。雨落不歸天，人能常少小[一]？五月鳴蜩至，八月蝴蝶老。感物有盛衰，豈忍歸腐草。

【校注】

[一]"青蓮出沙泥潔姿亦何皎雨落不歸天人能常少小"，《列朝詩集》本無此二十字。

又

余本幽谷子，采葛入甘泉。我私亦害污，滌垢自鮮妍。宴安如酖毒，翼翼志節專。飛紅與落絮，浪寄隨風旋。蘭蕙並薜荔，靈根產玉田。叔隗入晉畿，明妃向胡天。賦命有厚薄，莫自恨攀緣。朝餐零零露，暮采紫芝還。袖裡雙芙蓉，嬌姿自嬋娟。乘槎問王母，靈源不記年。

又

英英窗前葵，烹之供朝飱。丹心傾向日，吾與爾為鄰。黃庭陳玉案，養氣培靈根。人秉萬物秀，崢乎立乾坤。世路多艱阻，志士不厭貧。形容枯稿盡，胸中真氣存。

又

夏日偏覺永，冬夜苦漏長。秉藜涉經史，首讀關雎章。樛木惠澤下，君子福履將。兩髦實我儀，鄙志同共姜。握管述前聖，規矩後賢方。學貴中黃竅，克己心體光。天道紗中極，人道始陰陽。吾生天地間，冰懷如秋霜。他日大覺後，玉座列班行。

又

鳳凰翔千仞，不集惡木陰。君子潔身處，獨得躋玉岑。張燈呼倩貳，起坐作誡箴。孔樂顏齋日，千古不磨心。洪鈞誰云遐，臨邇慎自欽。

武恭人寧州人，勳卿文翔鳳內子。封恭人。

壬寅春

桃柳照天涯，美人倚翠霞。春歸緣鳥喚，窗雨又催華。

壬寅贈外

林端綠雪，水際紅霞。詩香思酒，筆藻夢花。

四月維夏

四月維夏，居也。二章，章四句。癸卯，知白軒。
四月維夏，潀室閑居。戶庭綠重，可以詩書。
四月維夏，百卉俱開。清風直入，語鳥不猜。

夏之日

夏之日，遊也。二章，章四句。癸卯，知白軒。
夏之日，嬝人倦起，小院閑窗，風搖簾子。
夏之日，重槐輕柳，燕子喚人，園林宜酒。

乙巳秋

秋意入梧新，獨居悵遠人。芳樽吾負汝，清晝坐傷神。

丁未春睡圖

烟輕紅玉重，驚鳥別湖橋。徐起說清夢，如風囀絳桃。

丁未七夕

天巧誰能特地干，合歡天上正乘鸞。耕雲織霧今宵倦，望望清空玉露團。

〔如夢令〕戊申夏日

畫閣閑吟玉案，簾捲熏風滿院。悶則向花前，獨立闌干倚遍。堪玩，堪玩，座裏清陰一半。

己酉，雨中花

芳菲闌外正嬌開，斜捲疏簾雨漸來。晚霽紅飛鶯亂舞，蘭閨深處是瑤臺。

有燕

有燕，報父函也。四章，章四句。己酉，交愛室。
有燕有燕，飛自北雲。心之懷矣，念我尊人。
有燕有燕，飛自北風。心之懷矣，念我慈容。
有燕有燕，飛自北雨。心之懷矣，念我王母。
有燕有燕，飛自北地。心之懷矣，念我妹弟。

己酉，雨後萱

不堪輕雨送春歸，萬點因風已浪飛。乍喜宜男開數朵，佩之香滿絳羅衣。

丙辰，發雒陽南

柳色遙金鳥喚簧，勝遊才子正清狂。停車駐馬閑臨眺，愛女嬌兒戀水鄉。

丙辰，初入南國二首

南州初入便神清，步步新秋送水聲。金縷兩行濃夾柳，灘雲如染照山明。
盤山學水伴南征，雁和秋聲若繫情。萬玉林中嘶駿馬，片庵橫對小橋清。

壬戌元日紀夢，示兩兒貫天、光天

玉籍雙題第一人，萬夫頭上好行春。飛龍日映金鞭影，桃杏爭紅萬里新。

壬戌春，晉臺獨夜

晉臺玉鏡照春流，綠草朱鱗步步幽。百子帳頭香自暖，銀床歸坐夜懸鈎。

壬戌，外試汾臺寄贈

龍御初懸日月新，詞臺筆陣嘯陽春。河汾霧入千桃李，共仰天人蓋世人。

壬戌，外擢卿士，使迓寄晉三首

東晉西秦夢不閑，夫君新入帝臺班。滿園黃菊秋容爽，鴻雁南飛人未還。
綵雲曾駕素汾津，金蓋飄搖又向秦。駿馬雕鞍辭晉士，八風飛送玉為人。
明月清秋入座流，嫦娥獨送海天愁。雙飛鸞鳳長空去，歌舞天宮任我遊。

周雅續卷之十六終

楚辭新注

〔清〕屈　復　　撰
陳戰峰　點校
賈三强　審校

點校說明

屈復（1668—1745），字見心，號悔翁，晚號金粟老人，陝西蒲城人。志節高峻，詩文造詣深厚，對《楚辭》、《莊子》等有精審研究。著有《楚辭新注》八卷、末一卷，《天問校正》一卷、《南華通》七卷、《弱水集》二十二卷、《百硯銘》不分卷、《玉溪生詩意》八卷、《唐詩成法》八卷、《金粟詩草》二十卷等。他交遊廣泛，《清儒學案》卷二十六《西河學案下》稱屈復"本楚系而家于秦"、"足跡半天下"。屈復詩文成就顯著，其遊學經歷與相關文獻對研究清初詩文流變與思想學術有很大裨益。屈復也被尊爲"關西夫子"。

《楚辭新注》名稱略有差異。主要版本有：《楚辭新集注》八卷，末一卷，乾隆三年弱水草堂刻本，中國人民大學圖書館藏，已編入《四庫全書存目叢書》集部第二冊（濟南：齊魯書社，1997年7月版，第409-504頁），簡稱"乾隆本"；《楚辭新注》八卷，末一卷，乾隆三年居易堂藏板，上海圖書館藏，收入《續修四庫全書》集部，總第1302冊（上海：上海古籍出版社影印，2002年3月版，第301-395頁），簡稱"居易堂本"。《楚辭新注》八卷，清道光十七年（1837年），弱水草堂刊本，陝西省圖書館藏，簡稱"道光本"；《楚辭新注》，《關中叢書》刊本，收入《叢書集成續編》第119冊（臺北：新文豐出版公司印行，1978年7月影印，第9-93頁），此本並見臺灣藝文印書館原刻影印《叢書菁華》之《關中叢書》第二十二冊，簡稱"關中叢書本"。

目前所見，以乾隆三年刻本爲早，時已經多人校訂，但亦有差池。乾隆本與居易堂本大體接近，名稱略有小異，卷首刻印順序也不盡同，其顯著者則是《楚懷、襄二王在位事跡考》（以下簡稱"事跡考"）與《自序》、《凡例》、《屈原列傳》、《屈原外傳》等的順序。乾隆本，"事跡考"次於四文之末，道光本實出自乾隆本。居易堂本，"事跡考"介於《自序》、《屈原列傳》與《凡例》、《屈原外傳》之間，"關中叢書本"當本於此。

乾隆本、居易堂本、道光本均將班固《離騷贊序》、王逸《敘》、洪興祖《敘》、劉勰《辨騷》放置卷末，眉目清楚，而關中叢書本則將此四文移於卷首，但卻標明"卷末"字樣，殊有不類。茲據關中叢書本爲工作底本，以居易堂本、乾隆本爲校本，以道光本爲參校本，《楚辭》原文並參以《四庫全書》（文淵閣本）所收王逸《楚辭章句》、洪興祖《楚辭補注》、朱熹《楚辭集注》、蔣驥《山帶閣注楚辭》（諸編統稱"傳世《楚辭》諸本"），名稱厘定爲《楚辭新注》，班固、王逸、洪興祖、劉勰文復歸卷末。乾隆三十四年己丑崔希駰繼亭所撰《楚辭新注後序》僅見于道光本，據補爲卷端；《四庫全書存目叢書》所附《四庫全書總目提要》亦殿於《楚辭新注》卷尾。

《楚辭新注》是屈氏甚爲看重的著作，雖成書時間較短，但耕耘日久，任心裁奪，發覆之見良多。四庫館臣置之存目，亦難掩其光輝耳。

《天問校正》，世楷堂藏板，收入《叢書集成續編》第119冊（臺北：新文豐出版公司印行，1978年7月初版，第1-7頁）。在《楚辭新注》諸本中亦有，文字稍有變化。

《天問校正》因版本存留有限，茲據所見本錄校。

　此二種文書，因版刻間有漫漶，加之點校整理者學植淺薄，見識孤陋，乖舛訛誤，亦有不免，謹請方家教正。

陳戰峰
2014年9月於西北大學澡雪齋

目錄

自序 ··· 569

《楚辭新注》後序 ·· 570

凡例 ··· 571

屈原列傳 ·· 573

屈原外傳 ·· 576

  附：楚懷、襄二王在位事蹟考 ··············· 577

卷一 離騷經 ·· 580

卷二 九歌 ·· 598

卷三 天問 ·· 612

卷四 九章 ·· 637

卷五 遠遊 ·· 660

卷六

  九辯 ·· 667

  卜居 ·· 676

  漁父 ·· 678

卷七 招魂 ·· 680

卷八 大招 ·· 688

卷末 ··· 694

自 序

　　余幼好《楚辭》，多不解。稍長，讀諸家所注，愈不解。然往往一吟其可解者，則回風雨雪，身置湘沅。夫吾家自漢遷關中，至今已忘乎爲楚人矣。甲戌春，由梁晉燕趙登泰山，觀滄海，謁夫子廟庭，得覬車服禮器，竊歎："世吾斯世，而道斯吾道也。"既遊吳越，訪古金陵，俯仰延佇而不能去，遙望荊郢鬱蔥之氣，湧耀夕陽亂流間，若咫尺可到，此非吾二千年之故國耶？將揚帆破浪，問江界之遺風與所謂兩東門者，不果，而美人芳草益渺渺興懷。乃集《楚辭新注》，始戊午正月，三月而畢，略諸所共解者而詳予向所愈不解者，欲令吾黨同解焉。然恐終未當於三閭，意中之言，言外之意，亦僅斯章句而已。嗚呼！四十五年之奔走，蓋亦出於跋涉艱辛、窮愁迫阨之餘者也。書成，姑記歲月云。

　　　　　　　　　　　　　　　　蒲城屈復題于燕山客舍

《楚辭新注》後序

　　吾鄉屈悔翁徵君以詩名豪一世，其著述久爲人所膾炙，而《楚辭新注》一書有所最留意者，嘗曰"吾先世蓋楚人"云。夫三閭眷戀宗國，憂愁幽思而作《離騷》，繼《風》、《雅》之後，開辭賦之宗，使遇吾夫子，安知不與三百篇同列，故子朱子尤亟稱之。自漢以來，舊注不啻數十百家，然離合者皆半焉。太史公曰："予讀《離騷》、《天問》、《招魂》、《哀郢》，悲其志。"而後之注家至不識《招魂》、《大招》爲誰作，紛紛致辯，豈不悖哉！且又泛收擬騷諸篇，眞不堪爲騷作奴，相沿不改，亦可謂無識矣。徵君此書，考據精詳，去取嚴密，而持論之高，尤多出人意表，寔有默契乎千載之上者。蓋其志潔行芳，感通一氣，非偶然也。余獨怪徵君生平足跡幾半天下，而瀟湘雲夢之區，曾未一至。南望修門，江籬沅芷之思，能無忉怛於懷也？不寧惟是，吾蒲爲徵君故里，關門一出，河聲嶽色，渺不復覩。雖晚以"金粟布衣"自號，而長安落葉，渭水西風，亦僅形之詩歌，托之夢寐，而獨眷眷於是書之成。其牢愁隱憂、白首鄉關之思，爲何如耶？是書舊有版，南遊失去。志同世講將復刻之里中，余與徵君爲里門後進，因任其剞劂之費，而慫恿成之。詩曰："惟桑與梓，必恭敬止。"是余之志也夫。

　　乾隆三十四年歲次己丑小陽三月後學崔希駉繼亭頓首拜撰。

凡 例

一、天下事創始難，繼者差易。《離騷》有注，自王叔師始，後諸家論著即有詳細處，要自王氏發之。茲集先王而後諸家。大哉！篳路藍縷之功也。

一、注騷者數十家，予所見王叔師、洪興祖、朱晦翁、林西仲數家而已。各執一是，議論紛紜，於中斟酌，會成條貫。千金之裘，非一狐之腋也。乃錄姓名於首，不敢掠美。

一、篇章次序相傳已久，或有錯誤，後賢撥正，附注題下，使高明得參是否。若輒更定，即是鹵莽滅裂，則吾豈敢，今依王本，存古也。

一、楚詞惟《離騷》經最難解。句有同者，意自各別，並非重複，長篇大作，原有條貫。和氏之璧，御璽材也，搥碎作零星小玉，連城失色矣。茲分五段，庶得要領。

一、典故字釋，多採諸家舊注。李光弼將郭子儀之兵，纔經號令，精彩一變，非予所能間。有補者，不關妙意，亦不另著。至篇章意義，斷自愚衷，未敢依樣葫蘆也。

一、篇中神怪草木，既知寓言，何必深求？或比才德，或比君子、小人，讀者自有會心，臨文不贅。

一、《離騷》經難解在大義，《天問》難解在故典。《四庫書目》、諸史《經籍志》所載漢以後書不傳者甚多，況漢以前乎？王叔師所引尚未盡見，而三閭所用，安能悉知？從何處撥正？夫子曰："吾猶及史之闕文也。"

一、舊注是者固能發作者之精微，其非者亦足開後賢之思路，雖不並錄，亦不下論，均有功於後，先無令前賢畏後生也。

一、文人相輕，自古皆然。痛詆他人，以申己之說。若必後賢以必吾是者，著書各成一家。天之生才不盡，後人自有心眼別裁，是非豈在吾今日之曉曉哉！況我所論，亦自前賢開悟，操戈入室，何其薄也！往者可欺，來者難誣。

一、字面解釋，如"初度"二言，或云時節，或云氣度，或云法度，或云皆爲支首，悉順文氣。如此之類，無損大義，俱不深辨。

一、《六經》子史，皆有叶韻，不徒《楚辭》也，諸家議論紛紜，總是風影。惟《古今通韻》蕭山毛奇齡著獨有根據。今之所音，悉本此書，即注字傍，以便誦讀。

一、戰國時，典墳未滅，三閭以博識宏才創爲斯體，意味難窮，余學識短淺，諸家注解尚未全窺，即盡畢生精力，猶恐多失，況七十餘年，兩月成書，粗踈何言，修瑕補漏，深有望于後之君子。

金粟老人屈復識

屈原列傳 《史記》

　　屈原者，名平，楚之同姓也。爲楚懷王左徒。博聞彊志，明於治亂，嫻於辭令。入則與王圖議國事，以出號令；出則接遇賓客，應對諸侯。王甚任之。上官大夫與之同列，爭寵，而心害其能。懷王使屈原造爲憲令，屈平屬草稿未定。上官大夫見而欲奪之，屈平不與，因讒之曰："王使屈平爲令，衆莫不知，每一令出，平伐其功曰，以爲'非我莫能爲'也。"王怒而疏屈平。屈平疾王聽之不聰也，讒諂之蔽明也，邪曲之害公也，方正之不容也，故憂愁幽思，而作《離騷》。

　　離騷者，猶離憂也。夫天者，人之始也；父母者，人之本也。人窮則反本，故勞苦倦極，未嘗不呼天也；疾痛慘怛，未嘗不呼父母也。屈平正道直行，竭忠盡智以事其君，讒人間之，可謂窮矣！信而見疑，忠而被謗，能無怨乎？屈平之作《離騷》，蓋自怨生也。《國風》好色而不淫，《小雅》怨誹而不亂。若《離騷》者，可謂兼之矣！上稱帝嚳，下道齊桓，中述湯武，以刺世事。明道德之廣崇，治亂之條貫，靡不畢見。其文約，其辭微，其志潔，其行廉。其稱文小而其指極大，舉類邇而見義遠。其志潔，故其稱物芳。其行廉，故死而不容。自疏濯淖污泥之中，蟬蛻於濁穢，以浮遊塵埃之外，不獲世之滋垢，皭然泥而不滓者也。推此志也，雖與日月爭光可也。

　　屈平既絀[一]，其後秦欲伐齊。齊與楚從親。惠王患之，乃令張儀詳佯同去秦[二]，厚幣委質事楚，曰："秦甚憎齊，齊與楚從親，楚誠能絕齊，秦願獻商、於之地六百里。"楚懷王貪而信張儀，遂絕齊。使使如秦受地。張儀詐之曰："儀與王約六里，不聞六百里。"楚使怒去，歸告懷王。懷王怒，大興師伐秦。秦發兵擊之，大破楚師於丹、淅，斬首八萬，虜楚將屈匄，遂取楚之漢中地。懷王乃悉發國中兵，以深入擊秦，戰於藍田。魏聞之，襲楚至鄧。楚兵懼，自秦歸。而齊竟怒，不救楚，楚大困。

明年，秦割漢中地與楚以和。楚王曰："不願得地，願得張儀而甘心焉。"張儀聞，乃曰："以一儀而當漢中地，臣請往如楚。"如楚，又因厚幣用事者臣靳尚，而設詭辯於懷王之寵姬鄭袖。懷王竟聽鄭袖，復釋去張儀。是時屈平既疏，不復在位，使於齊，顧反，諫懷王曰："何不殺張儀？"懷王悔，追張儀，不及。

其後，諸侯共擊楚，大破之，殺其將唐眛。

時秦昭王與楚婚，欲與懷王會。懷王欲行，屈平曰："秦，虎狼之國，不可信，不如無行。"懷王稚子子蘭勸王行："奈何絕秦歡！"懷王卒行。入武關，秦伏兵絕其後，因留懷王以求割地。懷王怒，不聽。亡走趙，趙不內。復之秦，竟死於秦而歸葬。

長子頃襄王立，以其弟子蘭爲令尹。楚人既咎子蘭以勸懷王入秦而不反也。屈平既嫉之，雖放流，眷顧楚國，系心懷王，不忘欲反。冀幸君之一悟，俗之一改也。其存君興國，而欲反覆之，一篇之中，三致意焉。然終無可奈何，故不可以反，卒以此見懷王之終不悟也。

人君無愚智、賢不肖，莫不欲求忠以自爲，舉賢以自佐。然亡國破家相隨屬，而聖君治國累世而不見者，其所謂忠者不忠，而所謂賢者不賢也！懷王以不知忠臣之分，故內惑於鄭袖，外欺於張儀，疏屈平而信上官大夫、令尹子蘭。兵挫地削，亡其六郡，身客死於秦，爲天下笑。此不知人之禍也。《易》曰："井渫不食，爲我心惻，可以汲。王明，並受其福。"王之不明，豈足福哉！

令尹子蘭聞之大怒，卒使上官大夫短屈原於頃襄王，頃襄王怒而遷之[三]。乃作《懷沙》之賦，其辭云云。於是懷石，遂自投汨羅以死。

屈原既死之後，楚有宋玉、唐勒、景差之徒者，皆好辭而以賦見稱。然皆祖屈原之從容辭令，終莫敢直諫。其後楚日以削，數十年竟爲秦所滅。

自屈原沈汨羅後百有餘年，漢有賈生，爲長沙王太傅，過湘水，投書以弔屈原。

太史公曰：余讀《離騷》、《天問》、《招魂》、《哀郢》，悲其志。適長沙，觀屈原所自沈淵，未嘗不垂涕，想見其爲人。及見賈生弔之，又怪屈原以彼其材遊諸侯，何國不容，而自令若是！讀《鵩鳥賦》，同生死，輕去就，又爽然自失矣！

【校記】

[一]"平",乾隆本作"原"。

[二]"佯同",原闕,據居易堂本、乾隆本補。

[三]《史記》在"怒而遷之""乃作《懷沙》之賦"之間還有一段文字:"屈原至於江濱,被髮行吟澤畔。顏色憔悴,形容枯槁。漁父見而問之曰:'子非三閭大夫歟?何故而至此?'屈原曰:'舉世混濁而我獨清,衆人皆醉而我獨醒,是以見放。'漁父曰:'夫聖人者,不凝滯於物而能與世推移。舉世混濁,何不隨其流而揚其波?衆人皆醉,何不餔其糟而啜其醨?何故懷瑾握瑜,而自令見放爲?'屈原曰:'吾聞之,新沐者必彈冠,新浴者必振衣。人又誰能以身之察察,受物之汶汶者乎!寧赴常流,而葬乎江魚腹中耳。又安能以皓皓之白,而蒙世俗之溫蠖乎!'並無"其辭云云"字樣。《楚辭新注》諸本同,當原有節略。

屈原外傳

唐·沈亞之撰

昔漢武愛《騷》，令淮南作傳，大概屈原已盡於此，故大太史公因之，以入《史記》。外有二三逸事，見之雜記、方志者尤詳。屈原瘦細美髯，豐神朗秀，長九尺，好奇服，冠切雲之冠。性潔，一日三濯纓。事懷、襄間，蒙讒負譏，遂放而耕。吟《離騷》，倚耒號泣於天。時楚大荒，原墮淚處，獨產白米如玉。《江陵志》有玉米田，即其地也。嘗遊沅湘，俗好祀，必作樂歌以樂神，辭甚俚。原因棲玉笥山，作《九歌》，托以風諫，至《山鬼》篇成，四山忽啾啾若啼嘯，聲聞十里外，草木莫不萎死。又見楚先王廟，及公卿祠堂，圖畫天地山川神靈，琦瑋僑佹，與古聖賢怪物行事，因書其壁，呵而問之，時天慘地愁，白晝如夜者三日，晚益憤懣，披蓁茹草，混同鳥獸，不交世務，採柏實，和桂膏，歌《遠遊》之章，托遊仙以自適。王逼逐之，於五月五日遂赴清冷之水。其神遊于天河，精靈時降湘浦，楚人思慕，謂爲水仙，每值原死日，必以筒貯米，投水祭之。至漢建武中，長沙區回白日忽見一人，自稱三閭大夫，謂曰："聞君嘗見祭甚善，但所遺並蛟龍所竊。今有惠，可以楝樹葉塞上，以五色絲轉縛之，此物蛟龍所憚。"回依其言，世俗作糉並帶絲葉，皆其遺風。晉咸安中，有吳人顏珏者，泊汨羅，夜深月明，聞有人行吟，曰："曾不知夏之爲邱兮，孰兩東門之可蕪？"珏異之，前曰："汝三閭大夫耶？"忽不見其所之。《江陵志》又載原故宅在姊歸鄉，北有女嬃廟，至今擣衣石尚存。時當秋風夜雨之際，砧聲隱隱可聽也。嘻，異哉！原以忠死，直古龍、比者流，何以沒後多不經事，特千古騷魂鬱而未散，故鬻熊雖久不祀，三閭之跡，猶時彷佛占斷於江潭澤畔、蒹葭白露中耳。

附：楚懷、襄二王在位事蹟考

懷王威王太子，名熊槐，在位三十年。

癸巳元年，魏聞楚喪，伐楚，取陘山。張儀初相秦，四年秦惠王始稱王。

戊戌六年，楚使昭陽攻魏，破之襄陵，取八邑。所謂"南辱于楚"者此。

癸卯十一年，楚爲從約長，與趙魏韓燕伐秦，攻函谷關。秦出兵逆之，五國皆引兵歸。時屈子爲左徒，王甚任之，國內無事。《惜往日》篇所謂"奉先功以照下，明法度之嫌疑，國富強而法立"是也。屈子有功在此，其招讒妒亦在此。

戊申十六年齊湣王元年，秦使張儀約楚絕齊，許以商於之地六百里。楚絕齊，秦不予地，遂攻秦。見本傳。洪興祖謂屈子被疏在此年。按：《史記》被疏尚在前，疏者止是不與議國事耳，未嘗奪其左徒之位也。絕齊時，疑必諫。《離騷》云："反信讒而齌怒。"《惜誦》篇云："反離羣而贅肬。"當俱指此，則奪其位者在此年耳。

己酉十七年春，秦敗楚於丹陽，斬首八萬，虜大將屈匄、裨將逢侯丑等七十餘人，取漢中郡，楚悉起國中兵襲秦，大敗於藍田。割兩城以和。韓魏聞楚困，襲楚至鄧，楚引兵歸。見本傳。屈子雖廢，猶在朝，"忿余以蕙纕，又申之以攬茝"。申者言既廢又切責之也，則合前兩次見拒，可知《惜誦》當作於此年。

庚戌十八年，秦約分漢中之半與楚和親，懷王願得張儀，不願得地。儀至，厚幣靳尚，說鄭袖，使言之，王釋之。見本傳。屈子使齊而反，諫已不及。愚按：使齊必以見欺於秦爲謝，再修前好，獨使屈子者，以絕齊時羣臣皆賀得地，陳軫獨弔，而軫又往仕秦，別無可使，故不以既絀而不用，則前此之諫絕齊益可知矣。屈子未反，舉朝又無一人諫王釋張儀之非，則其黨於靳尚亦可知，所以謂之"黨人"。

壬子二十年，齊湣王欲爲從約長，遺書與楚，楚以昭睢議，欲雪藍田之恥，遂合齊以善韓。前使屈子之齊，必爲定從雪恥計，茲湣王書至而未決者，以曾爲從約長，恥見奪耳。昭睢之議甚確，豈《離騷》所謂"蘭椒"其人乎？

丙辰二十四年，秦昭王初立，厚賂楚，楚往迎婦，遂背齊而合秦。狥利棄信，所以速禍。況秦爲虎狼之國，非可以婚姻結乎？屈子以彭咸死諫爲法，必越諫而被遠遷，絕其言路，《惜往日》篇所謂"讒人蔽晦虛惑誤，又以欺遠遷臣而弗思"是也。"虛惑"當指絕齊言，"誤"當指攻秦言，"又以欺"當指背齊合秦言。

丁巳二十五年，懷王與昭王盟約于黃棘，在房、襄二境上。秦復與楚上庸。楚恃婚姻而往，然武關之辱實此盟誤之。《悲回風》篇刺頃襄王迎婦于秦，所謂"施黃棘之枉策"是也。屈子雖遠遷，尚欲南行而死諫，終不得諫。《思美人》篇當作於此時。

戊午二十六年，齊、韓、魏責楚負其從縱，親同伐楚。楚使太子橫入質於秦而請救。秦兵至，三國引去。諸侯連兵伐楚，本是意中之事，但請救於秦，而又質子，則前此之迎婦結盟何爲乎？屈子必思一善後之策而陳詞。懷王惟以秦救爲美好而憍之，朝臣又以王之造怒不敢正其是非，所以不聽。《抽思》篇當作於此年。

己未二十七年，秦大夫有與楚太子鬬，太子殺之，亡歸。按：敵國質子，大夫豈敢與私鬬？當是秦昭王知懷王之愚，實陰潛之，使釀成兵端耳。

庚申二十八年，秦與齊、韓、魏共攻楚，殺楚將唐眛，取重丘而去。見本傳。按：懷王此時當思屈子之言而召回，但未復其位。此事本與屈子無涉，太史公特敘入傳者，作後來諫會武關來歷耳。洪興祖以爲十八年召用，疑字之誤。

辛酉二十九年，秦復攻楚，大破楚軍，死者二萬人，殺將軍景缺，乃使太子爲質於齊，以求平。僅求齊，不見伐以支秦。

壬戌三十年，周報王十六年，秦昭襄八年。秦復伐楚，取八城，遺書與楚會武關結盟。昭雎諫無往，王稚子子蘭勸王行。秦詐令一將軍號爲秦王，伏兵武關，俟懷王至，閉之，遂與西至咸陽，朝章台如藩臣，不予亢禮，要其割巫、黔中郡。懷王怒，不許，因留秦。昭雎謀詐計於齊，齊歸太子，遂立爲王。秦不得所割，怒，攻楚，大敗楚軍，斬首五萬，取析十五城而去。見本傳。屈子先諫勿入武關，與昭雎所見相同，無奈不聽。按：懷王爲人貪而且愚，又好矜，蓋貪則可以利誘，愚則可以計取，矜則喜諛而惡直。齊、秦兵好反覆，屈子疏放皆坐此。三病武關受欺，只悔不用昭雎之言，而不及屈子，則好矜，蓋積怒猶未平可知。

頃襄王懷王太子，名橫，在位三十六年。

癸亥二年，懷王亡，逃歸，被秦遮楚道，從間道走趙，不納，又欲走魏，而秦兵追至，遂同使者入秦，發病。見本傳。屈子又被讒，放於江南之夢，以取怒於令尹子蘭故也。《涉江》篇當作於此年，《招魂》亦當作於此年。

甲子三年，周赧王十九年，秦昭襄十一年。懷王卒於秦，秦歸其喪，諸侯自是不直秦，秦楚絶。《大招》當作於此時。《卜居》當作於四年。

丁卯六年，秦遺書，約決戰。楚患之，謀復與秦平。以無可敵秦故。

戊辰七年，楚迎婦於秦。忘不共之讐而結好，總因國中無人，不能爲美政，故爲威勢所劫。《悲回風》當作於此時。《哀郢》當作於十年。《漁父》、《懷沙》當作於十一年，以汨羅自沈，當在此年也。

乙亥十四年，與秦昭王會于宛，結和親。自此至末，皆屈子身後事。

丁丑十六年，與秦昭王好，會于鄢。秋，復與秦會穰。

己卯十八年，用楚人匹夫報讐之說，遣使於諸侯，復爲從。秦伐楚，楚欲與齊、韓連和伐秦，因欲圖周。周使說楚相昭子而止。不能自強，已失報讐之具，況又圖共主乎？誠讒諛虛惑之見也。

庚辰十九年，秦伐楚，楚軍敗，割上庸、漢北地予秦。

辛巳二十年，秦將白起拔楚西陵。

壬午二十一年，秦將白起拔郢，燒先王墓。夷陵楚兵散，不復戰，東北保於陳城。屈子《哀郢》篇云："夏之爲邱。"兩東門之蕉，不過十年而即驗。《天問》篇云："吳光爭國，久余是勝。"以吳光入郢，掘平王墓而鞭屍也。夷陵之燒，何先見之明乃爾！

癸未二十二年，秦復拔巫、黔中郡。前武關所要割不予者，又拔去矣。

甲申二十三年，襄王收東地兵，得十余萬，復取秦所拔江旁十五邑以爲郡，距秦。已不成其爲國。《天問》篇"告堵敖不長"之說驗矣。

戊子二十七年，復與秦平，入太子爲質於秦。按：懷、襄兩世屢結秦好，皆卒困於秦，總以讒諛用事，除迎婦質子之外，別無伎倆，《天問》所謂"荊勳作師，夫何長"，早已道破。

丁酉三十六年，襄王病，太子亡歸。秋，襄王卒。太子熊元立。

屈子所著之文，無先後次序考據。茲將二君在位事蹟按年編輯，參之《史記》本傳，凡有明文者即繫於各年之下；如無明文，亦可以各篇語意推之，以備讀者之參考。即以爲屈子之年譜，可也。[一]

【校記】

[一]乾隆本文末標"丹林"手書批注，曰："悔翁以詩名一時，故所注多得古人言外之意。然閱秦以上書，非通其雅訓，故言者不能窺其底藴，悔翁則猶未也。此篇考證尤疏。"

楚辭新注卷一

宗姪　汝州啟賢編
蒲城屈復新集注　曾孫來泰錄
受業　同邑王垣校

離騷經第一

《史記》："離騷，猶離憂也。"王逸曰："離，別也。騷，愁也。經，徑也。言己放逐離別，中心愁思，猶依道徑以諷諫君也。"班固曰："離，猶遭也。騷，憂也。明己遭憂作辭也。"應劭曰："離，遭也。騷，憂也。"顏師古曰："離，遭也。擾動曰騷。"洪興祖曰："古人引《離騷》未有言經者，蓋後世之士祖述其辭，尊之爲經耳。"逸說非是。朱熹曰："《離騷》經之所以名，王逸之說非是，史遷、班固、顏師古之說得之矣。"余觀《楚辭》中作遭離用者固有，而此篇有"余既不難夫離別兮"之句，則離騷者離別之憂也。三閭之意若謂明己遭憂而作此辭，則全部宜總名之曰《離騷》；今二十五篇，各有題目，其義可知。近世稱《楚辭》皆曰《離騷》者，孔子曰："師摯之始，《關雎》之亂。"是以《關雎》稱全詩，則稱《楚辭》爲《離騷》，亦猶此，而非二十五篇皆名《離騷》也。夫《詩》以比興賦能持人道之窮也，然無夫子刪定之，存亡或未可知，若《離騷》之存而不亡，自足存也。詩可以興，可以怨，邇之事父，遠之事君，多識於鳥獸草木之名，《離騷》有焉，尊之曰經，宜矣。

帝高陽之苗裔兮，朕皇考曰伯庸。攝提貞于孟陬兮，惟庚寅吾以降烘**。皇覽揆余于初度兮，肇錫余以嘉名。名余曰正則兮，字余曰靈均**局**。**

高陽，顓頊有天下之號。顓頊之後，有熊繹者，事周成王，封爲楚子，居於丹陽。傳國至熊通，始僭稱王，徙都於郢，是爲武王。生子瑕，食采于屈，因以爲氏，此受姓之始。捨近封而述遠祖，蓋言吾祖自發跡以來，未嘗敗績，與今日對照也。苗者，草之莖葉，根所生也。裔者，衣裾之末，故以爲遠末子孫之稱。朕，我也，古者上下通稱之。皇，美也。父死稱考。伯庸，三閭父字。攝提，星名，隨斗柄以指十二辰者。貞，正。孟，始。陬，隅也。正月爲陬，蓋是月孟春昏時，斗柄指寅，在東北隅，故以爲名。降，下也。此月庚寅之日，己始下母體而生也。皇，皇考。覽，觀。揆，度也。初度之度，猶言時節。肇，始。錫，賜。嘉，善。正，平。則，法。靈，神。均，亦平也。以正爲法，以均爲神。高平曰："原乃名。原字，平之隱文。"若王《注》法天法地，類多不錄。此《凡例》中所謂"其非者亦不下論"是也。後倣此。言聖帝苗裔，賢父之子，時日良，名字嘉，皆内美也。

右一段敘世系、祖考、生時、名字，有木本水源、顧名思義之意，言外見分當與國存亡也。

紛吾既有此内美兮，又重之以修能㮣。扈江離與辟芷兮，紉秋蘭以爲佩。汨余若將不及兮，恐年歲之不吾與。朝搴阰之木蘭兮，夕攬洲之宿莽毋[一]。日月忽其不淹兮，春與秋其代序。惟草木之零落兮，恐美人之遲暮。不撫壯而棄穢兮，何不改乎此度？乘騏驥以馳騁兮，來吾道夫先路。昔三后之純粹兮，固眾芳之所在。雜申椒與菌𫇘桂兮，豈維紉夫蕙茝采。彼堯舜之耿介兮，既遵道而得路。何桀紂之昌披兮[二]，夫唯捷徑以窘步。

紛，盛貌。"内美"句收上，"修能"句起下。謂自修其才能，即扈紉搴攬是也。重，再。扈，被。辟，幽也。離、芷，皆香草。紉，以綫貫鍼。秋蘭，秋時蘭愈香也。佩，飾也。汨，水流去疾之貌。搴，拔取也。阰，山名。木蘭，木名。攬，采也。水中可居者曰洲。木蘭去皮不死，宿莽經冬不枯，謂貞堅也。言余之汲汲自修，常若不及者，恐年歲不待我而一身將老，故朝夕自修之勤也。淹，久。代，更。序，次也。草曰零，木曰落，總上離、芷、宿莽諸物也。美人，《詩》"彼美人兮，西方之人兮"，託爲佳名，寄喻於君也。後靈修做此。遲，晚也。此句起下文。撫者，撫而有之也。三十曰壯。棄，去也。草荒曰穢。言君何不於撫有壯盛之時，早棄穢政，改前此惑誤之度，果能乘駿馬馳騁，我當引君于大道也。起下三后、堯舜、桀紂，以爲得路失路證，又與下數"路"字、捷徑、險隘、踵武等句相照應。三后，三皇。下文堯舜遵

－581－

道，遵三皇之道也。至美曰純，齊同曰粹。眾芳，喻羣賢。雜，非一也。申，重也。椒生重纍而叢簇，故曰申椒。菌桂葉似柿，椒桂味辣，猶雜然用之，不獨用純香之蕙茝而已，喻能受逆耳之諫也。耿，光。介，大。遵，循。昌披，亂。捷徑，邪道。窘，促迫也。堯舜遵三后之道，故得路；桀紂不遵，故亡。窘步，正與馳騁相反。得路則爲堯舜，捷徑則桀紂是即矣。以上言楚王，以下方言黨人。

此節追言未疏時也，既恐歲不我與，汲汲自修，又恐君亦遲暮，當及時任賢，己須先路引君，上法堯舜，下鑒桀紂，以興楚國也。

惟黨人之偷樂兮，路幽昧以險隘益。**豈余身之憚殃兮，恐皇輿之敗績。忽奔走以先後兮，及前王之踵武。荃不揆余之中情兮，反信讒而齊**嚌**怒。余固知謇謇之爲患兮，忍而不能舍**杜**也。指九天以爲正兮，夫惟靈修之故也。**

曰黃昏以爲期兮，羌中道而改路。此二句與下悔遁有他意重，又王逸無注，又通篇皆四句，此多二句，明係衍文。

初既與余成言兮，後悔遁而有他。余既不難夫離別兮，傷靈修之數碩化訛[二]。**余既滋蘭之九畹兮，又樹蕙之百畝**使。**畦留夷與揭車兮，雜杜衡與芳芷。冀枝葉之峻茂兮，願竢時乎吾將刈**义。**雖萎絕其亦何傷兮，哀眾芳之蕪穢**已。

黨人阿比，相助匿非之類。偷樂者，竊取淫佚之私，不顧君國之安危存亡者也。幽昧，路不光明。險隘，路不寬平。惟，思念。憚，畏。殃，咎。皇，君。輿，車。績，功。敗績，指車之傾覆也。我之欲引君於光明寬平之路者，豈憚一身之離殃哉！惟恐皇輿行幽昧險隘之道而傾覆耳，見君行邪徑以至傾危，皆黨人偷樂之故也。《詩·大雅·綿》篇"予曰有先後，予曰有奔奏"，"奏"與"走"同，言急欲奔走先後以輔翼君也。前王，楚之先王及繼。踵，足跟。武，跡。荃，香草，借以寄喻君。齌，言怒氣之盛，如火齌也。本欲引君至古聖帝明王，今既不能即法楚之先王，亦不至敗績，乃不察此中情，而反信讒齌怒，何也？謇，《韻會通》作"蹇"，《晉書·王豹傳》"王臣謇謇，易謇難也，險在前也"，又："王臣謇謇，匪躬之故。"若止作直諫解，三閭之放逐，豈止直諫之一端哉？爲患，指上齌怒而言。忍，甘受其患而不辭之意。舍，止也。余固知者，早已自知其如此，既結上，又爲下"不吾知"作引。九天，天有九重也。正，與"證"同。靈修，謂君也。余固明知己之謇謇必爲身患，然中心忍而不能自止，故上指九天，證諸神明，明非爲身謀而爲君也。成言，謂已成之約言。悔，改。遁，移。有他，志也。近曰離，遠曰別。數化，屢變易而無常也。言我非難與君離別，但傷君志因讒言而數變易也。滋、樹、畦、雜，皆種植。蘭、蕙、留夷、揭車、杜蘅、芳芷，皆香草。言種植者甚眾也。冀，期望。峻茂，長盛。竢[四]，待。刈，獲。萎絕，草木枯死。蕪穢，比廢葉也。言我初樹眾芳，望其長盛，將爲國用，今我一人萎絕，亦何足惜？而眾芳之蕪穢，大可哀也。

此節追述初見疏時也，忠心謀國，反遭讒害，明知爲患不能自止，成言變易，惟天可證，所樹眾芳，已付蕪穢，無窮虛願，皆成哀痛也。

眾皆競進以貪婪兮，憑不厭乎求索素**。羌內恕己以量人兮，各興心而嫉妒。忽馳騖以追逐兮，非余心之所急。老冉冉其將至兮，恐修名之不立。朝飲木蘭之墜露兮，夕餐秋菊之落英。苟余情其信姱以練要兮，長顑**坎**頷**菡**亦何傷？擥木根以結茝兮，貫薜荔之落蕊。矯菌桂以紉蘭兮，索胡繩之纚**跣**纚。謇吾法夫前修兮，非世俗之所服。雖不周於今之人兮，願依彭咸之遺則**祿**！**

眾，指黨人也。並逐曰競，愛財曰貪，愛食曰婪。憑，滿。不厭，不以爲足。恕，己自恕其惡，不責己也，如俗言"饒恕"之恕。量，度。興，生。害賢爲嫉，害色爲妒。言黨人心皆貪婪，內以其志量度他人，謂與己同則各生嫉妒之心也。馳騖，亂走。追逐，急走。馳騖，申"競進"、"貪婪"二句。非所急，表己心不同於眾，申"恕己"、"量人"二句。冉冉，漸也。但恐衰老漸至，美名不立，眾所急在彼，我所急在此也。英，華。飲露、餐華，所養皆香潔。苟，誠。信姱，實好。練要，所修精練，所守要約。顑頷，不飽貌。所困者身，所飽者道，言無損於道也。擥，持。木根，木蘭根[五]。薜荔，香草。貫，穿而累之。蕊，花萼鬚粉蘂蘂然者。矯，揉。索，以手搓爲繩。胡繩，亦香草，有莖葉，可作繩。纚纚，素好貌。擥木根也，結茝也，貫薜荔也，矯桂也，紉蘭也，索胡繩也，言所佩芳潔，不以困而改也。承上"顑頷何傷"言。謇，難詞，有用心竭力艱難辛苦之意。前修，謂前代修德之人。服，習。周，合也。彭咸，殷賢大夫，諫其君，不聽，自投水而死。遺，餘。則，法也。言我勤苦效法前修，雖不合於今，而求合於古也。

此節既疏後，猶欲死諫也，言我立志修名[六]，與眾不同，所養所服，謇法前修，雖不合於貪婪求索之今人，而求合於以死諫君之古人也。

長太息以掩涕兮，哀人生之多艱泥**。余雖好修姱以鞿羈兮，謇朝誶而夕替**

平聲。**既替余以蕙纕兮，又申之以攬茝。亦余心之所善兮，雖九死其猶未悔。怨靈修之浩蕩兮，終不察夫人心。衆女疾余之蛾眉兮，謠諑謂余以善淫。固時俗之工巧兮，偭規矩而改錯**措。**背繩墨以追曲兮，競周容以爲度。忳鬱邑余侘傺兮，吾獨窮困乎此時也。寧溘死以流亡兮，余不忍爲此態**詩**也。鷙鳥之不羣兮，自前世而固然。何方圜之能周兮，夫孰異道而相安？屈心而抑志兮，忍尤而攘詬。伏清白以死直兮，固前聖之所厚**。艱，汲塚《周書》音泥，與"溪"叶。替，《補韻》叶"才""淫"切，而艱又音勤[七]，多一轉音。不如依三聲例，"替"作平聲而"艱"叶"泥"爲直捷耳。

艱，難也。人，三閭自謂。言哀吾生多難也。以下承此句言。掩涕，猶扙淚。修姱，謂修潔而美好。鞿羈，以馬自喻，轡在口曰鞿，革絡頭曰羈。言自繩束，不放縱。諄，諫，《詩》曰"諄予不顧"，今《詩》作"訊"，訊，告。替，廢也。以下方述見替事，故太息流涕言之。纕，佩帶。申，重。既以蕙纕見廢，便應改悔，又重以攬茝，執志不回，愈觸君怒矣。然二物芬芳，乃余心所善，雖九死不悔，況廢替乎？靈修，比君。浩蕩，水無涯。人，三閭大夫自謂，不曰"己"而曰"人"，婉詞。衆女，比黨人。蛾眉，自比。謠，毀。諑，譖。善淫，工淫邪也。偭，向也。明有規矩在前，而方圓任其錯置，背繩墨之正直，以隨俗之邪曲，務爲周旋容悅，以爲競進之常度。"度"字，總承規矩繩墨而言。洪曰："偭規矩而改錯者，反常而妄作；背繩墨以追曲者，枉道以從時。"忳，憂悶。鬱，幽滯不通。邑，於邑，短氣也。侘傺，失志貌。言中心憂悶，至於幽滯於邑者，余之失志也。窮困，失志之實。溘，奄也。言我寧奄然而死，不忍爲此邪淫之態。態，指周容爲度而言。鷙，雕鶚之類。不羣，謂其威猛英俊，淩雲摩霄之志[八]，非謂其悍厲搏執之惡也。周，合也。方圓何能相周，異道孰能相安，自古然也。屈，不伸。抑，按，不發。心，修姱立名之心；志，正君善俗之志。尤，謂嫉妬。詬，謂放逐。攘，謂禍自外來而順受之，如己所攘取也。伏清白者，不肯臨危改節，以污此身。前聖，猶前修。厚，重也。如武王封比干之墓，孔子稱殷有三仁，是也。

此節既廢之後，太息流涕，自述其志也。吾生多難，既以忠廢，不能改悔，譖毀日甚，一身窮困，不忍隨時，然忠佞不相謀，自古如斯，惟有一死，爲前賢所重而已。文至此，已山窮水盡矣。下文另起一峯一波也。

悔相道之不察兮，延佇乎吾將反。回朕車以復路兮，及行迷之未遠。步

余馬於蘭皋兮，馳椒丘且焉止息。進不入以離尤兮，退將復修吾初服㘽。製芰荷以爲衣兮，集芙蓉以爲裳。不吾知其亦已兮，苟余情其信芳。高余冠之岌岌兮，長余佩之陸離。芳與澤其雜糅兮，唯昭質其猶未虧。忽反顧以遊目兮，將往觀乎四荒。佩繽紛其繁飾兮，芳菲菲其彌章。民生各有所樂兮，余獨好修以爲常。雖體解吾猶未變兮，豈余心之可懲裳？陽、庚通韻。後不註。

悔，追恨前非。察，明審。延佇，少待。行迷，所行惑誤。未遠，猶可回車也。追悔前日相道未審，迷行取困，今將回車復路，及此惑誤未甚之時，意言歸隱也。步，徐行。澤曲曰皋，其中有蘭，故曰蘭皋。丘上有椒，故曰椒丘。二句復路。進，出而仕。入，合。離尤，遭患。退，復路，歸隱。初服，隱者之服也。製，剪裁。集，補綴。芰，菱。荷，蓮葉。芙蓉，蓮花。《本草》云："蓮，其葉名荷，其花未發，爲菡萏；已發，爲芙蓉。"上曰衣，下曰裳。言被服益潔，修善益明也。此與上文即所謂"修吾初服"二句互文[九]，謂取芰荷芙蓉以爲衣裳耳。不吾知者，進而仕，人不知忠也。信芳者，退而隱，芰荷芙蓉自信芳香也。至此始出"不吾知"字，結上起下，乃一篇之脈絡也。岌岌，高貌。佩，玉佩。陸離，美好貌。芳，謂氣之芳香。澤，謂色之潤澤。雜糅佩之盛，言盛其佩服，蓋欲明吾本質之未虧耳也。此八句，文法參錯，本言製芰荷爲衣，芙蓉爲裳，高冠長佩，芳澤雜糅。"惟昭質其猶未虧"，"苟余情其信芳"，"不吾知其亦已兮"，然如此，則文氣傷直，故曲折出之，古文古詩皆然，惟楚詞爲獨多。忽，疾速貌。反顧，回首視。游目，縱目遠觀。四荒，四方，即孔子浮海居夷之意。佩，指衣裳冠佩而言。繽紛，盛貌。繁，眾。菲菲，猶勃勃，芳香貌。彌章，愈明。欲隱而彌章，謂又不能隱也。好修，好自修潔。未變，不改其好修之志。懲，創艾。人生邪正清濁，各有所樂，而吾獨好修爲常。天下重禍無如支解，即使至此，吾猶不變，則黨人之謠諑嫉妒，疏棄放逐，豈能使余心懲而少改哉？言堅確也。

此節欲隱而不能也。前日相道未審，迷行離患，將反初服，往觀四方，佩飾繽紛，欲隱彌章。好修爲常，雖體解莫懲也。

女嬃之嬋媛兮，申申其詈予。曰："鯀婞直以亡身兮，終然殀乎羽之野䰩。汝何博謇而好修兮，紛獨有此姱節。薋菉葹以盈室兮，判獨離而不服雪。眾不可戶說兮，孰云察余之中情。世並舉而好朋兮，夫何煢獨而不予聽？"

女嬃，三閭姊也。嬋媛，眷戀留連之意。申申，猶重重。詈，責數。曰，記女嬃之詞。鯀，堯臣。《帝繫》曰："顓頊後五世而生鯀。" 婞，狠。獸死曰殀。言鯀婞狠自用，乃殀死中野。博謇，謂廣博而忠直。紛，盛貌。姱節，姱美之節。薋，蒺藜。菉，王芻。葹，枲耳。三物皆惡草，以比讒佞。盈室，喻滿朝。判，別。言眾人皆佩此惡草，汝何獨判然不與眾同也。煢獨，孤。眾既不可戶說，又孰能察己之中情？況舉世朋黨，更無一同志者，煢獨至此而尚不聽余言，何也？《補注》："女嬃罵言三閭之意，蓋欲其為甯武之愚，而不欲其為史魚之直耳。非責其不為上官靳尚以狗懷王之意也。而說者謂其罵三閭不與眾合，以承君意，誤矣。"此解亦是。

此節述女嬃責數之詞。見內而不能見知於骨肉也。

右二段，自"紛吾既有此內美兮"至此，凡六小節，共成一大段。自未疏說到既疏，自既疏說到既廢，反復紛紜。言己之上不見知於楚君，下不見知於盈朝，外不見知於黨人，內不見知於骨肉[一〇]，一片孤忠，無可告語，不得不折衷於前聖矣。

依前聖以節中兮，喟憑心而歷茲。濟沅湘以南征兮，就重華而陳詞："啟《九辯》與《九歌》兮，夏康娛以自縱。不顧難以圖後兮，五子用失乎家衖。羿淫遊以佚畋兮，又好射夫封狐。固亂流其鮮終兮，浞又貪夫厥家姑。澆身被服強圉兮[一一]，縱欲而不忍。日康娛而自忘兮，厥首用夫顛隕。夏桀之常違兮，乃遂焉而逢殃。后辛之菹醢兮，殷宗用之不長。湯禹儼而祗敬兮，周論道而莫差縒。舉賢才而授能兮，循繩墨而不頗波。皇天無私阿兮，覽民德焉錯輔？夫維聖哲之茂行兮，苟得用此下土。瞻前而顧後兮，相觀民之計極。夫孰非義而可用兮，孰非善而可服彌？阽余身而危死兮，覽余初其猶未悔。不量鑿而正枘兮，固前修以菹醢。"曾歔欷余鬱邑兮，哀朕時之不當。攬茹蕙以掩涕兮，霑余襟之浪浪。

節中，猶折中。喟，歎。憑，依。歷，經歷。沅、湘，皆水名。重華，舜號。《帝繫》曰："瞽叟生重華，是為帝舜。葬於九疑山，在沅湘之南。"歎己依此芳潔之心而歷茲，舉國莫知之時，故南征而折中於重華也。三閭之不得於君，猶舜之不得於親，又楚之境內，故就之陳詞。不然，古聖帝王多矣，何必舜哉？禹能辨九州物數，如鑄九鼎是也。九歌，《左傳》"六府三事"謂之九功，九功之德皆可歌也。水火金木土穀，謂之六府。正德、利用、厚生，謂之三事。啟，禹子。《九辯》、《九歌》，禹樂。言禹平治水土以有天下，啟能承先志，纘敘其業。夏康，啟子太康。娛，樂。縱，放。圖，謀。五子，太康昆弟五人也。家衖，宮中之道。太康以逸豫滅厥德，盤遊無度，田於洛南，十旬弗反。有窮后羿距之於河，而五子用此亦失其家衖。言國破而家亡也。事見《尚書》《大禹謨》及《五子之歌》。此爲楚王不思穆莊伯業、耽樂是從而言也。羿，有窮之君，夏時諸侯。封，大。浞，寒浞，羿相。婦謂之家。言羿因夏衰亂代之爲政，娛樂畋獵，不恤民事，信任寒浞，使爲國相；羿畋將歸，浞使家臣逢蒙射而殺之，在羿之亂流固宜鮮終，而寒浞貪羿之家，取爲己妻，是以亂易亂，身即滅亡也。此爲楚王盤於遊畋、惑於鄭袖而言也。澆，寒浞子。強圉，多力。按：《字書》：「安於不仁曰忍。」不忍者，不改其不仁也。言浞取羿妻而生澆，恃其勇力，縱放其慾，不改其忍也。康，安。自上而下曰顛。隕，墜也。既滅殺夏后，相安居無憂，日作淫樂，忘其過惡，卒爲相子少康所誅，此二事並見《左傳》襄公四年、哀公五年。此爲楚王忿兵喪師、不恤國事而言也。常違，違背常道。遂焉，遂非而不改。逢殃，爲湯所放。后辛，即紂。藏菜曰菹，肉醬曰醢。紂殺比干，醢梅伯，武王誅之，殷宗遂絕，不得長久也。此爲楚王縱欲愎諫、疏棄忠良而言也。按：《詩·陳風》「有美一人，碩大且儼」，《傳》「矜莊貌」。《字書》「衹與祇同，安也，大也」。儼，畏。祇，亦敬。周，周家。差，過。言殷湯夏禹，周之文王，受命之君，皆畏天敬賢，講論道義，無有過差，又舉賢才、遵法度而無偏頗也。繩墨，堯舜相傳之法。頗，幽昧險隘之路也。竊愛爲私，所私爲阿。錯，與「措」同，置也。輔，佐。民德，有德於民。哲，智。茂，盛。苟，誠。下土，謂天下也。天本無私，唯覽有德於民之聖君如禹湯文武者，則篤生哲人，如伊呂周召，以爲輔佐。夫維有如此之聖哲輔佐，方能用此下土也。此爲楚王不能循先聖之繩墨而言也。以上所陳，興國之大法也。瞻，臨視。顧，還視。相觀，興亡相參而觀。計，算。極，皇極。按：《書》曰：「皇建其有極。」《疏》：「人君爲民之主，大自立其有中之道也。」用，任。服，行。言前瞻湯武之所以興，後顧桀紂之所以亡，二者相參而觀，計其自古以來爲民之主者，孰有非義之人而可任？孰有非善之事而可行者乎？反筆，結上文興亡二意也。以上皆爲重華陳昔日諫君之詞如此。阽，近邊而欲墮也。余初，余昔日諫君之詞，即上所陳者是也。危死，言幾死。枘鑿方圓之不相入，猶忠佞邪正之不相合。不量，其不合而強入之。前修固有以此菹醢，若龍逢、梅伯者，言我初諫時固知如此，故今日不以爲悔也。曾、增同，累也。歔欷，哀泣之聲。鬱邑，憂。哀時不當，自哀生不當舉賢之時，而值葅醢之世，以茹蕙二草香拭淚。霑，濡也。衣背謂之襟。浪浪，流貌。

此節皆求折中之詞也。我平昔以古之興亡諫君，固知得禍，今果然矣。言外，重華以我爲是耶？非耶？

跪敷衽以陳辭兮，耿吾既得此中正平声。**駟玉虯以乘鷖兮，溘埃風余上征。朝發軔於蒼梧兮，夕余至乎縣圃。欲少留此靈瑣兮，日忽忽其將暮。吾令羲和弭節兮，望崦嵫而勿迫。路曼曼其修遠兮，吾將上下而求索**色。

敷，布。衽，裳際。耿，明也。有角曰龍，無角曰虯。鷖，鳳類，身有五采。溘，奄忽。埃，塵。征，行。此言肅整衣冠，跪而陳詞，敬之至也。重華以我所陳之詞爲是，吾耿然自覺，得此中正之道矣。遂乘龍跨鳳，遺風塵而上征也。軔，楮車木。將行則發之蒼梧。舜所葬縣圃，在崑崙之上。靈瑣，神靈之門，謂舜廟也。言朝發蒼梧，非不欲少留重華之門，但期夕至懸圃，時光有限，我心孔棘也。羲和，堯時主四時之官。賓日，餞日者也。弭，按，止也。按節，徐步。崦嵫，日所入之山也。迫，急。曼曼，遠貌。修，長。路阻且長，非可速至，故令日御勿急迫。求索者，求索神靈折中也。

此節言重華既許其是，自信得中正矣。何必上下求索，又折中神明哉？意蓋謂重華不許，則從此已矣。既得中正矣，乃廣求折中，欲使君悟俗改，楚國復興，非徒托之空言，拼一死以塞宗臣之責而已也。下文見帝是折中於天，求女是折中於神妃，靈氛是折中於卜筮，巫咸是折中於鬼神也。此八句爲下一大段領袖。若作求君解，不惟無明文可證，而三閭豈事二君者哉！

飲余馬于咸池兮，總余轡乎扶桑。折若木以拂日兮，聊逍遙以相羊。前望舒使先驅兮，後飛廉使奔屬。鸞皇爲余先戒兮，雷師告余以未具拘。**吾令鳳鳥飛騰兮，繼之以日夜。飄風屯其相離兮，帥雲霓而來御**迓。**紛總總其離合兮，斑陸離其上下。吾令帝閽開關兮，倚閶闔而望予。時曖曖其將罷**皮**兮，結幽蘭而延佇。世溷濁而不分兮，好蔽美而嫉妬。**

《淮南子》曰：“日出暘谷，浴於咸池，拂於扶桑。”總轡，六轡在手也。《十洲記》：“扶桑，在碧海中，葉似桑，長數千丈，大二千圍[一二]，兩兩同根，更相依倚，是名扶桑。”若木，日入處，在崑崙西。日夕無光，拂拭之，使明也。逍遙、相羊，從容自適。凌晨起行，日夕始停車自適也。此言盡日而行也。望舒，月御。飛廉，風伯。屬，連。鸞，鳳之佐。皇，雌鳳。雷師，雷神。具備，將具而尚未具，非不備也。戒，諭。本欲連夜疾行，雷師更疾于飛廉，今使鸞皇諭，使速備，而雷師告以未具，言今夕猶不能盡夜而行也。鳳，靈鳥，飛騰疾速之甚。離，麗。飄風，回風。屯，聚。霓，虹屬。郭璞云："雄曰虹，謂明盛者。雌曰蜺，謂暗微者。"御，迎也。急欲上行，故令鳳鳥飛騰，不待雷師之具，而日夜疾驅；輕風屯聚，雲霓隨風而來迓，天門將近矣。紛，紜。總總，眾多。斑，五彩。離合不定，陸離光怪。倚者，閣者。倨，傲之狀。望余者，目視而身不少動。帝，天帝。閽，主司門之隸。閶閶，天門。身到天門，五色雲氣，離合上下，紛紜眾多，見帝情切，刻不容緩，令司閽開關急入，而閽者乃一望而見拒也。曖曖，日暮。罷，力疲。日已暮矣，結蘭久立，因歎塵世蔽美嫉妬，清濁不分，今司閽見拒我之中情，將終不能見帝自陳耶，言外有天門之下亦復如是之意。

此節欲就天帝陳詞折中，以夜繼日，疾行而至，閽者見拒，乃歎息而他適也。

朝吾將濟於白水兮，登閬風而緤馬⺟。忽反顧以流涕兮，哀高邱之無女。溘吾遊此春宮兮，折瓊枝以繼佩。及榮華之未落兮，相下女之可詒態。吾令豐隆乘雲兮，求虙妃之所在[一三]。解佩纕以結言兮，吾令蹇修以爲理貿。紛總總其離合兮，忽緯繣其難遷。夕歸次於窮石兮，朝濯髮於洧盤。保厥美以驕傲兮，日康娛以淫遊。雖信美而無禮兮，來違棄而改求。覽相觀於四極兮，周流乎天余乃下ⵏ。望瑤臺之偃蹇兮，見有娀之佚女。吾令鴆爲媒兮，鴆告余以不好。雄鳩之鳴逝兮，余猶惡其佻巧。心猶豫而狐疑兮，欲自適而不可。鳳皇既受詒兮，恐高辛之先我。欲遠集而無所止兮，聊浮遊以逍遙。及少康之未家兮，留有虞之二姚。理弱而媒拙兮，恐導言之不固。世溷濁而嫉賢兮，好蔽美而稱惡誤。

《淮南子》言："白水，出崑崙之山。"閬風，山上。緤，繫。高邱，楚地名。楚國盡爲朋黨，丈夫中無可語者，女中或有，亦未可知。自去天門，將濟水登山，繫馬少息，忽而回顧，不覺流涕，哀楚國並女亦無有也，故下欲遊春宮，求虙妃，見佚女，留二姚也。溘，奄。春宮，東方青帝舍。瓊枝，玉樹枝。繼，續。榮華未落，喻時尚可爲也。落，墮。相，視。下女，侍女。詒，遺也。遊春宮，折瓊枝，而續玉佩以遺下女，正欲及榮華之未落，使通陳詞折中之意於神妃也。豐隆，雲師。虙妃，王逸曰："神女也。"《洛神賦》注："伏羲氏女，溺洛水而死，遂爲洛神。"纕，佩帶。蹇修，媒通詞理。下文佚

- 589 -

女，爲高辛妃。二姚，爲少康妃。若以此意例之，則虙妃當是伏羲之妃，非女也。"紛總總"句，言議論紛紜，忽離忽合，猶未定也。緯繣，乖戾。遷，移。次，舍。窮石，山名，在張掖，即后羿之國也。洧盤，水名。言其始也猶在離合不定間，而終則乖戾，必不可移，乃夕歸朝沐，將改求也。下四句方言不合之故，倒敍，楚詞中多用此法。倨簡曰驕，侮慢曰傲。康娛，安樂。違，去。言虙妃驕傲康娛，雖美而無禮，故棄去而改求，不可以陳詞折中也。按：《字書》："覽，觀也。"相，選擇之意。觀，諦視。周流，遍遊。四極，四方盡處。遍遊，上天，下地，正改求也，所謂上下求索也。瑤，玉之美者。偃蹇，高貌。有娀，國名。佚，美，謂帝嚳之妃。契母簡狄，事見《商頌》。《呂氏春秋》曰："有娀氏有美女，爲之高臺以飲食之。"鴆，惡鳥名，羽有毒，可殺人。告予簡狄以不好者，詐言反間我也。雄鳩，鶻鳩。佻，輕。巧，利。又使雄鳩飛鳴而往，然其性輕佻巧利，不可信也。猶，犬子，人將犬行，犬好豫在人前，待人不得，又來迎候，故謂事不決曰猶豫。狐，多疑而善聽。河冰始合，狐聽其下，不聞水聲，乃敢過，故人過河水者要須狐行然後敢度，因謂心多疑者爲狐疑。高辛，帝嚳有天下之號。鴆鳩皆不可使，故心中疑惑，意欲自往，禮有不可。彼高辛已貽鳳皇而往，故恐其先我矣。又不得陳詞而折中也。遠集，遠去，《惜誦》篇"欲高飛而遠集"是也。少康，夏后相之子。有虞，國名。姚，姓。舜後以二女妻少康，事見《左傳》。欲遠集改求，又無處所，聊且浮遊逍遙，願及少康未妻於有虞之時，留二姚也。意言懷王已不可望，猶望頃襄能如少康之興復也。理，即"謇修以爲理"之"理"。弱，劣。拙，鈍。理弱媒拙，言不堅固，恐無以留二姚也。因歎世之溷濁嫉賢，所好如此，則二姚必不能留矣。

　　此節欲求女折中，忽而反顧，流涕興哀，乃上下求索，諸處無成，欲及少康未室，爲留二姚，有嗣君中興之望而又不能，溷濁一歎，末如何矣。古賢女甚多，篇中專引妃后者，是對照鄭袖而言也。求女數節，文法變換，一則求之而無有，一則始合而終離，此高邱虙妃之別也；一則先求後見，覿面千里，一則先見後求，又後高辛，此虙妃有娀之別也。至欲留二姚，理弱媒拙，言恐不堅，又一變也。

閨中既以邃遠兮，哲王又不寤。懷朕情而不發兮，余焉能忍而與此終古。

　　《爾雅》："宮中小門，謂之閨。"又，《字書》："女稱閨秀，所居亦曰閨。"邃，深。哲，知。寤，覺。終古者，古之所終，謂來日之無窮也。閨中，指鄭袖言。哲王，指懷王，猶云："天王，明聖也。"黨人、懷王可明言，鄭袖不可明言，故以"閨中"渾言之。上文已有"九死"、"體解"等句，則"焉能忍而與此終古"是言欲死也。

　　右三段折中重華，既得中正，因上叩天閽，拒於閽者，溷濁嫉妬，丈夫中莫能我知，復求之女中，又不可得，乃歎息閨中深遠，既不能陳辭，哲王又不能覺寤，我之情懷終不能發之於世，安能隱忍而與溷濁嫉妬者共此無窮之日月乎，計惟有一死而已。此四句畫龍點睛也。前美人、靈修、蓀荃皆暗指楚王，至此明點出哲王，又帶出閨中，不惟結第三段，乃前半篇之總結，又後半篇之總起，一篇之樞機，所謂文之心也。以閨中謂指上諸妃后可也，若以哲王謂指天帝不可也，自古未有以王稱天帝者，即三皇五帝亦未有以王稱者，況天帝乎？既是指楚王，則閨中指古妃后愈不可也，非指鄭袖而何？玩"既"字、"又"字，本文十分明白。若謂哲王深居閨中，文理不順之甚，其指鄭袖也無疑。若以求女作求君解，下文"豈惟是其有女"，"是"字指楚國而言。楚國之君豈可任三閭之意而求乎？況求君自巫咸文中始言之，而又無"求女"字。三閭文中從未有求君意，求女非求君，斷斷如也。若作求賢、求隱士解，更荒唐無據。篇中如以江蘺、秋蘭比才德，則先以修能句點明；如以眾芳句比賢臣，則先以三后純粹句點明；如以眾女比黨人，則先以靈修不察句點明。何所據而作求賢、求隱士解乎？即下文"豈惟是其有女"，聊浮遊而求女，上下亦無明文。玩前有"不吾知其亦已矣"句，後有"莫我知兮"句，二"知"字是言楚國溷濁嫉妬，丈夫中無知我者，聊於女中求之，即世有一人知己，死可無恨之意，不過其言楚國丈夫皆黨人耳。今求女下即緊接閨中字，是借"女"字暗點鄭袖也。或問三閭非交通宮掖者，而言鄭袖何也？神能惑懷王釋張儀，聰明有過人者，古賢妃諫君以道者不乏，此三閭於心盡氣絕、無可奈何時，姑作期望之想耳，非真有是事也。古來文章多撾鼓邊，然鼓心一兩下定不可少，此正鼓心一兩下也。若無此句，則通篇皆在半明半暗間，全無眼目矣，後之君子必有知者。

　　索瓊茅以筳篿兮，命靈氛爲余占之。曰："兩美其必合兮，孰信修而慕之？思九州之博大兮，豈惟是其有女？"曰："勉遠逝而無狐疑兮，孰求美而釋女汝？何所獨無芳草兮，爾何懷乎故宇？"世幽昧以眩曜兮，孰云察余之善惡誤。民好惡其不同兮，惟此黨人其獨異。戶服艾以盈要兮，謂幽蘭其不可佩。覽察草木其猶未得兮，豈珵美之能當？蘇糞壤以充幃兮，謂申椒其不芳。

　　索，取。藑，香。藑茅，白茅也。二草皆芳潔，可藉筳篿，折竹以卜也。靈氛，明占吉凶者也。曰，占詞。兩美者，男女俱美貌[一四]，喻同德同志。言世有兩美，終當必合，然楚國孰有能信汝之修潔而慕之者乎？言楚無同德同志。思九州之廣大，丈夫中必有知汝者，豈惟楚之有女乎？以上占詞也。曰者，靈氛之言也。言由占詞觀之，九州博大，宜勉力遠去，無用狐疑，兩美必合，孰有求美而舍汝者乎[一五]？何所獨無芳草，天下同類眾多，何必只懷楚國。靈氛之言止此，以下皆三閭之言。幽昧，謂昏暗於內。眩曜，謂偽飾於外。楚人如此，舉世可知，孰能察余之善惡乎？雖往而亦無所合也。人性好惡固有不同，惟此黨人更爲獨異。艾，臭草。甚且戶皆服艾，服且滿腰，而反以蘭爲臭惡而不可佩。珵美，玉色。《相玉書》云："珵，大六寸，其耀自照。"言草木易察之物，尚不能察，若察珵玉之美，豈能得當乎？蘇，取也。《史記》"樵蘇後爨"，謂取草也。幃，謂之縢，即香囊。既蘇糞壤而充幃，則謂申椒不芳也，宜矣。起二句。篿、占自叶。

　　此節，靈氛之占言，當遠逝。三閭念舉世幽昧，去既不可；黨人獨異，住又不可。總寫狐疑，以起下巫咸之文也。

　　欲從靈氛之吉占兮，心猶豫而狐疑。巫咸將夕降兮，懷椒糈而要之。百神翳其備降兮，九疑繽其並迎御。皇剡剡其揚靈兮，告余以吉故。曰：勉陞降以上下兮，求榘鑊之所同。湯禹儼而求合兮，摯咎繇而能調通。苟中情其好修兮，又何必用夫行媒。說操築於傅巖兮，武丁用而不疑。呂望之鼓刀兮，遭周文而得舉。寗戚之謳歌兮，齊桓聞以該輔。及年歲之未晏兮，時亦猶其未央。恐鵜鴂之先鳴兮，使夫百草爲之不芳。何瓊佩之偃蹇兮，眾薆然而蔽之。惟此黨人之不諒兮，恐嫉妬而折逝之。

　　欲從兩美必合之吉占而遠逝，心尚未決也。巫咸，神巫，降下神。椒，香物。糈，精米。要，約。二句結上，二句起下。翳，蔽。備降，齊降。繽，盛貌。九疑，在零陵蒼梧之間。疑，似。山有九峯，其形相似，遊者疑焉，故曰九疑。百神蔽日來下，九疑之神紛然來迎也。皇，大。剡剡，光輝。揚靈，顯應。三句敘神降之盛。告吉故，求神之詞也。曰，記巫咸語。陞降、上下，謂周遊列國、跋涉山水之勞也。榘鑊所同，言同德也。儼，敬。調，和。摯，伊尹名。咎繇，舜士師。言陟降上下，求同德之賢君。昔湯之得伊尹，禹之得咎繇，榘鑊既同，始能調和而必合也[一六]。行媒，喻左右之先容。言誠心好修，賢君自當舉而用之，不必須左右薦達也。說，傅說。傅巖，地名。武丁，殷高宗。言傅說操築作於傅巖，武丁舉而用之，不以無媒而見疑，事見《尚書·說命篇》。呂望，太公姓姜氏，從其封姓，故曰呂。鼓，鳴。太公避紂，居東海之濱，聞文王作，往歸之，至於朝歌，道窮困，因自鼓刀而屠，遂西釣於渭濱，文王夢得聖人，於是出獵而遇之，遂載以歸，用以爲師，言吾先公望子久矣，因號爲太公望。該，備。甯戚，衛人，修德不用，退而商賈，宿齊東門外，威公夜出，甯戚方飯牛，叩角而商歌，曰："南山粲，白石爛，生不逢堯與舜禪。短布單衣，適至骭。從昏飯牛，薄夜半。長夜漫漫，何時旦？"威公聞之，曰："異哉！歌者，非常人也。"命後車載之，用爲客卿，備輔佐也。言榘鑊所同，自然必合；苟能自修，不用行媒。歷舉古人以實之也。晏，晚。央，盡。鵜鴂，鳥名，即《詩》所謂"七月鳴鵙"者，鳴則百草歇。先鳴者，不待當鳴之時而早鳴也。勉使及此身猶未老，尚足有爲，時猶未過，不可輕失，遲則惟恐鵜鴂先鳴，使百草不芳也。偃蹇，困頓失志貌。菶然者，蔽之極。不諒，不可測。折，摧敗也。汝今困頓失志，眾猶蔽之如此，此輩不可測度，恐必致汝於死也。巫咸擇君之言，進靈氛遠逝一層。以上皆巫咸之言。若作三閭自念之詞，則前已有九死不悔、體解未變等句，豈三閭至此而又懼摧折乎？自相矛盾，豈有此理？況下文三閭文中亦止言不可淹留[一七]，時俗變化，摧折之意，一字不及，則此爲巫咸勸駕之言無疑。

此節先以君臣同德、不用行媒喻之，又歷引古人以實之，中以年歲促之，終以死決之。言當遠逝而擇君也。擇君始於巫咸，前後皆未有也。

時繽紛以變易兮，又何可以淹留。蘭芷變而不芳兮，荃蕙化而爲茅由**。何昔日之芳草兮，今直爲此蕭艾也。豈其有他故兮，莫好修之害也。余以蘭爲可恃兮，羌無實而容長。委厥美以從俗兮，苟得列乎眾芳。椒專佞以慢慆兮，樧又欲充夫佩幃。既干進而務入兮，又何芳之能祗**卞**。固時俗之流從兮，又孰能無變化**移**。覽椒蘭其若茲兮，又況揭車與江離？**

繽紛，亂。變易，更改。不可淹留，宜速去也。茅，惡草。巫咸言當遠去擇君，三閭不答擇君，止言風俗人心紛紛更變，如蘭芷變而不芳，荃蕙變而爲茅。蕭艾，賤草。然何所爲而昔日之芳草，如蘭芷、荃蕙者，今直變而爲蕭

- 593 -

艾，此豈有他故哉？莫非覩我之好修而賈害，遂至此也。化茅不過不香而已，蕭艾則臭矣。"不芳"、"爲茅"二句，言變易之盛。"直爲蕭艾"二句，變易之甚。"豈有他故"二句，變易之由也。可恃者，信其不變之謂。無實容長者，謂無蘭之實，徒有蘭之貌。委，棄。從俗，趨時也。言芳芷之類，猶是尋常之芳草，若蘭者，國香也，今乃無實容長，棄其國香之美，變而從俗，不過苟列眾芳之虛名而已。專，一。佞，諂諛。慢，傲惰。慆，淫。《書》曰："無即慆淫。"椒，茱萸。幃，盛香之囊也。蓋以椒之芳烈變爲邪佞，茱萸毒臭，欲充香囊，蘭既隨之干進而務入，又何能復敬守其國香之節乎？時俗盡從下流，孰能砥柱不變哉？以蘭之國香，椒之芳烈，猶且若茲，況揭車、江離尋常芳草乎？

此節答巫咸之詞。君子變爲小人，何況中材？反覆言其變易之盛，見不可淹留也。

惟茲佩之可貴兮，委厥美而歷茲。芳菲菲而難虧兮，芬至今猶未沬師[一八]。**和調度以自娛兮，聊浮遊而求女。及余飾之方壯兮，周流觀乎上下**戶。

虧，損減。沬，已。言瓊佩以可貴之質，雖爲他人委棄以至今日，而芬芳之氣猶難虧而未已也。和調，猶"調和"。度，襟度。言我調和襟度以自娛。遂浮遊求女，如前所言慮妃、佚女、二姚之屬。言丈夫中終無可語，又於女中求之，得一人知己，死可無恨之意也。余飾，謂瓊佩及前章冠服之盛。方壯，亦巫咸所謂年未晏、時未央之意。周流上下，即靈氛所謂遠逝，巫咸所謂陟降。上下也，言將去楚而曠觀天下也。

此節言茲佩爲他人委棄，以至今日困頓已極。在我者，不失良貴，且調和吾之襟度，聊浮遊求女，庶得知己，及此年歲未晏，從其吉而遠逝也。

靈芬既告余以吉占兮，歷吉日乎吾將行。折瓊枝以爲羞兮，精瓊靡以爲粻。爲余駕飛龍兮，雜瑤象以爲車。何離心之可同兮，吾將遠逝以自疏。邅吾道夫崑崙兮，路修遠以周流。揚雲霓之晻藹兮，鳴玉鸞之啾啾。朝發軔于天津兮，夕余至乎西極。鳳凰翼其承旂兮，高翱翔之翼翼。忽吾行此流沙兮，遵赤水而容與。麾蛟龍以梁津兮，詔西皇使涉予。路修遠以多艱兮，騰眾車使徑待啼。**路不周以左轉兮，指西海以爲期。屯余車其千乘兮，齊玉軑而並馳。駕八龍之蜿蜿兮，載雲旗之委蛇**怡。**抑志而弭節兮，神高馳之邈**莫邈。**奏《九歌》而舞《韶》兮，聊假日以媮樂。陟陞皇之赫戲兮，忽臨睨夫舊鄉。僕夫悲余馬懷**

兮，蜷局顧而不行。

　　歷，選。精，細。粻，糧。不從巫咸求君之吉占，而從靈氛遠逝之吉占也。瓊枝，玉樹枝。羞，膳。《周禮·天官》："膳夫掌王之食飲膳羞。"糜，屑。折玉枝爲羞，精玉屑爲糧，選吉將行，先具行資，言飲食皆玉，不獨佩而已，造次必於是，顛沛必於是也。駕飛龍，去之速。雜瑤象，華美其車。離心，謂君心已離，不能復合，遠逝自疏，不得已也。以下止言遠逝，不言求君，安得以"求女"作"求君"解哉？邅，轉。《後漢書》注云："崑崙在肅州酒泉縣西南。"崑崙之路修遠，周流而後到。雲霓，旌旗。晻藹，飛揚蔽日。玉鸞，鈴之著於衡者。啾啾，鳴聲，車行而鈴鳴也。天津，謂銀漢，借喻楚之漢水。《爾雅》："豳爲西極。"朝發夕至，行之速。鳳翼，鳳羽。《小雅》："四牡翼翼。"《傳》："閑也。"又，"四騏翼翼。"《傳》："壯健也。"一上一下曰翱，直刺不動曰翔。鳳翼承旗而翱翔甚閑，言行雖甚速而不忙迫也。流沙，沙流如水，見《禹貢》，今西海居延澤是也。遵，循。赤水，出崑崙東南陬，入南海。容與，從容。以手教曰麾[一九]。詔，告。西皇，帝少皞。少皞以金德王，白精之君，故曰西皇。忽行至流沙，爲赤水所阻，乃從容計算，詔西皇使麾蛟龍爲橋以渡我，猶言比鼇黿以爲梁也。不周，山名。《山海經》："西北海之外，有山而不合，名曰不周。"指，語。期，會。言此路多艱，使眾車飛騰而先過，直待我於赤水之西，我當自不周山而左行，以至西海爲期也。玉軑，玉轄。委蛇，飄揚。千乘，眾多。並馳，同發。屯，聚。蜿蜿，龍貌。雲旗，以雲爲旗。西皇來涉，故車騎愈盛也。抑，按。志，西海爲期之志。弭，止。節，所執之旄以指麾行止者。言日暮止宿也。邈邈，遠貌。身雖止宿，神猶邈邈高馳，必至西海。奏禹之《九歌》，舞舜之《九韶》，假日媮樂，乃遂今夕之志也。陟，從下而上。陞，初出。皇，皇天。赫戲，日光赫赫然光明。睨，遠視。舊鄉，楚國。僕，御。懷，思也。蜷局，詰曲不行貌。僕夫愚蠢，余馬無知，俱戀故鄉，而況人乎？

　　此節從靈氛之吉占，遠逝自疏。象車龍駕，鳳凰承旗，蛟龍梁津，一則曰道崑崙，一則曰至西極，一則曰詔西皇，終之以西海爲期。而爲太平之樂舞，日暮止宿，忽而天曉，顧見故鄉，御馬猶知戀土，余獨何人，能遠去乎？然上下周流而不言三方者，不惟懷王在秦，言外蓋欲遂滅秦復讎之志也。

　　右四段，閨中邃遠，哲王不寤，決之靈氛巫咸，多不入耳之言。風俗變易，君子化爲小人，惟余良貴，雖爲人棄，一毫未損，不從其求君之占，從其遠逝自疏而已。龍車鳳旗，西皇可詔，西海可期，虞夏之樂可奏，志願可遂，而終不忍去故鄉也。

亂曰：已矣哉﹖**國無人兮莫我知兮，又何懷乎故都。既莫足與爲美政兮，吾將從彭咸之所居。**

亂者，樂節之名。《國語》云："其輯之亂。"輯，成也。凡作篇章，既成，撮其大要以爲衆辭也。《史記》曰："《關雎》之亂以爲風始。"《禮》曰："既奏以文，又亂以武。"已矣，絕望之詞。無人，謂無賢人。故都，楚國也。

右五段，"已矣哉，莫我知矣"，又何懷乎故鄉，不死而虛生乎？爲美政者，知之實也。既莫足與爲美政，吾將從彭咸而死，庶不負命名字之義，而可見祖考於地下也。

通篇五段，以祖考命名爲綱領，以知字爲鍼綫，以從彭咸而死爲主意。篇中"余固知"後止兩"知"字，前"不吾知，其亦已矣"，後"莫我知兮"，而君之放逐，黨人之嫉妒，女嬃之詈，折中重華，叩帝閽，上下求女，占靈氛，問巫咸，遠逝自疏，莫與爲美政，皆"莫我知"也。願依彭咸之遺則，下云"雖九死猶未悔"，又云"寧溘死以流亡"，又云"伏清白以死直"，又云"雖體解吾猶未變"，又云"貼余身而危死"，又云"焉能忍而與此終古"，結云"從彭咸之所居"，主意如此，究之所以死者皆莫我知也。近有謂王叔師彭咸投水爲無據者，漢時書籍今失傳者甚多，又安知王之無所據乎？後《懷沙》、《惜往日》、《悲回風》諸篇，言沈淵甚明；又，漢之賈誼、東方朔、莊忌、王褒、劉向、太史公言汨羅無異詞，諸人去古未遠，豈盡虛謬？然則彭咸之投水即無據，而三閭之汨羅則有據，守死善道，日月爭光，要無愧高陽之苗裔、皇考之名字而已矣，仁至義盡，至中至正，而後之論者猶以爲過。孔子曰："殷有三仁焉。"吾竊痛三閭不生獲麟之前也。

此篇五段，首段古帝起，末段時王結，煌煌大篇，起結緊嚴。二段，三后堯、舜用於前。三段，羿、浞、湯、禹、有娀、高辛用於前後。四段，伊尹、皋繇用於中。他如倒字、倒句、倒數句，神龍變化，不可端倪。向者予不知用古之法，多不解，不知倒敘法，愈不能解也。

楚辭新注卷一終

【校記】

[一]"毋"，居易堂本、乾隆本作"母"。
[二]"披"，居易堂本、乾隆本作"被"。下同。
[三]"碩"，居易堂本、乾隆本作"朔"。
[四]"竢"，底本作"竣"，居易堂本、乾隆本作"竢"，是，據改。
[五]"木蘭根"，疑諸本此前皆有闕文。因釋經文，當作"木根"，據補。
[六]"立志"，居易堂本、乾隆本作"志立"。
[七]"又"，底本作"之"，居易堂本、乾隆本作"又"，據改。
[八]"霄"，底本作"霽"，居易堂本、乾隆本作"霄"，據改。
[九]"上"，底本作"下"，諸本同，當作"上"，據改。
[一〇]"肉"，諸本皆作"月"，實即"肉"之異體，據改。
[一一]"強"，底本作"常"，居易堂本、乾隆本作"強"，據改。注文"強圉，多力"亦可證。
[一二]"千"，底本作"十"，居易堂本、乾隆本作"千"，據改。
[一三]"虙妃"，即"宓妃"。
[一四]"美貌"，底本作"貌美"，疑文乙倒，居易堂本、乾隆本正作"美貌"，據改。
[一五]"求"，底本作"永"，居易堂本、乾隆本作"求"，據改。
[一六]"始"，底本作"治"，居易堂本、乾隆本作"始"，據改。
[一七]"留"，底本作"流"，居易堂本、乾隆本作"留"，據改。
[一八]"沫"，底本作"沫"，居易堂本、乾隆本作"沫"，據改。下同。
[一九]"教"，諸本同，疑當作"招"。

楚辭新注卷二

汝州　宗姪啟賢編
蒲城屈復悔翁著　曾孫來泰錄
西泠　受業曹兆裔校

九歌

詩有寄托，非比賦興也。漢張衡《定情》、班婕妤《團扇》，曹植、王粲《三良》、樂府《去婦詞》，六朝《子夜》等歌，唐《宮詞》、《閨情》、《無題》、《古意》，上而《毛詩》之《有女同車》諸什，朱悔翁所謂"淫奔"之類者，或君臣朋友間，言不能盡，借酒杯澆塊壘，言在此而意實在彼，隱乎字句之中，躍乎字句之外，千載下令人思而得之，無論賦比興，俱可以寄托，而寄托非賦比興也。三閭《九歌》即楚俗祀神之樂，發我性情，篇篇祀神，而眷戀君國之意存焉。若云某神比君，某神比臣，作者固未嘗一字明及之，是在讀者心領神會耳。然則《九歌》也，楚之通國皆可奏以娛神者也。必謂一人作之，惟一人奏之，則《毛詩》以至漢魏三唐皆作者一人獨奏乎？夫人而可奏也，何也？寄托也，非比也，隱乎字句之中，而躍乎字句之外也。後之君子，其讀《九歌》也必有不河漢予言者。

吉日兮辰良，穆將愉兮上皇。撫長劍兮玉珥，璆鏘鳴兮琳琅。

日謂甲乙，辰謂寅卯。選吉日良時以祀神，即漢樂府"練時日"。穆，敬。愉，樂，人欲樂乎神之心也。上皇謂東皇太一。撫，循。珥，劍鐔。璆鏘，皆玉聲。《孔子世家》云："環佩，玉聲璆然。"《玉藻》云："古之君子必佩玉，進則抑之，退則揚之。然後玉鏘鳴也。"琳琅，美玉名，謂佩玉也。《補》曰："沈括存中云：'吉日兮辰良，蓋相錯成文，則語勢矯偉。'韓退之云：'春與猿吟兮秋鶴與飛。'用此體也。"

此節言主祭者卜日、齋戒、帶劍、佩玉，誠敬以迎神也。

瑤席兮玉瑱，盍將把兮瓊芳。蕙肴蒸兮蘭藉，奠桂酒兮椒漿。揚枹兮拊鼓，疏緩節兮安歌，陳竽瑟兮浩倡。

瑤，美玉。瑱，與"鎮"同，所以壓神位之席。盍，合。將，把。奉，持。合瓊芳而奉持也。肴，骨體。蒸，進。《國語》"燕有肴蒸"是也。此言以蕙裹肴而進之，又以蘭爲藉。奠，置。桂酒，切桂投酒中。漿者，《周禮》四飲之一，此又以椒漬其中也[一]。四者皆取其芬芳。揚，舉。枹，擊鼓槌。拊，擊。疏，通而不滯也，即"朱絃疏越"之"疏"。緩，紆而不迫。《禮記》："其樂心感者，其聲嘽以緩。"節者，有節奏而不亂。三者形容歌聲之妙，所以爲安歌也。陳，列。竽，笙類，三十六簧。瑟，琴類，二十五絃。皆樂器。浩倡，洪大。謂樂器陳列而衆聲交作也，止言瑟竽，舉二者以見餘耳，故曰"浩倡"，言備極音樂也。

此節言主祭者潔肴酒、陳音樂，誠敬以迎神也。

靈偃蹇兮姣服，芳菲菲兮滿堂。五音紛兮繁會，君欣欣兮樂康。

偃蹇，美貌。姣，好。服，飾。菲菲，芳貌。五音，謂宮商角徵羽。紛，盛貌。繁，衆。君，謂神也。總結上枹鼓三句。欣欣，喜貌。康，安也。神樂乎人之誠敬也。

此節言神降而饗其誠敬也。

右《東皇太一》。

太一神君，天之尊神，祠在楚東，以配東帝，故云"東皇"。《漢書》云："天神貴者太一，太一佐曰五帝。中宮天極星，其一明者，太一常居也。"《淮南子》曰："大微者，太一之庭。紫宮者，太一之居。"此篇言其竭誠盡敬以迎神，神鑒誠敬降而欣說，安寧以饗。人臣肅忠竭力，愛君無已，而人君自鑒其誠之意[二]，寄托言外，可想而知也。

【校記】

[一]"也"，底本作"之"，居易堂本、乾隆本作"也"，據改。
[二]"而"，底本作"如"，居易堂本、乾隆本作"而"，據改。

浴蘭湯兮沐芳，華采衣兮若英。

芳，芷。華采，五色采。榮而不實者謂之英[一]。浴蘭湯，沐香芷，衣采衣，如草木之英。

此節言自潔清以迎神也。

靈連蜷兮既留，爛昭昭兮未央。謇將憺兮壽宮，與日月兮齊光。龍駕兮帝服，聊翱遊兮周章。

靈，雲中君。連蜷，長曲貌。留，留天上。爛，光貌。昭昭，明。未央，光爛天上無已時。謇，詞。憺，安。壽宮者，神天上久居處。《尚書大傳》《卿雲歌》亦以日月星辰並言之，以類相從也。《易》曰："雲從龍。"此言雲駕，"龍"，尊題也。龍駕帝服，至貴也。龍駕，以龍引車。帝，謂上帝。聊，且。周章，猶周流也。

此節言神之靈貴如此，天上周流，不易降也。

靈皇皇兮既降，猋遠舉兮雲中。覽冀州兮有餘，橫四海兮焉窮。

靈，謂神。皇皇，美貌。降，下。猋，去疾貌。雲中，神所居。言神一降既猋，然遠舉不久留也。覽，望。兩河之間曰冀州。有餘，所望之遠不止一州。窮[二]，極。言須臾之間，橫行四海，無有窮極，又翱遊周章也。

此節言神降之遲而去之速也。

思夫君兮太息，極勞心兮忡忡。

夫君，謂神，《記》曰"夫夫"是也。忡忡，心動貌。

此節言竭誠敬以迎神，不久留而去，所以勞心無已也。

右《雲中君》。

謂雲神也，亦見《漢書·郊祀志》。此篇言神既降而不久留，故既去而思之，不能忘也。可以想見臣子慕君之深意矣。

【校記】

[一]"之"，底本作"芝"，居易堂本、乾隆本作"之"，據改。

[二]"窮"，底本作"穹"，諸本同，從上正文當爲"窮"，據改。下文"橫行四海，無有窮極"亦可證。

君不行兮夷猶，蹇誰留兮中洲？美要眇兮宜修，沛吾乘兮桂舟。令沅湘兮無波，使江水兮安流。望夫君兮未來，吹參差兮誰思?

君，謂湘君，堯之長女娥皇，爲舜正妃。舜陟方死於蒼梧，二妃死於江湘之間，俗謂之湘君。湘旁黃陵有廟。夷猶，猶豫。言既設祭祀，請而未肯來也。中洲，洲中。水中可居者曰洲。言其不來，不知其爲何人而留也。要眇，好貌。修，飾。沛，行貌。遙望而見其如此，又似欲行也。吾，爲主祭者之自吾。欲其乘吾迎神之桂舟而來，令沅、湘無波，江水安流，似欲來而猶未來也。參差，洞簫。《風俗通》云："舜作簫，其形參差不齊，象鳳翼。"望而未來，故吹簫以思之。言我之思而誰思乎？

此節言極其誠敬以望之，而湘君不來也。

駕飛龍兮北征，邅吾道兮洞庭。薜荔拍兮蕙綢，蓀橈兮蘭旌。望涔陽兮極浦，橫大江兮揚靈。揚靈兮未極，女嬋媛兮爲余太息！橫流涕兮潺湲，隱思君兮陫側。

駕龍者，以龍翼舟。邅，轉。洞庭，大湖，在長沙巴陵，廣圓五百餘里，日月若出沒於其中，中有君山。拍，搏壁。綢，縛束。蓀，香草。橈，舡小楫。涔陽，江磧名。極，遠。浦，水涯。揚靈者，竭其精誠極至也。嬋媛，見《騷經》。潺湲，流貌。隱，痛。君，湘君。陫，隱。側，不安也。遙望見其駕龍而北行矣，猶幸道經吾之洞庭，故蕙綢蓀橈以候之。又於江磧望之，橫截大江，揚精誠以感格之，我之精誠無盡，至於如此。湘君侍女乃嬋媛，而爲余太息。侍女鑒其精誠，而湘君不鑒，故思之而至于流涕也。

此節言竭精誠而不能感湘君來降也。

桂櫂兮蘭枻，斲冰兮積雪。采薜荔兮水中，搴芙蓉兮木末。心不同兮媒勞，恩不甚兮輕絕。石瀨兮淺淺，飛龍兮翩翩。交不忠兮怨長，期不信兮告余以不閒。

櫂，楫。枻，船旁板。桂、蘭，取其香。斲，斫。采、搴，皆手取也。薜荔，緣木生。芙蓉，荷花，生水中。瀨，湍。淺淺，流疾貌。翩翩，飛疾貌。言乘舟遭盛寒，斲斫冰凍，紛如積雪，其難如此。薜荔緣木而今采之水中，芙蓉在水而今求之木末，其相左如此。心異則媒徒勞，恩不深則易絕，其不能強合又如此。我舟方在石瀨淺淺中，湘君已駕飛龍翩翩而去矣。乃歎凡交不以忠則其怨必長，期不以信則告我以不暇，宜乎湘君之不留也。

此節歎息而言其所以不留之故也。

朝騁騖兮江皋，夕弭節兮北渚。鳥次兮屋上，水周兮堂下。捐余玦兮江

中，遺余佩兮澧浦。采芳洲兮杜若，將以遺兮下女。時不可兮再得，聊逍遙兮容與。

朝，早。騁，直馳。鶩，亂馳。弭，按。渚，水涯。次，止。周，旋也。玦，如環而有缺。澧，水出武陵充縣，注於洞庭，《史記》作"醴"。下女，已見《離騷》。逍遙、容與，皆遊戲閒暇之意[一]。此言神既不來，則我亦退而遊息，惟見鳥次水流而已。然湘君既不可見，而捐玦江中，遺佩澧浦，將採杜若以遺下女，尚欲求合於萬一。而今日之遇，道經洞庭，尚有可合之意，此時一失，不可再得，惟有從容待時，或可復合也。

此節終望其合也。

右《湘君》。

竭誠盡敬，望之不來，則亦已矣。而揚靈流涕，至云心不同、恩不甚、交不忠、期不信，不怨湘君而自咎責，終望其合，可想其忠愛無已之心矣。

【校記】

[一]"閒"，底本作"間"，居易堂本、乾隆本作"閒"，據改。

帝子降兮北渚，目眇眇兮愁予。嫋嫋兮秋風，洞庭波兮木葉下戶。登白薠兮騁望，與佳期兮夕張。鳥何萃兮蘋中？罾何爲兮木上平聲**？**

帝子，謂湘夫人，堯之次女女英，舜次妃。韓子以爲娥皇正妃，故稱"君"；女英自宜降稱"夫人"。目眇眇，目盡也。愁予者，爲主祭者。言望之而目盡不見，使我愁也。一篇主句。嫋嫋，長弱之貌。秋風起則洞庭生波，而木葉下矣，記時也。言不見帝子，但見秋風木葉、洞庭洪波耳。薠，草，秋生，今南方湖澤皆有之，似莎而大，雁所食也。騁望，縱目。佳，佳人，謂夫人。張，陳設。言向夕灑掃而張施帷幄也。萃，集。蘋，水草。罾，魚網。兩"何"字，怪異之詞。言既與佳期夕張矣，所見之物皆失其所，何也？

此節言目盡夕張，不見其來，自生疑怪也。

沅有芷兮澧有蘭，思公子兮未敢言。荒忽兮遠望，觀流水兮潺湲。麋何爲兮庭中？蛟何爲兮水裔？朝馳予馬兮江皋，夕濟兮西澨逝**。**

沅、澧，皆水名。芷、蘭，香草，興也。公子，謂湘夫人。思之而未敢言者，尊而神之，懼其瀆也。麋，獸名，似鹿而大。濟，渡。澨，水涯。《說文》："澨，埤，增水邊土，人所止者。"言沅則有芷矣，澧則有蘭矣。何我之思公子而獨未敢言，即思之之切。至於荒忽而起望，但見流水之潺湲，於是朝馳予馬至江皋，夕濟西澨，迎之所見麋蛟，又失其所，何也？"朝馳"二句當在"麋何爲"二句上，此倒敍法，嫌與"登薠"四句複也。兩次遠望，所見皆失其所，疑其無來意也。其起興之例，正猶越人之歌，所謂"山有木兮木有枝，心悅君兮君不知"。而以"芷"叶"子"，以"蘭"叶"言"，又隔句用韻法也。

此節言思之至於荒忽，及往迎之而所見又失所，愈生疑怪也。

聞佳人兮召予，將騰駕兮偕逝。築室兮水中，葺之兮荷蓋。蓀壁兮紫壇，匊芳椒兮成堂。桂棟兮蘭橑，辛夷楣兮藥房。罔薜荔兮爲帷，擗蕙櫋兮既張。白玉兮爲鎮，疏石蘭兮爲芳。芷葺兮荷屋，繚之兮杜衡。合百草兮實庭，建芳馨兮廡門。九嶷繽兮並迎，靈之來兮如雲。

佳人，謂夫人。偕，俱。逝，往。方在疑怪之時，忽聞召予，乃欲與使者俱往，喜而過望，故築室水中以迎也。葺，集。蓋，覆。集荷以覆也。紫，紫貝，紫質黑點。壇，中庭。匊，布。蘭，木蘭。橑，椽也。辛夷，樹，大連合抱，高數仞，其花初發如筆，北人呼爲"木筆"；其花最早，南人呼爲"迎春"。楣，門戶上橫樑。藥，白芷葉。罔，結。結以爲帷帳也。在旁曰"帷"。擗，折。折蕙以爲屋。櫋，聯。鎮，壓坐席者也。石蘭，香草。疏，布陳。繚，縛束。言以杜衡繚其屋也。馨，芳之遠聞者。廡，堂下周屋。合百草之花以實庭中，積芳馨以廡其門，總見水中之室芳潔如是，所謂夕張也。九嶷，山名，舜所葬。九嶷山神繽然來迎二妃，而眾神從之如雲也。

此節言忽聞召予，喜而過望，將築室水中以迎湘夫人，而舜復迎之以去，則又不得見也。

捐余袂兮江中，遺余褋<small>牒</small>兮澧浦。搴汀洲兮杜若，將以遺兮遠者<small>渚</small>。時不可兮驟得，聊逍遙兮容與。

袂，衣袖。褋，襜襦。捐袂、遺褋，即捐玦、遺佩之意，然玦、佩貴之而袂、褋親之也。汀，平。遠者，亦謂夫人之侍女以其既遠去而名之，不可驟得，自寬之詞。言豈能一拍即合，正無聊之極思也。

此節不敢以迎之不來而遂絕望也。

右《湘夫人》。

此篇大旨與前篇同。前篇四"不"字句自咎責之意，此篇四"何"字句自疑怪之詞，其不敢遂絕而終望其合之心則一也。

廣開兮天門，紛吾乘兮玄雲。令飄風兮先驅，使凍雨兮灑塵。

天門，上帝所居紫微宮門。廣開者，爲神將降也。吾，主祭者之自稱。天玄而地黃，大司命天神，故乘玄雲，知神將降而往迎也。飄風，回風。凍雨，暴雨。灑塵，以清道也。

此節初迎神也。

君回翔兮以下，踰空桑兮從女。紛總總兮九州，何壽夭兮在予！

君與女皆指神，君尊而女親也。回翔，盤旋。空桑，山名。總總，眾貌。予者，贊神而爲其自謂之稱也。

此節言神即降而遂往從之，因歎其威權之盛，操天下生死也。九州人民之眾如此，何其壽夭之命皆在於己也！

高飛兮安翔，乘清氣兮御陰陽。吾與君兮齊速，導帝之兮九坑。靈衣兮被被，玉佩兮陸離。壹陰兮壹陽，眾莫知兮余所爲。

乘，猶乘車。清氣，謂輕清之氣。御，猶御馬。陰陽，則兼清濁變化而言。齊速，整齊而疾速。導，奉引。帝，天帝之適。坑，與"岡"同，謂山脊也。九坑者，《周禮·職方氏》："九州之山鎮，曰會稽、衡山、華山、沂山、岱山、岳山、醫無閭、霍山、恒山也。"被被，長貌。一陰一陽，言其變化，循環無有窮已也。

此節言已得從神明登天極，奉至尊，須臾間而周宇內，但見神之靈衣玉佩，威儀甚都，而眾卒莫測其陰陽所爲也。

折疏麻兮瑤華，將以遺兮離居。老冉冉兮既極，不浸近兮愈疏。乘龍兮轔轔，高駝兮冲天。結桂枝兮延佇，羌愈思兮愁人然。

疏麻，神麻。極，窮。浸，漸。疏，遠也。轔轔，車聲，與《詩》"有車轔轔"字同。

此節言神靈既去而不留，人壽幾何？河清難俟，故使己延望，而怨思如《雲中君》卒章之意也。

愁人兮奈何！願若今兮無虧。固人命兮有當，孰離合兮可爲？

無虧，保守志行，無損缺也。

此節言人受命而生，貧富貴賤，各有所當，孰可爲者？或離或合，帝實主之，亦非大司命之所能爲，而況人乎？但順受其正而已。

右《大司命》。

《周禮·大宗伯》以槱燎祀司中、司命，《疏》引星《傳》，云："三台上台曰司命，又文昌宮第四亦曰司命，故有兩司命也。"迎神神至，方從之遊，而忽去不顧，老已至矣，安得不悲？然前云"何壽夭在予"，結云"孰離合可爲"，其知安命矣。

秋蘭兮麋蕪，羅生兮堂下戶。**綠葉兮素枝，芳菲菲兮襲予。夫人兮自有美子，蓀何以兮愁苦？**

麋蕪，芎藭，葉名，似蛇床而香，其苗四五月間生葉作叢而莖細，其葉倍香，七八月開白花。羅生，言二物並列而生。襲，及。上四句興下二句也。夫人，猶言彼人，如《左傳》之言"不能見夫人"也。美子，所美之人。蓀，猶"人"。以，用。言彼神之心，自有所美，而人何用愁苦哉？

此節以秋蘭起興，而言人當安命也。

秋蘭兮青青，綠葉兮紫莖。滿堂兮美人，忽獨與余兮目成。

青青，茂盛貌。言美人並會，盈滿於堂，而司命獨與我睨而相視，以成親好。結上文"自有美子"、"何以兮愁苦"二句。此亦上二句興下二句也。

此節言神之獨予親好也。

入不言兮出不辭，乘回風兮載雲旗。悲莫悲兮生別離，樂莫樂兮新相知。荷衣兮蕙帶，儵而來兮忽而逝。夕宿兮帝郊，君誰須兮雲之際？

不言不辭、乘風載雲而去，新相知二句，言方目成而遽去也。儵然不言而來，忽然不辭而去。夕宿於天帝之郊，不知其何所待於雲之際乎？尤幸其有意顧已也。

此節言神之方親好而忽別離，猶望其復合也。

與女沐兮咸池，晞女髮兮陽之阿。望美人兮未來，臨風怳兮浩歌。

咸池，星名，蓋天池也。晞，乾也。怳，失意貌。女及美人皆指神也。

此節始猶望其來，望而不來，遂怳然而浩歌也。

孔蓋兮翠旍，登九天兮撫彗星。竦長劍兮擁幼艾，蓀獨宜兮爲民正平聲。

孔蓋，以孔雀尾爲車蓋。翠旍，以翡翠羽爲旍旗。撫，掃除也。彗星，妖星，光芒偏指，如彗者也。竦，挺拔之意。幼，少。艾，美好，語見《孟子》、《戰國策》，即指上美人。正，平也。言其威靈氣焰，光輝赫奕，又能誅除凶穢，擁護良善，爲民所取正也。

此節言目成之好雖未能終，登天之後，尚望其爲民之所取正也。

右《少司命》。

按前篇注，說有兩司命，則彼固爲上台而此則文昌第四星歟？前篇以安命結，此篇以安命始，本無非分之想，忽而親好，忽而別離，悅兮浩歌，亦復何益？惟望其登天之後，不負目成之好耳。

暾將出兮東方，照吾檻兮扶桑。撫余馬兮安驅，夜皎皎兮既明芒。駕龍輈兮乘雷，載雲旗兮委蛇怡。長太息兮將上，心低佪兮顧懷。羌聲色兮娛人，觀者憺兮忘歸。

暾，溫和而明盛。吾，主祭者自吾。檻，楯。扶桑，見《騷經》。言吾見日出東方，照我檻楯，光自扶桑而來，即乘馬以迎之，而夜即明也。輈，車轅。龍形曲似之，故以爲轅；雷氣轉似輪，故以爲車輪。言乘此車而來，將上時太息低佪。若有顧懷者，言日出之遲。"聲色"二句，總起下文。

此節日將出而迎之，猶未即出，而音容之盛已令觀者忘歸也。

緪更瑟兮交鼓，簫鐘兮瑤簴。鳴篪篪兮吹竽，思靈保兮賢姱戶。翾飛兮翠曾翾，展詩兮會舞。應律兮合節，靈之來兮蔽日。

緪，急張絃。交鼓，對擊鼓。《周禮》有鐘笙之樂，《注》云："鐘笙，與鐘聲相應之笙。"然則簫鐘，與簫聲相應之鐘歟？簴，懸鐘磬之木。瑤篪，以美玉爲飾。篪、竽，樂器名。篪，以竹爲之，長尺四寸，圍三寸，一孔上出，橫吹之。靈保，神巫。翾，小飛輕揚之貌。曾，舉，又翥飛。言巫舞工巧，翾然若羣鳥之舉也。展詩，猶陳詩。會舞，猶合舞。律，謂十二律，黃鐘、大呂、大簇、夾鐘、姑洗、中呂、蕤賓、林鐘、夷則、南呂、無射、應鐘也。作樂者以律和五聲之高下。節，謂其始終先後疏數疾徐之節也，所謂聲色也。靈來蔽日，言日神悅喜，於是來下，從其官屬蔽日而至也。

此節言聲色之盛，見享日之誠敬，而神至也。以上皆自夜而晝也。

青雲衣兮白霓裳，舉長矢兮射天狼。操余弧兮反淪降杭，援北斗兮酌桂漿。撰余轡兮高駝馳翔，杳冥冥兮以東行。

青衣白裳，日出東方，入西方，故用其方色以爲飾也。天狼，星名。《晉志》云："狼，一星，在東井南，爲野將，主侵略。"弧，九星，在天狼東南，天弓也，主備盜賊。淪，沒。降，下。言日下而入太陰之中也。北斗，七星，在紫宮南，其杓所建，周於十二辰之舍，以定十有二月，斟酌元氣，運乎四時者也。《詩》曰："惟北有斗，不可以挹酒漿。"操弧舉矢，以射天狼，歸而援北斗，酌桂漿，成功者退，日將入時也。撰，持。兩"余"字，皆祭者自稱。杳，深。冥，幽。言日下太陰，不見其光，杳杳冥冥，直東行而復上出也。

此節言成功者退，自晝而夜，送日歸也。

右《東君》。

《禮》曰："天子朝日於東門之外。"又曰："王宮祭日也。"《漢志》亦有："東君日者，君象。"矢射天狼，斗酌桂漿，明喻其赫赫威靈，可以飲至策勳也。

與女汝**遊兮九河，衝風起兮橫波。乘水車兮荷蓋，駕兩龍兮驂螭**螭。

女，指河伯。河爲四瀆長。九河，徒駭、太史、馬頰、復釜、胡蘇、簡、絜、鈎磐、鬲津也，禹治河，至兗州，分爲九道，以殺其溢。其間相去二百餘里，徒駭最北，鬲津最南，蓋徒駭是河之本道，東出分爲八支也。衝，逐也。螭，如龍而黃，無角。

此節約河伯駕龍乘車以遊九河也。

登崑崙兮四望，心飛揚兮浩蕩。日將暮兮悵忘歸，惟極浦兮寤懷。

崑崙，山名。河出崑崙墟，色白，所渠并千七百一川，色黃，百里一小曲，千里一曲一直。寤，覺。懷，思也。

此節相約不至，登高遠望而思之也。

魚鱗屋兮龍堂，紫貝闕兮朱宮。靈何爲兮水中？

鱗屋、龍堂、貝闕、朱宮，迎河伯之所。如此誠敬，乃居水中而不出，何也？龍堂，以龍鱗爲堂也。

此節久候不至，疑而問之也。

乘白黿兮逐文魚，與女遊兮河之渚，流澌紛兮將來下。子交手兮東行，送美人兮南浦。波滔滔兮來迎，魚鄰鄰兮媵予。

大鱉爲黿。逐，從也。子，謂河伯。交手者，古人將別則相執手，以見不忍相遠之意。言以交手而即去也。東行，順流而東也。美人，指河伯。予，主祀者。媵，送。既別之後，惟見水波遊魚，如來迎送者，愈見寂寞也。杜少陵"岸花飛送客，牆燕語留人"，正用此法。

此節言一見即別，寂寞愈甚也。

右《河伯》。

此篇言約九河之遊，龍堂貝闕，盡誠敬以迎之，而別易會難，不遂遊九河之約也。

若有人兮山之阿，被薜荔兮帶女羅。既含睇兮又宜笑，子慕予兮善窈杳**窕**弔。

若有人，想像山阿中如有人焉，謂山鬼也。阿，曲隅。女羅，兔絲。睇，微盼貌。美目盼然，又好口齒而宜笑也。子，謂主祀之人。予，山鬼自謂。窈窕，好貌。"被薜荔"句，是山阿中之裝束。言山鬼以薜荔爲衣，以女羅爲帶，又含睇宜笑，因數慕予之窈窕而祀予[一]，予將來也。

此節山鬼初欲從山阿來也。

乘赤豹兮從去聲**文狸，辛夷車兮結桂旗。被石蘭兮帶杜衡，折芳馨兮遺所思。余處幽篁兮終不見，天路險難兮獨後來**厘。

出山阿而來，所乘所從皆山中之獸車騎，被帶皆山中之花草木葉。所思也，子也，靈修也，公子也，君也，皆謂主祀之人。芳馨，即上蘭桂之類。"幽篁"句，山阿之僻遠；"險難"句，山路之崎嶇，所以來後之故也。幽，深。篁，竹叢。被石蘭，出山阿之裝束。後來，言其出之遲也。

此節來之獨後也。

表獨立兮山之上，雲容容兮而在下戶**。杳冥冥兮羌晝晦，東風飄兮神靈雨。留靈修兮憺忘歸，歲既晏兮孰華予？**

表，標也。《晉語》："置茅蕝，設望表。"《注》謂："立木以爲表，表其位也。"雲在下，羣鬼受祀，陰雲下聚。神靈雨，言鬼之靈雨。東風者，春日。容容、冥冥，東風靈雨，白日之鬼景也。山鬼既獨後來，故見望表已立山上，陰雲在山下杳冥晝晦，東風靈雨，是羣鬼至已久矣。然子既慕我，我欲留於靈修見祀之所而忘歸者，恐歲既晏晚，孰有再設華筵以留予者乎？

此節山鬼之享祀，將去而有後念也。

采三秀兮於山間，石磊磊兮葛蔓蔓。怨公子兮悵忘歸，君思我兮不得閒。

三秀，芝草。公子，即靈修。《爾雅》："茵芝。"《注》云："一歲三華，瑞草也。"芝已二華[二]，歲晏也。"石葛"句，山間荒涼之景。怨者，思極之反詞，非真怨也。悵忘歸者，采芝山間而忘歸也。不得閒，所以不華予也。歲晏而猶不華予，往山間采芝，將遺公子，處荒涼之景，思極而怨，至於忘歸。轉念公子非不思華予，但不閒耳，諒之也。

此節因我之思公子之極，而諒公子之思我也。

山中人兮芳杜若，飲石泉兮蔭松柏博**。君思我兮然疑作。**

山中人，亦鬼自謂。然，信。疑，不信。至此又知其雖思我，而不能無疑信之雜也。所飲者石泉，所蔭者松柏，則所餐者杜若，可知矣，省一"餐"字。飲食居處，皆香潔自修，而至今不華予者，然疑作也。

此節重提山中人者，深歎其寂寞荒涼至於如此，而猶芳潔自修，不當疑而疑也。

雷填填兮雨冥冥，猿啾啾兮又夜鳴。風颯颯兮木蕭修**蕭，思公子兮徒離憂。**

填填，雷聲。冥冥，雨貌。啾啾，小聲。猿，狖屬。離，罹。颯颯，秋風聲。蕭蕭，木落聲。此秋夜之鬼景也。歲既晏矣，果不華予矣，故思之而無已也。三句中無"鬼"字，而陰森之氣，令人如見其魂、如聞其嘯也。

此節寫山阿幽篁之夜景，以見悲涼之極，而徒抱離憂於無已也。

右《山鬼》。

此篇以山鬼自喻，文義明白。其言被服之芳者，自明其志行之潔也。其言容色之美者，自見才能之高也。子慕予之善窈窕者，言懷王之始珍己也。折芳馨而遺所思者，言持善道而効之君也。處幽篁而不見天，路險艱而又晝晦者，言見棄遠而遭障蔽也。欲留靈修之所而卒不能者，言未有以致君之寤而復用也。知公子之思我而然疑作者，又知君之初未忘我而卒困於讒也。至於思公子而徒離憂，則窮極愁怨而終不能忘君臣之義也。

【校記】

[一]"數"，居易堂本、乾隆本作"子"。
[二]"二"，居易堂本同，乾隆本作"三"。

操吳戈兮披犀甲，車錯轂兮短兵接。旌蔽日兮敵若雲，矢交墜兮士爭先。

戈，平頭戟。犀甲，以犀皮為鎧。《考工記》曰："犀甲壽百年。"錯，交。短兵，刀劍。言戎車相迫，輪轂交錯，長兵不施，故用刀劍以相接擊也。《司馬法》曰："弓矢圍，殳矛守，戈戟助。凡五兵，長以衛短，短以救長。" 蔽日若雲，狀敵人之多。矢交墜、士爭先，謂兩軍相射，流矢交墜，壯夫奮怒而爭先也。

此節言國殤初戰之猛勇忠義也。

凌余陣兮躐余行，左驂殪兮右刃傷。霾兩輪兮縶四馬母，**援玉枹兮擊鳴鼓。天時懟兮威靈怒，嚴殺盡兮棄原野**虎。

凌，犯。躐，踐。殪，死。埋輪、縶馬，示必死之。援枹、擊鼓，言志愈厲、氣愈盛也。懟，怨。嚴威、嚴殺，猶言鏖戰、痛殺。棄原野，骨骸棄於原野也。言已適值天之怨怒，即令被敵人殺戮無遺，拋棄原野，終不懼也。勇士不忘喪元之志也。

此節言既敗之後，勇猛忠義如故也。

出不入兮往不反，平原忽兮路超遠。帶長劍兮挾秦弓，首雖離兮心不懲。誠既勇兮又以武，終剛強兮不可凌。身既死兮神以靈，魂魄毅兮爲鬼雄凌、雄通韻。

平原忽兮路超遠，言不憚道路之遠。帶劍挾弓，即操吳戈之意。懲，創艾。"首雖離而心不悔"四句，追述其生前出兵之初，立志如此；下"身既死"，方是戰死後也。魂魄，死者之神靈。不可凌，承勇武剛強，不可犯。神以靈，言其魂必靈而不滅也。毅爲鬼雄者，毅然爲百鬼之雄杰，猶言死當爲厲鬼以殺賊耳。

此節生則勇武剛強，忠義報國，死爲鬼雄，宜享祭祀於無窮也。

右《國殤》。

謂死於國事者。《小爾雅》曰："無主之鬼，謂之殤。" 懷王時，秦敗屈匄，敗唐昧，又殺景缺，楚人多死於秦。此三閭所以深痛之也。

成禮兮會鼓，傳芭兮代舞。姱女倡兮容與。

會鼓，會眾樂而急，疾擊鼓也。芭，與"葩"同，巫所持之香草。代，更也。持以舞訖，復傳與人，更用之也。姱，好。倡，首一人爲之倡，而眾和之也。容與，態度從容。成禮者，祀畢也。禮成，而鼓樂傳舞並作也。至今猶然，可想而知也。

春蘭兮秋鞠，長無絕兮終古。

春蘭、秋鞠，舉物以見四時之變遷也。長無絕，永久不斷也。終古，已見《騷經》。祝其千秋萬歲，長享此祭，言外祝楚之長存也。

右《禮魂》。

此篇乃前十篇之亂辭也。九歌，總一亂辭。觀東方朔《七諫》、王褒《九懷》、王逸《九思》，皆諸篇之後總一亂辭，祖三閭之例也。禮魂，"魂"字疑爲"成"字，傳寫之誤也。予向亦作"禮善終"者解，全無所據，又與本文不合，存之以俟高明。

此篇以神之尊卑爲敘次。今二氏水陸道場，諸神合享，鬼王另標一幡，即山鬼立表之義。至夕施食，國殤亦在焉。楚俗分合，未可知。大、小司命，東君，似不宜在湘君、湘夫人後，然觀篇終會鼓傳芭，三閭之作則合祀也。夫借酒杯澆壘塊，落墨於有章有句之中，致情於無形無聲之外，是在讀者心會別解耳。分合次序，抑亦末矣。

楚辭新注卷二終

楚辭新注卷三

汝州　宗姪啟賢編
蒲城　屈復悔翁新集注　曾孫來泰錄
仁和　受業周世涵校

天問

天問者，仰天而問也。忠直葅醢，讒佞高張，自古然也。三閭抱此，視彼天地、三光、山川、人物，變怪傾欹。又歷世之當亡而存，當廢而興，無不然者，非天是問，將誰問乎？蕭條異代，尚欲搖首一一問之，而況抱痛者乎？然不可情原，不可義正，不可理論，不可言詮，不可事判。嗚呼！是之謂"天問"。王叔師云："文不次序。"洪興祖云："豈可次序陳哉？"然通篇起結，盡人了然，細玩中間，屢起屢結，次序井井。其爲錯簡明甚，因少校正，每見前人妄改古書，竊爲不可[一]，豈可效尤？今仍列舊文於前，更定附後，維天下高明是正焉[二]。

曰：遂古之初，誰傳道之？上下未形，何由考之？

遂，往。道，猶言。上下，謂天地。由，自。考，稽也。問往古之初，未有天地，固未有人，誰得見之而傳道其事乎？何自稽考而知其溷沌之初乎？

冥昭瞢闇，誰能極之？馮翼惟像，何以識之？

冥，幽。昭，明。謂晝夜。瞢闇，言晝夜未分。極，窮也。馮翼，氤氳浮動之貌。《淮南子》云："天墜未形，馮馮翼翼。"又曰："未有天地，惟像無形。窈窈冥冥，莫知其門。"此承上問，時未有人，今何以能窮極而知之乎？

明明闇闇，惟時何爲？陰陽三合，何本何化？

明闇，謂日月星辰，溷沌初開時。按：《說文》："三合，天地人之道也。"謂以陽之一，合陰之二，次第重之，其數三也。言溷沌初開，方明方闇時，何物所爲乎？陰陽變化，天地人初生，何者爲本，何者爲化乎？"三"與"參"同，謂陰陽參錯，亦通。

此節問溷沌之先，天地初開之時也[二]。

圜則九重，孰營度之？惟茲何功，孰初作之？

圜，謂天形之圓。則，法也。《易》曰："乾元用九，乃見天則。"九，陽，數之極，所謂九天也。謂孰經營而量度之？惟茲九重，何人之功，何人初作之？

斡_筦維焉繫？天極焉加？八柱何當？東南何虧_涯？

斡，《說文》曰："轂端沓。"則是車轂之內，以金爲筦而受軸者。維，繫物之縻。天極，謂南北極，天之樞紐，常不動處，譬則車之軸也。蓋凡物之運者，其轂必有所繫，然後軸有所加，故問此天之斡維繫於何所，而天極之軸何所加乎？《河圖》言："崑崙者，地之中也。地下有八柱，互相牽制。名山大川，孔穴相通。"《素問》曰："天不足西北，地不滿東南。"《注》云："中原地形，西北高，東南下。今百川滿湊東之滄海，則南北東西高下可知。"故又問八柱何所當值？東南何獨虧闕乎？言西北不虧，而獨虧東南，何也？

九天之際，安放安屬？隅隈多有，誰知其數_谷？

九天，即所謂圜則九重者。際，邊。放，至。屬，附。隅，角也。言天之邊際至於何處，附於何處？地之隅隈，誰知其數乎？

天何所沓，十二焉分？日月安屬？列星安陳_陳？

沓，合。陳，列也。問天與地相接處，合於何所乎？十二辰，誰所分別乎？日月眾星，安所繫屬？誰陳列乎？

此節問天地既形之後也。

出自湯谷，次於蒙汜。自明及晦，所行幾里？

次，舍。汜，水涯。《書》云："宅嵎夷曰暘谷。"即湯谷也。《爾雅》云："西至日所，入爲大蒙。"即蒙汜也。朝出陽谷，夕入蒙汜。自朝至夕，所行幾里乎？

此節專問日也。

夜光何德，死則又育？厥利維何？而顧菟在腹。

夜光，月。死，其晦。育，生也。言月有何德，乃能死而復生？月有何

- 613 -

利，而顧菟常居其腹乎？顧菟，月中兔名。梁簡文《水月》詩云："非關顧兔沒。"隋表慶和煬帝《月夜》詩云："顧兔始馳光。"皆指月言。以兔本善視，故《禮》曰"兔"曰"明視"。而月腹之兔名爲月魄，則又善於下顧，故《古怨歌》云："煢煢白兔，東走西顧。"若以"顧"爲"瞻顧"之意，而非兔名，則梁戴嵩"月重輪行雲，從來看顧兔"、俚語云"視顧兔而感氣"，於"顧"上又加"看"字加"視"字，其可通乎？若漢上官桀云："逐麋之犬，當顧兔耶？"則"顧"字不屬兔。此就凡兔言而以證"顧兔"，誤矣。古人引古事，各自爲說，如《詩·燕燕》本兩燕，故曰"頡頏"，曰"上下"，而《漢書》"燕燕尾涎涎"作燕名。鶯斯，"斯"字本助辭，故曰"鹿斯"，曰"柳斯"。而"斯螽"、"螽斯"又作"螽"，名類可見也。

愚按："顧兔"二字起於《天問》，前無出處，則後之用二字，皆本《天問》。又《字書》"顧，回視也，思念也，眷也，語辭也"，則作兔名解固通，作眷戀意解亦通。

此節專問月也。

女岐無合夫，焉取九子？伯強何處？惠氣安在？

女岐，神女，無夫而生九子。伯強，大癘疫鬼，所至傷人。惠，順也。惠氣，謂和氣也。此節與上下文不合，錯簡也。當在後文人物條內。

何闔而晦？何開而明？角宿未旦，曜靈安藏[四]？

闔，閉戶。開，闢戶。角，亢，東方星，代"東方"二字也。旦，明。曜靈，日。何所開闔而爲晦明？且東方未明之時，日安所藏其精光乎？

此節專問晦明也。以上問日月星辰，皆天上之事。

不任汩鴻，師何以尚^常之？僉曰"何憂"，何不課而行之？

鯀事，見《尚書》。汩，治。鴻，大水。師，眾。尚，舉。僉，眾。課，試也。問鯀才不任治鴻水，眾人何以舉之？堯知其不能，而眾人以爲無憂，堯何不且小試之而遽行其說也。問天上事，即當接問地下山川人物，乃先問治水者，不惟水平地成始顯山川人物，且文法太直，故略用一問。論者以爲文無次序，試看《離騷》經與《遠遊》諸篇，用東西南北，皆此法也。

鴟龜曳銜，鯀何聽^{平聲}焉？順欲成功，帝何刑焉？

經言鯀陻洪水，《傳》云鯀障洪水，《國語》言其墮高湮卑，詳其文勢，似謂鯀視鴟龜曳尾相銜，因築高城長堤以障洪水耳。程子曰："今河北有鯀堤而無禹堤。"《通志》："堯封鯀爲崇伯，使之治水。迺興徒役，作九仞之城。"又，《淮南子》："鯀作三仞之城，諸侯悖之。"《史稽》張儀依龜跡築蜀城，非猶夫崇伯之智耶？皆可證。言曳銜之法，鯀何爲而聽從？順此法而治水，未必不成功，帝何爲而遽加刑乎？

永遏在羽山，夫何三年不施？伯禹腹鯀，夫何以變化移？

永，長。遏，猶禁止。羽山，在東海中。施，謂刑殺之也。《左傳》曰："乃施邢侯。"《公羊》《注》："古人疑獄，三年而始定。三年不施，永不施矣。"禹，鯀子。腹，懷也。《詩》："出入腹我。"鯀功不成，何但囚之羽山，而不施以刑乎？禹自少小習見鯀之所爲，何以能變化而有聖德乎？

纂就前緒，遂成考功。何續初繼業，而厥謀不同？

纂，集。緒，絲端也。《祭法》云："鯀障洪水而殛死，禹能修鯀之功。"《史記》云："禹傷父鯀之功不成。"由此觀之，則鯀亦非全無功者，特未成耳。此問禹能纂就鯀之遺業而成父功，何繼續其業而謀乃不同乎？

洪泉極深，何以寘田**之？地方九則，何以墳**賢**之？**

洪泉，即洪水。九則，謂九州之界，如上所謂圜則也。墳，《檀弓》《注》："土之高者。"按：《字書》："大防也，所以扞水。"洪水泛濫，禹何用寘塞而平之乎？九州之大，何以能盡舉而墳之乎？

應龍何畫？河海何歷？

有鱗曰蛟龍，有翼曰應龍。歷，過也。《山海經》曰："禹治水有應龍，以尾畫地，即水泉流通。"言應龍何爲以尾畫地而令水泉流通乎？既有應龍尾畫矣，禹又何用歷河海而治之乎？

鯀何所營？禹何所成？

《山海經》："鯀竊帝之息壤以湮洪水。"鯀既竊息壤矣，又何曳銜之營爲乎？禹既有應龍畫地矣，又何功之成乎？

此節問鯀禹治水之事也。以上天平地成，皆鯀禹之功；以下方問地理也。

康回憑怒，墜何故以東南傾？

康回，共山名。憑，盛也。《列子》曰："共工氏與顓頊爭爲帝，怒而觸不周之山，折天柱，絕地維。而天傾西北，日月星辰就焉；地不滿東南，百川水潦歸焉。"《注》："非堯時，共工也。"言何故不傾地之西北，而獨傾地之東南乎？

-615-

九州安錯？川谷何洿戶？東流不溢，孰知其故？

錯，犬牙相錯。洿，深也。水注海曰川，注川曰谿，注谿曰谷。言九州何爲而犬牙相錯，川谷何爲而極深，百川日夜東流，而東海何爲不溢，孰能知其故乎？

東西南北，其脩孰多？南北順撱，其衍幾何？

脩，長。撱，狹而長。衍，餘也。此問四方長短若何。若謂南北狹而長，則其長處所餘又計多少乎？

崑崙懸圃，其尻羔安在？增城九重，其高幾里？

崑崙、懸圃，見《騷經》。崑崙，據《水經》在西域，一名阿耨達山，河水所出。尻，丘刀切，平聲。《說文》：「䏶也。」《增韻》：「臀骨盡處。」問崑崙至高，其下必有托根之所，今安在乎？懸圃增城，高廣之度，其高幾里乎？

四方之門，其誰從焉？西北辟啟，何氣通焉？

王《注》云：「天四方各有一門，其誰從之上下？天西北之門每常開啟，豈元氣之所通？」《淮南子》云：「崑崙虛旁，有四百四十門，又其西北隅開門以納不周之風。」不周山在崑崙西北，則此解爲近。問崑崙之四門，有誰從而入焉？西北之門辟啟，是何氣而長通焉？

日安不到，燭龍何照？羲和之未揚，若華何光？

《山海經》：「灰野之山有樹，青葉赤華，名曰若木，日所入處。」《淮南子》：「若木在建木西，末有十日，其華下照地。」羲和，日御。《山海經》、《淮南子》皆云天之西北幽冥無日之國，有龍銜燭而照，即燭龍也。其有日處，日未出時，又有若木赤華照地也。問日光彌天，其行匝地，固無不到之處，燭龍又何照焉？日未出時，若華又何光焉？同一大地，光之不均如此，何也？

何所冬暖，何所夏寒？

問何爲而有所冬暖，何爲而有所夏寒？同一大地，而寒暖不均如此，何也？《遠遊》：「南州炎德，桂樹冬榮。」又，《大招》：「南有炎火千里。」又，《招魂》：「北方層冰峨峨，飛雪千里。」又：「代水不可涉，天白灝灝，寒凝凝。」楚詞中已自注明矣。若《拾遺記》、《淮南》、《水經注》諸書，不須更引。

以上皆問地也。

焉有石林？何獸能言尋？

焉，何也。按：《海外紀》云：" 石林山在東海之東，深洞五百里，石有五色，笋立成林。" 杜詩 " 赤日石林氣 " 用此。又，《蜀地志》：" 蜀山有石笋如林，亦名石林。"《禮》曰：" 猩猩能言，不離禽獸。" 石本不能如木成林，今何爲而成林？獸本不能如人能言，今何爲而能言乎？

焉有龍虯，負熊以遊？

《外紀》：" 黃帝氏有熊，嘗乘斑龍四巡。" 又，世言有熊鼎成，乘龍上升，皆是也。言何得有此龍虯，而能負有熊以遊乎？

雄虺九首，儵忽焉在[五]**？何所不死？長人何守**載？

虺，蛇屬。《爾雅》云：" 博三寸，首大如擘。" 儵忽，急疾貌。《招魂》說：" 南方之害，雄虺九首，往來儵忽。" 正謂此也。不死之人，《括地象》云[六]：" 有不死之國。"《山海經》《淮南子》皆屢言之。長人，《國語》：" 山川之守，足以綱紀天下者，其守爲神。客曰：' 防風氏，何守也？' 仲尼曰：' 汪芒氏之君，守封嵎之山者也。於周爲長狄，今爲大人。' 客曰：' 人長幾何？' 仲尼曰：' 長者不過十之，數之極也。' "《注》：" 十之，三丈。" 則防風氏也，山今在湖州武康縣。言雄虺何爲而九首，往來儵忽，果何在乎？不死之人，生何所乎？所謂長人，果何守乎？

靡蓱萍**九衢，枲華安居？靈蛇吞象，厥大何如？**

靡蓱，蔓蘋也，其葉九出，爲九衢。《呂覽》曰：" 菜之美者，崑崙之蘋。" 蘋即蓱也。又，釋氏說崑崙山下有蓱沙國，其地產蓱，即靡蓱。《王巾頭陀寺碑》有云：" 九衢之草千計。" 是也。沈約《郊居賦》：" 舒翠葉而九衢，開丹花而四照。"《八詠》詩：" 雕芳卉之九衢[七]，霄靈茅之三脊。" 皆以 " 九衢 " 與 " 三茅 " 琪花對見，皆仙草可知。梁元帝爲妾弘夜珠謝東宮賫合心花釵啟曰：" 夜珠昔往陽臺，雖逢四照，曾遊澧浦，慣識九衢。" 竟以九衢爲水中之草矣。按：《字書》，" 蓱 " 作 " 萍 "，非本字也。又，蘋，大萍也。《山海經》：" 浮山有草，其葉如枲而赤花。" 以上二者皆仙草，食之不死，今皆何在乎？《山海經》有 " 蛇吞象，三年然後出其骨 "，言象大極矣。蛇又能吞之，其蛇之大果何如乎？

黑水玄趾，三危安在？延年不死，壽何所止？

《書》：“道黑水至於三危，入於南海。”《西京賦》云：“乃若昆明靈池，黑水玄沚。”因黑水所渚原名玄沚，故記載有其名，漢宮亦擬其形也。又，《廣博物志》：“黑河之藻，可以千歲。三危之露，可以輕舉。”《素問》曰：“真人壽，敝天地，無有終時。至人益其壽命而强，亦歸於真人。聖人形體不敝，精神不散，亦可以百數。”言黑水、三危皆在何處乎？藻露皆可延年，其壽將何所止乎？

鯪魚何所？魃堆焉處？羿焉蹕畢日[八]？烏焉解羽？

《山海經》曰：“西海中近列姑射山有鯪魚，人面，人手，魚身，見則風濤起。北號山有鳥，狀如雞而白首，鼠足，名曰魃雀，食人。”按：《字書》：“鵍，音堆，雀屬也。”魃堆，即魃雀也。《歸藏易》云：“羿蹕十日。”《說文》云：“蹕，射也。”《淮南》言：“堯時，十日並出，草木焦枯。堯命羿仰射十日，中其九日。日中，九烏皆死，墮其羽翼。故留其一日也。”又云：“羿除天下之害，死而爲宗布。”《注》：“古之諸侯，非有窮后羿也。”《春秋·元命苞》：“三足烏者，陽精也。”問鯪魚、魃堆皆在何處乎？羿何能射日？烏何處解羽乎？

以上問山川人物奇怪之類也。

禹之力獻功，降省下土四方。焉得彼嵞山女，而通之於台桑？

降，下。省，察也。《書》曰：“惟荒度土功。”又曰：“娶於塗山，辛壬癸甲。”杜預云：“塗山在壽春東北。”《文字音義》云：“今宣州當塗也。”《呂氏春秋》曰：“娶塗山氏女，不以私害公。自辛至甲四日，復往治水。”問禹以勤力獻進其功，堯因使省察下土四方。是禹志在治水，而不在後嗣矣，焉得彼塗山氏之女，而通夫婦之道於台桑之地乎？

閔妃匹合，厥身是繼。胡爲嗜不同味，而快朝飽[備]？

閔，憂也。《左傳》：“嘉偶曰妃。”《說文》：“嗜，欲，喜之也。”四日而去，猶人皆一日三餐，而禹獨以朝飽爲快也。問禹所以憂無妃匹者，欲爲身立繼嗣也。乃四日而去，與人之三餐不同，而獨快朝飽，又似不以繼嗣爲念，何也？

啟代益作后，卒然離蠥。何啟惟憂[九]，而能拘是達[叠]？

益，禹賢臣。作，爲。后，君。離，遭。蠥，憂。惟，居，謂居禹之喪也。禹以天下禪益，天下皆去益而歸啟，是代益作后，益卒不得立，是離憂也。拘，執。達，通也。炎帝繼太昊，高陽繼金天，高辛繼高陽，虞繼唐，夏繼虞，皆以異姓禪，而益獨離憂，故獨以居憂。自王忽以異姓相禪之拘執，爲父子相繼之通達，何也？

皆歸射鞠菊，**而無害厥躬。何后益作革，而禹播降**烘？

射，行。鞠，窮，猶"極"也。后，君，有爵土之稱。《書》稱"后夔"、"后稷"是也。革，背也。益烈山澤，禹平水土，是禹益之行，皆歸至極，又豈有害於其躬者，乃民卒背益而歸啟，惟禹之德獨播降於衆，何也？

啟棘賓商，《九辯》、《九歌》[一〇]。**何勤子屠母，而死分竟地**沱？

《九辯》、《九歌》，已見《騷經》。《山海經》："夏后開上[一一]，三嬪於天，得《九辯》、《九歌》以下。"朱紫陽云："竊疑'棘'當作'夢'，'商'當作'天'，以篆文相似而誤也。"屠母，《淮南》云："禹治水時，自化爲熊，以通轘轅之道，塗山氏見之而慙，遂化爲石。時方孕啟，禹曰：'歸我子。'於是石破北方，而啟生。"其石在嵩山，見《漢書》《注》。竟地，即化石也。問啟夢上賓於天，而得帝樂以歸，繼禹之後，是克勤之子矣。乃屠母而至於死分竟地，何也？

以上問禹、啟父子相繼之事也。

帝降夷羿，革孽夏民。胡射夫河伯，而妻彼雒嬪？

帝，天帝。夷羿，諸侯弑夏后相者。革，更。孽，憂也。《傳》曰："河伯化爲白龍，遊於水旁，羿見射之，眇其左目。羿又夢與雒水神虙妃交。"問天帝既降羿，除后相之荒淫，革夏民之憂矣。而又射河伯，妻雒嬪，荒淫尤甚，何也？

馮珧遙**利決，封狶**喜**是射。何獻蒸肉之膏，而后帝不若**識？

馮，滿，言引滿也。珧，弓名。《爾雅》："弓以蜃者，謂之珧。"珧，蜃甲也。《射禮》"有決"，《注》云："決，猶闓也。以象骨爲之，著右大擘指，以鉤弦闓體也。"封，大。狶，豕。馬融《廣成頌》"拔封狶"是也。膏，脂。后帝，天帝。若，順也。問帝既降羿，付以神射，乃獻狶膏，而天帝又不順，何也？

浞娶純狐，眩妻爰謀。何羿之射革，而交吞揆之？

寒浞，見《騷經》。眩，惑。爰，於也。浞妻，純狐氏女。謀，計，二人對議也。射革，《禮》所謂"貫革之射"，《左傳》所謂"蹲甲而射之，徹七

— 619 —

劊"焉者，言有力也。吞，滅。揆，度也。問寒浞自惑純狐之女，而又謀殺，何以彼后羿之射藝勇力疑無敵矣。而其眾乃交進而吞謀之，何也？

阻窮西征，巖何越焉？化爲黃熊，巫何活焉？

按：《左傳》魏莊子曰："后羿自鉏遷於窮石。"又，《帝王紀》云："帝羿，有窮氏，其先世封於鉏。羿自鉏遷於窮石，逐帝相徙於商邱，依斟灌、斟鄩氏。"據《在地志》[一二]："故鉏城在滑州衛城東，商邱在東郡濮陽。"《晉地記》云："河南有窮谷，蓋本有窮氏所遷也。斟灌、斟鄩皆在東極。"《古隅夷地》："以商邱、二斟較之，有窮在西。"又，《竹書》："太康、仲康、帝相皆依二斟。"又，《汲古文》云："太康居斟鄩，羿亦居之。"由此觀之，則"阻"當作"鉏"。窮，有窮國也。巖，古"險"字，如"傅巖"史作"傅險"是也。越，過也。問羿自鉏遷窮，其險亦無過於鉏者，而急於西征，爲浞所滅，何也？《左傳》言羿化爲黃熊，《國語》作黃能。按：熊，獸名。能，三足鱉也。以鯀之殛，化爲黃熊，是已死矣。而巫又能活焉，何也？蓋當時必有巫能下羿之神者。《左傳》"神降於莘"，即此類。

以上皆問羿、浞亂夏之事也。末四句總結。

咸播秬黍，莆雚是營。何由并投，而鯀疾脩盈？

秬黍，黑黍。《說文》："黍，禾屬而粘也。"莆，疑即"蒲"字。蒲，水草，與萑同。并進同，即逐也。言逐而投之羽山也。脩盈，長滿。營，經營。播，種也。莆雚，亦云種者，猶《逸周書》所云"潤濕不穀，樹之竹葦莞蒲"是也。問禹平治水土，播種百穀，其功大矣，宜其蓋父之愆，乃鯀已迸之羽山，而惡聲長滿於世，孝子慈孫不能改其惡名，何也？

白蜺嬰茀，胡爲此堂？安得夫良藥，不能固臧？天式從橫，陽離爰死。大鳥何鳴，夫焉喪厥體？

《列仙傳》云："崔文子學仙於王子僑。子僑化爲白蜺而嬰茀，持藥與之。文子驚怪，引戈擊蜺，因墮其藥，俯而視之，子僑之尸也。須臾化爲大鳥，飛鳴而去。"問王子化蜺茀而來文子之堂，何也？文子得藥而不能固臧，何也？王子得天道從橫之仙術，乃死而化鳥，何也？

蓱號起雨，何以興之？撰體脅鹿，何以膺之？

蓱，萍，翳雨師名。號，呼。興，起也。問蓱翳號曰雨師，何以能興雨乎？天撰十二神鹿，一身，八足，兩頭，鹿有何德，膺受此形體乎？

鼇戴山抃，何以安之？釋舟陵行，何以遷之？

鼇[一三]，大龜。擊手曰抃。《列仙傳》曰："有巨靈之龜，背負蓬萊之山而抃舞。"事亦見《列子》。釋舟陵行，曳舟而陸行也。遷，移，即行也。《書》曰："罔水行舟。"《論語》曰："奡盪舟。"問龜負山而舞，何以能不墜乎？曳舟而就陸，何以能行乎？

惟澆在戶，何求於嫂曳**？何少康逐犬，而顛隕厥首？女岐縫裳，而館同爰止。何顛易厥首，而親以逢殆？**

澆，浞之子。澆無義，淫洪其嫂，往至其戶，佯有所求，因與淫亂。夏少康因田獵放犬逐獸，遂襲殺澆，而斷其頭。顛，倒。隕，墜。女岐，即澆嫂也。言女岐與澆淫洪，爲之縫裳，於是共舍而宿止。少康夜襲，得女岐頭，以爲澆，因斷之，故云易首。親以逢殆，指逐犬隕首言也。問少康欲殺澆而誤殺女岐，則澆既覺之而可免矣。乃不能免，何也？

湯謀易旅，何以厚之？覆舟斟尋，何道取就**之？**

湯，本"康"字，謂少康。斟尋[一四]，國名。杜預云："斟灌、斟尋，夏同姓諸侯。相失國，依於二斟，爲澆所滅。其子少康爲虞庖正，有田一成，有眾一旅，遂滅過澆。祀夏配天，不失舊物。"旅，謂一旅，五百人也。覆舟，言夏后相已傾覆於斟尋之國，今少康以何道而能復取澆乎？問少康以一旅而興，天何以獨厚之乎？

桀伐蒙山，何所得焉？妹喜何肆，湯何殛焉？

桀伐蒙山之國，而獨得妹喜，何也？因此肆情而爲湯所殛，放之南巢，何也？

舜閔在家，父何以鱞？堯不姚告，二女何親寬**？**

閔，憂。無妻曰鱞。姚，舜姓。問舜孝如此，父不爲之娶，何也？堯不告其父母，而妻舜二女，何也？蓱翳何以能興雨，神鹿何以具異體，鼇何以能負山而舞，奡何以能陸地行舟，少康以虞之庖正何以能取澆興夏，桀何以伐蒙山而爲湯所殛，舜何爲不告而娶，得堯之天下而爲帝，皆不可解之事也。

厥萌在初，何所意焉？璜臺十成，誰所極計**焉[一五]？**

萌，牙初始，言始興之時也。《論語》曰："億則屢中。"璜，美玉。成，重也。《淮南》云："桀紂爲璇室瑤臺。"極，盡也。言後之亡也。問一代之始興，何能預度乎？一代之亡，誰使之盡乎？此四句總起下文女帝、虞

- 621 -

舜、歷代之興廢也。

登立爲帝，孰道尚之？女媧有體，孰制匠之？

《世紀》云[一六]："炎帝母任姒，有僑氏女，名女登。"《春秋·元命苞》云："安登遊於華陽，生神農焉。"登立爲帝，言登之所立則爲帝也。神農以前有氏號而不稱帝，稱之自炎帝始。何道尚之者，問登之所立獨稱帝者，以何道而尊尚之如此乎？傳言女媧人頭蛇身，一日七十化，其體如此，問誰所制匠而圖之乎？按：《周禮·外史》有掌五帝書者，孔安國、鄭康成皆謂五帝之稱自少昊始。《史記》亦云自黃帝始。皆後於炎帝。獨《易大傳》云自伏羲始，若在炎帝先者，但伏羲從無帝名，則伏羲與炎帝雖有稱"三皇"者，總之帝名則自炎始也[一七]。若其並以炮媧，則女固創帝，然帝又創女，故並著也。是登者，帝之始。媧者，女帝之始也。上古立國多本女氏，如伏羲本華胥，黃帝本附寶，契本有娀，后稷本有邰，是也。

舜服厥弟，終然爲害。何肆犬豕，而厥身不爲敗？

服，事也。問舜弟象施行無道，舜猶服而事之，然象終欲害舜，肆其犬豕之心，燒廩浚井，然舜爲天子，卒不誅象，何也？說見下"眩弟"章。

吳獲迄古，南嶽是止。孰期去斯，得兩男子？

迄，終，猶《離騷》所謂"終古"。南嶽是止，泰伯、仲雍采藥南嶽。斯，此，指南嶽也。問吳之得以終古者，以泰伯、仲雍采藥南嶽，故得去此南嶽而至荊蠻，爲勾吳耳。孰能期料其伯仲，去此南嶽而得此兩男子，有勾吳以終古乎？是時吳已滅，其曰終古者，言吳名長存也。按《史記》、《吳越春秋》皆云泰伯至荊蠻，自號勾吳。又，《史記索隱》云："吳名起於泰伯，前此未有吳也。"

緣鵠飾玉，后帝是饗。何承謀夏桀，終以滅喪？

后帝，謂殷湯。伊尹始仕，因緣烹鵠鳥之羹，修玉鼎以事湯。湯賢之，遂以爲相，承用其謀而伐夏桀，終以滅桀也。問以割烹之人，極其卑賤，而能承謀滅桀，何也？

帝乃降觀，下逢伊摯。何條放致罰，而黎服大說？

帝，謂湯。摯，伊尹名。條，鳴條也。《書》云："伊尹相湯伐桀，遂與桀戰於鳴條之野。"又云："造攻自鳴條，朕載自亳。"《注》："鳴條，在安邑之西。史記桀敗於有娀之虛，奔於鳴條。"此言條放者，自鳴條放之也。

致罰者，《湯誥》所謂"致天之罰"也。黎，羣黎，百姓。聞湯觀風俗而逢伊尹[一八]，遂用其謀，伐桀於鳴條而放之南巢。以臣伐君，古今大逆不道，而天下眾民乃大喜悅，何也？

簡狄在臺，嚳何宜？玄鳥致貽，女何喜熙？

簡狄，帝嚳之妃。玄鳥，燕。貽，遺也。言簡狄侍帝嚳於臺上，有飛燕墮遺其卵，喜而吞之，因生契也。《詩》云："天命玄鳥，降而生商。"湯之先祖，有娀氏女簡狄，配高辛氏。天使鳦下而生商者，謂鳦遺卵，簡狄吞之而生契，為堯司徒，而有功封之於商也。問嚳何為而與簡狄相宜，女何為喜遺卵而吞之也。

該秉季德，厥父是臧。胡終弊於有扈，牧夫牛羊？

該，備。秉，持。季，主父，謂禹。臧，善也。終弊者，啟初有天下，有扈首亂，是竟為所弊也。有扈，國名。牧夫牛羊，倒句，猶云牛羊牧夫也。蓋有扈初為牧豎，然後得國，故下文又云"有扈牧豎，云何而逢"也。問中多有不著名者，如緣鵠飾玉、會朝爭盟，不曾著伊尹、武王也。問啟備持禹之末德，惟其父之善是善，而竟弊於牛羊牧夫之有扈，何也？馮衍云："訊夏啟於甘澤兮，傷帝典之首傾。"猶終弊之意也。

干協時舞，何以懷之？平脅曼膚，何以肥之？

《書》云："三旬，苗民逆命，帝乃誕敷文德，舞干羽於兩階。七旬，有苗格。"干，盾。協，合。時，是。言舜以干羽合是舞於兩階而有苗格也。平脅曼膚，肥澤之貌。《帝王世紀》："舜長六尺。"《孝經‧援神契》："舜，龍顏，重瞳，大口。"《雒書‧靈准聽》："有人，方面，日衡重華，握石椎，懷神珠。"問舜舞干羽於兩階，而何能格有苗乎？舜陶河濱，漁雷澤，耕歷山，不得於親，當懷憂癯瘦，何反肥盛若斯乎？猶《陳平傳》云："平何食而肥也？"

有扈牧豎，云何而逢？擊床先出，其命何從？

豎，童僕之未冠者。有扈氏本牧豎之人，因何遇道而得為諸侯乎？啟攻有扈之時，親擊其床，而有扈已先出矣。其命果何所從出乎？

恒秉季德，焉得夫朴牛？何往營班祿，不但還來流？

季德，帝嚳之末德也。《越絕書》曰："湯獻牛荊之伯，之伯者，荊州之君也。湯行仁義，敬鬼神，天下未從，乃飾犧牛以事荊伯。荊伯乃愧然曰：

— 623 —

'失事聖人禮。'乃委誠心。"往營班祿者,謂分之荆伯也。不但還來,其獻牛非尋常往來之禮也。問湯恒秉帝嚳之末德,自然當有天下,而乃以朴牛營求往來,遂滅夏而有天下,何也?

昏微遵跡,有狄不寧。何繁鳥萃棘,負子肆情?

昏微遵跡,謂紂遵夏桀危亡之跡。桀以妹喜,紂以妲己也。有狄,謂簡狄。寧,安也。謂簡狄在天之靈,亦不安也。"繁鳥"二句,言紂之肆情妲己,如《繁鳥》之詩"夫也不良,國人知之"矣。《列女傳》:"晉大夫解居父聘宋,過陳,遇采桑之女,止而戲之,曰:'女爲我歌,我且舍女。'乃爲歌曰:'墓門有棘,有鴞萃止。夫也不良,國人知之。'"繁,當作"鷩"。《廣雅》曰:"鴞,鷩鳥也。"負、婦,古通用,如許婦,《史記》作許負是也。此問商始以婦人而興,終以婦人而亡,何也?

眩弟並淫,危害厥兄。何變化以作詐,而後嗣逢長?

眩弟,惑亂之弟也。問象欲殺舜,變化作詐,其罪重大,而舜爲天子,不正其罪,反封象於有庳,後嗣子孫得長爲諸侯,何也?

成湯東巡[一九]**,有莘爰極。何乞彼小臣,而吉妃是得?**

有莘,國名。極,至也。小臣,謂伊尹。《左傳》以后稷之妃爲"吉人",與此"吉妃"同意。謂湯東巡,至於有莘,本乞彼伊尹小臣,而乃得吉善之妃[二〇],何也?

水濱之木,得彼小子。夫何惡之[二一]**,媵有莘之婦始?**

小子,謂伊尹。送女從嫁曰媵。伊尹母姙身,夢神女告之曰:"白黿生黽,亟去無顧。"居無幾何,白黿中生黽,母去東走,顧視其邑,盡爲大水。母因溺死,化爲空桑之木,水乾之後,有小兒啼水涯,人取養之。既長大,有殊才,有莘惡其從木中出,明以送女。問生空桑,得水濱,神奇之甚,乃惡而媵婦,何也?

湯出重泉,夫何辠罪**尤?不勝心伐帝,夫誰使挑**求**之?**

《太公金匱》:"桀怒湯,以諛臣趙梁計召而囚之均臺,實之重泉。湯乃行賂,桀遂釋之。"挑,撥也。伊尹說湯以至味,曰:"天子然後可具。"以味挑也。奔夏三年,反報於亳,曰:"桀迷於妹嬉,好彼琬琰。"以謀挑也。重泉,地名。《前漢志》:"左馮翊有重泉。"《史記》云:"夏桀不務德,百姓弗堪,乃召湯而囚之夏臺。已而釋之,即重泉也。"言桀拘湯於此,而復出之，湯既得出，本不勝心伐桀，是誰使挑湯以伐之乎？問伊尹以水濱之小子，遂能挑湯亡夏，何也？

會朝爭盟，何踐吾期？蒼鳥羣飛，孰使萃之？

踐，履。《詩》云：「肆伐大商，會朝清明。」《箋》：「會，合也。」蒼鳥，鷹也。《詩》曰：「惟師尚父，時維鷹揚。」問孟津之會，八百諸侯，不期而踐此期者，何為乎？將士勇猛，如鷹鳥羣飛，乃誰使聚之乎？

列擊紂躬，叔旦不嘉。何親揆發，定周之命以咨嗟？授殷天下，其位安施？反成乃亡，其罪伊何時？

叔旦，武王弟周公。嘉，善。揆，度也。發，武王名。史記武王至紂死所，射之三發，以黃鉞斬其頭，懸之太白之旗，此所謂"列擊紂躬"也。咨嗟者，周公雖佐發，定命非其本心。以臣伐君，懸之太白，古今大惡。位，天子之位。施，用。成，全也。問周公既不喜列擊紂躬，何為又教武王使定周命乎？文王既三以天下讓，是以天下授殷矣，又安用此天子之位乎？武王乃反其父之成而滅亡之，惡得無罪乎？

爭遣伐器，何以行之？並驅擊翼，何以將平聲**之？**

爭遣伐器，謂《泰誓》，言羣后以師畢會也。並驅擊翼，謂《六韜》，曰：「翼其兩旁，疾擊其後。」言武王之軍，人人樂戰，並驅而進之也。問既云天與人歸，又用兵征伐，何也？

昭后成遊，南土爰底。厥利維何，逢彼白雉？

昭后，成王孫昭王瑕。成，猶遂。底，至也。昭王南遊至楚，楚人鑿其船而沈之，遂不還。杜預云：「昭王南巡守，涉漢，船壞而溺水。」按：《竹書紀年》：「昭王之季，荊人卑詞致於王曰：『願獻白雉。』昭王信之而南巡，遂遇害。」問昭之南遊，本利白雉而迎之，而卒以遇害，何也？

穆王巧挴，夫何周流？環理天下，夫何索求？

《方言》云：「挴，貪。」賈生所謂"品庶每生"是也。巧挴，言巧於貪遊樂也，事見《竹書·穆天子傳》。《史記》曰：「周穆王得驥、溫驪、驊騮、騄耳之駟，西巡狩，樂而忘歸。徐偃王作亂，造父為穆王御，長驅歸周以救亂。」環，旋也。《左傳》云：「穆王欲肆其心，周行天下，將必有車轍馬跡焉。祭公、謀父作《祈招》之詩，以止王心。王是以獲沒於祇宮。」問穆王好遊樂，何為而周流無處不至乎？其周流也，果何所求乎？

- 625 -

妖夫曳銜，何號於市？周幽誰誅？焉得夫褒姒？

曳，牽引。銜，行且賣，言夫婦相引行賣於市也。按：號於市者，即今之叫呼而賣於市者。褒姒，周幽王之嬖妾。昔夏后氏之衰，有二龍止於夏庭而言曰："余褒之二君也。"夏后布幣糈而告之，龍亡而漦在，櫝而藏之，傳三代，莫敢發。至厲王之末發而觀之，漦流於庭，化爲玄黿，入王後宮。後宮處妾遇之而孕，無夫而生女，懼而棄之。先時，有童謠曰："檿弧箕服，實亡周國。"後有夫婦相牽引行賣是器於市者，以爲妖怪，執而戮之，夜得亡去，聞所棄女啼聲，哀而收之，遂奔褒。褒人後有罪，乃入此女以贖罪，是爲褒姒。幽王惑而愛之，爲廢申后及太子宜臼，而立以爲后，遂爲申侯、犬戎所殺也。事見《國語》。問妖夫何爲而號於市，幽王何爲而得褒姒乎？

天命反側，何罰何佑至？齊桓九合，卒然身殺弑。

反側，言無常。《元命苞》："刀罰爲罰，賞之對也。"佑，佐助。九、糾通用。卒，終也。齊桓公任管仲，九合諸侯，一匡天下；任豎刁、易牙，諸子相攻，死不得斂，蟲流出戶，與見殺無異。事見《史記》。言天命倏佑之而牛耳中原，倏罰之而虫流出戶。其反側如是，何也？此痛楚之將亡也。

彼王紂之躬，孰使亂惑？何惡輔弼，讒諂是服國？

惑紂者，內則妲己，外則飛廉、惡來之徒。服，事也。問孰使紂憎輔弼，不用忠直，而專用讒諂之人乎？

比干何逆，而抑沈之？雷開何順，而賜封歆之？

比干，紂諸父，諫紂，紂怒，乃殺之，而剖其心。雷開，佞人，阿順於紂，乃賜之金玉，而封爵之。問紂何惡比干之逆而殺之，何喜雷開之順而封之乎？

何聖人之一德，卒其異方？梅伯受醢，箕子佯狂。

方，術。梅伯，紂諸侯，忠直而數諫紂，紂怒，乃殺之，菹醢其身。箕子見之，欲去，不忍，遂被髮佯狂而爲奴，此異方也。問湯以咸有一德之聖人，而子孫如此，何也？

稷維元子，帝何竺篤之？投之於冰上，鳥何燠郁之？

元，大。稷，帝嚳之子棄也。帝，即嚳。竺，《爾雅》曰："厚也。與篤同。"燠，煖。《史記》曰："后稷名棄，其母有邰氏女，曰姜嫄，爲帝嚳元妃。出野見巨人跡，說而踐之，遂身動如孕者，居期而生子。《詩》曰：

'厥初生民，時維姜嫄。生民如何，克禋克祀，以弗無子。履帝武敏歆。攸介攸止，載震載夙，載生載育，時維后稷。'又《詩》曰：'不康禋祀，居然生子。誕寘之隘巷，牛羊腓字之。誕寘之平林，會伐平林。誕寘之寒冰，鳥覆翼之。鳥乃去矣，后稷呱矣。'"王《注》云："姜嫄以無父而生，棄之於冰上，有鳥以翼覆荐溫之，以爲神，乃取而養之。"《詩》曰"先生如達"，是首生之子也，故曰"元子"。問既爲元子，帝嚳何不篤厚，而乃棄之；既棄而投之冰上，鳥何爲而燠之乎？

何馮弓挾矢，殊能將之？既驚帝切激，何逢長之？

馮弓，弓持滿也。按：史記文王脫羑里之囚，紂賜之弓矢鈇鉞，得專征伐。《書》："西伯戡黎，祖伊奔告。"《史記》："崇侯虎譖西伯：'諸侯嚮之，將不利帝。'"其震驚切激也實甚。問文王三分有二，勢已逼紂，何爲紂不急除之？乃馮弓挾矢，殊能行之而不礙，豳岐之國終得遭逢久長也。

伯昌號衰，秉鞭作牧。何令徹彼岐社，命有殷國谷**？**

伯，西伯。昌，周文王名。號衰，號令於殷世衰微之際也。秉，持。鞭，策。作牧，《書·舜典》："既月，乃日覲四嶽羣牧。"《傳》："九州牧監。"《周禮·天官》："太宰，九兩。"一曰牧以地得民。"《注》："州長也。"秉鞭，喻持政，爲雍州牧。徹，去也，毀也。社，太王所立岐周之社。武王既有殷國，遂去岐周之社，以爲大社而有殷之天下，猶漢初令民立漢社稷也。問文王方秉鞭作牧，三分有二，服殷之衰[二]，武王乃去岐社，而受天命以爲殷國[三]，何也？

遷藏就岐，何能依？殷有惑婦，何所譏？

《詩》"乃積乃倉"之篇[四]。藏，蓋藏也。惑婦，謂妲己。問太王始與百姓徙其蓋藏，來就岐下，當奔走窮困時，何能使其民依倚而隨之乎？紂惑一婦人，何所可譏，而爲武王興兵而滅之乎？

受賜茲醢，西伯上告。何親就上帝，罰殷之命以不救叫**？**

西伯，文王。紂烹伯邑考，以賜文王。王食之。紂曰："孰謂西伯聖人者乎？食其子而不知。"問紂賜茲醢，西伯既上告天帝矣，但西伯何能親見天帝，而致罰殷之命遂以不救乎？

師望在肆，昌何識？鼓刀揚聲，后何喜職**？**

師望，太師呂望，謂太公。昌，文王。后，亦謂文王。呂望鼓刀在列肆，

- 627 -

文王親往問之，呂望對曰："下屠屠牛，上屠屠國。"文王喜，載與俱歸。問太公在市肆而屠，文王何以能識乎？但聞其鼓刀之聲，文王何爲而喜乎？

武發殺殷，何所悒？載尸集戰，何所急？

尸，謂木主。悒，憂，不安也。史記武王東觀兵，至於孟津，爲文王木主，載以車。《記》曰："祭祀之有尸也，宗廟之有主也。示民有事也。"尸，神像，以人爲之。《書序》云："康王既尸天子，則尸亦主也。"問武王發欲誅殷紂，何所悁悒而不能久忍，遂載文王之木主於軍中以會戰，果何所急而然乎？

伯林雉經，維其何故？何感天抑墜[二五]，夫誰畏懼？

《左傳》："晉太子申生爲後母所譖，縊於新城。"《國語》："雉經於新城之廟。"《注》："頭槍而懸死也。"王充云："申生雉經，林木震霣。"是申生雉經林中也。伯，長，謂太子也。感天抑地者，能感動天地，如《左傳》狐突遇太子，又因巫者以見，皆是也。問太子雉經林中，維何故乎？申生之死，而有靈如此，而又誰畏懼乎？此痛己之死而無益也。

皇天集命，惟何戒之？受禮天下，又使至代之？

問皇天集錄命以與王者，何不常有以戒之，而使不敢爲惡乎？王者既受天之禮命而王天下，天又何爲任其爲惡，而使他姓代之乎？總收上夏商周相代事。

初湯臣摯，後茲承輔。何卒官湯，尊食宗緒？

言湯初舉伊尹，五就湯，五就桀，乃反復之，凡臣耳，後乃備承輔翼也。官，如"官天下"之"官"。終使湯爲天子，尊其先人，以王者禮樂祭祀。緒，業於子孫也。問伊尹反復之凡臣，乃能官湯而尊食宗緒，何也？此痛己之不能爲伊尹也。

勳闔夢生，少離散亡。何壯武厲，能流厥嚴昂**？**

勳，功。闔，吳王闔廬。夢，闔廬祖父壽夢。壽夢卒，太子諸樊立。諸樊卒，傳弟餘祭。餘祭卒，傳弟夷末。夷末卒，當傳弟札。札不受，夷末之子王僚立。闔廬，諸樊之長子，次不得爲王，少離散亡，放在外，乃使專諸刺王僚，代爲吳王。以伍子胥爲將，破楚入郢，是能壯其猛厲勇武而流其威也。事見《史記》[二六]。闔廬以少而離散在外之人，乃能有吳國而流威嚴，何也？此痛楚君之不能爲闔廬也。懷王見執於秦，是散亡也。

彭鏗斟雉，帝何饗？壽命永多，夫何長上聲**？**

- 628 -

彭鏗，彭祖。《神仙傳》："姓錢，名鏗，帝顓頊之玄孫，善養性，能調鼎。進雉羹於堯，堯饗之，而封於彭城。歷夏經商至周，年八百歲。莊子以爲上及有虞，下及五伯是也。"言堯非嗜味者，饗其羹而封之，何也？命之永長，至八百之多，何也？此痛己之年老而未能歸國也？

中央共牧，后何怒[二七]？蠭蛾微命，力何固？

宋祁曰："欲正四方，先定中央。"中央，中國也。問中土列國之君共治其民，何故相怒而相爭乎？蠭蛾之命甚微，何以能自固乎？此痛楚之屢敗於秦也。

驚女采薇，鹿何祐位？北至回水，萃何喜戲[二八]？

驚，警也。言夷齊初不知采薇之非，問女言而後警焉。猶言警於是女也，故曰"驚女"。萃，止也。北至，以雷首在北也。按：譙周《史考》："夷齊采薇，有婦人難之。"又，《文選》劉峻《辨命論》"五臣注"："夷齊采薇首陽，一女子曰：'子義不食周粟，此亦周之毛也。'乃不食而死。"又，《廣博物志》："夷齊餓於首陽，白鹿乳之。"《史類》亦云："夷齊棄薇，有白鹿來乳。"回水，河水回曲處也。首陽，在蒲阪華山北河曲中。《禹貢》："河水至雷首下屈曲而南，故曰河曲。"曲即回也，猶《瓠子歌》所謂："北渡回也。"又，《莊子》："北至於首陽之山。"問夷齊既警於女而不食，鹿何爲而祐之乎？諫武王而不聽，去之可也，又何喜於首陽而就止乎？此痛己之將爲夷齊也。

兄有噬犬，弟何欲？易之以百兩，卒無祿？

兄，謂秦伯。噬犬，齧犬。弟，秦伯弟鍼也。《春秋·昭公元年》："夏，秦伯之弟鍼出奔晉。"《晉語》曰："秦后子來仕，其車千乘。"后子，即鍼也。王逸《注》："秦伯有噬犬，弟鍼請之，不與，以百兩金易之，又不聽，因逐鍼而奪其爵祿也。"百兩，蓋謂車也，王以爲金，誤矣。言兄有犬而弟欲之，何也？弟以百兩之車易之而不聽，又奪其祿，使奔他國，何也？此痛己之不肯適他國也。

薄暮雷電，歸何憂？厥嚴不奉，帝何求？

薄暮雷電，呵壁問時之景也。按：《三閭外傳》云："時呵而問之，天慘地愁，白晝如夜。"正謂此也。嚴，君。求，責也。問此時不歸，尚何所憂乎？有君而不得奉，上帝果何責於我乎？意將死也。此痛己之將死而不得再事君也。

伏匿穴處，爰何云？荊勳作師，夫何長分？

伏匿穴處，即既放江潭也。爰何云，言無可言說也。作師，猶興師。荊，楚。勳，功也。《史記》："懷王怒，大興師，伐秦，秦擊之，大破楚師於丹淅。懷王復怒，發國中兵，深入擊秦，戰於藍田。"是也。問己之放棄江潭，何所言說乎？楚方以興師爲功，夫何能久長乎？此痛楚之享國日蹙也。

悟過改更[二九]，我又何言？吳光爭國，久余是勝欣**。**

悟過改更，猶言冀幸君之一悟，俗之一改也。若能一旦改悔，則楚國可存，我又何言乎？楚昭王十年，吳伐楚，楚大敗，吳兵遂入郢。言吳於昔年早已勝余，而況楚之今日，能當秦之強乎？楚未弱時，尚不能當吳，今日楚已弱極，而秦之強非吳可比，能不滅於秦乎？此痛楚之必滅於秦也。《春秋》："昭二十三年[三十]，秦人伐州來，爲吳王僚八年，是時公子光帥右師。定四年，吳入郢，爲吳王闔廬九年[三一]。"闔廬，即公子光也。周元王三年，越滅吳。是時，吳滅久矣。追言往事也。

何環穿自閭社邱陵，爰出子文？

子文，楚令尹鬬穀於菟也。《左傳》曰："若敖娶於䢵，生鬬伯比。若敖卒，從其母畜於䢵，淫於䢵子之女，生穀於菟，實爲令尹子文。"夫子稱其忠事，見《論語》。環穿，旋轉開鑿也。內而閭社，外而邱陵，自中及外，無所不穿，故曰"自閭社邱陵"也。言安得旋轉開鑿夫閭社邱陵，而復出子文其人者以興楚乎？見楚之無人也。此痛楚之不能再出子文，以見必亡也。

吾告堵敖以不長。

堵敖，熊囏也，楚文王子。《春秋》："莊十九年，熊囏立。二十年，其弟熊惲弑之，代立。"故曰"堵敖"，則已成君矣。楚人以不成君與無諡號者，皆謂之"敖"。前之"若敖"、"霄敖"，已不可考。若見於《春秋》者，如麇被弑稱"郟敖"，以無諡號，子干被弑稱"訾敖"，以未成君，兩義不同。則堵敖之"敖"亦祇以無諡號耳，非未成君也。然則此堵敖者，意謂懷王也。上言"作師，夫何長"也，痛楚之享國日蹙，必滅於秦。此告以不長者，痛懷王之必客死於秦也。周赧王十六年，秦昭襄八年，懷王入秦。赧王十九年，秦昭襄十一年，懷王卒於秦。

何試上自予，忠名彌彰？

試者，用也，嘗也。予，我。上，君也。言自我以忠諫用於君上，而國將亡矣。國亡而令我彌彰忠名，何也？猶言使國家得敗亡之實禍，而使我得忠諫之虛名。痛憤極矣。

此篇九段，前八段皆爲末一段作引。事之有無，理之是非，物之變怪，三閭豈真昧昧哉？讒佞高張，忠賢菹醢，天地陰陽，何故如斯，千秋萬載之人所欲同聲一問者也。問帝王之興亡，讀者已心印懷襄。問后妃之貞邪，讀者已心印鄭袖。問人臣之賢奸，讀者已心印黨人。是三閭之言，祇在天地山川、商周唐虞，而人自得於瀟湘江漢間也。至九段，節節言不盡意，又爽然自失矣。

【校記】

[一]"爲"，諸本同，《天問校正》作"謂"，義似長。

[二]"維"，諸本同，《天問校正》作"惟"，似長。

[三]"天地"，底本無，據《天問校正》補。

[四]"藏"，諸本作"臧"，《天問校正》作"藏"，據改。

[五]"焉在"，底本作"在焉"，疑文字乙倒，居易堂本、乾隆本、道光本、《天問校正》作"焉在"，據改。

[六]"象"，諸本同。

[七]"雕"，居易堂本、乾隆本作"彫"。

[八]"蹕"，底本作"彈"；"畢"，底本亦作"彈"。居易堂本、乾隆本分別作"蹕"、"畢"，據改。本卷末《天問校正附》及上下文注音體例亦可證。後同。

[九]"惟"，底本作"爲"，居易堂本、乾隆本、《天問校正》作"惟"，據改。注文"惟，居"亦可證。

[一〇]"辯"，諸本同，《天問校正》作"辨"，通。

[一一]"土"，底本作"上"，居易堂本、乾隆本作"土"，據改。

[一二]"在"，居易堂本、乾隆本無。

[一三]"鼇"，底本作"鼇"，居易堂本、乾隆本作"鼇"，據改。正文"鼇戴山抃"及後文注"鼇何以能負山而舞"均可證。

[一四]"尋"，諸本與傳世《楚辭》諸本作"尋"。按：當作"鄩"，前文注，屈氏引《帝王紀》、《晉地記》、《汲古文》，俱作"斟鄩"。

[一五]"所"，底本作"能"，居易堂本、乾隆本作"所"，據改。

[一六]"《世紀》"，當指"《帝王世紀》"。

[一七]"炎"，下或闕"帝"字。

[一八]"聞"，居易堂本、乾隆本作"問"。

[一九]"東"，諸本與傳世《楚辭》同，《天問校正》作"來"。誤。

[二〇]"善"，底本作"喜"，居易堂本、乾隆本作"善"，于文義更當，據改。

[二一]"夫"，底本作"天"，居易堂本、乾隆本、《天問校正》與傳世《楚辭》諸本作"夫"，據改。

［二二］"服"，居易堂本、乾隆本作"扶"。

［二三］"爲"，居易堂本、乾隆本作"有"，皆通。

［二四］"乃積乃倉"，實爲《詩經·公劉》詩句，所述因戎狄侵擾而遷徙豳原事，亦爲公劉事。古公亶父，即太王。遷岐事跡，則見於《詩經·綿》。

［二五］"何"，《天問校正》無之。

［二六］"史"，底本訛作"吏"，徑改。居易堂本、乾隆本無誤。

［二七］"何"，底本作"所"，居易堂本、乾隆本、《天問校正》與傳世《楚辭》諸本作"何"，據改。

［二八］"萃"，底本作"萊"，居易堂本、乾隆本、《天問校正》與傳世《楚辭》諸本作"萃"，據改。注文亦可證。

［二九］"悟"，傳世《楚辭》諸本同。居易堂本、乾隆本作"惧"，誤。下同。

［三十］"昭"，即昭公。下文"定四年"同此。

［三一］"王"，當衍，居易堂本、乾隆本無之。

天問校正附

曰：遂古之初，誰傳道之？上下未形，何由考之？冥昭瞢闇，誰能極之？馮翼惟像，何以識之？明明闇闇，惟時何爲？陰陽三合，何本何化？

以上問溷沌之先，天地初開之時也。

圜則九重，孰營度之？惟茲何功，孰初作之？斡維焉繫？天極焉加？八柱何當？東南何虧？九天之際，安放安屬？隅隈多有，誰知其數？天何所沓，十二焉分？日月安屬？列星安陳？

以上問天地既形之後也。

出自湯谷，次於蒙汜。自明及晦，所行幾里？日安不到，燭龍何照？羲和之未揚，若華何光？

以上問日。

夜光何德，死則又育？厥利維何？而顧菟在腹。

以上問月。

何闔而晦？何開而明？角宿未旦，曜靈安藏？

以上問晦明也。日月星辰，皆天文也。第一段。

不任汩鴻，師何以尚之？僉曰"何憂"，何不課而行之？鴟龜曳銜［一］，鯀何聽焉？順欲成功，帝何刑焉？永遏在羽山，夫何三年不施？伯禹腹鯀，夫何以變化？纂就前緒，遂成考功。何續初繼業，而厥謀不同？洪泉極深，何以寘之？地方九則，何以墳之？應龍何畫？河海何歷？鯀何所營[二]？禹何所成？康回憑怒，墜何故以東南傾？

以上問鯀禹治水之事也。第二段[三]。

九州安錯？川谷何洿？東流不溢，孰知其故？東西南北，其修孰多？南北順橢，其衍幾何？崑崙懸圃[四]，其尻安在？增城九重，其高幾里？四方之門，其誰從焉？西北辟啟，何氣通焉？何所冬暖？何所夏寒？

以上問地也。第三段。

焉有石林？何獸能言？焉有虯龍，負熊以遊？雄虺九首，鯈忽焉在？何所不死？長人何守？女岐無合夫，焉取九子？伯強何處？惠氣安在？靡蓱九衢，枲華安居？靈蛇吞象，厥大何如？黑水玄趾，三危安在？延年不死，壽何所止？白蜺嬰茀，何爲此堂[五]？安得夫良藥，不能固臧？天式從橫，陽離爰死。大鳥何鳴，夫焉喪厥體？蓱號起雨，何以興之？撰體脅鹿，何以膺之？鼇戴山抃，何以安之？釋舟陵行，何以遷之？鯪魚何所？鬿堆焉處？羿焉彃日？烏焉解羽？

以上問山川人物奇怪之類也。第四段。

厥萌在初，何所意焉？璜臺十成，誰所極焉？

此段起下文女帝虞夏商周歷代之興廢也。

登立爲帝，孰道尚之？女媧有體，孰制匠之？舜閔在家，父何以鰥？堯不姚告，二女何親？舜服厥弟，終然爲害。何肆犬豕，而厥身不爲敗？干協時舞，何以懷之？平脅曼膚，何以肥之？眩弟並淫，危害厥兄。何變化以作詐，而後嗣逢長？

以上上古之事。第五段。

禹之力獻功，降省下上四方。焉得彼嵞山女，而通之於台桑？閔妃匹合，厥身是繼。胡爲嗜不同味，而快朝飽？啟代益作后，卒然離蠥。何啟惟憂，而能拘是達？皆歸射鞫，而無害厥躬。何后益作革，而禹播降？咸播秬黍，莆雚是營。何由并投，而鯀疾修盈？

以上夏禹父子事。三代皆禪賢，而禹獨傳子，意言禹之德既能傳子，而不能掩父之惡，何也？

啟棘賓商，《九辨》、《九歌》。何勤子屠母，而死分竟地？該秉季德，厥父是臧。胡終弊於有扈，牧夫牛羊？有扈牧豎，云何而逢？擊床先出，其

- 633 -

命何從？帝降夷羿，革孽夏民。胡射夫河伯，而妻彼雒嬪？馮珧利決，封豨是射。何獻蒸肉之膏，而后帝不若？浞娶純狐，眩妻爰謀。何羿之射革，而交吞揆之？惟澆在戶，何求於嫂？何少康逐犬，而顛隕厥首？女岐縫裳，而館同爰止。何顛易厥首，而親以逢殆？湯當作康謀易旅，何以厚之？覆舟斟尋，何道取之？桀伐蒙山，何所得焉？妹喜何肆[六]，湯何殛焉？阻窮西征，巖何越焉？化爲黃熊，巫何活焉？

以上皆夏一代事。西征四句，總結上文。第六段。

簡狄在臺，嚳何宜？玄鳥致貽，女何喜？恒秉季德，焉得夫朴牛？何往營班祿，不但還來？成湯東巡，有莘爰極。何乞彼小臣，而吉妃是得？水濱之木，得彼小子。夫何惡之，媵有莘之婦？緣鵠飾玉，后帝是饗。何承謀夏桀，終以滅喪？帝乃降觀，下逢伊摯。何條放致罰，而黎服大悅[七]？湯出重泉，夫何辠尤？不勝心伐帝，夫誰使挑之？初湯臣摯，後茲承輔。何卒官湯，尊食宗緒？何聖人之一德，卒其異方：梅伯受醢，箕子佯狂？彼王紂之躬，孰使亂惑？何惡輔弼，讒諂是服？比干何逆，而抑沈之？雷開何順，而賜封之？昏微遵跡，有狄不寧。何繁鳥萃棘，婦子肆情？

以上皆商事。第七段。

稷維元子，帝何竺之？投之於冰上，鳥何燠之？遷藏就岐，何能依？殷有惑婦，何所譏？伯昌號衰，秉鞭作牧。何令徹彼岐社，命有殷國？何馮弓挾矢，殊能將之？既驚帝切激[八]，何逢長之？受賜茲醢[九]，西伯上告。何親就上帝，罰殷之命以不救？師望在肆，昌何識[十]？鼓刀揚聲，后何喜？武發殺殷，何所悒？載尸集戰，何所急？會朝爭盟，何踐吾期？蒼鳥羣飛，孰使萃之？列擊紂躬，叔旦不嘉。何親揆發，何周之命以咨嗟？授殷天下，其位安施？反成乃亡，其罪伊何？爭遣伐器，何以行之？並驅擊翼，何以將之？穆王巧梅，夫何周流？環理天下，夫何索求？昭后成遊，南土爰底。厥利維何，逢彼白雉[十一]？妖夫曳衒，何號於市？周幽誰誅？焉得夫褒姒？皇天集命，惟何戒之？受禮天下，又使至代之？

以上周一代事也。皇天四句，總收上女帝虞夏商周歷代之興廢也。第八段。

中央共牧，后何怒？蠭蛾微命，力何固？

中央諸牧，各君其國，何爲相怒而戰爭乎？蜂蛾之命甚微，其力何爲能自固其巢穴乎？此節總起末段，兼痛楚之屢敗於秦也。

吳獲迄古，南嶽是止。孰期去斯，得兩男子？勳闔夢生，少離散亡。何壯武厲，能流厥嚴？

以上吳事。言吳由楚而興，尤能破楚，痛懷王之不能爲闔廬也。

彭鏗斟雉，帝何饗？壽命永多，夫何長？

此痛己之年老而未能歸國也。

天命反側，何罰何佑？齊桓九合，卒然身殺。

此痛楚之忽霸忽亡也。

驚女采薇，鹿何祐？北至回水，萃何喜？

此痛己之將爲夷齊也。

兄有噬犬，弟何欲？易之以百兩，卒無祿？

此痛己之不肯適他國也。

伯林雉經，維其何故？何感天抑墜，夫誰畏懼？

此痛己之死而無益也。

薄暮雷電，歸何憂？厥嚴不奉，帝何求？

此痛己之將死而不得再事君也。

伏匿穴處，爰何云？荊勳作師，夫何長？

此痛楚之享國日蹙也。

悟過改更，我又何言？吳光爭國，久余是勝。

此痛楚之必滅於秦也。

何環穿自閭社丘陵，爰出子文？

此痛楚之不能再出子文，以見必亡也。

吾告堵敖以不長。

此痛懷王之客死於秦也。

何試上自予，忠名彌彰？

此痛國家得敗亡之實禍，而己得忠諫之虛名也。第九段。

【校記】

[一]"鴟"，底本作"鴻"，傳世《楚辭》諸本、世楷堂本《天問校正》作"鴟"，據改。
[二]"營"，傳世《楚辭》諸本同。世楷堂本《天問校正》作"勞"，誤。
[三]世楷堂本《天問校正》順序有異，"九州安錯"至"何所夏寒"爲第二段；而"不任汨鴻"至"墜何故以東南傾"則爲第五段。

[四]"懸",居易堂本、乾隆本作"縣",通。

[五]"何",世楷堂本《天問校正》作"胡"。

[六]"喜",居易堂本、乾隆本作"嬉",似長。

[七]"悅",世楷堂本《天問校正》作"說",通。

[八]"切激",底本作"激切",諸本同。世楷堂本《天問校正》與傳世《楚辭·天問》諸本作"切激"。前所引正文及注文,均作"切激"。此處"激切"當系乙倒,據改。

[九]"醢",底本作"何",居易堂本、乾隆本,世楷堂本《天問校正》與傳世《楚辭·天問》諸本作"醢",據改。前所引正文及注文亦可證。

[十]"何",底本作"醢",世楷堂本《天問校正》與傳世《楚辭·天問》諸本作"何"。前所引正文及注文,均作"何"。據改。

[十一]世楷堂本《天問校正》,"昭后成遊,南土爰底。厥利維何,逢彼白雉"與"穆王巧挴,夫何周流?環理天下,夫何索求"乙倒。

楚辭新注卷三終

楚辭新注卷四

汝州　宗姪啟賢編
蒲城　屈復悔翁新集注　曾孫來泰錄
同邑　受業路光先校

九章

章，明也。《書·洪範》："俊民用章。"又，表也。《周語》："余敢以私勞變前之大章。"《注》"表也"，表明天子與諸侯異物也。三閭忠而被謗，國無知者，《離騷經》之作以自表明其志，懷遷襄放遠志彭咸。又作《九章》以自表明也，故首章曰"重著以自明"，末章曰"竊賦詩之所明"。苦心真切如此，而鄙夫迂儒猶有過論。余觀其次序，《懷沙》爲絕筆，乃以《悲回風》爲結，或編集人意在此耶？夫文之顯著者尚多謬說，又安論微妙者乎？蟬蛻穢濁之中，浮遊塵埃之外，得意忘言，九泉知己，後世猶難，況當時哉？況其人哉？況其文哉？

　　惜誦以致愍兮，發憤以抒情。所非忠而言之兮，指蒼天以爲正平聲。令五帝以折中兮，戒六神與嚮服。俾山川以備御兮，命咎繇使聽直逐。

　　惜者，痛也。誦，言。致，極。愍，憂。憤，懣。抒，挹而出之也。所者，誓詞，猶所謂"不與舅氏同心，所不與崔慶"者之類也。蒼天之色正平，所我之言，有非出於中心而敢言之於口，則願蒼天平己之罪而降之罰也。五帝，五方之帝，以五色爲號者，太一之佐。折中，謂事理有不同者，執其兩端而折其中也，若《史記》所謂"六藝折中於夫子"是也。六神，《尚書》"禋於六宗"，一曰日、月、星、水旱、四時、寒暑也。"六宗"有數說，蘇子由云："捨《祭法》不用，而以意立說，未可信也。"嚮，對也。服，服罪之詞，《書》所謂"五刑有服"者也。俾，使。山川，名山大川之神。御，侍。咎繇，舜士師，能明五刑者。聽直，聽其說之曲直，欲上天使此眾神明其是非也。痛言以極其憂思，發憤以把其衷情，總起通篇。追述往日進君之言，如有非忠，則歷指蒼天鬼神以平正而聽曲直也。

　　右一節。質之天地鬼神，言外見國無人莫我知也。

竭忠誠以事君兮，反離羣而贅肬。忘僵媚以背眾兮，待明君其知之由。**言與行其可跡兮，情與貌其不變。故相臣莫若君兮，所以證之不遠。**

　　贅肬，肉外之餘肉，《莊子》"附贅懸肬"是也。僵，輕利。媚，柔佞背違也。所履為跡，志願為情，顏色為貌。變，易。相，視。證，驗也。言盡忠以事君，反為不盡忠者所擯棄，視之如肉外之餘肉，然吾寧忘僵媚之態以與眾違，其所持者獨待明君之知耳，人臣之言行既可蹤跡，內情外貌又難變匿，人君日以親接，驗之不遠，宜其能相臣也。《左傳》曰："知子莫若父，知臣莫若君。"此之謂也。

　　右二節。知臣莫若君，往日之忠，今猶可驗也。

吾誼先君而後身兮，羌眾人之所仇也。專惟君而無他兮，又眾兆之所讎也。壹心而不豫兮，羌不可保也。疾親君而無他兮，有招禍之道也。

　　誼，與"義"同。怨耦曰仇。惟，思念。百萬曰兆。讎，謂怨之當報者。不豫，言果決。不可保，謂必為眾人所害。疾，猶力也。言眾人皆營私為家，己獨先君後己，其義相反，故為所仇。專心竭忠不與眾兆同趨，故為所讎，一心果決，全無猶豫，力於親君而無私交，固有招禍之理也。

　　右三節。背眾專君，有招禍之道，言見疏也。

思君其莫我忠兮，忽忘身之賤貧。事君而不貳兮，迷不知寵之門。忠何辜以遇罰兮，亦非余之所志也。行不羣以顛越兮，又眾兆之所咍是**也。紛逢尤以離謗兮，謇不可釋也。情沈抑而不達兮，又蔽而莫之白**石**也。心鬱邑余侘傺兮，又莫察余之中情。固煩言不可結而詒兮，願陳志而無路程。退靜默而莫余知兮，進號呼又莫余聞。申侘傺之煩惑兮，中悶瞀**茂**之忳忳。**

　　顛越，殞墜。咍，笑紛亂貌。尤，過。謇，詞。釋，解。沈，沒。抑，按。白，明辨。鬱邑，愁貌。侘傺，失志貌。煩言，謂煩亂之言，《左傳》曰"嘖有煩言"是也。詒，遺。《騷經》曰："解佩纕以結言。"《思美人》曰："言不可結而詒。"疑古者以言寄意於人，必以物結而致之，如結繩之為也。號，大呼。申，重。悶，煩。瞀，亂也。忳忳，憂貌。言我思君之諸臣莫有忠於我者，故忘己之賤貧，但知盡心事君，不懷貳求寵，是以視眾人之懷貳求寵者，心若迷惑，不知其所從入之門，而無罪見疏，本非所望，但以行不羣而至此，遂爲眾所笑耳，尤謗不可釋，沈抑不達，蔽而莫白，中情莫察，煩言難遣，陳志無路，故進退惟有憂愁而已。

　　右四節。言既疏之後，尚欲盡忠，因念忠而遇罰，眾之所呰，此情沈抑，自陳無路，進退維谷，惟有憂悶而已。

　　以上四節爲一段，呼天明己之忠而得禍，遂至進退維谷也。

　　昔余夢登天兮，魂中道而無杭。吾使厲神占之兮，曰："有志極而無旁。終危獨以離異兮，曰君可思而不可恃。"故眾口其鑠金兮，初若是而逢是殆。懲熱羹而吹齏兮，何不變此志也？欲釋階而登天兮，猶有曩之態自也。眾駭遽以離心兮，又何以爲此伴也？同極而異路兮，又何以爲此援去也？

　　杭，方兩舟而並濟也，通作"航"。厲神，殤鬼，《左傳》"晉侯夢大厲"，《祭法》有"泰厲、公厲、族厲，主殺伐之神也"。旁，輔。君可思者，臣子之義。不可恃者，明暗不同也。此句亦占詞，故有"曰"字。眾口鑠金者，眾口讒毀，即堅金亦可銷鑠。殆，危。齏者，凡醯醬所和，細切爲齏。階，梯。伴，侶。極，至。援，引也。言昔余曾夢登天而無船者，其占爲但有心志，勞極而無輔助，終至危獨離異。我初以君爲可恃，故被眾毀而遭離危殆，果如始者占夢之言，然歠羹傷熱而吹冷齏，懲而變志，人情之常。我今尚欲釋階登天，則是不以賈禍自懲。而猶有前日忠直之態，眾人見己所爲，皆驚駭，遑遽以離心，則不與己爲侶。與眾人同事一君而其志不同，則如同欲至於一處而各行一路，誰可與相援引而俱進者乎？

　　右五節。言得罪見疏，已有夢兆在先，明知得禍，此心難已，故到底不變，非是驚眾違俗，徼倖萬一也。

　　晉申生之孝子兮，父信讒而不好。行婞直而不豫兮，鯀功用而不就料。吾聞作忠以造怨兮，忽謂之過言。九折臂而成醫兮，吾至今乃知其信然。

　　申生事見《左傳》、《禮記》，鯀事見《騷經·天問篇》。不豫，見上。忽者，易而略之之意。人九折臂，更歷方藥，乃成良醫。言孝子離讒，婞直無功，自古如此。吾嘗聞作忠造怨，忽而不察，以爲過言者，自信忠誠可以感格，今日親身離殃，乃知爲誠然也。《左傳》曰："三折肱，爲良醫。"亦此意也。

右六節。言作忠造怨，自古皆然也。

矰弋機而在上兮，尉羅張而在下。設張辟以娛君兮，願側身而無所假。欲儃佪以干傺兮，恐重患而離尤。欲高飛而遠集兮，君罔謂女何之由？欲橫奔而失路兮，蓋堅志而不忍。背膺胖以交痛兮，心鬱結而紆軫。

矰，繳，射鳥短矢。弋，繳射。機，張機以待發。尉羅，掩鳥網。辟，開也，與"闢"同；或云，謂弩背也。儃佪，不進貌。干傺，謂求住也。重，增益。離，遭。集，鳥飛而下止，謂遠遁也。橫奔、失路，妄行違道。膺，胸。胖，半分。《禮》傳曰："夫妻胖合也。"言讒賊之人陰設機械，張布開闢，傷害君之所惡，以悅君意，使人憂懼，雖欲側身以避之，而尤恐無其處，欲儃佪求住，恐增禍遭尤，欲高飛遠去，又恐君得無謂女欲去我而何往乎，欲妄行違道，則吾志已堅而不忍爲。三者皆不可爲，如背胸一體而中分之，其交爲痛楚，有不可言者矣。

右七節。實發進退維谷，其痛有難言者。

檮木蘭以矯蕙兮，糳申椒以爲糧。播江離與滋菊兮，願春日以爲糗芳。

檮，舂。矯，猶揉。糳，精細米。播，種。滋，蒔。糗，糒，乾飯屑也。以蘭蕙申椒爲糧，目前如此，又願春日種離蒔菊，以爲永久之糗芳，言不變其素守也。本是願春日播江離與滋菊兮，以爲糗芳，此參錯法也。

右八節。實發不變此志，猶有曩之態也。

恐情質之不信兮，故重著以自明。矯茲媚以私處兮，願曾思而遠身升。

質，猶"交質"之"質"。矯，舉。媚，愛，謂所愛之道，所守之節也。私處，猶曰"自娛"。曾，重也。曾思所以慮害。遠身，所以避害。

右九節。恐情質不信，曾思遠害，有不能者，故重著此篇以自表明。應起二句，倒敘法。

以上五節爲二段，言己之得禍有夢在先，明知如此，雖進退維谷，而此志不變也。

右《惜誦》。

此篇即《離騷》"余固知謇謇之爲患兮，忍而不能舍也"之意，其寫作忠造怨，遭讒畏罪，更曲盡情狀，爲君臣者皆不可以不察。

通篇只兩段，首兩句總起，末四句總結。

余幼好此奇服兮，年既老而不衰。帶長鋏之陸離兮，冠切雲之崔嵬。被明月兮(珮)〔佩〕佩寶璐[一]，世溷濁而莫余知兮。吾方高馳而不顧，駕青虯兮驂白螭。吾與重華遊兮瑤之圃，登崑崙兮食玉英。吾與天地兮比壽，與日月兮齊光。

奇服，奇偉之服，以喻高潔之行。下冠劍被服皆是。鋏，劍把，或曰刀身劍鋒也。長鋏，見《史記》。切雲，高冠之名。在背曰被。明月，珠名。以其夜光有似明月，故以爲名。璐，美玉名。虯、螭，龍屬，言乘靈物，從聖帝，遊寶所，登崑崙，皆見所至之高，食玉英，所養之潔，比壽齊光，能不朽也。

右一段。言己之志行芳潔高遠，世莫余知。若從聖帝登崑崙，則能不朽。正與下獨處山中相反也。

哀南夷之莫吾知兮，且余濟乎江、湘。

南夷，謂楚國也。一句結上，一句起下。

乘鄂渚而反顧兮，欸哀秋冬之緒風。步余馬兮山皋，邸余車兮方林。乘舲船余上沅兮，齊吳榜而擊汰。船容與而不進兮，淹回水而凝滯。朝發枉渚兮，夕宿辰陽。苟余心之端直兮，雖僻遠其何傷！入溆浦余儃佪兮，迷不知吾所如。深林杳以冥冥兮，乃猿狖之所居。山峻高以蔽日兮，下幽晦以多雨。霰雪紛其無垠兮，雲霏霏其承宇。汰滯通韻

鄂渚，地名，今鄂州。欸，歎也。《方言》云："南楚凡言'然'者爲'欸'。"《史》、《漢》亞父曰"唉"，及唐人"欸乃"，皆此字。緒，餘。遷在仲春而猶有秋冬之餘風，記時也。邸，至也，一作"低"者，說見《招魂》"軒輬既低下"。方林，地名。舲船，船有窗牖者，或曰小船。上，謂沂流而上[二]。齊，同時並舉。吳，謂吳國。榜，櫂也。蓋效吳人所爲之櫂，如云"越舲"、"蜀艇"也。汰，水波。船不進而凝滯，留落之意，亦戀故都也。枉渚、辰陽，皆地名。《水經》云："沅水東逕辰陽縣，東南合辰水。"沅水又東歷小灣，謂之枉渚。溆浦，亦地名。霰，雨凍如珠，將爲雪者。宇，室簷。仲春山深，猶有積雪也。當秋冬緒風，涉江而去鄂渚反顧。未濟時，不忍便濟沅水，擊汰、容與、凝滯；方濟時，猶不忍竟濟，乃朝發枉渚，夕宿辰陽；既濟之後，自信端直，放非其罪，僻遠何傷？及由溆浦入林入山，前與重華遊者，今與猿狖居矣。前與天地比壽、日月齊光者，今幽晦雨雪，不知有天地日月矣。此見放之地也。

右二段。敘見放之時，搖落如此，所經之地，鄙遠如此，乃至江南見放之

地，荒涼如此，正與首段相反。

哀吾生之無樂兮，幽獨處乎山中。吾不能變心以從俗兮，固將愁苦而終窮。接輿髡首兮，桑扈羸行。忠不必用兮，賢不必以。伍子逢殃兮，比干菹醢_喜。**與前世而皆然兮，吾又何怨乎今之人！余將董道而不豫兮，固將重昏而終身。**

接輿，楚狂，被髮佯狂，後乃自髡。桑扈，即莊子所謂"子桑戶"。羸行，謂赤體而行。或疑《論語》所謂"子桑伯子"亦是此人，蓋夫子稱其簡。《家語》又云："伯子不衣冠而處，夫子譏其欲同人道於牛馬。"即此裸行之證。"以"，亦"用"也。伍子，吳相伍員子胥，諫夫差，令伐越，不聽，被殺，盛以鴟夷而浮之江，事見《左傳》、《史記》。比干，事見《騷經·天問》。四人總說，二句下用"忠不必用"一句承之，人所知也。此卻將四人分寫兩頭，中間二句分應之。"忠不必用"應下兩人，"賢不必以"應上兩人。董，正也。不豫，見《惜誦》。重昏，重復暗昧，終不復見光明也。

右三段。幼好奇服，窮不變心，前世皆然，終身守正，暢發"雖鄙遠何傷"之意。

亂曰：鸞鳥鳳皇，日以遠兮。燕雀烏鵲，巢堂壇_{上聲}**兮。露申辛夷，死林薄兮。腥臊並御，芳不得薄**_博**兮。陰陽易位，時不當兮。懷信佗傺，忽乎吾將行兮。**

露，暴。申，重。叢木曰林，草木交錯曰薄。腥臊，臭惡。御，用。薄，附也。陰謂小人，陽謂君子。將行，謂遠去。鸞鳳日遠，重華已去，身見放也。燕雀巢堂，仁賢遠去，讒佞見親也。辛夷暴而重積之枯於林間，身獨處山中也。汙賤並進，芳潔不容也。君子小人，升沈倒置，前世皆然也。遭時如此，懷忠失志，惟當遠去也。

右四段[三]。總結上文，一一照映。

右《涉江》。

涉湘江而南也。湘江在長沙，過岳州洞庭而東行。又上沅水，發枉渚，宿辰陽，入漵浦，皆在辰州，則至江南之野。天地齊壽，日月齊光。初放時，志氣不衰，及經歷荒涼，一無改悔，而歎陰陽易位，忽乎將行，蓋既至放地所作也。

【校記】

[一]"珮"，諸本同，疑當作"佩"，據改。

[二]"沂",諸本同,疑當作"逆"或"泝"。

[三]"右",底本作"第",諸本同,據行文體例改爲"右"。

皇天之不純命兮,何百姓之震愆?民離散而相失兮,方仲春而東遷。去故鄉而就遠兮,遵江、夏以流亡。出國門而軫懷兮,甲之朝吾以行。發郢都而去閭兮,怊荒忽其焉極?楫齊揚以容與兮[一]**,哀見君而不再得。望長楸而太息兮,涕淫淫其若霰。過夏首而西浮兮,顧龍門而不見。心嬋媛而傷懷兮,眇不知其所蹠**灼。**順風波而從流兮**[二]**,焉洋洋而爲客**愔。**凌陽侯之氾濫兮,忽翱翔之焉薄?心絓結而不解兮,思蹇產而不釋**脫。**將運舟而下浮兮,上洞庭而下江。去終古之所居兮,今逍遙而來東**雙。

不純命,即天命靡常之意,爲下文"夏邱"二句本根。震,動。愆,過。仲春,二月。被放時,人民離散,三閭亦在行中。閔其流離,因以自傷。仲春東遷,追記其時也。遵,循。江,大江。夏,水名。軫,痛。甲日朝旦也,自言其以甲日朝旦而行,追記其日也。郢都,在漢南郡江陵縣。閭,里門。齊揚,同舉。容與,徘徊。言鼓棹者亦不欲去,知己之戀戀於君,不得再見也。楸,梓。長楸,所謂故國之喬木,使人顧望,徘徊不忍去也。淫淫,流貌。夏首,夏水口。浮,不進之而自流也。龍門,楚都南關二門,一名龍門,一名修門。太息,回望郢亦不得再見也。嬋媛,兩見前篇。眇,猶遠。蹠,踐也。洋洋,無所歸貌。凌,乘也。陽侯,陽國之侯,溺死於水,其神能爲大波。氾濫,波貌。薄,止。絓,懸也。蹇產,詰曲貌。波浪連天,憂思方深。來東,上用"逍遙"二字,甚難解,猶俗言"漫無一事,好端端而來此"也。言仲春東遷,甲朝起行,覩此人民離散,因歎天命靡常,知郢都之必亡,今日一去,君難冉見,回望長楸龍門,嬋媛傷懷,順風從流,洋洋爲客氾濫焉薄。心思不釋,將連舟而上洞庭,自楚受封之初,終古所居,一旦長別,安得不哀?

右一段。追敍去郢之時日,水路之經歷,以之放所也。

羌靈魂之欲歸兮,何須臾而忘返!背夏浦而西思兮,哀故都之日遠。登大墳以遠望兮,聊以舒吾憂心。哀州土之平樂兮,悲江介之遺風岑。**當陵陽之焉至兮,淼南渡之焉如?曾不知夏之爲丘兮,孰兩東門之可蕪?**

時未過夏浦,故背之而回首,西鄉以思郢都也。水中高者曰墳,《詩·汝墳》是也。望,望郢都。平樂,地寬博而人富饒。介,間。遺風,謂故家遺俗

- 643 -

之善也。陵陽，楚地。卞和封陵陽侯。焉至，何能及也。言卞和之冤得白，己之冤莫白也。淼，滉瀁無涯。於是始南渡大江矣。夏，大屋。丘，荒墟。孰，誰也。兩東門，郢都東關有二門。蕪，穢。言靈魂欲歸，須臾不忘。夏浦西思，故都日遠，遠望舒憂，而州土遺風愈增悲哀，忽憶陵陽之冤得白，而我今淼淼南渡，焉能及彼？君王曾不知都邑宮殿之夏屋當爲丘墟，孰謂兩東門亦可蕪廢耶。"哀州土"二句，下即當接"曾不知"二句，卻以"當陵陽"二句一間，氣方深遠，意方深厚。

右二段。九年中未嘗須臾忘返，即未嘗須臾不哀夏屋東門將爲姑蘇麋鹿之續，誠可哀矣。

心不怡之長久兮，憂與愁其相接。惟郢路之遼遠兮，江與夏之不可涉。忽若去不信兮，至今九年而不復。慘鬱鬱而不通兮，蹇侘傺而含慼觸。**外承歡之汋約兮，諶荏弱而難持。忠湛湛而願進兮，妬被**披**離而鄣之。堯、舜之抗行兮，瞭杳杳而薄天。眾讒人之嫉妬兮，被以不慈之僞名**眠。**憎慍惀之修美兮，好夫人之忼慨。眾踥蹀而日進兮，美超遠而踰邁。**

怡，樂。長久者，暗寫九年憂憂相接，首尾如一，繼續無已也。汋約，好貌。諶，誠。荏，亦弱也。湛湛，重厚貌。被離，眾盛貌。鄣，壅。心久不怡，憂愁相接者，郢路遼遠，江夏難涉也。至今九年不復，鬱鬱含慼，去國之日，忽若不信其如此之久而今竟如此之久也。彼小人外爲諛說以奉君之歡，適情態美好，誠使人心意軟弱而不能自持，是以懷忠而願進者，皆爲所嫉妬而壅蔽不得進也。堯舜之行高逼於天，尚有不慈之名，而況其下者乎？君子之慍惀，若可鄙者；小人之忼慨，若可喜者。惟明者能察之。讒佞之人日進於前，使人美而好之，愈甚而無已也。

右三段。言讒人之毒，即堯舜不免，而況己乎？君子日遠日疏，小人日近日親，永無還期矣。全爲下文還鄉首邱地，意在言外。

亂曰：曼余目以流觀兮，冀壹反之何時？鳥飛返故鄉兮，狐死必首邱詩。**信非吾罪而棄逐兮，何日夜而忘之？**

曼，遠意。鳥飛返故鄉，思舊巢也。首邱，謂以首枕邱而死，不忘其所自生也。《禮》曰："大鳥獸喪其羣匹，越月踰時，則必返巡，過其故鄉。"又曰："樂，樂其所自生；禮，不忘其本。"古人有言，曰："狐死正邱首，仁也。"忘，謂忘其故都也。

右四段。言信非吾罪而棄逐，乃"今逍遙而來東"之注腳。一返無時，狐鳥不如，然無罪放逐，有可還之理，故日夜不忘也。其詞似和，其心愈哀矣。

右《哀郢》。

九年不復，追敍初放時日及既到之後，無限悲痛而結以無罪棄逐，皆爲夏邱門蕪耳，故不曰"思郢"而曰"哀郢"也。

【校記】

[一]"參"，諸本同。傳世《楚辭》諸本作"齊"，是。
[二]"流從"，諸本同，乙倒。傳世《楚辭》諸本皆作"從流"，據改。

心鬱鬱之憂思兮，獨永歎乎增傷。思蹇産之不釋兮，曼遭夜之方長。悲秋風之動容兮，何四極之浮浮！數惟蓀之多怒兮，傷余心之憂憂。願遙赴而橫奔兮，覽民尤以自鎮平。**結微情以陳詞兮，矯以遺夫美人。**

秋風動容，謂秋風起而草木變色。四極浮浮，四方飄搖也，爲"怒"字作引。數，計。惟，思。憂，愁。尤，過。鎮，止。矯，舉也。憂，思不釋。遭夜方長，秋風動容，四極飄搖，計而思之。君多妄怒，使我心傷，我本欲從所居遙奔君所，陳此固結之微情，覽民之離尤，遂自止也。倒敍法。

右一段。思君不寐，秋風增感。又思遙奔陳情，不可而止也。

昔君與我成言兮，曰："黃昏以爲期。"羌中道而回畔兮，反既有此他志平。**憍吾以其美好兮，覽余以其修姱**戶。**與余言而不信兮，蓋爲余而造怒。願承間而自察兮，心震悼而不敢。悲夷猶而冀進兮，心怛傷之憺憺。茲歷情以陳辭兮，蓀詳聾而不聞。固切人之不媚兮，衆果以我爲患**昆。**初吾所陳之耿著兮，豈至今其庸亡？何獨樂斯之蹇蹇兮？願蓀美之可完**方。**望三五以爲像兮，指彭咸以爲儀。夫何極而不至兮，故遠聞而難虧。**

成言，已成之約言。《淮南子》曰："薄於虞淵[一]，是謂黃昏。"喻晚節也。畔，田中路。回畔，喻君與己始親而後疏。憍，矜也。《莊子》曰："虛憍而盛氣。"覽，示。姱，好。間，閒暇。《莊子》曰："今日宴閒。"察，明。怛，悲慘。憺憺，安靜意。歷，猶"列"也。詳，詐。耿，明貌。庸，用。三五，謂三皇五帝。像，肖其形象也。儀，式。極，盡。至，到。虧，缺也。言君與己先親後疏者，虛憍之氣，自多其能，言又非實，本無可怒，但以惡我之故，爲我作怒也，我欲承君之閒暇以自明而不敢，又不能自已，故夷猶

— 645 —

欲進，而心復悲慘，靜默而不敢言，懇切之人不能軟媚，君或未怒，而眾已疾之，蓋惡其傷已也。昔吾所陳之言，明白如此，至今豈庸遂亡耶？然吾非獨樂爲此蹇蹇，而不樂爲順從也，但以願君之德美猶可復全，是以不得已而爲此耳，以三五之至德望君，彭咸之死諫自期，視彼像儀，而必欲求到其極，則遠聞而難虧矣。

右二段。追思昔陳詞造怒之故，望君三五，自儀彭咸，惓惓無已之心也。

善不由外來兮，名不可以虛作。孰無施而有報兮，孰不實而有獲？

右三段。總結上文，見思之無益也。朱元晦云："明白親切，不煩解說。"雖前聖格言不過如此，不可但以詞賦讀之也。

少歌曰：與美人之抽思兮，并日夜而無正。憍吾以其美好兮，敖朕辭而不聽。

少歌，樂章音節之名。荀子佹詩亦有小歌[二]，即此類也。抽，拔。思，意。并日夜，言旦暮如一也。憍，矜。無正，無與平其是非。敖，倨視也。

右四段。出題。

倡曰：有鳥自南兮，來集漢北。好姱佳麗兮，牉獨處此異域。既惸獨而不羣兮，又無良媒在其側。道卓遠而日忘兮，願自申而不得。望北山而流涕兮，臨流水而太息。

倡，亦歌之音節，所謂發歌句者也。鳥，自喻。南，郢。漢北，漢水之北。遷之於此，非所生之地，故曰"異域"。北山，漢北之山。望之流涕，悲久居於此也。身在漢北，心思南郢，既無良媒，日遠日忘，又不能自白，故望山臨水，每思之而流涕太息也。

右五段。以鳥自喻，身處漢北，心懷郢南也。

望孟夏之短夜兮，何晦明之若歲！惟郢路之遼遠兮，魂一夕而九逝。曾不知路之曲直兮，南指月與列星。願徑逝而不得兮，魂識路之營營。何靈魂之信直兮，人之心不與吾心同！理弱而媒不通兮，尚不知余之從容。

秋夜方長，憂不能寐，故望孟夏之短夜，冀其易曉；晦明若歲，夜未短也。一夕九逝，思之切也。魂不識路，以月星而知，然欲去而又未得者，以魂雖識路而營營獨往，無與俱也。其如靈魂忠信而質直，不知人心之異我，故雖得歸，亦無與左右而道達之者，彼又安能知我之閒暇而不變所守乎？

右六段。一夕九逝，南指月星，思之如此，而人心不同，終無媒而不能歸也。

漢北與上庸接壤，漢水出嶓塚山，在漢中府寧羌縣上庸，即今石泉縣。按：《史記》止言三閭疏絀，不復在位，其作《離騷》有"放流"而無"漢北"字，今讀此篇，始知懷王初遷三閭於漢北也。

亂曰：長瀨湍流，泝江潭溽兮。狂顧南行，聊以娛心兮。軫石崴嵬，蹇吾願兮。超回志度，行隱進焉兮。低佪夷猶，宿北姑兮。煩冤督容，實沛徂兮。愁嘆苦神，靈遙思兮。路遠處幽，又無行媒兮。道思作頌，聊以自救兮。憂心不遂，斯言誰告垢兮！

瀨，水淺處。湍，急流。《爾雅》釋水逆流而上曰泝回，順流而下曰泝遊。潭，深，又與"溽"同。狂顧，憂懼而警視。自江入湖，自湖入江，皆泝流而南行也。軫，方。石，其願如方石，不可轉也。超回，前出也。低佪，欲行又止。隱進，不覺前行而前行也。北姑，地名。督容，督亂之意見於容貌。實沛徂，誠欲沛然如水之流也。靈，靈魂。道思者，且行且思也。救，解。聊以自遣耳，思不可釋也。言泝遊江潭，南行自娛者，遠望當歸也。超回隱進者，欲止而不能止也。宿北姑者，不能再隱進也。又無行媒者，返無期也。斯言誰告者，思無已時也。

右七段。此篇之作，聊以自救，世無可語者也。

右《抽思》。

思欲陳詞，覽民尤而止，望三五，儀彭咸，蓋爲國爲民，非爲一己見疏，此所以與美人之抽思也。

【校記】

［一］虞淵，居易堂本、乾隆本作"淵虞"。文實本《太平御覽》引《淮南子·天文訓》："扞日昫至於虞淵，是謂黃昏。"莊逵吉校："《太平御覽》作'薄於虞淵'。"

［二］"荀"，底本作"荷"，居易堂本、乾隆本作"荀"，據改。

滔滔孟夏兮，草木莽母莽。傷懷永哀兮，汩徂南土。眴兮杳杳，孔靜幽默。鬱結紆軫兮，離愍而長鞠急。撫情效志兮，冤屈而自抑。

滔滔，水大貌。莽莽，茂盛貌。懷，心。永，長。汩，汨羅。徂南土，泝沅湘，而向汨水也。沈在五月初而曰孟夏者，初行時也。眴，目數搖動之貌。

- 647 -

杳杳，深冥之貌。孔，甚。靜，寂。幽，深。默，無聲，又黑也。二句正言汨水之氣色陰森，儼然鬼景。紆，屈。軫，痛。離，遭。滔，痛。鞠，窮。撫，循。效，猶"覈"。抑，按也。言當孟夏草木陰森時，南征汨羅，傷心永哀，再無還日。今觀汨水陰森，自痛長窮，撫情覈志，無有過失，則屈志自抑而不懼也。"孔靜幽默"四字，贊汨羅切絕妙絕，非親覩者不知也。余固未嘗至土，著為余言如此。

右一段。記時記地，明自沈之冤抑也。

刓方以爲圜兮，常度未替。易初本迪兮，君子所鄙。章畫志墨兮，前圖未改己。內厚質正兮，大人所晠盛。巧倕不斲兮，孰察其揆正。玄文處幽兮，矇瞍謂之不章。離婁微睇兮，瞽以爲無明。變白以爲黑兮，倒上以爲下戶。鳳凰在笯兮，雞鶩翔舞。同糅玉石兮，一概而相量。夫惟黨人之鄙固兮，羌不知余之所藏。

刓，圓削器。度，法。易，變。初，始。本，根柢也。《書‧大禹謨》："惠迪吉。"《注》言："順道則吉也。"鄙，厭薄。章，典章。畫，卦畫。志，記，與"誌"同，積記其事也。墨，書墨。典章如畫，志記如墨，甚分明也。圖，計。晠，明。倕[一]，堯時巧工。斲，斫。不斲，其巧未用也。察，知。揆，度。玄，墨。幽，暗也。有眸子而無見曰矇，無眸子曰瞍。墨文，更處暗地，有目者猶不能明見，況矇瞍？離婁，黃帝時人，明目能見百步之外，秋毫之末。睇，小視。言小視而見秋毫之微也。瞽，即矇。笯，籠落。糅，雜也。方圓之常度未廢，變易根柢之道，君子厭薄，況章志分明，我之前圖豈能更改？然忠厚正直藏之於內，必大人乃能明見。如工倕不斲，其巧未用，孰察其揆正乎？若玄幽之難見，視微之精妙，又何怪矇瞽之不知乎？至黑白上下鳳雞聖凡玉石貴賤，皆最易知者，且不能知；余之所藏，豈黨人鄙固者所知乎？

右二段。言己之守道不變，忠正在內，人不能知，玄文微睇，在外者亦不能知。黑白以下，最易知者，且不能知，則余之深藏，宜黨人之不知也。黨人二句，收上起下。

任重載盛兮，陷滯而不濟。懷瑾握瑜兮，窮不知所示。邑犬羣吠兮，吠所怪也。非俊疑傑兮，固庸態也。文質疏內兮，眾不知余之異采。材朴委積兮，莫知余之所有。重仁襲義兮，謹厚以爲豐。重華不可遌兮，孰知余之從容！

車大盛多。陷，沒。滯，沈。濟，度也。車任載重多，險滯泥濘而不得濟。瑾、瑜，美玉。在衣爲懷，在手爲握。不知所示，無可示者也。怪，怒也，異也。俊、傑，皆才過人者。非、疑，皆毀謗。庸，廝賤之人。態，度。疏，通。文質得中，疏通於內也。異彩，殊異之文彩。材，木中用者。樸，未斲之質。委積，多有也。重，累。襲，亦重。謹，慎。厚，不薄。又，重也。豐，富。邅，逢。從容，舉動自得也。言車重則陷滯，玉美則無可示，羣犬則吠所怪，人之俊傑則爲廝賤所毀謗，世俗如此，故疏內之異彩，多有之材樸，眾莫余知，而仁義謹厚。重華不逢，世之廝庸又孰知余之舉動乎？

右三段。細發莫余知之故言，世俗如此之惡，自諒所藏實非黨人所知。重言而深痛之也。

古固有不並兮，豈知其何故！湯、禹久遠兮，邈而不可慕。懲違改忿兮，抑心而自強。離慜而不遷兮，願志之有像。

懲，創。違，過。忿，恨怒。抑，按。慜，憂。像，法也。自古至今，聖君賢臣，生不並時，不知何故，是以湯、禹既遠，慕亦無益，惟有懲改往日之過忿，自抑其心，強於爲善，不以憂患改節，欲其志之爲後世法也。

右四段。湯、禹久遠，前不見古人也；願志有像，後不見來者也。痛古傷今，皆屬無益，惟一死而已。言外有我不見古人而慕古人，後人不見我而慕我，猶我之慕古人也。

進路北次兮，日昧昧其將暮。舒憂娛哀兮，限之以大故。

次，止舍。限，界。大故，死也。言北次汨水，日色已暮，舒往日之憂，娛往日之哀者，今夕不可少待之大故也。陰森之氣，直湧紙上，慘不可讀。

右五段。汨羅自沈之時景，總收上文也。

亂曰：浩浩沅、湘，分流汨兮。修路幽蔽，道遠忽必**兮。懷質抱情，獨無正兮。伯樂既沒，驥焉程兮。民生稟命，各有所錯**措**兮。定心廣志，余何畏懼兮！曾傷爰哀，永歎喟兮。世溷濁莫吾知，人心不可謂兮。知死不可讓，願勿愛兮。明告君子，吾將以爲類**賴**兮。**

浩浩，廣大。汨，汨羅。汨水乃沅、湘之分流也。無正，與"幷日夜無正"之"正"意同。伯樂，善相馬者。程，謂較量才力。錯，置。類，法也。言浩浩沅湘分爲汨水，道路幽遠，今忽至此，獨抱情懷，誰正是非，世既無如伯樂能相馬之人，徒生何益？但民生稟命於天，壽夭窮通錯置，各有運數，是以君子之處患難，定心廣志，則余復何所畏懼乎？哀傷永歎，人心溷濁，無可

— 649 —

謂者。死不可讓，捨生取義，知所惡有甚於死者，願勿愛此七尺之軀，明告君子，吾將以此言爲法也。

右六段。獨立汨上，自述之死靡他之素志，以告後人也。

右《懷沙》。

言懷抱沙石以自沈也。此三閭之絕筆，應在《九章》之末。文義最明，不待高明而後知也。

【校記】

[一]"倕"，底本作"垂"，諸本同，當作"倕"，據經文"巧倕不斲兮，孰察其揆正"改。後同。

思美人兮，擥涕而竚眙[一]。媒絕路阻兮，言不可結而詒怡。蹇蹇之煩冤兮，陷滯而不發。申旦以舒中情兮，志沈菀而莫達。願寄言於浮雲兮，遇豐隆而不將。因歸鳥而致辭兮，羌迅高而難當。

擥，猶"收"也。竚，久立。眙，直視。詒，遺也。陷滯不發，以陷潭爲喻。申，重。今日已暮，明日復旦。菀，積也。言擥涕直視，媒絕路阻，言不可眙，煩冤陷滯，中情莫達，思美人之懷如此。欲因雲致辭，則雲師不聽；欲因鳥致詞，鳥飛速而又高。難，可。當，值。承媒絕路阻而言也。

右一段。直敘思君之切如此。

高辛之靈晠盛兮，遭玄鳥而致詒去。欲變節以從俗兮，媿易初而屈志。獨歷年而離愍兮，羌馮心猶未化移。寧隱閔而壽考兮，何變易之可爲？知前轍之不遂兮，未改此度。車既覆而馬顛兮，蹇獨懷此異路。勒騏驥而更駕兮，造父爲我操之。遷逡次而勿驅兮，聊假日以須時。指嶓冢之西隈兮，與纁黃以爲期。

玄鳥致詒，事見《天問》。馮，憤懣。歷年離愍，遷之漢北也。隱閔壽考，優遊卒歲。車覆馬顛，喻見疏遠遷也。異路，人所見不由，己獨由者。造父，善御，周穆王時人。操之，執轡也。遷，猶"進"。逡次，猶"逡巡"。假，借。須，待也。嶓塚，山名，漢水所出。纁，淺絳色。日將入時纁且黃。爲期，猶言至死方休也。高辛有玄鳥意外之奇遇，我則無。此承上歸鳥難當來。言我雖無此奇遇，終不能變易其初心，知直道之不可行，而不能改其度，雖至於車傾馬仆，而猶獨懷其所由之道，不肯同於衆人，乃更駕駿馬，善御者執轡從容而往，借日待時，指嶓塚之西隈，以日夕爲期，終不因車覆馬顛而改轍也。

右二段。思君而不能變節從俗，雖顛覆而不能改轍也。

開春發歲兮，白日出之悠悠。吾將蕩志而愉樂兮，遵江、夏以娛憂。擎大薄之芳茝兮，搴長洲之宿莽卯。**惜吾不及古之人兮，吾誰與玩此芳草。解萹薄與雜菜兮**[二]，**備以爲交佩。佩繽紛以繚轉兮，遂萎絕而離異。吾且僂佝以娛憂兮，觀南人之變態。竊快在其中心兮，揚厥憑而不竢。芳與澤其雜糅兮，羌芳華自中出。紛郁郁其遠蒸兮，滿內而外揚。情與質信可保兮，羌居蔽而聞章。**

不及，謂生不及其同時。芳茝、宿莽，皆芳草也。既不及與古人同時。擎，搴。芳草，誰與玩此。萹[三]，萹蓄，似小梨，赤莖節，好生道旁。薄，叢。交佩，左右佩也。萹蓄、雜菜，皆非芳草。繽紛、繚轉，佩美貌。解，猶"知"也。言彼但知萹薄、雜菜，自以爲佩之美，不知適佩之而遽已萎絕離異矣。於是且復優遊忘憂，以觀南人變態之惡狀，如蘭之委、美椒之專佞是也。竢，待也。竊自樂其所得於中者，以舒憤懣不暇。更待芳澤雜糅，則其芬芳自從中出，初不借美於外物，遂郁郁遠聞，皆由誠實可保，故所居雖蔽而其名則章也。承上假日須時而言，開春娛憂，忽思古人既不可見，今人又不堪觀，惟自己芳華莫掩，此中心之快也。然所謂快者，正痛極之反詞。忽而痛哭古人，忽而痛恨今人，忽而中心自快，正是寫"思"字奇妙處。

右二段。言己思君之心終始不變，身雖遷謫，名聞益章也。

余薜荔以爲理兮，憚舉趾而緣木。因芙蓉而爲媒兮，憚褰裳而濡足。登高吾不說兮，入下吾不能。固朕形之不服兮，然容與而狐疑凝。**廣遂前畫兮，未改此度也。命則處幽吾將罷兮，願及白日之未暮也。獨煢煢而南行兮，思彭咸之故也。**

非媒不應我之求，恥因介紹以爲先容，而訖以有憚也。畫，計謀。服，習也。登高緣木，入下濡足，此固我身素所不習。然此不習者，是耶，非耶？狐疑之甚，思欲廣，遂向者三五之謀畫耶。前度未改，必不行也。思欲安命而罷耶，心未能化也。四句正寫狐疑。下三句，志決矣。白日未暮，時尚可爲，故決以死諫也。"願"字直貫三句，以"思"結。

右三段。既不能求媒，又不能不思，兩端狐疑，終決之以死諫也。

右《思美人》。

美人者，懷王也。指嶓冢之西隈，觀南人之變態。嶓冢在郢北，郢在漢南，此亦遷漢北時作也。

【校記】

[一]"竚"，底本作"佇"，居易堂本、乾隆本作"竚"，據改。

[二]"薠"，底本作"蒍"，諸本同。傳世《楚辭》諸本多作"薠"，是。注文"薠蕩"亦可證。

[三]"薠"，底本作"蒍"，居易堂本、乾隆本作"薠"，據改。後同。

惜往日之曾信兮，受命詔以昭時。奉先功以照下兮，明法度之嫌疑。國富強而法立兮，屬貞臣而日娭熙。祕密事之載心兮，雖過失猶弗治。

時，謂時之政治，言往日嘗見信於君而受命，以昭明時之政治也。先功，謂先君之功烈。法度，治國之典章，明則國興，背則國亡。嫌疑，謂事有同異而可疑者。屬，付。娭，戲也。貞臣，正固之臣，自謂也。日娭，所謂逸於得人也。雖國所祕之密事，皆載於其心，是以或有過失，猶寬而不治其罪也。

右一段。述往日懷王知遇之厚。

心純厖而不泄兮，遭讒人而嫉之。君含怒以待臣兮，不清澂其然否卑。蔽晦君之聰明兮，虛惑誤又以欺。弗參驗以考實兮，遠遷臣而弗思。信讒諛之溷濁兮，盛氣志而過之。

厖，厚。泄，漏，謂不敢漏其密事。讒人，謂上官大夫靳尚之徒。清澂，猶審察。《史記》云："懷王使屈原造爲憲令，屬草藁未定，上官大夫見而欲奪之，原不與，因讒之曰：'王使屈平爲令，眾莫不知。每一令出，平伐其功，曰非我莫能爲也。'王怒而疏屈平。"即此事也。虛，空言。惑誤，疑而誤之也。至於欺，則公肆誣罔而無所憚矣。忠與讒弗參互而考，其實溷濁清澄之反。盛氣，與"憍吾美好"意同。過之，猶所謂督過之也，遠遷弗思以此。

右二段。惜往日懷王之信讒不察，蔽晦而遠遷己也。

何貞臣之得皋兮，被蠱謗而見尤！慚光景之誠信兮，身幽隱而備之由。臨沅、湘之玄淵兮，遂自忍而沈流。卒沒身而絕名兮，惜壅君之不昭周。君無度而弗察兮，使芳草爲藪幽。焉舒情而抽信兮，恬死亡而不聊。獨鄣壅而蔽隱兮，使貞臣而無由。

蠱，眾怨。謗，人道其惡。誠信，質性純厚。光景，光華外著。備，先具以待用。《書》："有備無患。"猶言"已辦"，一死也。無度、弗察，上無檢柙以知下。《記》曰："無節於內者，其察物弗省矣。" 藪幽，藪澤之幽暗。恬，安也。言無罪見尤，自慚誠信外著，至今日身處幽隱，已自有備，我忍死沈流，沒身絕名，不足深惜，但惜此讒人癰君之罪遂不昭著耳。此所以忍死而有言也。人君不察，芳草宜殖於階庭，而反使在藪澤幽暗之處，何以自明？惟有安於死亡，不肯苟生而已。獨是癰蔽之奸人在側，即有貞臣，無由使矣。

右三段。言己今日放流，不足惜，惜頃襄之弗察，不能再用貞臣，難立國也。

聞百里之爲虜兮，伊尹烹於庖廚稠。**呂望屠於朝歌兮，甯戚歌而飯牛。不逢湯、武與桓、繆兮，世孰云而知之**由！**吳信讒而弗味兮，子胥死而後憂。介子忠而立枯兮，文君寤而追求；封介山而爲之禁兮，報大德之優遊。思久故之親身兮，因縞素而哭之**由。

晉獻公虜虞君與其大夫百里奚，以百里奚爲秦繆公夫人媵。百里奚亡走宛，楚鄙人執之，繆公聞其賢，以五羖羊皮贖之，釋其囚，與語國事，大說，授以國政，號曰五羖大夫。伊、呂、甯戚見《騷經·天問》。味，譬之食物，咀嚼而審其美惡也。子胥事見《涉江》。介子，名推。文君，晉文公，當爲公子時，遭驪姬之譖而出奔，介子推從行，道乏食，子推割股肉以食文公。及得國，賞從行者，不及子推。子推入綿上山中，文公寤而求之，子推不出，文公因燒其山，子推抱樹自燒而死，文公遂封綿上之山，號曰"介山"，禁民樵採，使奉子推祭祀，已報其德，又變服而哭之。優遊，言其德之大也。親身，切於己身，謂割股也。縞素，白緻繒也。

右四段。引古之能用貞臣，不能用貞臣者與報貞臣者以惜君之弗察也，言外有他日思我尸晚之意。

或忠信而死節兮，或訑謾而不疑。弗省察而按實兮，聽讒人之虛辭。芳與澤其雜糅兮，孰申旦而別之？何芳草之早殀兮，微霜降而下戒。諒聰不明而蔽廱兮，使讒諛而日得愛。**自前世之嫉賢兮，謂蕙若其不可佩。妬佳冶之芬芳兮，嫫母姣而自好**拜。**雖有西施之美容兮，讒妬入以自代。願陳情以白行兮，得罪過之不意**解。**情冤見之日明兮，如列宿之錯置**債。

得，得志。微霜降而芳草殀，倒句。前世，謂往日，懷王時。若，杜若。冶，妖冶，女態。嫫母，黃帝妻，貌甚醜。姣，妖媚。西施，越之美女，句踐得之以獻吳王。白，明，自明其行之無罪。不意，出於意外。情冤，情實與冤柱，猶言曲直也。列星錯置，言其光輝而明白也。

右五段。惜往日之忠佞不分，最易察而不能察，爲時已久，非一朝一夕之故也。

乘騏馬而馳騁兮，無轡銜而自載濟。**乘氾泭以下流兮，無舟楫而自備。背法度而心治兮，辟與此其無異。寧溘死而流亡兮，恐禍殃之有再**祭。**不畢辭以赴淵兮，惜壅君之不識**志。

轡，馬韁。銜，馬勒。載，乘也。氾泭，編竹木以度水者。既無騏驥而乘騏馬，又無轡銜與御者，而自乘載必墜於陸。既無舟航而乘氾泭，又無維楫與舟人，而自爲備禦必沈於水。背法度而以私意自爲治者，與此無以異也。不死則恐邦其淪喪而辱爲臣僕，故曰禍殃有再。識，記也。設若不盡其辭而憫然以死，則上官、靳尚之徒壅君之罪，誰當記之也？

右六段。被法度則國亡身虜，不死何待，猶冀君之感悟於萬一也。應轉首節，明法度以題中，"惜"字結通篇。

右《惜往日》。

此將沈汨羅時所作也。合懷、襄兩朝，敘遷放無辜，讒諛得志，貞臣枉死，歷引古事，言易察而不能察，結歸廢法度，應到首段，知國之必亡，故忍死以記讒諛之害也。

后皇嘉樹，橘徠服兮。受命不遷，生南國谷**兮。深固難徙，更壹志兮。綠葉素榮，紛其可喜兮。**

后皇，后土。嘉，美。服，荒服。言后皇有美樹，橘來生此荒服也。《漢書》："江陵千樹橘。"楚地正產橘。受后皇之命不遷，記所謂橘踰淮而北爲枳也。受命獨生南國，故其根深固不遷者，以其壹志釋不遷之故也。橘葉青華白，紛然盛而可喜悅也。

右一段。頌橘之性情也。

曾枝剡棘，圓果摶兮[一]**。青黃雜糅，文章爛**平聲**兮。精色內白，類任道兮。紛縕宜修，姱而不醜**告**兮。**

曾，重纍。剡，利。圓果，橘之實。摶，與"團"同。青，未熟時。黃，已熟時。先後雜糅，文章爛然。精色，外色精明。內白，內懷潔白。外精內白，似有道也。紛縕，盛貌。修，理。姱，美。盛而宜修，故有美而無惡也。

右二段。頌橘之形狀也。

嗟爾幼志，有以異兮。獨立不遷，豈不可喜兮。深固難徙，廓其無求兮。蘇世獨立，橫而不流兮。閉心自慎，終不過失試兮。秉德無私，參天地兮。願歲并謝，與長友消兮。淑離不淫，梗其有理兮。年歲雖少，可師長去兮。行比伯夷，置以爲像兮。

爾，指橘而言。幼志，言自幼而已具不遷之志，不待結實之後而始然，豈不可喜好乎！謂人好餐其美實也。人好橘之實，人有求於橘，橘何求於人。唐詩云："花木有本心，何勞美人折。"即此意。蘇，按《本草》注，舒暢。橫，縱橫。言獨立無求，舉世之人食其實而舒暢也。圓者易流，此圓果雖縱橫枝上，而終不隨流也。橘心閉皮中，故無過失。橘熟則黃，秉中央之德，故可參天地。歲寒，諸樹並謝，惟橘不凋，故願於歲寒並謝之時而長與爲友。淑，善。離，如離立，言孤特也。按：字書，草木刺人爲梗，橘有刺而不妄刺人，故云有理。年歲雖少，雖無松柏之壽而歲寒不凋，可爲師長，非但可友而已。高潔之行，可比伯夷，宜立以爲像而效法之。四句總結。

右三段。頌橘之才德功用也。

右《橘頌》。

通篇皆自喻也。句句頌橘，句句非誦橘[二]。

【校記】

[一]"摶"，底本與諸本皆作"搏"，傳世《楚辭》諸本均作"摶"，據改。注文"摶，與'團'同"亦可證。

[二]"誦"，諸本同，疑當作"頌"。

悲回風之搖蕙兮，心冤結而內傷。物有微而隕性兮，聲有隱而先倡。夫何彭咸之造思兮，暨志介而不忘！萬變其情豈可蓋兮，孰虛僞之可長！

回風，旋轉之風，亦上篇"悲秋風動容"之意。言秋令已行，微物周隕，風雖無形而實先爲之倡也。回風能搖蕙，不能搖彭咸之思。物有時變，故可搖彭咸之思；不變，故不可搖。良以情不可蓋而非虛僞也。

右一段。言回風不能搖彭咸之思，有可法之實也。

鳥獸鳴以號羣兮，草苴比而不芳。魚葺鱗以自別兮，蛟龍隱其文章。故荼

- 655 -

薺不同畝兮，蘭茝幽而獨芳。惟佳人之永都兮，更統世而自貺[一]。眇貌遠志之所及兮，憐浮雲之相羊徜佯[二]。介眇志之所惑兮[三]，竊賦詩之所明。

苴，若草。茸，整治。荼，苦菜。薺，甘菜也。言秋冬尚寒，鳥獸鳴號以求羣類，則草枯不芳；魚整治其鱗以自別異，則蛟龍亦隱其文章。荼薺甘苦不能同生，蘭茝惟處幽僻而自芳矣。回風之能變物，隕性如此，而中有不變者存焉。佳人自謂都美，更歷統世，謂先世之垂統傳世。自貺，謂已得續其官職。相羊，浮遊之貌，微志與浮雲齊高也。佳人之志不變，故感而賦詩以明之也。

右二段。賦詩自明之由也。

惟佳人之獨懷兮，折芳椒以自處。曾歔欷之嗟嗟兮，獨隱伏而思慮。涕泣交而淒淒兮，思不眠以至曙。終長夜之曼曼兮，掩此哀而不去。寤從容以周流兮，聊逍遙以自恃。傷太息之愍憐兮，氣於邑而不可止。糺思心以爲纕兮，編愁苦以爲膺。折若木以蔽光兮，隨飄風之所仍。存髣髴而不見兮，心踴躍其若湯。撫佩衽以案志兮，超惘惘而遂行。

獨懷芳椒，不眠至曙，永夜哀思也。寤而於邑不止，盡日哀思也。糺，戾。纕，已見《騷經》。編，結。膺，胸，謂絡胸者也。光，謂日光。仍，因就之意。折若木以蔽之，欲自晦而隨回風也。髣髴，謂形似，蓋指國事而言。衽，裳際。目雖不見，心不能忘，故自抑其志。惘惘，隨風而去也。

右三段。明思無晝夜，乃隨風而去也。

歲曶曶其若頹兮，時亦冉冉而將至。薠蘅槁而節離兮，芳已歇而不比。憐思心之不可懲兮，證此言之不可聊。寧溘死而流亡兮，不忍此心之常愁巢。孤子唫而抆淚兮，放子出而不還。孰能思而不隱兮，昭彭咸之所聞完。聊、愁，本通韻。聊可讀"留"，愁亦可讀"搖"。

時，謂衰老之期。節離，草枯則節處斷落也。比，合。聊，賴。幼而無父曰孤。放，棄逐。隱，痛。昭，昭明也。言草枯芳歇，歲月易邁，老將至矣。與其生而愁苦，不如死而不思。孤子、放子，莫不皆然，平日所聞彭咸之事，昭然可見矣。

右四段。明所聞彭咸之事不能更待也。惘惘而行之下即當接登巒一段，卻插此段者，不惟嫌其文情太直，又見彭咸之思，定之有素，不待遍歷諸處而後定也。

登石巒以遠望兮，路眇眇之默默。入景響之無應兮，聞省想而不可得。愁

- 656 -

鬱鬱之無快兮，居戚戚而不可解[四]。心鞿羈而不開兮，氣繚轉而自縛改。穆眇眇之無垠兮，莽芒芒之無儀。聲有隱而相感兮，物有純而不可為。邈漫漫之不可量兮，縹綿綿之不可紆。愁悄悄之常悲兮，翩冥冥之不可娛。凌大波而流風兮，託彭咸之所居。

　　山小而銳曰巒。眇眇，遠。默默，黑也。景響無應，省想聞見所不能接，寂寞之極也。繚轉自縛，謂繚戾回轉而自相結也。儀，匹，或曰"儀"猶"像"也。言己之愁思浩然廣大，幽深不可為像。聲有隱而相感，意其可以寤於君心；物有純而不可為則，其心已一於彼而不可變矣。不可為，如言疾不可為之意。邈，遠。縹，微細。紆，縈。翩，疾飛。冥冥，遠去。流，猶"隨"也。漫漫、綿綿，無可託身。悄悄、冥冥，有愁無娛。乃隨風波而託彭咸之所居也。

　　右五段。明至寂之境，不免愁思，何如凌波隨風而從彭咸之所居乎！

　　上高巖之峭岸兮，處雌蜺之標顛。據青冥而攄虹兮，遂儵忽而捫天。吸湛露之浮涼兮，漱凝霜之雰雰。依風穴以自息兮，忽傾寤以嬋媛云。馮崑崙以澂霧兮，隱岷山以清江工[五]。憚涌湍之磕恠磕兮，聽波聲之洶洶。紛容容之無經兮，罔芒芒之無紀。軋洋洋之無從兮，馳委移之焉止。漂翻翻其上下兮，翼遙遙其左右。氾潏潏其前後兮，伴張弛之信期偶。

　　峭，峻。標，杪。顛，頂。攄，舒。捫，撫。湛，厚。漱，蕩口也。雰雰，分散貌。風穴，風從地出之孔。傾寤，傾側而覺悟也。嬋媛，已見前，悲感流連之意。馮，據，如"馮軾"之"馮"。澂，霧去其昏亂之氣。隱，依，如"隱几"之"隱"。清江，去其濁穢之流也。岷，與"岷"同，在蜀郡，江水所出。磕磕，水石聲。洶洶，風水聲。容容，紛亂之貌。軋，傾壓之貌。"漂翻翻"三句亦皆言其反覆不定之意。張，施弓弦也；弛，弓解也；比潮汐之起落也。隨風而行，上極於天，下極於地，惟見波浪洶洶，芒無經紀，上下左右，惟伴潮汐之信期而已，與己託彭咸之居同也。

　　右六段。致身無地，惟與潮汐相伴而已。

　　觀炎氣之相仍兮，窺煙液之所積。悲霜雪之俱下兮，聽潮水之相擊。借光景以往來兮，施黃棘之枉策。求介子之所存兮，見伯夷之放跡。心調度而弗去兮，刻著志之無適的。

　　曰：吾怨往昔之所冀兮，悼來者之愁愁。浮江、淮而入海兮，從子胥而自

－ 657 －

適。望大海之洲渚兮，悲申徒之抗跡。驟諫君而不聽兮，任重石之何益！心絓結而不解兮，思蹇產而不釋。

炎氣，火氣。相仍者，相因而不已也。煙液者，火氣鬱而爲煙，煙所著又凝而爲液。潮，海水以月加子午之時，一日而再至者也。朝曰潮，夕曰汐。觀、窺、悲、聽，承上伴信期而言，內有無限愁思。懷王二十五年入秦，與昭王盟於黃棘，後爲秦欺，客死於秦。今頃襄又迎婦於秦，是欲復施黃棘之枉策也。調度，見《騷經》。著，立。適，主也。愁愁，憂懼貌。子胥，事見前篇。適，便，安也。莊子曰："申徒狄諫紂不聽，負石自沈於河。"任，負也。《文選·江賦》注云："任石，即懷沙也。"言正觀聽時，忽思吾楚不能自強，惟借此迅速之光景往來於秦，蹈黃棘枉策之前轍，歲月如流，時不再來，以如此之日月而皆虛度也。我之所以不去者，不爲介子之復國，則爲伯夷之首陽。其如往者懷王如此，來者頃襄又如此，復何所冀乎？惟有從古之忠臣，重石自沈，以遂彭咸之思而已。

右七段，明兩世枉策，不得不以彭咸爲法也。

右《悲回風》。

題是悲回風，心是思楚國，故以"思"起，以"思"結，中段又用數"思"字，又三用"彭咸"字，其意可知。雖有隨風、流風、息風穴諸句，不過借以發論而已；其用大波、潮汐等句乃正意也。

【校記】

[一] "睨"，底本作"眠"，居易堂本、乾隆本與傳世《楚辭》諸本作"睨"，據改。後同。

[二] "徜徉"，原置於"相"與"羊"之間，當爲誤刻。

[三] "之"，底本脫，據居易堂本、乾隆本與傳世《楚辭》諸本補。"惑"，底本與諸本皆作"感"，傳世《楚辭》諸本作"惑"，據改。

[四] "居"，底本與諸本皆作"君"，傳世《楚辭》諸本作"居"，據改。

[五] "岐"，底本與諸本皆作"汶"。據傳世《楚辭》諸本與本節注文改。

《九章》，非一時作也。《惜誦》作於懷王既疏，又進言得罪之後。《思美人》、《抽思》作於懷王置漢北時，篇中狂顧南行，是以造都爲南行，觀南人之變態，是以朝臣爲南人，有鳥自南來集漢北，是己身在漢北也，然則懷王見疏，止遷漢北，未嘗放逐，此其證也。餘六篇方是頃襄放江南作也。初放時，道途經歷，作《涉江》。既至後，覩物興懷，作《橘頌》。秋風搖落，感時明志，作《悲回風》。忠佞不分，傷今追昔，作《惜往日》。若《哀郢》，則知楚之必亡。《懷沙》，則絕命辭也。九篇中，或地，或時，或敍事，文最顯著，次第分明，舊本錯亂，予不敢輒改古書，姑記之就正高明。

楚辭新注卷四終

楚辭新注卷五

汝州　宗姪啟賢編

蒲城　屈復悔翁新集注　曾孫來泰錄

潼關　受業　楊鸞校

遠遊

《遠遊》，寓言也。自沈汨羅，即是遠遊；遠遊之樂，即是自沈之樂。篇中時俗迫阨，鬱結誰語，愁棲增悲，高陽既遠，免眾患，軒轅不可攀，嘉炎德，寂寞無人，皆是自沈之恨。觀其全部，若身死之後，惟恐有知恨無已者，何長生之足樂乎？茲兩寫水遊，又極寫水遊之樂，明是寫自沈之樂。如以余言爲不然，仙道已成，不以咸池承雲二女九韶，極寫仙宮之樂，何也？

悲時俗之迫阨兮，願輕舉而遠遊。質菲薄而無因兮，焉託乘而上浮？遭沈濁而汙穢兮，獨鬱結其誰語！夜耿耿而不寐兮，魂營營而至曙。惟天地之無窮兮，哀人生之長勤。往者余弗及兮，來者吾不聞。

迫，窘逼。阨，限，本作阨塞。輕舉，輕身高舉。質，資性。焉，何。託，憑依。乘，駕車。沈濁，昏暗。汙濁不潔。鬱結，思慮煩冤也。耿耿，猶儆儆，不寐貌。營營，猶曰熒熒，亦耿耿之意。勤，勞苦也。言甚悲時俗迫阨，欲遠遊而無因，將何所憑駕而上浮乎？遭逢濁穢，無可告語，不忍長愁，無思慮營營，乃可長生。魂營營至曙，願遠遊而不能也。天地無盡，人生勞苦，只須臾耳。往者不及，來者不聞，鬱結誰語，惟有長生可以脫此迫阨，此《遠遊》篇之所以作也。言外見世之惠迪而未盡吉，從逆而未盡凶者，吾須臾而死，抱恨無涯，如得長生，庶目覩來者之究竟何如，亦無恨也。嗚呼！遠矣。

右一段。所以遠遊之故也。

步徒倚而遙思兮，怊惝怳而永懷。意荒忽而流蕩兮，心愁悽而增悲。神儵忽而不反兮[一]，形枯槁而獨留。內惟省以端操兮，求正氣之所由。漠虛靜以恬愉兮，澹無爲而自得。聞赤松之清塵兮，願承風乎遺則。貴真人之休德兮，美往世之登仙。與化去而不見兮，名聲著而日延。奇傅說之託辰星兮，羨韓眾之得一。形穆穆以浸遠兮，離人羣而遁逸。

　　遙思，思遠遊無因。永懷，懷登仙之道。怊，恨。惝怳，驚貌。荒忽，無依據。流蕩，無定。悽，痛也。《列仙傳》：「赤松子，神農時爲雨師，服水玉，教神農，能入火自燒。至崑山上，常至西王母石室，隨風雨上下。炎帝少女追之，亦得仙，俱去。」張良欲從赤松子遊，即此。清塵，猶言清風。則，法。延，長也。傅說，武丁之相。辰星，東方蒼龍之體，心尾箕之星，所謂天辰也。莊子曰：「傅說，得之以相，武丁奄有天下，乘冬維，騎箕尾，而比於列星。」《音義》云：「今尾上有傅說星，是也。」羨，念慕也。《列仙傳》：「齊人韓終爲王採藥，王不肯服，終自服之，遂得仙。」穆穆，美也。形浸遠，即上文「與化去」之義。言遙思增悲，不得遠遊之門，不返獨留，神去形衰，何益之有？惟當內省以端所操，求天地之正氣，此長生之門也。虛靜則不思，恬愉則不悲，無爲則神不儵忽，形不枯槁，此即赤松之清塵。故聞風願承遺則，則休德而登仙[二]，其可貴可美者。往世真人，身與化去而聲名日延，非虛聞也。傅說之辰星，韓眾之得一[三]，可羨可奇者。形漸遠而離人羣，遂能遁逸迫陋也。省端操，求正氣，究是聖賢學問，以此學仙，有何難哉？仙人有聲名可見，忠臣、孝子、義士、烈女即是神仙矣。

　　右二段。求正氣而得其門，古歷有其人遠遊，非虛聞也。

　　因氣變而遂曾舉兮，忽神奔而鬼怪。時髣髴以遙見兮，精皎皎以往來去聲。超氛埃而淑郵兮，終不反其故都。免眾患而不懼兮，世莫知其所如。恐天時之代序兮，耀靈曄而西征。微霜降而下淪兮，悼芳草之先蘦。聊仿佯而逍遙兮，永歷年而無成！誰可與玩斯遺芳兮？長鄉風而舒情。高陽邈以遠兮，余將焉所程？

　　髣髴，猶「依稀」。氛，昏濁之氣。淑，善。郵，過，與「尤」同。猶言其淑善而絕尤。謂眾患時俗迫陋一切事也。耀靈，日。曄，閃光貌。言行之速。淪，沈。蘦，落也。言求正氣者，氣能變化，則形能高舉，忽若鬼神明明，往來天地間而依稀見之，不可端倪，超然淑善而絕尤，永久不返，故都時

- 661 -

俗迫陋，不能加害，我之所如，世莫能知，其樂如此，但天時迅速，恐一身將老，所學無成，然高陽以遠致君三五之志，無可法程，若不學仙，更無可者。

右三段。正氣變化，仙成免患，雖慮無成而高陽已遠，非學賢不可也。

重曰：春秋終其不淹兮，奚久留此故居？軒轅不可攀援兮，吾將從王喬而娛戲呼！**飡六氣而飲沉瀣兮，漱正陽而含朝霞**胡。**保神明之清澄兮，精氣入而麤穢除。順凱風以從遊兮，至南巢而壹息。見王子而宿之兮，審壹氣之和德。曰："道可受兮，不可傳。其小無內兮，其大無垠**元。**毋滑而魂兮，彼將自然。壹氣孔神兮，於中夜存**全。**虛以待之兮，無為之先。庶類以成兮，此德之門漫。"**

軒轅，黃帝名。王喬，周靈王太子晉。《列仙傳》曰："好吹笙，作鳳鳴，遇浮丘公，接之仙去。"六氣者，《陵陽子明經》言，春食朝霞，日始欲出赤黃氣也；秋食淪陰，日沒以後赤黃氣也；冬飲沉瀣，北方夜半氣也；夏食正陽，南方日中氣也；並天地玄黃之氣，是為六氣。麤，物不精。修煉已久，神明日清，麤穢日除，自己有可受教之地也。南風曰凱風。南巢，舊說以為南方鳳鳥之巢，非湯放桀之居巢也。宿，與"肅"通。審，究問。曰者，王子之言。受，心受。傳，言傳。小無內、大無垠，言無所不在也。滑，亂。而，汝。一，專。孔，甚也。言春秋既不可淹，故居既不可留，軒轅既不可攀援，惟有從王喬娛戲而已。遠遊之志已決，於是順風南遊，南巢一息，乃見王子，審問道要。王子曰："道可心授，不可言傳。無內無外，其妙如此。人能無滑亂其魂，彼將日臻自然。壹氣之甚神者，中夜自存虛以待之。一念勿舉，無為之先，自然之境也。庶類自成萬化，自出此和德之門也。"朱晦翁云："蓋廣成子之告黃帝，不過如此。"實神仙之要訣也。王子之言止此。

右四段。先修受教之地，後得受道之門也。

聞至貴而遂徂兮，忽乎吾將行杭〔四〕。**仍羽人於丹邱兮，留不死之舊鄉。朝濯髮於湯谷兮，夕晞余身兮九陽**〔五〕。**吸飛泉之微液兮，懷琬琰之華英**央。**玉色頩以脕顏兮，精醇粹而始壯。質銷鑠以汋約兮，神要眇以淫放。**

至貴，謂至妙之言，其貴無敵也。仍，因就。羽人，飛仙。丹邱，晝夜常明之處，不死之鄉，仙靈之所在。湯谷，見《天問》。九陽，舊說謂湯谷上有扶木，九日居下枝，一日居上枝，亦寓言耳。日入為飛泉。琬琰，玉名。頩，美貌，一曰斂容貌。脕，澤。醇，厚。粹，不雜。質銷鑠，所謂形解變化也。

- 662 -

汋約，柔弱貌。莊子曰："藐姑射山有神人焉，汋約若處子。"要眇，深遠貌。淫，縱也。言聞王子至貴之言，忽遠遊而行，因飛仙留仙靈之宅湯谷。九陽朝濯夕晞，飛泉琬琰，吸液懷英，容色潤澤，精神專一，形解變化，遂微妙而無所不之也。

右五段。聞王子之至道，朝夕修鍊，形神俱妙，將無所不之也。

嘉南州之炎德兮，麗桂樹之冬榮。山蕭條而無獸兮，野寂漠其無人仍。載營魄而登霞兮，淹浮雲而上征。

載，猶"加"。營，猶"熒"，熒熒。魄者，陰靈之聚，若有光景。霞，與"遐"通，謂遠也。魂常附魄，如日光之載月質，魄常檢魂，如月質之受日光，則神不馳而魄不死，遂能登仙遠去，有托乘而上征也。

上四句記時物也，下二句以此時昇仙而去也，言外見如此嘉處，竟無人可語，舍之而仙也。

命天閽其開關兮，排閶闔而望予平聲**。召豐隆使先導兮，問大微之所居。集重陽入帝宮兮，造旬始而觀清都。朝發軔於太儀兮，夕始臨乎於微閭。**

排，推。望予，須我之來，與《騷經》"倚閶闔而望予"者意不同。豐隆，雲師。大微，宮垣十星，在翼軫北。重陽者，積陽爲天；天有九重，故曰重陽。旬，始，星名。清都，《列子》以爲帝之所居。太儀，天帝之庭也。於微閭，《周禮》："東北曰幽州，其山鎮曰醫無閭。"遊太儀天帝之居，從此而臨北方。

屯余車之萬乘兮，紛溶與而並馳。駕八龍之婉婉兮，載雲旗之逶蛇怡**。建雄虹之采旄兮，五色雜而炫耀。服偃蹇以低昂兮，驂連蜷以驕驁。騎膠葛以雜亂兮，斑漫衍而方行。撰余轡而正策兮，吾將過乎句芒。**

溶，水盛。服，衡下夾轅兩馬。驂，衡外挽軏兩馬。連蜷，句蹄。驕驁，馬行縱恣。膠葛，雜亂貌，一曰猶"交加"也。斑，駁文。漫衍，無極貌。句芒，木神。《月令》："東方甲乙，其帝太皞，其神句芒。"注云："此木帝之君，木官之佐。自古以來，著德立功者也。"此從北方而過東方也。

歷太皓以右轉兮，前飛廉以啟路。陽杲杲其未光兮，凌天地以徑度。風伯爲余先驅兮，氛埃辟而清涼。鳳凰翼其承旗兮，遇蓐收乎西皇。

太皓，即太皞，始結網罟，以畋以漁，制立庖廚，天下號之爲庖犧氏。飛廉，已見《騷經》。徑，直也。西方庚辛，其帝少皞，其神蓐收。西皇即少

- 663 -

昊。《左傳》曰："金正曰蓐收。"此從東方右轉而過西方也。

擥彗星以爲旍兮，舉斗柄以爲麾。叛陸離其上下兮，遊驚霧之流波陂。時曖曃其矑莽兮，召玄武而奔屬。後文昌使掌行兮，選署衆神以並轂。路曼曼其修遠兮，徐弭節而高厲。左雨師使徑待兮，右雷公而爲衛。

彗星，形如箒埽。旍，即"旌"字。斗柄，北斗之柄，所爲杓也。麾，旗屬。叛，繚隸，分散之貌。曖曃，昧暗。矑，日不明。玄武，北方七宿，謂龜蛇也。位在北方，故曰玄；身有鱗甲，故曰武。文昌，在紫微宮北斗奎魁前，六星，如匡形。奔屬，奔走相從也。厲，憑淩之意。從西方且遊流波，未遊北方，先召其神相從，蓋將遊也。

右六段。自南州上征，而至天宮，至東，至西，乃遊流波而稍息也。

欲度世以忘歸兮，意恣睢以担撟。內欣欣而自美兮，聊媮娛以淫樂澇。涉青雲以汎濫遊兮，忽臨睨夫舊鄉。僕夫懷余心悲兮，邊馬顧而不行。思舊故以想像兮，長太息而掩涕。氾容與而遐舉兮，聊抑志而自弭。指炎帝而直馳兮，吾將往乎南疑。

度世，謂度越塵世而仙去。恣睢，放肆。担撟，軒舉。淫樂，樂之深也，莊子曰"孰居無事淫樂而勸"是也。邊，旁，謂兩驂。直馳，直過而不留。往者，去南疑而遊方外之流波也。南方丙丁，其帝炎帝，其神祝融。南疑，九疑。言求仙之意，本欲忘歸，受道得仙，遊歷萬方，升天乘雲，役使百神，忽望楚國，思念故舊，太息流涕，乃抑志遠舉，直過炎帝而去，不遊南疑而遊方外之流波也。

覽方外之荒忽兮，沛潤瀁而自浮肥。祝融戒而還衡兮，騰告鸞鳥迎虙妃。張《咸池》奏《承雲》兮，二女御《九韶》歌期。使湘靈鼓瑟兮，令海若舞憑夷。玄螭蟲象並出進兮，形蟉虯而逶蛇怡。雌蜺便娟以增撓兮，鸞鳥軒翥而翔飛。音樂博衍無終極兮，焉乃逝以徘徊。舒并節以馳騖兮，逴絕垠乎寒門。軼迅風於清源兮，從顓頊乎增冰寔。

沛，流貌。潤瀁，水盛貌。方，道。《易·恒卦》"君子以立不易方"，《注》："方，猶'道'也。"流波之遊，在王子所受之道外，即意中之汨羅也。戒，諭告。還衡，回車也。《周禮》有："《大咸》，堯樂。"又《樂記》云："《咸池》，備矣。"《注》："黃帝所作樂名，堯增修而用之。"咸，皆；池，施，言德無不施也。《呂氏春秋》云："《承雲》，顓頊樂。"

無終極，無已時也。二女，娥皇、女英。御，侍也。《九韶》，已見《騷經》。湘靈，湘水之神[六]。海若，海神號，《莊子》有北海若。馮夷，水仙，《莊子》亦云"馮夷得之以遊大川"，又曰"河伯"也。象，《國語》所謂水之怪，龍罔象也。蟉虯，盤曲貌。便娟，輕麗貌。撓，纏。騫，舉也。博衍，寬平之意。焉，何也。以上皆言水中之樂也。邅，遠。絕垠，天之邊際。寒門，北極之門。軼，從後出前。迅，疾也。北方壬癸，其帝顓頊，其神玄冥，北方地寒，故有增積之冰。言將遊南疑，忽覽道外潤瀁之流波，乃戒祝融還車不遊，遂自南疑而遊方外之流波，迎虙妃，奏雅樂，湘靈之瑟，馮夷之舞，水中諸物，無不效順，合奏之久，其樂如此，更欲何逝以徘徊乎，流波之遊既遂，乃至北方也。

右七段。直過九疑，極水遊之樂，然後至北方而即還也。

歷玄冥以邪徑兮，乘間維以反顧。召黔嬴而見之兮，爲予先乎平路。經營四方兮，周流六漠。上至列缺兮，降望大壑。下崢嶸而無地兮，上寥廓而無天[因]。視儵忽而無見兮，聽惝怳而無聞。超無爲以至清兮，與泰初而爲鄰。

間維，《孝經緯》曰："天有六間，北有四維。" 黔嬴，天上造化神名，或曰水神。反顧者，末遊北方[七]，回視而還也。六漠，謂六合。列缺，天隙電照也。《列子》云："渤海之東有大壑焉。實維無底之谷，名曰歸墟。"崢嶸，深遠貌。寥廓，廣遠。惝怳，耳不諦也。《列子》曰："泰初者，氣之始也。"《莊子》曰："泰初有無無，有無名。"言方歷北方之捷徑，忽乘間維返顧，乃召造化之神，先道平路，上下四方，無見無聞，至超無爲與泰初爲鄰，真可以後天不老而凋三光矣。下視人世，甕盎之間，千百蚊蚋，須臾之頃，萬起萬滅，何足道哉！何足道哉！司馬相如作《大人賦》，多襲其語，然三閭所到，非相如所能窺其萬一也。

右八段。仙道已成也。文是仙道已成之樂，意是汨羅自沈之樂也。求仙而云悲時俗之迫阨，則意不在仙可知。其曰聲名日延，是仙人惟有聲名而已，然則忠臣孝子、烈婦貞士即仙人矣，故兩遊流波，極寫遊流波之樂。異日畢志汨羅，至今與日月爭光。其與往古所傳之白日飛升者，果何如哉？

《楚辭》屢用東西南北，文皆不同。此篇寫從帝居臨北方，卻不遊而去，至東至西而遊流波。又過南方而去，極寫水遊之樂。末寫北遊四句而已。作法之變化如此。

【校記】

［一］"反"，底本作"返"，居易堂本、乾隆本作"反"，爲本字，據改。

［二］"休"，諸本同，疑當作"修"。

［三］"韓眾"，諸本同。按，即古仙人韓終。"眾""終"，古音義皆通。

［四］"杭"，底本作"抗"，"行""杭"同音，居易堂本、乾隆本即作"杭"，據改。

［五］"身"，底本作"目"，諸本同。傳世《楚辭》諸本皆作"身"，據改。

［六］《叢書集成續編》第119冊收《關中叢書·楚辭新注》"湘水"後至"日畢志汨羅"前脫文，茲據諸本補齊。

［七］"末"，諸本同，或當作"未"。

楚辭新注卷五終

楚辭新注卷六

汝州　宗姪啟賢編
蒲城　屈復悔翁新集注　　曾孫來泰錄
韓城　受業　薛澍校

九辯此篇應在末卷，仍錄於此，存古也。

太史公曰："楚有宋玉、唐勒、景差之徒，皆好詞而以賦見稱，皆祖屈子之從容辭令，終莫敢直諫。"今讀玉所作《九辯》，閔其師忠而見放，然三閭煥若神明矣，此亦清則寒潭千尺，峻則天外三峯。《九辯》之後，豈復有《九辯》哉？

悲哉！秋之爲氣也。蕭瑟兮，草木搖落而變衰。憭慄兮，若在遠行。登山臨水兮，送將歸。

悲哉，一讀。秋之爲氣至變衰，一讀。言秋者，一歲之陰氣，草木零落，百物凋悴，忠臣志士遭讒放逐者感事興懷，尤切悲歎也。蕭瑟，寒涼之意。憭慄，猶悽愴也。若在遠行羈旅之中而登高望遠，臨流歎逝，以送將歸之人，因離別之懷，動家鄉之念，可悲之甚也。若在者，非真在也。言秋之悽愴，如此之可悲也。二字直貫下句。

一段。秋氣可悲如此。

泬寥兮，天高而氣清當作澄。**寂寥兮，收潦而水清。憯悽增欷兮，薄寒之中人。愴怳懭悢兮，去故而就新。坎廩兮，貧士失職而志不平。廓落兮，羈旅而無友生。惆悵兮，而私自憐**澄，《字書》"水靜而清"，謝靈運詩"秋水共澄鮮"，**斷未有連句重韻理。**

泬寥，曠蕩空虛也；或曰，蕭條無雲貌。清，無垢穢。寂，無人聲。寥，

-667-

空虛。收潦水清，川入夏濁，至秋而清。憯悽，悲痛貌。欷，泣歎貌。薄寒，秋氣微寒。中，傷也，如"中酒"之"中"。愴怳懭悢，皆失意貌。去故就新，別離也。坎廩，不平。廓落，空寂惆悵。悲，哀也。天水澄清而憯悽增欷者，乃薄寒之中人也。別離，失職，羈旅，獨處，而惆悵自憐，其悲何如？

二段。言秋氣悲人如此。天高二句，秋也。中人以下，悲也。

燕翩翩其辭歸兮，蟬寂漠而無聲。雁廱廱而南遊兮，鵾雞啁哳而悲鳴。獨申旦而不寐兮，哀蟋蟀之宵征。時亹亹而過中兮，蹇淹留而無成。

翩翩，飛貌。廱廱，雁鳴。雁陰起則南，陽起則北，避寒燠也。鵾雞，似鶴，黃白色。啁哳，聲繁細貌。申，致，猶"至旦"也。亹亹，進貌。過中，謂漸衰暮。蹇，語詞。燕既辭歸，蟬亦無聲。鴻雁南遊，鵾雞悲鳴，物之悲秋如此。吾於時獨申旦不寐，聞蟋蟀而生哀者，當衰暮而無成也。

三段。物情之悲秋如此，而我之悲秋更深也。

右一。

首句以悲秋起下，分應之。一段合寫，二段分寫，三段又合寫，然通章皆題前虛寫也。

悲憂窮戚兮獨處廓，有美一人兮心不繹。去鄉離家兮徠遠客，超逍遙兮今焉薄！

廓，空。有美一人，謂三閭。繹，解。來遠客，放江南。薄，止也。

一段。悲其師之見放也。

專思君兮不可化訛，君不知兮可奈何！蓄怨兮積思，心煩憺兮忘食事。願一見兮道余意，君之心兮與余異。車既駕兮朅而歸，不得見兮心傷悲。

此"君"字指楚王而言。食事，食與事也。朅，去也。思君之專，至不可化，蓄積而至忘食事，願一見申意，而君心乖離，故車駕復歸者，因隔絶而傷悲也。

二段。美人思君而不得見也。

倚結軨兮長太息，涕潺湲兮下霑軾。忼慨絕兮不得，中瞀亂兮迷惑。私自憐兮何極，心怦怦兮諒直。

軨，車。軾，下縱橫木。軾所憑以爲敬者。怦怦，心急貌。太息涕下，慷慨之極，終不得見。中懷迷亂，其怦怦者諒直之心，私自憐惜，無有窮時也，亦是倒句。

三段。美人悲痛無已也。宋玉追述其師思君之心也。

右二。

此章首節即出三閭，緊接上章，言放逐之後不得再見，心存諒直，無已時也。單寫"悲"字。

皇天平分四時兮，竊獨悲此廩秋。白露既下百草兮，奄離披此梧楸。去白日之昭昭兮，襲長夜之悠悠。離芳藹之方壯兮，余萎約而悲愁。

廩秋，秋氣廩然而寒也。奄，忽也，遽也。離披，分散貌。梧桐、楸梓，皆早凋。襲，入。藹，繁茂。余，宋玉爲三閭之自余也。凡言"余"及"我"者，皆仿此。萎，草木枯。約，窮。梧楸，喻三閭之放去。白日二句，喻將死也。四時平分，而秋獨堪悲者，百草萎露，梧楸離披，物之悲也。去白日而入長夜，離芳藹而即萎約，人之悲也。

一段。遭時堪悲也。

秋既先戒以白露兮，冬又申之以嚴霜。收恢台之孟夏兮，然欿傺而沈藏。葉菸邑而無色兮，枝煩挐而交横。顏淫溢而將罷兮，柯仿佛而萎黄。萷櫹槮之可哀兮，形銷鑠而瘀傷。惟其紛糅而將落兮[一]，恨其失時而無當。攬騑轡而下節兮，聊逍遙以相伴。歲忽忽而遒盡兮，恐余壽之弗將。

戒白露，喻遠遷。嚴霜，喻見放。申，重也。恢台，廣大貌。欿，陷。傺，止也。言收斂長養之氣，使陷止而沈藏也。菸邑，傷壞。煩挐，擾亂。淫溢，積漸。罷，毀也，乏也。萎，枯死。萷，木枝竦也。櫹槮，樹長貌。瘀，血敗。惟，思。紛糅，衆雜。攬，持。騑，驂馬。下節，按節。遒，迫盡。將，長也。承上梧楸而言，白露嚴霜，秋殺冬藏，枝葉顏色，萎黄銷鑠，惟其紛糅如此，是將死矣。使死而有益，失時有當矣。今死而無益，失時而無當矣。喻己之死而無益於國也。故逍遙相伴，可以不死，忽念歲忽遒盡，恐余生亦有限也。

二段。木猶如此，人何以堪也。

悼余生之不時兮，逢此世之俇攘。澹容與而獨倚兮，蟋蟀鳴此西堂。心怵惕而震盪兮，何所憂之多方。仰明月而太息兮，步列星而極明。

俇攘，狂遽貌。澹容與，徐步。倚，立。盪，搖動貌。方，猶"端"。仰，望也。余生不辰，所憂多方，一死不足以盡之，生不逢時，獨倚西堂，聽蟋蟀之鳴而憂心多方，是以仰月步星，永夜不寐也。

- 669 -

三段。自悼生不逢時，憂心不寐，秋夜獨倚也。

右三。

首段以四時起秋。次段以木之搖落感己之歲月，暗含"秋"字。三段以秋夜徙倚，明點"秋"字，結通章，合寫悲秋也。

竊悲夫蕙華之曾敷兮，紛旖旎乎都房。何曾華之無實兮，從風雨而飛颺。以爲君獨服此蕙兮，羌無以異於眾芳。

曾，重。敷，布。旖旎，盛貌。都，大。房，北堂，《詩》所謂"背"，蓋古人植花草之處也。初不料蕙之無實，飄颺而竟至於此者，本以君獨服此蕙，而竟不然也。

一段。歎君恩之不終也。

閔奇思之不通兮，將去君而高翔。心憫憐之慘悽兮，願一見而有明。重無怨而生離兮，中結軫而增傷。

奇思，謂忠信。通，感通。惜忠信不能感君也。有明，有以自明。重，深。念生離遷放，願一見自明，再放逐而無怨也。倒句，三閭多此法。一曰無怨無罪也。言無罪而再放逐也，亦通。

二段。自歎其不能感通君心也。

豈不鬱陶而思君兮？君之門以九重！猛犬狺狺而迎吠兮，關梁閉而不通。皇天淫溢而秋霖兮，后土何時而得乾？塊獨守此無澤兮，仰浮雲而永歎。

《書》云："鬱陶乎予心。"天子有九門，謂關門、遠郊門、近郊門、城門、皋門、庫門、雉門、應門、路門也。狺，犬爭吠聲。眾人皆蒙君澤而我獨不霑，故仰望而長歎。淫溢，喻濫恩。言非不思君而九重深遠，猛犬吠而關梁閉，不得至也。然秋霖淫溢，何時得乾？天恩之濫如此，而我獨不蒙其澤，故仰浮雲而長歎也。

三段。君臣隔絕也。

右四。

蕙華飄揚，比中暗含"秋"字。中間單寫"悲"字。末段方明點"秋"字結。

何時俗之工巧兮？背繩墨而改錯措。卻騏驥而不乘兮，策駑駘而取路。當世豈無騏驥兮，誠莫之能善御。見執轡者非其人兮，故躑跳而遠去。鳧雁皆唼夫梁藻兮，鳳愈飄翔而高舉。

背繩改錯而曰工巧者，反詞。執轡者非善御之人，騏驥今有而王良今無也。唼，喋，鳧雁食貌。梁，米名。藻，水草。言羣小在位，食重祿也。鳳翔高舉，言賢者遯世，竄山谷也。

一段。有賢而不能用也。

圜鑿而方枘兮，吾固知其鉏鋙而難入。衆鳥皆有所登棲兮，鳳獨遑遑而無所集。願銜枚而無言兮，嘗被君之渥洽。太公九十乃顯榮兮，誠未遇其匹合。

銜枚，所以止言者，枚狀如箸，橫銜之，兩頭有繼結於項後。渥，厚。洽，澤也。太公事見前篇。今旦難入，昔日渥洽，安知他日不匹合乎？但恐已無太公之壽，不能待他日之匹合也。

二段。恐余壽弗將，難冀其復用也。

謂騏驥兮安歸？謂鳳凰兮安棲？變古易俗兮世衰，今之相者兮舉肥。騏驥伏匿而不見兮，鳳凰高飛而不下。鳥獸猶知懷德兮，何云賢士之不處？

安歸、安棲，即上文遠去高舉之意。相者，謂相馬者。古語云："相馬失之瘦，相士失之貧。"即"舉肥"之意。古俗已衰，故驥將安歸而鳳將安棲。相者舉肥，故驥伏而鳳飛，夫鳥獸猶知懷德，何獨言賢士之不處乎？

三段。言有德則異物可懷，無德則同類莫致，賢士豈不及鳥獸乎？

驥不驟進而求服兮，鳳亦不貪餧而妄食。君棄遠而不察兮，雖願忠其焉得？欲寂漠而絕端兮，竊不敢忘初之厚德。獨悲愁其傷人兮，馮鬱鬱其何極？

服，駕車。絕端，謂絕其端緒，伏匿高飛。驥不求服，鳳不妄食。言既放賢士，而欲求忠臣，安可得乎？如是，則當伏匿高飛矣。而我之所以不絕端者，不敢忘初之厚德也，故至於悲愁而無極耳。

四段。終不敢忘初德而遠去也。

右五。

此章雖單寫"悲"字，而中間"太公九十"，卻承三章"余壽弗將來"，亦是暗承"秋"意也。

霜露慘悽而交下兮，心尚幸其弗濟。霰雪雰糅其增加兮，乃知遭命之將至。願徼幸而有待兮，泊莽莽與埜草同死。

《晉語》："二帝用師以相濟也。"《注》："濟，當讀爲'擠'。"《字書》："滅也。"泊，止。莽莽，草盛。將至，謂將死，與埜草同也。霜露下而霰雪加，喻衰亂之愈甚也。尚幸不至滅絕，而今乃知遭命之將至，猶願幸而有待，而恐卒不能免與草莽同盡也。

一段。言楚之衰亂已極，己不能獨生也。

願自直而徑往兮，路壅絕而不通。欲循道而平驅兮，又未知其所從。然中路而迷惑兮，自厭按而學誦平。**性愚陋以褊淺兮，信未達乎從容。竊美申包胥之氣晟兮，恐時世之不固**固，當作"同"。

厭、按，皆抑止之意。言欲速則不達，欲緩則無門，故自抑而止也。學誦，《九章》有《惜誦》，誦，言也，當謂學其言也。褊，急也，狹也。從容，宛轉委曲之意。申包胥，楚大夫，伍子胥得罪於楚，將適吳，見申包胥，謂曰："我必亡郢。"申包胥曰："子能亡之，我能存之。"子胥奔吳，為吳王闔閭臣，興兵伐楚，破郢，昭王出奔。於是申包胥乃之秦，請救兵，鶴立於秦庭，啼呼悲泣，七日七夜不絕聲，勺飲不入於口，秦伯哀之，為發兵救楚。昭王復國。言願不待价紹而遊君之所，則路已壅絕，無由而通。欲循正道平行，又不知何所從入，故迷惑自抑止，而但學其誦言，著書明志也。然性甚愚淺，信未通達，從容之道，己雖能為包胥之事，但恐時世不同耳。

二段。言楚亡而己不能如古人之能存也。

何時俗之工巧兮？滅規矩而改鑿造。**獨耿介而不隨兮，願慕先聖之遺教。處濁世而顯榮兮，非余心之所樂**㴠。**與其無義而有名兮，寧窮處而守高**告。

時俗工巧，反言見意也。文最明。

三段。不能隨時俗而慕先聖之守高也。

食不媮而為飽兮，衣不苟而為溫。竊慕詩人之遺風兮，願託志乎素餐孫。**蹇充倔而無端兮，泊莽莽而無垠。無衣裘以御冬兮，恐溘死而不得見乎陽春。**

殄、飡、餐，三字同

媮，即偷也。詩人言"不素餐兮"，見《伐檀》篇。素，空。餐，食。謂無功德而空食其祿也。充倔，《記》作"充詘"，《注》謂"喜失節貌"。御，止。陽春，喻治世，反應悲秋也。言衣食固欲其溫飽，但不可以非義而苟媮以得之耳。故寧不素餐，無衣裘而饑凍以死，而不得再見陽春也。

四段。言困阨而死，不能再見陽春，知楚之必亡，不能復興也。

右六。

此章起句明點"秋"字。中二段單寫"悲"字。末段又以冬春夾寫"秋"字，含而不露，無法不備。

靚杪秋之遙夜兮[三],心繚悷而有哀。春秋逴逴而日高兮,然惆悵而自悲。四時遞來而卒歲兮,陰陽不可與儷偕。

靚,與"靜"同。杪,末。繚,繳繞。悷,悲結。逴,遠。遞,更易。陰陽,即春秋。儷,偶也。不可偶而與之偕,言己不能與四時并去也。

一段。遙夜自哀,四時易逝,而己不易逝也。

白日晼晚其將入兮,明月銷鑠而減毀。歲忽忽而遒盡兮,老冉冉而愈弛使。心搖悅而日夯兮,然怊悵而無冀已。中憯惻之悽愴兮,長太息而增欷喜。

晼晚,景昳。入,落。銷鑠、減毀,謂缺也。弛,放。搖,動。冀,望也。日月遒盡,心之所以時搖時悅者,竊有冀也。今已無冀,故悽愴而增欷也。

二段。烈士暮年,壯心不已,而心無可冀,為可哀也。

年洋洋以日往兮,老嶚廓而無處。事亹尾亹而覬進兮[四],蹇淹留而躊躇暑。

嶚廓,空也,無可共處之人也。亹亹,不倦意。《易·繫辭》:"成天下之亹亹。"覬,幸,希望也。言老無可處之人,而覬事之有進,故躊躇不已也。

三段。總結上二段之日月易邁,痛楚國更無一人也。

右七。

一段合寫悲秋。二段先寫秋,後寫悲。三段合寫悲秋結。

何氾泛濫之浮雲兮?猋標雝蔽此明月。忠昭昭而願見兮,然霠曀而莫達。願皓日之顯行兮,雲蒙蒙而蔽之。竊不自料而願忠兮,或黕點而汙媢之。

猋,速疾貌。霠,雲覆日。曀,陰風。料,量。黕點,垢。汙,沾辱也。昭昭之忠,霠曀莫達,猶浮雲之蔽月,盡忠而被君之汙辱,猶浮雲之蒙日也。

一段。上下俱為浮雲蒙蔽,而忠臣所以不用也。

堯舜之抗行兮,瞭冥冥而薄天。何險巇義之嫉妒兮?被以不慈之偽名眠。彼日月之照明兮,尚黯黮而有瑕。何況一國之事兮,亦多端而膠加。

瞭,明。險巇,危險。黯黮,雲黑。黯黮日月,使有瑕也。膠加,戾也。言聖如堯舜,尚被惡名,何況於我?天下且然,何況一國哉?

二段。承上段而言,上下之蒙蔽,不足怪也。

被披荷裯刀之晏晏兮,然潢洋而不可帶。既驕美而伐武兮,負左右之耿介。憎慍惀之修美兮,好夫人之慷慨。眾踥蹀而日進兮,美超遠而逾邁。農夫輟耕而容與兮,恐田野之蕪穢。事緜緜而多私兮,竊悼後之危敗。世雷同而炫曜兮,何毀譽之昧昧!

荷，芙蕖。裯，衹裯。晏晏，盛貌。帶，佩，借爲"用"意。潢洋，浩蕩，不著人也。驕美，自矜其美。伐武，自誇其武。負，恃[五]。左右，侍臣。耿介，亦剛勇之意。愠，怒。憸，憸也。跋蹀，行貌。農夫輟耕而容與，言不恤國政而嬉遊也。綿綿，不絕。多私，狥己意、任女謁、聽讒言之類。雷同，雷聲相似，有同無異也。以荷爲裯，有美名而無實用，人君矜能自用，恃左右之剛勇，憎忠直愠憸之修美，而好夫人虛假之慷慨，猶言惡苦口直諫之良藥，而好諂媚也。於是讒諂日進，忠臣愈踈，不恤國政，譬農夫之輟耕，田野蕪穢，而又緜緜多私，吾竊悼後此危敗之無救而世方雷同，是以毀譽不核，而聰明雍蔽，國事膠加也。

三段。小人之假忠信，人君之自矜，不察也。

今修飾而窺鏡兮，後尚可以竄藏。願寄言夫流星兮，羌儵忽而難當。卒雍蔽此浮雲兮，下暗漠而無光。

修飾、窺鏡，謂修德行政而聽人言，考往事以自鑑也。尚可竄藏，言尚可以潛伏而不至於滅亡也。寄言，欲附此言以諫其君。而流星去速，既不可值，則卒爲雍蔽而不可解矣。

四段。欲諫而不可得也。

右八。

一段，比賦相間，各以四句。二段，八句，中以比間二句。三段，比起二句，賦六句，比二句，賦四句。末段，皆賦。錯綜變化之甚，亦是單寫"悲"字。

堯舜皆有所舉任兮，故高枕而自適。諒無怨於天下兮，心焉取此怵惕？乘騏驥之瀏瀏兮，馭安用夫強策？諒城郭之不足恃兮，雖重介之何益？

舉任，用稷、契、禹、益，高枕安臥而國治。怵惕，畏懼。強策，喻威刑。瀏瀏，如水之流。重介，兩重甲也。言所任得人，無怨於天下，則不假威刑，自成美化，不然，則雖有城郭甲兵，不足恃矣。

一段。言治國在任賢，不在甲兵城郭也。

邅翼翼而無終兮，忳惛惛而愁約要。生天地之若過兮，功不成而無效。願沈滯而不見兮，尚欲布名乎天下虎。然潢洋而不遇兮，直怐愗而自苦。

邅，行不進。約，窮約。生天地，謂人生天地之間。若過，言如行所經歷，不久留也。古詩云："人生天地間，忽如遠行客。"是也。怐愗，愚也，言迍邅愁約時，百年旦暮，已不能立功，而尚欲布名天下，徒愚昧自苦耳。

二段。立功之志不由也。

莽洋洋而無極兮，忽翱翔之焉薄？國有驥而不知乘兮，焉皇皇而更索？甯戚謳于車下兮，桓公聞而知之。無伯樂之善相兮，今誰使乎譽_癈之？罔流涕以聊慮_錄兮，惟著意而得篤之。紛忳忳之願忠兮，妬被離而鄣_工之。慮，本音録。忠、鄣通韻，此兩句一韻也。

功名且無論，洋洋無極，尚不知税駕何方？本國之人尚不能用，豈能求之他國乎？二句收上，二句起下。甯戚，見前篇。著意，猶言著乎心，言存於心而不釋也。桓公惟心常在於求賢，故聞甯戚之歌而知其非常人也。忳忳，專一貌。

三段。不能求之他國，而本國之人已被妬鄣。

願賜不肖之軀而別離兮，放遊志乎雲中。乘精氣之摶摶兮[六]，鶩諸神之湛湛_冲。**駕白霓之習習兮，歷羣靈之豐豐。左朱雀之茇茇兮，右蒼龍之躍**_魝**躍。屬雷師之闐闐兮，通飛廉之衙**_{魚衙}。**前輕輬之鏘鏘兮，後輜乘之從從。載雲旗之委蛇兮，扈屯騎之容容。計專專之不可化兮，願遂推而為臧。賴皇天之厚德兮，還及君之無恙。**

既為讒妬所障，故願乞身而去也。精氣，謂日月。摶，與"團"同。湛湛，厚集貌。習習，飛動貌。豐豐，言多也。茇茇，飛揚之貌。躍躍，行貌。闐闐，鼓聲。衙衙，亦行貌。輕輬，車之輕而有窗者。《招魂》，《注》云："軒、輬，皆輕車名。"鏘鏘、從從，皆鸞聲。委蛇，盤紆。容容，布列前後也。輜，軿，車前衣車後者。以上極寫放志雲中之適也。推，授也。按：《詩·大雅》："旱既太甚，則不可推。"《疏》："推是遠離之辭。"臧，潛匿之意。《説文》："恙，憂也。"一曰虫入腹食人心。古者草居，多被此毒，故相問"無恙乎"。願乞身而去，載日月，駕虹霓，逐諸神，周羣靈，朱雀、蒼龍、雷師、飛廉，左右奔走，放志雲遊，其適如此。遂遠離潛臧，但我專一於君，心不可化，若以皇天之靈得及吾君無恙之時而復還焉，是吾之深願也。

四段。願乞身遠去，而終不忘君也。言外欲早死於楚君無恙之先也。

右九。

此章首言前聖之可法，次言己志之不申，次願乞身以遠去，而終不忘籲天以正其君也。

按：《禮·儒行》："其過失可微辨而不可面數也。"《字書》云："微辯，諷諭也。""辯"與"辨"同。九篇中，"悲秋"二字，或分合長短，比賦兼陳，而藕斷絲聯，深得諷諭之旨，亦可謂善述其志者矣[七]。

【校記】

[一]"紛"，底本作"粉"，居易堂本、乾隆本與傳世《楚辭》諸本作"紛"，據改。注文"紛糅，眾雜"亦可證。

[二]"被"，底本作"彼"，居易堂本、乾隆本與傳世《楚辭》諸本作"被"，據改。

[三]"杪"，底本作"秒"，諸本同。傳世《楚辭》諸本作"杪"，據改。下同。

[四]"覬"，底本作"觀"，居易堂本、乾隆本與傳世《楚辭》諸本作"覬"，據改。注文"覬，幸，希望也"亦可證。

[五]"恃"，底本作"侍"，居易堂本、乾隆本作"恃"，據改。下文"人君矜能自用，恃左右之剛勇"亦可證。

[六]"摶摶"，底本作"搏搏"，居易堂本、乾隆本與傳世《楚辭》諸本作"摶摶"，據改。注文"摶，與'團'同"亦可證。

[七]乾隆本至"亦可謂善述其志者矣"，本卷結束，無後《卜居》、《漁父》兩篇。

卜居

受業武進　劉綸校

三閭忠而見放，彭咸自矢不疑，何卜哉？然默默而已，其誰知乎？其誰語乎？其鬼神乎？此卜居之所以作乎？

屈原既放，三年不得復見，竭知盡忠，而蔽鄣於讒，心煩慮亂，不知所從。乃往見太卜鄭詹尹曰："余有所疑，願因先生決之。"

右一段。求卜之故。

詹尹乃端策拂龜曰："君將何以教之？"屈原曰："吾將悃悃款款，朴以忠乎？將送往勞來，斯無窮乎？寧誅鋤草茅，以力耕乎？將遊大人，以成名乎？寧正言不諱，以危身乎？將從俗富貴，以媮生乎？寧超然高舉，以保真乎？將哫訾栗斯，喔咿儒兒，以事婦人乎？寧廉潔正直，以自清乎？將突梯滑稽，如脂如韋，以絜楹乎？寧昂昂若千里之駒乎？將氾氾若水中之鳧，與波上下，偷以全吾軀乎？寧與騏驥亢軛乎？將隨駑馬之跡乎？寧與黃鵠比翼乎？將與雞鶩爭食乎？此孰吉孰凶？何去何從？

端[一]，正。策，蓍莖。正之，將以筮也。龜，龜底殼。拂之，將以卜也。四字見《曲禮》。悃款，誠實傾盡之貌。朴，質。勞來，來者勞之也。鋤，去穢助苗也。遊，徧謁。大人，猶貴人。哫訾，以言求媚。粟，從米，詭隨其從木者。謹，飭也。非是，斯辭也。喔咿，儒兒強語笑貌。婦人，蓋謂鄭袖。突梯，滑達貌。滑稽，圓轉貌。脂，肥澤。韋，柔軟。絜，謂韋束之也。楹，屋柱，亦圓物，又以脂灌韋而絜之，是以突梯滑稽而無所止也。駒，馬之未壯者。鳧，野鴨。亢，舉。軛，車轅前衡。黃鵠，大鳥，一舉千里。鶩，鴨也。八"將"字，八"寧"字，只是"邪"、"正"二字。此結上八條，正問卜之詞也。

　　右二段。求卜正文。

"世溷濁而不清：蟬翼爲重，千鈞爲輕；黃鐘毀棄，瓦釜雷鳴；讒人高張，賢士無名。吁嗟默默兮，誰知吾之廉貞？"

蟬翼，言輕薄。黃鐘，謂鐘之律中，黃鐘者器極大而聲最閎。瓦釜，無聲之物。雷鳴，反擊之，作聲如雷鳴也。張，自侈大。《左傳》曰："隨張必棄小國。"七句寫時俗如此。吁嗟，自歎遭時不偶也。若默然不言，則世有何人知我乎？此句作《卜居》篇之本懷也。

　　右三段。遭時不偶也。

詹尹乃釋策而謝曰："夫尺有所短，寸有所長，物有所不足，智有所不明，數有所不逮，神有所不通，用君之心，行君之意。龜策誠不能知此事。"

釋，捨。謝，辭。尺長於寸，然爲尺而不足，則有短者矣。寸短於尺，然爲寸而有餘，則有長者矣。物有所不足，天傾西北，地不滿東南之類。智有所不明，堯舜知不徧物，孔子不如農圃之類。數有所不逮，如言日月之行，雖有定數，然既是動物，不無贏縮之類是也。神有所不通，惠迪者未必吉，從逆者未必凶，伯夷餓死首陽，盜蹠壽終牖下之類是也。

　　右四段。質諸鬼神而無疑也。

此篇四段。一段，求卜之故。二段，應心煩意亂。三段，應竭知盡忠二句。四段，質諸鬼神而無疑也。"知"字起，"知"字應，"知"字結，章法井然。

【校記】

[一]"端"，底本作"瑞"，居易堂本作"端"，據改。正文"端策拂龜"亦可證。

漁父

受業句容　程泗校

漁父見舉世無可語之人也。寧赴湘流，聲情俱痛，志决矣。我與我周旋久聊，語我耳。太史公次《懷沙》於此篇之後，有以夫。

屈原既放，遊於江潭，行吟澤畔，顔色憔悴，形容枯槁。漁父見而問之曰：“子非三閭大夫與？何故至於斯！”屈原曰：“舉世皆濁我獨清，衆人皆醉我獨醒，是以見放！”

右一段。敘既放之由。

漁父曰：“聖人不凝滯於物，而能與世推移。世人皆濁，何不淈其泥而揚其波陂**？衆人皆醉，何不餔其糟而歠其醨？何故深思高舉，自令放爲？”**

餔，食。歠，飲。糟、醨，皆酒滓也。以水釂糟曰醨。醨[一]，薄酒也。言何不隨時浮沈，而自取其放也。

右二段。設爲問詞，以起下文也。

屈原曰：“吾聞之，新沐者必彈冠，新浴者必振衣，安能以身之察察，受物之汶離**汶者乎！寧赴湘流，葬於江魚之腹中，安能以皓皓之白，而蒙世俗之塵埃**瞖**乎！”**

右三段。志不受污，寧死不回也。一篇正意。

漁父莞爾而笑，鼓枻而去，乃歌曰：“滄浪之水清兮，可以濯吾纓。滄浪之水濁兮，可以濯吾足。”遂去不復與言。

莞，微笑貌。鼓枻，扣船舷也。滄浪之水，即漢水之下流，見《禹貢》。纓，冠系也。不復與三閭言，與前舉世字相應，結不能與世推移也。

右四段。見舉世無可言者也。通篇之意，言我非不知與世推移，可以苟生，但志不受污，寧葬江魚腹中耳。

通篇四段。前兩段，兩“何故”字，兩“皆”字，兩“獨”字，兩“何不”字，作呼應。後兩段，兩“必”字，兩“安能”字，兩“去”字，作呼應。章法井然。

孔子曰：“殷有三仁焉，此後遂無完人。”三閭若豫知後世之鄙夫迂儒，必有過論者。嗟乎！漢唐後論人嚴於仲尼，吾不知其自視居何等也。

【校記】

［一］"醑"，音義皆同"釃"。

楚辭新注卷六終

楚辭新注卷七

汝州　宗姪啟賢編
蒲城　屈復悔翁新集注　曾孫來泰錄
江西　受業　管之寀校

招魂

《招魂》者，三閭之所作也。魂魄離散，自招於生前也。太史公《傳贊》："讀《招魂》，悲其志。"此篇首帝曰我欲輔之，助成其志也。篇中欲召還而興楚國，自喻其志也。若乃痛頃襄忘不共戴天之仇，雖寫篇末，又隱躍言外，有懷莫展，生何如死，究未明出"志"字，幽愁隱痛，水霧烟霏。嗚呼！子長可謂善讀矣。

朕幼清以廉潔兮，身服義而未沬。主此盛德兮，牽於俗而蕪穢。上無所考此盛德兮，長離殃而愁苦悔**。帝告巫陽曰："有人在下，我欲輔之。魂魂離散，汝筮予之。"巫陽對曰："掌夢上帝**[一]**，其命難從。若必筮予之，恐後之謝，不能復用巫陽**容**焉。"**

朕，我。幼，少。自幼清廉不污，言其性然也。服，行。沬，與"昧"同。牽，引。蕪穢，不清潔。盛德，即上廉潔義。上，君。考，察。無所考，蔽於讒佞也。離，遭。殃，禍。愁苦，遷放。帝，天帝。女曰巫，陽其名也。人謂三閭掌夢上帝者，爲上帝掌生死者。謝，凋落，謂死也。與《莊子》"孔子其謝之已"義同。言我自少清廉不污，行義不沬，雖主此盛德，而爲世俗牽引，蒙以蕪穢之名，上無所考，遂長遭殃禍而愁苦，至於魂魄離散。上帝憫之，乃告巫陽曰："有賢人在下，我欲輔助之，使得行其素志，然其魂魄離散，身將顛沛，汝其筮問所在，求而與之，使反其身也。"巫陽對曰："死而招魂，掌夢者之事，今其人未死而生招焉，則帝命不可從也。如必使筮其所在，而生招以與之，則恐其既死之後且將不得復用巫陽之技矣。"

一段。自明其爲生招也。

乃下招曰：魂兮歸來！去君之恒幹，何爲乎四方些？舍君之樂處，而離彼不祥些。 些，娑，去聲

恒，常。幹，體。些，《說文》云"語詞"，乃楚人舊俗。舍，置。祥，善也。總提四方，下歷詆其不善，而盛稱楚國之樂也。

魂兮歸來！東方不可以託些。長人千仞，惟魂是索些。十日代出，流金鑠石些。彼皆習之，魂往必釋些。歸來歸來！不可以託隻些。

託，寄。八尺曰仞。索，求。鑠，銷。彼，謂其處居人。釋，解。習，服也。東方不可居，文自明。

魂兮歸來！南方不可以止些。雕題黑齒，得人肉以祀，以其骨爲醢喜**些。蝮蛇蓁蓁，封狐千里些。雄虺九首，往來儵忽，吞人以益其心些。歸來歸來！不可以久淫些。**

雕，畫。題，額。雕刻其肌，以丹青涅之也。南方人常食蠃蜂，得人之肉，則用以祭神，復以其骨爲醬而食之。今湖南北有殺人祭鬼者，即其遺俗。蝮，大蛇。虺，亦蛇。九首，一身九頭。儵忽，疾急貌。說已見《天問》。淫，淹也。

魂兮歸來！西方之害，流沙千里些。旋入雷淵，靡散而不可止些。幸而得脫，其外曠宇些。赤螘若象[一]**，玄蠭若壺些。五穀不生，叢菅是食些**[二]**。其土爛人，求水無所得些。彷彿無所倚，廣大無所極些。歸來歸來！恐自遺賊些。**

流沙，已見《騷經》。靡，碎。曠宇，無人之土。螘，蚍蜉。壺，乾瓠。叢，叢生。菅，茅屬，高者至丈餘，可以食牛。倚，依也。西方之土，廣大遙遠，無所臻極，雖欲彷彿求所依止，不可得也。自遺賊，自予賊害也。

魂兮歸來！北方不可以止些。增冰峨峨，飛雪千里些。歸來歸來！不可以久已**些。**

言北方常寒，其冰重累，峨峨如山，飛雪千里，無地可居也。

魂兮歸來！君無上天些。虎豹九關，啄害下人些。一夫九首，拔木九千些。豺狼從目，往來侁侁些。懸人以娭，投之深淵些。致命於帝，然後得瞑眠**些。歸來歸來！往恐危身**捐**些**[四]**。**

虎豹九關，言天門九重，虎豹守之，下人有欲上者則齧殺之也。又有丈夫一身九頭，從朝至暮拔大木九千數也。從，豎。伂伂，眾貌。投，適。瞑，合也。死而不安則目不合，言投人已訖，致其所受之命於天帝，然後乃得合目而安也。

魂兮歸來！君無下此幽都宜**些。土伯九約，其角觺觺些。敦脄血拇，逐人駓**皮**駓些。參目虎首，其身若牛些。此皆甘人，歸來歸來！恐自遺災**流**些。**

幽都，地下，后土所治，地下幽冥，故稱幽都。土伯，后土之侯伯。約，屈。觺觺，利角貌。其身九屈，有角觸害人也。敦，厚。脄，背。拇，手大指。駓駓，走貌。參，三。甘，美。言此物食人，以爲甘美也。

魂兮歸來！入修門些。工祝招君，背行先身**些。秦篝齊縷，鄭綿絡**孤**些。招具該備，永嘯呼些。魂兮歸來！反故居些。**

修門，郢城門，已見《九章》。工，巧。男巫曰祝。背，倍也。倍行以鄉魂，先行以導之也。篝，落，又曰"籠"也，可熏衣。縷，綫。綿，纏。絡，縛也。秦、齊、鄭，蓋其國工善爲此。招具，即謂此。上三物，《禮》所謂上服。該，亦備也。嘯呼，即所謂皋也。

二段。言上下四方，皆不如故居也。

天地四方，多賊姦些。像設君室，靜閒安些。高堂邃宇，檻層軒些。層台累榭，臨高山些。網戶朱綴，刻方連些。冬有突廈，夏室寒些。川谷徑復，流潺湲些。光風轉蕙，氾崇蘭些。經堂入奧，朱塵筵些。

天地二句，總收上文。賊，害。姦，惡，即上所言虎豹等也。像，蓋楚俗，人死則設其形貌於室而祠之也。四句結上起下。邃，深。檻，楯。從曰檻，橫曰楯。軒，樓版。層、累，皆重也。無木謂之臺，有木謂之榭。又曰，凡屋無室曰榭。臨高山，言其高出於山上而下臨其山也。網戶者，以木爲門扉而刻爲方目，使如羅網之狀，即漢所謂罘罳，而程泰之以爲今之亮隔是也。朱綴者，以朱丹飾其交綴之處，使其所刻之方相連屬也。突，深隱暗處。《爾雅》："東南隅謂之突。"廈，大屋，謂溫室也。盛夏暑熱，則有洞達陰堂，其內寒涼。流源爲川，注谿爲谷。徑，過。復，反也。言所居之舍激導川水，往過園庭，回通反覆，其流急疾，又潔淨也。光風，謂雨止日出而風，草木有光也。轉，搖。氾，猶汎汎，搖動貌。崇，高也。西南隅，謂之奧。朱塵，朱塗承塵。筵，竹席。鋪陳曰筵，藉之曰席。言風自蘭蕙之間，經由堂中以入於奥，與塵筵之間也。以故居之堂宇，高邃華煥，招之也。

砥室翠翹，挂曲瓊些。翡翠珠被，爛齊光些。蒻阿拂壁，羅幬張些。纂組綺縞，結琦璜些。

砥，礪石。《穀梁》云："天子之桷，斲之，礱之，加密石焉。"《注》云："以細石磨之。"翹，鳥尾長毛。挂，縣。曲瓊，玉鈎。翡，赤羽雀。翠，青羽雀。蒻，蒻席。阿，曲隅。拂，薄以蒻席，替壁之曲也。幬，禪帳。纂組，綬類，纂似組而赤。綺，文繒。縞，細繒。言幬帳皆用綺縞，又以纂組結束玉璜爲飾也。以故居之砥室，珠翠錦綺之樂，招之也。

室中之觀，多珍怪些。蘭膏明燭，華容備拜**些。二八侍宿，射遞代些。九侯淑女，多迅眾些。盛鬋**翦**不同制，實滿宮**去聲**些。容態好比，順彌代些。弱顏固植，謇其有意**再**些。姱容修態，絙洞房些。蛾眉曼睩，目騰光些。靡顏膩理，遺視矊些。離榭修幕，侍君之閒些。**

金玉爲珍，詭異爲怪。二句收上文。言室中既有珍怪，又有美人也。蘭膏，以蘭香煉膏。華容，謂美人。二八，二列也。大夫有二列之樂，故晉悼公賜魏絳女樂二八，歌鍾二肆也。射，厭。遞，更也。意有厭倦，則使更相代也。九侯淑女，設言商九侯之女入之衺而不喜淫者也。迅眾，奔走疾速者眾也。鬋，鬢。制，法也。盛飾理鬢，其制不同，皆來實充後宮也。態，恣。比，親。彌，猶"竟"也。自始來至代去，柔順如一。弱顏，固持貌，柔弱而立堅定也。謇，語辭。欲啟口而若難，甫領音而有意味也。姱，好貌。修，長。絙，竟。洞，深也。曼長而輕細之貌。睩，目睞謹也。騰，發。靡，致。膩，滑。遺視，切視。矊，脈也。《方言》："䁂瞳之子謂之矊。"《注》云："矊，邈也。"離，別。修，長。幕，大帳。閒，閑暇也。以故居之，美色眾多，溫柔承奉，招之也。

翡帷翠帳，飾高堂些。紅壁沙版，玄玉之梁些。仰觀刻桷，畫龍蛇駝**些。坐堂伏檻，臨曲池**沱**些。芙蓉始發，雜芰荷些。紫莖屏風，文緣波些。文異豹飾，侍陂陁些。軒輬既低，步騎羅些。蘭薄戶樹，瓊木籬些。魂兮歸來！何遠爲些？**

翡翠，已見上。紅，赤白色。沙，丹沙。桷，椽也。春秋刻桓宮桷，此蓋刻爲龍蛇而彩畫之。屏風，水葵，即荇菜，生水中，莖紫色。文緣波，葵之文采，風起水動，即緣波而生。陂陁，長陛侍從之人，皆衣虎豹之文，異采之

- 683 -

飾。侍從遊陂陁之中。軒，曲輈藩車。輬，臥車。皆輕車也。低，俛，此指車之方低而未昂，方輕而未軒時也。徒行爲步，乘馬爲騎。羅，列。官屬從衛者羅列而待發也。草木叢生曰薄。瓊木，嘉木之美名。蘭薄當戶而種，又以嘉木爲籬落。何遠爲，言何以遠去爲哉。以故居池塘遊賞之樂，中堂結構之美，招之也。

室家遂宗，食多方些。稻粢穱麥，挐黃粱些。大苦醎酸，辛甘行些。肥牛之腱乾，臑若芳些。和酸若苦，陳吳羹岡些。胹鼈炮羔，有柘漿些。鵠酸臇鳧，煎鴻鶬些。露雞臛蠵，厲而不爽平聲些。粔籹蜜餌，有餦餭些。瑤漿蜜勺，實羽觴些。挫糟凍飲，酎清涼些。華酌既陳，有瓊漿些。歸反故室，敬而無妨些。

室家，宗族。宗，尊也。言君既歸來，則室家之眾皆來宗尊，當爲設食，其方法多端也。稻，今粳糯二米。粢，稷，亦名穄。穱，擇也。穱麥，稻處種麥而擇取其先熟者。挐，糅。黃粱，香美逾於諸粱。此數種之米相雜爲飯。大苦，豉。醎，鹽。酸，酢。辛，謂椒薑。甘，謂飴蜜。腱，筋頭。臑若，熟爛也。或曰，若謂杜若，用以薰肉去腥而香。"若苦"之"若"則訓"及"也。吳羹，吳人工作羹。胹，煑。羔，羊子。炮，合毛裹物而燒也。柘，諸蔗，取諸蔗之汁爲漿飲也。鵠，鴻鵠。酸以酢漿，烹之爲羹。臇、臛，少汁。鳧，野鴨。鴻，鴻雁。鶬，鶬鶴。露雞，露棲之雞。有菜曰羹，無菜曰臛。蠵，大龜之屬。厲，列。爽，敗。楚人名羹敗曰爽。粔籹，環餅，吳謂之膏環，亦謂之寒具，以蜜和米麵煎熬作之。餌，擣黍爲之。《方言》謂之餻。餦餭，餳以蘗，熬米爲之，亦謂之飴。此則其乾者。瓊漿，漿色如玉者。蠱，見《禮經》，通作"冪"，以疏布蓋尊也。勺，挹酒器。實，滿。羽觴，飲酒之器，爲生爵，形似有頭尾羽翼也。言舉冪用勺，酌酒而實爵也。挫，捉。凍，冰。酎，醇酒，盛夏則爲覆甕乾釀。捉，去其糟，但取清醇居之冰上，然後飲之，酒寒涼，又長味好。飲，酌酒斗也。言魂歸，反所居故室，子孫承事恭敬，長無禍害也。以故居之，宗族子孫敬禮，飲食異味，招之也。

肴羞未通，女樂羅些。陳鐘按鼓，造新歌些。《涉江》、《采菱》，發《揚荷》些。美人既醉，朱顏酡些。娭熙光眇視，目曾波些。被文服纖，麗而不奇些。長髮曼鬋，豔陸離些。二八齊容，起鄭舞些。衽若交竿，撫案下戶些。竽瑟狂會，搷鳴鼓些[五]。宮庭震驚，發《激楚》些。吳歈蔡謳，奏大呂些。

肴，骨體，又菹也。致滋味爲羞。按，猶"一"也。荷，當作"阿"。

《涉江》、《采菱》、《揚阿》，皆楚歌名。酡，飲而赭色著面。娛，戲。眇，眺。曾，重。文，謂綺繡。纖[六]，細也。不奇，奇也。鄭舞，鄭國之舞。衽，衣襟。言舞人迴轉，衣襟相交如竿也。撫，案。下者以手舞，案其節而徐行也。狂，猶"猛"也。損，急擊，如梭擲之勢者也。或曰，損當是"慎"之誤。《激楚》，歌舞之名，即漢祖所謂楚歌楚舞也。此言狂會摃鼓[七]，震驚《激楚》，即大合眾樂而爲高張急節之奏也。吳、蔡，國名。歈、謳，皆歌也。大呂，律名。以故居美人歌舞之妙，鍾鼓之樂，招之也。

士女雜坐，亂而不分些。放陳組纓，班其相紛些。鄭、衛妖玩，來雜陳些。《激楚》之結，獨秀先身些。篭蔽象棋，有六簙些。分曹並進，遒相迫剡些。成梟而牟，呼五白博些。晉制犀比，費白日些。鏗鐘搖簴，揳梓瑟些[八]。

組，綬。纓，冠系。妖玩，妖好可玩之物。結，頭髻。《激楚》之結，蓋歌舞此曲者之飾。秀先，秀異而先進於眾也。篭，竹名。蔽字從竹。簙，箸。《博雅》云："投六箸，行六棋，故謂六簙。"言宴樂既畢，乃設六簙，以篭蔽作箸，象牙爲棋。曹，偶。遒，亦迫。投箸行棋，轉相遒迫，使不得擇行也。倍勝爲牟。五白，簙齒。言己棋已梟，當成牟勝，故呼五白以助投也。晉制犀比，謂晉國工作簙棋箸，比集犀角以爲雕飾。費，耗費。白日，言博者爭勝，耽箸不已，耗損光陰也。鏗，撞。搖，動。簴，懸鐘格。揳，轢也。以故居之玩好博戲，招之也。

娛酒不廢，沈日夜些。蘭膏明燭，華鐙錯些。結撰至思，蘭芳假些。人所有極，同心賦些。酎飲盡歡，樂先故些。魂兮歸來！反故居些。

不廢，猶言"不已"。沈，沈湎。鐙，錠。徐鉉曰："錠，中置燭，故謂之鐙。"華，謂其刻飾華好。錯，置。撰，述。假，大也。謂結述其深至之情思，爲詞以相樂，如蘭芳之甚人也。賦者不歌而誦，其所撰之詞蓋人各傾倒盡極而同心陳之也。先故，舊事。陳嬰母曰"汝家先故未曾貴"是也。以故居同心至思，娛樂無已，招之也。

三段。招魂正文。巫陽之詞止此。

亂曰：獻歲發春兮，汨吾南征。菉蘋齊葉兮，白芷生。路貫廬江兮，左長薄。倚沼畦瀛兮，遙望博。青驪結駟兮，齊千乘。懸火延起兮，玄顏烝。步及驟處兮，誘騁先。抑鶩若通兮，引車右還。與王趨夢兮，課後先。君王親發兮，憚青兕。朱明承夜兮，時不可淹。皋蘭被徑兮，斯路漸。湛湛江水兮，

- 685 -

上有楓林。目極千里兮，傷春心。魂兮歸來，哀江南尋。

"亂曰"以下三閭自敍。獻歲，言歲始來進也。汨，去貌。菉蘋、白芷，並見上。貫，穿過。廬江、長薄，皆地名。左者，行出其右。倚，依。沼，池。畦，猶區。瀛，池中。楚人名池澤中曰瀛。依已成之沼而復爲瀛也。遙望博，平春日南征，道路遙望，所見楚王夜獵也。純黑爲驪。結，連四馬爲駟。懸火，懸燈。玄，天。顏，容也。言夜獵懸燈林中，其火延及，燒於野澤上，烝玄天，使天赤色也。步及驟處，步行而及驟馬所至之處。言走之疾誘，蓋爲前導而馳騁以先誘獵眾，若《儀禮》"射儀之有誘射也"。若，順。正馳鶩者，使順通獵事，引車右轉，以射獸之左也。夢，澤名。楚有雲夢澤，方八九百里，跨江兩涯。雲在江北，今玉沙、監利、景陵等縣是也。夢在江南，今公安、石首、建寧等縣是也。憚，懼。兕，似牛，一角，青色，重千斤。言王親發矢以射，青兕中之而懼走也。朱明，日。承，續。淹，久。日夜相承，四時不得淹止。皋，澤。被，覆。徑，路。漸，沒。春深則草盛，水生而路沒也。日夜相承，時不可止，忽已春暮。楓，木名，似白楊，葉圓而歧，有脂而香，厚葉弱枝，善搖，至霜後葉丹可愛，故騷人多稱之。目極千里，湖澤博平，春時草短，望見千里，令人愁思江南之地，可哀如此，不宜久留也。江上極目，惟有傷心，日月不淹，忽已春暮，所見者惟有江水青楓。魂歸江南，亦止有哀傷而已。

四段。言頃襄忘不共戴天之仇，而猶夜獵荒遊，此三閭之所以目極而傷春心也。

此篇入修門，反故居，喻楚王召還大用也。豹飾之侍，步騎之羅，喻官屬侍衛以入朝也。室家遂宗敬，而無妨同姓之卿，君臣共樂也。女樂鐘鼓，喻賞興復楚國之功也。此帝曰"我欲輔之"意也。王叔師謂宋玉所作，但看起結之神妙，與《騷經》筆墨無異。《九辯》具在，泮然冰釋矣。

【校記】

[一]"夢"，底本作"寢"，傳世《楚辭》諸本作"夢"，注文亦作"夢"，據改。

[二]"螘"，底本作"蟻"，居易堂本、乾隆本作"螘"，注文亦云"螘，蚍蜉"，據改。"螘""蟻"同。

[三]"叢"，居易堂本、乾隆本作"藂"。傳世《楚辭》諸本或彼或此。

[四]"危"，底本作"忘"，諸本同，傳世《楚辭》諸本皆作"危"，據改。

[五]"搷",底本作"損",諸本同,傳世《楚辭》諸本皆作"搷",據改。後同。

[六]"纖",底本脫,諸本同。原文作"文,謂綺繡,細也"。按,此注襲自南宋朱熹《楚辭集注》:"文,謂綺繡;纖,細也。"據補。

[七]"搷",底本作"捐",居易堂本、乾隆本作"損"。按,傳世《楚辭》諸本作"搷",據改。

[八]"揳",底本作"楔",居易堂本、乾隆本與傳世《楚辭》諸本作"揳",據改。下同。

楚辭新注卷七終

楚辭新注卷八

汝州　宗姪啟賢編
蒲城　屈復悔翁新集注　曾孫來泰錄
曲沃　受業　裴允文校

大招

《大招》，三閭痛懷王之文也。不曰祭者，非體也[一]。篇首"無逃"二字，已明點逃秦事實。後段用賢退不肖，立三公九卿，尚三王，豈人臣事哉？有如此之資而客死於秦，良可痛也。文甚平淡，意甚深微，愈平淡，愈深微，讀者愈難解，而議論愈紛紛矣。

青春受謝，白日昭只。春氣奮發，萬物遽兢**只。冥淩浹行，魂無逃只。魂魄歸徠！無遠遙只。**

青，東方，春位，其色青。謝，去。言玄冬謝去而青春受之也。白日昭者，冬寒則日無光輝，故春氣和暖而後白日昭明也。只，語已詞。遽，猶"兢"也。言春氣奮發，而萬物忽遽兢起而生出也。冥，幽暗。淩，冰凍。浹，周洽也。言青帝用事，白日光明，萬物乘其春氣之發，皆欲滋茂，而幽暗冰凍之地，無不周浹而流行，魂於此時甚無感動而逃亡也。按：懷王亡走趙而被追，再入秦而病死。"無逃"二字，來歷甚明。

一段。春氣發生，及時而招，祝其無遠去而歸來也。

魂乎歸徠！無東無西，無南無北奭**只。**

北，叶西。古樂府"魚戲蓮葉北"，亦此叶法。總提四方，下分應之。

東有大海，溺水滺滺只。螭龍並流，上下悠悠只。霧雨淫淫，白皓膠只。魂乎無東！湯谷寂寥只。

溺，沒也。㴒㴒，水流貌。悠悠，螭龍行貌。皓膠，冰凍貌。皓然正白回錯膠戾也。湯谷，日之所出，其地無人，視聽寂然，無所見聞也。

魂乎無南！南有炎火千里，蝮蛇蜒只。山林險隘，虎豹蜿只。鰅鱅短狐，王虺騫只。魂乎無南！蜮傷躬只。

蜒，長貌。《說文》曰："蜮，似龞，三足。"陸機曰："一名射影。人在岸上，影見水中，投人影則射之。或謂含沙射影。"孫思邈云："亦名射工。其蟲無目而利耳，能聽聞人聲，便以口中毒射人。" 王虺，大蛇也。騫，舉頭貌。

魂乎無西！西方流沙，漭洋洋只。豕首縱目，被髮鬤只。長爪鋸牙，誒笑狂只。魂乎無西！多害傷只。

漭水，大貌。洋洋，無涯貌。縱，直豎。鬤，髮亂。鋸牙，其牙如鋸。誒，強笑。言西方有神，其狀如此，能傷害人也。

魂乎無北！北有寒山，逴龍赩只。代水不可涉[二]，深不可測只。天白顥顥，寒凝凝只。魂乎無往！盈北極只。

逴龍，山名。赩，赤色，無草木貌。顥顥，光貌。凝凝，冰凍貌。盈北極，言此冰凍滿北極也[三]。

二段。四方皆不可往。文自明。

魂魄歸徠！閒以靜只。自恣荊楚，安以定只。逞志究欲，心意安只。窮身永樂，年壽延只。魂兮歸徠！樂不可言只。

招魂言壽，不忍其君之死也歸楚。總起，下分應之。

五穀六仞，設菰粱只。鼎臑盈望，和致芳只。內鶬鴿鵠，味豺羹只。魂乎歸徠！恣所嘗只。

五穀，稻、稷、麥、豆、麻也。仞，伸臂一尋八尺。言積穀之多。設，施。菰粱，蔣實，一名雕菰。臑，熟。致，致鹹酸。芳，謂椒薑。內，與肭同，肥也。鶬，即鶬鴰。鴿，似鳩而小，青白色。鵠，有白鵠、黃鵠。豺，似狗。人所同好，故曰"嘗"也。

鮮蠵甘雞，和楚酪只。醢豕苦狗，膾苴蓴只。吳酸蒿蔞，不沾薄只。魂兮歸徠！恣所擇只。

生潔為鮮。蠵，大龞。酪，乳漿。醢，肉醬。苦，以膽和漿，世所謂膽和者也。苴蓴，一名襄荷，《本草》云："葉似初生甘蔗，根似姜牙，蓋切以為香也。"白蒿春生，秋乃香美可食。蒿蔞，葉似艾，生水中，脆美可食。沾，多汁。薄，無味也。言吳人工調鹹酸，爚蒿蔞爲虀，其味不釀不薄，適甘美也。以上諸味有不盡好者，故曰"擇"也。

炙鴰烝鳧，䐹鶉敶只。煎鰿膗雀，遽爽存只。魂乎歸徠！麗以先身**只。**

炙，燔肉。鴰，麋鴰。䐹，爚。鶉，鴽。鰿，小魚。膗，肉羹。遽，急。爽，清快也。老子《道德經》："五味令人口爽。"則遽爽者，爽快之味也。麗，類也。此味之美者，故曰先以食味自恣招之也。

四酎并孰，不歰嗌只。清馨凍飲**飲，不歠役只。吳醴白糵，和楚瀝只。魂乎歸徠！不遽惕只。**

酎，二重釀酒。秦《月令》云："春釀之孟夏始成。"漢亦以春釀八月乃成。此云四酎，則是四重釀矣。并，俱。歰，不滑。嗌，咽喉。言不歰人之咽喉也。馨，香之遠聞者。凍，猶"寒"也。酒力醇厚，不宜熱飲。不歠役，謂不以飲賤役之人。再宿爲醴。糵，米麴。瀝，清酒也。言使吳人釀醴，和白麴以作楚瀝也。不遽惕，無憂懼也。以飲之自恣招之也。

三段。以飲食招之也。

代、秦、鄭、衛，鳴竽張只。伏戲《駕辯》，楚《勞商》只。謳和《揚阿》，趙簫倡只。魂乎歸徠！定空桑只。

代、秦、鄭、衛，當世之樂。伏羲作瑟，造《駕辯》之曲，楚因之作《勞商》，皆古曲名。徒歌曰謳。《揚阿》，即《陽阿》。趙簫，趙國之簫。以趙簫奏《揚阿》，爲先倡而謳，以和之也。空桑，琴瑟名，見《周禮》。琴瑟古樂，故曰"定"也。

二八接武，投詩賦只。叩鐘調磬，娛人亂只。四上競氣，極聲變只。魂乎歸徠！聽歌譔只。武、賦二句叶。下三句叶。

接，連。武，跡。投，合也。詩賦，雅樂，《關雎》、《鹿鳴》之類。叩，擊也。金曰鐘，石曰磬。亂，理也。四上國代、秦、鄭、衛，爭致其氣。極聲，音之變。譔，具也。

四段。以音樂之美可以自恣招之也。

朱唇皓齒，嫭以姱胡**只。比德好閒，習以都只。豐肉微骨，調以娛只。魂乎歸徠！安以舒只。**

嫭、姱，好貌。比，同也。眾女同德，美好閒暇，習於禮節，容態都雅，豐肌和調，可舒展其心也。

嫮目宜笑，蛾眉曼只。容則秀雅，稚朱顏只。魂乎歸徠！靜以安只。

嫮，昈。曼，長而輕細。則，法。稚，幼也。

姱修滂浩，麗以佳只。曾頰倚耳，曲眉規只。滂心綽態，姣麗施只。小腰秀頸，若鮮卑只。魂乎歸徠！思怨移只。

修，長。滂浩，廣大。佳，善。曾，重。倚，辟。規，圜也。言面豐滿，頰肉若重，兩耳郭辟，曲眉正圜。綽，綽約。若鮮卑，猶言美若胡姬也。《魏書》曰："鮮卑東胡，別保鮮卑山，因號焉。"移，去也。言可以忘去怨思也。

易中和心，以動作窄只。紛白黛黑，施芳澤只。長袂拂面，善留客只。魂乎歸徠！以娛昔_瑟只。

易中、和心，皆敏慧之意。芳澤，芳香之膏澤。昔，夜也。

青色直眉，美目婳_綿只。靨輔奇牙，宜笑嘕只。豐肉微骨，體便娟只。魂乎歸徠！恣所便_{平聲}只。

青色，謂眉也。婳，美白貌。輔，頰車也。《左傳》："輔車相依。"嘕，笑貌。便娟，好貌。便猶"安"也。比德好閒，易中和心，美人而有德性者，言外與鄭袖之專寵嫉妬以敗國事者不同也。美人多至五節，其意可見。

五段。以美人之自恣招之也。

夏屋廣大，沙堂秀只。南房小壇，觀絕霤只。曲屋步壛，宜擾畜_獸只。騰駕步遊，獵春囿只。

沙，丹沙。壇，猶堂。觀，猶樓。霤，屋宇。曲屋，周閣。步壛，長砌也，《上林賦》作"步櫩"，李善云："長廊也。"擾畜，馴養禽獸。步遊，行遊也。

瓊轂錯衡，英華假只。茝蘭桂樹，鬱彌路只。魂乎歸徠！恣志慮只。

假，大也。所乘之車，以玉飾轂，以金錯衡，英華照耀，大有光明也。鬱，叢生貌。彌，竟也。

孔雀盈園，畜鸞皇只。鵾鴻羣晨，雜鶖鶬只。鴻鵠代遊，曼鷫鷞只。魂乎歸徠！鳳凰翔只。

鵾，鵾雞。鴻，鴻鶴。晨，旦鳴也。《書》曰："牝雞無晨。"鶖鶬，鴮鸅。曼，曼衍也。鷫鷞，長頸，綠身，似雁。鸞，鳳凰之佐，故可畜。鳳，神物，有道則見，故曰"翔"也。

六段。以離宮園囿可以自恣招之也。

曼澤怡面，血氣盛只。永宜厥身，保壽命只。室家盈庭，爵祿盛只。魂乎歸徠！居室定只。

怡，懌貌。室家，謂宗族。盈庭，滿朝廷也。

接徑千里，出若雲只。三圭重侯，聽類神只。察篤夭隱，孤寡存只。魂乎歸徠！正始昆只。

接徑，通路也。出若雲，人民眾多，其出如雲也。三圭，謂公侯伯。公執桓圭，侯執信圭，伯執躬圭，故曰三圭。重侯，子男也。聽類神者，聽察精密，如神明也。篤，厚。夭，早死。隱，幽蔽也。孤，幼而無父者。寡，老而無夫者。察夭隱者而厚之，則孤、寡皆得其所矣。昆，後也。正其始以及後人也。

田邑千畛，人阜昌只。美冒眾流，德澤章只。先威後文，善美明只。魂乎歸徠！賞罰當只。

田，野。邑，居也。《周禮》："九夫爲井，四井爲邑。"畛，田上道。阜，盛。昌，熾。冒，覆。章，明。威，武也。言先以威武嚴民，後以文德撫之，既善美而又光明也。

名聲若日，照四海只。德譽配天，萬民理只。北至幽陵，南交阯只。西薄羊腸，東窮海只。魂乎歸徠！尚賢士只。

德譽配天，言楚王修德於內，榮譽外發，功德配天，又能理萬民之冤結也。幽陵，幽州。交阯，南夷其人足大指開，析兩足並立，指則相交。羊腸，山名，山形屈辟，狀如羊腸，今在太原晉陽之西北。言魂急歸來，楚方進賢士也。

發政獻行，禁苛暴眉只**。舉傑壓陛，誅譏罷**皮只**。直贏在位，近禹麾只。豪傑執政，流澤施只。魂乎歸徠！國家爲只。**

獻行，令百官上其行治，如《周禮》令羣吏致事，漢法令郡國上計也。舉傑壓陛，遙登俊傑，使在高位，以壓階陛也。誅，責而退之也。譏罷，駑也，眾所譏誚，疲軟不勝任之人也。直贏，謂理直而才有餘者。近大禹之指麾也。國家爲，言如此則國家可爲也。

雄雄赫赫，天德明只。三公穆穆，登降堂只。諸侯畢極，立九卿只。昭質既設，大侯張只。執弓挾矢，揖辭讓平聲只**。魂乎歸徠！尚三王只。**

雄雄赫赫，威勢盛也。天德，配天之德。明，光明也。穆穆，和美貌。畢極，盡至也。諸侯立次，三公其班。既絕，乃使九卿立其下也。昭質，謂射侯行畫之地，如言白質、赤質之類。大侯，謂所射之布，如言虎侯、豹侯之類。上手延登曰揖，壓手退避爲讓，致語以讓爲辭。古者大射、燕射、鄉射之禮，將射者皆執弓挾矢以相揖，又相辭讓，而後升射。言欲其來歸，而察幽隱，存孤寡，治田邑，阜人民，禁苛暴，流德澤，舉賢能，退罷劣，公侯九卿，共行射禮而尚三王之道也。

七段。皆帝王之政，以此招懷王，其心之悲痛爲何如也？此篇招懷王之魂歸楚國，行仁政，朝諸侯，有天下德美備於宮闈，鳳凰翔於園囿，化楚國之家爲三王之世，有可爲之資，竟客死於秦而不還也。

楚辭新注卷八終

【校記】

[一]"體"，諸本同。按，義與"禮"通。《淮南子·齊俗訓》："禮者，體也。""禮者，體情制文者也。"

[二]"水"，底本作"冰"，諸本同，傳世《楚辭》諸本作"水"，下文亦云"不可涉，深不可測"，據改。

[三]"冰"，乾隆本、居易堂本俱作"水"，亦通。

卷末

離騷贊序

班孟堅

《離騷》者,屈原之所作也。屈原初事懷王,甚見信任,同列上官大夫妒害其寵,譖之王,王怒而疏屈原。屈原以忠信見疑,憂愁幽思而作《離騷》。離,猶遭也;騷,憂也。明己遭憂作辭也。是時,周室已滅,七國並爭,屈原痛君不明,聽用羣小,國將危亡,忠誠之情懷不能已,故作《離騷》。上陳堯、舜、禹、湯、文王之法,下言羿、澆、桀、紂之失,以風懷王,終不覺悟,信反間之説,西朝于秦,秦人拘之,客死不還。至於襄王復用讒言,逐屈原,在野又作《九章》賦以諷諫,卒不見納。不忍濁世,自投汨羅。原死之後,秦果滅楚,其辭爲眾賢所悼悲,故傳於後。

敘

王逸

敘曰:昔者孔子睿聖明喆,天生不羣,羣,一作"王"。定經術,刪《詩》、《書》,一云:"俾定經術,乃刪《詩》、《書》。"正禮樂,制作《春秋》,以爲後王法。門人三千,罔不昭達。臨終之日,則大義乖而微言絕。其後周室衰微,戰國並爭,道德陵遲,譎詐萌生,於是楊、墨、鄒、孟、孫、韓之徒各以所知著造傳記,或以述古,或以明世。八字,一作"咸以明世"。而屈原履忠被譖,憂悲愁思,一云"憂愁思憤"。獨倚詩人之義而作《離騷》,上以諷諫,下以自慰。遭時闇亂，不見省納，不勝憤懣，遂復作《九歌》以下凡二十五篇，楚人高其行義，瑋其文采，以相教傳。或作"傳教"。至於孝武帝，恢廓道訓，使淮南王安作《離騷經章句》，則大義粲然，後世雄俊，莫不瞻慕，一作"仰"。舒肆妙慮，一作"攄舒妙思"。纘述其詞。逮至劉向，顏師古讀如本字。典校經書，分爲十六卷。孝章即位，深弘道藝，而班固、賈逵復以所見改易前疑，各作《離騷經章句》，其餘十五卷，一作"篇"。闕而不說，又以"壯"爲"狀"，一作"扶"。義多乖異，事不要括。一作"撮"。今臣復以所識所知稽之舊章，合之經傳，八字，一云"稽之經傳"。作十六卷。章句雖未能究其微妙，然大指之趣略可見矣。且人臣之義，以忠正爲高，以扶節爲賢，故有危言以存國，殺身以成仁，是以伍子胥不恨於浮江，比干不悔於剖心，然後忠立而行成，忠，一作"德"。榮顯而名著。著，一作"稱"。若夫懷道以迷國，詳愚而不言，詳，與"佯"同，詐也。顛則不能扶，危則不能安，婉娩以順上，婉娩，一作"娩娩"，一作"俛俛"。逡巡以避患，雖保黃耇，終壽百年，蓋志士之所恥，愚夫之所賤也。今若屈原膺忠貞之質，體清潔之性，直若砥矢，言若丹青，進不隱其謀，退不顧其命，此誠絕世之行，俊彥之英也。而班固謂之露才揚己，一作"班賈"。競於羣小之中，怨恨懷王，譏刺椒蘭，苟欲求進，強非其人，不見容納，忿恚自沈，是虧其高明而損其清潔者也。昔伯夷、叔齊讓國守分，一作"志"。不食周粟，遂餓而死，豈可復謂有求於世而怨望哉？一作"恨怨"。且詩人怨主刺一作"諫"。上，曰："嗚呼，小子，未知臧否。"匪面命之，言提其耳，風諫之語，於斯爲切，然仲尼論之，以爲《大雅》引此比彼。屈原之詞，優遊婉順，寧以其君一有"爲"字。不智之故，欲提攜其耳？而論者以爲露才揚己，怨刺其上，強非其人，殆失厥中矣。夫《離騷》之文，依託《五經》以立義焉。"帝高陽之苗裔"，則"厥初生民，時惟姜嫄"也。"紉秋蘭以爲佩"，則"將翱將翔，佩玉瓊琚"也。"夕攬洲之宿莽"，則《易》"潛龍勿用"也。"駟玉虬而乘鷖"，則"時乘六龍以御天"也。"就重華而陳詞"，則《尚書》"咎繇之謀謨"也。"登崑崙而涉流沙"，則《禹貢》之"敷土"也。故智彌盛者，其言博；才益多者，其識遠。多，一作劭。屈原之辭，誠博遠矣。自一有孔丘字。終没以來，名儒博達之士，著造詞賦，莫不擬則其儀表，祖式其模範，取其要妙，竊其華藻，所謂金相玉質，百世無匹。世，一作"歲"。名垂罔極，永不刊滅者矣。

敘

洪興祖

　　班孟堅序云：昔在孝武博覽古文，淮南王安敘《離騷傳》以"《國風》好色而不淫，《小雅》怨悱而不亂，若《離騷》者，可謂兼之。蟬蛻濁穢之中，浮遊塵埃之外，皭然泥而不滓，推此志，雖與日月爭光可也"，斯論似過其真。又說"五子以失家巷"謂伍子胥也，及至羿、澆、少康、貳姚、有戎、佚女，皆各以所識有所增損，然猶未得其正也。故博采經書傳記本文，以爲之解。且君子道窮，命矣，故"潛龍不見"，是而無悶。《關雎》哀周道而不傷，蘧瑗持可懷之智，甯武保如愚之性，咸以全命避害，不受世患，故《大雅》曰："既明且哲，以保其身。"斯爲貴矣。今若屈原露才揚己，競乎危國羣小之間以離讒賊，然責數懷王，怨惡椒蘭，愁神苦思，強非其人，忿懟不容，沈江而死，亦貶絜狂狷景行之士，多稱崑崙，冥婚宓妃，虛無之語，皆非法度之政。同"正"。經義所載，謂之兼《詩》風雅而與日月爭光，過矣。然其文弘博麗雅，爲詞賦宗，後世莫不斟酌其英華，則象其從容，自宋玉、唐勒、景差之徒，漢興枚乘、司馬相如、劉向、揚雄，騁極文辭，好而悲之，自謂不能及也。雖非明智之器，可謂妙才者也。

　　顏之推云：自古文人常陷輕薄，屈原露才揚己，顯暴君過。

　　劉子玄云：懷、襄不道，其惡存於楚賦，讀者不以爲過，蓋不隱惡故也。

　　愚嘗折衷其說而論之[一]，曰：

　　或問："古人有言，殺其身有益於君則爲之，屈原雖死，何益於懷、襄？"曰："忠臣之用心，自盡其愛君之誠耳，死生毀譽所不顧也，故比干以諫見戮，屈原以放自沈[二]。比干，紂諸父也；屈原，楚同姓也。爲人臣者，三諫不從，則去之；同姓無可去之義，有死而已。《離騷》曰：'阽余身而危死兮，覽余初其猶未悔。'則原之自處審矣。"或曰："原用智於無道之邦，虧明哲保身之義，可乎？"曰："愚如武子，全身遠害可也，有官守言責，斯用智矣，山甫明哲，固保身之道，然不曰'夙夜匪懈，以事一人'乎？士見危致命，況同姓兼恩與義而可以不死乎？且比干之死，微子之去，皆是也。屈原其不可去乎？有比干以任責微子，去之可也。楚無人焉，原去則國從而亡，故雖身被放逐，猶徘徊而不忍去，生不得力爭而强諫，死猶冀其感發而改行，使百世之下聞其風者，雖流放廢斥，猶知愛其君，眷眷而不忘臣子之義，盡矣。非死爲難，處死爲難。屈原雖死，猶不死也。後之讀其文，知其人，如賈生者，亦鮮矣。然爲賦以弔之，不過哀其不遇而已。余觀自古忠臣義士，慨然發憤，不顧其死，特立獨行，自信而不回者，其英烈之氣，豈與身俱亡哉？仍羽人於丹邱，留不死之舊鄉，超無爲以至清，與太初而爲鄰，此《遠遊》之所以作而難爲淺見寡聞者道也。仲尼曰：'樂天知命，故不憂。'又曰：'樂天知命，有憂之大者。'屈原之憂，憂國也；其樂，樂天也。《離騷》二十五篇多憂世之語，獨《遠遊》曰：'道可受兮不可傳，其小無內兮其大無垠。無滑而魂兮彼將自然，一氣孔神兮於中夜存，虛以待之兮無爲之先。'此老、莊、孟子所以大過人者，而原獨知之。司馬相如作《大人賦》，宏放高妙，讀者有凌雲之意，然其語多出於此，至其妙處，相如莫能識也。太史公作傳，以爲：'其文約，其辭微，其志潔，其行廉。其稱文小而其指極大，舉類邇而見義遠。其志潔，故其稱物芳。其行廉，故死而不容。自疏濯淖污泥之中，以浮遊塵埃之外。推此志也，雖與日月爭光可也。'斯可謂深知己者。揚子雲作《反離騷》，以爲君子得時則大行，不得志則龍蛇。遇不遇，命也。何必沈身哉？屈子之事，聖賢之變者，使遇孔子，當與三仁同稱焉，未足以與此。班孟堅、顏之推所云，無異妾婦兒童之見，余故具論之。"

【校記】

[一]"常"，居易堂本、乾隆本作"嘗"，據改。
[二]"沈"，居易堂本、乾隆本作"沈"，二字通。

辨騷

劉勰

自風雅寢聲，莫或抽緒。奇文蔚起，其《離騷》哉？故已軒翥詩人之後，奮飛辭家之前，豈去聖之未遠，而楚人之多才乎？昔漢武愛騷，而淮南作傳，以爲："《國風》好色而不淫，《小雅》怨誹而不亂。若《離騷》者，可謂兼之。蟬蛻穢濁之中，浮遊塵埃之外，皭然涅而不緇，雖與日月爭光可也。"班固以爲："露才揚己，忿懟沈江。羿、澆、二姚，與左氏不合；崑崙懸圃，非

- 697 -

經義所載。然而文辭麗雅，爲辭賦之宗。雖非明哲，可謂妙才。"王逸以爲："詩人之提耳，屈原婉順，《離騷》之文，依經立義，'駟虯乘鷖'則'時乘六龍'，'崑崙流沙'則'禹貢敷土'。名儒詞賦，莫不擬其儀表，所謂金相玉振，百世無匹者也。"及漢宣嗟歎，以爲皆合經術。揚雄諷味，亦言體同《詩》雅。四家舉以方經，而孟堅謂不合傳體。褒貶任聲，抑揚過實，可謂鑒而弗精，翫而未覈者也。將覈其論，必徵言焉，故其陳堯舜之耿介，稱禹湯之祇敬，典誥之體也；譏桀紂之倡狂，傷羿澆之顛隕，規諷之旨也；虬龍以喻君子，雲霓以譬讒邪，比興之義也；每一顧而掩涕，歎君門之九重，忠怨之辭也。觀茲四事，同于風雅者也。至於託雲龍，說迂怪，豐隆求宓妃，鴆鳥媒娀女，詭異之辭也；康回傾地，夷羿弊日，木夫九首，土伯三目，譎怪之談也；依彭咸之遺則，從子胥以自適，狷狹之志也；士女雜坐，亂而不分，指以爲樂，娛酒不廢，沈湎日夜，舉以爲歡，荒淫之意也。摘此四事，異乎經典者也。故論其典誥，則如彼[一]；語其誇誕，則如此。固知《楚辭》者體慢於三代而風雅於戰國，乃雅頌之博徒，而詞賦之英傑也。觀其骨鯁所樹，肌膚所附，雖取鎔經意，亦自鑄偉辭，故《騷經》、《九章》朗麗以哀志，《九歌》、《九辨》綺靡以傷情，《遠遊》、《天問》瓌詭而惠巧，《招魂》、《大招》耀豔而深華，《卜居》標放言之致，《漁父》寄獨往之才，故能氣往轢古，辭來切今，驚采絕豔，難與並能矣。自《九》、《懷》已下，遽躡其跡，而屈宋逸步，莫之能追，故其敘情怨則鬱伊而易感，述離居則愴怏而難懷，論山水則循聲而得貌，言節候則披文而見時。枚、賈追風以入麗，馬、揚沿波而得奇，其衣被詞人非一代也，故才高者菀其鴻裁，中巧者獵其豔辭，吟諷者銜其山川，童蒙者拾其香草。若能憑軾以倚雅頌，懸轡以馭楚篇，酌奇而不失其貞，玩華而不墜其實，則顧盼可以驅辭力，欬唾可以窮文致，亦不復乞靈於長卿，假寵於子淵矣。

贊曰：不有屈原，豈見《離騷》？驚才風逸，壯志煙高。山川無極，情理實勞。金相玉式，豔溢錙毫。煙，一作"雲"。

【校記】

[一]"如"，居易堂本、乾隆本作"以"。

跋

　　右《楚辭新注》八卷，清蒲城屈復悔翁撰。《四庫全書總目》列是編於集部"楚辭類"存目中，卷數相同。《陝西續通志稿》藝文類亦載之。今考悔翁此編，只注屈原所著《離騷》經，《九歌》、《天問》、《九章》、《遠遊》及《卜居》、《漁父》諸篇[一]，而列《招魂》、《大招》於後，謂皆屈子自撰。其宋玉《九辨》依舊本置《遠遊》篇後，亦均爲之注。《四庫提要》稱復"採合《楚辭》諸家舊注，而自以新意疏解。復頗工詩，故能求騷人言外之意，與拘言詮、涉理路者有殊"，足爲讀斯編之定論。至悔翁指《招魂》、《大招》胥屈子著[二]，與王叔師舊解不同，且不取朱子《大招》爲景差作之說，讀書得間，別具會心。顧《大招》一篇，王注本有"屈原作，或曰景差"，疑不能明之言；而《招魂》則自叔師及昭明太子、朱子、洪興祖以次僉謂宋玉爲之，悔翁獨據史公傳贊"讀《招魂》"、"哀其志"二語定爲三閭自作，與諸家之說皆歧。然《招魂》起結之筆，實甚神妙，文境極似《騷經》，況有史公傳贊可徵正，無妨別存一解也。是編尚屬舊刊，印入叢書，欲知悔翁習《楚辭》甚深，而其詩學亦淵源有自云。民國二十五年九月校。

長安宋聯奎
蒲城王健
江甯吳廷錫

【校記】

[一]"歌"，關中叢書本作"敔"，逕改。
[二]"胥"，疑當爲"皆"。

四庫全書總目提要

　　《楚辭新注》八卷陝西巡撫採進本，國朝屈復撰。復字悔翁，蒲城人。是編採合《楚辭》舊注而自以新意疏解之。復頗工詩，故能求騷人言外之意，與拘言詮、涉理路者有殊，而果於師心，亦往往臆爲變亂。如《離騷》曰"黃昏以爲期兮"二句，指爲衍。又《天問》一篇，隨意移置其前後，謂之錯簡。《九歌》末《禮魂》一章，欲改爲《禮成》，以爲《九歌》之亂詞，大抵皆以意爲之，無所依據也。

天問校正

〔清〕屈　復　撰
　　陳戰峰　點校
　　賈三强　審校

天問校正

世楷堂藏板

蒲城屈復悔翁著

天問者，仰天而問也。忠直葅醢，讒佞高張，自古然也。三閭抱此，視彼天地、三光、山川、人物、變怪傾欹。又歷世之當亡而存，當廢而興，無不然者，非天是問，將誰問乎？蕭條異代，尚欲搔首一一問之，而況抱痛者乎？然不可情原，不可義正，不可理論，不可言詮，不可事判。嗚呼！是之謂"天問"。王叔師云："文不次序。"洪興祖云："豈可次序陳哉？"然通篇起結，盡人了然，細玩中間，屢起屢結，次序井井。其爲錯簡明甚，因少校正，每見前人妄改古書，竊謂不可，豈可效尤？今仍列舊文於前，更定附後，惟天下高明是正焉。

曰：遂古之初，誰傳道之？上下未形，何由考之？冥昭瞢闇，誰能極之？馮翼惟像，何以識之？明明闇闇，惟時何爲？陰陽三合，何本何化？

以上問溷沌之先，天地初開之時也。

圜則九重，孰營度之？惟茲何功，孰初作之？斡維焉繫？天極焉加？八柱何當？東南何虧？九天之際，安放安屬？隅隈多有，誰知其數？天何所沓，十二焉分？日月安屬？列星安陳？

以上問天地既形之後也。

出自湯谷，次於蒙汜。自明及晦，所行幾里？日安不到[一]，燭龍何照？羲和之未揚，若華何光？

以上問日。

夜光何德，死則又育？厥利維何？而顧菟在腹。

- 703 -

以上問月。

何闔而晦？何開而明？角宿未旦，曜靈安藏？

以上問晦明也[二]。日月星辰，皆天文也。第一段。

九州安錯？川谷何洿？東流不溢，孰知其故？東西南北，其脩孰多？南北順㯭[三]，其衍幾何？昆侖懸圃，其尻安在？增城九重，其高幾里？四方之門，其誰從焉？西北辟啟，何氣通焉？何所冬暖？何所夏寒？

以上問地也。第二段[四]。

焉有石林？何獸能言？焉有龍虬，負熊以游？雄虺九首，儵忽焉在？何所不死？長人何守？女岐無合夫，焉取九子？伯強何處？惠氣安在？靡蓱九衢，枲華安居？靈蛇吞象，厥大何如？黑水玄趾，三危安在？延年不死，壽何所止？白蜺嬰茀，胡爲此堂？安得夫良藥，不能固臧？天式從橫，陽離爰死。大鳥何鳴，夫焉喪厥體？萍號起雨，何以興之？撰體脅鹿，何以膺之？鼇戴山抃，何以安之？釋舟陵行，何以遷之[五]？鯪魚何所？鬿堆焉處？羿焉彃日[六]？烏焉解羽？

以上問山川人物奇怪之類也。第三段。

厥萌在初，何所意焉？璜臺十成，誰所極焉？

此段起下文女帝虞夏商周歷代之興廢也。

登立爲帝，孰道尚之？女媧有體，孰制匠之？舜閔在家，父何以鱞？堯不姚告，二女何親？舜服厥弟，終然爲害。何肆犬豕[七]，而厥身不危敗[八]？干協時舞，何以懷之？平脅曼膚，何以肥之？眩弟並淫，危害厥兄。何變化以作詐，而後嗣逢長？

以上上古之事。第四段。

不任汩鴻，師何以尚之？僉曰"何憂"，何不課而行之？鴟龜曳銜[九]，鯀何聽焉？順欲成功，帝何刑焉？永遏在羽山，夫何三年不施？伯禹腹鯀，夫何以變化？纂就前緒，遂成考功。何續初繼業，而厥謀不同？洪泉極深，何以窴之？地方九則，何以墳之？應龍何畫？河海何歷？鯀何所營[一〇]？禹何所成？康回憑怒，墜何故以東南傾？

以上問鯀禹治水之事也。第五段。

禹之力獻功，降省下土四方。焉得彼嵞山女，而通之於台桑？閔妃匹合，厥身是繼。胡爲嗜不同味，而快朝飽？啓代益作后，卒然離蠥。何啓惟憂，而

能拘是達？皆歸射鞠，而無害厥躬。何后益作革，而禹播降？咸播秬黍，莆藋是營。何由並投，而鯀疾修盈？

以上夏禹父子事。三代皆禪賢，而禹獨傳子，意言禹之德既能傳子，而不能掩父之惡，何也？

啓棘賓商，《九辨》、《九歌》。何勤子屠母[一一]，而死分竟地？該秉季德，厥父是臧。

胡終弊於有扈，牧夫牛羊？有扈牧豎，云何而逢？擊床先出，其命何從？帝降夷羿，革孽夏民。胡射夫河伯，而妻彼雒嬪？馮珧利決，封狶是射。何獻蒸肉之膏，而后帝不若？浞娶純狐，眩妻爰謀。何羿之射革，而交吞揆之？惟澆在戶，何求於嫂？何少康逐犬，而顛隕厥首？女歧縫裳，而館同爰止。何顛易厥首，而親以逢殆？湯謀易旅，何以厚之？覆舟斟尋，何道取之？桀伐蒙山，何所得焉？妺嬉何肆[一二]，湯何殛焉？阻窮西征，巖何越焉？化爲黃熊，巫何活焉？

以上皆夏一代事。西征四句，總結上文。第六段。

簡狄在台，嚳何宜？玄鳥致貽[一三]，女何喜？恒秉季德，焉得夫朴牛？何往營班祿，不但還來？成湯來巡[一四]，有莘爰極。何乞彼小臣，而吉妃是得？水濱之木，得彼小子。夫何惡之，媵有莘之婦？緣鵠飾玉，后帝是饗。何承謀夏桀，終以滅喪？帝乃降觀，下逢伊摯。何條放致罰，而黎服大說？湯出重泉，夫何罪尤[一五]？不勝心伐帝，夫誰使挑之？初湯臣摯，後茲承輔。何卒官湯，尊食宗緒？何聖人之一德，卒其異方：梅伯受醢，箕子詳狂？彼王紂之躬，孰使亂惑？何惡輔弼，讒諂是服？比干何逆，而抑沉之？雷開何順，而賜封之？昏微遵迹，有狄不寧。何繁鳥萃棘，負子肆情[一六]？

以上皆商事。第七段。

稷維元子，帝何竺之？投之於冰上，鳥何燠之？遷藏就岐，何能依？殷有惑婦，何所譏？伯昌號衰，秉鞭作牧。何令徹彼岐社，命有殷國？何馮弓挾矢，殊能將之？既驚帝切激，何逢長之？受賜茲醢，西伯上告[一七]。何親就上帝，罰殷之命以不救？師望在肆，昌何識？鼓刀揚聲，后何喜？武發殺殷，何所悒？載尸集戰，何所急？會朝爭盟，何踐吾期？蒼鳥群飛，孰使萃之？列擊紂躬，叔旦不嘉。何親揆發，何周之命以咨嗟？授殷天下，其位安施？反成乃亡，其罪伊何？爭遣伐器，何以行之？並驅擊翼，何以將之？昭后成游，南土爰底。厥利維何，逢彼白雉？穆王巧梅，夫何周流？環理天下，夫何索求[一八]？妖夫曳衒，何號於市？周幽誰誅？焉得夫褒姒？皇天集命，惟何戒之？受禮天下，又使至代之？

　　以上周一代事也。皇天四句，總收上女帝虞夏商周歷代之興廢也[一九]。第八段。

　　中央共牧，后何怒？蠭蛾微命，力何固？

　　中央諸牧，各君其國，何爲相怒而戰爭乎？蠭蛾之命甚微，其力何爲能自固其巢穴乎？此節總起末段，兼痛楚之屢敗於秦也。

　　吳獲迄古，南嶽是止。孰期去斯，得兩男子？勳闔夢生，少離散亡。何壯武厲，能流厥嚴？

　　以上吳事。言吳由楚而興，尤能破楚，痛懷王之不能爲闔廬也。

　　彭鏗斟雉，帝何饗？壽命永多，夫何長？

　　此痛己之年老而未能歸國也。

　　天命反側，何罰何佑？齊桓九合，卒然身殺。

　　此痛楚之忽霸忽亡也。

　　驚女采薇，鹿何祐？北至回水，萃何喜？

　　此痛己之將爲夷齊也。

　　兄有噬犬，弟何欲？易之以百兩，卒無祿？

　　此痛己之不肯適他國也。

　　伯林雉經，維其何故？感天抑墜，夫誰畏懼？

　　此痛己之死而無益也。

　　薄暮雷電，歸何憂？厥嚴不奉，帝何求？

　　此痛己之將死而不得再事君也。

　　伏匿穴處，爰何云？荊勳作師[二〇]，夫何長？

　　此痛楚之享國日蹙也。

　　悟過改更，我又何言？吳光爭國，久余是勝。

　　此痛楚之必滅於秦也。

　　何環穿自閭社丘陵，爰出子文？

　　此痛楚之不能再出子文，以見必亡也。

　　吾告堵敖以不長。

此痛懷王之客死於秦也。

何試上自予，忠名彌彰？

此痛國家得敗亡之實禍，而己得忠諫之虛名也。第九段。

附：九章次第校正

九章，非一時作也。《惜誦》，作於懷王既疏，又進言得罪之後。《思美人》、《抽思》，作於懷王置漢北時。篇中"狂顧南行"，是以造都爲南行。"觀南人之變態"，是以朝臣爲南人。"有鳥自南，來集漢北"，是己身在漢北也。然則懷王見疏，止遷漢北，未嘗放逐，此其證也。余六篇，方是頃襄放江南作也。初放時，道途經歷，作《涉江》。既至後，睹物興懷，作《橘頌》。秋風搖落，感時明志，作《悲回風》。忠佞不分，傷今追昔，作《惜往日》。若《哀郢》，則知楚之必亡。《懷沙》，則絕命辭也。九篇中，或地，或時，或敘事，文最顯著，次第分明。舊本錯亂，予不敢輒改古書，姑記之，就正高明。

《天問校正》跋

悔翁先生爲關中騷壇鉅手，著有《弱水集》。其詠物詩，極吹影鏤塵之巧。近時談藝者競詆其卑瑣，真拘墟之見，不足與辯也。《楚辭新注》，條分縷析，妙契精微。《天問校正》，更爲創獲。觀書眼如月，此之謂夫！乙亥仲冬震澤楊復吉識。

孫 中梓爰琴校字

【校記】

[一]"日"，底本作"口"，據《楚辭新注》卷三《天問校正附》改。

[二]"明"，底本作"朔"，據《楚辭新注》卷三《天問校正附》改。

[三]"擔"，底本作"墮"，據《楚辭新注》卷三《天問校正附》改。

[四]《楚辭新注》卷三《天問校正附》順序有異，"不任汩鴻"至"墜何故以東南傾"爲第二段；而"九州安錯"至"何所夏寒"則爲第三段。

[五]"以"，底本作"之"，據《楚辭新注》卷三《天問校正附》改。

[六]"躓"，底本作"彈"，據《楚辭新注》卷三《天問校正附》及該卷正文注音體例改。

[七]"犬"，底本作"大"，據《楚辭新注》卷三《天問校正附》改。

［八］"危"，《楚辭新注》卷三《天問校正附》作"爲"，義似長。

［九］"鵰"，《楚辭新注》卷三《天問校正附》作"鴻"。

［一〇］底本作"勞"，《楚辭新注》卷三《天問校正附》作"營"，據改。

［一一］"屠"，《楚辭新注》卷三《天問校正附》作"毒"。

［一二］"嬉"，《楚辭新注》卷三《天問校正附》作"喜"。

［一三］"玄"、"貽"，底本作"元"、"詒"，《楚辭新注》卷三《天問校正附》作"玄"、"貽"，據改。"元"爲避諱字。

［一四］"來"，《楚辭新注》卷三《天問校正附》作"東"，諸本皆作"東"，據改。

［一五］"罪"，《楚辭新注》卷三《天問校正附》作"辜"。

［一六］"負"，《楚辭新注》卷三《天問校正附》作"婦"。

［一七］"上"，底本作"土"，據《楚辭新注》卷三《天問校正附》改。

［一八］《楚辭新注》卷三《天問校正附》，"穆王巧挴，夫何周流？環理天下，夫何索求"與"昭后成游，南土爰底。厥利維何，逢彼白雉"文字乙倒。

［一九］"女"，底本作"古"，據《楚辭新注》卷三《天問校正附》及前文"女帝虞夏商周歷代之興廢"語改。

［二〇］"作"，底本作"佝"，據《楚辭新注》卷三《天問》及所附《天問校正》改。

後　記

　　《陝西古代文獻集成》是陝西省自建國以來實施的最大的古籍整理項目。這一課題的任務是，將歷史遺留下來，而又没有經今人整理過（或雖經今人整理，但是整理本有較多問題），並且具有很高歷史和文化價值的典籍，做成供中等文化程度以上讀者可以閱讀的整理本。工程浩大，任務繁重，時間緊迫，要求很高，需要課題組織者和參與者付出很大努力。將這項世紀工程做好，不僅爲當代，而且可以爲後世貢獻一份珍貴的精神遺產。

　　中國歷史上凡是經濟繁榮、富庶安泰的時代，執政者往往會在文化建設方面投入較多的精力和財力。宋初的四部大書《太平御覽》《太平廣記》《文苑英華》《册府元龜》，明初的《永樂大典》，清代康熙乾隆年間的《古今圖書集成》和《四庫全書》等，無不基於這種背景，這就是所謂"盛世修書"的傳統。

　　改革開放以來，陝西省在全國經濟發展方面長期居於中游甚至偏下，上一輩學者欲整理陝西古代文獻者不乏其人，但都因所需鉅資無法籌措而望洋興嘆。國家實施西部大開發的戰略以來，在國家扶持和陝西人民的努力之下，陝西經濟有了快速提升。陝西乃中華民族的發祥地，古長安又是十三朝古都，憑此地緣優勢，陝西省人民政府不失時機地提出了要將陝西省建設成中國的文化大省和文化强省的戰略目標。近年來陝西省在文化遺址的修復和文物保護方面，採取了大力度的措施，恢復和整修了相當多的文物古跡，例如目前已列入《世界遺產名録》的漢長安城未央宫遺址、漢城湖公園以及漢昆明池遺址公園、唐長安城大明宫遺址、唐芙蓉園、曲江遺址公園等；文物的修護保護也取得很大成就，秦始皇陵兵馬俑的彩繪保護、古代紙質文獻的修復保護等，這些成就舉世矚目。但是這些成果，主要是從空間上展現文物和遺址的形貌，而這些文化遺產内在的精神支撐，也就是其產生的時代與背景、存在與湮毀等豐富的文化信息，更須依靠文獻的記述。正如本課題主持人所說："歷史上的文明，文物只是一端，而文獻則構成另外一端。無文物則不睹其容，無文獻則不知其故。文物爲體，文獻爲神，著此一睛，則飛龍在天。"更何況有些精神遺產是地面文物所無法負載的。例如，宋代以後，理學成爲中國官方的主要意識形態，而陝西關中理學即關學是其重要的組成部分。關學的代表人物張載、蕭㪨、馬理、吕柟、馮從吾、康乃心、李顒、李因篤和王心敬等人的著作，不僅是陝西省的珍貴文化遺產，也是中華民族的精神財富。張載的"爲天地立心，爲生民立命，爲往聖繼絕學，爲萬世開太平"的豪言壯語，成爲世世代代立志爲國捐軀的有志之士的座右銘。而這些遺產，也到了搶救的時刻了。

陝西堪稱中國古代文獻的淵藪。產生於這塊土地上的古代經典文獻有《周易》《周禮》《史記》《漢書》等，《詩經》和《尚書》中亦有相當篇目與這一地域有關，而歷代這裏出現的文獻瑰寶，更是不勝枚舉。

有鑑於此，我們認爲編纂一套能比較全面反映陝西省古代文化輝煌成就的大型叢書時機已經成熟，並且刻不容緩。2011年初，我們向陝西省政府提出建議：抓住當前有利時機，傾省内外可以利用的學術資源，盡速啓動，用十年左右時間編纂一套全面反映陝西古代文獻成就的大型叢書《陝西古代文獻集成》。

陝西省人民政府主要領導迅速做出批示："對我省歷史上形成的，目前又没有被整理出版的典籍，應下力氣投入，以傳承歷史文化和文明。"

項目組經過審慎的摸底調查，決定精選出三百種左右的典籍進行整理，在"十二五"和"十三五"期間各完成一百五十種左右，約需投入兩千萬元左右。經過以著名古籍整理專家周天游教授爲主任的陝西省古籍整理出版工作領導小組專家委員會的數次開會研究論證，認爲方案切實可行，上報省政府。陝西省發展和改革委員會、陝西省財政廳對這項工作非常重視，決定撥出專項資金予以支援，並立項爲陝西省"十二五"古籍整理重大項目。

其后，課題組精心落實了課題的實施。

一、成立《陝西古代文獻集成》編輯修纂工作班子。一是編修委員會，由陝西省省長任主任，中共陝西省委宣傳部部長和主管文化的副省長任副主任，各相關主要單位的領導任成員；二是成立專家委員會，由陝西省古籍整理出版工作領導小組（簡稱"省古籍整理領導小組"）專家委員會代行職責；三是成立編纂委員會，設在項目直接承擔單位西北大學，負責項目的編纂實施工作。由一批在國內享有盛譽的專家擔任顧問，另由一批以陝西省內爲主的年富力强的古代文獻學者擔任委員會成員。編纂委員會確定了一期工程的具體進展計劃，並且提出，這一項目在省古籍整理領導小組統一領導下實施開展，省古籍整理出版辦公室負責項目的總體協調和日常行政事務工作，督促檢查項目的進展情況和經費使用情況。西北大學爲項目的第一承擔單位，負責項目的具體組織和實施。爲落實這些要求，省古籍整理領導小組於2012年9月下發文件，通知了各相關單位。

西北大學還在項目主持人賈三强教授所在的文學院成立了重大項目管理辦公室，從辦公場所、人員配備方面提供了必要條件，使項目順利啟動。

二、確定子課題。按照省政府文件精神，課題組決定先整理一批没有經過近人整理，或雖有近人整理本，但整理本存在較多問題的典籍。爲了有利於今人閲讀，以便使這些文化資源成爲今天的經濟建設、文化建設、社會建設和環境建設的有用信息，我們決定不採用國內有些省市採取的古籍影印的方式，而是採用古籍點校本，並用繁體字横排本的形式，這樣既尊重了古代文獻的原有形式，又便於今人閲讀。既然確定爲目前只做尚未有今人整理本的陝西古代典籍，課題組經過反復研究論證，確定下來300多個子課題，依傳統古籍分類法，分成經、史、子、集四部。按前後兩期實施，"十二五"期間先行完成150多個子課題。在這些子課題的確定中，專家委員會意見得到了極大的重視。

三、開展項目的招標工作。根據專家委員會的建議，對於子課題的承擔，我們決定採用招標制和委託制結合的辦法，以招標制爲主，無人投標或投標者明顯不合要求者，再採用委託專家承擔的方法。省古籍整理領導小組在2012年9月下發文件，公開向省內徵集一期工程151個子課題的承擔者。以省內高校和科研單位爲主，學者踴躍申報，經編纂委員會初審，決定將74位學者申報的117項子課題交付專家委員會審查。2013年1月，專家委員會審定107項子課題合格。入選者絶大多數是近年來從事文獻研究已有成就的中青年學者，有一部分已對所申報的子課題有了相當深入的研究。對於無人申報或申報者不合要求的課題，還有專業性太强如中醫藥方面的子課題，我們採取了委託具有高水準的相關專家承擔的方式。因此，所有150余子課題都已先后確定了整理者。

四、多次召開相關會議，進行學術交流，互促互進，並及時解決實際問題。在項目規劃時，我們就提出了課題進行中，每年召開一次學術研討會、一次行政事務會的設想。前者主要交流課題研究中的學術問題，後者主要針對項目進行中出現的各種事務性問題，及時加以解決。2013年3月，東亞漢學研究學會（秘書處設日本長崎大學）、西北大學文學院和陝西省社會科學院古籍研究所聯合舉辦，西北大學文學院承辦了"陝西地方文獻國際學術研討會"。與會專家學者50余人，分別來自日本、中國大陸和臺灣地區，共提交論文41篇。論文專業性強，水準高，圍繞陝西古籍整理、古代文獻編年、宗教文獻的文學闡釋、陝西地方方言、域外漢學的開拓與發展等學術問題，進行了深入的交流。會議期間，舉行了"陝西古代文獻"課題開題報告會。與會專家一致認爲項目具有重大文化意義，並且對項目的各方面問題提出了許多好的意見和建議。對於這次會議，《中國社會科學報》2013年3月4日曾專發消息《"陝西古代文獻集成"項目啟動》予以報導。會議論文由東亞漢學研究學會會刊《東亞漢學研究》出版特別號《"陝西地方文獻國際學術研討會"論文集》。

2014年6月，西北大學文學院和陝西省社會科學院古籍研究所舉辦了"第二屆陝西地方文獻學術研討會"，會議的參加者全部是項目的承擔者，各位學者專家對自己承擔課題中的學術問題做了歸納研究，發表的論文有很強的現實針對性。對于項目的深入開展和將項目做成高品質的學術成果，這可謂是高調的集結號。會議論文集由商務印書館出版。

行政事務會議也力爭開成辦實事、解決實際問題、不務空談的交流會。雖然我們已給各位課題承擔者發了《工作手冊》，專門規定了體例，但是在實際操作中，仍然出現了一些問題。于是2013年10月召開的行政事務會議，專就體例不一展開了研討。集思廣益，將各位專家學者的意見建議分門別類做了梳理，又重新修訂了《工作手冊》，大家反映良好。

根據實際需要，從事編修編纂的單位建立了暢通的管道，問題一發生，就做出快速反應，及時溝通，及時解決。2015年年末，省政府主管文化的副省長過問了項目的進展，明確表示，這個項目是省上親自抓的重大文化項目，也是建國以來投資最多的軟文化工程，受到省委省政府主要領導的關注，必須抓緊、抓好。爲此，陝西省社會科學院、陝西省古籍整理辦公室、陝西省古籍整理專家委員會、西北大學四家單位的領導和項目主持人開會，對當前面臨的問題一一過濾，採取相應對策。如稿件完成後的審閱、成書的分集等具體問題均有涉及，並且有了明確的應對之策。

五、利用電子信息時代的優勢，建立隨時應答的動態管理模式。項目日常的工作人員主要由在校博碩士生等組成。他們利用年輕上進、精通電子信息技術的優勢，提出了很多很好的建議。例如建立了全員電子通信網，隨時隨地可與各位項目承擔者進行聯繫，實現無紙交流、無紙辦公，並且建立了聯絡群，可以隨時發佈各種信息，對各種問題進行及時應答。具有普遍性的問題，還可由專門或專業人士進行解答。

與此同時，我們建設了"陝西古代文獻集成"信息終端，硬件軟件已經採購到位，待安裝調試成功後，計劃將一些共用的資源錄入，逐步建成課題組的大資料庫、大信息庫。這個終端的建成，必將爲課題的開展起到重要的促進作用。

陝西省古籍整理辦公室從項目的選題到項目的立項，從經費的管理到經費的監督，從督促項目的進展到聯絡出版、印刷等事宜，認真負責落實，先後召開了五次專家委員會會議、五次項目進展情況督促檢查會、六次專項出版印刷會，下發正式文件三次，認真組織實施，積極協調各方相關單位，使項目有序推進，對於項目按時間、保質量地完成，起到了重要的作用。

陝西人民出版社承擔項目的出版工作。從社領導到編輯均表現出了極強的責任心和專業素質，在此表示誠摯的謝意。

賈三強
丁酉年春日